史料で読み解く日本史

1

中世日記の世界

松薗　斉／近藤好和［編著］

ミネルヴァ書房

はしがき

本書で扱う日記と儀式書・故実書は、コインの表と裏と言ってもよいかもしれない。それもどちらが表でどちらが裏と決まったものではない。ある時代、ある人物、ある場所によってその表と裏はしばしば入れ替わる存在である。また、日記と表裏になるのは儀式書や有職故実の書物ばかりではないであろう。それは儀式書にとっても同様である。

日本における日記の歴史を振り返る時、平安時代は政務や年中行事の儀式化が進み、その過程の中で、儀式書が編まれ、そこで必要な知識や情報をストックするために日記を付ける習慣が当時の天皇や貴族たちに広がった時代と考えられている。この平安時代については、儀式書が表、日記が裏といってもよいであろう。この両面ともに、近年多くの研究が積み重ねられ、政務や儀式そのものの研究の深化とともに、平安時代の歴史像の究明に大いに役立っている。

一方、平安時代後期、十二世紀以降、いわゆる中世という時代についてはいかがであろうか。

皆さんもご存知のように、この時代は、前代以来の天皇・貴族たちの拠る朝廷、つまり公家政権以外に、幕府という武家の政権が誕生し、それが前者を政治的に吸収していく過程であった。変質・衰退していく朝廷ではその儀式・政務も変化を余儀なくされる一方、成長していく武家政権にもその権力を荘厳化する新たな儀式など、いわば文化といったものが必要とされた。朝廷の場合、長い時間の中で、それまで維持してきた儀式や政務における知識や技術は形骸化していくが、和歌や源氏物語に代表される王朝古典文化が新しく勃興してきた階層の人々にも浸透する中で、その一種の古さが天皇・貴族ら旧支配階層の権威の源泉となり、新たな支配階層にも希求された。武家政権にも新しい組織や役職は生み出されたが、基本的に平安以来の朝廷の官職・位階がその秩序の枠組みとなっていたことからも分かるように、前代以来の文化を強く意識する中で、新たな体制を模索していったと理解している。この時代、日記は天皇・貴族以外に僧侶や武士たちにも作成されるようになり、その裾野は近世に向けて拡大していく。それらは平安期のように儀式書と表裏になっているわけではなく、おそらく別のもの、たとえば歴史書・年代記の類とペアになっていると考えた方がよい場合もある。儀式書と有職故実の書との関係も中世においてはその表裏という立場を入れ替えながら変化を遂げつつあり、その様相はきわめて複雑であり、それらの解明は平安期のものに比べてこれまで手薄であったと言っても過言ではない。しかし、中世のそれらが前代の遺物というような理解で済まされるわけにはいかない段階に、現在の中世史研究は進んできていると思う。

要は、日記を理解するためには、儀式書・故実書への理解が不可欠であり、逆もまた真であるということである。そして中世の日記がその世界を狭い朝廷の一角から社会的に大きく広げつつあったことを理解しなければ、中世におけるこの両者の本質を理解したことにならないということも改めて明記しておきたい。

本書は、二〇一一年に出版された元木泰雄・松薗斉編著による『日記で読む日本中世史』の姉妹編として企画されたものであるが、以上のような理解のもとに、すぐれた有職故実の研究者である近藤好和氏とともに、日記と有職故実の世界を両方見渡した、これまでにない本を世に送ることができたと自負している。特に中世の儀式書などについては、かなり以前の古びた解説しか利用できなかったものが多いが、最新の成果を、今その現場で研究を進めつつある方々に紹介していただくことができたし、中世の様々な分野で記されていた日記についても同様である。

日記は、古代・中世の社会をのぞき見る「窓」のようなものと考えている。ただその窓がどのような形をしているのか、また建物のどの位置に何のためについているのかを知っておかなければ、その向こうに見える情景を正確に見ることはできないと思う。この時代の研究を志す方も、またちょっとのぞいてみたいと思っている方も、本書を通じてその「窓」のことをさらによく知っていただければ幸いである。

松薗　斉

中世日記の世界　目次

第Ⅱ部　中世日記の諸相——記主の広がり

第五章　僧侶・神官の日記——日記から展望する多様な中世寺社の世界

序章　日記と有職故実

本書は、元木泰雄《もときやすお》・松薗斉《まつぞのひとし》編著『日記で読む日本中世史』（ミネルヴァ書房、二〇一一年）の姉妹編として企画された。前著では、天皇を含む公家男子の日記を中心とし、僧侶や武家の日記を含みながら、時間という縦のつながりのなかで、豊潤な中世日記の世界を総体的に見通した。

これに対し本書の目論見は、第Ⅰ部「日記と有職故実《ゆうそくこじつ》」、第Ⅱ部「中世日記の諸相――記主の広がり」、第Ⅲ部「中世日記の諸相――記事内容の広がり」という三部構成で、中世日記の横の広がりを考えることにある。特に筆者担当の第Ⅰ部では標題の通り日記と有職故実の関係を考えることを主眼とし、日記から派生した有職故実と密接に関わる文献を三章にわたって取り上げた。

その序章である本章では、多様な内容を持つ日記という文献について改めて考えるとともに、筆者独自の視点から有職故実の成立・展開過程をまとめ、有職故実と日記や日記から派生した文献との関係を考えるための前提事項を提示したい。

1　日記という文献

日記とは何か

最初に日記という文献について考えたい。現在、日記といえば、通常は日々の出来事やそれに対する感想や感情などを、当日や翌日などに日付順に記したものである。その内容は仕事関係の日誌のように公的なものもあるが、多くは私的なものであり、日記帳やノートに書き込むほか、現在ではブログなどのSNSで写真や映像付きでネット上に公開することも日常的になってきた。

一方、歴史的にみると、日記という文献の実態はじつに多様であり、ひとつのものに限定できない。その詳細はここでは割愛するが、広くいえば、「ある日」に記された記録や覚書の類はすべて日記である。この理解によれば、随筆も日記の範疇ということになる。実際に中国で日記といえば、随筆が主体であった。

そうしたなかで歴史的に最も一般的な日記は、現在の日記と同じく日ごとに記したものとなる。これを日次記《ひなみき》という。また現在では古記録とも総称する。古記録は古文書とともに日本史における二大史料である。

古記録

こうした古記録には、外記《げき》・内記《ないき》・蔵人《くろうど》といった朝廷の実務官人によって記された「外記日記」「内記日記」「殿上《てんじょう》日記」等の公日記と、天皇以下の貴族達が私的に記した私日記（私記）がある。どちらも漢文で記すが、特に私日記は和風漢文（和風に崩れた漢文）で記すのが特徴である。

公日記は現在知られている限りで、「外記日記」が延暦九年（七九〇）閏三月十五日「外記別日記」（『政事要略《せいじようりゃく》』〈巻二十九・年中行事十二月下・追儺《ついな》〉所引）、「内記日記」は仁和二年（八八六）十二月「芹河行幸《かもがわぎょうこう》内記日記」（藤原孝範《ふじわらのたかのり》（一一五八〜一二三三）の『柱史抄《ちゅうししょう》』〈下・野行幸《のぎょうこう》事〉所引）が最古のものである。しかし、公日記で残っているのは逸文《いつぶん》（他の文献の引用のなかに断片的に残ったもの）ばかりで、しかも平安末期には廃絶する。

これに対し、私日記の存在は、早くは正倉院文書中にある天平十八年（七四六）の具註暦《ぐちゅうれき》（後述）の断簡から認められるが、盛行するのは九世紀末以降で、そのうち宇多《うだ》天皇（八六七〜九三一）の『宇多天皇日記』仁和三年（八八七）十一月十七日条（宇多天皇即位式）が現存最古である。また、『八条式部卿私記《はちじょうしきぶきょうしき》』という仁明《にんみょう》天皇（八一〇〜八五〇）の皇子である本康《もとやす》親王（?〜九〇二）の日記も存在したらしい（藤原師輔《もろすけ》〈九〇八〜九六〇〉の『九暦記《きゅうれきき》』天慶七年〈九四四〉十月九日条）。

古代の文献といえば、官選の史書である『日本書紀』以下の六国史がまず挙げられるが、その最後の『日本三代実録』が仁和三年八月二十六日条（光孝《こうこう》天皇崩御《ほうぎょ》）で擱筆する。年代的にその後を見事に継承するかたちで右記の『宇多天皇日記』があるのは、私日記の性格を考えるうえでまさに象徴的な事例といえる。

以後、私日記たる古記録は、前著でその一端が示されたように、中世を経て近世・幕末に至るまで膨大な分量が記され、日記の書き手である記主も天皇以下貴族達（公家）を中心に、時代とともに僧侶・武家・文人等の様々な階層に拡大していく。

仮名日記

一方、古記録以外で歴史的によく知られた日記に仮名日記がある。その嚆矢は紀貫之《きのつらゆき》（?～九四五）が自身を女性に仮託して記した『土佐日記』である。以後、鎌倉時代にかけて公家側の女性によって多くの仮名日記が記された。

これらは女性が記したために女流日記ともいわれ、日次記ではなく、紀行文や回想録さらには歌日記の類であり、その内容によっては創作的部分を含む。そこで日記文学と総称され、現在では日本史の史料としても利用されているが、基本的には文学作品として位置づけられている。

このように日記という文献の内容は多様である。こうしたなかで本書でいう日記とは、すべて古記録、特に私日記に限定することをあらかじめご理解いただきたい。なお、以下、本章ではこの私日記を「日記」と表記することとする。

暦記・別記・部類記

さて、一口に「日記」といっても、形態によって暦記《りゃっき》・別記《べっき》・部類記《ぶるいき》に大別することができる。

まず「日記」は、具註暦（具注暦とも）という暦の余白（間明《まあき》）に書き込むのが本来のあり方である。具註暦とは、季節や日ごとの吉凶などに関する註記を記した巻子形態の暦であり、半年分一巻、一年分で上下二巻の構成となる。この具註暦は中務省《なかつかさしょう》被管《ひかん》の陰陽寮《おんみょうりょう》という役所で暦博士《れきはかせ》という暦の専門家が作成し、毎年十一月一日に翌年の新たな暦を天皇に奏進。同時に内外諸司や貴族達に配布した。

「日記」の形態のうち、この具註暦に記したものが暦記である。いうまでもなく暦記が「日記」の基本である。藤原道長《みちなが》（九六六～一〇二七）の『御堂関白記《みどうかんぱくき》』は具註暦に記された道長自筆の大量の暦記が現存することで貴重であり、そこで平成二十五年（二〇一三）にユネスコの世界記憶遺産に登録された。

ただし、具註暦の間明は三行程度の狭いものであり、そこに書き切れない場合も多い。その場合は、裏書《うらがき》といって具註暦の裏に書く場合もあるし、また特定の事柄について詳細に記す必要がある場合は、具註暦とは別に記した。これが別記である。別記とはあくまで暦記が存在したうえでのものであるが、暦記に別記にあると記されていながら別記が残っていなかったり、逆に暦記が失われて別記だけが残っている場合もある。

また、「日記」は日々書き継ぐ日次記であるため、「日記」が集積して分量が増えてくると、そのなかから必要な事項だけを探し出すのは手間の掛かる作業になる。そこで、「日記」の内容を検索しやすいように、「日記」のなかから必要とする関連事項だけを集めて分類し直したものが出てくる。これが部類記である。

このように一口に「日記」といっても、暦記・別記・部類記の三種の形態がある。

「日記」の執筆目的　では、なぜ九世紀末以降に「日記」を書くことが盛行したのか、そもそも何のために「日記」は書かれたのか。そこに有職故実との密接な関係が存在する。また、その関係性ゆえに「日記」から有職故実に関わる多くの文献が派生するのである。

結論からいえば、「日記」とは、後には変化するにしても、本来的には公事《くじ》（後述）の記録・覚書である。そして、「日記」の執筆目的は、記主自身の後日や、あるいは子孫や後人の参考に供するために、公事の先例・故実を残し伝えることにあった。

この点を説明するために、次に有職故実とは何か、また有職故実成立の事情について考えたい。

2　有職故実の成立

有職故実の三本の柱　「有職故実」という言葉は、高校の日本史教科書でも鎌倉時代の文化のあたりに記されている。しかし、有職故実とは何かという問いに対し、的確に答えられる人は少ないであろう。

以下で述べることも、筆者が鈴木敬三《すずきけいぞう》氏（一九一三〜九二）をはじめとする諸先学の見解から学んだ筆者独自の見解である。

まず有職故実には、公家故実・武家故実・古典理解の三本の柱があることを理解する必要がある。このうち有職故実の根幹となるのは公家故実であり、三本の柱のなかで最初に成立した。また、「日記」と密接に関係するのも公家故実である。そこで、公家故実の成立事情について考える。以下、有職故実といえば、特に断らない限り公家故実のことである。

「有識」と「故実」

そもそも有職故実は「有職」と「故実」の二つの言葉を合わせた用語である。「有職」は現在では「ゆうそく」と読み、近世の公家は「ゆうそこ」と読んだ。しかし、「有職」は本来は「有識」と書いて、「ゆうしょく」と漢音《かんおん》（七世紀以降の漢字の新しい読み方）に読むのが正しい。

「有職」と書くのは鎌倉時代頃からで、それは「ゆうしょく」という同じく漢音の読みから導かれた転用である。したがって「職」という漢字自体に意味はない。後世の有職故実の研究のひとつに朝廷の官職の研究があり、そのために「職」の字を使用したという古くからの説があるが、この説は正しくない。

そこで有職故実は、「有識故実」と書いて「ゆうしょくこじつ」と読むのが正しい。しかし、本書では慣例に従って「有職故実」と書いて、「ゆうそくこじつ」と読むことにする。

では、「有識」とはどういう意味か。それは現在と同様の意味である。つまり知識を持つということである。これが「有職」ならばその意味は分からなくなる。問題はその知識が何の知識かだが、それこそ「故実」の知識である。

では、「故実」とは何か。「故実」は「古実」とも書き、「こじつ」と読むのが通常だが、「こしつ」と濁らずに読むこともあった。その意味は、何か「コト」を行う際の根拠ある理由・規範・道理など、現代風に言い換えればマニュアルとなる。そして、何か「コト」とは具体的には公事をいう。

つまり有職故実とは本来は公事のマニュアルであり、きわめて政治的な実践の知識である。この公事のマニュアルとしての有職故実をのちに公家故実と称した。それは鎌倉幕府成立に伴い、新たに武家故実が成立し、それと区別するためである。

ちなみに武家故実は弓馬軍陣故実《きゅうばぐんじん》と柳営故実《りゅうえい》からなる。前者は武士の本分とする軍陣・武技・武具などに関するマニュアル、後者は幕府内での儀礼や座作進退《ざさしんたい》（立ち居振る舞い）のマニュアルである。この武家故実はどちらもそれぞれの「コト」に当たるための実践の知識である。実践の知識である点では、武家故実も公家故実と同質である。

公事

では公事とは何か。公事の「公」は天皇のことであり、公事とは天皇に関わる事柄、特に九世紀末以降の朝廷の儀式や政務の総称である。公事には、毎年あるいは毎月・毎日決まった時に行う恒例《こうれい》のものと、天皇一代一度の即位式や大嘗会《だいじょうえ》のような臨時のものがある。そのうち毎年決まった時に行う公事を年中行事《ねんじゅうぎょうじ》といい、これが公事の核となる。

この公事は、政治的には律令制から摂関制への移行過程、つまり日本における律令制の変質過程のなかで、それまでの律令制下の国家儀礼や政務を引き継ぎながら成立した。その成立時期は九世紀末であり、初代関白藤原基経《もとつね》（八三六〜八九一）が仁和元年（八八五）に朝廷に献上した「年中行事御障子」（年中行事を書き連ねた衝立障子《ついたて》）に記された内容を根幹とする。

ちなみに九世紀末から十世紀にかけての時代は、政治体制だけに限らず、日本の社会全体が大きく変動した時代であり、のちの中世に繋がる様々な事柄が成立した時代である。武士の成立などはその代表といえる。

公事を行うためには、日時・場所の決定、場所の整備や飾り付け（これも装束《しょうぞく》という）、参加者の身分・職掌・装束（着衣）、さらに座作進退などのすべてに故実が必要となる。公事と考えると難しいが、たとえば学校・教育関係者ならば入学式や卒業式、人生の通過儀礼ならば結婚式や葬式などを考えれば分かりやすい。現在の「〜式」といわれる行事も、何かしらのマニュアルつまり故実に則って行われている。こうした身近な行事を公事に置き換えて考えればいいわけである。

しかし、九世紀末以前から朝廷の儀式や政務は行われていた。それがなぜ九世紀末という時期に、朝廷の儀式や政務を公事といい、そのマニュアルとしての有職故実が必要となったのか。この有職故実が必要となった背景、言い換えれば有職故実の成立を説くためには、日本における律令制の展開を概観しなければならない。

律令制の導入と奈良時代の実情

六四五年の乙巳《いっし》の変（大化の改新）以来、日本でも律令制の導入が開始された。律令制とは、中国隋・唐で完成した皇帝を頂点とする中央集権的官僚機構のことである。それを律令では太政《だいじょう》官制《かんせい》という。

その後、六七二年の壬申《じんしん》の乱に勝利した天武《てんむ》天皇（?～六八六）およびその皇后であった持統《じとう》天皇（六四五～七〇二）による基礎固めの時代を経て、大宝元年（七〇一）に『大宝律令』、養老二年（七一八）に『養老律令』が制定された。現在の法律でいえば、律は刑法、令は民法や行政法に相当するが、律令とは律令制を運営するための基本法典であり、その基本法典が八世紀初頭に制定されたのである。

しかし、現在でも憲法だけでは国家運営できないように、律令の制定だけでは律令制を運営することはできない。八世紀（奈良時代）の段階では律令制を運営していくための諸法典はいまだ整っておらず、法的支配による律令官僚機構は未成熟であり、天皇の人格的支配が優先する神話的イデオロギーの時代であった。

簡単にいうと律令官僚機構では天皇という存在が重要で、天皇の個性は必要なかった。律令官僚機構内で働く人間は、それぞれの直接の上司や部下と接し、異なる部署とは文書の授受で運営し、天皇に直接接する官人はごく一部にすぎなかった。しかし、八世紀はいまだ天皇の個性（カリスマ性）が重視され、天皇が全官人を把握し、全官人が天皇の顔を見知っているような時代であった。

そのことは平城宮の建設プランに示されている。平城宮は前期と後期で変化するが、どちらも内裏《だいり》という天皇の私的空間と、朝堂院《ちょうどういん》という政務や国家儀礼を行うための公的空間が未分化の状態であった（図序-1）。天皇は日常的に朝堂院に姿を現し、そこで働く官人の前で政務を執った。

律令官僚機構の確立

こうした状況が変化し、日本において律令官僚機構が確立するのは九世紀初頭、具体的には嵯峨《さが》天皇（七八六～八四二）の弘仁年間（八一〇～八二四）である。この時に同時に国家儀礼

図序-1　平城宮図（図序-4まで『岩波日本史辞典』〈岩波書店、一九九九年〉より転載。図序-3は一部加筆）

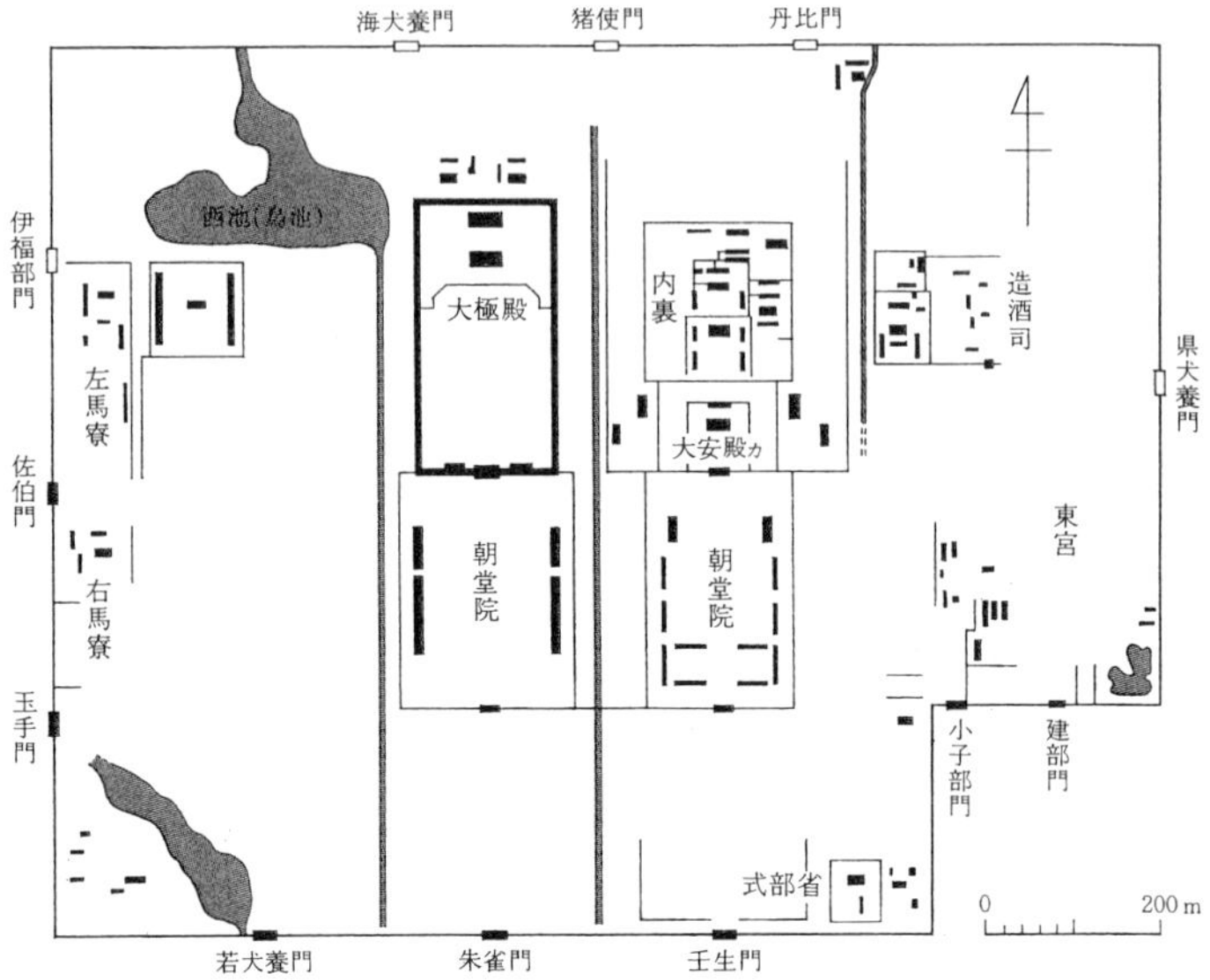

奈良時代前半

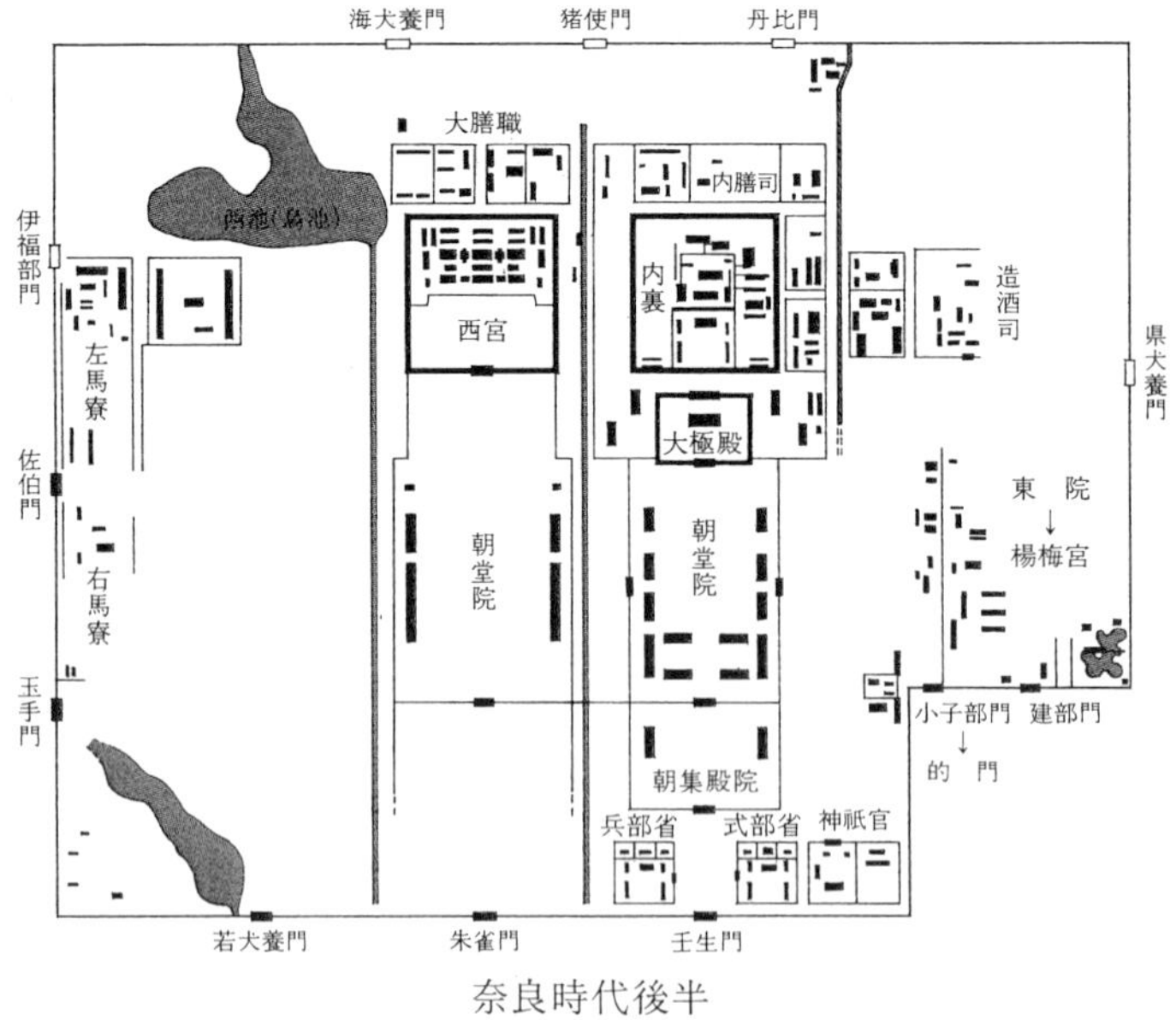

奈良時代後半

も整備された。

律令官僚機構の確立を具体的に示すのは、格《きゃく》・式《しき》や令の注釈書の編纂である。格とは、『養老律令』以降に日本の実情に応じて出された追加法令、式とは律令制を実際に運営していくための施行細則である。この格・式は、『弘仁格式』（弘仁十一年〈八二〇〉成立、承和七年〈八四〇〉に改正版成立）を皮切りに、十世紀までの間に『貞観格式』（格は貞観十一年〈八六九〉、式は同十三年成立）『延喜格式』（格は延喜七年〈九〇七〉、式は延長五年〈九二七〉成立）が編纂された。そのうち『延喜式』が最も著名であろう。令の註釈書には、公撰（勅撰）の『令義解《りょうのぎげ》』（天長十年〈八三三〉成立）と惟宗直本《これむねのなおもと》（生没年不詳）の私撰による『令集解《りょうのしゅうげ》』（貞観年間〈八五九～八七七〉頃成立）がある。

こうした格・式や令の注釈書の編纂は、律令制を実際に運営していくための法的整備がなったことを意味した。

国家儀礼の整備

一方、国家儀礼の整備として重要な点は、唐の儀礼体系である唐礼《とうれい》の受容がまず挙げられる。これにより国家儀礼や天皇制の唐風化が促され、神話的イデオロギーに替わり、儒教的イデオロギーが導入された。

天皇制唐風化の象徴が、弘仁十一年（八二〇）に天皇・皇后・皇太子の礼服《らいふく》と朝服《ちょうふく》の規定が制定されたことである。律令制下の官人達は、男女ともに公務での着用が義務づけられた公服があった。その規定が衣服令《いぶくりょう》で、公服には礼服・朝服・制服がある。衣服令には皇太子の礼服規定はあったが、天皇・皇后の礼服・朝服規定と皇太子の朝服規定はなかった。礼服・朝服はきわめて大陸風（特に礼服はきわめて中国風）の着衣であり、それを天皇・皇后が正式に着用することになった。

また、節会《せちえ》が成立した。節会とは国家儀礼に伴い、天皇が主催する宴会である。正月一日の元日節会、同七日の白馬《あおうま》節会などに始まり年数回、節日《せつじつ》という特定の日に催された。

さらに国家儀礼のために、弘仁年間以降、『内裏儀式《だいりぎしき》』（弘仁九年〈八一八〉以前成立か）、『内裏式《だいりしき》』（弘仁十二年〈八二一〉成立）、『貞観儀式《じょうがんぎしき》』（現在『儀式』の書名で現存するものが該当か。それは貞観十四年〈八七二〉以降成立。ただし、延喜十三年〈九一三〉以降成立説も）などの儀式書が編纂された。儀式書の編纂は国家儀礼の施行細則の整備を意味した。

なお、「儀式」とは現在のようにセレモニーそのものをいう場合もあったが、厳密には儀（儀礼）のための「式」であり、つまり儀礼の施行細則を意味した。しかし、本書では分かりやすく、セレモニーは儀式、そのための施行細則は儀式書と区別する。

平安宮の建築プラン

こうした状況はやはり平安宮の建築プランに示されている（図序―2）。つまり内裏と朝堂院が分離し、豊楽院《ぶらくいん》という平城宮にはなかった建物が追加された。

そのうち内裏（図序―3）は天皇の私的空間であることは同じだが、天皇はその正殿である紫宸殿《ししんでん》（南殿《なでん》とも）で上級官人を相手に日常政務を執った。それ以外の一般官人は平安宮内の各曹司《そうし》（役所）で政務を行った。また、朝堂院は国家儀礼の場となり、豊楽院は節会の場として建築された。

以上が九世紀段階の状況である。ここで重要な点は、こうした律・令・格・式・儀式書などに則って政務や儀式が行われている限り、有職故実はその必要性がなく、成立しなかったという点である。事実、有職故実成立以前でも政務や儀式は滞りなく行われていた。

律令制の変質

ところが、せっかく確立した律令官僚機構も、天安二年（八五八）の清和《せいわ》天皇（八五〇～八八〇）という幼帝（未成人の天皇）の即位、それに伴う人臣摂政《せっしょう》（藤原良房《よしふさ》（八〇四～八七二））や、続く元慶四年（八八〇）の関白《かんぱく》（藤原基経）の設置などを経て衰退（変質）し、宇多天皇の寛平年間（八八九～八九八）頃になると、天皇との私的（ミウチ）関係を重視する政治機構が発展した。もっともその萌芽はすでに弘仁年間にあったから、厳密には律令官僚機構との逆転となる。言い換えればこれが律令制から摂関制への移行である。

この律令制から摂関制への移行は、あくまで律令官僚機構という骨格（基盤）は残したうえでの政治機構の変質であるが、有職故実との関わりで筆者が注目したい変質の要点は、官職と身分、公事の内容、公事を行う場所の三点である。

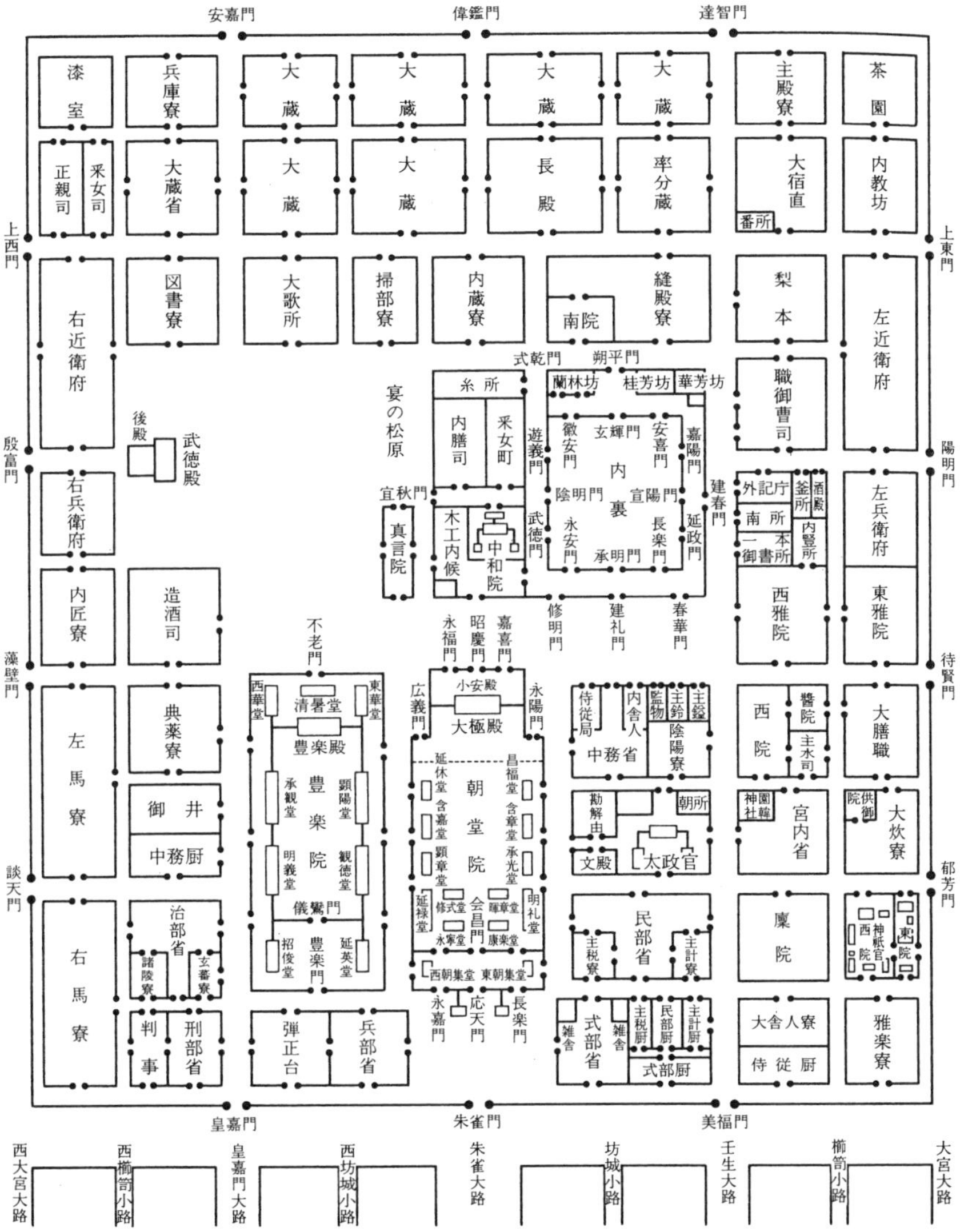
安嘉門
偉鑒門
達智門
漆室
兵庫寮
大蔵
大蔵
大蔵
大蔵
主殿寮
茶園
正親司
采女司
大蔵省
大蔵
大蔵
長殿
率分蔵
大宿直
番所
内教坊
上西門
上東門
右近衛府
図書寮
大歌所
掃部寮
内蔵寮
縫殿寮
南院
梨本
左近衛府
式乾門
朔平門
蘭林坊
桂芳坊
華芳坊
宴の松原
糸所
内膳司
采女町
職御曹司
後殿
武徳殿
殷富門
遊義門
徽安門
玄輝門
安喜門
嘉陽門
陽明門
内裏
陰明門
宣陽門
建春門
右兵衛府
宜秋門
真言院
木工内候
中和院
武徳門
永安門
承明門
長楽門
延政門
外記庁
釜所
酒殿
南所
内豎所
一本御書所
左兵衛府
内匠寮
造酒司
修明門
建礼門
春華門
西雅院
東雅院
藻壁門
不老門
永福門
昭慶門
嘉喜門
待賢門
西華堂
清暑堂
東華堂
小安殿
広義門
永陽門
大極殿
侍従局
内舎人
監物
主鈴
主鎰
陰陽寮
中務省
西院
醬院
主水司
大膳職
左馬寮
典薬寮
豊楽殿
承観堂
豊楽院
顕陽堂
延休堂
朝堂院
昌福堂
含嘉堂
含章堂
勘解由
朝所
神園
社韓
宮内省
院
供御
大炊寮
御井
中務厨
明義堂
観徳堂
顕章堂
承光堂
文殿
太政官
談天門
儀鸞門
延禄堂
修式堂
会昌門
暉章堂
明礼堂
郁芳門
右馬寮
治部省
諸陵寮
玄蕃寮
招俊堂
豊楽門
延英堂
永寧堂
康楽堂
西朝集堂
東朝集堂
民部省
主税寮
主計寮
廩院
神祇官
西院
東院
判事
刑部省
弾正台
兵部省
永嘉門
応天門
長楽門
雑舎
式部省
雑舎
主税厨
民部厨
主計厨
式部厨
大舎人寮
侍従厨
雅楽寮
皇嘉門
朱雀門
美福門
西大宮大路
西櫛笥小路
皇嘉門大路
西坊城小路
朱雀大路
坊城小路
壬生大路
櫛笥小路
大宮大路

図序-2　平安宮図

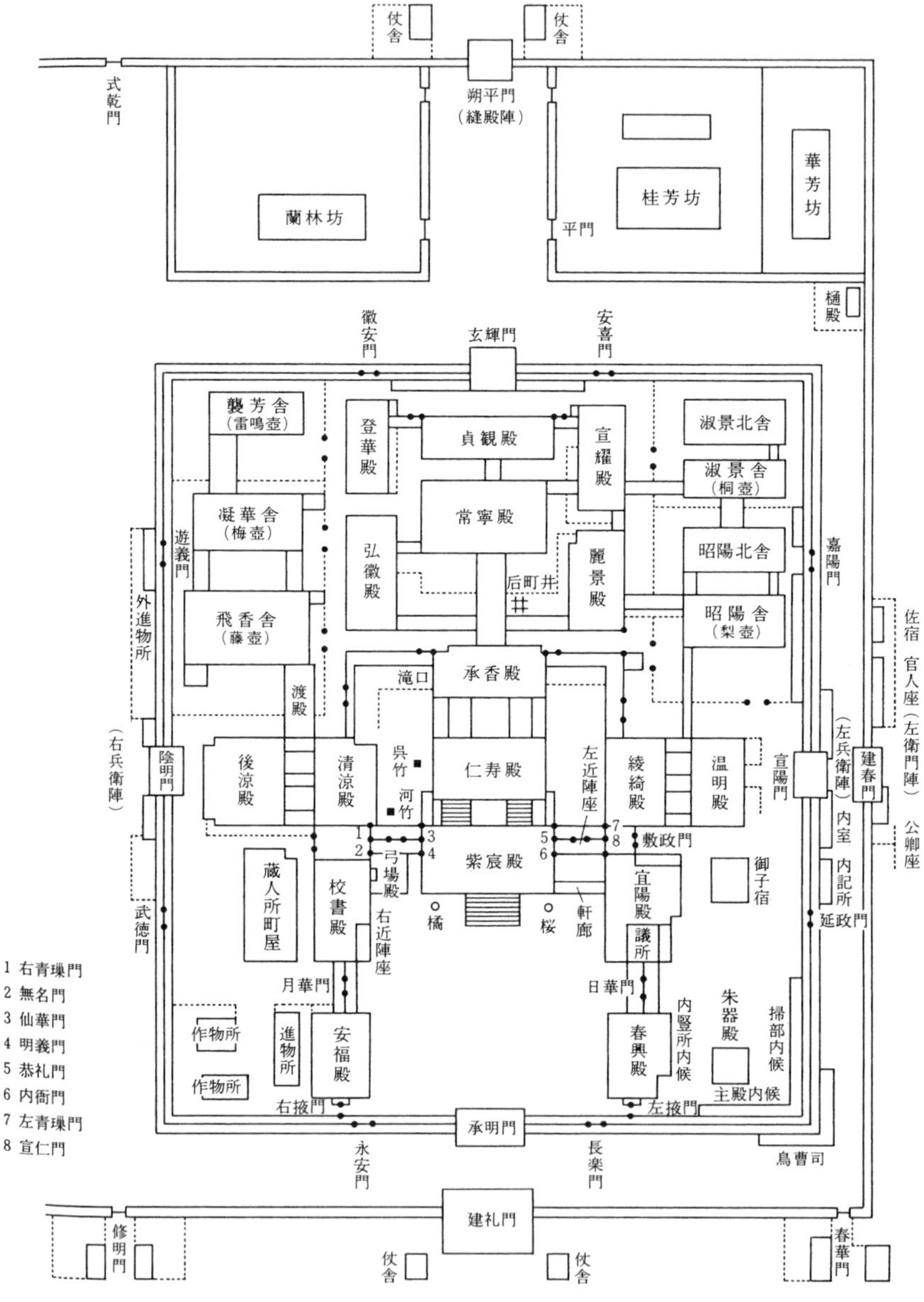

仗舎
仗舎
式乾門
朔平門
（縫殿陣）
蘭林坊
桂芳坊
華芳坊
平門
樋殿
徽安門
玄輝門
安喜門
襲芳舎
（雷鳴壺）
登華殿
貞観殿
宣耀殿
淑景北舎
淑景舎
（桐壺）
凝華舎
（梅壺）
常寧殿
弘徽殿
麗景殿
昭陽北舎
遊義門
嘉陽門
后町井
外進物所
飛香舎
（藤壺）
昭陽舎
（梨壺）
佐宿
官人座（左衛門陣）
承香殿
滝口
渡殿
後涼殿
清涼殿
呉竹
河竹
仁寿殿
左近陣座
綾綺殿
温明殿
宣陽門
（左兵衛陣）
建春門
（右兵衛陣）
陰明門
紫宸殿
敷政門
弓場殿
蔵人所町屋
校書殿
宜陽殿
御子宿
内室
内記所
公卿座
橘
桜
軒廊
右近陣座
議所
延政門
武徳門
月華門
日華門
作物所
進物所
安福殿
春興殿
内豎所内候
朱器殿
掃部内候
主殿内候
作物所
右掖門
左掖門
承明門
永安門
長楽門
鳥曹司
建礼門
修明門
仗舎
仗舎
春華門
1 右青瑣門
2 無名門
3 仙華門
4 明義門
5 恭礼門
6 内衙門
7 左青瑣門
8 宣仁門

図序-3　平安宮内裏図

官職と身分の変質

まず官職と身分の変質として注目すべきは、宣旨職《せんじしょく》の重視と新たな身分秩序の成立である。律令制の官職は官位令《かんいりょう》に規定されているが、官位令以降に新たに設置された官職を令外官《りょうげのかん》という。この令外官のうち摂政・関白・蔵人《くろうど》・検非違使《けびいし》などを宣旨職とよぶ。これは簡単にいえば宣旨という天皇の略式命令で任命される官職である。九世紀末以降、この宣旨職が重視された。

一方、律令身分制はやはり官位令に規定された位階制《いかいせい》を基礎とする。位階制では親王・内親王（天皇の子女や兄弟姉妹）は一品～四品の品位《ほんい》、王・女王（親王の子女以下の皇族）は一位～五位、男女諸臣は一位～初位《そい》（九位）の位階（一位～五位は王・女王と重複）によって序列され、位階に応じて官職が与えられた（官位相当制《かんいそうとうせい》）。一位～初位は各位それぞれで正《しょう》・従《じゅ》（初位のみ大・小）に分かれ、さらに四位～八位は正・従、初位は大・小それぞれで上・下に分かれた。つまり全体で三十階級にもなった（ただし、正一位は故人への追贈や祭神のみ）。そのうち五位（従五位下）以上と六位（正六位上）以下で大きな身分格差があり、一位～三位を貴《き》、四位・五位を通貴《つうき》と総称し、合わせて五位以上が貴族であった。

ところが、九世紀末頃になると、昇殿制《しょうでんせい》という新たな制度が定着し、四位・五位の間で殿上人《てんじょうびと》と諸大夫《しょだいぶ》という身分格差が生じた。具体的には殿上人と殿上人を経て昇進した公卿《くぎょう》からなる昇殿勅許者《ちょっきょしゃ》と、諸大夫とそれ以下の侍《さむらい》（六位）や無位（当時は七位～初位は消滅、実質的に六位が最下位）を含む昇殿不勅許者（地下《じげ》と総称）の間に身分格差が生じる新たな身分秩序が成立した。このうち特に重要なのは殿上人である。

公卿と殿上人

まず公卿は位階は一位～三位、官職は摂政・関白・太政大臣《だじょうだいじん》・左大臣《さだいじん》・右大臣《うだいじん》・内大臣《ないだいじん》・大納言《だいなごん》・中納言《ちゅうなごん》・近衛大将《このえだいしょう》などに四位の参議《さんぎ》を含む身分である。これが摂関制での国政審議官で、左大臣を筆頭に陣定《じんのさだめ》という国政審議会議に参加できる身分である。なお、摂政は天皇大権の代行者、関白は天皇の補佐役、太政大臣は当時は名誉職化したために陣定には不参加。

殿上人は位階は四位・五位、官職は弁官《べんかん》（中弁《ちゅうべん》・少弁《しょうべん》）・少納言《しょうなごん》・近衛次将《このえししょう》（中将・少将）・兵衛督《ひょうえのかみ》などのうち、天皇の私的空間である内裏のなかでも特に天皇日常生活の場である清涼殿《せいりょうでん》の南廂《みなみひさし》にある殿上間《てんじょうのま》（図序-4）とい

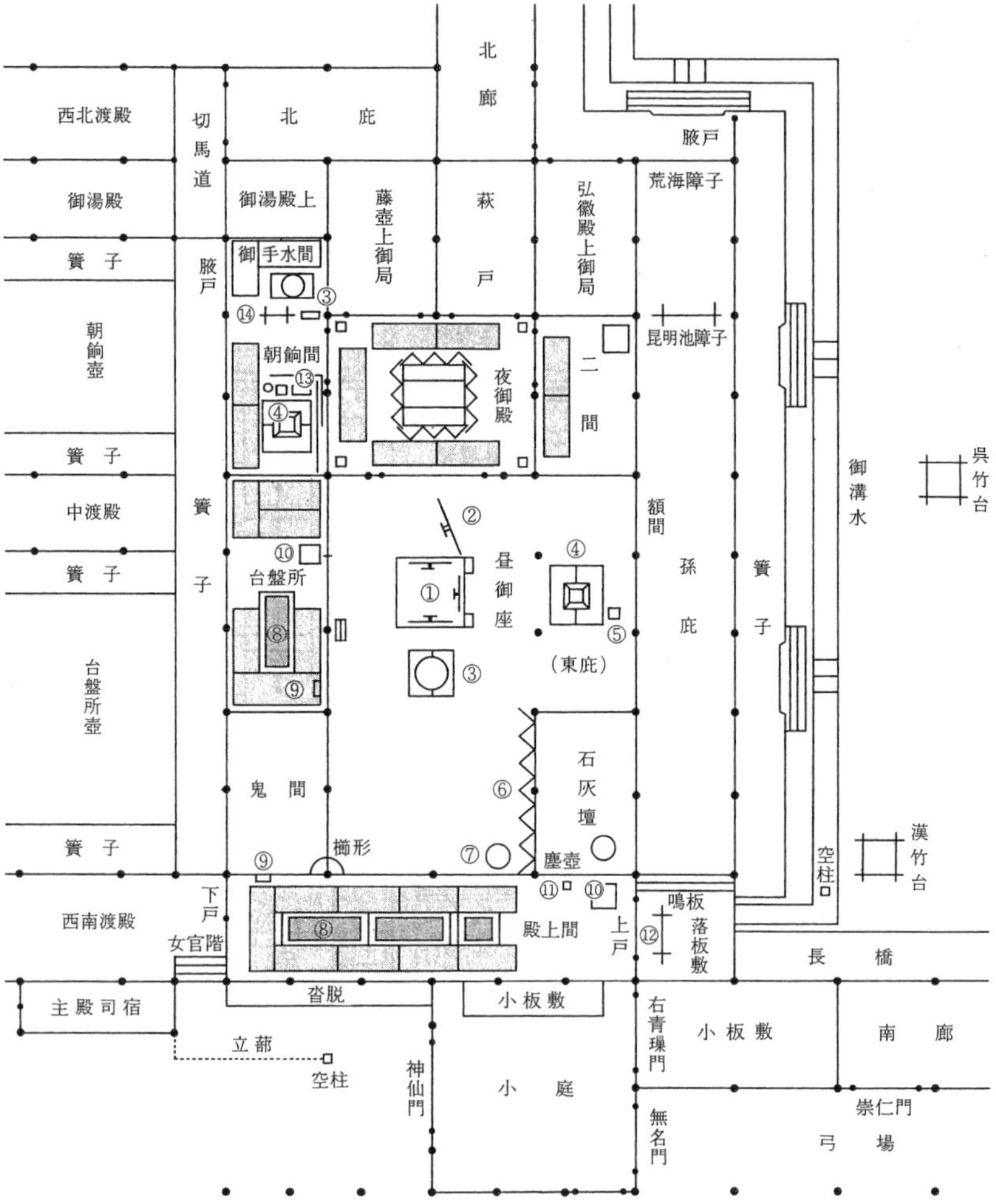

①御帳台
②三尺御几帳
③大床子御座
④平敷御座
⑤御硯筥
⑥四季御屛風
⑦陪膳円座
⑧台盤
⑨日給簡
⑩御倚子
⑪文杖
⑫年中行事障子
⑬山水御屛風
⑭小障子

図序-4　平安宮清涼殿図

う空間に昇殿する（上がり込む）ことを勅許（天皇から許可）された身分。殿上間には日給簡《にっきゅうのかん》（殿上簡《てんじょうのかん》とも）という大型の名札が設置され、そこに名前が記された。なお、既述した「年中行事御障子」は、殿上間の東側の入口である上戸《かみのと》の前に置かれた。

この殿上人にはさらに蔵人が加わる。蔵人は四位の蔵人頭《くろうどのとう》二名（頭弁《とうのべん》・頭中将《とうのちゅうじょう》）と五位・六位の蔵人からなる。このうち蔵人頭が殿上人筆頭。殿上人は蔵人頭の指示のもと本来の官職による職掌とは別に、陪膳《ばいぜん》（食事の世話）や宿直《とのい》などの天皇身辺の雑事に従った。

ここで重要な点は、宣旨職や殿上人は天皇との私的関係で任命される官職や身分のため、天皇の代替わりで任命し直される点である。むろん次の天皇にそのまま引き継がれる場合も多いが、形式的であれ新天皇が任命し直した。この点が、天皇代替わりに影響されない、律令制本来の官職や身分と大きく異なる点である。

公事の内容と行う場所の変化

次いで注目したいのは公事の内容と場所である。公事の具体的な内容は、恒例・臨時の儀式、節会、なかば儀式化した政務、さらに天皇私的行事を加えたものである。このうち儀式・節会・政務は変質しているとはいえ基本的には前代からの継承である。公事としての新たな展開は天皇私的行事が含まれている点である。この点に筆者は注目したい。

この天皇私的行事とは天皇個人のために、あるいは殿上人以上の天皇ミウチ限定で行われる行事のことであり、これこそ公事が公事（天皇に関わる事柄）たる所以といえる。

こうした天皇私的行事は、たとえば正月年頭からみえる。天地四方拝《てんちしほうはい》・供御薬《みくすりをくうず》・小朝拝《こちょうばい》などである。天地四方拝は、元日寅刻（午前四時前後）に天皇が清涼殿東庭に出御し、属星《しょくせい》（自身の守護星）・天地・四方・父母の山陵などを拝して年頭の祈願をする行事。これは天皇だけでなく、平安貴族社会では広く一般に行われた行事で、天皇にとっても私的行事といえる。

ただし、天皇の天地四方拝は『内裏儀式』にすでに記されている。そうであれば公事成立以前からの行事となるが、以後の六国史に実例はみえず、実例としては『宇多天皇日記』寛平二年（八九〇）正月一日条（『年中行事秘抄《ひしょう》』

〈記主未詳。鎌倉初期成立か〉所引）を初見とする。そこで天皇の天地四方拝はこの時から始まったとするのが通説である。

次いで供御薬は、正月元〜三日に天皇に屠蘇散《とそさん》・白散《びゃくさん》・度嶂散《としょうさん》といった生薬（現在のお屠蘇に相当）を献じる行事。同時に歯固《はがため》（現在のお節料理に相当）や御膏薬《ごこうやく》（塗り薬）を献じる行事も行われた。これらは天皇の無病息災を祈念する、まさに天皇個人のための私的行事である。

次いで小朝拝は、元日に全官人が朝堂院に集まり、天皇に年頭の挨拶をする元日朝賀《がんじっちょうが》という国家儀礼のあとに、殿上人以上が清涼殿東庭で天皇に年頭の挨拶をする行事である。元日朝賀が五位以上の礼服着用が規定された律令制以来の最大の国家儀礼のひとつであるのに対し、こちらは天皇ミウチの行事である。事実、小朝拝は醍醐天皇（八八五〜九三〇）の延喜五年（九〇五）に「私礼」という理由で一旦廃止された（源高明《みなもとのたかあきら》〈九一四〜九八二〉の『西宮記《さいきゅうき》』巻一〈小朝拝〉）。

なお、元日朝賀は一条《いちじょう》天皇（九八〇〜一〇一一）の正暦四年（九九三）を最後に廃絶する。以後、年頭の天皇への挨拶は小朝拝だけとなる。元日朝賀は全官人が参加する公的儀礼だが、小朝拝は殿上人以上だけが参加する私礼である。これは国家儀礼における律令制から摂関制への変質を象徴する事例といえる。

一方、公事を行う場所が内裏（図序-3）に集中した。特に節会をはじめ重要な行事は紫宸殿、日常政務は清涼殿（はじめは仁寿殿《じじゅうでん》）で行われ、朝堂院や豊楽院は即位式などの特別な行事以外は使用されなくなった。しかも穢れ意識の発達とも相俟って、天皇が内裏（特に清涼殿）から外に出ることはなくなり、行幸《ぎょうこう》つまり天皇の内裏からの外出はきわめて特殊なこととなった。

天皇「私」部分の公化

以上が筆者が注目したい変質の要点である。改めてまとめれば、宣旨職や殿上人といった天皇との私的関係で任命される官職や身分の重視、天皇私的行事の公事への導入、公事の場の天皇の私的空間である内裏への集中ということである。以上の変質を突き詰めれば、天皇の「私」部分の公化《おおやけか》といえる。

言い換えれば、九世紀末以降、天皇の「私」部分が消滅し、天皇に関わることすべてが「公」となった。これは天皇権威が絶頂に達したことを意味する。

以後、天皇の権威を脅かす存在はなくなり、日本の歴史は絶対的な天皇権威を背景とした権力者が闘争する時代となった。つまり権威と権力の分離であり、権威は一貫して天皇が担った。これが天皇制が現在まで存続した理由であると筆者は考えている。

それはともかく、こうした変質に対応して公事のマニュアルとしての有職故実が成立したのである。

有職故実の成立

つまり中国の律令には皇帝に関する詳細な規定があるが、日本の律令には天皇に関する規定はないに等しい。そうしたなかで、天皇の「私」部分が公化したのである。日本の律令に天皇のことが記されていない点を日本的特徴と解釈し、天皇の「私」部分が公化し、天皇が前面に出ることにより、それを日本における本当の意味での律令制の確立と捉える考え方もあるが、いずれにしろ、天皇の「私」部分の公化によって、朝廷運営のなかでそれまでの律・令・格・式・儀式に則れない部分が生じたのは確かである。その則れない部分こそ有職故実の領域であった。

則れない部分に対応して新たな法典や施行細則が整備されれば問題はなかった。しかし、『新儀式《しんぎしき》』（応和三年〈九六三〉以降成立か）の編纂など多少の動きはあったものの、当時の朝廷にはかつてほどの力はなく、則れない部分は天皇自身や摂政・関白などの公事の主導者の内意による臨時・臨機の新例で補った。つまり公事の主導者の判断で臨機応変に対応したのである。

その臨機応変の対応ひとつひとつが新例であり、新例の成立こそ故実の萌芽となった。なぜならば、新例は次にまた同様の状況になった時には先例となり、先例が繰り返されて故実となったからである。非常に模式的な解釈であるが、こうした流れのなかで、公事のマニュアルたる有職故実が成立したのである。だからこそ公家故実はきわめて政治的な実践の知識なのである。

3　「日記」と有職故実

このように故実の根源は臨機応変の新例であり、新例が次代の先例となり、やがて故実となるという流れがある。ただし、新例は後代に伝えなければ先例にならないし、同時に先例は故実にはならない。そもそも故実自体が後代に伝えるものである。後代に伝えるための最も確実な方法は文字に書き残すことである。そこで公事の記録、言い換えれば新例・先例・故実（以下、あわせて故実）の備忘のために、天皇以下の貴族達が各人で「日記」を記すことになったのである。

「日記」と私撰儀式書の成立

こうした「日記」の初期のものとしては、既述した『八条式部卿私記』や『宇多天皇日記』に続き、天皇では醍醐天皇の『醍醐天皇日記』や村上《むらかみ》天皇（九二六〜九六七）の『村上天皇日記』があり、『宇多天皇日記』と合わせて「三代御記《さんだいぎょき》」と総称された。また、藤原忠平《ただひら》（八八〇〜九四九）の『貞信公記《ていしんこうき》』、醍醐天皇皇子重明親王《しげあきらしんのう》（九〇六〜九五四）の『吏部王記《りぶおうき》』、藤原師輔の『九暦』などがあり、藤原道長の『御堂関白記』や藤原実資《さねすけ》（九五七〜一〇四六）の『小右記《しょうゆうき》』、藤原行成《ゆきなり》（九七二〜一〇二七）の『権記《ごんき》』などへと続く。また、藤原実頼《さねより》（九〇〇〜九七〇）には現存しないが『清慎公記《せいしんこうき》』（『水心記《すいしんき》』とも）があった。

さらにこうした「日記」執筆そのうちでも別記や部類記作成の延長として「日記」と一体で考えられるのが、年中行事を主体に公事を網羅した私撰の儀式書（年中行事書）の成立である。

散逸して逸文のみ知られる村上天皇の『清涼記《せいりょうき》』（成立年未詳）、藤原師輔の『九条年中行事《くじょうねんじゅうぎょうじ》』（成立年未詳）、藤原実資の『小野宮年中行事《おののみや》』（長元二年〈一〇二九〉以降成立）をはじめ多数知られるが、とりわけ源高明の『西宮記』（安和二年〈九六九〉頃成立）、藤原公任《きんとう》（九六六〜一〇四一）の『北山抄《ほくざんしょう》』（成立年未詳）、さらに時代は下がるが大江匡房《おおえのまさふさ》（一〇四一〜一一一一）の『江家次第《ごうけしだい》』（成立年未詳）は、特に後世の規範として尊重され、実際に『西宮記』『北山抄』の二書は「日記」と認識されている（藤原宗忠《むねただ》〈一〇六二〜一一四一〉の『中右記《ちゅうゆうき》』永久二年〈一一一四〉三月二十九・三十日条)。

口伝・教命と家流

一方、故実は口伝《くでん》や教命《きょうみょう》といった口伝えのかたちでも子孫に伝えられた。特に公事の主導者たる摂関家において、藤原基経の故実が子息藤原忠平によってその子息実頼・師輔兄弟に口伝と教命のかたちで伝えられ、それぞれ小野宮流と九条流という故実の家流《かりゅう》を形成していく過程は、竹内理三《たけうちりぞう》氏(一九〇七〜九七)の研究でよく知られている。

しかし、口伝や教命もそれを受ける側が書き留めることになる。書き留めなければ故実は継承されない。上記の『九条年中行事』『小野宮年中行事』は、忠平の口伝と教命に基づいて、九条流の師輔および小野宮流の実資(実頼養子)によってまとめられたものである。また、『西宮記』『北山抄』『江家次第』の三書も、それぞれ九条流や小野宮流の故実の要素を含むものである。

一方、『寛平御遺誡《かんぴょうごゆいかい》』や『九条殿遺誡』のように、口伝や教命を授ける側が子孫に書き残す場合もある。前者は寛平九年(八九七)の譲位の際に宇多天皇が次期天皇である皇太子敦仁《あつひと》親王(醍醐天皇)に、後者は藤原師輔が子孫に対して書き残したものである。

故実の流派にはほかに藤原道長に仮託した御堂流もあるが、こうした故実の流派が成立する背景は、故実はあくまで当事者の判断に基づくものだからである。つまり臨機応変の新例から発した故実は本来は非常に柔軟なもので、受け取る側の解釈の相違で家流が成立することになるのである。

故実の細分化・専門化と家職

このように成立した有職故実だが、十一世紀末の院政期以降、仙洞《せんとう》(院御所)や摂関家などのいわゆる権門《けんもん》の行事も公事化して故実は増加。そのために複雑化・猥雑化し、ついに形式化した。そのため、それまでの柔軟な先例重視から先例墨守に変わり、故実は細分化・専門化していった。故実の専門化・細分化は故実の分類を促し、天皇・上皇以下の人々による行事・職掌・装束などの部類記や、「日記」をもととした故実集成の類が多く成立した。

こうした流れと前後し、様々な分野で特定の家による特定分野の専門化がおこり、家職《かしょく》というものが出てくる。

弁官局を世襲した小槻《おづき》氏による官務家《かんむけ》、外記局を世襲した中原氏や清原氏による局務家《きょくむけ》がその代表であり、数多くの「日記」を収蔵する有職故実の家として、本書のもう一人の編者松薗斉氏の研究でその実態が明らかとなった「日記家」も成立する。

そうしたなかで装束関係の故実が独立した点は注目される。源雅亮《まさすけ》（生没年未詳）の『満佐須計装束抄《まさすけしょうぞくしょう》』を皮切りに多くの公家装束の故実書（装束抄）が成立した。

その背景は、公家装束特に男子装束は、衣服令規定の朝服の変質した束帯《そくたい》を筆頭に可視的身分標識としての役割があり、公事参加者にとっては現在の我々が考える以上に重要な意味を持っていたが、職掌や行事さらに家柄・年齢・季節などの諸条件による規定や故実がじつに複雑だからである。

しかも平安末期（十二世紀）頃からは、強装束《こわしょうぞく》という公家装束における新しい様式が成立し、そのことも装束抄の成立に大きく影響した。その結果、衣紋方《えもんかた》という装束着装のための家職も生まれた。

古典理解の有職故実

こうした一方で、古典理解の有職故実も成立した。この場合の古典とは、『源氏物語』を中心とする現在でいう平安文学である。この古典理解の有職故実は平安時代末期からすでにその萌芽がみられたが、さかんになるのは鎌倉時代中期以降であり、有職故実の三本柱のなかで最後に成立したものである。これは公家故実や武家故実が実践の知識であるのに対し、学問研究の有職故実であり、現在の歴史考証や古典註釈に直接繋がるものである。

こうした有職故実が成立した背景は、平安時代と鎌倉時代で、様々な事柄において名称は同様でも実態・構造・様式などに変化が起こり、名称と実態の対応関係に混乱を生じ、正しい古典理解ができなくなったからである。

現在でも日常的に使用しているモノは時とともに変化する。分かりやすい例でいえば乗用車。十年前と現在では途中でマイナーチェンジを繰り返し、同様の車名でもおよそ外観や細部が異なってくる。こうしたことが平安時代から鎌倉時代という時代の流れのなかで多くの事柄で発生した。既述した装束の強装束化などはその典型例である。

そうなると、名称は同様でも実態は平安時代と鎌倉時代では異なることになり、鎌倉時代の理解では平安文学が正しく理解できないことになる。そこで平安文学の正しい理解を目的に、書かれた時代の実態を知るために古典理解の有職故実が成立したのである。

公家故実と古典理解

もっとも古典理解も根本は公家故実と同様である。というのも、公家故実では故実を調べるために、古典理解は書かれた時代の実態を調べるために、どちらも「日記」を中心に過去に書かれた文献を調べるという行為は同様だからである。

両者の相違点は、調べた結果や成果を、公家故実では公事の実践に反映させ、古典理解では書物にまとめた点である。四辻善成《よつつじよしなり》（一三二六～一四〇二）による『源氏物語』の註釈書『河海抄《かかいしょう》』（貞治年間〈一三六二～六六〉成立）などは後者の代表例であろう。

つまり両者の相違点は、調べた結果・成果のいわば公表方法といえる。とはいえ、公家故実も結局は書き残すのであり（これは武家故実でも同様）、両者には強い相関性がある。

公事が形骸化した室町時代にも、公家達によって様々な有職故実に関する文献が記された。『公事根源《くじこんげん》』（成立年未詳。記主は二条良基《にじょうよしもと》〈一三二〇～八八〉とも）・『桃華蘂葉《とうかずいよう》』（文明十二年〈一四八〇〉成立）・『三節会《さんせちえ》次第《しだい》』（成立年未詳）などの公家故実に関わる文献を記した一方で、『花鳥余情《かちょうよせい》』（文明四年〈一四七二〉成立）という『源氏物語』の註釈書を著した一条兼良《いちじょうかねよし》（一四〇二～八一）などはその代表者である。こうした人物が現れたのも、公家故実と古典理解の有職故実の強い相関性を背景にしてのことといえるのである。

以上、「日記」とは本来的に公事の故実の記録・覚書である。そこで「日記」には行事の式次第《しきしだい》（進行方法や参加者の動き）や、記主をはじめとする行事参加者の着用装束などが詳細に記されている。こうした部分は現在では読み飛ばされることも多い。

「日記」が公事の故実の記録・覚書といっても、実際の記載内容は公事関係に限らず多彩である。したがって、現在の史料としての「日記」利用の在り方として、読み手（利用者）が自身の関心に基づいて「日記」を読むことを否定する気はない。

しかし、「日記」が公事の故実の記録・覚書である以上、式次第や装束が詳細に記されているのは当然であり、記主が重要と考え、後代に伝えたい部分だからこそ詳細に記すのである。だとすれば、そうした部分を読み飛ばしては記主の意図は台無しであり、「日記」の本質を理解していない読み方であることは確かである。最後にこの点を強調しておきたい。

（近藤好和）

参考文献

大津透『古代の天皇制』（岩波書店、一九九九年）
近藤好和『装束の日本史』（平凡社新書、二〇〇七年）
近藤好和「日記という文献」（倉本一宏編『日記・古記録の世界』思文閣出版、二〇一五年）
鈴木敬三「有識故実」（『有識故実大辞典』吉川弘文館、一九九六年。初出一九九三年）
竹内理三「口伝と教命」（『竹内理三著作集第五巻　貴族政治の展開』角川書店、一九九九年。初出一九四〇年）
所功『平安朝儀式書成立史の研究』（国書刊行会、一九八五年）
橋本義彦『平安貴族社会の研究』（吉川弘文館、一九七六年）
古瀬奈津子『日本古代王権と儀式』（吉川弘文館、一九九八年）
松薗斉『日記の家』（吉川弘文館、一九九七年）
山中裕『平安朝の年中行事』（塙書房、一九七二年）
山中裕編『古記録と日記』上・下（思文閣出版、一九九二年）

第Ⅰ部　日記と有職故実

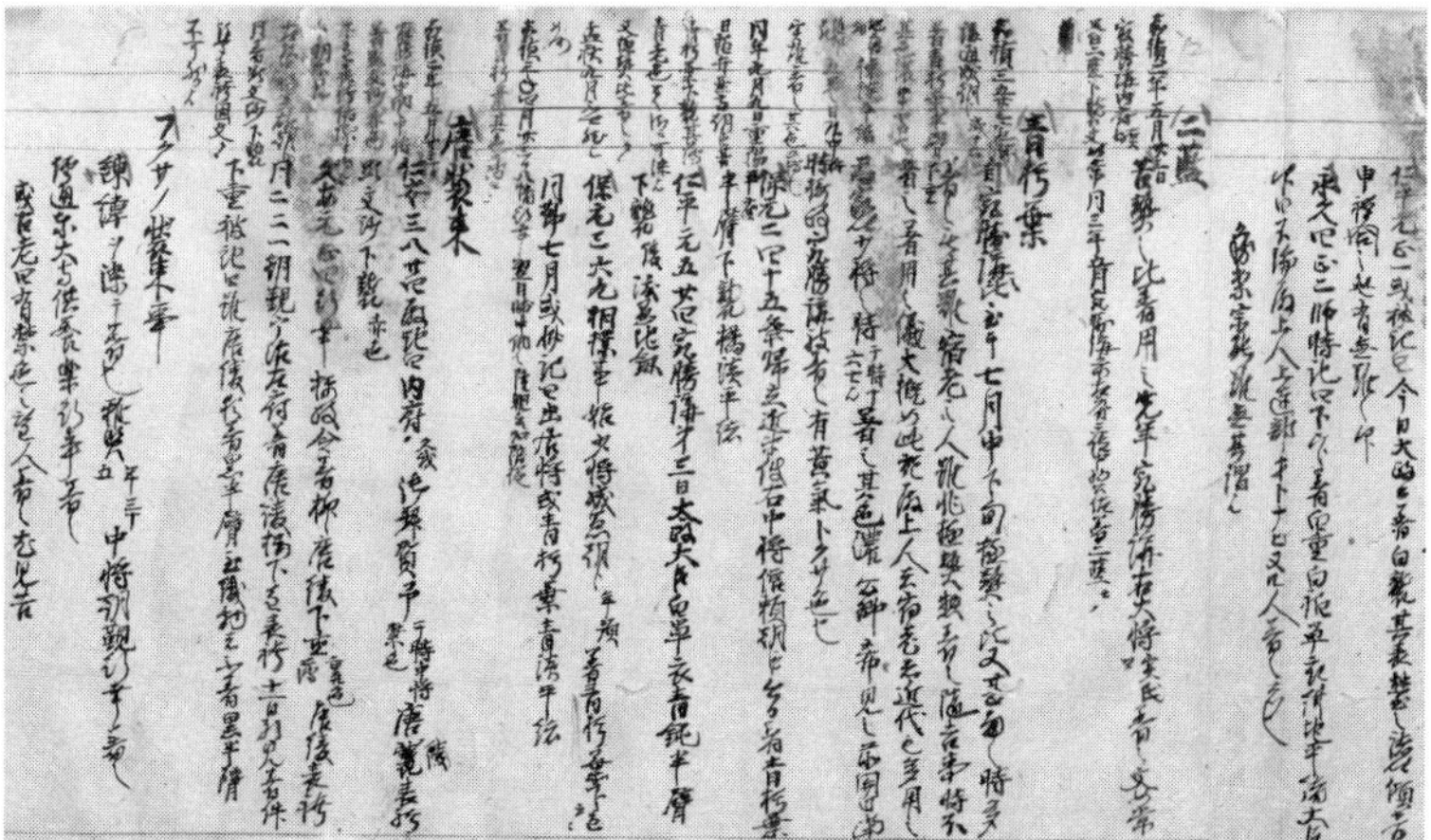

『餝抄』部分（国立公文書館・内閣文庫蔵）

解説

本書第Ⅰ部では、「日記と有職故実《ゆうそくこじつ》」として、第一章は『九条年中行事《くじょうねんじゅうぎょうじ》』『小野宮《おののみや》年中行事』『江家次第《ごうけしだい》』『類聚雑要抄《るいじゅうざつようしょう》』『建武《けんむ》年中行事』の年中行事書五本、第二章は、『清獬眼抄《せいかいがんしょう》』『執政所抄《しっせいしょしょう》』『世俗浅深秘抄《せぞくせんしんひしょう》』『禁秘抄《きんぴしょう》』『吉口伝《きっくでん》』の故実書五本、第三章は『餝抄《かざりしょう》』『次将装束抄《しじょうしょうぞくしょう》』『法体装束抄《ほったいしょうぞくしょう》』の装束抄三本を取り上げた。

執筆内容は各筆者にお任せしたので、各記述のなかで各書の全体像が必ずしも示されているわけではない。また、日記と有職故実との関係についても、序章ですでに筆者の見解を示した。そこで、ここでは右記各書の性格と、「日記」との関係について触れて解説に替えたい。なお、ここでは年中行事書・故実書・装束抄をまとめて有職故実書とする。

「日記」

まずは「日記」について序章で触れたことを改めてまとめる。

日記という文献は歴史的には多様な種類があるが、その中心は和風漢文で記された日次記であり、これを現在では古記録という。この古記録には朝廷の実務官人によって記された公日記と、主に天皇以下の貴族達が私的に記した私日記があり、後者は摂関期以降の膨大な数が残っている。

後者を「日記」と表記するが、「日記」は、具註暦《ぐちゅうれき》という朝廷頒布の暦の余白（間明《まあき》）に記された暦記《りゃっき》を基本とする。間明に書き切れない場合は裏書《うらがき》として具註暦の裏に書いたり、また、特定の事項に関しては具註暦とは別に記して別記《べっき》といった。さらに暦記の記載内容を項目ごとに分類・整理した部類記《ぶるいき》がある。

なお、別記は本来は裏書と同じく具註暦の間明に書き切れないために別に記した。そこで平安末期頃より、「日記」を必ずしも具註暦に記さなくなると、暦記とは別に別記を記す必要性は薄れ、一日分の記載が長文となる暦記も増加する。

いずれにしろ公日記はもちろん、「日記」も本来的には公事《くじ》（摂関期以降の朝廷の儀式や政務の総称）の記録・覚書であり、その執筆目的は、後日や後人のために公事の先例・故実を書き遺すことにあった。

ここに「日記」と有職故実の密接な関係があり、「日記」・公日記を中心に、律令制下の諸法典（式や儀式など）や記主が受けた口伝《くでん》・教命《きょうみょう》、また記主自身の経験知などの諸々を原材料とし、有職故実書が成立する。有職故実書は公事を行うためのマニュアル書（手引書）であり、学問研究とは別の実用書である。

「日記」の検索法と部類記　ところで、「日記」は後日や後人のために公事の先例・故実を書き遺したものであるため、必然的に後日あるいは後人がそれを検索することになる。「日記」のうち部類記作成は、この内容検索の利便を図るためのものである。橋本義彦氏によれば、「日記」の記載内容検索の利便を図るために、部類記作成を含めて次のような手段が取られた。

(1)首書《くびがき》記入　首書は頭書《とうしょ》・標出《ひょうしゅつ》・事書《ことがき》などともいい、「日記」本文行頭に「～事」と書き込んで記載内容（～部分が記載内容）を示す標題とした。検索手段として最も簡略な方法である。

(2)目録作成　いわば暦記の目次の作成であり、項目毎に編年で分類・整理した。

(3)抄出本《しょうしゅつぼん》作成　「日記」は記主の自筆本が残っていることは稀で、多くは写本（書写本）として残る。写本は原本のままに書写するのが原則だが、抄出本とは、書写者の判断で記載を要約したり、取捨選択して書写したものである。記載の要約や取捨選択によって検索の利便を図った。なお、別記の抄出本もある。

(4)部類記作成　部類記作成は、「日記」検索手段のなかで最も進んだものである。

部類記についてもやはり橋本氏が四形態に分類している。橋本氏が説く成立順に整理すれば、

(a)単一暦記から複数事柄を抄出したもの。
(b)単一暦記から単一事項を抄出したもの。
(c)複数暦記から単一事項を抄出したもの。
(d)複数暦記から複数事項を抄出したもの。

となる。

有職故実書執筆の目的は、以上の暦記・裏書・別記、さらには部類記を中心とする「日記」検索法いずれにも共通する要素を持つと筆者は考える。

では、以上を前提として第Ⅰ部で取り上げた有職故実書の全体像を概観する。

年中行事書　序章で触れたように、年中行事書は律令制下の儀式（官撰の儀式書）に対し、摂関期以降に成立した私撰の儀式書である。内容は基本的に恒例《こうれい》・臨時の公事全般にわたる式次第（手順や作法）を記す。記載方法は恒例の公事つまり年中行事の場合は正月から十二月までの月日順であり、次いで臨時公事や公事のなかでも政務手続、時に摂関家をはじめとする臣下の行事の式次第が記される場合もある。そして、暦記などから集めた先例が、式次第を記した後にまとめられたり、あるいは式次第の途中に書き込まれる。

第Ⅰ部で取り上げた『九条年中行事』『小野宮年中行事』『江家次第』『建武年中行事』は、いずれもこの形態である。このうち年中行事書として最も整った形態を示すのが『江家次第』である。また、『小野宮年

中行事』は、式次第よりも各公事ごとの先例記載が中心となる。一方、『建武年中行事』は、他の年中行事書が漢文記載を基本とするのに対し、仮名記載の年中行事書である。

以上とは少し趣が異なるのが『類聚雑要抄』である。内裏の建物のうち天皇の居住空間である清涼殿《せいりょうでん》内部は、広義の装束つまり調度《ちょうど》（家具類）や器物の配置などに一定の規則がある。これに対し、公事を行う主殿である紫宸殿《ししんでん》は、公事ごとに必要とする調度・器物や装束が異なり、天皇以下の公事参列者の座作《ざさ》進退《しんたい》（立ち居振る舞い）にも複雑なものがある。そこで文章だけでは分かりにくいので、それらを図示することが「日記」にもみられる。その図を指図《さしず》と総称するが、『類聚雑要抄』は文章だけでなくその指図を多く載せる年中行事書として特徴がある。こうした指図を多く載せる年中行事書としてはほかに藤原重隆《ふじわらのしげたか》（?～一一一八）の『雲図抄《うんずしょう》』や『文安御即位調度図《ぶんあんごそくいちょうどず》』（記主・成立年代不詳）などもある。

こうした年中行事書は公事全般を知るためのマニュアル書といえるが、別記のなかには特定の公事の式次第を詳細に記したものも多く、別記の拡大版や部類記(d)の延長で考えることもできるであろう。また、指図を多く載せる『類聚雑要抄』等は故実書ともいえる。

故実書

これは公事に関わる特定の身分・職掌・立場や、また特定の公事に応じた個々の式次第や先例・故実を集めた、いわば各専門に特化したマニュアル書である。これは故実集成ともいえるが、故実集成のなかには特定の専門にかかわらず広範囲に故実を集成したものもある。

本書で取り上げたうちでは、『世俗浅深秘抄』が後者の典型例で、その故実集成の方法にはなんら脈絡がない。それ以外の各書は、第二章冒頭でも記したが、『清獬眼抄』は検非違使《けびいし》のための、『執政所抄』は摂関家家政機関のための、『禁秘抄』は天皇のための、『吉口伝』は蔵人頭《くろうどのとう》のための故実書である。

ただし、各執筆者も触れているが、『清獬眼抄』は、清原季光《きよはらのすえみつ》（一一三三～八〇）の『後清録記《ごせいろっき》』からの引用が大半であるためにその部類記ともいえる性格を持つし、『吉口伝』はその記主藤原隆長《たかなが》（一二七七～一三五〇）の兄定房《さだふさ》（一二七四～一三三八）の『吉槐記《きっかいき》』の部類記とも抄出本ともいえる文献である。橋本氏の分類に当てはめれば、『清獬眼抄』は部類記(b)、『吉口伝』は執筆者も指摘するように部類記(a)に相当しよう。

また、『執政所抄』は、公事および摂関家の行事が年中行事順（月日順）に記されているため、形態的には年中行事書との関連性を持つ。しかし、公事はもちろん摂関家の行事でも、家司《けいし》（家政機関筆頭）をはじめ家政機関職員が直接参加するわけではないから、各公事・各行事の式次第や故実が記されているわけではなく、主に記されているのは、各公事・各行事で必要な用度（米・油・食材など）や調度・器物名などである。こうしたことも広くみれば故実といえるが、他の故実書とは趣の異なるものである。

装束抄

最後に装束抄。これは故実書の一つの分野であるし、また、橋本氏の分類に当てはめれば(c)や(d)に相当する、装束に特化した部類記ともいえる性格のものである。

ただし、多くの部類記や有職故実書を収録する『群書類従』や『続群書類従』でも、部類記や装束抄以外の有職故実書は公事部や雑部に収録されているのに対し、装束抄はそれとは別の装束部に収録されているように、他の故実書とは独立したものとして扱われている。それは序章でも触れたように、公事に関する先例・故実のなかでも、装束に関するそれが最も複雑だからである。

この装束抄の内容を大別すれば、(イ)装束全般について記したもの、(ロ)特定の身分・職掌・立場や特定の公事の装束について記したもの、(ハ)特定の装束に特化して記したもの、の三形態となろう。

本章で取り上げた装束抄で言えば、『餝抄』は(イ)、『次将装束抄』は(ロ)、『法体装束抄』も(ロ)だが(ハ)の要素も持つものである。

（近藤好和）

参考文献

橋本義彦『平安貴族社会の研究』（吉川弘文館、一九七六年）

第一章　年中行事書——公事全体のマニュアル書

本章では、藤原師輔《ふじわらのもろすけ》（九〇八〜九六〇）の『九条年中行事《くじょうねんじゅうぎょうじ》』、藤原実資《さねすけ》（九五七〜一〇四六）の『小野宮年中行事《おののみやねんじゅうぎょうじ》』、大江匡房《おおえのまさふさ》（一〇四一〜一一一一）の『江家次第《ごうけしだい》』、平安末期成立と考えられる『類聚雑要抄《るいじゅうざつようしょう》』（編者未詳）、後醍醐《ごだいご》天皇（一二八八〜一三三九）の『建武年中行事《けんむねんじゅうぎょうじ》』という五本の年中行事書（儀式書）を取り上げる。

この五本の年中行事書はそれぞれ特徴がある。『九条年中行事』『小野宮年中行事』は、公家故実の二大家流である九条流と小野宮流それぞれの年中行事書。『江家次第』は、源高明《みなもとのたかあきら》（九一四〜九八二）の『西宮記《さいきゅうき》』、藤原公任《きんとう》（九六六〜一〇四一）の『北山抄《ほくざんしょう》』とともに「三大儀式書」と称され、平安時代を代表する年中行事書のひとつ。中世以降の年中行事書の基礎となった。『類聚雑要抄』は、様々な年中行事で使用する調度・器物やその配置、または行事を行う場所の指図などの図を主体に記す。『建武年中行事』は、漢文表記を通常とする年中行事書のなかで、数少ない仮名表記の年中行事書である。

（近藤好和）

1　『九条年中行事』（藤原師輔）・『小野宮年中行事』（藤原実資）——有職故実断章

ここでは、藤原師輔の手になる『九条年中行事』と、藤原実資の著した『小野宮年中行事』を取り上げる。〝実用書〟という視点から、この二書をとらえてみたい。

藤原師輔と『九条年中行事』

藤原師輔は忠平を父とし、異母兄に実頼《さねより》がいる。子には伊尹《これまさ》・兼通《かねみち》・兼家《かねいえ》らがおり、道長はその孫（兼家男）である。女子では、村上天皇皇后で冷泉・円融両天皇の母となった安子のほか、源高明に嫁した女性（三君・五君）が知られている。

延長元年（九二三）に叙爵し、承平元年（九三一）に蔵人頭、同五年には参議に任じた。その後、天暦元年（九四七）に右大臣、同九年には正二位に至ったが、その間、権中納言、検非違使別当（左兵衛督）、藤原穏子の中宮大夫、大納言、成明親王（村上天皇）の春宮大夫、右近衛大将などをつとめた。後宮政策には成功したものの、外孫の即位をみることとなく、天徳四年（九六〇）に薨去した。兄の実頼は「小野宮流」の、師輔自身は「九条流」の祖とされ（竹内一九四〇）、娘婿である源高明との間には有職故実を通じた交流もあり、『西宮記』の成立に大きく影響したとされている（山中一九八八）。

師輔は父忠平の有職故実を熱心に学び、日々の儀式の記録などを、現在『九暦』（『九条殿記』）と伝えられる日次の日記（暦記）に残した。この他にも、日次記とは別にいくつかの儀式について詳しい記録を集成した(1)『九暦別記』（天理図書館所蔵『九条殿記』）や、年中行事書である(2)『九条年中行事』、さらには、忠平から受けた折々の教えを書き連ねた(3)『貞信公教命』（陽明文庫所蔵『九暦記』）、子孫への訓戒の書である(4)『九条殿遺誡』など、いくつかの著作が伝わっている。これらは全て師輔自身によるものと考えられる（山中一九五七）。『九暦』については逸文の形でしか伝わらないが、(1)・(3)とともに、その大部分が大日本古記録『九暦』に収録されている。また(2)・(4)は、『群書類従』公事部・雑部に収められている。ここで取り上げる『九条年中行事』は、これら師輔の各著述と相互に密接な関係を持っていると思われるが、その点は後述したい。

『群書類従』に収められた『九条年中行事』は、奥書によれば日野資矩《ひのすけのり》（一七五六～一八三〇）所蔵本に拠っているようであるが、脱簡がみられる。冒頭は年中行事の二月上丁釈奠条の途中から始まり、年中行事部分の最後である十二月の記述の途中が欠けている。ただし、宮内庁書陵部所蔵の柳原本により、十二月部分の欠は補うことができる。また、『北山抄』や『江家次第』などの諸書に逸文が引かれ、正月部分についてもその内容の一部を復元できる（岩橋一九六〇）。

『九条年中行事』の構成は、大きく二つに分かれる。前半は年中行事に関する内容で、月ごとに行われるべき行事を列挙し、必要に応じてその沿革や詳しい儀式次第を載せている。そして後半では、臨時の行事や実務的な政務手続きなどを解説している。特に、公卿聴政で処理される案件を、「申二大中納言一雑事」と「申二上一事」に分け、さらにそれぞれを、奏上すべき（官奏すべき）案件と、公卿の決裁で処理できるものとに分類した項目は、『北山抄』巻七都省雑例の同様の記述とともに、摂関期の政務手続きを知る上での重要史料である。また本書には行事等の解説のため、忠平の仰せをはじめ、『邦基卿記』（藤原邦基の日記）、『吏部王記』（重明親王の日記）、『左近（右近）陣記』、『東宮記』、格式や宣旨といった法制史料など、多くの書が引用されているのも特徴である。

成立年代については、本文中に天暦九年（九五五）の記事が引用されていることから、師輔の晩年に編纂されたと考えられる（岩橋一九六〇）。

藤原実資と『小野宮年中行事』

藤原実資は斉敏を父とし、のちに祖父実頼（師輔兄）の養子となった。斉敏は早くに亡くなったものの、実頼の養子として「小野宮流」の嫡流を継いだ。しかし、後継男子に恵まれず、兄の懐平の子である資平を養子に迎えている。娘の千古を鍾愛し、彼女は後に頼宗男の兼頼（道長孫）に嫁している。

安和二年（九六九）に叙爵し、天元四年（九八一）以降、円融・花山両朝の蔵人頭をつとめ、永祚元年（九八九）に参議に任じている。その後、正暦五年（九九四）に権中納言（長徳二年〈九九六〉に転正）、長保三年（一〇〇一）に権大納言（寛弘六年〈一〇〇九〉転正）、治安元年（一〇二一）に右大臣、長暦元年（一〇三七）には従一位に進み、永承元年（一〇四六）薨去。この間、検非違使別当（左衛門督）、右近衛大将等を歴任した。「小野宮流」の正統後継者ではあるが、実頼以降の摂関の地位は、師輔の子孫に独占され、当時の廟堂では傍流に甘んじることを余儀なくされた。しかし、後世「賢人右府」と称されたことからも分かるように、忠平―実頼と継承されてきた有職故実を豊かに受け継ぎ、道長や頼通といった同時代の最高権力者からも一目置かれる存在だった。

実資は、後世『小右記』などと呼ばれる、貞元二年（九七七）頃（近年、天延二年〈九七四〉以前とも指摘される〈鈴木二〇一三〉）から、長久元年（一〇四〇）頃にまで及ぶ大部の日次記を残し、さらに晩年にはその部類目録である『小記目録』も残したとされる（桃一九七〇）。そこに記された、詳細を極める儀式の記録や、道長一門をはじめとする当時の宮廷社会に対する批判的な眼差しは、当該期の研究に欠かせない。ここで取り上げる『小野宮年中行事』は、そのような実資の有職故実に関する知見の集成の一端といえる。なお『小右記』（『小記目録』）は大日本古記録に、『小野宮年中行事』は『群書類従』公事部に収載されている。

『小野宮年中行事』は、現在『群書類従』所収のものが流布本とされているが、これとは別系統の写本として、宮内庁書陵部所蔵の鷹司本や東山御文庫本などが知られている。前者は藤波景忠（一六四七～一七二七）所蔵本系で、後者は霊元院（一六五四～一七三二）所蔵本系の写本である。これら二系統の写本には、流布本にはない首書や裏書が記されている。さらに『小野宮年中行事』の首書と裏書のみを書写した写本（田中教忠旧蔵『寛平二年三月記』）も発見・紹介され、未知だった弘仁式部格などを含む史料として注目を集めた（鹿内二〇〇三）。

『小野宮年中行事』も各月の年中行事を掲出し、それぞれの解説を付すという体裁をとるが、儀式次第を記すよりも、それぞれの前例・沿革を明らかにすることに主眼を置いている。そのため、各項目の記述は簡潔であるが、より古くまで淵源を辿ろうという意図のもと、たとえば延喜格式だけではなく、貞観・弘仁格式にまで遡って史料を引用するといった点が特徴的である（岩橋一九六〇、所一九八四）。また、本書末尾の臨時行事に関する記述を中心に、『允亮記』など惟宗允亮をはじめとする、同氏に関連する史料も多く挙げられている。従来から指摘されているように、允亮の撰した『政事要略』と実資との関係を示すものであろう（虎尾一九七二）。もちろん実頼の『清慎公記』も「故殿御日記」としてふんだんに引用されている。

本書の成立は、正月八日の「大極殿御斎会始事」に長元二年（一〇二九）の宣旨が収められていることから、同年以降ということになる（岩橋一九六〇）。実資自身による、自らの有職故実の集成作業として撰述されたと考えられる。

実用書としての年中行事書

年中行事書は文芸作品とは異なり、実用書である点が大きな特徴であろう。既に指摘されているように、その意味では日記（日次記）との同質性はきわめて高い（松薗二〇〇一）。一貴族として儀式に参加する、もしくは上卿としてそれらの全体進行を司らなければならなくなった時、自身の書き残した日記や祖先・先達の残した記録・編纂物は、最も有効なマニュアルとなる。

ここでは『九条年中行事』や『小野宮年中行事』を実用書としてとらえ、その位置づけを再考してみたい。その際に参考となるのが、『小右記』にあらわれた、実資が参照した記録類（国史・法令・公日記・私日記など）の変遷に関する研究である（重田二〇一二）。

一口に儀式への参加といっても、地位や立場によって求められる役割や行動は変化する。たとえば蔵人頭をつとめていた頃の実資は、公卿として儀式に参加することもなければ、上卿になることもない。したがってこの時期には、儀式における所作や装束に関する細かな情報が必要とされることはなく、天皇や関白の諮問に応じ、儀式の梗概（あらまし）を調査・答申するために、『陣日記』・『殿上日記』といったいわゆる公日記や、『延喜式』などを主とした記録類を使用するのがもっぱらである。一方で、中納言以上に進んだ時期になると、儀式への参加や上卿勤仕のため、祖父である実頼の『清慎公記』を主要な情報源としながら、儀式次第や立ち居振る舞い、装束に関する詳細情報がさかんに参照されている。

このように考えると、儀式への参加に際して必要とされる情報は、以下の二つに大別できるだろう。一つは、国史や格式などから得られる、儀式の淵源や沿革に関する情報である。これは身分や地位にかかわらず、当時の貴族社会全体に共有されるべきマクロな情報といえよう。もう一つは、主要メンバーとして実際の儀式に参加した、あるいは上卿などもつとめた人物の日記（日次記）から得られるような、細かな次第・所作・装束についての情報である。これは主に納言以上の然るべき地位に至って初めて必要とされる、儀式の各局面に視点を置いた、いわばミクロな情報である。

以下、このような二種類の情報の存在を意識しつつ、『九条年中行事』と『小野宮年中行事』に示された師輔・実資の有職故実の内容をとらえてみたい。

師輔の有職故実

師輔は『九条年中行事』をはじめ、いくつかの著作を残したが、それらは相互に密接な関係を持つと思われる。特に『九暦別記』と『九条年中行事』（以下、本項では『別記』、『年中行事』と略記）の不可分の関係は、早くから指摘されてきた。すなわち、現存する『別記』は一部に過ぎず、元来は年中行事全般にわたるような内容を持っており、それは九条流の年中行事書を作る前段階のもの、つまり『年中行事』を完成させるために用意されたものだった、という見解である（山中一九五七）。

その根拠には、たとえば『別記』灌仏条に引用された承平六年（九三六）四月八日の記事の末尾に「具由記二年中行事一」とあり、対応する『年中行事』には『別記』よりも詳しい灌仏の次第が叙述されていることなどが挙げられる。このような事例から、『別記』を発展させる形で『年中行事』が作られたと理解されてきたのである。

また『別記』には、天慶七年（九四四）正月以降に行われた、当年の五月節関連行事の記事が収録されている。このうち五月三日条は、かなり詳細な駒牽の記録となっている。これは、本来四月二十八日（小月は二十七日）に行われるべきものであるが、この年（小月）の二十七日は凶会日、二十八日は左右大将の病を理由として延期され、翌月三日に開催されたものである。そしてこの日の駒牽の記事の冒頭には、「此記可三重書二入年中行事一」と注記され、末尾にも「以上可二改書一」、「二〔可レカ〕入二年行事一」と記されており、当該記事をもとに『年中行事』の本文を作成する予定だったことをうかがわせている。しかし、ここで注意を要するのは、対応するはずの『年中行事』四月二十八日の項には「廿八日駒牽事〈小月廿七日。〉」とのみ記され、『別記』の情報が一切反映されていないことである。

さらに次のような事例も確認できる。『年中行事』五月の項には、「五日節会事」、「六日競馬事」が挙げられるが、後者には「件両日事已多。加之、被レ行希也。子細在二別紙一」との記載がみられる。「別紙」が必ずしも『別記』のことを指すとは限らないが、現存する『別記』の五月節の項には、天慶七年五月五日・六日に行われた当該儀式の詳細な記録が収録されている。

これらの例をみると、『別記』→『年中行事』という一方的な情報の流れだけではなく、『年中行事』→『別記』という流れも考慮すべきこと、あるいは『別記』の情報全てが『年中行事』に反映されているとは限らないことなどが明らかとなる。確かに『別記』の記述が『年中行事』に反映されている箇所は散見するが、『別記』をもとに『年中行事』が作られたとのみ固定的にとらえるのではなく、『年中行事』は『別記』の存在を前提に作成されていたと考えることも必要なのではないだろうか。

『年中行事』を通覧して気づくのは、行事日とその名称（加えて簡単な注記）のみの項目と、かなり詳細な儀式次第を載せる項目とが混在することである。このことは、『年中行事』単体では十分な情報源たり得ないということを示している。しかし、『別記』とあわせて参照することで、『年中行事』の情報不足を補うことができる事例が存している。

たとえば六月の大祓について、『年中行事』六月晦日の項には「同日大祓事」とのみ記されており、具体的記述はない。一方の『別記』には「大祓事」として、天慶二年六月二十八〜二十九日の記事を収録し、六月大祓に関する詳しい情報を載せている。また、先に挙げた四月二十八日（二十七日）に行われる駒牽についても、結果的に『別記』を参照することによって詳細な情報を得られるようになっている。『別記』は一部のみ伝存することから、その全体像をうかがうことはできないが、大祓や四月の駒牽の例のように、本来は『年中行事』を補う内容を豊富に備えていたのではないだろうか。

なお、『年中行事』四月上申日の松尾祭、六月晦日の東西文部奉祓刀事には「可㆑尋之」との文言がみられ、同書が未完成であった可能性も想定される。いずれにしても、実用書としてみた場合、『年中行事』のみ、あるいは『別記』のみで儀式に関する必要情報を網羅できるとは言い難く、少なくともこの両者は並存し、相補う関係にあったと理解すべきだろう。さらにいえば、『年中行事』と『別記』に加え、師輔の日次記（『九暦』）や『貞信公教命』、『九条殿遺誡』の全てが揃うことで、ようやく師輔の有職故実の全体像を俯瞰できるのではないだろうか。『別記』はもっぱら具体的な儀式次第や所作、装束といったミクロな情報を記載し、『年中行事』にはそれに加え、儀式の沿革などのマクロな情報も盛り込まれている。つまり師輔の著述を一体的に把握することで、彼の有職故実（いわゆる「九条流」）の全体像が見えてくるのであり、また実用書としても「使える」情報となるのである。

実資の有職故実

実資の残した『小野宮年中行事』については、詳細なテクスト分析がなされ、その構成要素が明らかにされている（所一九八四）。

まず、立項される行事は、仁和～寛平年間（八八五～八八八）に原型が成立し、永延・長和年間（九八七～一〇一七）頃に補訂されたと考えられる『年中行事御障子文』に依拠し、そこに藤原穏子の国忌や円教寺御八講など、新たな行事が追加されている。そして本文については、儀式の内容や簡単な次第・手続きをまとめた説明文と、その淵源や沿革を示す史料・先例を列挙する勘物的部分から成っている（後者のみの場合も多い）。そして説明文は、実資が自ら筆を執ったと思しき箇所は限られており、大部分は『清涼記』、『蔵人式』、『新儀式』に加え、師輔の『九条年中行事』、藤原公任の『北山抄』、同行成の『新撰年中行事』などといった、先行する書物から必要部分を切り出して作成されている。

このように実資の『小野宮年中行事』は、先例を重視する姿勢を基本に編纂されており、特に儀式の説明文に関しては、オリジナリティが低いようにも思われる。ところが勘物的部分については、その引用史料の選択に大きな特徴を見出すことができる。それは主に格式の引用にあらわれている。すなわち、現行法という観点からすれば、実資の時代においては延喜格式を挙げるのが適切だろう。そうであるにもかかわらず、同趣旨の規定が延喜格式にあったとしても、可能な限り貞観・弘仁格式にまで遡って引用している事例が多数認められるのである。先に指摘したように、これはできるだけ古くまで遡って前例や沿革を示そうという意識のあらわれであろう（岩橋一九六〇、所一九八四）。この点に『小野宮年中行事』の「個性」を見出すことができる。

年中行事書としての『小野宮年中行事』は、儀式次第や所作、装束に関して詳しく触れることはなく、簡潔な記述に終始している。それに対し、儀式の梗概については、できるだけ古くまで遡った情報を提示すべく意を注いでいる。つまりこの書は、儀式に関するミクロな情報よりも、マクロな立場からの情報提供を目的に編まれていると考えられるのである。もちろん、だからといって実資には儀式次第や装束に関する詳細な情報が不要だったということではない。実際に『小右記』にあらわれた実資の参照情報の変遷をみても、権中納言任官以降は、祖父実頼の『清慎公記』を中心に、それらの情報が熱心に収集されている。このことは『小野宮年中行事』のみに、実資の有職故実の全体が凝縮されているわけではないことを示しているだろう。そこで注目したいのが『小記目録』である。

『小記目録』は、天元元年〜長元五年（九七八〜一〇三二）までの実資の日次記（『小右記』）の記事を、年中行事・神事・仏事・臨時にそれぞれ分類し、年月日とともに「〜事」という簡潔な標題をつけて列挙した部類目録で、長元六年をそれほど降らない時期に編まれたと考えられている（桃一九七〇）。『小野宮年中行事』の成立が、長元二年以降であるとすれば、この両者はほぼ同時期に撰述されていることになる。このことを見逃してはならない。

いうまでもなく、日次記である『小右記』にはきわめて詳細な儀式の記録が残されている。当然そこには、具体的な儀式次第や各場面における立ち居振る舞い、時宜にかなった装束のあり方など、まさに個々の儀式の局面ごとに必要なミクロの情報が満載されている。実資はインデックスとしての『小記目録』を完備することで、日次記自身をこれらの情報を提供する実用書へと変貌させているのである。そしてこれと期を同じくして、儀式の淵源や沿革といったマクロ情報を集成した『小野宮年中行事』が完成しているのである。ここに両者の密接な関係を読み取ることは可能だろう。

なお『小記目録』については、院政期頃に成立した可能性も指摘されている（三橋二〇一五）。その根拠は、(ア)『小記目録』の標題と内容が一致する前田尊経閣文庫所蔵『小右記』（甲本）の首書標目の書き入れが、実資・資平の時代に遡るとは考えられないこと、(イ)『小記目録』には長和五年（一〇一六）を含め三年半分の記事がまったく欠落していること、(ウ)僧綱や諸寺司らの補任を意味する「僧事」という院政期以降に一般化する語が用いられていることである。

確かに(イ)の事実は考慮されるべきであるが、(ア)については前田甲本の首書は『小記目録』を書き写す形で後世書き加えられたと考えることができる。また(ウ)の「僧事」の語については、『日本紀略』正暦四年（九九三）閏十月十七日条にも確認でき、僧官の補任を意味する「僧官之事」（『本朝世紀』同日条）の略語と考える余地が残されている。

したがってここでは、『小野宮年中行事』に長元二年以降の記事が採録されていないこと、同三年頃に実資が養子の資平に命じて日次記（「暦記」）などの整理を行っていること（『小右記』同年九月十九日条）を重視したい。日次記のインデックスとしての機能を備えた『小記目録』の成立年代として、長元五年頃は時宜にかなっているといえよう。

『小野宮年中行事』と『小右記』・『小記目録』を一対としてとらえた時、儀式についてのマクロとミクロの情報が統合され、実資の有職故実（いわゆる「小野宮流」）の全体像が浮かび上がってくる。そしてこの両者が揃ってこそ、実資の著述は実用書として機能し始めるのである。

有職故実を伝えるもの

以上、『九条年中行事』と『小野宮年中行事』に即して師輔と実資の有職故実について考えてみた。そこから明らかになったのは、彼らの有職故実の全体像を把握するためには、その著述を総体的にとらえる必要があるということである。この点は、同時代の他の年中行事書類とも共通しているようである。

たとえば、藤原公任の『北山抄』に着目してみたい。現在この『北山抄』という書名は人口に膾炙しているが、『江家次第』や『宇槐記抄』（藤原頼長の日記）など古代・中世に遡る記録には、「年中要抄」、「大将儀」、「羽林抄」などの名称で登場する。このことは、現在『北山抄』と称されている書物を構成する各篇目が、かつてはそれぞれ別個に独立した書物として認識されていたことを示している。さらに、年中行事を列挙し、その解説を加えている「年中要抄」には、項目のみ立てて本文を載せていないものが多々みられ、さらにその中には、対応する記述が「拾遺雑抄」や「都省雑例」などに載せられている事例を確認できる（和田一九三六）。

具体的には、「年中要抄」の四月に列挙された行事では、旬儀や灌仏については詳細な儀式次第等が掲載されている。その一方、(A)「十五日、授二成選位記一事〈在二都省部一。〉」、(B)「廿日以前、奏二郡司擬文一事〈在二備忘記一。〉」、(C)「任二郡司一事〈在二都省巻一。〉」などといった記述もみられる。これらについては、(A)・(C)は割書きどおり「都省雑例」にそれぞれ「位記召給」、「任二郡司一事」として掲出されており、(B)は割書きに示すように「備忘略記」ではないものの、「拾遺雑抄上」に「読奏事」として詳細な記事を載せている。

これらの事実は、公任の有職故実が元来は複数の著作に分かれて集積され、同時にそれらが相互に密接な関係を取り結んでいたということを示しているだろう。これはまさに、『九暦別記』と『九条年中行事』が相互に強く結びつきながら、師輔の有職故実を伝えていることと相似する。

叙上のように、少なくとも十・十一世紀頃に編纂された年中行事書は、それ単体では十全に機能せず、執筆者の残した著作全体に目を配ることによって、初めてその内容の全貌が浮かび上がるのであり、また実用書たり得るのである。この意味では『九条年中行事』も『小野宮年中行事』も、師輔・実資の有職故実の「断章」に過ぎないといえるのではないだろうか。

（磐下　徹）

参考文献

岩橋小弥太「九条年中行事」、「小野宮年中行事」（『群書解題　第六』群書類従完成会、一九六〇年）
鹿内浩胤「田中教忠旧蔵『寛平二年三月記』について」（『禁裏・公家文庫研究　第一輯』思文閣出版、二〇〇三年）
重田香澄「『小右記』にみる藤原実資の文字情報利用」（『お茶の水史学』五六、二〇一二年）
鈴木裕之「『小右記』起筆考」（『日本歴史』七七九、二〇一三年）
竹内理三「口伝と教命」（『律令制と貴族政権　第Ⅱ部』御茶の水書房、一九五八年、初出一九四〇年）
所功「『小野宮年中行事』の成立」（『平安朝儀式書成立史の研究』国書刊行会、一九八五年。初出一九八四年）
虎尾俊哉「政事要略について」（『古代典籍文書論考』吉川弘文館、一九八二年。初出一九七一年）
松薗斉「王朝日記の〝発生〟」（『王朝日記論』法政大学出版局、二〇〇六年。初出二〇〇一年）
三橋正「『小右記』と『左経記』の記載方法と保存形態」（倉本一宏編『日記・古記録の世界』思文閣出版、二〇一五年）
桃裕行「小右記諸本の研究」（『桃裕行著作集四　古記録の研究（上）』思文閣出版、一九八八年。初出一九七一年）
山中裕「『九暦』と『九条年中行事』」（『平安時代の古記録と貴族文化』思文閣出版、一九八八年。初出一九五七年）
山中裕「『西宮記』と『九条年中行事』」（『平安時代の古記録と貴族文化』思文閣出版、一九八八年）
和田英松「北山抄」（『本朝書籍目録考証』明治書院、一九三六年）
『群書類従』公事部
大日本古記録『九暦』（岩波書店、一九五八年）
大日本古記録『小右記』（岩波書店、一九五九～八六年）
天理図書館善本叢書42『貞信公御記抄　九条殿御記』（八木書店、一九八〇年）

2　『江家次第』（大江匡房）——歴史史料としての『江家次第』論

儀式書研究の流れ

儀式書が歴史研究、とくに平安時代史研究に利用されるようになって、いくつかの用語が定着した。『内裏式』や『儀式』をさして「勅撰儀式書」といい、そうでない個人編纂物を「私撰儀式書」といい、後者において「三大儀式書」といえば『西宮記』『北山抄』『江家《ごうけ》次第《しだい》』を指すことは、平安時代史研究において周知のことであろう。

そもそも儀式書は、行事ごとの儀式次第や装束を記した編纂物であり、いわば儀式の実用マニュアル集である。そのため儀式書の本文に相当する式次第に加えて、頭注や割注などの注解・実例が書き加えられ、さらに裏書や勘物という形でも実例が端的に列記される。それらは当初の編者とは限らず、後の儀式書利用者による場合もある。このように儀式書とは、儀式運営に携わり、参加する人のためのものであり、そうでなければ、本来は意味をなさない代物といってよい。

儀式書が歴史研究において大きく注目されたのは、戦後になって平安貴族社会研究が一新されて以降であろう。政所政治論にかかわる貴族社会の実像を解明するなかで、儀式やそれに関わる貴族の言動が、退廃し形骸化した姿ではなく、政治的・社会的秩序を可視化した姿として注目されるようになった。宮都の構造が考古学的知見によって明らかとなり、国家的儀式の光景を具体的にイメージできるようになったことも、儀式書の利用を促進した有力な要因であろう。

儀式書の歴史史料としての利用とともに、自ずと必要とされる史料批判によって儀式書研究も盛んになった。それは書誌学的検討に留まらず、その成立と時代背景をめぐる議論まで展開されるようになる。その基盤となったのは所功『平安朝儀式書成立史の研究』『宮廷儀式書成立史の再検討』に収められた一連の儀式書研究であり、初出でいえば一九七〇年代から九〇年代にかけての論考である（所一九八五、所二〇〇一）。そして、それまで儀式書といえば長い間、故実叢書に頼らざるを得なかったが、神道大系や尊経閣善本影印集成の一部として新たな本文が刊行され、儀式書による歴史研究は史料の面でも最新の成果を共有しうるようになった。儀式書研究は面目を一新し、歴史研究の一角に確固たる地位を占めることになったのである。

よって、『江家次第』の書誌学的説明は、すでに詳細になされており（清水一九八三、橋本一九九九）、いまそれを繰り返す必要はあるまい。その成果に学びつつ、では歴史史料として『江家次第』をどのように使えるのかを、本稿では具体的に論じてみたい。儀式次第を読解し儀礼史を考察する実際を通じて、その歴史史料としての有用性を確認するのである。それは『江家次第』が歴史研究において今後も有効に利用されることを企図した検討である。

『江家次第』の位置づけ
――摂関家との関わり

三大儀式書の中でも、『江家次第』は編目と記述が整った、最も頼りになる儀式書といってよい。儀礼研究の論文において儀式の概要を紹介する際に、『江家次第』に沿って説明されることが多いのも、そのためであろう。

編者は学儒公卿として知られる大江《おおえ》匡房《まさふさ》（一〇四一～一一一一）。全二十一巻（うち十九巻が現存）で構成され、目録によれば年中恒例朝儀、臨時神事、臨時仏事、譲位以下の臨時朝儀（欠巻あり）、政務、弓射・競馬および院中雑事、摂関家以下の臣下礼節、崩御以下の凶事（欠巻）からなる。室町期に下ってなお『江次第鈔』といった故実書が派生したことも、『江家次第』の内容の豊かさ、確かな記述、そして編者大江匡房の公卿・学者・文人としての幅広い人物評価に拠るところが大きいであろう。

ただし、その一方で看過されがちなのは、あくまでも本書が私撰儀式書であるという事実である。筆者はかつて摂政・関白が宮廷儀礼において、列立する臣下から御後祗候者へと転化する過程を検証し、摂関家の政治的立場の確立にともなう儀礼文化の展開を論じた。そこでは十一世紀に画期が見出されたのであるが、その後に成立した『江家次第』の式次第本文には、摂政・関白の主上御作法への関与や御後への祗候が記されていないことを指摘した（末松二〇一〇）。すなわち匡房と利害関係を異にする個人や家とは、相容れない内容が存在する――この場合は摂関家の政治的課題に即した儀礼運営がみえない――ことに留意すべきである。

摂関家との関係といえば、これまでの解題などでは、『中外抄』『富家語』にみえる藤原忠実の言談が取り上げられ、『江家次第』が父師通の料として作成されたこと、しかし忠実は「僻事」が多いと認識していることが、『江家次第』の成立や性格を物語る記事として紹介される。この忠実の評価もまた、同様の利害関係の問題から説明できそうである。

『中外抄』下、十二、久安四年（一一四八）**十二月十四日条より**

……又御物語次ニ、被レ仰二出故匡房卿□（之カ）事とも一次ニ申云（中原師元）、①江師次第、近年識者皆悉持レ此。□（而カ）件次第頗僻事候由、御定候様ニ承候、如何。仰云、②内弁・官奏・除目・叙位等委不レ知人也。件間事定有二僻事一歟。③但故二条殿（師通）仰を常ニ承タル人ナレハ、定様アル事もあらん。其外常ノ次第ハイミシキ物ナリ。それは故殿（師実）ノかゝせさせおはしましたるなり。識者と人の心を見トテ、わろき物とハ我ハいひたるなり。最秘事也。

言談の内容を整理すると、次の通りである。

①『江家次第』は近年の識者がよく使うものである

②しかし、忠実はその内容に僻事が多いと認識している。その根拠は内弁など一上が勤める行事を詳しく知らないからである

③とはいえ、父師通と親しく、そのため「定様アル事」もみられる（本記事の人物比定は池上洵一二〇〇一による）

①より『江家次第』が当時から優れた儀式書と評価されていたことは間違いない。また③より匡房は摂関家と親しい関係であった。しかし、世間の評判や父祖との関わりとは裏腹に、忠実自身は②などの根拠を挙げて玉石混淆であることを断言するのである。もう一つの言談もみてみよう。

『富家語』四十八

仰《（忠実）》云、④作法ハ西宮并四条大納言《（公任）》書委細也。⑤其中四条大納言書ヲハ故殿《（師実）》事外ニメテタカラセ給キ。其故ハ大二条殿《（教通）》ヲ聟ニ取テ九条殿記ヲ引テ作タル書也。然者此家ニ尤相叶也。⑥江次第、後二条殿《（師通）》料ニ匡房卿所作也。神妙物云々。但サトク物ヲ見許ニテ、サカシキ僻事等相交云々。

④儀式次第といえば、『西宮記』『北山抄』を評価する

⑤『北山抄』はことのほか祖父師実が評価していたという。その理由は、編者の公任が教通を娘婿に迎え、『九条殿記』を多分に引用して作成したものだからである

⑥一方、『江家次第』も父師通のために編纂されたものなので、神妙なものではあるが、僻事も交じっている

評価基準は先祖との関わり、すなわち「この家に相叶う」か否かである。ただし、同じ摂関家の人々であっても、三大儀式書や大江匡房との関わりは位相を異にしていることが分かる。そこで、かつて拙稿で提示した、言談の主である忠実の先例観を参照してみたい（表1−1。末松一九九九＝二〇一〇）。

そうすると、父である師通はその日記が四例みえるのみである。拙稿でも論じたように、忠実は祖父師実とともに「摂関家故実」を確立した人物であるが、忠実の先例観では父師通がほとんど参照されていないのであった。このような忠実の先例観をふまえてみると、言談の内容も、

・『西宮記』『北山抄』を評価しつつも、祖父師実の評価をともなう『北山抄』をより重視する

・『江家次第』については、父師通との関わりの深さにまで言及するも、自

表1−1　『殿暦』にみる忠実の先例観

人　名		書　名	
藤原師実	110	『師実公記』	26
藤原頼通	36	『御堂関白記』	13
藤原道長	25	『後二条師通記』	4
堀河院	9	『北山抄』	2
白河院	7	『西宮記』	2
後冷泉院	6	（以下略）	
後三条院	5		
上東門院藤原彰子	5		
（以下略）			

身の考えで否定も加える

・先祖のなかで最重要視されるのは師実の価値観であり、師実との連携のもとで育まれた「摂関家」としての自負が、全体として吐露されている

と読めるであろう。

以上を要するに、忠実は摂関家の確立にともない祖父師実とともにつくりあげた「摂関家故実」に比して、内容に不足あることを語っているのである。さらにいえば、世間で評判の『江家次第』を否定してみせる言談そのものが、「摂関家故実」の存在意義を誇示するものでもあったろう。前述した主上御作法への関与や御後への祗候は、いずれも師実・忠実にとって摂関家継承者であることの示威手段であった。それらの記載がみられないのであるから、忠実の観点からみた場合の『江家次第』の不足は、確かにその通りであろう。ただし、それは忠実の政治的課題に照らしてみた否定的発言と理解すべきなのである。

『江家次第』と摂関家との関わりは複雑であり、人物や時期ごとに検証する必要がある。個人的な課題や志向が異なってくると、同じ摂関家であっても『江家次第』に依拠した言動がみられる。忠実の庇護のもと継承者として自負の強い内覧左大臣頼長の仁平二年（一一五二）正月二十六日の大臣大饗を取り上げてみよう。

周知の通りこの時期は、兄忠通が関白、弟頼長が内覧左大臣として摂関家を二分しており、天皇家や武家勢力の勢力争いと相俟って保元の乱に至る政治状況下であった。内覧および氏長者に就任したことによるこの正月大饗も、実はそのような事例は他になく、強引に実施されたものであり、「関白忠通に対抗して関白の地位に準じて内覧として」催されたものであった（渡邊二〇一一）。

場所は東三条殿であり、摂関家嫡子の開催場所に相応しい。大殿忠実も簾中より見物しており、『台記』当日条には、その都度指示を出したり、指示を仰がれたりする忠実の言動が散見する。そうした中で頼長は、二日前に「入レ夜、招二頭弁朝隆朝臣一、奏下明後日可レ行二大饗一之由上。勘二先例一、奏由不レ見二日記一。而非二式日一行二大饗一之時、可

レ奏由、見二江次第一。事既有レ理。仍所二奏聞一也。」という（二十四日条）。

大饗実施の旨を事前に奏上するのが式日の実施でない時の手続きであることを『江家次第』に見出すと、他の日記では確認できなくとも、「事すでに理あり」と判断して奏上するのである。『江家次第』には確かに、当該記事をみることができる。

『江家次第』巻第二、正月、大臣家大饗

……以二其日一可レ行由、以二職事一達二　天聴一。是非二式日一時、依レ可レ遣二蘇甘栗使並饗禄・楽部等一歟。延久二年内大臣（信長）不レ被レ奏、有二事咎一［此事旧例奏由不レ見］。……

大臣大饗では通例として朝廷から蘇・甘栗が下賜されるので、事前に奏上することは、式日ではない実施に際して必要な手続きであったろう。しかも奏上しなかった内大臣藤原信長は後三条天皇に咎められたことを、『江家次第』は伝える。

確かに「理」で考えると然るべき手続きである。ただし、「この事は旧例に見えず」ともいうように、数少ない事例と考えられ、だから頼長が日記に先例を探しても、見つからなかったのであろう。それでも頼長は、自身の志向する「理」を『江家次第』の中に見出すと、典拠を明記して従うのである。奏上を経ることによって、自身の大饗開催の正当性を確保する政治判断も加わった目論見であったと考えられる。頼長個人の見出した志向や政治的課題に基づき、『江家次第』が儀礼運営の指針の一つとされるのである。

『江家次第』の儀式書としての評価は、摂関家歴代継承者がそれぞれに抱えた政治的課題と絡めて適宜理解する必要がある。時代は下るが、中世摂関家にとって『江家次第』が朝儀復興の指針となる書物であったという指摘も、その延長線上にあるといえよう。『江家次第』を朝儀復興の指針としていた人物として、近衛兼経・一条実経・鷹司冬平・二条良基・一条兼良が挙げられている（小川二〇〇三）。

以上より、忠実の言談は院政期の故実流派を考える素材として興味深いものであるが、むしろ、そのような言談を生じるほどに、『江家次第』がすぐれた儀式書として多くの貴族に利用されてことを確認し、論を進めることにしたい。

儀式書のなかの歴史性

『江家次第』が平安後期に広く使用されていたとして、そこには平安期の宮廷儀礼史がどのように表出されているであろうか。儀式書の記述に当該期の歴史を見出すには、次の点に注目し、留意する必要がある。

(1)式次第本文より儀式の概略をおさえるとともに、前後に成立した儀式書や古記録記事と比較することで、編纂時の儀礼の実態を知る。

(2)頭注・割注で記された事例、また、編者の記した「今案」より、式次第とは別の当該期の実態をおさえる。

(3)勘物として式次第の後に列記される諸事例も、重要な当該期の実態である。ただし、単に事実が記されているだけの場合、とくに端的な記事が多いことに起因して、それを好例として記すのか、違例として後考をまつ意味で記すのか、判然としないものも含まれる。よって、記事のニュアンスに留意する必要がある。

(4)実用書である儀式書には、編者でなく利用者によってその知見が追加される事例も少なくなく、編者とは人も時期も異なる場合もある。よって、(2)(3)を歴史記事として扱う際には、より慎重に前後の歴史記事と整合性に留意する必要がある。

以上を要するに、儀式書に儀式次第として提示されると、それが編纂時の主たる認識とみてしまいがちであるが、記事には従来からの儀式のあり方を示すもの、あるいは逆に一回性の記録に留まるものも含まれている。それは儀礼が秩序の確認作業であり、そのため政治の展開や文化的価値観の変遷に応じて変化していくものであるという、儀礼本来の性格に由来することであろう。よって、儀式書の当該項目だけでその儀礼の歴史を論じることはできないのであり、それは『江家次第』も例外ではない。前後に成立した儀式書や古記録記事と考え合わせる必要性を、儀式書に通底する史料論として留意しておきたい。

では、どのような箇所に、どのように着目すれば、歴史を導くことができるのか。大臣大饗の式次第を例として確認してみよう。冒頭には割注や裏書で次のような記事がみられる。

『江家次第』巻第二、正月、大臣家大饗

［……①正月四日左大臣饗、五日右大臣饗、是式日也。而近代任大臣明年正月行レ之。不レ行二大饗一大臣不レ向二饗所一〈当年不レ行人也〉］。

『裏書』②貞信公（忠平）天慶六年依レ避二殺生一、御斎会間設饗宴被レ用二精進一。其後無二式日一。③藤氏長者朱器台盤。閑院左大臣冬嗣公御物在二勧学院一。長者初任之時渡レ之。正月大饗用二此器一也。自余大臣大饗用二赤木・黒柿机、様器等一。…

儀式書において由来を示す冒頭記事には、歴史的要素の強い記述が多い。①にみえる正月四日・五日が「式日」であった時期とは、十世紀の慣例であり、主として藤原忠平・実頼・師輔父子三人の時期にあたる。これに対して「近代」は任大臣の翌年正月のみの開催となるというのであるが、それが一〇七〇年代以降の変化を指すことは、大臣大饗の沿革を詳細に論じた渡邊誠氏の紹介する通りである（渡邊二〇一一）。

一方、②では天慶六年（九四三）の関白太政大臣忠平大饗が御斎会期間であることに配慮して精進様式を用い、その後、式日ではなくなったという。しかし、これが端的に過ぎる記事であることも渡邊氏の指摘する通りである。渡邊氏によれば、大臣大饗が正月中旬さらに下旬に移行する理由は、天暦八年（九五四）正月四日に藤原穏子が没し、以後その日が国忌に編入されたためであるという。

また、③の朱器台盤の使用は、藤氏長者の主催する場合として、『西宮記』にも明記される故実である。

なお清水潔氏は、②・③を含む裏書全体が『江家次第』本来の記事ではなく、後世の『江次第鈔』の記事が混入したものと判断する（清水一九八三）。とすると、②と史実との齟齬をもって『江家次第』の史料的有用性が損なわれるものではないことになるので留意したい。

次に同式次第には、親王や一世源氏が平安後期には参加していない実態を反映して、「近代」にはみられないとの記事が散見する。親王家への使者について、「早旦差二五位一奉二諸親王家一〔近代無二此事一〕。」といい、宴座の式次第中には「親王着レ座〔居二肴物一。近代无二此事一〕。」、賜禄において親王禄・親王引出物について「〔已上二事近代无二此事一〕。」という。

一方で、親王座や一世源氏座は依然として式次第に散見し、あるいは親王や一世源氏が「もし参加していなかった（あるいは、いた）ならば」という言い回しもみられる。「親王不レ来者、非参議三位執二奥座坏・瓶子一。殿上人若又無者、一世源氏執レ之。若無者、殿上四位執レ之。」というような記事である。

平安後期になると親王や一世源氏の参加がなくなるので、時代を反映する式次第となっている。また、その中でなお親王や一世源氏に言及することは、両者が大臣大饗の本質に深く関わる存在であることを示唆していると考えられる。九～十世紀の大臣大饗を考察する視点になるであろう。

最後に主人について。同式次第では摂政・関白・太政大臣が併記され、左大臣以下である場合と区別されている。先行研究も指摘するように、太政大臣／左右大臣／大中納言の間には明確に格差があり、相対する際に礼儀の作法が異なってくる（倉林一九六五。なお大臣大饗の先駆的研究である本論文においても、前述したようにその概要説明は『江家次第』に則っている）。その最上位に摂政・関白が併記されるのである。尊者の中門入りでは「太政大臣・摂政・関白当二上方一立。雖二左右大臣一若納言為二尊者一又如レ此。」といい、尊者と南階を昇る順番では「太政大臣・摂政・関白者、尊者離レ列相揖時、即先昇耳。若納言為二尊者一左右大臣准レ之。」という。

こうした記載は兼家・道隆父子によって摂政大饗・関白大饗が他大臣大饗とは別に、しかも日程を先んじて実施されるようになって以後の実施状況を反映した式次第なのであろう。

以上のように、式次第には単に儀式運営に役立つばかりではなく、儀礼の歴史を知りうる記述もみられるのである。次項では大臣大饗の中の待膏《まちあぶら》という式次第に着目して、その点をさらに検証してみよう。

『江家次第』にみる大臣大饗の待膏

待膏とはすでに大臣邸に参集している公卿達を、尊者が来着するまでの間、弁少納言座に迎え、小飲という形でもてなすことをいう。倉林正次氏はその語源から、アブラは濃い酒のことで「待酒」と同じであり、応神天皇の時代に起源があるという（さらに尊者をマレビトとみなす倉林氏の儀礼構造論では、それは「兆酒」でもあり、神の出現を期待して行う「酒ほかひ」であるという。倉林一九六五）。日本文化の古層につらなる行事のようであるが、平安時代にはそうした要素は史料的にみえず、それどころか現実的な理由から取り止めになる場合すらあった。その消長を記すのが、式次第の間に記された二つの実例記事である。

『江家次第』巻第二、正月、大臣家大饗

公卿等参集。於㆓弁少納言座㆒小飲〔謂㆓之待膏㆒。南上着㆑之〕。
天暦三年依㆑無㆓便宜㆒、左右大臣相定停㆓止件事㆒云々。
中関白〔道隆〕御時、於㆓細殿㆒有㆓待膏㆒。近代一向停止。

待膏の実施は左大臣実頼、右大臣師輔両人の「相定」によって、天暦三年（九四九）に停止されたという。大臣大饗の実施事例を整理すると、二人が揃って連日に大臣大饗を実施するようになったのが天暦二年以降なので、二人は大臣大饗を式日通りに実施するようになってすぐに、今後の方針として定めたと考えられる。

ではなぜそうしたのか。実は待膏の停止は二人の創案ではなく、父忠平の決めたことであった。当事者である師輔の記録に、次の記事がある。

『九条殿記』天暦七年（九五三）**正月五日条**

……未刻、差二少将有□朝臣一〔四位〕為二請客使一。忽依レ無二私馬一給二厩馬一。……両種勅使蔵人左衛門尉清時来也。……（勅使への賜禄に続き）相二待尊者一之間、差二移数剋許一也。王卿之中、或有二気上之輩一。仍招二入親王・公卿於北廊一、勧二酒及薯蕷粥等一。先例待二尊者一之間、親王・□（公）卿就二弁・少納言座一、更勧二酒肴一。而故殿下（忠平）、承平年中定仰曰、件事似二過差一。可二停止一。承二彼風一後々大臣家饗皆停止。今見二今日之事一、猶可レ有二非常儲一歟。秉燭之後、尊者来向。拝礼以下事、已同二昨日一。……

創案者は父忠平であり、承平年間に「定仰」せられたことであった。忠平は右大臣のち左大臣として延喜・延長年間に大臣大饗を実施し、承平年間には摂政左大臣、同太政大臣として引き続き実施していた。続く天慶年間にも、忠平の関白太政大臣大饗の事例を多数みることができる。長期にわたり大臣大饗有資格者のトップであった忠平の影響力は、多大なものであったろう。

なお告井幸男氏はこの記事について、「承平年中に忠平が停止したが、このときにやはり復活したという。王卿のなかに気上の輩が出たりしたからであった」と解釈する（告井二〇一二）。が、これは臨機応変に対応したまでのことであろう。復活されたのは告井氏も詳細に分析した永延元年（九八七）摂政兼家の大饗と考えられる。

『小右記』永延元年正月十九日条

……早朝従レ内罷出、参二摂政殿（兼家）一。□□大饗〔用二朱器大盤一〕。尊者未レ被レ向之間、公卿被レ□三於寝殿与二西対北渡殿一。主人出居、被レ著二飲食於公卿及殿上人一〔公卿懸盤、侍臣用レ机〕。未終、両丞相被レ参〔左府掌客使左少将斉信（源雅信）〈四位〉、右府（為光）内蔵頭高遠〕。主人□立二□南階一。両丞相以下史以上、列二立南庭一拝礼。…（以下、式次第がつづく）…

この時期の兼家の政治的立場は従来より論じられるところであり、前年の七月に右大臣を辞し摂政として独立、十月には一座宣旨を下されたことで、ここに兄兼通との確執の時期を克服し、兼家が名実ともに政治的首班に立ったのであった（土田一九九二など）。その翌年正月の大饗を「摂政」として、朱器台盤を用い実施したのである。

続く二十日が左大臣源雅信、二十二日が右大臣為光の大饗である。両大臣大饗に自ら確立した「摂政大饗」を加え、しかも通例である左右大臣に日程を先んじ、二人を尊者として招く形で実施する。そのうえで儀式書の式次第とは異なり、公卿に加え殿上人にも待宵を振る舞うのであった。いずれも盛大に実施することに意を注いだ兼家の政治的示威に富んだ主催と考えられる。「過差」を理由に停止され、しかし便宜上はあった方がよいとされる待宵が復活されるのも、自然なことであったろう（末松二〇一六）。

そして、前掲『江家次第』にはもう一つの実例として、兼家の継承者である息道隆が待宵を実施したことを伝えている。

該当しそうな事例を古記録にみてみると、正暦四年（九九三）の摂政大饗、同五年の関白大饗であり、いずれも大臣を辞し単独の摂関であることより、父兼家の先例を意識しての開催であったと考えられる。正暦四年は左右内の三大臣が尊者であり「大饗如レ例。但尊者三人也。」（『小右記』逸文）と記され、盛大な儀式であったらしい。そこで待宵についても実施する方針が継承されたのであろう。

そして、その後は「近代一向停止」とみえるので、継承されなかったことが分かる。道長・頼通の摂関政治全盛期に過差が気にされるとは考え難く、別の理由から止めおかれたらしい。道長の意図を明記した史料はないが、たとえば道長は長和五年（一〇一六）に、寛和二年（九八六）の父兼家例に拠りつつ、「任摂政大饗」という前例のない大饗を主催しようとしたほどであり、大饗開催にあたり過差を意識していたとは考え難い。また道長期からは毎年の正月大饗を実施するのが摂関ないし最上首の大臣一人に集約されており、それまでの両大臣による大饗とは形態が大きく変化している。道長は正月大饗を一人で実施する体制を築いたことで、待宵の復活には必要性を感じていなかったのであろう。

なお『江家次第』成立以後のことになるが、待宵の事例が久寿二年（一一五五）正月二十一日の内覧左大臣頼長大饗にもみられる（『兵範記』）。記事に「中古以後未二曾聞レ之云々。」とみえるので、道隆以来の実施とみてよい。この時の大饗も渡邊氏によると「対立する兄忠通に向けたデモンストレーション」であったという。よって、この時の待宵もまた、頼長の抱える政治的課題のゆえ、摂関家父祖の盛儀に倣うことを志向した結果の実施なのであろう。

このように待宵の実否への着目から、藤原時平以前→忠平・実頼・師輔→兼家・道隆→道長以後→頼長という歴史的変遷を知ることができた。待宵の本質は倉林氏の論じるところであるが、儀式書には主催者の意図に応じた実施状況の歴史が書き留められてもいるのである。

以上、大臣大饗の式次第より、その歴史を考察しうる箇所を取り上げ論じてきた。儀式運営に関する記事ばかりでなく、儀礼史を語りうる記事もあり、『江家次第』が歴史史料としても優れた書物であることを確認できた。ただし、儀礼の沿革すべてを記すには至らず、端的な記述にはニュアンスを読み取れない場合も少なくない。儀式書から歴史を語るには、前後に存在する儀式書や古記録記事と考え合わせていく必要がある。待宵の記事にしても、『江家次第』は端的に実頼・師輔と道隆の事例を挙げるのみであり、摂関政治の展開と絡む歴史的意味は、古記録にみえる創案者の忠平や復活した兼家の記事と考え合わせることで理解されるのであった。『江家次第』の歴史史料としての有用性は、古記録との併用によって輝きを増すのである。

儀礼史料論として

『江家次第』の歴史史料としての有用性について、前半では忠実の言談を再検討し、当時から優れた儀式書として広く使用されており、忠実の否定的発言はあくまでも利害関係の不一致から生じたものであること、摂関家との関わりについてはその都度検討を要することを論じた。このことは従来にも増して『江家次第』が、儀式の概要を的確に把握できるばかりでなく、儀礼の歴史をも知ることができる有用な歴史史料であることを示唆している。

後半では『江家次第』の歴史性について、大臣大饗の式次第を古記録記事と考え合わせ読解する作業を通じて考察した。そうすることで『江家次第』の式次第から平安期の宮廷儀礼史を、摂関政治の展開や院政の開始という時代背景とともに、より豊かに論じることができるのである。
最新の研究成果による本文が共有されるようになった現状だからこそ、『江家次第』の史料的有用性を明らかにする歴史史料としての『江家次第』論、ひいては儀礼史料論が必要であろう。本稿がその一助となれば幸いである。

（末松　剛）

参考文献

池上洵一「『中外抄』『富家語』の展望」（同氏著作集第二巻『説話と記録の研究』和泉書院、二〇〇一年。初出一九九七年）
小川剛生「『年中行事歌合』再考——摂関家の歌合、あるいは『江家次第』談義として」（『日本文学』五二—七、二〇〇三年）
倉林正次「大臣大饗」（『饗宴の研究（儀礼編）』桜楓社、一九六五年）
清水潔「『江家次第』と『江次第談義』」（『国書逸文研究』一二、一九八三年）
末松剛『平安宮廷の儀礼文化』序章（吉川弘文館、二〇一〇年）
末松剛「摂関家の先例観——御堂流故実の再検討」（『平安宮廷の儀礼文化』吉川弘文館、二〇一〇年。初出一九九九年）
末松剛「10～11世紀における饗宴儀礼の展開」（『日本史研究』六四二、二〇一六年）
告井幸男「大饗小考」（『立命館文学』六二四、二〇一二年）
土田直鎮「中関白家の栄光と没落」（『奈良平安時代史研究』吉川弘文館、一九九二年。初出一九六七年）
所功『平安朝儀式書成立史の研究』（国書刊行会、一九八五年）
所功『宮廷儀式書成立史の再検討』（国書刊行会、二〇〇一年）
橋本義彦『日本古代の儀礼と典籍』（青史出版、一九九九年）（第一部「平安朝三大儀式書考」は、尊経閣善本影印集成に収められた『西宮記』『北山抄』『江家次第』の解題をまとめたものである。初出一九九五～九七年）
渡邊誠「大臣大饗沿革考」（『史人』三、二〇一一年）

3 『類聚雑要抄』――前期院政「儀式の時代」

儀式書（公事書、有職故実書とも）。全四巻。『雑用抄』とも呼ばれる。ここでは、以下、本書と略称する。作者・成立ともに未詳ながらも、記述内容からみて院政期の十二世紀中頃の朝儀に深く関わっていた人物の編とみてよいだろう。

概要

刊本は「群書類従」第二十六輯雑部所収のものが有名だが、全四巻を上・中・下の三巻に分け、うち中巻に本来の巻二・三が収められている点は注意を要する。ほかに参考文献所載の小泉和子・川本重雄編『類聚雑要抄指図巻』では、京都大学附属図書館寄託の菊亭家本（全四巻）を底本とし、陽明文庫所蔵本（全四巻）で校合を行い、さらに群書類従本との異同を検討している。成果は語句解説に集約されているが、巻第四の中に記事の順序の混乱を発見し、もとの配列を復元し示している点は特筆すべき成果といえるだろう。今後、諸研究において本書を用いる際には、底本となる研究といっていい。

本書は、院政期の儀式儀礼を知る上で欠くことのできない最重要史料の一つながら、歴史学の立場からの研究成果はあまりなかった。一方、寝殿造建築・住宅建築、また建築物内の調度類への興味・関心から、建築史の川本重雄氏や家具・調度史の小泉和子氏が本書の研究を先導してきた（文末参考文献参照）。その成果は川本重雄・小泉和子編『類聚雑要抄指図巻』（中央公論美術出版、一九九八年）が本書研究の水準を示すものとして存在する。

各巻ごとに内容をみていこう。

巻一

御歯固／七草若菜／十五日粥／三月三日餅／五菓／代始御膳／大臣家節供／臨時客饗／大饗／五節殿上饗

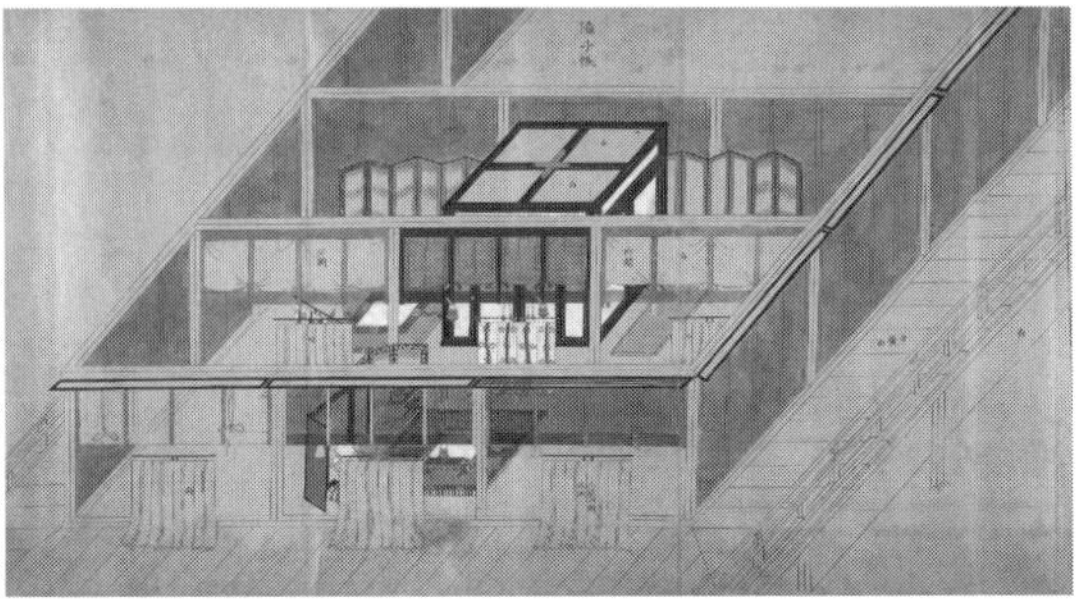

図1－1　『類聚雑要抄』第二「障子・帳指図」（東京国立博物館蔵／Image : TNM Imege Archives）

右の行事の供膳に関しての詳細な記述である。行事ごとの建築内の調度・家具類などの配置を含めた室礼、座次、膳にのせる器類の配置、盛る料理や食材に関してまで非常に詳細に記述される。特に指図は精細で、非常に具体的に作図され、宴の様子がよく分かる。朝儀における宴席の詳細は、古記録類にしばしば散見するが、儀式次第や参会者の座次・位次などが多い。本書では、器類などの食膳具の種類や寸法、料理の配膳の順番などにも触れられる。鳥羽天皇中宮の待賢門院《たいけんもんいん》藤原璋子《しょうし》（一一〇一～四五）の例に始まり、永久（一一一三～一八）、元永（一一一八～二〇）、保延（一一三五～四一）、藤原（花山院）家忠（一〇六二～一一三六）といった年度の例や人物名が記され、白河上皇院政末期（一〇八六～一一二九）から鳥羽上皇院政期（一一二九～五六）にかけての例を集めている。院政期の朝廷や貴族の宴の実状ばかりでなく、必ずしも豊富とは言えない食材と料理、器類の記事は非常に重要といえる。宴席や陪膳の調整と準備の任にあたった当事者ならではの知識が読み取れる点は特徴的といえる。

巻二

室礼指図事／立調度例事／屏風室礼指図／障子・帳指図／被加以前御調度外御物事／重硯筥敷物事／二階并厨子覆敷物等事／屏風袋事／香裹懸所事／度々御装束／披立調度差図

右の項目について、具体的な年次と場所、どのような状況における例なのかを詳述する。例によっては非常に細かい指図を併載する。文章・文字による解説は、古記録などからの抜粋や抄述のようだが、聞き書きなどを整理して記した印象もある。宇多天皇に始まり、関白左大臣藤原師実、関白内大臣同忠実、白河上皇、鳥羽上皇・待賢門院璋子、統子内親王などの事例を扱う。興味深いことに、ごく一例ではあるが藤原実頼（九〇〇～九七〇）を祖とする小野宮流で室礼を舗設した際の指図や解説も記述している。ここでも特筆すべきは指図である。室礼に関する記事は古記録類や儀式書類などに無数に記述されるが、意外に実際の使い方などは不明な点のほうが多い。しかし、本書巻二では単に細かい記述ではなく、実際の設営段階の視点で書かれている。本書全体が藤原摂関家、すなわち九条流有職故実の作法や尺度で書かれていることを考えると、そこにいかなる事情があったのかと思わざるを得ない。

巻三

調度／理髪具／装束／盥／膳所具／舞姫女装束／傅／童女／下仕／樋洗／上雑仕／禄／饗／出車／前駆／禄法／所々垸飯／行事所雑具／儲本所物／出立所／絵折櫃菓子／雑菓子／大破子／屯食／出火桶／火櫃／指図

巻三は、内容的にみて前・後からなる。前半は「法性寺関白」藤原忠通（一〇九七～一一六四）が内大臣であった永久三年（一一一五）に新嘗祭の五節舞に舞姫（舞妓）を献上した際の定文「五節雑事、内大臣忠通令五節給定文」の転記である。すなわち、宮廷で毎年十一月の新嘗祭の節儀に際して、舞妓を献じた臣下側で調進した室礼のための調度、人々の衣服・装身具物、食料品にまで至る品目、数量、これら物品類を要した諸役がきわめて詳細に記される。これは五節儀にどのような朝廷とその周辺の人々や諸職が関わっていたかを具体的に知ることのできる非常に重要な史料である。その使用の状況が広範に亙り具体的かつ詳細に記されている。装束の記事はそうした物品中の一部として扱われている。その点からいえば『類』の装束記事は理想的な周辺情報を備えている。装束の情報を状況から判断・斟酌することが可能な貴重な資料と言えよう。その規模は驚くべきものであり、品目の多さに目を奪われる。後半は、前半の定文の補足説明ともいうべき内容で、本五節儀のうち、舞妓の出立や、五節所装束料など、いくつかの事柄を次第も含めて具体的に解説する。これらは儀式書などでは記述されない、臣下の邸宅内や、これらの記述に漏れがちな下級の召使のことなど非常に稀有な記述が多い。

巻四

母屋調度事／帳事／廂調度事／北廂

寝殿造の母屋と廂の室礼とについて、調度品の詳細な指図と、寸法、仕様、形状、材料の費用を文章で記している。ここで扱われている品々はいずれも古記録や儀式書類を見ていると頻出するものの、形状・寸法などを文字や図版で閲覧できる図書類は多くなく、時にまったくそうした図書類に収載されていないものも多い。その意味では、非常に有用な参考資料となるだろう。また材料の費用が「○疋」と表示されているのは特徴的で、調進を前提とした備忘録のような印象で、本史料の性格を暗示しているといっていいだろう。

なお、古記録の記文や儀式書類の記事を読んでいて、現代に伝わらない風俗習慣や、道具、衣服などにぶつかると途方に暮れることがある。また、これらに一定の知識を持っている我々のような研究者でも、言葉は知っているが実物の形状や大きさ、材料の隅々までは知識の及ばないことがある。とりわけ平安時代の事物は分からないことだらけと言っても過言ではない。

本書成立の背景

こうしたなかで、年次が明確な文字や指図による様々な情報を有する本書の持つ意味はきわめて大きい。筆者自身、本書所載の同じ行事や場などの記事を参照することで理解できた事柄や多くを学んだ経験がある。原則の羅列ではなく、調進・舗設当事者や当該行事の差配をした者だからこそなし得た記述は、全般的に行事の詳細を現実的、かつ具体的に事細かに記した「マニュアル」とでもいうべき内容であるのが特色だろう。全四巻の組成を考えると、古記録類の記事に取材し、抽出したりしたであろう部分もあるが、やはり、個々の巻ごとに存在していた儀式関連の文献を、編者が一括して整理しようとした文献と考えるべきであろう。本書は現状においてすでに完成したものであるのか否かは推測の域を出ない。しかし、本書の編まれた前期院政の時代を、朝廷の儀式・儀礼の実施状況という視点で考えてみると、やや踏み込んだ成立の背景が浮かび上がってくる。

前期院政期の白河上皇の時代は、古代の朝廷の儀式・儀礼の上ではすでに衰退期にあった。平安時代の初期、奈良時代以来の諸儀式を整理し、軌道修正した十世紀成立の『内裏式』所収の諸儀式は古礼となり、さらに朝儀の運営主体が、朝廷単体から摂関家などの協力を余儀なくされていった。こうした朝儀を時代に即したかたちで運営していくために、源高明の『西宮記』、続く藤原公任の『北山抄』などが儀式・儀礼の整理を行い、一応の成功はみたようであった。しかし、本書が作成されたであろう白河、続く堀河天皇紀以後の院政期には、『西宮記』も『北山抄』も様々な点においてあまたの齟齬を表出する「古礼」となってしまっていたようだ。行政機構の変質や政庁の内裏から里内裏への移行など、朝儀を行う朝廷や天皇をとりまく環境は変化し続けた。院政期は、こうした当時の朝廷における儀式・儀礼の状況を背景に、平安時代初期以来の朝儀再考の機運があった。たとえば、『江家次第』は後二条関白藤原師通が博学で名の知られた大江匡房（一〇四一～一一一一）に依頼して一一一一年（天永二）に編まれた著作といわれるが、白河・堀河天皇以降の時代に即した、朝儀への理解と運営の実際が解説されている。平安時代の三大儀式書として周知のところだが、同書は年中行事・臨時公事を網羅的に解説しつつも関白四方拝などの私儀も取り扱っている。いわゆる私撰儀式書ということになるが、摂関家に代表される藤原氏は、政治権力の中枢が上皇と院に移行しつつも依然として朝廷にある立場を有し、朝廷とともに儀式・儀礼運営の任を担っていた。朝儀について正しい知識を有し、正しい運営を行っていた有職故実の主流である藤原元輔を祖とする九条流・摂関家藤原氏ならではの自覚は、知足院関白・藤原忠実（一〇七八～一一六二）の言としていくつか伝わっている。たとえば、晩年の談話を高階仲行が筆録した『富家語』四十八では『江家次第』について、

江次第後二条殿料ニ匡房卿所作也。神妙物云々。但サトク物ヲ見許ニテサカシキ僻事等相交云々

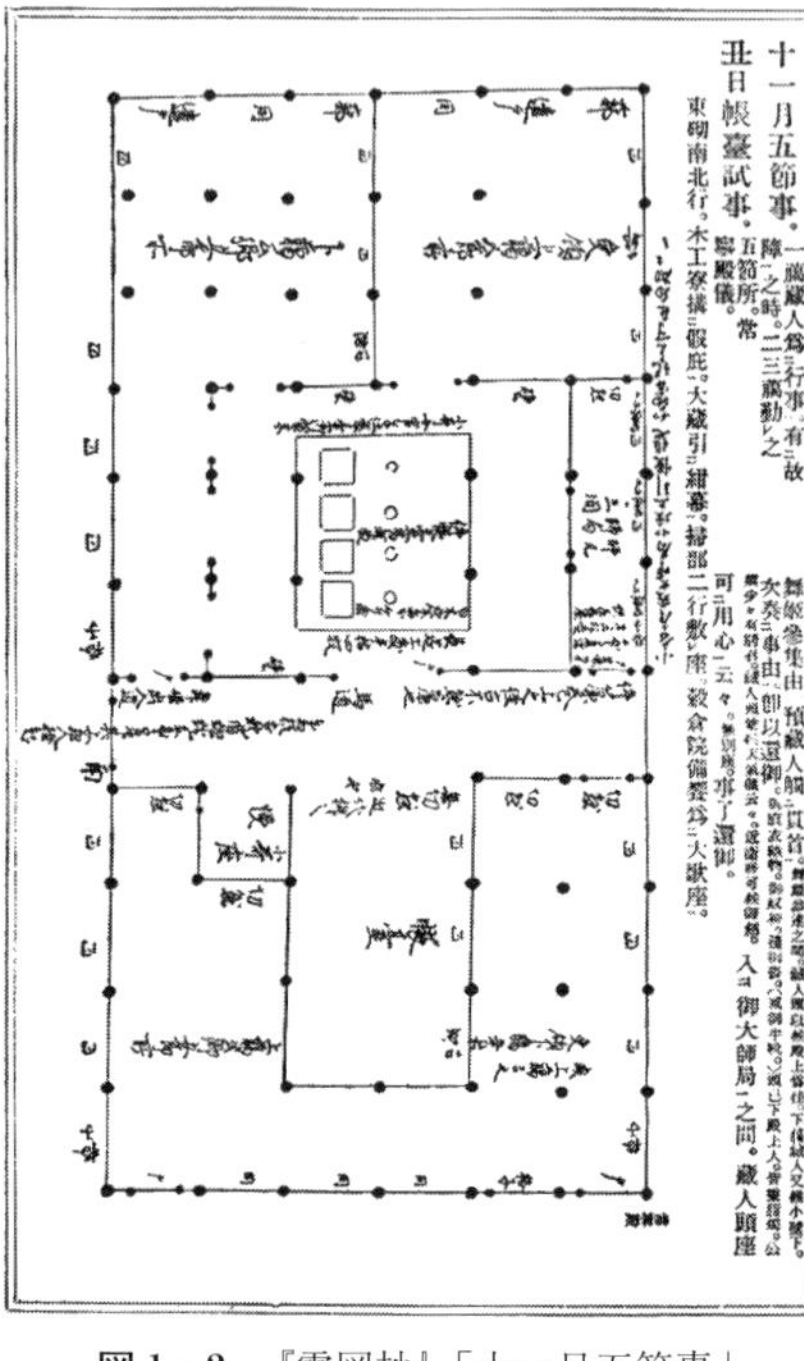

図1－2　『雲図抄』「十一目五節事」

と述べ批評する。これに先立つ『中外抄』下十二でも『江家次第』について同様の批評がみえるが、匡房への批判ととらえるよりも、むしろ、朝儀運営についての藤原摂関家の自覚と自負、自信のようなものが読み取れるのではないだろうか。本書もこうした時代を背景に、院政期の政治や朝廷の状況に合致した朝儀の再興という事情が、編纂の動機と考えるべきなのだろう。

本書の周辺

文献史料の場合、史料が単体で存在することは滅多になく、当該史料の周辺には何らかの共通項を持つものの存在していることが多い。共通項とは、出来事、人物、家、など多岐にわたる。興味深いことなのだが本書の周囲には著名な儀式関連の資料がいくつか存在する。

本書の作者（編者）については、後掲参考文献中の太田論文（一九五五）では、成立を一一四三（康治二）～一一四六年（久安二）とし、編者（作者）を平知信（?～一一四四）とするも、川本論文（一九九二）などでは藤原親隆を想定する。成立も一一三六年（保延二）と一一四六（久安二）～一一四七年（同三）の二つの時期を想定する。いずれもそれぞれに着眼点がことなり魅力的な説であるが、現状では川本氏による藤原親隆が編者であるとする説が有力となりつつあるだろう。本書の周囲には、藤原頼長の日記『台記』（一一三六～五五年までが現存する）、源雅亮の服装や調度に関する有職故実書『満佐須計装束抄』、藤原顕隆・重隆父子の儀式書『雲図抄』などが散在することも注目される。いずれも永久三年の五節儀や藤原頼長（一一二〇～五六）、藤原摂関家を中心に関連性を有している。川本論文（一九九二・一九九八など）が指摘するように『類聚雑要抄』が久安二年（一一四六）十一月の新嘗祭五節儀を目前に藤原親隆が編纂したとする説は正鵠を得ていると思う。

頼長の日記『台記』の久安二年十一月十一〜十四日条を読んでいくと、まず十一日条に「此間童女・下仕着二装束一、散位清職、大舎人助雅亮、奉二仕之一」とある。小稿で参考にすることの多かった『満佐須計装束抄』の筆者・源雅亮は醍醐源氏の出身で清職とは兄弟である。この二人は、当時、装束師として著名であった。二人は父親である雅職とともに『台記』の記文中に散見され、仁平三年（一一五三）八月には頼長の家司となる（『台記』仁平三・八・二十九条）。したがって雅亮は頼長との関連はもとより、久安二年当時、頼長の家司であった親隆とは知見があったと考えられる。巻第三後半の装束の着装に関する記事も雅亮らの知識の共有の成果だろう。『満佐須計装束抄』も久安二年度五節儀の折に得られた知識を少なからず反映したものかもしれない。

『雲図抄』は葉室流藤原顕隆（一〇七二〜一一二九）の命で弟・重隆（一〇七六〜一一一八）が抄出したといわれる文献で、内裏で行われる行事を指図を主に用いて解説する。顕隆・重隆ともに、十一世紀末から十二世紀初頭、宮廷でも屈指の識者であった為房の息である。この両名は蔵人の経験者で、特に顕隆は永久三年八月に蔵人頭を任ぜられた。同書の成立は顕隆が蔵人頭に任ぜられた永久三年から重隆の他界する元永元年（一一一八）閏九月までの三年間に絞り込むことが可能である。『類聚雑要抄』の編者とみられる藤原親隆は顕隆・重隆と兄弟であり、しかも親隆は重隆の養子となる。本書所収の指図類は『類聚雑要抄』所収の各種指図と非常に似ている感が強いが確証はない。

本書を考えていく上で

こうして『類聚雑要抄』という史料をみていると、摂関家やその周辺の複雑な人脈の末に『類聚雑要抄』は存在することが分かってくる。朝廷貴族社会の深さと広さに驚きさえ覚える。さらに、先に述べた院政下という時代背景、朝廷、藤原摂関家、それぞれの政治史上の諸問題や、それぞれの立場の思いやあり方はこの史料の随所に反映されている。院政期という新しい時代の朝儀復興の大きなうねりのなかで、保元内裏の造営があり、『年中行事絵巻』や『承安五節絵』のような絵画作品が製作されていく。これらの絵画作品は記録的な側面もあるが、記念的な意味合いも大きい。つまり、この時代、政治情勢下の院と朝廷、藤原摂関家による朝儀復興の成功の凱歌を視覚的に後世に伝えようとしたことになるであろうか。しかし、皮肉なことに、わずか数年後、保元・平治の乱（一一五六・一一六〇）が起きる。院、朝廷、藤原摂関家は暴力装置であった平氏と源氏を巻き込んで二分して覇権を争い、さらに平氏と源氏の争いに至る。古代の終焉といえるであろうし、中世の胎動がいよいよ大きなものとなる。前期院政下の儀式の時代は終焉を迎える。古代朝廷貴族社会の最後の輝きの時期は終わる。

以前、川本・小泉両氏による『類聚雑要抄指図巻』に分担執筆した際にも記したが、文献史料においては、特定の分野にとってその重要度や貴重さが確認されると、その分野のカテゴリーに属することまでは共有されるが、史料自体の持つ他の可能性を読み取ろうとすることは少なくなる。特定分野の史料としてのレッテルが貼られ、他の分野からの考察はなされなくなる。『類聚雑要抄』に記された多様な記述内容を精読すると、時代背景や編者たちの人間関係など、実に豊かなものを読み取れる。院政期の朝廷貴族社会を伝える非常に魅力的な史料である。今後の研究の進化が期待される。

（佐多芳彦）

参考文献

太田博太郎「類聚雑要抄の作者について」（『日本建築學會研究報告』三三―二、一九五五年）

岡田譲「「類聚雑要抄」とその調度」（『東京国立博物館紀要』一一、一九六七年）

川本重雄「母屋調度と庇調度――『類聚雑要抄』巻四の性格について」（学術講演梗概集　計画系　56（建築歴史・建築意匠）一九八一年）

川本重雄「『類聚雑要抄』の編者とその編纂時期」（『学術講演梗概集F、都市計画、建築経済・住宅問題、建築歴史・意匠』一九九二年）

川本重雄・小泉和子編『類聚雑要抄指図巻』（中央公論美術出版、一九九八年）

川本重雄「類聚雑要抄」（「家具道具室内史」家具道具室内史学会誌（創刊）、二〇〇九年）

小泉和子「「類聚雑要抄」と「類聚雑要抄指図巻」にみる平安貴族の宴会用飲食・供膳具〈特集〉宴会）」（『家具道具室内史』

家具道具室内史学会誌3、二〇一一年）
藤田盟児「『類聚雑要抄指図巻』川本重雄・小泉和子編」（『建築史学』三三、一九九九年）

［付記］『類聚雑要抄』の指図類を立体的な絵画に起し、精緻な彩色を施した『類聚雑要抄指図巻』とよばれる全六巻からなる画巻がある。藤原（一条）兼輝（一六五二～一七〇五）が貴族であり有職家でもあった紀（高橋）宗恒（一六四〇～一七〇七）に描かせたものという。京狩野派の狩野晴川院の手になる一七〇四年（元禄十七）の模写本が東京国立博物館に所蔵される。問題点も見受けられるものの、平安時代の寝殿造邸宅内の室礼の実際を考える上で非常に参考になる。

4　『建武年中行事』（後醍醐天皇）——宮廷儀式の案内書

『建武年中行事』の性格と成立時期——問題の所在

『建武年中行事』は、後醍醐天皇（在位、文保二年〈一三一八〉～暦応二年〈一三三九〉）の著述になる宮廷儀式の書。『仮名年中行事』など多数の別称がある。一巻または三巻。冒頭に序文を置き、年中行事を順次紹介しつつ次第作法を説く。全編を通して漢字仮名まじりの和文である。『群書類従』第六輯公事部などに所収。他に、現存最古の写本とされる京都御所東山御文庫本の影印・翻刻（所一九九〇）がある。

(1)序文の解釈

本書の性格や成立時期については、従来、後醍醐の在位中、実際に行われた儀式の有り様を記録したものと考えられて来た。その主要な論拠は、冒頭の序文に記された内容にある。

もゝしきのうち、はたとせの春秋をおくりむかへて、いま《今》もかつみ《見》るうちの事どもは、おぼつかなかるべきにもあらぬを、いまさらにかきつけんも、めづらしからぬこゝちすれど、をりにふれとき《時》につけたる大やけごとゞも、行末の鏡まではなくとも、おのづから又その世にはかくこそありけれ、などやうの物語のたよりには成なんかし

ここには、即位後二十年を経た著者（語り手）が、宮廷の主として自ら主催する儀式の姿を記し、以て後世の範としたいという趣旨のことが述べられている。

本書研究の端緒を拓いた和田英松（和田一九〇三、一九三〇）、及びその後を承けた所功（和田・所一九八九、所一九九〇）は、これに基づいて、『建武年中行事』の成立時期を後醍醐天皇の在位中、おそらく宮廷儀式の再興に力を注いだ建武新政の頃と推定し、後醍醐がその治世の卓越性を後世に伝えるために本書を執筆したものであると説いた。

(2) 実録か虚構か

このように、先学の説は、いずれもこの序文について後醍醐自身が著者（語り手）として事実そのままを述べたものと解し、それを前提に本書の性格や成立時期を論ずる。ただし、著者（語り手）の言う即位後二十年とは、建武四年（南朝・延元二〈一三三七〉）前後。まさに南北朝の開始期に該当し、執筆には相応しくないとの判断から、成立時期に関しては四年ほど遡らせて、建武新政の頃かとするのである。

しかしながら、成立時期をめぐる見解の揺れからも推測できる通り、この序文が事実そのままを記したものであるという解釈は、必ずしも確かな根拠を持つものではない。ならばむしろ、序文そのものが虚構であるという可能性を考えるべきではないか。これを記す著者（語り手）は、「当代の天皇」として仮構された架空の人物であるかもしれない。そしてまた、著者（語り手）が紹介しようという年中行事の記事も、天皇による宮廷行事の実録というような性格のものではないのかもしれない。

⑶記事分析の必要性

即位後の後醍醐が自らの主催する宮廷行事を記録したものとする『建武年中行事』についての通説は、再検討されるべきである。まず必要なことは、作品を構成する記事の分析であろう。これにより本書の性格が明らかになれば、後醍醐の執筆意図や成立時期についてもまた、自ずから一定の見通しが得られるはずなのである。

『建武年中行事』記述の特徴⑴

『建武年中行事』における儀式の記述方法には、いずれの記事にもほぼ共通して、いくつかの特徴が認められる。そのうち特に顕著な特徴と思われる二項目について、それぞれ具体例を挙げつつ説明し、併せて本書の性格に関する所見を述べる。

⑴作法の連鎖から成る記事

特徴の第一は、儀式に関する記事が、基本的に作法の連鎖として構成されているということである。つまり、記事の眼目は、儀式の全体像ではなく、そこで披露されるべき天皇と宮廷貴族の、種々の作法を示して見せるところにある。

本書の記事は、儀式を構成する次第のうちから、天皇・公卿・殿上人という特定の階層に属する参会者の、特に作法故実に関わる場面を取り出し、著者の関心の有り様に応じて、それらを適宜組み合わせたものである。したがって、次第の配列は必ずしも時系列に沿うものとはならず、たとえば、天皇を主体とする場面を続けた後に、遡って公卿の場面を置くという類のことが頻繁に行われる。また、先に記された作法からの連想により次の場面に繋いだり、既出の次第について書き落とした事柄を別の次第の中に補足的に挿入するというように、先後が錯綜することも多い。

作法については、天皇・公卿・殿上人のうち、いずれかを特に重視するということはなく、天皇作法が中心となる次第では天皇の所作を、公卿作法に諸説のある次第ではその所作を逐一記すというように、各場面の主役の作法が同等の重みをもって扱われる。ただし、本書に扱われる作法は、いずれも故実として当時の貴族社会では周知のものであり、その記述も大体を素描するという程度で、特に詳細というわけではない。

(2) 叙位議の記事に見る具体例

一例として、正月、叙位議《じょいのぎ》の記事から、その冒頭部分を見よう。清涼殿の天皇の御前で行われる議定《ぎじょう》に先立つ次第であり、天皇・蔵人と公卿に関わる作法を述べた部分である。

まずは、儀式書における叙位議の次第の典型として、『江家次第』の当該部分を引く（引用文中のルビ及び番号・記号は、便宜により私に付したもの。以下同）。

叙位、①諸卿着㆓左仗《さじょう》㆒、②次着㆓議所《ぎのところ》㆒、勧盃《けんぱい》、③蔵人伝㆑召、④大臣召㆓外記《げき》㆒、⑤諸卿参上、大臣以下経㆓日華門・宜陽殿《ぎようでん》南壇上㆒、入㆑自㆓西庇《にしびさし》前面㆒、出㆑自㆓同西庇南　第一間㆒、自㆓壇上㆒北行、自㆓石階《いしのきざはし》下㆒経㆓階下㆒、到㆓弓《ゆ》場《ば》庭㆒…

（『神道大系』）

これに対して、『建武年中行事』の記事は、次のようなものである。

五日、叙位議あり。①大臣已下《いげ》、左仗の座に候。●是よりさきに、けふの早旦に、くら《蔵》人頭已下、文をそう《奏》す。内覧《ないらん》はてゝ、後、あさがれひ《朝餉》にて奏するなり。文御覧じて、えれ《選》と仰らる。頭已下、石灰《いしばい》のだん《壇》にて、難なき申《もうし》文《ぶみ》どもを撰とゝのへて、硯のふたに入て御座《おまし》のまへにおく。●清涼殿の御簾をたれ《垂》て、ひ《昼》の御座の間にはし《端》に半《はん》帖《じょう》をしく。四季の御屏風を、南西北にたてめぐらして、三尺の木丁《きちょう》を御座のかたはらに立たり。そのまへのひさしに、執筆《しゅひつ》の円座《えんざ》をしく。関白の座北にあり。南二間、すゐは西にをれ《折》て、上達部の座をしく。③蔵人めし仰す。陣の座はむかひて、ひざつき《軾》につきて、是を仰す。末まで見わたす。みなめさるゝよし也。④大臣、大外記をめして、はこ《筥》文《ぶみ》を仰す。六位外記三人、筥文を持て、日花門より入て、宜陽殿のだん《壇》上にすゝみたつ。⑤大臣已下、座をたちて階下をへて〔雨儀《うぎ》御後をふ《経》〕、ゆみば《弓場》にすゝむ…

『江家次第』の次第は、時系列に沿って公卿の所作を追う。①紫宸殿北廊の左近陣座《じんのざ》に着く、②宜陽殿南廂の議所に移り勧盃、③天皇の召しを蔵人頭が伝える（公卿が召しを受ける）、④上卿《しょうけい》の大臣が議定のための筥文を外記に命ずる、⑤弓場にて威儀を正し清涼殿に参上する、というように。

一方、『建武年中行事』の記事は、公卿の所作とともに、天皇や蔵人のそれをも追うものとなっている。左近陣座から清涼殿に向かう公卿の作法（①④⑤。近例により②の次第は省略されている）と、これとは別に早朝から清涼殿内で行われる天皇と蔵人の所作、すなわち蔵人による申文の奏上・選別や、同じく蔵人の差配になる議定の儀式装束（●）とが、時間の経過とは異なる論理で以て並べられ、その間に、両者の出会う場面（③）が、蔵人頭の作法の一つとして置かれるのである。

(3)儀式書・日記・作法書との比較

『江家次第』のような次第構成や作法の記述は、特に公卿層の日記に記された叙位儀の記録にも、一般的に見られるものである。儀式の記録については、儀式書に倣った次第構成を採用し、それが規定通り遂行されたことを示すのが通常であって、『建武年中行事』のように時系列を大きく逸れた次第構成を用いることは、まずないと言える。また、作法の記述も記主の家職に関わるものに限定されるのが基本であり、本書のように公卿作法と天皇・殿上人の作法とを等し並みに扱うことはない。

さらに、個々の作法について、同時代の日記や作法書一般の記述と比較した場合、本書のそれが簡略である点にも注目される。特に作法書は、伝来の家説を掲げ作法の細部を強調して、家職を同じくする他家との差別化を図る傾向があるが、これに対して、本書の記事には、天皇作法をも含め、特定の家職に関わる作法やその一つ一つに対する強いこだわりといったものが、ほとんど見られない。

(4)複数資料の再編からなる作品

本書の記述方法は、儀式書、日記等の記録、作法書の類とは異質である。その記述が、たとえば後醍醐の日記など、単一の資料に依拠したものである可能性も低い。本書は、儀式書や天皇・公卿・殿上人各層の日記・作法書の類を資料として、それらの記事の断片を場面により使い分け、再編して一つの作品としたものであろう。

『建武年中行事』記述の特徴(2)

(1)「違例」の多い記述

第二の特徴として指摘できるのは、通常の作法と異なる「違例《いれい》」の記述がきわめて多いということである。

中世の儀式進行においては、先例や通例が重視され、相応の理由がない限り、過去の記録に見られぬような「新儀」が採用されることはない。先例から外れた作法は、「違例」として忌避されるのである。ところが本書では、儀式に関する規定や記録としては禁忌であるはずの「違例」が、随所に見られる。「違例」の記述は、次第の順序・式場の設営・参会者の所作等、儀式作法の全般にわたる。いずれも、諸説並び立つような特殊の作法ではなく、ごく一般的な種類のものである。また、それらの記述は、儀式の進行上特段の合理性を伴うわけでもなく、前後の次第との整合性とも無関係に、常に唐突に現れる。

(2)石清水臨時祭の記事に見る具体例

石清水臨時祭の記事から、調楽《ちょうがく》の場面を例として挙げておこう。調楽とは、祭を控えた約一カ月の間、数回にわたり舞人等が行う歌舞の練習のことだが、本書では、特にその最終日、内裏に参上して成果を披露する行事を指す。

> 日次《ひなみ》を撰て、調楽あり。まひ人《舞》、みなまゐるべけれど、この比《ごろ》二三人などぞ見ゆる。北の陣に幄《あく》をうちて、兵衛陣になずらへて此事あり。いさゝか舞て物のねをならして、殿上口にまゐる。聊《いささか》舞て、大ひれかへしうたひて、あく《幄》に帰て、献盃・御神楽などあり

舞人等は、祭のために臨時に設けられた楽所《がくしょ》で一通りの練習をした後、列を連ねて内裏に向かい、清涼殿の殿上間に通じる門の辺りで歌舞を披露する。内裏での披露を終えると再び楽所に戻る。

問題は、この楽所の位置にある。本文には、「北の陣に幄をうちて、兵衛陣になずらへて」とあり、本来ならば兵衛陣に楽所を設けるべきであるが、北陣を兵衛陣に見立てて幄舎を立て、これを楽所とするとしている。しかし、楽所は、北陣、すなわち平安宮内裏の外郭北門である朔平門《さくへいもん》に設けるのが正式なのである。一方、兵衛陣とは、内郭東西門である宣陽門・陰明門を指す。北陣を兵衛陣に見立てて楽所とするというのは、明らかに「違例」である。

なお、里内裏では、東西いずれかの大路に面する正門を建礼門に、小路に面する裏門を朔平門にそれぞれ擬して、後者を北陣と称する。朔平門は南の建礼門に対して裏門に当たるからである。里内裏の場合、楽所は、兵衛陣ではなく北陣になぞらえて、この裏門の辺りに臨時に設けるのが通例なのであった。

(3) 虚構構築の過程に生じた「違例」

本書に見られる多くの「違例」は、そのほとんどが、執筆の原資料となった文書の誤読や、複数の資料から得た情報を付き合わせる際に生じた錯誤の結果であると考えられる。「違例」の記述のうちには、たとえば次第の先後を逆にするなど、著者独自の儀式解釈を窺わせるような類のものも、少数ながら存在する。だが、その場合も、著者自身が「違例」を「違例」として自覚的に選び取ったとは考え難く、もとは単純なミスや誤解に発するものと思われる。

このことは、本書の成立や性格に関して、前項に示した所見の妥当性を補強するだけでなく、より具体的な推測をも可能とする。まず、漢文資料の誤読によると見られる事例が多いことから、本書は、著者自らの手になる記録等に基づくものではないことが分かる。さらに、本書に記された儀式の有り様は、必ずしも著者の実体験によるものではないと判断できるのである。

殊に、当時は既に廃絶していた古式の神今食《じんごんじき》など天皇親祭の儀式や、宮廷行事としては天皇のみが行い東宮にも資格の与えられていなかった元旦四方拝《しほうはい》について「違例」が頻出するという事実は、本書が後醍醐の在位中に実施された儀式の記録であるという従来の見解を、完全に否定するものである。同時に、本書の冒頭に置かれた序文の内容が、作品の一部として仮構されたものであることも、ほぼ確実となる。本書は、即位以前の後醍醐が、当代の天皇による儀式の記録という体裁を取って著した、虚構の作品であろう。

『建武年中行事』の記述と後醍醐天皇の人物像

これまで述べたところにより、本書の性格や成立時期について、まず大体の輪郭は把握できたように思う。本項ではさらに、執筆意図やその背景を探るための手がかりとして、後醍醐の人物像に関わる問題を検証してみる。

(1) 建武新政における施政との対比

佐藤進一（佐藤一九八三）によれば、後醍醐は、建武新政において中央集権的な律令国家体制の復活を目指し、従来の家格秩序を顧みぬ独裁的な人事を行ったとされる。

これに対して、特定の階層に関わる作法のみで綴られた本書の儀式に、明確な理念としての国家像を認めることは困難である。たとえば、令の規定に基づく元日節会《がんじつのせちえ》について見ても、『江家次第』などの儀式書は、国家組織に属する百官の所作を厳密に指定することで、全体として一つの荘重な儀式空間を構築する。それはあたかも、国家という理念を表すべく精緻に練り上げられた演劇の台本を思わせる。だが、本書に記される節会は、宮廷人が互いに作法を披露する内輪の儀式の如く、そこに組織としての国家という視点はない。

また、後醍醐が破壊しようとした旧来の家格秩序とは、本書の記す儀式にとっては、欠くことのできぬ要素である。伝統的な家格秩序に則り、家職と一体のものとして持ち伝えた作法を披露する貴族等の姿なくして、本書の儀式次第は成り立たない。

このほか、後醍醐は、新政において天皇親政を志し、武家のみならず院・摂関の政治介入をも排したとされるが、本書では、六四頁に引用した叙位議の記事にも見られる通り、ほぼ全ての儀式について院や関白の作法が記され、その存在は自明のこととされている。

すなわち、『建武年中行事』は、建武新政において示された上記のような政治的姿勢とは、無縁のところに成立した作品であると言える。

(2)「後醍醐」とは何か

本書の性格や執筆の背景を考える上で重要な意味を持つのは、後醍醐の称号である。「後の醍醐」というこの称号は、延喜聖代の再現を期して、後醍醐が自ら生前に決定したものである。ただ、彼の理想としたという「延喜聖代」の具体的な像については明らかでなく、一般には、先に挙げた天皇親政の政治形態とともに、十世紀当時における宮廷儀式の盛行が、追慕の対象となったと考えられている。

本書の記事のうちには、内裏の再建計画に言及した箇所がある（二宮大饗《にぐうのだいきょう》）。また、いくつかの儀式については、本儀《ほんぎ》に鑑みて作法を改め、あるいは長らく途絶えていた次第を当代に復活したという趣旨の記述が見える（元日節会・供饌《ぐせん》の儀における食事作法の改変、石清水臨時祭・試楽《しがく》の復興など）。こうした記述は、新政において内裏の再建を企画し、朝儀の再興を図ったとされる後醍醐の施策とも重なるものである。

ただし、本書の記事や施策に見られるような儀式再興への志向は、後醍醐の個人的な理想と言うより、むしろ当時の宮廷貴族社会の一般的な思潮に由来するものであろう。

中世の故実の世界では、観念的な原点回帰の願望から、過去に実際に存在したか否かも明らかでない「本儀」を想定し、これについての言説を重んじることが、まま行われた。同じ理由から、古きに返ることを儀式再興の主意と見なす風潮もあった。本書が、本儀により作法を改め、古式の次第を復活したとするのは、このような故実世界の流儀に倣ったものである。

(3)聖代の再現を望んだ宮廷社会

中世の宮廷人が言うところの「延喜聖代」もまた、彼らの幻想のうちにのみ存在する理想の世界である。武家の支配下にあって自らの文化的始原を求める願望が、宮廷文化の栄えた時代、聖帝による理想の治世を夢想させたのである。そうした思潮の中で、人々の待ち望む聖代の再現を期し、自ら「後の醍醐」と称したのが、後醍醐であった。その後醍醐が、いずれ君主となった暁にはかくもあろうと、自らの実現すべき「聖代」の姿を虚構のうちに描いて見せた。それが、『建武年中行事』である。

『建武年中行事』と中世故実の世界　後醍醐が『建武年中行事』を執筆した背景には、宮廷貴族社会に広く浸透した故実の世界があった。中世故実の世界には、前代までとは異なる特質が見られる。その特質を考慮し、以下に、本書の性格と成立の事情について、より踏み込んだ推論を提示しておく。

(1)学芸としての「公事」と「識」

「公事《くじ》」とは、国家儀式を指して言う貴族社会の用語である。だが、中世の「公事」は、儀式そのものを指すと同時に、作法故実の世界を意味することばでもあった。そして、儀式を舞台に披露される作法故実は、「芸能」の一つとされた。様々な才芸や技能を広く「芸能」と称するのは、前近代に一般的な捉え方である。

建長六年（一二五四）に成立した説話集、橘成季《たちばなのなりすえ》編『古今著聞集』は、和歌・管弦歌舞・能書等の篇目と並べて巻第三に公事篇を設け、作法や故実をめぐる十七の説話を挙げる。その冒頭に置かれるのが、次に引く序文である。

正朔《しょうさく》の節会より除夜の追儺《ついな》にいたるまで、公事の礼一にあらず。おこなひきたる儀まち〳〵にわかれたり。恒例・臨時の大小事、西宮記《さいきゅうき》・北山抄《ほくざんしょう》をもて、その亀鏡《ききょう》にそなへたり。小野宮《おののみや》・九条殿の両流、口伝・故実そのかはりめおほく侍とかや。有識《ゆうしき》の家にならひつたへて、いまは絶《たゆる》事なし。いみじき事也　（『日本古典文学大系』）

このように、国家儀式とはすなわち儀礼・行儀の世界であり、王朝の昔より家々の守り伝えた口伝・故実の世界であるという認識が、十三世紀の半ばには定着していたのである。

注目すべきは、芸能の一つである儀式作法や故実が、特に学問の領域に属するものとされていたことである。順徳天皇の著述になる『禁秘抄《きんぴしょう》』「諸芸能事」は、天皇の具えるべき教養の第一に「御学問」を挙げ、まず為政者として漢籍を学び「才《ざえ》」を身に付ける必要性を説いた後、続けて次のように記す。

識者《は》又勿論。天下諸礼時御失礼。尤左道《さどう》事也。後三条白川殊有識也。必々可レ学レ之也（『群書類従』）

種々の知識の中でも特に儀式に関するそれを「識《しき》」と称し、作法故実に通ずることを「有識」とする用例は、十二世紀前半から散見されるが、ここに引いた『禁秘抄』では、さらにその「識」が「才」と同様、学問のうちに数えられている。十三世紀の前半には、後の「有職故実」に繋がるような学問の一分野が、確かに成立していたのである。

(2) 宮廷儀式の案内書

中世の宮廷社会において、儀式はすなわち作法故実の世界であり、学ぶべき教養の一つとなっていた。そうした環境の中で、自らの学問の成果を作品として公開し、世人に向けて「有識」をアピールする者も現れた。その代表的な存在が二条良基《にじょうよしもと》である。

良基は儀式に関する作品を多数著したが、それらはいずれも記録・作法書の類とは質を異にし、「宮廷儀式の案内書」とでも称するのが相応しいと思われる内容・性格のものである。多くは漢字仮名まじりの和文により、語り手を女房などに仮託した作品もある。

記録・作法書とは異質であること。和文の使用や語り手の仮構といった文章構成上の特徴。良基の著作に見られるこれらの要素は、全て後醍醐の『建武年中行事』にも共通する。

両者を並べて見ることにしよう。まず、良基の『永和大嘗会記《えいわだいじょうえき》』から、その一部を引く。この作品は、永和元年（一三七五）十一月二十三日、北朝後円融天皇の大嘗祭卯日《うのひ》の様を、匿名の見物人による語りという体裁で記したもの。引用は、湯殿の儀に続く天皇の神事装束の次第を述べた部分である。

湯殿はてて。又帛《はく》の御装束をめさる。幘《さく》とて。御冠の巾子《こじ》をすゞしのきぬ《生絹》にてまとはせ給ふ。これ又大神事の御装束なり。御装束師は二たびながら大炊御門大納言《おおいみかどのだいなごん》勤仕せらる。代代此家ならでは。御装束の秘事口伝《ひじくでん》をば伝たる人もなきとぞ承る　（『群書類従』）

次に、『建武年中行事』神今食の記事から、小忌湯《おみのゆ》に続く神事装束のくだりを引く。

其後、帛の御装束をめす。内蔵寮《くらりょう》のたてまつれるをぬがせ給つれば、又ぬひ《縫》殿れう《寮》のたてまつれるを、うるはしき斎服にはたてまつる也〔これは冬もすゞしなり〕。内蔵寮のたてまつれる御幘を御かうぶり《冠》のこし《巾子》のねにむすぶ。かたかぎ《片鍵》なり。御えい《纓》の下よりまへに引まはす也。御かうぶり無文《むもん》、御帯むもんのずんはう《巡方》、うち〳〵御用意ある也。大ひ《炊》の御かど《門》の流、つねざね《経実》の大納言のすぢ《筋》になん、今も御装束、口伝ありてめされける

一部分のみの比較であるが、古来の儀式への愛着や家伝の故実に対する関心、語り口調を思わせる文体など、双方に通ずるものを見て取るには十分ではないかと思う。

良基は、後醍醐と一時期近しい関係にあり、また文化的素養の面でも重なるところの多い人物である。たとえば、良基は河内方《かわちかた》の学者・行阿《ぎょうあ》（俗名源知行）から『源氏物語』の秘説奥義の伝授を受けたが、後醍醐もまた同じ行阿に、家本である河内本『源氏物語』の書写を命じ献上させている。もっとも、後醍醐の『建武年中行事』と良基の著作との間に、直接的な影響関係を見る必要は必ずしもない。儀式の栄えた王朝の昔に思いを寄せ、作法故実に伝統の継承を見る。そうした認識を当時の宮廷貴族社会が共有していたこと、そして、その中から、ともに「宮廷儀式の案内書」なるジャンルに属する作品として生まれたのが両者だということを、確認しておきたいのである。

(3)『建武年中行事』の性格と成立の事情

中世の一時期、後に「有職故実」と称される学問の形成過程において、宮廷人の手になる、物語風の、「宮廷儀式の案内書」とも名付くべきジャンルが存在した。『建武年中行事』もまた、その一作品である。三十一歳で即位するまでの長い東宮時代、後醍醐は、「有識」の天皇を目指し作法故実の習得に励んだことであろう。即位を前に、

彼は、その成果を著作として世に問うたのである。当代天皇による儀式の実録という架空の設定のもと、自らの治世への抱負を籠めて『建武年中行事』を著し、これを以て、自身が理想の帝王の資質を具える者であることを、世人に向け広く示して見せたのである。

（佐藤厚子）

参考文献

佐藤厚子『中世の国家儀式――「建武年中行事」の世界』（岩田書院、二〇〇三年）
佐藤進一『日本の中世国家』（岩波書店、一九八三年）
谷村光義『建武年中行事略解』（享保十七年〈一七三二〉）
所功編『京都御所東山御文庫本「建武年中行事」』（国書刊行会、一九九〇年）
和田英松『建武年中行事註解』（明治書院、一九〇三年）
和田英松『修訂建武年中行事註解』（明治書院、一九三〇年）
和田英松（註解）、所功（校訂）『新訂建武年中行事註解』（講談社、一九八九年）

［付記］『建武年中行事』の本文引用は『群書類従』により、私に仮名遣い・句読点を改め随時ルビを付した。

第二章　故実書――特定の身分・職掌のマニュアル書

本章では、明法家《みょうぼうか》である清原氏の関係者によって、鎌倉初期に成立したと考えられる『清獬眼抄《せいかいがんしょう》』、院政期《いんせいき》の摂関家《せっかんけ》特に藤原忠実《ふじわらただざね》（一〇七八～一一六二）周辺で成立したと考えられる『執政所抄《しっせいしょしょう》』、後鳥羽《ごとば》上皇（一一八〇～一二三九）の『世俗浅深秘抄《せぞくせんしんひしょう》』、順徳《じゅんとく》天皇（一一九七～一二四二）の『禁秘抄《きんぴしょう》』、藤原隆長《たかなが》（一二七七～一三五〇）の『吉《きっ》口伝《くでん》』という五本の故実書（故実集成）を取り上げる。

このうち『世俗浅深秘抄』は特定の身分や職掌にとらわれず、天皇・上皇以下の様々な公家故実を集成する。これに対し、『清獬眼抄』は検非違使《けびいし》のため、『執政所抄』は摂関家家政機関《かせいきかん》のため、『禁秘抄』は天皇のため、『吉口伝』は蔵人頭《くろうどのとう》のためというように、特定の身分や職掌を対象とした故実書である。天皇を含めいずれも摂関期以降の公家社会を担う身分・職掌である。

（近藤好和）

1　『清獬眼抄』――平安末期の配流と火災

『清獬眼抄』とは

『清獬眼抄』は、検非違使の故実書で、鎌倉初期に成立したと考えられている。逸文も存在することから、本来は検非違使の職務全般にわたる内容をもっていた可能性があるが、残念ながら、現存史料は「凶事」の中の「流人事」と「焼亡事」のみで、全貌は不明である。また、故実書とも部類記ともいえるが、史料の類聚範囲は広くはない。引用される日記の大半は十二世紀後半に検非違使として活動した清原季《きよはらすえ》光《みつ》（一一三三～八〇）の「後清録記」である。「後清録記」のほかには、日記名を明記するものとしては、「隆方卿記」「宗河記」「宗金記」「左藤判官季清記」があり、史料名を記さない事例もいくつかあるが、「後清録記」に比べればそれらの引用はきわめて少ない。この点から、本書の編者は広く検非違使の日記を集めて部類しようとしたわけではなく、清原季光の日記と、それとともに伝わっていたいくつかの記録を材料に、本書を編纂した可能性が考えられる。たとえば、「後清録記」長寛三年（一一六五）三月十一日条に引く天永の例は、『清獬眼抄』の出典不明の天永四年（一一一三）閏三月十三日条と同じ史料を指していると思われ、季光が所持していた史料の可能性がある。とはいえ、公卿・殿上人層ではない、検非違使の職務を実際に担った層の日記を多数引用し、その行動や故実の詳細が分かる点で、本書は貴重である。

本書の編者は、書名に「清」が付される所や、引用される日記の多くが「後清録記」である所から、清原氏であるとされている。五味文彦氏はさらに検討を進めて、「後清録記」の記主である清原季光が本書に引かれる「祖父口伝」の祖父にあたり、その孫として、貞永元年（一二三二）に鎌倉で検非違使となった清原季氏が想定されるとする。季氏が検非違使を目指して編纂した書と推測されている（五味二〇〇三など）。「後清録記」に見える季光の子には、安元元年（一一七五）に馬允であった季平（十一月二十日条）と、治承四年（一一八〇）に十四歳で滝口であった季忠（二月十四日条）がいるが、季氏の父はその二人とは別の基光という人物である。基光が季光の子である確証はないが、五味氏は名前の字からして可能性があるとされる。「祖父口伝」の挿入位置や「後清録記」の内容との繋がりから祖父を季光であると推測した点は、「祖父口伝」と明記される引用が全体でも二カ所しかないため根拠が十分とはいえないが、編纂の時期や背景などには妥当性もあり、魅力的な説である。なお、本書は焼亡奏について詳説し、その次第の中の奏の詞として「近代奏詞」を記すが、『禁秘抄』には「建久已後、此の奏無し」とあり、この点からも、建久年間からあまり隔たらない時期を本書の成立時期と考えてよいだろう。

『清獬眼抄』の写本　『清獬眼抄』は、刊本としては、群書類従巻第百八に収録されており、また、影印も、国立公文書館に所蔵されている紅葉山文庫旧蔵の写本が、『内閣文庫所蔵史籍叢刊　古代中世篇』の第三巻（汲古書院、二〇一二年）に収録されている。現存する写本はこのほかにも複数あり、国立公文書館には甘露寺本、内務省本、先とは別の紅葉山文庫本が、また、宮内庁書陵部には鷹司本、柳原本が、東京大学史料編纂所には徳大寺本、押小路本があり、そのほか、静嘉堂文庫本、東北大学附属図書館所蔵狩野文庫本、京都府立総合資料館所蔵の広橋本、彰考館文庫本、神宮文庫本、穂久邇文庫本、無窮会神習文庫本などが『国書総目録』に挙げられている。また、古代学協会所蔵（京都文化博物館寄託）の滋野井本もある。紙数の都合上、詳述はできないが、写本についても調査した中で気付いた点をいくつか述べておきたい。なお、史料閲覧に際しては各所蔵機関に御高配を賜った。

未調査の写本もあるが、調査した写本は、大きくは二つのグループに分かれる。これを仮にA・Bとすると、Aグループは、史料に「金沢文庫」の印記を写しており、確実に金沢文庫本の転写本の系統であることが分かる。この印記のないものがBグループである。それぞれのグループ内では一部を除き一丁行数は一致しており、改行位置もおおむね一致する。書写した際のもととなった写本を忠実に書写しているものが多いといえる。ただし、右記影印本の写本はAグループではあるが一丁行数は異なる。

本書に、安元三年の平安京の大火の記事があり、そこに焼亡範囲を示す図が付されていることは周知の通りであるが、この図に関しても両グループは異なる特徴をもつ。Aグループは、焼亡の範囲を示す線を引いていないのに対し、Bグループの多くは線を引く。一部、線のないものもあるが、図のほかの特徴からして、同グループといえる。前者は「五条大納言邦綱卿家」の場所が東洞院大路西ではなく東に書かれるが、焼亡範囲の線はちょうどこの家の東側に引かれるので、線がない故の誤りであろうか。また、いくつかの邸宅の記載で一町すべてが一つの邸宅ではなく、一町内を分割する線が見られるものがある。Aグループにはこの分割線があり、Bグループにはない（基房の所のみある）。ただし、影印本の写本は、焼亡範囲の線があるBグループの特徴と、一町内の分割線があるAグループの特徴をあわせもっている。なお、群書類従刊本はBグループと同様な特徴をもつ図である。写本間の文字の異同や書き込み等とともに、こうした図の特徴も写本の系統を考える参考になろう。

ところで、写本のほとんどには、この安元の大火の記事の前後に同じ錯簡が見られる。錯簡部分の行数が、A・

B両グループともそれらの一丁行数と一致しないため、別の装丁であった段階で、紙の脱落・誤った再挿入が行われ、錯簡が起こったものと考えられる。

右記影印本所載の新井重行氏の解題によれば、影印本の写本は、享保九年（一七二四）に加賀前田家より献上され紅葉山文庫に収められた金沢文庫本の模本であることが分かっている。また、宮内庁書陵部の鷹司本はもとの題簽や虫損跡も写しており、金沢文庫本の形態をよく伝える写本であるとする（新井二〇一二）。東京大学史料編纂所の徳大寺本（Aグループ）も同じくもとの題簽や虫損跡を写しており、金沢文庫本に近い写本といえよう。どの写本が最も原本に近いか、文字が信頼できるか、さらなる調査や検討を行っていきたい。

なお、諸写本と群書類従刊本には文字や改行・文頭位置等の体裁の異同があるが、群書類従刊本間でも出版社や版によって多少異同があるため、本史料使用の際には注意を要する。本稿での本文の引用は、続群書類従完成会発行訂正三版の群書類従刊本によるが、写本等により修正を加えた所もある。

「後清録記」の記主清原季光

以降の記述では主として「後清録記」について述べる。ここではまず、その記主清原季光について述べておきたい。清原季光の検非違使としての経歴は、保元三年（一一五八）八月八日に右衛門府生となり使宣旨を蒙ったのに始まる。その後、志に昇進し、治承四年五月二十日に四十八歳で死去するまで、約二十二年間、検非違使をつとめた（『山槐《さんかい》記《き》』）。季光は清原氏系図などには見えず、どの系統に連なるのかはわからない。

季光の検非違使以外の職としては、仁安三年（一一六八）十一月十三日条の中宮御所の火事の記事に、中宮庁奉行年預と見える。中宮は応保二年（一一六二）に立后した藤原育子（藤原忠通女、藤原基実猶子、二条天皇后、六条天皇養母。ただし、実父については説が分かれる）である。季光は他事を捨ておき駆けつけている。また、仁安二年九月二十七日の五条内裏（五条北東洞院東）焼亡の際に、六条天皇や中宮育子は高倉殿に遷るが、このときも季光は、「宮御方の事を沙汰せしむ」、「宮御所の沙汰に依り」祇候など、奉仕しているのが見える。承安元年（一一七一）十一月二十三日の中宮御所の火事でも渡御した先の東山の御所へ参上している。したがって、程度や期間は不明であるが（育子は承安三年死去）、中宮、ひいてはその後見である摂関家とのつながりが窺える。なお、保元三年に府生となった際の『山槐記』の記事には「東宮出納」とあるが、このときの皇太子は守仁親王（後の二条天皇）である。ちなみに、「後清録記」にも登場する検非違使志の清原能景《よしかげ》も、藤原育子の家司、立后後は中宮職権少属になっており（『山槐記』応保元年十二月二十七日条・同二年二月十九日条）、季光との血縁は不明であるが、似た立場にある人物である。

平安末期配流事件と配流の次第

「流人事」の項目をみると、ここには八例の配流事件が挙げられている。このうち、後の四例は「後清録記」の記事である。永暦元年（一一六〇）三月に、二条天皇親政派の大納言藤原経宗《つねむね》や検非違使別当藤原惟方等が、後白河院の命により解官され流された事件、応保二年六月に源資賢《すけかた》・源通《みち》家《いえ》・平時忠《ときただ》・藤原範忠《のりただ》が、二条天皇を呪詛しようとしたとして配流された事件、安元三年五月に天台座主明雲《みょううん》が後白河院の意向により解却され流罪となった事件、そして、治承三年十一月の平清盛による政変で、関白藤原基房《もとふさ》をはじめ多数の官人が解官され、さらに基房等の配流が行われた事件で、いずれも平安末期の政治史における重要な事件である。明雲の事件を除く三例は季光自身が追使となっている。日記以外の故実の注記は一カ所のみで、後文の「焼亡事」の内容に比べ、故実の記載も全体の分量も少ない項目であるが、平安末期の動乱の一端が窺える記録であり、検非違使の故実とは別に、その意味でも興味深い。

応保二年の事件では、季光は前年まで同じ検非違使であった平時忠の追使となっている。平時忠は、後白河院后の平滋子や平清盛妻の平時子とは兄妹の関係の人物である。前年に滋子が後白河院皇子（後の高倉天皇）を産んだことで、二条天皇側から警戒されたのか、解官され、さらにこの年、天皇呪詛事件に連坐し流罪となった。「後清録記」は、このときの、領送使へ流人を引き渡すまでの記述が詳細であり、ここに付された今按や祖父口伝鈔、また、同様な次第を示す典拠不明の康平七年（一〇六四）十二月六日条とともに、配流の次第の好史料である。これらの記事は、『伴大納言絵詞《ばんだいなごんえことば》』の研究や解説でしばしば引用され、そこに描かれる検非違使の装束や配流の様子が『清獬眼抄』の記事によく一致していることが指摘されている（鈴木一九六〇、小松一九八七など）。

さて、応保二年六月二十三日、この日、季光はまず別当（平清盛）邸に参り、鳥羽上庄の殺人事件に関して指示を受けているが、未剋に退出する際、検非違使志の中原章貞《なかはらのりさだ》が召しによって朝から内裏に参っており不審であるとして、自身も内裏に参った。

> 事不審に依り内裏に参る。流人の事なり。秘蔵せらると云々。是れ密々子細を聞くの処、当今、呪詛し奉るに依り、流罪を行はる。比叡巫女、拷問せらるべしと云々。奇異と謂ふべし。天子の世を乱すか。中志章貞・清志能景・予、陣屋の辺りを徘徊するの間、召しに依り章貞、陣座に参る。流人交名を賜り退出し了んぬ。

とあり、検非違使官人が流人交名を賜る場面から記されている。支配廷尉として、源資賢の追使に志清原能景、源通家の追使に志中原章貞、平時忠の追使に府生清原季光、藤原範忠の追使に志中原基広の名が記されており、各自それを確認し、流人亭に向かう。今按や康平七年の記事も参考に、以降の次第も見ておこう。

季光は、立烏帽子に毛沓を着し、胡籙を帯して、随兵四人や看督長・火長・下部等とともに平時忠の宅に向かう。看督長がまず子細を時忠に触れ、時忠は車に乗って門を出る。本来、流人は騎馬であり、これについては、「抑も流人の乗車、甚だ以て然るべからざる事なり。然れども事不便に依り、停止すること能はざるなり」と記している。看督長の言葉は、今按の引く祖父口伝鈔によれば、「其の犯に依りて其の国に配流す。官人其の人、追使と為す。早く出でしめ給ふべし」である。そして、流人が出てくると、逆向きに馬に乗り直させ、その左右を放免が囲繞する。車のときは後簾を上げ、前簾を下ろし、後ろ向きに乗せることが記されている。応保二年の行列次第では、まず時忠の乗った車があり、それに看督長や下部らが付き、次に火長、そして、追使の季光と連なる。今按や康平七年の行列は多少異なり、まず看督長、次に流人、次に廷尉、次に火長である。西国に配流する場合は七条朱雀、東国や北陸道の場合は粟田口の辺りで領送使に引き渡すことになっているが、平時忠は出雲に配流であったので七条朱雀に向かう。そこで領送使が持参した官符を取り、流人に対面して見せ（今按や康平七年条では読み聞かせる）、官符を返して流人を引き渡すのである。祖父口伝鈔に記す追使の廷尉の装束が立烏帽子、毛沓、胡籙であることは本条と一致しているが、康平七年条では追使左尉坂上定成の装束を、「白張、巻纓（写本によっては「巻纓、冠纓」）、浅沓、帯剣、帯狩胡録、一斤染」としており、差異がある。

ところで、応保二年の日記本文中に「予、胡録を着し、纓を放つ」と記す所がある。しかし、このとき季光は烏帽子であったので、この「纓」は不審である。今按や康平七年条の流人や廷尉・看督長の装束の記載には、「纓」の文字がいくつか見えるが、実は、写本ではこの部分の「纓」の多くは「紕」か「総」のどちらかに似た文字を書いている。「纓」のくずし字の誤写とも考えられるが、先の「纓を放つ」の「纓」については「紕」とする写本もあり、「紕を放つ」の可能性がある。また、装束で「巻紕（総）、巻纓」と書いている写本もあり、これらの「纓」がすべて「纓」でよいか、確認の必要があるだろう。文字次第では故実の理解も変わってくるかもしれない。

平時忠は生涯で三度も配流の憂き目を見る人物であるが、この時は永万元年（一一六五）に召し返され、その後、昇進し、仁安三年には検非違使の長官たる別当となっている。その間、季光は変わらず検非違使府生であった。検非違使という立場上、政争をすぐ傍らで見る機会も多かったと思われるが、その流罪の決定が誰の意思であろうと、季光は決定に従い職務を遂行するだけである。季光が何を感じていたのか、その姿からは残念ながら窺うことができない。ただ、治承三年の政変の際、十一月十五日条に、「夜半ばかり、除目有り。是れ院の御沙汰に非ず。拝任と云ひ解官と云ひ、偏に太政入道（平清盛）家の御沙汰たるなり。配流の人々、罪過何事か知らざるなり」と記しており、わずかながらここに、この事件に対する季光の心の動きを感じ取ることも可能であろうか。

平安京の火災と季光の故実

『清獬眼抄』の焼亡の項目は、はじめに儀式書・雑例・日記・口伝・今案等による焼亡に関する故実の集成があり、その後に事例別に日記が引用されるという構成である。なお、故実を集成した部分の引用史料には、壬生本『西宮記《さいきゅうき》』の、本来の『西宮記』ではない検非違使関係史料とされる第十七軸と共通するものが多い。同種の史料をもとにして編纂した可能性もあろうか。本項目の記事は、平安京の火災や消火活動等の研究でこれまでにも論じられており（大村二〇〇六、生島二〇一一、中町二〇一五など）、重複する所もあるが、清原季光の視点から平安末期の平安京の火災を見ていきたい。

平安京内の火災では検非違使は、まず火所に向かい消火活動を行う。そして、その後、別当邸や摂関邸や内裏に参り、火事の報告を行うのが重要な職務である。季光は、地位は高くないが、検非違使の職務に関しては、故実の知識が豊富で、そのことに自負心もあったようで、焼亡に関する記事の中には、時に辛辣に同僚を非難したり、知識を披露している場面が見える。

火事の際の装束は、蔵人尉は別にして、尉以下は布衣、弓箭、毛沓が一般的なようであるが、内裏焼亡の際には毛沓を脱いで浅沓に履き替え、袴を上括りにするという故実があった。季光はこの故実にはこだわりがあったらしく、しばしば日記に記し、異なる装束をしている検非違使を非難している。たとえば、仁安二年九月二十七日条では、内裏の火災にもかかわらず、毛沓を履いたり、袴を上括りにせずに参内した検非違使に対し、「奇異の事なり」とし、とくに尉大江遠重や志中原章貞に対しては、「尤も以て悪気なり」と記している。

装束に関する別の面白い故実としては、祖父口伝や「後清録記」に、火所に向かう際には紐を解く、帰路には火所から三町離れて紐を差す、というものが見える。また、紐を解き箭を帯するのは、犯人出来を知り追捕に向かうためとする。つまり、装束の紐（表着の襟の紐であろうか）を解いているという状態は、消火活動中や犯人追捕中というように、検非違使がまさにそれらの職務を遂行中であることを示しているのではないだろうか。『伴大納言絵詞』の流人を引き立てる検非違使の廷尉は表着の襟を開いた姿で描かれているが、紐を表着の紐と解してよければ、これも職務遂行中を示す故実なのかもしれない。また、そうであれば、前述の配流の記事で触れた季光の装束の「纓を放つ」はやはり「紐を放つ」で、同様のことを指す可能性があろう。この紐に関して、承安四年四月十四日の火事で、別当藤原成親邸へ参った際に、府生大江経弘が門外で紐を差すかどうかを季光に問うが、紐を解いたまま別当邸の門まで来たことに「返す返す不便不便」と記し、そして、「余りの悪さに、予、返事を謂はず退出し了んぬ」とかなり憤慨しているのが見える。

火事の際の、天皇への報告を焼亡奏といい、殿上口に検非違使が列立し、蔵人を介して、焼亡範囲、被災した家の数、出火の原因等を奏し、続いて出動した検非違使官人の見参を示す、という作法を行う。奏する詞に若干の時代的変化があったらしいことも、本書から読み取れる。この奏は、前述の『禁秘抄』にあったように衰微していくようであり、また、神事、吉事、京外、しかるべき人員の不足、内裏三町内など、様々な理由で行わないこともあったが、「焼亡奏は廷尉厳重の役」（安元元年閏九月十日条）と述べているように、季光は重要な職務であるととらえていたようである。『清獬眼抄』の編者も焼亡奏の有無について詳しく事例を示している。同じく検非違使の故実書である『廷尉《ていい》故実《こじつ》』も焼亡奏の次第は載せるが、具体的事例はなく、本書によって初めて明確になる所は多い。

さて、焼亡奏においても、季光の知る故実と異なることを行う者に対して、厳しく批判するのが見える。たとえば、安元元年閏九月十日条では、明法博士の中原章貞が焼亡奏に車で参内したこと、焼亡奏で火災範囲を奏する詞が不審であったこと、見参官人を示す際に、夜であれば官人の姓名を称するのが例であるのに、称さなかったことなどを非難し、「儒者たるは只名ばかりか」と記す。中原章貞については、先に挙げた装束の例でも非難しており、明法博士であることが、季光にとってとくに批判の対象となっているのかもしれない。なお、応保三年二月十七日条には、焼亡奏を行った後、殿下（藤原基実）に参る際に、獄門の前を通ってはいけないという認識が、「清録事」（清原能景）と一致していることを記す。同じ清原氏として故実を共有している所もあったのだろうか。

火事に出動するのは検非違使の職務であり、不参は処罰の対象でもあるが、火災の場所によっては出動人数が少ないこともあった。その中でも季光はよく職務に励んでいたらしく、時に季光一人や季光を含めて二人という事例も見え、不参に対する非難も記している。このように火事の際の検非違使の勤務実態がわかる点も、本書の性格故である。

また、この当時の消火活動は、延焼を防ぐため、周囲の建物を壊すという方法をしばしば取るが、それが暴力事件を引き起こすこともあった。安元元年十一月二十日条の閑院内裏近辺の火事では、閑院への延焼を避けるため、周囲の家を壊す消火活動を行い、それにより闘乱が起こっている。この事件については、藤原長方の日記『禅中記抄』にも、「検非違使康頼、兵衛尉範清宿所を壊たしめんと欲するの間、闘諍出来す。右武衛同領なり。而る間康頼の従、誤りて武衛郎等〈有頼の子。〉を切る。仍って武士、之を搦め将て参る」と記されるが、現場にいた季光は、消火活動と、それにより出来した闘乱についてより詳しく記している。

下官、召しに依り南殿階下の砌に参る。近辺の小屋、破却せしむべきの由、仰せ下さる。西門に於いて騎馬す。裏北垣南小屋等、〈油小路面西辺。〉北より始めて五・六宇ばかり、下人等を寄せ破却せしむる所なり。其の南、左兵衛尉則清宿所、平尉〈康頼。〉破却せしむるの間、対捍を致し飛礫を放つ。右兵衛督〈頼盛卿。〉車に乗り、御共の衛府等を以て同じく相副へらる。其の間、平尉郎等、宅中に於いて太刀を抜くか。退出するの処、右兵衛督の侍等、犯人の由を存じ、左右無く搦め取り了んぬ。右衛門尉平有頼男右衛門太郎、彼の郎等に抱き付くの間、頭を刃傷せらると云々。闘乱、広博に及ぶべしと雖も、事無く炎上消し了んぬ。

その後、別当の指示で、季光は院へ参って子細を申上し、院からは、郎等の次第に誤りはないものの、刃傷に及んだということで、誡めるよう仰せ下され、別当に報告している。これも検非違使官人らしい記事である。

季光の見た安元の大火

最後に、安元三年四月二十八日に起こった大火、いわゆる「太郎焼亡」を見たい。先に写本の所で触れたように、ここには火災の被害範囲が図示されており、これまで多くの研究でこの記事や図は引用されてきた。同日の日記史料には『玉葉《ぎょくよう》』『愚昧記《ぐまいき》』『顕広王記《あきひろおうき》』『仲資王記《なかすけおうき》』等があり、また、『百錬抄《ひゃくれんしょう》』『方丈記《ほうじょうき》』等にも記載がある。それぞれ多少の違いはあるが、大略、出火元は樋口富小路辺りで、南東からの強い風にあおられ、東は富小路、西は朱雀、南は樋口、北は二条辺り及び大内裏内まで、という広範囲に火が及んだことがわかる。「後清録記」では百十余町とある。『顕広王記』では百三十余町、『百錬抄』では百八十余町、『愚昧記』では二百余町とあり、開きがあるが、いずれにしろ甚大な被害であった。

消火活動を担い、火事の範囲を報告する検非違使らしく、「後清録記」にも被害の詳細な記録がある。大内裏については、応天門や大極殿をはじめ、神祇官、大膳職、式部省、民部省等、とくに宮城南東部に位置する役所の多くが被災している。また、被災した公卿としては、藤原基房、平重盛、藤原実定、藤原実国、藤原隆季、藤原兼房、藤原邦綱、藤原資長、藤原忠親、源雅頼、藤原実綱、藤原俊経、藤原俊盛の名が挙がっている。ここには見えないが、源定房や藤原頼定の家が被災したことも他史料から分かる。侍臣については、未詳であったのか、大夫史小槻隆職のみを挙げ、尋ね記すべしと注記する。また、被災した検非違使についても、別当ほか五名の名を記す。「此の外、然るべき人の家、毛挙に遑あらず」と書くが、『百錬抄』や『愚昧記』の記載からすると、被災した家は数万単位であったようである。

さて、この火事でも季光は故実を披露している。この時、検非違使はまず別当藤原忠親の所へ行き、次に閑院内裏へ行き、そこで大内裏へ行くよう指示を受けて、大内裏へ向かう。しかし、風が吹き炎に覆われ、消火できず、大内裏から撤退することになるが、その際、問題になったのが、待賢門のどこを通るか、という点であった。額間を通ろうとした平康綱らに対し、季光は額間ではなく他の間を通るべきであることを主張するが、結局額間を通ることになり、さらに、季光が下馬したのに対し、他の者は騎馬したまま通った。季光の知る故実では額間は御輿のほかは通らないもので、「故実を知らざるか」と非難している。この件は翌二十九日になって、別当邸に参った際、額間を通る廷尉に対し制止を加えたことに感思した旨を仰せられ、「面目の至り、謝する所を知らざるのみ」と記している。

なお、「後清録記」のこの記事は、火災の詳細が分かるだけでなく、当時の貴族たちの居住の情報が得られる点でも有用な史料であるが、家の注記は意味を理解しにくい所や、付図と合わない所もあり、誤字が含まれる可能性も留意しておく必要がある。たとえば、実国の家の記載では「油小路西」と書かれるが、図では油小路東で実定と同所（三条南西洞院西）である。『愚昧記』からも実定と同宿であったことが確認できるが、『玉葉』が実定の家を「三条西洞院」、実国の家を「三条油小路」と書く所から、同じ一町の西洞院側と油小路側であったと思われる。「油小路西」は「油小路面」であろう。また、前述の写本A・Bグループの間には、公卿の家の注記で一点大きな違いがある。Bグループは、群書類従刊本と同じく藤原実綱の家を「五条南、大宮西角」と記すが、Aグループは

「五条南、高倉東角」とする。実は、前者は焼亡範囲の線内に含まれないが、後者は含まれる。この線の正確性についても検討の余地はあるが、実綱女が五条南高倉辺りに居住したことを示す史料もあり（『明月記』建暦元年十二月十二日条）、誤写の可能性を考える必要がある。そのほか、図には本文に書かれた邸宅をすべて書き込んでいるわけではない一方、本文にない家を書き込んでいる所もあり、記入の基準が何であるのかが気になる。この付図の記載事項の意図や成立についても、今一度検討してみる必要があるかもしれない。

以上、『清獬眼抄』に引用された清原季光の日記から、平安末期の配流・火災の記録や故実を見た。取り上げた記事は一部であるが、季光が、下級官人ながら彼なりに職務に必要な故実を習得・集積し、ときに披露し、精一杯、検非違使をつとめていた様子が伝わってくる。『清獬眼抄』は現存史料の内容に偏りがあるため、広く利用されにくい史料ではあるが、視点によっては、平安末期の政治、官人社会、都市などの新たな情報を得る材料にもなろう。文字にも内容にもまだ検討すべき点が多いことは本稿中でも述べたが、今後の史料自体のさらなる研究とその活用を期待したい。

（中町美香子）

参考文献

新井重行「解題（清獬眼抄）」（『内閣文庫所蔵史籍叢刊　古代中世篇』三、汲古書院、二〇一二年）

大村拓生「火災と王権・貴族」（『中世京都首都論』吉川弘文館、二〇〇六年。初出一九九六年）

生島修平「平安京における消火活動と住人紐帯の諸相」（『年報都市史研究』一八、二〇一一年）

小松茂美「『伴大納言絵詞』の誕生」（『日本の絵巻2　伴大納言絵詞』中央公論社、一九八七年）

五味文彦「家記の編集と利用——法書と検非違使の記録」（『書物の中世史』みすず書房、二〇〇三年）

鈴木敬三「伴大納言絵詞の風俗」（『初期絵巻物の風俗史的研究』吉川弘文館、一九六〇年。初出一九四八年）

中町美香子「検非違使官人の日記——『清獬眼抄』に見る焼亡奏と「三町」」（倉本一宏編『日記・古記録の世界』思文閣出版、二〇一五年）

2 『執政所抄』――摂関家家司の職務遂行マニュアル

(1) 院政期摂関家研究の基本史料

摂関家研究と『執政所抄』

『執政所抄《しっせいしょしょう》』は、院政期摂関家で作成された年中行事運営のための儀式書である。行事ごとに財源や所課の分配などが事細かに記されており、陽明文庫所蔵「近衛家所領目録」と並び、院政期摂関家の荘園支配や家政に関する基本史料といって差し支えなかろう。刊本は『改訂史籍集覧』第二十七冊や『続群書類従』公事部（巻第二百五十七）に収録され、これまで広く用いられてきたが、近年では、『大日本史料』第三編之二十六が新たに宮内庁書陵部所蔵鷹司本を底本として収録しており、これまで以上に良質のテキストを手軽に用いることができるようになった。

本書が成立したのは、白河院政期、摂関藤原忠実《ただざね》の時代である。そもそも摂関家とは、平安中期、摂関政治を主導した藤原道長の直系子孫で、忠実は道長の玄孫に当たる。だが、忠実の時代の摂関家とは、道長の時代とは大きく環境が変わっていた。道長は三代の天皇の外戚として政治を主導したが、忠実の時代、摂関家は天皇との外戚関係を失い、すでに政治の主導権は院に移っていたのである。このような中で、忠実は摂関家の生き残りを模索する。分割して相続されていた荘園を集積して経済基盤の立て直しに努めるとともに、天皇・院との良好な関係を構築することで、天皇との外戚関係がなくても摂政・関白の地位を世襲する特別な家格を確立することに成功したのである。

このような事情から、忠実の時代に成立した『執政所抄』は、忠実による摂関家生き残り戦略の具体的様相を知る手がかりとして注目されてきた。現在のところ、院政期摂関家の家政に関する研究で、本書に言及しないものはないといってもよいだろう。本書と摂関家の研究は不即不離の関係にあるのである。そこで、ここでは最初に、本書がどのように分析されたきたかを中心に研究の流れを辿ってみよう。その上で、次項以降、家司《けいし》の活動に注目して、本書に記された摂関家家政の実態を紹介し、編者や成立事情などについても考えてみたい。

⑵埋もれてきた重要史料

実は『執政所抄』が研究に広く利用されるようになったのは、それほど古いことではない。近年まで書誌学的な研究もほとんど行われず、本格的な研究は進められてこなかった。この理由はひとえに日本史研究において、全般的に貴族社会に関する研究が低調であったのと、本書の性格自体が不明だったためである。

そもそも本書については、長らく成立年代も明確にされてこなかった。渡辺滋によれば、十八世紀、京都大学所蔵滋野井《しげのい》家本を書写した公家の滋野井公澄《きんずみ》は、すでに忠実の家政運営に関する記録と認識していたという（渡辺二〇〇九）。しかし、『改訂史籍集覧』本や『続群書類従』本には上巻に「寛元四八三、之を書く」という奥書があるため、それに引きずられて、自治体史の史料編をはじめ、多くの研究がこれを鎌倉中期、寛元四年（一二四六）の史料として扱ってきた。一九六〇年代に刊行された『群書解題』（岩橋小彌太執筆）では、奥書は「書写の奥書であろう」として、その年代を採用していないが、ここでも最終的に成立年代は、本文中の年記から、忠実の跡継ぎである忠通《ただみち》の時代とされていた。

⑶義江・元木の研究

だが、こうした中で、平安時代から鎌倉時代にかけての摂関家領の相続について綿密な考察を行った義江彰夫は、本書の成立年代についても本格的な考証を行った（義江一九六七）。義江は本文中の年記について原文と追記を区別すべきことを指摘して、追記を除いた原型の成立年代を元永元年（一一一八）三月十五日から保安二年（一一二一）三月五日の間に絞り込み、初めてこれが忠実時代のものであることを明確にしたのである。

こうして成立年代が確定すると、ようやく本書を利用して忠実時代の摂関家について論じる研究も現れるようになる。なかでも本書を初めて本格的に分析し、家政研究に先鞭をつけたのは、元木泰雄であった（元木一九八一・同一九八四）。元木は『執政所抄』に見える行事の用途調達方法について分析し、本来は家司に用途を割り当て、調達するものが多かったが、この頃にはその滞納が多くなっており、それにかわって荘園に下文《くだしぶみ》を下して用途を調達する方式が主流になったことを指摘した。そして、このことから、忠実の時代の摂関家では、家司を務めていた受領たちが離反する一方、荘園が集積され、荘園からの用途調達を担う政所が拡充されたと論じたのである。

これより先、黒田俊雄は「権門体制論」を提起し、中世の国家権力を分掌する権門について、荘園を経済基盤とし、政所など独自の家政機関をもつ自立した権力と規定していた（黒田一九六三）。そこで、元木の研究は摂関家が古代的な貴族から中世的な権門へと発展する過程を明らかにしたものとして評価され、忠実の時代は中世摂関家の成立期として一躍注目を浴びることになった。

(4) 研究の進展と多角化

その後、一九八〇年代後半から二〇〇〇年代にかけ、院政や貴族社会に関する研究が進展すると、『執政所抄』は家政研究のほか、家族史や儀礼研究など、様々な角度からの分析が進められていった。

たとえば、家政研究では、中原俊章が本書から摂関家家政の中心を担う下家司や侍の役割を明らかにしたほか（中原一九八七）、井原今朝男は、元木が目を向けていなかった諸国所課に注目するなどして、家政機関と国家との関係を改めて再検討した（井原一九九五）。儀礼については、佐藤健治が行事運営体制の実態について詳細な分析を行っている（佐藤二〇〇〇）。家族研究では、服藤早苗が本書から忠実の家族構造を明らかにして、夫婦の経営が一体化していたことや、嫡子が独立していたことなどを論じている（服藤一九九七）。

これとともに、『執政所抄』という史料自体にも目が向けられるようになった。五味文彦は本書の成立年代を改めて元永元年十一月から翌年二月までに絞り込み、編者についても検討を加えた（五味二〇〇三）。そして、渡辺滋も同じく編者の検討を行うとともに、初めて写本とその伝来について明らかにしている（渡辺二〇〇九）。このうち渡辺の研究は大変詳細で、『執政所抄』が利用され続ける過程で、様々な情報が付加されたことを指摘するなど、示唆に富む。研究はこれによってまた新たな段階に入ったと言えるだろう。

『執政所抄』から見た家司の活動

(1) 下家司

以上のように、『執政所抄』については、とくに近年、様々な角度から研究が進められているが、その中でも重要な点は、摂関家年中行事の財源や運営方法、そして家司の具体的な活動実態が明らかになった点だろう。本項では、こうした中から、家司の役割や活動について、とくに元木の研究をガイドに紹介していくことにしたい。

一般に摂関家に仕えて事務を行う職員のことを家司というが、当時の摂関家では家司とは、厳密には政所の上級職員である政所別当のことを指し、下級職員は下家司《しもけいし》と称された。また、侍所の上級職員は職事《しきじ》（侍所別当）、下級職員は侍と称され、侍所には所司《しょし》・勾当《こうとう》という役職もあった。ここではこのうち、元木が特に注目した下家司から見ていこう。

元木によれば、摂関家の政所とは、所宛《ところあて》によって所課の割り当てを行うとともに、下文を発給して荘園から米や油といった調進物を徴収する役割を持っていた。このうち下文を作成し、その発給を独自に行っていたのが下家司である。『執政所抄』には、各儀式でこうした下家司の活動が詳細に記されており、また「政所」に命じてものを調進させたり、「政所」が人を催すなどとして見える「政所」も具体的には下家司のことを指すと考えられている。元木によれば、下家司こそが政所の実質的な運営主体だったのである。

このほか、『執政所抄』に見える下家司の活動で特徴的なのは、下文以外にも様々な文書の作成への関与が多く見られることである。たとえば、八月十日「法性寺《ほっしょうじ》御八講」などの仏事では、寺院から仏事に参加する僧のリスト（僧名《そうみょう》）が送られてくると、下家司がそれに対する請文《うけぶみ》（受取書）を書いて寺院に送っている。また、仏事の際に布施の内容を記した誦経文《ずきょうもん》も必ず下家司が書いて別当に送っていた（二月十三日「故摂政入道殿御忌日の事」など）。ここから考えると、文書の作成こそ、彼らの基本的な役割だったとみてよい。だからこそ下家司は下文を発給し、用途調進にも中心的な役割を果たしたのである。

(2)家司（政所別当）

一方、このような下家司を管理・統括したのが家司である。下家司が六位相当であったのに対し、家司は四位・五位相当の人物が任じられる役職であり、下家司に文書の作成を命じ、作成された文書に判を加えるという役割を持っていた。元木によれば、「下家司に命じて作成された文書を監察し、署判することでその信用に責任を負うとともに、文書としての効力を付与した」のである。

また、家司は経済的にも行事の運営を支える存在であったと考えられている。『執政所抄』に記された行事のうち十七の行事で、用途を別当に課す「家司所課」が確認される。家司は摂関家において経済的な奉仕を行う存在でもあったのである。しかし、一方で元木によれば、この頃、家司が負担を勤めず、儀式に支障をきたす場合も多くなっており、摂関家の経済基盤は次第に家司から荘園へと転化していった。『執政所抄』に見える年中行事のうち、最も新しく始められた三月十五日「春日御塔唯識会《ごとうゆいしきえ》始《はじめ》」（元永元年開始）にほとんど家司所課がみられないことも、このことの裏付けとなるだろう。

(3)侍所の職員たち

元木によれば、侍所とは摂関家に仕える職員全ての名簿と辞令（令旨《りょうじ》）を保管する場所であり、職員の名称・任免・出欠を把握し、「家政機関における主従関係の維持・統制の中心とも言うべき機関」であった。そして、ここに属する職員たちも、基本的にこれに関わる役割を持っていたようである。職員は五位の職事と六位の侍に大別され、その中に所司・勾当という役職があった。なお、記録を見ると、天永三年（一一一二）、職事だった平知信《とものぶ》が家司に任じられているように（『殿暦《でんりゃく》』同年八月二十三日条）、職事から家司に転任した者は数多く見られるが、その逆は確認できない。このことから侍所は政所より下位の機関であったと考えられている。

『執政所抄』に見える侍所職員の活動としては、所司のそれが具体的である。所司は侍から任じられ、ほかの職事や侍が家政全般に関わった活動をしていたのに対し、「侍所本来の機能に密着した存在」だったとされる。『執政所抄』を見ると、行事に参加する人々の催促を担当したのは、ほとんどが所司であったし（二月二十九日「新東北院修二月」など）、見参《げざん》（参加者名簿）を取り集めたのも所司であった（正月四日「阿弥陀堂修正」など）。そして、所役を勤めた者に対して、禄（褒美）を与えるのも所司の役割であったようで、正月十五日「諸寺社御巻数《かんず》を進《まい》らす」では、使者に与える禄について、所司が見参に従って納殿《おさめどの》（財物や日用品を保管・管理する家政機関）に請求すると記されている。所司とは、現在の企業でいうところの人事担当に当たる役職だったのである。

(4)「勾当高俊」

このほか、勾当については、「勾当高俊」なる人物が注意される。『執政所抄』では四カ所に実名で登場し、正月十五日「京極殿修正」では、荘園への下知を行い、四月三日「京極殿北政所御忌日」及び五月八日「京極殿懺法《せんぼう》」では、僧名を定め、十二月二十八日「冷泉殿御忌日」では、雑事の沙汰を行っていたことが確認できるのである。

この人物は、他の記録には見えず、詳細は不明だが、注目すべきなのは、右の四つの行事のうち、三つまでが「京極殿」に関わる儀式であることである。京極殿は、摂関家の邸宅の一つだが、長らく忠実の祖母である源麗子（藤原師実の妻）の邸宅として利用されていた。その上、「冷泉殿御忌日」が麗子の養母であった冷泉宮儇子内親王の忌日であったことから考えると、彼は麗子に関係する人物だったのではないだろうか。わざわざ彼の名前だけが個人名で記されていることから考えると、彼は単なる勾当なのではなく、麗子に関係する行事に関しては、彼に運営を任せることが決まっていたのだろう。

編者と作成目的

(1)平知信説と源雅職説

それでは、『執政所抄』の編者とは何者なのか。そして、本書は何のために作成されたのだろう。

編者について、先行研究では、二人の人物の名前が挙がっている。前述したように、編者に関しては五味文彦と渡辺滋が検討を加えているが、五味は平時信《ときのぶ》説を唱え、渡辺は源雅職《まさもと》説を唱えているのである。

このうち、五味が平時信とした根拠は、『執政所抄』の六月十五日「天神供《てんじんく》」に「件の事、兼日、例文を以て殊に清浄の沙汰を致し、奉行下家司、皆悉《ことごと》く催し調《ととの》ふ。十二日、書き送り、少輔《しょうゆう》殿に申す。御文は橋下の別当桓《かん》勝房《しょうぼう》に遣はし、請文《うけぶみ》を召し、之を進覧す」とあることであった。五味はここに見える「少輔殿」を官職から平知信に比定し、知信が「殿」と敬称で記されていることから、息子の時信が編者だったと論じたのである。

一方、渡辺が源雅職とした根拠は、『執政所抄』下巻末に『清実朝臣記《きよざねあそんき》』の抜粋が追記されていること、そして三月十五日「春日御塔唯識会始」で、使用される楽器について「始めの年、相模守源雅職之を調進し、寺家に納められ畢《おは》んぬ」という毎年の行事運営とは関係ない記載があることであった。雅職は『清実朝臣記』の記主である源清実の息子であり、『清実朝臣記』は雅職の子孫が利用していた中で付された可能性が高いとして、雅職こそ『執政所抄』の編者であったと論じたのである。

(2)先行研究の問題点

だが、平時信説については、すでに渡辺が問題を指摘している。渡辺の指摘は多岐にわたるが、肝心なのは時信が長治元年（一一〇四）の生まれで、忠実が関白を辞した保安二年（一一二一）でもまだ十七歳という年齢だったことである。そもそも、彼は『法性寺関白記《ほっしょうじ》』（忠通の日記）元永元年（一一一八）十月二十六日条から、内大臣忠通の前駈を勤めていたことが確認できるが、忠実の家司や職事であったという所見はない。家司・職事の経験もない少年が儀式書の編者というのは、不自然と言わざるを得ない。

一方、源雅職は、渡辺も指摘するように、忠実・忠通の職事を務めた人物であり、違和感はない。彼の父清実も忠実家司で、親子二代にわたり忠実の御厩《みうまや》別当を務めた家系なのである（『殿暦』康和三年〈一一〇一〉十一月八日条、同元永元年閏九月二十八日条）。

ただ、気になるのは、雅職には職事の経歴しかないことである。忠実の日記である『殿暦』や、家司である藤原為隆《ためたか》の日記『永昌記《えいしょうき》』を見ても、彼が勤めている所役は使者や前駈、沓取といった雑役ばかりで、行事運営の実務に関わっていたことが確認されない。ここから考えると、はたして彼に『執政所抄』のような儀式書を作成する能力があり、またその必要があったか、疑わしくなるのである。

(3)内容から見た編者

だとすれば、『執政所抄』は誰によって作成されたのだろう。従来の研究はただ文章の一部を取り上げて検討するのみであったが、これを明らかにするには、そもそも『執政所抄』に何が記されていたかに注目する必要があるのではないだろうか。ここに記された内容こそ、本書が何のために書かれ、誰が誰に向けて書いたかを明らかにする一番のヒントになると思われるのである。

従来の研究で編者とされたのは、いずれも家司・職事クラスの人物であった。だが、右のような点から議論を見直すと、必ずしも家司や職事は編者として相応しくないだろう。前項では『執政所抄』に見える家司や職事の活動について見た。これを振り返ると、家司は下家司が作成した文書に判を押したり、経済的奉仕を行うのみであり、職事も目立った活動は見られなかった。『執政所抄』では、家司や職事の存在は影が薄いのである。

では、どういった人物が編者に相応しいかというと、具体的な人名までは特定できないが、下家司や侍所所司クラスの人物こそ、それにマッチするのではないだろうか。これも前項で見たように、『執政所抄』の中で、職務の実態が詳細に記されていたのは、政所では下家司であり、侍所では所司であった。『執政所抄』とは、摂関家家司の底辺にあって家政を実質的に担った六位の侍層が、自分たちの職務を記録し、マニュアルとして伝えるために作成したものであり、だからこそ彼らの職務が詳細に記されたと考えるのである。そもそも前述のように「政所」とは下家司を指していたのであり、だとすれば、すでに『執政所抄』という書名自体にも下家司の職務遂行マニュアルとしての性格があらわれている。

しかも、実は『執政所抄』の中にも、編者が下家司であったことを示唆する記事がある。四月中子日「吉田祭」には、摂津国主殿所《とのもどころ》舎人《とねり》に「鮮物」を進上させる際、年預《ねんよ》下家司（下家司の責任者）が下文を以て下す、とした後、「千万雑事有りと雖《いへど》も、他の下家司沙汰能《あた》はず。仍て分明ならざる歟《か》」と記されている。少し分かりにくい文章だが、要するに「（このほかにも）多くの雑事があるけれども、年預下家司以外の下家司は沙汰ができないので、はっきりしなかったのだろうか」ということになる。『執政所抄』には、この他にもいくつか「～歟」で結ぶ文章が出てくるのだが、これらについて、渡辺は当初の編者とは別人によって記されたものである可能性を示唆している。これに従えば、この追記者は、『執政所抄』の当初の編者を、年預下家司以外の下家司として吉田祭の雑事に関わった人物と理解していることになるだろう。『執政所抄』の編者は下家司であるが、年預として吉田祭の雑事を担当したことがなかったので、詳細な運営方法は知らなかったのである。

忠実から忠通へ

⑴忠実時代以降の追記

『執政所抄』の成立年代については、八六頁で見たように、おおむね元永元年から同二年頃の藤原忠実の時代で間違いないとされている。しかし、すでに義江彰夫や渡辺滋がふれているように、忠実が関白を退任した保安二年（一一二一）正月二十二日以降に書かれた複数の追記の存在が知られている。このうち年記が確認されるのは、保安二年から大治三年（一一二八）までであり、このことは忠通が摂関になって以降も、『執政所抄』が補訂されながら利用され続けていたことを示している。最後に、これらの追記を通して、忠実から忠通の時代にかけての摂関家の変化について見ておこう。

『執政所抄』の中に確認される、忠実摂関退任以降の年記は、大治三年（正月三日「修正の事」）、保安二年（四月中申日「御賀茂詣」）、大治元年（六月十五日「祇薗御幣神馬の事」）、および天治二年（一一二五）と記載された下巻末の宮咩祭《みやのめまつり》文である。

ここでは、このうち保安二年と記された追記について注目したい。これは「御禊《ごけい》前日松尾《まつのお》・賀茂下社司葵持参の事」に続けて記されている部分で、ここに「保安二年以後、今日御奉幣有り」と見えるのである。問題はこの「御奉幣」が何を指すかだが、『執政所抄』は、これに続けて賀茂詣の記事がある。「御禊前日」というのも、賀茂詣の前日のことを指すものと思われるから、賀茂詣に関係するものと見て間違いない。そうすると、なぜ保安二年から賀茂詣の前日に奉幣が行われることになったかということになるのだが、注目されるのは、保安二年以降、長承元年（一一三二）まで長期にわたって賀茂詣が停止されていたことである（末松二〇一〇）。ここから考えると、この奉幣とは賀茂詣が停止された代わりに始められたものだったことがうかがえるのである。

⑵忠実失脚と年中行事

保安二年以後、賀茂詣が停止されていたのは、忠実の関白退任と密接な関係がある。よく知られているように、忠実の関白退任は自発的な退任ではなかった。前年十一月、忠実は白河院によって突如、関白の職権のうち中心的な権限に当たる内覧《ないらん》（天皇が裁可する書類を前もってチェックすること）の権限を停止され、失脚していたのである。

これ以降、賀茂詣が停止されていたのは、忠実失脚にともなって、摂関家が凋落した状態にあったことを物語る。保安二年の追記は、こうした中での年中行事の縮小再編を表すものと理解してよいだろう。

そうすると、賀茂詣以外の行事は、このような政変の影響を受けなかったのだろうか。『執政所抄』では、賀茂詣の記事についても、保安二年以後行われなくなったなどといった追記はないから、追記のある部分だけが変化したのではなく、他の行事についても、停止されたり、内容の変更を余儀なくされたものが多かったに違いない。実際、このことを示すものとして、ここでは、正月元日の「供御座の事」に薦《こも》を調進する荘園について、「保安元年十二月、多くは他の御庄を召し加えらる」という追記があることに注目したい。年始行事で使用される御座を作るための薦は、和泉国信達庄《しんだちのしょう》・丹波国宮田庄のほか十一の荘園から調進されることになっていた。だが、この年は他の荘園からも追加して調進させたというのである。ここで重要なのは、この追記が忠実内覧停止直後のものであるという点である。ほかの荘園から調進させたという事実から、本来の荘園からの調進が上手くいっていないことが見て取れるが、時期から見て、この年貢未進という事態は、忠実の失脚と関係があると見ていいだろう。つまりこのことは、摂関家の政治的な転落が、荘園支配にも動揺をもたらし、それは家政運営にも少なからざる痛手を負わせていたことを物語るものと考えられるのである。

『執政所抄』はこの他にも様々な本文と区別しにくい追記があり、注釈などの情報も付加されているので、理解しにくいところが多い。しかし、以上のように見てみると、これらの追記自体、忠通以降の摂関家家政に関するまとまった史料がない中で、その変化を示す痕跡として貴重といえるだろう。『執政所抄』とは奥が深い史料であり、ここから読み取れる情報はまだまだ残されているのである。

（樋口健太郎）

参考文献

井原今朝男『日本中世の国政と家政』（校倉書房、一九九五年）
黒田俊雄「日本中世の国家と天皇」（『岩波講座日本歴史』第六巻中世二、岩波書店、一九六三年）

五味文彦『書物の中世史』(みすず書房、二〇〇三年)
佐藤健治『中世権門の成立と家政』(吉川弘文館、二〇〇〇年)
末松剛「摂関賀茂詣の成立と展開」(『平安宮廷の儀礼文化』吉川弘文館、二〇一〇年。初出一九九七年)
中原俊章『中世公家と地下官人』(吉川弘文館、一九八七年)
服藤早苗『平安朝の家と女性――北政所の成立』(平凡社、一九九七年)
元木泰雄「平安後期の侍所について――摂関家を中心に」(『史林』第六四巻第四号、一九八一年)
元木泰雄「摂関家政所に関する一考察」(岸俊男教授退官記念会編『日本政治社会史研究　中』塙書房、一九八四年)
義江彰夫「摂関家領相続の研究序説」(『史学雑誌』第七十六編第四号、一九六七年)
渡辺滋「『執政所抄』の成立と伝来について――院政期摂関家の家政運営マニュアルに関する検討」(田島公編『禁裏・公家文庫研究』第三輯、思文閣出版、二〇〇九年)

3　『世俗浅深秘抄』(後鳥羽上皇)――上皇が集成した公家故実の宝庫

『世俗浅深秘抄』とは

本書は、朝廷(天皇)・仙洞(上皇)以下の公家の多様な故実・作法を記した公家故実の書である。上下二巻(写本はおおむね一冊または二冊)からなり、記載される故実・作法は上巻一四七条、下巻一三八条に及ぶ。また、下巻巻末に「菩提院入道《ぼだいいんにゅうどう》関白説々」と題し、その冒頭に「随二申状一テ注付者也」とあるように、松殿藤原基房《まつどのふじわらのもとふさ》(一一四五~一二三〇)の口伝《くでん》の聞き書きを載せる。以下、この部分を基房口伝とする。本文・基房口伝ともに特定分野の故実・作法に特化した内容ではなく、公家故実の様々な領域に及んでおり、まさに公家故実の宝庫といえる。

ただし、本文は上下巻ともに項目分類などはされておらず、条文個々の脈絡や関連性もなく、筆の赴くままの記述である。また記主の端書や奥書等の記載は一切なく、ただ故実・作法を連々と記すのみである。基房口伝も、聞き書きのままに記したためか、内容はやはり多岐にわたり、内容ごとの脈絡や関連性も薄い。

のちに詳述するように、本書の写本は近世のものばかりで、原本はもちろん中世に遡る古写本も現存しない。しかし、管見した写本では、上下巻冒頭にそれぞれ目録があり、目録・本文ともに各巻ごとの通し番号が付けられている。さらに本文各条に標題を加えた写本や基房口伝にも下巻の通し番号を加えたり、内容ごとの標題（項目名）や事書《ことがき》を加えた写本もある。

ただし、理由は後述するが、この通し番号・標題・事書はいずれも原本にはなく写本の段階で加えられたものと考えられ、目録にしても原本段階からあったかどうかは疑問である。以上を考慮すると、本書は、特定の執筆目的を持って記された書物というよりも、その前段階の備忘録といった感が強い。

本書の書名にしても、写本では上下巻ともに目録冒頭に記され、最も多い『世俗浅深秘抄《せぞくせんしんひしょう》』の書名が通称となっている。しかし、目録がかりに原本段階でなかったとすると、原本には書名も記されていなかった可能性が高く、いつから『世俗浅深秘抄』の書名が使用されたのかも不明である。

なお、本書の書名が記される最古の史料は近衛道嗣《このえみちつぐ》（一三三二～八七）の『後深心院関白記《ごしんしんいんかんぱくき》』応安六年（一三七三）二月一日条で、そこには「浅深秘鈔（抄）」とあり、また「世俗浅深抄」とみえる写本もある。本稿では通称に従うことにする。

写本と刊本

既述のように本書の写本は近世のものばかり。そのうち『国書総目録』によれば、貞享四年（一六八七）の近衛基煕《もとひろ》（一六四八～一七二二）写本（陽明文庫蔵）が最も古く、次いで元禄七年（一六九四）の野宮定基《ののみやさだもと》（一六六九～一七一一）写本（京都大学工学研究科・工学部図書室〈桂〉蔵）、葉室頼重《はむろよりしげ》（一六四〇～一七〇五？）写本（宮内庁書陵部蔵）などがみえる。筆者はこの三本をいずれも管見した。右記の管見した写本とはこの三本のことである。以下、この三本をそれぞれ近衛本・京大本・葉室本とし、三本をまとめていう場合は三写本という。

一方、刊本は『群書類従』第二十六輯・雑部および『列聖全集』第六巻・御撰集（列聖全集編纂会、一九一七年）に所収。ただし、後者は前者の再録。以下、前者を群書本とする。

各本を具体的にみると、近衛本は、奥書によれば貞享四年五月に近衛基煕が熟覧のために新写したという。親本は不記載だが、近衛家伝来の写本であろう。

目録・本文ともに通し番号を青筆《せいしつ》するが、目録・本文ともに上下巻各一箇所ずつに項目の書き落としや番号の打ち落としがある。また、巻末に『後深心院関白記』応安六年二月一日条を朱筆する。

次いで葉室本。奥書のほかに端書《はしがき》がある。奥書はまず「権中納言藤頼重（花押）」の署名。頼重は元禄八年（一六九五）五月に権中納言に昇進したため、それ以降の書写となる。さらに頼重嗣子「従二位藤原頼胤《よりたね》」（一六九七～一七七六）が校閲した由と、また重ねて「従一位頼胤」が校閲して端書を加えた由を追記する。頼胤は享保二十一年（一七三六）正月より従二位、宝暦五年（一七五五）六月より従一位である。

端書は、まず「頼重考」としてやはり『後深心院関白記』応安六年二月一日条が記される一方、頼胤による本書の記主についての考察を記す。

また、やはり目録・本文ともに上下巻それぞれの通し番号が朱筆され、基房口伝には目録に十二項目、本文に目録とは若干相違する十三項目の事書を朱筆する。

次いで群書本。元禄七年の野宮定基の奥書がある。つまり群書本の底本は定基写本。奥書によれば、定基写本の親本は「桃華閣下《とうかかっか》御本」つまり一条兼良《いちじょうかねよし》（一四〇二～八一）蔵本。やはり目録・本文ともに上下巻それぞれの通し番号が付き、基房口伝も目録に下巻の通し番号（百三十九）を加える。

定基奥書によれば、「毎篇無レ書、其條目甚紛々」で本文検索困難のため、定基が目録・本文両方に「條数」（通し番号）を加えたという。つまり兼良蔵書に通し番号はなかった。次の京大本を含めて三写本いずれにも通し番号が付くが、これは原本にはなく、写本の段階でそれぞれ個別に加えられたことになる。

次いで京大本。閲覧前は群書本の底本かと考えた。しかし、管見によれば、現状では奥書も端書もなく、書写時期を考えるための手掛かりもなかった。目録・本文ともに通し番号を朱筆することは他本同様で、基房口伝も目録に下巻の通し番号（百三十九）を加えていることは群書本と同様である。ただし、条文ごとに標題を朱筆する。これは他本にない特徴で、基房口伝本文にも二十一項目の標題を加える。

目録・本文・基房口伝ともに群書本と同様といえるが、異本との校合を朱筆する。その異本の文字をみると、群書本と相違する場合がある一方で同様の場合も多い。つまり校合した異本のひとつに群書本の底本があるわけで、そこから京大本の親本は、群書本の底本と系統が同様の兄弟関係にある写本だが、別本ということになる。

葉室本も目録・本文・基房口伝いずれも群書本と大同小異で、やはり群書本の底本と系統が同様の写本を親本としていることが分かる。つまり群書本は兼良蔵本を親本としているから、葉室本・京大本ともに兼良蔵本系統の写本を親本としていることになる。

写本の系統と目録

ところが、これと相違するのが近衛本である。近衛本も本文・基房口伝は群書本と大同小異だが、目録の文言が兼良蔵本系統（葉室本・京大本・群書本）と大きく相違する。目録の文言が近衛本と同様の写本が存在するかどうか、またさらに別の文言の目録を持つ写本が存在するかどうかは今後の課題だが、目録の文言の相違から現段階では次のようなことが推測できよう。

近衛本の親本は近衛家伝来の写本のようだが、近衛家伝来本は兼良蔵本とは別系統の写本である可能性が高い。つまり本書の写本には現段階でふたつの系統の存在が推測される。同時に原本段階では目録もなかった可能性が出てくる。原本段階で目録があったならば、目録の文言が写本によって相違するはずはなかろう。通し番号が写本の段階で加えられたように、目録もいずれかの写本の段階で加えられたのであろう。

本書の記主についての諸説

次に本書の記主について考える。三写本には記主の名前は不記載。当然原本にも記されていなかったであろう。群書本の定基奥書には「凡此抄未レ知二其記者一」とある。そうしたなかで、中世以来次の四説が出されている。

(1)『後深心院関白記』応安六年二月一日条では「菩提院禅閤《ぼだいいんぜんこう》之説」つまり藤原基房説とし、同条は近衛本奥書や葉室本頼重端書にも引用される。また、葉室本頼胤端書には、(2)「衣笠内府《きぬがさないふ》」（衣笠家良《いえよし》〈一一九二〜一二六四〉）説と(3)後鳥羽《ごとば》上皇（一一八〇〜一二三九）説が引かれ、頼胤は後鳥羽上皇説を是とするが、その根拠として上巻一四七条を挙げる。また、頼胤は基房口伝が基房説である根拠として、基房口伝冒頭の「随二申状一テ注付者也」の文言を挙げ、加えて橘《たちばなの》成季《なりすえ》（生没年不詳）の『古今著聞集《こきんちょもんじゅう》』（建長六年〈一二五四〉成立）の説話（後述）を別紙に書き写して貼紙する。ほかに(4)一条兼良説（西村兼文《けんぶん》の『続群書一覧』〈一八九二〉）もある。

こうした諸説を総括し、本書の記主を本書条文をもとに実証的に後鳥羽上皇と確定したのが和田英松《わだひでまつ》氏（一八六五～一九三七）である。ただし、和田氏は葉室本の端書は取り上げておらず、(2)(3)説は別の出典からである。以下、本書の内容紹介にも繋がるので、和田氏の論点をまとめてみよう。

(1)(2)(4)説の否定

まず和田氏が(1)(2)(4)説を否定する理由は次のようである。

(1)説。根拠は上巻三十七条。賀茂臨時祭での「壁下座」着座の作法に関する条文。そのなかに「菩提院入道同申二此旨一也」とみえる。基房も同意見だというわけだが、基房が本書の記主ならば、このような記載はあり得ない。そこで(1)は否定される。(1)説は基房口伝が記されていることからの誤解という。

(2)説。具体的には家良が基房の説を記したというのだが、上記のように本書は基房の説を記したものではないし、そもそも本書からは家良との関係は一切みえてこない。

(4)説。『後深心院関白記』に本書の名がみえているのだから、それより後に生まれた一条兼良が記主ではあり得ない。群書本の定基奥書に兼良蔵本を書写したとみえることからの誤解である。

後鳥羽上皇説の論点(1)

次に和田氏が説く後鳥羽上皇説の根拠を若干の補足と私見を交えてみていこう。

まず上巻三十七条。ここにみえる一文が(1)説否定の根拠となったが、そこには基房への敬語はない。つまり記主は基房よりも高い身分の人物ということになる。基房は六条《ろくじょう》天皇（一一六四～七六）の摂政、高倉《たかくら》天皇（一一六一～八一）の摂政のちに関白であるから人臣最高位であり、それより身分が高い人物といえば天皇や上皇しかいない。

次いで上巻三十六条と五十九条。前者は上皇が寝殿に着座の時、そこに入る者の上皇に対しての礼法（平伏か蹲《そん》居《きょ》か）に関する条文、後者は無品親王《むほんしんのう》の位色《いしき》が紫ではなく薄黄が正しいことを記した条文。位色とは束帯《そくたい》という男子の正式装束の上着である位袍《いほう》の色。位階ごとに規定の色があった。

和田氏によれば、この両条は臣下の書きぶりでないという。和田氏はその理由を具体的には示していないが、記述全体の雰囲気とともに、やはり両条ともに上皇や親王に対する敬語がまったくないのが大きな理由であろう。特にそれは三十六条に顕著で、その冒頭に「上皇可レ然時、着ニ座寝殿一時」とあるが、そこには上皇への敬語がない。上皇自身が記しているからである。

次いで上巻百四十七条。これは上皇が神社御幸《ごこう》の際に「染下襲《そめしたがさね》」を着用することを記した条文。そのなかに「即余日吉参時着レ之」とみえる。「余」は一人称つまり私。私が日吉社御幸で染下襲を着用したというわけだが、この「余」とは文脈から上皇であることは明白で、後鳥羽上皇が自身のことを称しているのにほかならない。葉室本頼胤端書によれば、頼胤もすでにこのことに気付いていた。

なお、下襲は束帯の下着の一。後身が長寸で（裾《きょ》という）、背後に長く引きずった。その生地は冬は袷《あわせ》。色は通常は表地が白、裏地が濃蘇芳《こきすおう》の躑躅襲《つづがさね》という襲色《かさねいろ》となる。しかし、下襲には一日晴《いちにちばれ》の風流《ふりゅう》が許され、風流では表裏に他色を使用する。染下襲とはこの他色を使用した風流の下襲のことである。

後鳥羽上皇説の論点(2)

次いで上巻二十三条と下巻九条。この両条はともにそこに記されている内容が後鳥羽上皇説として後世の日記等に引用されている。

まず上巻二十三条。これは御座（天皇の座）に対して御剱《ぎょけん》（宝剱《ほうけん》）を置く位置について記した条文。つまり御座が南面・西面の時は御剱は御座（天皇）の左方に置き、同じく北面・東面の時は右方に置く。換言すれば、南面・北面の時は御剱は東方、西面・東面の時は御剱は南方に置くことになる。これは「秘蔵事」で「先賢作法」とは相違するが「最上説」という。

なお、御剱の柄《つか》や刃の向きだが、三写本と比較すると群書本に大きな誤りがある。つまり「南面西面」の際の御剱の置き方として「東面〈ナラバ〉刃南〈外方也〉、柄南也」とある。しかし、前文は「東面」ではなく「南面西面」であるし、また刃・柄ともに南は剱の構造上あり得ない。三写本はいずれも「南面〈ナラバ〉刃東〈外方也〉、柄南也」とあり、これは「東面北面」の際の「東面〈ナラバ〉刃南〈外方也〉、柄西也」とも対応し、三写本が正しいと考えられる。

いずれにしろこの二十三条にみえる内容が、「後鳥羽院仰曰」「上皇御教訓」として後伏見《ごふしみ》天皇（一二八八～一三三六）の『後伏見天皇日記』延慶二年（一三〇九）十月二十一日条に、また、「後鳥羽院御説」「後鳥羽院秘説」として花園《はなぞの》天皇（一二九七～一三四八）の『花園天皇日記』別記正慶元年（一三三二）十月二十八日条・同十一月十五日条に引用されている。

ここには本書の書名や「御抄」といった表現もなく、いずれも後鳥羽上皇の口伝の如き扱いだが、二十三条によればその内容は本書独自のもので、それが後鳥羽上皇の説としてみえるのだから、ほかの論点と相俟って本書の記主が後鳥羽上皇である有力な証拠となる。

次いで下巻九条。これは禁色勅許《きんじきちょっきょ》された若年《じゃくねん》の殿上人《てんじょうびと》が着用する紫指貫《さしぬき》の材質に関する条文。つまり規定の材質は浮織物《うきおりもの》だが、昼夜天皇側近くで仕える人は内々には固織物《かたおりもの》や綾《あや》でも問題ないという。この内容が一条兼良の『桃華蘂葉《とうかずいよう》』指貫に「見㆓後鳥羽院御抄㆒」としてそのまま引用されている。群書本の親本が兼良蔵本であることと合わせ、「後鳥羽院御抄」とは本書のことにほかならない。これまた本書の記主が後鳥羽上皇である有力な証拠となる。

以上、本書の記主が後鳥羽上皇であることはもはや疑う余地はなかろう。

基房口伝の聞き書き時期

次いで本書の成立時期を考える。その大きな手掛かりは、基房口伝本文に標題に続いて記される「建暦二年」（一二一二）の年号である。

ところで、基房口伝前半は節会《せちえ》特に白馬《あおうま》節会における内弁《ないべん》（節会参加臣下の上首）の故実・作法についてである。和田氏はふれていないが、『古今著聞集』巻三（公事第四）に「後鳥羽院内弁の作法を習ひ給ふ事」という説話があり、そこで後鳥羽上皇が宮中滝口殿《たきぐちどの》（滝口武士の詰所）に御幸し、基房から内弁の作法を習った由が記されている。基房口伝はまさにこの時に基房から口伝された内容を記したものであろう。葉室本頼胤端書で貼紙されているのもこの説話であり、頼胤はすでにこのことに気付いていたわけである。

既述のように基房口伝冒頭には「随二申状一テ注付者也」とあるが、後鳥羽上皇が基房から内弁の作法を習い、それを聞き書きしたのが建暦二年であったと考えられる。

和田説の成立時期

近年でもこの「建暦二年」の年紀記載を根拠に、本書の成立時期を建暦元年とする五味文彦《ごみふみひこ》氏の説もあるが、すでに和田氏はこの「建暦二年」を含むいくつかの根拠から本書の成立時期を建暦年間（一二一一～一二一三）とした。承元四年（一二一〇）十一月に即位した順徳天皇（一一九七～一二四二）の代始《だいはじめ》の元号である。

まず和田氏は、本文の内容から本書が譲位後に成立したと考えた。後鳥羽上皇の譲位は建久九年（一一九八）正月。その院政は承久の乱に敗北して隠岐に配流になる承久三年（一二二一）七月まで続いた。

既述のように上巻百四十七条にみえる「余」は後鳥羽上皇である。また、前出の上巻三十六条に「院中之法、諸事異二公事法一」とあるように、仙洞の故実・作法は朝廷のそれとは相違し、独自の故実・作法がある。本書でもこれまで引用した上巻三十六条・百四十七条のほかに上巻冒頭の一条から八条、さらに十一条から十三条が仙洞に関わる故実・作法であり、ほかにも多くの仙洞の故実・作法が記載されている。ここから本書が後鳥羽上皇の譲位後つまり上皇になってからの成立であることは間違いない。

次いで和田氏は、前出の『後伏見天皇日記』や『花園天皇日記』に、後鳥羽上皇説の建暦年間での実践例が引用されていることに注目。さらに後鳥羽上皇が建暦元年から同二年にかけて様々な朝廷儀式の習礼《しゅうれい》（予行演習）を行っていることに注目する。

建暦元年では、節会習礼（?）・旬《しゅん》習礼（九条道家《くじょうみちいえ》〈一一九三～一二五二〉の『玉蘂《ぎょくずい》』五月一日条）・公事竪義《くじりゅうぎ》（藤原定家《ていか》〈一一六二～一二四一〉の『明月記《めいげつき》』七月二十日条）・大嘗会《だいじょうえ》習礼（『玉蘂』九月二日・四日条）・大臣大饗《だいじんたいきょう》習礼（『明月記』『玉蘂』九月二十四日条）・大嘗会論議《ろんぎ》（『明月記』『玉蘂』九月二十五日条）等、建暦二年では、臨時祭習礼（『玉蘂』三月十二日条）・白馬節会習礼（『百錬抄《ひゃくれんしょう》』三月二十四日条）等の事例がある。公事竪義や大嘗会論議は公事

や大嘗会について議論した（いわば勉強会を持った）ということであり、習礼と同じ意である。

和田氏によれば、こうした事例はこの時期に後鳥羽上皇が朝廷儀礼に強い関心を持っていたことを示し、そうした強い関心のもとに本書が成立したという。

以上から和田氏は本書の成立時期を建暦年中としたのである。

白馬節会習礼と基房説

ところで、『百錬抄』建暦二年三月二十四日条によれば、後鳥羽上皇は内裏に御幸し、自ら大臣大将に扮して内弁役となり、白馬節会習礼を行ったという。同様のことは『古今著聞集』巻三（公事第四）「後鳥羽院白馬節会習礼の事」にもみえる。

基房口伝前半は節会特に白馬節会の内弁の故実・作法である点を考慮すれば、基房口伝の聞き書きは習礼のためであり、それが習礼で実践されたと考えるのが自然であろう。そうであれば、後鳥羽上皇が基房口伝を聞き書きした時期は、建暦二年のなかでも習礼当日の三月二十四日以前、それも当日に近い頃となろう。

この考えが正しいとすれば、本書の成立時期を和田説の建暦年間よりももう少し絞り込むことができよう。基房説は下巻巻末に引用されているのだから、上下巻に続いて基房説が記されたのは言うまでもない。そうであれば、基房の口伝を聞き書きする以前に、上下巻の執筆が終わっていた可能性が出てくる。つまり上下巻の執筆も建暦二年三月二十四日以前と推定でき、五味氏の建暦元年説も蓋然性が出てくる。

なお、本書引用の個人名や書名（日記名）については、葉室本では別紙にまとめて本文に貼紙されているが、筆者が調べたところでも、個人名・書名ともに九〜十二世紀の人名・書名ばかりで十三世紀に下らない点も参考になろうか。

もっとも基房口伝は聞き書きとして残っているから、上下巻を含めてすべてを建暦二年三月二十四日以後に執筆することも可能である。したがって、私見はあくまで一つの解釈にすぎないが、その可能性は指摘しておく。

内裏と里内裏

最後に筆者の視点から時代相を反映すると考える条文二例を挙げたい。まず上巻十七条。これは雨儀行幸《うぎぎょうこう》で右近衛次将《うこのえしじょう》が紫宸殿《ししんでん》（南殿《なでん》）階下路《かいかろ》を経て日華門《じっかもん》に至る際の故実・作法を記した条文。紫宸殿は平安京内裏の主殿（図序-3）。摂関期以降の公事は原則的に紫宸殿で行われた。紫宸殿は正面に当たる南面中央の階段（南階）が十八階ある高床の建物。南面簀子《すのこ》下は通行が可能で階下路といった。

条文によれば、右近衛次将は階下路に西面階脇から入って東面階脇から出るのが本来だが、「近代其所甚狭、仍有二其煩一」るため南面西一間から入って南面東一間から出るという。「其所」は本来の出入口に当たる東西階の脇かと考えられるが、いずれにしろここで想定しているのは本来の内裏の紫宸殿ではなく、里内裏《さとだいり》のそれではないかと考えられる。

里内裏とは本来の内裏が焼亡《じょうもう》等で使用不能の場合の臨時皇居。貴族の邸第等が使用された。したがって本来は内裏再建後は内裏に戻るのが原則であったが、鳥羽天皇（一一〇三〜五六）以来、内裏は特別な儀式時のみに使用し、日常は里内裏を皇居とすることが常態化した。高倉天皇以来、保元二年（一一五七）十月新造の内裏が存続する一方で、里内裏は閑院殿《かんいんどの》（二条南・西洞院西に所在）にほぼ定着。土御門天皇（一一九五〜一二三一）まで続いたが、閑院殿は承元二年（一二〇八）十一月に焼亡。その後、建暦三年（一二一三）二月に再建されるまで、土御門天皇は大《おお》炊御門殿《いみかどどの》、続く順徳天皇は押小路殿《おしこうじどの》・大炊御門殿・三条烏丸殿《さんじょうからすまどの》等を里内裏とした。

里内裏の殿舎は本来の内裏のそれとは構造・規模・配置等が異なるのは当然で、儀式等を行う場合、里内裏の各殿舎を紫宸殿以下の内裏各殿舎に想定して行った。

つまり和田氏が想定した本書成立時期はまさに里内裏を皇居としている時期であり、「近代其所甚狭」とはそのことの反映ではないかと考えられる。

宝剱の寸法

次いで上巻二十七条。これは朝覲《ちょうきん》行幸（天皇が仙洞〈父帝御所〉に年頭の挨拶に出向く行事）の際に、天皇の輦輿《れんよ》乗降に奉仕する主に近衛次将の故実・作法を記した条文。そのうち天皇乗輿時の宝剱の置き位置を記した部分に、「御釼」（宝剱）は御輿前方に刃側を外、柄を右側に向けて置くのが例だが、「近ハ御釼事外長、仍頗乍二前方一寄二テ左方一、須千加倍《すちかへ》テ置レ之也」とある。本来は正面に真っ直ぐに置くものだが、最近は宝剱の寸法が特に長いので少し左に寄せて斜めに置くという。

いわゆる三種神器のうち宝剱・神爾《しんじ》は常に天皇の側にあって行幸にも同帯した。寿永二年（一一八三）七月の平家都落の際、三種神器は安徳天皇（一一七八～八五）に同帯。そのうち宝剱は元暦二年（一一八五）三月の壇ノ浦合戦で失われた。そこで、順徳天皇の『禁秘抄《きんぴしょう》』上巻（宝剱神璽）によれば、後鳥羽天皇以来は「清涼殿《せいりょうでん》御釼」で代用したが、承元四年（一二一〇）の土御門天皇譲位時に伊勢神宮から剱が進上され、それを新たな宝剱としたという。ただし、伊勢神宮から剱の進上は実際には寿永二年のことらしい（吉田定房《よしださだふさ》〈一一四三～一二〇〇〉の『吉記《きっき》』寿永二年六月二十二日条）。

各剱の寸法は不明だが、少なくとも「近ハ御釼事外長」という「御釼」は壇ノ浦で失われた本来の宝剱ではなく、伊勢神宮から進上された新たな宝剱のことではないかと考えられる。

（近藤好和）

参考文献

『群書解題』第八巻（続群書類従完成会、一九六一年）
五味文彦『明月記の史料学』（青史出版、二〇〇〇年）
五味文彦『書物の中世史』（みすず書房、二〇〇三年）
詫間直樹編『皇居行幸年表』（続群書類従完成会、一九九七年）
和田英松『皇室御撰解題』（『皇室御撰之研究』明治書院、一九三三年。初出一九一七年）

4　『禁秘抄』（順徳天皇）――天皇による天皇のための天皇故実の集成

研究史のまとめ

本書は、順徳《じゅんとく》天皇（一一九七～一二四二）が宮中の宝物・殿舎・調度・草木、日常生活や恒《ごう》例《れい》・臨時の諸公事《しょくじ》における天皇の故実・作法、護持僧《ごじそう》・殿上人《てんじょうびと》・蔵人《くろうど》・女房・女官等の天皇に近侍する人々などついて体系的にまとめた、まさに天皇のための故実書。すで指摘されているように、本書は寛平九年（八九七）に宇多《うだ》天皇（八六七～九三一）が皇子である醍醐《だいご》天皇（八八五～九三〇）への譲位の時、醍醐天皇に対して訓戒を記した『寛平御遺誡《かんぴょうごゆいかい》』に匹敵する書物であり、実際に本書の各所にそれが引用されている。こうした本書の研究は故実書のなかでも特に多い。そこで最初に研究史を整理しておきたい。

本書の研究はすでに近世から始められている。まず慶安五年（一六五二）には版本が刊行された。以後、元禄十四年（一七〇一）の自序を持つ牟田橘泉《むたきっせん》（生没年不詳）の『禁秘鈔《きんぴしょう》考証』を皮切りに、速水房常《はやみふさつね》（一七〇〇～六九）の『禁秘抄註』や安永五年（一七七六）刊行の滋野井公麗《しげのいきんけい》（一七三三～八一）による『禁秘御抄階梯《きんぴみしょうかいてい》』などの多数の註釈書が成立した。また、近代以降も明治三十四年（一九〇一）に関根正直《せきねまさなお》氏（一八六〇～一九三二）の『禁秘抄講義』（『禁秘抄釈義』と同じ。明治三十九年にその改訂版刊行）が刊行され、近年でも佐藤厚子《さとうあつこ》氏によって新たな註釈が公表されつつある。

一方、註釈書以外でも本書や本書の内容についての個別研究は多い。特に本書の書誌的研究に先鞭をつけたのは和田英松《わだひでまつ》氏（一八六五～一九三七）である。その後、日野西資孝《ひのにしすけたか》氏（一九〇五～七四）の研究があり、近年でも所　功《ところいさお》氏や詫間直樹《たくまなおき》氏による研究がある。とはいえ、いずれの研究も基礎となるのは和田氏の研究であり、それを大幅に超える研究はまだ出ていない。本稿でも和田氏の研究を基礎としつつ諸氏の研究に基づいて記述する。

さて、本書の原本は残っていない。しかし、本書の書名と記主は鎌倉末期～室町初期の多くの文献に記載されている。

書名と記主

まず建治三年（一二七七）～永仁二年（一二九四）頃の成立かという『本朝書籍目録《ほんちょうしょじゃくもくろく》』に「禁秘抄二巻、順徳院」とみえるのを皮切りに、『禁秘抄』の書名は二条良基《にじょうよしもと》（一三二〇～八八）が貞治五年（一三六六）に判詞《はんじ》を記した『年中行事歌合』（三十六番・四十番）にみえる。

一方、貞治元年（一三六二）頃成立という四辻善成《よつつじよしなり》（一三二六～一四〇二）の『河海抄《かかいしょう》』には「順徳院御抄」や「建暦御記《けんりゃくぎょき》」として本書の内容の引用があり、また、元弘二年（一三三二）頃成立という吉田兼好《よしだけんこう》（生没年不詳）の『徒然草《つれづれぐさ》』第二十段に「順徳院の禁中のことども書かせたまへるにも」とみえる。

さらに光明《こうみょう》天皇（一三二一〜八〇）の『光明天皇日記』康永四年（一三四五）十一月十八日条（『大日本史料』六編一九）に「禁中抄《きんちゅうしょう》〈順徳院御抄〉」とみえ、中山定親《なかやまさだちか》（一四〇一〜五九）の『薩戒記《さつかいき》』応永三十二年（一四二五）十月二十三日条にも「禁秘抄〈順徳院御作〉」とみえている。また、『御湯殿上日記《おゆどののうえにっき》』永禄五年（一五六二）五月二十四日条には仮名で「きんひしゃう」とみえる。

以上により、本書の記主が順徳天皇であるとともに、『禁秘抄』または『禁中抄』とよばれ、同時に本書が早くから流布したことも理解できる。

なお、『禁秘御抄』ともいうが、これは順徳天皇を敬って「御抄」としただけのことである。また、『禁中抄』という書名は近世の写本にも残る。『禁秘抄』と『禁中抄』という二つ書名の存在は、原本段階では書名がなかった証左となろう。

ちなみに、順徳天皇は後鳥羽《ごとば》天皇（一一八〇〜一二三九）皇子。母は藤原範季女《のりすえのむすめ》（修明門院《しゅうめいもんいん》〈一一八二〜一二六四〉）。在位は承元四年（一二一〇）十一月〜承久三年（一二二一）四月。退位直後の承久の乱に敗れて佐渡に配流。仁治三年（一二四二）九月、佐渡で崩御。享年四十六。『禁秘抄』のほかに『順徳天皇日記』や、歌学書として著名な『八雲御抄《やくもみしょう》』等の著書がある。

写本と刊本

原本が残っていない一方で、本書の写本は数多く残る。その写本は各奥書から次の四系統に整理されている（各系統名は詫間氏の命名をもとに筆者が改変）。

(1) 正和《しょうわ》本（中院《なかのいん》本）系統

正和五年（一三一六）に「禁裏御本」を書写した本（書写者不明）を親本に、文明九年（一四七七）に中院通秀《みちひで》（一四二八〜九四）が書写した本から派生した系統。慶安五年の刊本をはじめこの系統が流布本。なお、「禁裏御本」とは宮中の蔵本をいうが、それが原本かどうかは不明である。

(2) 永和《えいわ》本系統

永和三年（一三七七）に書写された本（書写者不明）から派生した系統。

(3)文亀《ぶんき》本（中御門《なかみかど》本）系統

文亀二年（一五〇二）に中御門宣秀《のぶひで》（一四六九～一五三一）が吉田兼満《よしだかねみつ》（一四八五～一五二八）蔵本（写本か）を借りて書写した本から派生した系統。

(4)文明本（二条本）系統

文明十一年（一四七九）に二条政嗣《にじょうまさつぐ》（一四四三～八〇）が後土御門《ごつちみかど》天皇（一四四二～一五〇〇）の勅命で書写した本から派生した系統。ただし、数は少ないという。なお、和田氏によれば、壬生晴富《みぶはれとみ》（一四二二～九七）の『晴富宿祢記《すくねき》』文明十年（一四七八）十一月十七日条にみえる、妙蓮寺《みょうれんじ》より本書を借用するようにとの後土御門天皇の勅命があったという記事から、当時宮中には本書はなく、また妙蓮寺にもなかったために、政嗣が他から借用して書写したのではないかという。

以上のうち現存最古と考えられている古写本が、(2)の永和本系統に属するという、㈶尊経閣文庫《そんけいかくぶんこ》所蔵の近衛政家《このえまさいえ》（一四四四～一五〇五）写本（以下、政家写本）で、その影印本が刊行されている。奥書には「此抄、順徳院製作也（花押）、不レ可二他出一者也（花押）」と記されているのみだが（花押は政家）、政家の生没年がほかの現存写本の奥書の年紀や書写者の生没年のなかで、もっとも時代を遡るために最古写本というわけである。

なお、現在は所在不明だが、政家写本をさらに遡る写本が、昭和三十年代（一九五五～六四）初め頃まで存在したという。三条西家《さんじょうにしけ》旧蔵本であり、冒頭部分を欠損するが、詫間氏によれば、(1)の正和五年写本そのもの、あるいはそれに近い頃の写本という。

一方、刊本は、既述した慶安五年版本や註釈書類での掲載のほかに、『群書類従』第二十六輯・雑部および『列聖全集』第六巻・御撰集（列聖全集編纂会、一九一七年）等に所収。ただし、後者は前者（群書本とする）の再掲である。また、詫間氏による政家写本の翻刻がある。なお、群書本には奥書はないが、(2)永和本系統らしい。

本稿では政家写本の影印本（詫間氏翻刻を含む）を主体として使用する。

本書の構成

次に本書の構成、特に巻数の問題に移る。詫間氏の整理によれば、写本には二巻本・三巻本・一巻本（巻次区別のない本）の三種類がある。このうち政家写本と群書本はともに二巻、慶安版本をはじめ近世以来の注釈書はすべて三巻である。

いずれにしろ原本段階からあったかどうかは不明だが、写本では冒頭に一括して、あるいは各巻冒頭に目録を付す。目録の項目名は写本の系統で異同があるが、政家写本により上下巻それぞれの項目名を示すと次のようになる。

・上巻

賢所《かしこどころ》・大刀契《たいとけい》・宝剱神璽《ほうけんしんじ》・玄上鈴鹿《げんじょうすずか》・竈神《かまどがみ》・中殿《ちゅうでん》・南殿《なでん》・草木・毎日恒例《ごうれい》・毎月事・御膳・御服・神事・仏事・進退・諸芸・御書・御使・入立《いりたち》・直衣《のうし》・近習《きんじゅう》・御持僧・侍読《じどく》・殿上人・蔵人・雑色《ぞうしき》・所衆《ところのしゅう》・瀧口《たきぐち》・出納《しゅつのう》・小舎人《こどねり》・地下《じげ》・医道・陰陽道《おんみょうどう》・凡僧《ぼんそう》・御匣殿《みくしげどの》・尚侍《ないしのかみ》・典侍《ないしのすけ》・掌侍《ないしのじょう》・女房・得選《とくぜん》・采女《うねめ》・刀自《とじ》・女官・主殿司《とのもづかさ》・女儒《にょじゅ》

・下巻

詔書《しょうしょ》・同覆奏《ふくそう》・勅書《ちょくしょ》・宣命《せんみょう》・論奏《ろんそう》・表《ひょう》・勅答《ちょくとう》・改元《かいげん》・廃朝《はいちょう》・天文奏《てんもんそう》・焼亡奏《じょうもうそう》・薨奏《こうそう》・配流《はいる》・召返《めしかえし》・解《げ》官《かん》・除籍・勅勘《ちょっかん》・召人《めしうど》・怠状《たいじょう》・召籠《めしこめ》・給下部《しもべをたまふ》・焼失・追討《ついとう》・神輿・赦令《しゃれい》・物忌《ものいみ》・日月蝕《にちげっしょく》・雷鳴《らいめい》・止雨《しう》・祈《き》雨《う》・御卜《みうら》・解除《げじょ》・御禊《みそぎ》・護身・御祈・修法《すほう》・読経・渡御《とぎょ》・御馬・赴任・明経論《みょうきょうろん》・雪山・犬狩《いぬがり》・鳥・虫

このうち上巻は賢所〜草木が宮中の宝物・殿舎・調度・草木関係、毎日恒例〜御使が天皇の日常生活における故実・作法、入立〜女儒が天皇近侍の人々関係の記述であり、下巻はいずれも恒例・臨時の諸公事における天皇の故実・作法関係の記述となる。なお、本文中にも各項目名が記されているが、その項目名は目録の項目名とは必ずしも同様ではない。

一方、三巻本の場合、上巻は賢所~御膳、中巻は御服~御匣殿、下巻は尚侍~虫の構成となる。この三巻本の構成は、内容的に不自然、また分量的にも不均衡で、二巻本の方が自然である。また、『本朝書籍目録』や三条西家旧蔵本奥書には「二巻」とあるため、二巻本の方がより原態に近い形であると考えられている。詫間氏によれば、この二巻本から一巻本が派生し、さらに三巻本となったという。

また、政家写本には一部に「裏書」の註記がみえる。日野西氏によれば、料紙の裏に書く裏書《うらがき》は冊子本にはあり得ず、巻子本にのみあり得るものであるから、現存写本はすべて冊子本だが、原本は巻子本であったという。なお、日野西氏は、政家写本では草木と毎日恒例の間で本文で数行文（詫間氏翻刻によれば五行分）の空白がある点と各項目の内容などにより、本書を賢所~草木、毎日恒例~女儒、詔書~虫の三巻（つまり二巻本の上巻を二分）に分割した。そのうえで、本書の原本は必ずしも現在のような構成順序ではなく、この三巻が各巻独立した草稿の巻子本として伝わり、現在の構成順序はいずれかの時に一部の書としてまとめられたとする独自の見解を提示している。

成立時期　次に本書の成立時期に移る。結論からいえば明らかではないが、近世以来の諸説を整理した和田氏の研究がほぼ継承されている。和田説の根拠は本文中の次の四点の記述である。

A、上巻・賢所

触穢之時、恒例供物、先例不レ同歟、寛治八年陽明門院崩之時、無二沙汰一有二内侍所御供一〈二月一日也〉、去々年内大臣穢及二禁中一時供レ之、今度諸社祭雖レ延、准二彼例一有二供物一、

これは、「触穢《しょくえ》」つまり天皇近親（近臣）者死亡の穢れ（死穢《しえ》）が宮中に及んだ時、毎月一日に内侍所《ないしどころ》（三種の神器のうちの神鏡）に供える供物を供えるか否かの先例にふれた箇所。ここでポイントとなるのは「去々年」「内大臣」「今度諸社祭雖延」の解釈である。

和田氏は、『百錬抄《ひゃくれんしょう》』承久元年（一二一九）八月四日条に「天下穢気《えき》」で釈奠《しゃくてん》・北野祭が延引したとみえることから、「今度諸社祭雖延」の「今度」は承久《じょうきゅう》元年のことで、「内大臣」は西園寺実宗《さいおんじさねむね》（一一四四～一二一三）とした。また、「去々年」は「去年」とする写本も多いが、「去年」が正しく、「去る年」と読み、昨年の意ではなく二・三年前の意に解すべきとした。

B、上巻・入立（本文の項目名は「被レ聴二台盤所一之人」）

近日聴人々、関白・八条左府・左大臣・右大臣・良平・教家・基家・教実、

これは、清涼殿《せいりょうでん》での女房の詰所である台盤所《だいばんどころ》への立ち入りを勅許《ちょっきょ》された当時の人々を列挙した箇所。和田氏によれば、このうち「右大臣」は承久三年（一二二一）三月に就任した近衛家通《このえいえみち》（一二〇四～二四）である。

C、上巻・直衣（本文の項目名は「聴二直衣一事」）

近日入立外、聴人々太政大臣〈公房〉・内大臣〈通〉・公経・家嗣、（中略）実氏参二東宮一之間聴レ之、

これは、私服である直衣のまま参内できる雑袍《ざっぽう》勅許を得た当時の人々を列挙した箇所。和田氏によれば、このうち「内大臣」は家通と同じく承久三年三月に家通昇進の後を受けて就任した久我通光《こがみちみつ》（一一八七～一二四八）である。また、「実氏参二東宮《とうぐう》一之間」は西園寺実氏《さねうじ》（一一九四～一二六九）が承久二年（一二二〇）正月に東宮権大夫《ごんのだいぶ》に就任したことと解した。

D、上巻・護持僧

護持僧人数及二承久比一為二八・九人一、尤不レ可レ然、凡承久末済々、如レ此代末、殊可レ慎事也、且不快例、承久

東寺〈成実辞、道尊辞替〉、山〈尊快親王・真性・承円・円基〉、寺〈道誉・尊任・良尊〉、

これは、当時の護持僧（天皇に近侍して護持する僧侶）について記した箇所。『護持僧次第』佐渡院（『続群書類従』第四輯上・帝王部・補任部所収）によれば、このうち東寺の成実《じょうじつ》と園城寺《おんじょうじ》の良尊《りょうそん》が護持僧になったのは承久三年（一二二一）正月である。

なお、三箇所に「承久」の年号がみえるが、写本によっては「承元《じょうげん》」で、群書本もすべて「承元」である。また、政家写本にも「凡《おおよそ》承久末済々《さいさい》」の「久」の文字に異本は「元」の傍書がある。これを和田氏は承久が正しいとする。

ちなみに、和田氏の指摘はないが、『護持僧次第』佐渡院によれば、延暦寺の尊快法親王《そんかいほっしんのう》（後鳥羽天皇皇子）が護持僧となったのも成実・良尊と同時。また、政家写本では「成実辞」とあるが、これでは意味が通じない。「辞」は衍字《えんじ》（書写段階で誤って加えられた不要な文字）となる。この「辞」は群書本にはない。

和田氏は、以上の本文の記述と解釈を根拠とし、さらに承久三年五月には承久の乱が起こるため、その直前つまり同年四月の皇子仲恭《ちゅうきょう》天皇（一二一八～三四）への譲位までには執筆を終えていたと推測。そこから本書は、承久元年（一二一九）に起稿、承久の乱直前の同三年（一二二一）三月か四月に脱稿したとみた。

この和田説は現在までのところ大筋で認められており、積極的な反論は出ていない。ただし、日野西氏は、上巻・諸芸（本文の項目名は「諸芸能事」）のなかに、「笛ハ堀川・鳥羽・高倉・法皇、代々不レ絶事也」と笛（横笛）名手の天皇を列記するが、そのうちの「法皇」を後鳥羽天皇とし、天皇が法皇となったのは、承久の乱後の承久三年七月であるから、この箇所はそれ以後の執筆で、本書は承久の乱後も書き継がれたとした。また、本書の執筆目的が仲恭天皇のためとする和田説（後述）と同様の視点から、仲恭天皇誕生の建保六年（一二一八）十月以後に執筆が開始されたと類推し、和田説を一部修正した。

執筆目的

次に本書の執筆目的に移る。これについても、やはり和田氏の研究が基礎となる。つまり和田氏は本文の記述から、順徳天皇当時、宮中における古くからの故実・作法が廃れていく現状に鑑み、古例を偲ぶ叡慮《えいりょ》から本書が記され、また皇子である幼い仲恭天皇に対し、訓戒を含めて天皇の故実・作法を継承させる目的もあったとした。換言すれば、天皇・宮中における故実・作法の古例を伝え、それらを継承させる目的で本書は執筆されたという。まさに本稿冒頭でふれた『寛平御遺誡』に匹敵する目的である。

この和田説による執筆目的もほぼ継承され、これを超える異論は出ていない。こうした和田説が導き出されるのは、本書が天皇や宮中の故実・作法をただ記すだけでなく、古例と近例を対比して乱れた近例を批判し、それに対する訓戒的な文言が随所に記されているからである。

もっとも、そうした記述は本書のうち上巻、特に毎日恒例（本文の項目名は「恒例毎日次第」）～女儒の部分に集中している。これは日野西氏が一巻分として独立させた部分である。この部分は既述のように天皇の日常生活における故実・作法や天皇近侍の人々のことを記した、いわば天皇の私生活に密着した部分である。

こうした部分が、宮中の宝物・殿舎・調度・草木等について記した上巻の賢所～草木や、恒例・臨時の諸公事における天皇の故実・作法を記した下巻などよりも、時代的変化やその場での恣意的な要素が加わるのは充分に納得できるところであり、それゆえに批判や教訓的要素も必然的に多くなるのである。和田氏もすでにその数例を提示しているが、それを含めていくつかの例を引用しよう。

E、上巻・毎日恒例（本文の項目名は「恒例毎日次第」）

凡禁中着二湯巻一、上臈一人、内侍一人也、是候二御浴殿一故也、近代上臈中准二此役一多着レ之、不レ可レ例、

これは「御浴殿《おゆどの》」（御湯殿とも。清涼殿北西の後涼殿《ごりょうでん》に続く渡殿《わたどの》にあった天皇沐浴の場）での「湯巻《ゆまき》」（当時の女性が着衣の上から腰に巻いた現在の前掛に相当する着衣）の着用の乱れを批判する。

F、上巻・御服（本文の項目名は「御装束事」）

常御着御々服練白二衣・赤生袴也、而近代小袖ニ用二赤大口一、建久以後事也、又自二同頃一直衣ヲ引上テ如二只人一ニテ着二大口一、不レ可レ為レ例歟、小袖又無文也、用レ綾雖レ無レ憚、建久已後時々如レ此、可レ止事也、

これは天皇の日常着で天皇特有の装束である御引直衣《おひきのうし》の下着や肌着の乱れを批判する。この記述によれば、「近代」とは建久年間（一一九〇～九九）以降となる。

G、上巻・殿上人（本文の項目名は「殿上人事」）

二十日十夜上日、代々有二沙汰一、猶難レ叶事也、於二末代一更不レ可二相応一、尤見苦、（中略）中古モ雖レ有二比類一、近代之様不レ似二上古一、不レ着二台盤一、着ハ又人咲、不レ可レ説様也、（中略）近日侍臣為二女会一、為二見物一如二直垂一参入、末代習中猶不思議也、尤可レ為レ恥事歟、

これは殿上人の勤務状況や作法等の乱れを批判する。「尤見苦」「不可説様也」「尤可為恥事歟」などと批判の言葉は強い。

H、上巻・蔵人（本文の項目名は「蔵人事」）

臨時叙爵尤可レ止事也、公卿・侍臣息、幼少ナトハサモアリ、只諸大夫等子預二臨時爵一、尤無レ由事歟、凡望二成業一者、多年被レ越レ人、不二叙爵一例也、而近比モ一二﨟（叙）留、尤不レ可レ為レ例也、

これは蔵人の叙爵《じょしゃく》（五位に昇進すること）に関する乱れを批判する。

I、上巻・小舎人

近代好二花族一、動存二無礼一、尤不レ可レ然、清涼殿御装束時、頻好二昇殿一、予度々以二蔵人一追下了、

これは小舎人の僭越行為を批判する。「予」は順徳天皇。天皇自身が蔵人を通じて僭越行為を諫めている点が注目される。

J、上巻・主殿司

不レ入二御殿一、而動臨二除目申文撰定時一進二広廂一、不レ可レ説事歟、申文撰之時ハ、蔵人一人留二殿上一、此蔵人申文ナント伝二貫首一例、近日蔵人不レ知二子細一如レ此、不レ可レ説、

これは「除目申文《じもくもうしぶみ》」（任官希望者の申請書）を選定する際の主殿司の作法や、それに関連する蔵人の作法に対する無知を批判する。

K、上巻・女孺

近代ハ不レ着レ衣、只少袖ニ唐衣也、以二左道姿一御殿調度触レ手、上下格子奉仕、是蔵人等如在不当故也、御所中掃二除指油等一役、女孺所レ知也、近代様不レ可レ説、動失二禁中礼一、占二便所一為レ家、是寛平遺誡其一也、尤可レ止々々、

これは女孺の装束や所行の乱れを批判する。ここにも『寛平御遺誡』がみえている。

これ以外にも多くの例を挙げることができるが、そうしたなかで、特に上巻・進退（本文の項目名は「可レ遠二凡賤一事」）は、陪膳《ばいぜん》（食事の世話）その他の天皇日常生活のなかで、天皇身辺に関わる人や天皇の行動について記した部

分だが、その冒頭に「天子者殊可レ被レ止二御身劣一、是難レ尽二筆端一事也」とあるように、この項目の内容自体が天皇に対する訓戒となっている。

「近代」と後鳥羽天皇批判

ところで、本書でいう「近代」とはいつのことなのか。既述のように、上記引用のFなどによれば、建久年間（一一九〇～九九）以降となる。この点についてはすでに詫間氏の指摘があり、詫間氏は本書のどの項目に「近代」の語がみえるかを一覧表にまとめている。それによれば本書全九十二項目のうち四十二項目にみえる（類似の「近年」などを含む）。

そのうえで詫間氏は、順徳天皇が建久八年（一一九七）の生まれであることから、「近代」とは天皇御在世以来という解釈も可能になるとした。換言すれば、本書での近代への批判は、いわば順徳天皇の自己批判ということになる。

確かにそうした側面もあろう。しかし、建久は十年までであり、その時点で順徳天皇は数え年でわずかに三歳に過ぎない。これに対し、実際に建久年間に天皇として在位したのは後鳥羽天皇である。その在位は建久九年（一一九八）正月まで。建久は、寿永二年（一一八三）七月の安徳天皇（一一七八～八五）の都落ち後の同年八月に践祚した後鳥羽天皇の治世後半の年号であり、しかも建久三年（一一九二）三月には父帝後白河《ごしらかわ》法皇《ほうおう》（一一二七～九二）が崩御し、それ以後は後鳥羽天皇の親政体制である。

こうした状況を考えると、「近代」が建久年間以降であれば、それは後鳥羽天皇以来のことをいうのではなかろうか。つまり本書には父帝である後鳥羽天皇への批判が含まれているように筆者には感じられる。

確かに本書の記述に後鳥羽天皇への直接的な批判を示す箇所は管見では見出せない。しかし、たとえば建久年間以来の御引直衣の下着や肌着の乱れを批判した上記引用のF。御引直衣は天皇の日常着で天皇特有の装束であるから、ここで記述されている御引直衣とその下着や肌着を、建久年間に実際に着用したのはほかならぬ後鳥羽天皇である。

むろん天皇が自身の手で着用するわけではないし、元服した建久元年（一一九〇）の段階で天皇は十一歳。天皇新政の時代も実権は九条兼実《くじょうかねざね》（一一四九～一二〇七）や土御門通親《つちみかどみちちか》（一一四九～一二〇二）が握っていた。しかし、それにしても自身が着用する着衣であるからなんらかの意見は言えたはずである。

本書にみえる「近代」の様々な乱れにしても、それが建久年間に端を発しているならば、後鳥羽天皇自身が必ずしもその発端ではないにしても、その乱れを放置・容認したのは後鳥羽天皇（建久九年正月の譲位以降も含む）であるという解釈も成り立つ。後鳥羽天皇が糺さずに放置・容認したからこそ、順徳天皇の時代まで乱れが継承されたのである。

このように考えると、和田説によれば、本書は時期的に承久の乱へと突き進む不穏な空気のなかで執筆されたのであり、それに従わなければならない順徳天皇のささやかな父帝への反発として、近代の乱れへの批判のなかに父帝への批判を含めたのではなかろうか。こうした側面からも本書を今後読みなおす必要はないだろうか。

（近藤好和）

参考文献

『群書解題』八（続群書類従完成会、一九六一年）
佐藤厚子「『禁秘抄』の研究（一）～（八）」（『椙山女学園大学研究論集人文科学編』三九～四六、二〇〇八～一五年〈継続中〉）※本稿脱稿後、「同（九）・（十）」（同四七・四八、二〇一六～一七年）が刊行された。
詫間直樹「尊経閣文庫所蔵『禁秘御抄』解説」「尊経閣本『禁秘御抄』（近衛政家書写本）翻刻」（前田育徳会尊経閣文庫編『尊経閣善本影印集成五一　禁秘御抄』八木書店、二〇一三年）
所功「『禁秘御抄』の研究史・覚書」（『宮廷儀式書成立史の再検討』国書刊行会、二〇〇一年。初出一九九二年）
日野西資孝「禁秘抄の原本形態とその成立について」（『帝国学士院紀事』三―二、一九四四年）
和田英松「禁秘抄考」（『皇室御撰之研究』明治書院、一九三三年。初出一九〇〇年）

5　『吉口伝』（藤原隆長）――変容する儀式書

『吉口伝《きっくでん》』は、勧修寺流藤原氏の中の甘露寺家の祖となった藤原隆長《たかなが》（一二七七～一三五〇）が、その同母の兄定房（一二七四～一三三八）の日記や公事に関してやり取りした書状類、それに口伝を記した自身の日記などを材料に編纂した故実書である。

本書の成立

『続群書類従』公事部に収められているこの書（以下、『続群類本』とする）は、『群書解題』によれば宮内庁書陵部所蔵の本*によっており、その奥書によれば、明応六年（一四九七）四月十日に隆長の子孫甘露寺親長（蓮空）が隆長の原本より書写した本であったことが知られる。親長の日記『親長卿記』には、以下のように親長が『吉口伝』を所持し、利用していたことが記されている。

＊甘露寺親長が書写した本は抄本であり、広本である柳原本によって補われたものが本書であるという。近年、『内閣文庫所蔵史籍叢刊　古代中世篇〈第6巻〉職原抄・吉口伝』（汲古書院、二〇一三年）として江戸期書写の内閣文庫本が写真版として刊行された。ただし、この本は、「縣召除目事」として引用された定房の日記の正応六年正月十三日条の後半部からそれに続けて掲げられている「御斎会竟事」の同じく正月十四日条が脱落しているようである（丁数で言えば一〇三オの二行目と三行目の間）。また、京都大学文学部所蔵「勧修寺家文書記録」に含まれる『吉口伝』（勧修寺家文書二四七）の写真が手元にあるが、『続群類本』の九二八頁上段二行目から九四〇頁下段六行目までが大幅に脱落しているようである。

文明六年閏五月十八日、参内した親長は、後土御門天皇より「准后と親王との上下の事、猶御不審あり」ということで、久安二年の「御沙汰の子細」を注進するように命を受け、帰宅し『吉口伝』を引見し、「久安記」を写して天皇に献上した（閏五月二十一日条）。ここでいう「久安記」は、『続群類本』最末尾に「親王与二准后一座次不審事」として立項されている部分、つまり久安二年十月五日付の恐らく鳥羽院の命を受けた藤原顕頼の書状及びそれに対する明法博士の勘文が所載されている部分を指すと思われ、親長の所持していたものと『続群類本』は同じものであったことは確かであろう。

この書が編まれた目的は、冒頭に「夕郎故実」と掲げた後、「当家故実秘事等の事、吉田亜相口伝等これを注し付く」と記すように、蔵人（蔵人頭）に就いた者が知っておくべき公事の故実や秘事を、「吉田亜相」、つまり隆長の兄定房の口伝などを中心にまとめたものであり、「吉田亜相」という表現が本書のオリジナルな本に付されたものとするならば、定房が権大納言に昇進した元応元年十月二十七日以後、内大臣となった建武元年九月九日以前の間に一次的に成立したと考えられよう。*

＊定房は、表2-2に見えるように、権大納言をいったん辞して還任しているが、「吉田亜相」は権大納言に現任であることを示す表現ではないと思われ、前官の時期も含めるべきであろう。

次に示した表2-1は、定房及び隆長の日記の残存状況をこの『続群類本』に含まれるものを中心に『歴代残闕日記』や『大理秘記』*に所収されるもので補ったものである。

＊名古屋大学中世社会史ゼミによって「西尾市岩瀬文庫所蔵『大理秘記』」として『年報中世史研究』二三、二四号（一九九八、一九九九年）に翻刻されている。『歴代残闕日記』第一一巻（臨川書店、一九七〇年）所収の「吉田大臣藤定房公記（吉槐記）」もほぼ同じ内容である。

この表2-1から分かることは、本書所載の日記については、正和四年（一三一五）と正中三年（一三二六）の間に空白期があり、それより以前は、定房の日記が中心で、以後は、隆長が「一品被相語云…」などの形で、定房の意見などを書き留めた隆長の日記と考えられる部分から成り立っていることである。そのため、定房の日記は、彼の廟堂における経歴全般にわたるものではなく、主に蔵人の弁として活動していた頃から権中納言の頃までに限られていることであり、時期的には伏見・後伏見天皇から後二条天皇の時期（伏見院政から後宇多院政）にあたる時期の日記である。

この空白期を、『公卿補任』などで定房や隆長の官歴を整理したものが表2-2である。

すでに指摘されているように（松本・村田一九四〇）、文保二年、後醍醐天皇践祚により後宇多院による大覚寺統

表2-1　定房の日記の残存状況

年次	残存記事（＊は隆長の日記）	定房の経歴（＊天皇、△隆長、▲藤長）	典拠
正応四年（一二九一）		一〇・一〇　任中宮権大進・蔵人（伏見天皇）。	公卿補任
正応六年（一二九〇、永仁元）	一・一、一・二、一・三、一・五、一・七、一・八、一・一〇、一・一一、一・一二、一・一三、一・一四		吉口伝
永仁三年（一二九五）		六・二三　兼右少弁、九・一　止蔵人。	
永仁五年（一二九六）		七・七　左少弁。	
永仁六年（一二九七）		六・八　権右中弁。＊七・二二　後伏見天皇践祚。	
永仁七年（一二九九、正安元）	五・一一、五・一三、五・一八、一二・七	六・六　右中弁。	吉口伝
正安二年（一三〇〇）	四・一〇、五・五、五・二三〜五・二五、五・二七、五・二八、六・一〜六・七、六・二六、六・二九、七・一、七・二	四・七　左中弁。	吉口伝
正安三年（一三〇一）	一・一〜一・三、一・七、一・一七〜一・二一、四・一、四・三、四・五、四・六	＊一・二一　後二条天皇践祚、三・二四　即位、四・五　補蔵人頭。	吉口伝
正安四年（一三〇二、乾元元）	八・三、八・四、一二・一三〜一二・三〇	三・二三　参議（二十九歳）、七・二一　兼右兵衛督、一二・一四　検非違使別当。	大理秘記（岩瀬文庫本）
乾元二年（一三〇三、嘉元元）	一・一〜一・六、一・七、一・八〜一・一七、一・一九〜一・三〇、二・一〜二・一七、一二・一五〜一二・三〇	△八・一九　隆長、任蔵人。八・二八　従三位。	大理秘記（同前）（注）
嘉元二年（一三〇四）	一・五＊	六・二　右衛門督。＊七・一六　後深草院崩御。	吉口伝

嘉元三年（一三〇五）	一・三＊、二・六、二・一三、二・一八、二・一九、二・二四〜二・二七、二・二九、三・一、三・二、三・六、三・八、三・一三、閏一二・一〜閏一二・一一	△三・八　任左少弁。 一二・三〇　権中納言（三十二歳）。	吉口伝
嘉元四年（一三〇六、徳治元）	一・一〜一・一二	四・一八　右衛門督・別当を辞す。	吉口伝
徳治三年（一三〇八、延慶元）	一・二六、一・二七 定房書状・勘弁状（一二・二五〜同二・一・一付）	＊八・二五　後二条天皇崩御、花園天皇践祚。 △四・二五　内蔵頭、五・一七　左中弁 △一二・一〇　右大弁・蔵人頭。	隆長卿記（歴代残闕日記） 吉口伝
延慶二年（一三〇九）		三・二三　辞権中納言（三十六歳） △二・一九　左大弁、九・二六　止弁。	
延慶三年（一三一〇）	四・一、四・三	四・七　従二位	吉口伝
延慶四年（一三一一、応長元）	六・三〇		吉口伝
応長二年（一三一二）	一・一四＊		吉口伝
正和三年（一三一四）	一一・九？		吉口伝
正和四年（一三一五）	一・四＊、二・二九？		吉口伝
正中三年（一三二六、嘉暦元）	三・二＊、九・一四＊、九・二〇＊		吉口伝
元徳二年（一三三〇）	一〇・一〇＊	一・一三　従一位	吉口伝
元徳三年（一三三一、元弘元）	九・一三＊、九・二〇？	＊八月元弘の変、九・二〇　光厳天皇践祚。	吉口伝
元弘二年（一三三二、正慶元）	二・一、三・二六＊、四・一＊、四・三＊、四・八＊、四・一四＊	＊三・二二　光厳天皇即位。	吉口伝
正慶二年（一三三四）	閏二・?、三・一〇＊、四・七＊	▲七・五　右少弁。	吉口伝
建武元年（一三三四）	一〇・?＊（定房書状）	九・九　内大臣（六十一歳）兼民部卿。	吉口伝

表2-2　定房と隆長の官歴

△は隆長関係

文保二年（一三一八）	二・二六　後醍醐天皇践祚。 △二・二六　蔵人頭（新帝）。 三・一二　定房、本座宣下（四十五歳）。 △七・七　右大弁、八・二四　参議（四十二歳）。
元応一年（一三一九）	一〇・二七　定房、権大納言（四十六歳）。 △三・九　右兵衛督・検非違使別当。
元応二年（一三二〇）	△三・二四　権中納言（四十四歳）・左兵衛督・別当。 △九・一〇「依山門訴訟止両職、配流阿波国、任権守、十二月被召返之由宣下、但不還任」。
元応三年（一三二一、元亨元）	七・二六　定房、権大納言を辞す。 △七・二六　民部卿（～元亨三、六・一六）。 一二・九　後醍醐天皇親政の開始。
元亨二年（一三二二）	一・二六　定房、権大納言に還任。
元亨三年（一三二三）	一一・三〇　定房、権大納言を辞す。
元亨四年（一三二四、正中元）	一〇月正中の変。
正中二年（一三二五）	△六・二三　出家（法名覚源、四十九歳）。
嘉暦二年（一三二七）	三・？　冬方辞権中納言。 七・一六　資房、参議。
嘉暦三年（一三二八）	九・一三　資房、従三位、辞参議。
嘉暦四年（一三二九、元徳元）	九・一〇　冬方出家（四十五歳）

の治世が復活するとともに、隆長は蔵人頭に任ぜられその年のうちに参議に昇進し、定房も翌年権大納言に転じた。隆長はさらに兄同様元応元年（一三一九）に検非違使別当を兼ね、翌年には権中納言に昇進したが、その年の九月、「山門訴訟」により両職を罷免され阿波国に配流されてしまった。その年の十二月には召し返され、権中納言に還任せず民部卿に転じている。

この時期は、定房・隆長の同母弟冬方や異母弟資房らも弁官から蔵人頭へ昇進しており、定房を筆頭に一家の躍進が目立った時期である。しかし、元亨元年十二月、後醍醐天皇の親政が開始され、定房はいったん辞していた権大納言に還任するも、翌年に隆長が民部卿を辞した後、定房も再び権大納言を辞してしまう。定房は、後宇多上皇の院執権であった（森一九九一）が、後醍醐天皇との間には微妙な距離感を感じることができよう。そしてその翌年には正中の変が起きるとともに隆長は出家してしまう。さらに二年後の嘉暦二年に、冬方は権中納言を辞し、翌年には資房が参議を辞するとともに、嘉暦四年には冬方は子息の冬長が右少弁に就くのを見届けるとやはり出家してしまう。彼らは、自主的に辞したというよりは、上に押し上げる力がないまま、下からの圧力によって押し出されてしまったと見るべきであろう。それは、恐らく一家の中心である定房が討幕に傾く後醍醐天皇の路線に合わず、距離を置いていたことが影響したものと推測される。

隆長の場合、正中二年の出家後は跡継ぎである子息藤長の教育にシフトを変えたものと推測される。藤長は元応三年に叙爵し、正中三年に従五位上、中宮権大進に就き、官人としての経歴をスタートさせている。この名家たる勧修寺流藤原氏の伝統的な経歴コースとして弁官・五位蔵人・衛門府権佐が目標となろうが、藤長は元徳二年（一三三〇）に右衛門権佐、元弘三年に右少弁と蔵人に任じており、隆長も期待するところであったろう。表2－1の後半の日記は、おそらくこの藤長の公事教育、特にその権威として知られる兄定房の知識をできる限り吸収させるために、出家後もつけ続けた日記の一部であったと推測される。

建武政権期も含め、この時期、つまり後醍醐天皇の親政期における定房の日記が引用されていないのは残念であるが、おそらくこの『吉口伝』編纂段階で、隆長はそれらを定房から入手できなかったことによるものではないかと考えられる。編纂時期は、藤長が蔵人頭に任じた康永二年（一三四三）あたりではなかったと思われるが、定房はすでに後醍醐と共に吉野に行ってしまっており、自身の日記も携えていったと推測される。

逆に表2－1の前半、延慶三年（一三一〇）以前の分については、ある段階で定房から書写を許され、書き写しておいた分であろう。その時期は、隆長が蔵人頭に任じた延慶元年（一三〇八）あたり、さらに『大理秘記』が定房の検非違使別当在任期の日記の抄録であり、これも隆長の手によると考えられるので、やはり隆長が検非違使別当に任ぜられた元応元年（一三一九）あたりに兄の日記の書写を許される機会があったものと考えられる。

隆長が書写した兄の日記のうち、主として弁官や蔵人頭関係の日記が『吉口伝』の素材に用いられている点からすると、子息藤長が弁官（右少弁、十五歳）に任じた元弘三年頃から本書の編纂を企て、兄定房の一家が南朝に参じて吉野に移るとともに、勧修寺流の中の名門経房流一門の正嫡を自認する、同家の北朝における「家」の継承を意識したところにこの書の編纂動機が生じたものとも考えることができよう。

鎌倉末期の公事の実態

本書は、様々な形態を持つ儀式書・故実書の中でも、部類記の類に属するものと考えられる。部類記としての形態を見た場合、主に一つの日記から弁官や蔵人・蔵人頭の関係記事を抄出しており、橋本義彦氏によって整理された部類記の分類（橋本一九七六）によれば、(A)単一の記録より抄出したものの中の(b)複数の事項にわたるものに属すると考えられる。ただし、隆長が自身の日記に書き留めていたと考えられる定房の口伝も所載され、また後述するように所載された記事も公事の範疇を超えているものもあるので、そのヴァリエーションと考えてよいであろう。

以下、本書より見出せる儀式書・故実書としての特徴や当時の公事の現場の状況をいくつかの点にわたって指摘してみよう。

部類記は、大部の日記の中から、官職や儀式の種類に応じて関連記事をダイジェストして、必要な公事情報を取り出しやすいようにしたものであるが、本書の場合、その職務を初歩的なレベルから体系的に学べるという類のものではなく、たとえば蔵人ならば『侍中群要』などの基礎的な儀式書を学んだ上で、より現場に即した細かな故実作法を学ぶためのものである。たとえば、院の下で行われた議定の目録を作成する際に先に議定出席者の公卿の名を書きならべるのであるが、その目録を読み上げる際には、一々公卿の名を読み上げるのではなく、「人々申して云はく」とまとめて読上げるべきものである（嘉暦元年九月十四日条）、という類の現場に実際的な細やかな故実が記されている。

勧修寺流藤原氏は中興の祖為房以来、院や摂関家に結びつき、貴族社会に多くの「家」*を形成しつつあったが、五位蔵人や弁官を歴任しながら蔵人頭を経て公卿に昇進する彼らは、系譜的に遠ざかっても、朝廷の実務に通じるためにその日記や口伝などを共有する独特の一門のカラーを形成していた（松薗一九九七）。鎌倉末期にもそのような伝統が生きていたことが本書を通じてうかがわれよう。

＊ただし、姻戚関係で近い場合もあるので注意。定房・隆長の母は顕隆流の葉室定嗣の娘であり、定嗣の母は定房の四代前の定経というように一門内部にさらに姻戚関係を通じてネットワークが築かれていた。

たとえば、「大臣息僧許書二上所一事」という項では、正中三年九月二十日の定房の談話として、四位殿上人が大臣息の凡僧に対して御教書を書く場合、上所《あげどころ》を書くべきか否かについて語られているが、これは彼らの異母弟資房（蔵人頭）が、定蓮（花山院定雅子）に上所を書いたことを一門の万里小路宣房に批判され、それについて後日、定房・宣房に二条長隆といった一門のメンバーによる議論となったという内容である。定房は、葉室光頼が明雲に書いた例を挙げ、「祖父中納言」（為経）も書いていたので資房の行為には一門の先例があると主張したが、宣房は、「大貳入道殿」（宣房・定房共に祖父にあたる資経）はそのようには申し置かなかったと納得しなかった。この時、定房はこの曽祖父資経について「ナニモ不レ知レ人也」と退け、この件は、「故経俊卿」（定房の祖父為経の兄弟）が「葉室中納言入道」（定嗣）に尋ねた際、やはり光頼の例で返答されており、さらに「中御門大納言入道」経継は父経俊の所為を知らないで、先年性守僧正（実兼息）が法印の時にこの上所の件で相論になったことを付け加え、一門として知っておくべきことと結んでいる。

系図（図2-1）にも明らかなように、経房流のみならず、為房の子の代で分かれた顕隆流の葉室家（前述のように定房の外戚に当たるが）の人々や親隆流の者とも公事上の交流があったことが知られる。大きく広がった一門内は決して一枚岩ではなく、昇進ではライバルとなることも多く、また異なった儀式作法を生じる場合もあったようである。たとえば、「年始御幸始供奉公卿、当流可レ着二蒔絵剣無文帯一事」は「凡去年彗星両度出現」という記事から嘉元三年正月三日の後宇多院常盤井殿御幸の記事かと推測されるが、この時、多くの人々が「螺鈿劔有文帯」で参向したものの、定房は家例によって「蒔絵太刀無文帯《むもんのおび》」で参じ、一門の者もそれに従った。ところが、中御門経継（経俊子）だけが「有文帯《うもんのおび》」で参仕しており、それは『朝隆卿記』と「前右府」西園寺公衡に相談した結果の所為という。定房は、経房の記録を引いて難じたが返答を得られなかった。経俊の子孫が一門の中でも儀礼に差別化をはかっていたことが知られる記事である。

『吉口伝』には儀式の現場で生じたトラブルの記事も数多く所載されている。公事の場における様々なトラブルやそれに対する批判は、平安時代の日記から繰り返し記されており、別に珍しいことではないが、鎌倉末期、上も下もかなり弛緩した状況下、それらに対して厳しく的確に対処していく定房の記事を並べることで、本書は定房の公事における練達さを称揚する性格を帯びているように思われる。「補㆓蔵人頭㆒事」に所載される正安三年四月五日の記事に見えるように、彼が雅俊・顕相らを超越して蔵人頭に抜擢されたのは、「近年蔵人方の陵遅、定房に興行せさせられん料ニ急ぎ補せられ」たとあるように、弛んでしまっている蔵人所関係の業務を引きしめるためであった。実際、定房は若年の蔵人時代よりその有能さを評価されており、たとえば、正応六年正月七日、白馬節会の際に関白九条忠教から呼ばれた定房は、元日節会の腋御前が散々なものであったことを指摘され、今日担当する定房に気を付けて行うように指示があった。そして終了後、忠教より「神妙」であると褒められている。

公事に通じ厳格な定房から見ると、当時の廟堂は弛みきっていた。

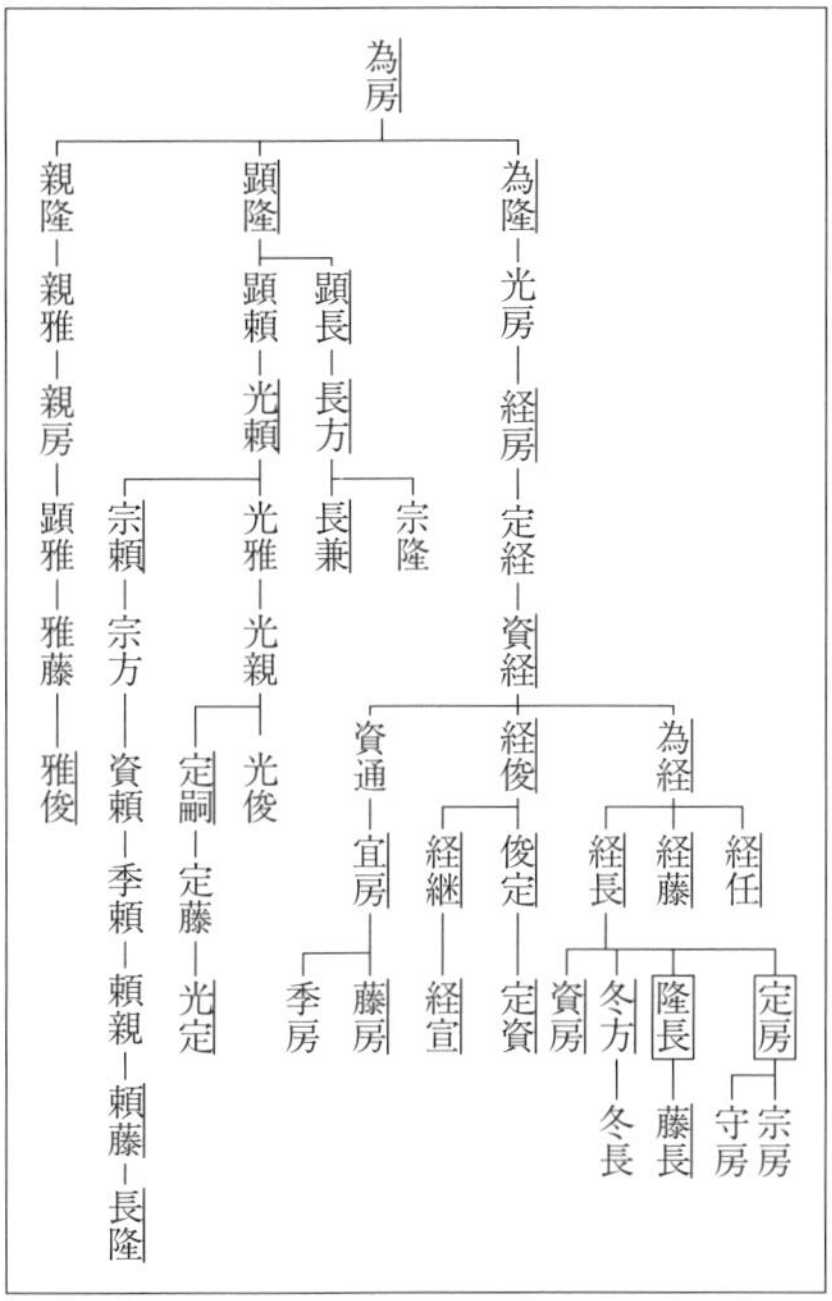

図２－１　『吉口伝』に見える勧修寺一門の人々
（注）人名に傍線を付した者が『吉口伝』に見える人物。

「定考参事《こうじょうにまいるのこと》」に引用された正安元年十二月七日の日記では、定考の儀のために定房が太政官庁に来てみると、「装束一向無沙汰」の状態で、定房が来たのを見てあわてて用意を始めるという体たらくであり、このような下級官人たちに対し「近年諸司緩怠奇恠也」と怒りをぶちまけている。しかし、「叙位事」に引く正応六年正月五日条では、申文を選定し目録を書こうとした五位蔵人雅俊に対し、同じく定資が自分が書きたいと「頻りに確執」した。雅俊も譲らず「懇望」をやめなかったが、このトラブルは近日行われる「除目々六」に対してこちらの方が楽なため、叙位で担当しておけば除目の際には外れられるという二人の下心から起きたもので、定房も呆れざるをえなかったようである。下も下ならば、上の貴族たちも似たようなものであったのである。

朝廷の外でも同様であった。比叡山延暦寺で行われる六月会に朝廷から勅使として遣わされた時、弁官であった定房は奉行としても臨んだのであるが、そこでもトラブル続出であった。「六月会勅使奉行事」に所収の正安二年（一三〇〇）の日記によれば、二十七日から始まる法会に対し、先例通りその前日に登山しようと考えていたら、寺家より使者がやってきて、準備ができていないので、当日の朝早くにお出でいただけないかとの要請があり、仕方なくそれに従ったが、やはり前日に登山の予定であった座主宮（良助《りょうじょ》法親王、亀山皇子）にも寺家からの使者があり、登山の日を遅らせることになったのは、寺家の雑掌が勝手にやった（おそらく早く来られるとその接待が煩わしいので）ことであった。

二十七日、比叡山に登った定房は、宿房である勧学院に着くとその室礼をチェックし、やがて参上した威儀師・従儀師らと「闕請」（請僧の欠員を補充すること）を行い、法会の場である中堂に向かった。そこで従儀師から聞かされたのは、一昨年の火災によって法会に用いる行香《ぎょうこう》の道具が焼失してしまっており、代わりに土器で行うのか、それとも行香そのものを省略してしまってよいかという驚くべき申し出だった。やはり法会に用いる鐘が焼失したという連絡は届いており、そのために朝廷の図書寮の鐘を代用することは手配済みであったが（実際は図書寮の鐘は最勝講に使用されるので、座主宮に申請して禅林寺殿の鐘を使うことになっていた）、なぜこのような「法会之要須」であるものを同じように前もって連絡しないのかと呆れながら、行香を省略したという先例など聞いたことがないので、ひとまず代わりの物で代用するようにと指示を与え、ひとまず初日は無事に始まった。二十八日には、たぶん前日に気づいたのであろう、早旦、中堂における問答の座の配置が先例と異なっていることを、法会の行事僧に使いを送って詰問した。行事僧は委しくは先例を知らないので綱所の方に聞いてほしいと逃げ腰状態。やがて中堂に参じた定房は再び行事僧に対し「文永元年之図」によって設営するように問答に及ぶも明確な回答が返ってこない。結局、聴衆・僧綱らも定房の言を支持、やっと設営を改めさせたのであった。六月一日、威儀を正すべき五巻日にもトラブルが生じたが切りがないのでこれくらいにしておこう。

持明院統への批判

当時の世相を反映しているのは、このような公事のトラブルへの批判が、若い時から仕えてきた大覚寺統に対抗するもう一方の皇統持明院統への批判としての意味を帯びている点であろう。多くの研究（たとえば小峯二〇〇七）で言及される「聖徳太子未来記」が本書にしばしば所載され、討幕を推し進める後醍醐天皇の動向について、しばしば定房の語ったこととして採り上げられているように（草創事・蒙塵事・前帝御事・百王事・伊周公流刑事・遼豕之嘲本説事など）、大覚寺統サイドから当時の政治情勢を物語る書物となっており、*やはり伝統的な儀式書、その流れとしての部類記の枠組みを逸脱しているのである。

＊ただし、「吉田一品事」として「東使道太秦聞内々事書」を引用して、定房が「前帝御陰謀間事」について度々諫めたが、天皇が一切聞き入れなかったので、「一向蟄居」に及んだことは諸人が知っており、関東もそのような定房を忠臣として処遇すべきと理解していたという話を載せている点は、大覚寺統の臣といっても、後醍醐の父後宇多の側近であった定房が、後二条の系統などの問題も含め、後醍醐とは微妙な関係にあったことを示唆させ、またその跡を継ぐ子の隆長らと彼らが奉公する北朝の新政権に対する弁明的な意味が織り込まれているのであろう。

「院四方拝御座敷様事」として引用される正安三年正月一日の日記を見てみよう。伏見上皇の富小路殿における四方拝に参仕した定房は、衣冠を着ていなければならないのに布衣《ほい》で奉行する庁官を見て疑問を感じ、さらに西庭に設営された「御座」を見てさらに「不審」に思った。「天地・属星・御陵」を拝するために敷く座のうち、「新院」の場合、御陵の座は敷かないというのが故実で、富小路殿のこの状況は「以外《もってのほか》の珍事《ちんじ》」だったのである。そこで例の庁官に確認してみたところ、「奉行人々」がすでに検知されているとの返答。定房は、これ以上は口出しすべきではないと「口を噤《つぐ》」んだ。その後、後宇多上皇のもとに参じた定房は富小路殿で見たあり様を院に報告すると、院も同意見、さらに亀山法皇にも申し上げると、「不吉不ㇾ可ㇾ説」との仰せ。三日に再び定房は、この件を「後鳥羽院御記」で確認した後宇多院より、やはり四方拝において「拝陵御座」は設けるべきではないと念を押されている。このような持明院統の御所における儀式運営の不備を定房が指摘する箇所が本書には「院六月祓事」などに散見するのである。

さらに元弘の変による後醍醐天皇の退位によって跡を継いだ光厳天皇の即位の儀そのものに不吉の兆があったという。「即位者以二焼香一知二吉凶一事」の元弘二年三月二十六日における定房の談によれば、宇多天皇の日記（寛平御記）による仁和三年（八八七）の即位の儀を先例として、そこで行われる焼香では煙が無風でまっすぐに立ち上るのが吉であるのに、今回の光厳天皇の即位式では大風によって吹き散らされて煙が見えないあり様であったといい、さらに「日形幡」までもが転倒したという。

儀式書の変容

本書には、「太子未来記」や「百王事」、それに「崇徳院怨霊」のことなどが記され、すでに述べたように、日記を部類する際の編者の関心は伝統的な儀式書を逸脱しているように見受けられる。

「以二宮子一立坊末代不レ可レ有事」は、醍醐天皇の皇太子であった保明親王が早世し、その子の慶頼王を皇太子にしたものの再び早世してしまったために、醍醐天皇が今後、皇太子早世後その御子を皇太子にすることを不吉の例として禁じる「勅定」を出したという、一見はるか昔の故事を定房が語っているようにみえる記事であるが、すでに指摘されているように（松本・村田一九四〇：一二二）、元弘元年十一月、光厳天皇の皇太子に大覚寺統の故邦良親王（後二条皇子）の子康仁王を立てたことに対する批判として理解することが可能なのである。儀式書の体裁を持ちながら、時の政治批判の書としての性格に傾いているといえようが、同時代に編纂された儀式書にはこのような傾向を持つものが多くなっているように思える。すでに別稿（松薗二〇一四）で指摘しておいたが、『左大史小槻季継記』と呼ばれる書は、十三世紀に活躍した官務小槻季継（一一九二～一二四四）やその弟の秀氏の日記の記事を引用して、その子孫が朝廷の儀式・政務にまつわる様々な作法や故実について記した書物である。黒田彰子氏によれば編纂時期の上限は、応長元年（一三一一）の西園寺公衡の出家以後であるから、『吉口伝』とほぼ同時代と見てよいであろう。全体は、「奏状申請是定事」に始まり、特定の儀式や政務に関するものではなく、また編年順でもない。アトランダムに関心の赴くままに話題が並べられていくが、やはり黒田氏によって指摘されているように、海住山長房や徳大寺長基など、「ある人物の特異な言動を描くことに主眼」があり、この書が故実書としての性格を逸脱していることは確かであろう。その逸脱の方向性は異なるものの、『吉口伝』と同様の特色を持っており、このような書は同時代に他にも見つけることが可能であろう。平安以来、朝廷の儀式・政務をイデオロギー的に支えてきた何かが崩壊しつつあることの現われではないだろうか。

（松薗　斉）

参考文献

小峯和明『中世日本の予言書——〈未来記〉を読む』（岩波新書、二〇〇七年）
黒田彰子「『官史記』覚書」（『俊成論のために』和泉書院、二〇〇三年。初出一九九七年）
橋本義彦「部類記について」（『平安貴族社会の研究』吉川弘文館、一九七六年）
松薗斉『日記の家』（吉川弘文館、一九九七年）
松薗斉「漢文日記と随筆——『徒然草』と「日記」の世界」（荒木浩編『中世文学と隣接諸科学10　中世の随筆——成立・展開と文体』竹林舎、二〇一四年）
松本周二・村田正志『吉田定房事蹟』（吉田定房事蹟顕彰会、一九四〇年）
森茂暁『鎌倉時代の朝幕関係』（思文閣出版、一九九一年）

第三章　装束抄——装束に関するマニュアル書

本章では、中院通方《なかのいんみちかた》（一一八九～一二三八）の『餝抄《かざりしょう》』、藤原定家《ふじわらのさだいえ》（一一六二～一二四一）の『次将装束抄《ししょうしょうぞくしょう》』、高倉永行《たかくらながゆき》（?～一四一六）の『法体装束抄《ほったいしょうぞくしょう》』という三本の装束抄を取り上げる。『餝抄』は束帯《そくたい》を中心とした公家男子装束についての装束抄で、牛車や馬具も含む。『次将装束抄』は公家男子のうち特に武官装束についての装束抄、『法体装束抄』は法体装束と童体装束《どうたいしょうぞく》についての装束抄である。この三本で女子以外の公家装束はほぼ網羅される。

なお、三本いずれも刊本は『群書類従』第八輯・装束部に所収。以下、本章では、『群書類従』所収の各刊本をいずれも群書本とする。なお、三本ともに原題は不明。群書本記載の書名が通称となっているが、本章でも通称に従う。

1　『餝抄』（中院通方）——風流の装束故実の集大成

『餝抄』とは

本書は全三巻。記主中院通方は村上天皇孫　源　師房《みなもとのもろふさ》（一〇〇八～七七・具平《ともひら》親王男）を祖とする村上源氏の一流。父は通親《みちちか》（一一四九～一二〇二）、母は藤原範子《はんし》。通方より中院を称した。

本書の原本はなく、写本が各所に所蔵されているが、そのうち内閣文庫所蔵の室町時代の古写本が影印として刊行されている。この内閣文庫所蔵の古写本を内閣文庫本とするが、内閣文庫本は中巻・下巻は欠損し、現存は上巻だけである。一方、刊本は既述のように群書本がある。本稿は内閣文庫本と群書本に基づいて記述する。

『餝抄』という書名は、内閣文庫本では目次に記載されているが、通方自身の奥書等やまた他の史料もないため、これが通方の命名の書名かどうかは不明。また成立の背景や目的なども不明である。そもそも記主が通方であることも写本の奥書からわかる（後述）。

内閣文庫本・群書本ともに各時代の五名の書写者の奥書が記載。うち四名の奥書が両本で共通し、五名目で相違する。つまり内閣文庫本と群書本の底本は四名の書写者によって写し継がれた共通写本から書写された、兄弟関係にある別本ということになる。

いずれにしろこの五名の奥書で内閣文庫本・群書本底本それぞれの書写過程が具体的に分かる。また、本書の書誌的研究は装束抄のなかでは比較的多い。そこで奥書とこれまでの研究成果に基づき、まずは本書の書写過程をまとめておく。

奥書にみる書写過程

最初は(1)元亨二年（一三二二）五月五日。吉田定房《よしださだふさ》（一二七四～一三三八）が六条有忠《ろくじょうありただ》（一二八一～一三三九）の蔵本（写本であろう）を書写。この定房奥書に本書の記主が通方とみえる。

次いで(2)延文二年（一三五七）八月六日、甘露寺藤長《かんろじふじなが》（一三一九～六一）が(1)定房写本を洞院公賢《とういんきんかた》（一二九一～一三六〇）の蔵本（これも写本か）で校合して書写。公賢の勘返《かんぺん》（届いた書状に受取人が直接書き込んだ返事）付き同年閏七月二十九日付の藤長の書状（公賢の『園太暦《えんたいりゃく》』同年閏七月二十八日条所引）によれば、その書状で藤長は公賢に所蔵本の借用を要請。公賢はすぐに貸与した。

次いで(3)文明十八年（一四八六）四月十日、通方子孫の中院通秀《なかのいんみちひで》（一四二八～九四）が甘露寺親長《ちかなが》（一四二四～一五〇〇）の蔵本を書写。通秀の『十輪院内府記《じゅうりんいんないふき》』によれば、同年三月六日に書写を開始。同年四月十六日に親長に返却した（各当日条）。この親長の蔵本は親長写本との考えもあったが、甘露寺家に伝来した(2)藤長写本らしい。

通秀奥書によれば、通方自筆の原本は通秀の代まで中院家に伝来。しかし、応仁の乱で仁和寺や比叡山等に預け、ついに紛失したという。詳細は記し難いとあるが、『十輪院内府記』文明十八年三月六日条によれば「或仁抑留」とある。さる人物に取られたらしい。

次いで(4)同年十一月九日、三条西実隆《さんじょうにしさねたか》が(3)通秀写本を書写。これは『実隆公記』当日条からも確認できる。実隆奥書によれば、通方にはほかに『臨時公事衣抄《りんじくじきぬしょう》』『雑衣抄《ざついしょう》』『羽林籠鶴抄《うりんろうかくしょう》』『本朝沿革礼《ほんちょうえんかくれい》』『仁王会抄《にのうえしょう》』等の書物があった。

以上の(1)〜(4)が内閣文庫本・群書本底本に共通する奥書である。これをまとめれば、まず写本として有忠蔵本と公賢蔵本の二本が存在。原本は応仁の乱で紛失。有忠蔵本から(1)定房写本―(2)藤長写本（親長蔵本）―(3)通秀写本―(4)実隆写本と順次写本が派生。このうち(3)通秀写本と(4)実隆写本から内閣文庫本と群書本底本が派生する。

群書本と内閣文庫本

群書本は上巻と下巻の両方に別の奥書があり、それをまとめれば、(5)天正十七年（一五八九）六月二十七日、羽林郎《うりんろう》源某《みなもとぼう》（六条有広《ありひろ》〈一五六四〜一六一六〉か）が、本書のうち「上半分程」（上巻部分）を「通方卿自筆」で、「已後」（中・下巻部分）を(4)実隆写本で書写。「通方卿自筆」とするのは源某の誤解で正しくは(3)通秀写本のようで、通秀写本は天正十七年以前に中・下巻部分が散逸。上巻部分のみ残存していたことがわかる。その背景は次の内閣文庫本奥書に記されている。

(6)天正十八年（一五九〇）四月九日、通方・通秀子孫の中院通勝《みちかつ》（一五五六〜一六一〇）が中・下巻部分を(4)実隆写本で書写。同時にその奥書同文を加えて(3)通秀写本（上巻部分のみ残存）を補修。この補修された(3)通秀写本が内閣文庫本である。

通勝奥書によれば、(3)通秀写本は四辻季遠《よつつじすえとお》（一五一三〜七五）に貸与。季遠は永禄八年（一五六五）の通《みち》為《ため》（一五一八〜六五）の死去により返却。しかし、秀遠は貸与中に「或人」に又貸し。そこで中・下巻部分が散逸。返却されたのは上巻部分だけであったという。

本書は近世以降も書写され続けるが、以後の写本は、上巻部分は通勝補修の(3)通秀写本、中・下巻部分は(4)実隆写本が親本となる。なお、(4)実隆写本は散逸したらしい。

本書の形態

内閣文庫本は現状は巻子本一巻。内閣文庫本は通勝補修の(3)通秀写本であるから、通秀写本も巻子本か。しかも通秀奥書に「此一巻」とあり、通秀写本は三巻分が一巻に一括記載されていた可能性がある。

　この点は、群書本では各巻ごとに分散記載の目次が、内閣文庫本では巻頭に一括記載である点からも類推でき、原本（通方自筆本）も巻子本一巻構成で、⑴定房写本や⑵藤長写本も同様であった可能性が高い。

　これに対し、群書本底本つまり⑸源某写本はその奥書に「此一冊」とある。また、上巻部分を「上半分程」、中・下巻部分を「已後」とし、上巻奥書の「此分迄」とある表現からも三巻分を一括記載した冊子本を思わせる。ただし、群書本の識語によれば「右餝抄三冊」とあり、群書本の実質的定本は、源某写本一冊を三冊に分割したものであったらしい。

　つまり確証はないが⑷実隆写本も、⑴定房写本からの流れで考えれば巻子本かと考えられ、定房写本系統での巻子本から冊子本への変更は、⑸源某写本で行われた可能性が高い。本来は巻頭に一括記載の目次も、源某写本で各巻冒頭の分割記載に変更されたのではなかろうか。変更の理由は上巻部分と中・下巻部分で親本が相違するからであろう。なお、⑹通勝写本の形態は不明。補修した⑶通秀写本に合わせたとすれば巻子本か。

　ただし、延文二年（一三五七）閏七月二十九日の藤長書状記載公賢勘返（前出）によれば「二冊」とあり、公賢蔵本は二冊構成の冊子本らしい。つまり⑴定房写本とは別系統の写本には三巻分が二冊に分割記載された冊子本もあったらしい。

本書の構成と先例

　本書は本文と首書《くびがき》から構成される。首書は内閣文庫本によれば、本文上欄（料紙上部余白）に記載（中扉写真参照）。上欄に書ききれずに本文行間におよぶ場合もある。一方、刊本である群書本では、首書は冒頭に「首書」の傍書を加えて一段落として本文に組み込む。

　本文構成の大枠は、各巻ともに大項目（頭に「一」が付く）・中項目（頭に「一」が付く場合も）・小項目からなる。中項目あるいは小項目ごとにその項目の概説があり、通常はそれに続いて各項目に関わる先例（事例）が提示される。先例がさらに項目で分類される場合もあり、これを細小項目とする。また「通方案」「今案」等として先例に対する通方の見解が記される場合もある。また、中・小項目の概説のなかで先例が提示されることもある。

先例はたとえば「或古老曰」「予年少之時故殿仰曰」等と口伝《くでん》の場合もあるが、概ねが年月日で提示され、各該当条の日記類からの引用と考えられる。ただし、根拠とする日記名が記されることは少ない。特に上巻ではその傾向が強い。また、年月日のない書名だけの場合もあり、年号＋書名の場合もある。

この先例はおおむねが十二世紀の先例であり、一部は十一世紀まで遡る。そのうち最も引用が多いのが『台記』等の藤原頼長《よりなが》（一一二〇～五六）関係の記録。頼長が村上源氏系の故実を学んでいたからという。次いで父通親の日記（「殿記」とある）や村上源氏の祖源師房《もろふさ》（一〇〇八～七七）の『土右記《どうき》』、さらに祖父雅定（一〇九四～一一六二）の武具（特に儀仗《ぎじょう》）関係の書物らしい「中院大理物具問答抄《なかのいんだいりもののぐもんどうしょう》」からの引用も多く、家流の尊重がわかる。

ただし、「或書」・「或人衣抄」・「或古老衣抄」などとみえるのは、そのすべてではないが、記載内容の重複から次節で取り上げる『次将装束抄《ししょうしょうぞくしょう》』であることが指摘されている。また通方晩年の嘉禎年間（一二三五～三八）の先例も一部に含まれる。この嘉禎年間の先例については次の首書との関係でふれる。

首書と本書の性格

一方、首書はごく一部に漢籍の引用もあるが、基本は先例の追加。細小項目や「通方案」等の見解が加わることもある。

このうち内閣文庫本と群書本で上巻の首書を比較すると、内閣文庫本の首書が、群書本では「首書」の傍書がなく、かつ一段落としとせずに本文となっている箇所が多い。確認はできないがこうした箇所は中・下巻部分にもあるであろう。それにしても、首書は上巻部分に多く、中・下巻部分には少ない。

首書での先例も本文と同じく日記名や書名を示すものは少なく、そのなかでやはり「或秘記」が目に付くが、おおむねは年月日のみでの引用である。そのうち注目されるのは通方晩年の嘉禎年間の先例が多いことである。年月日のみのために通方の体験談ともとれるが、記憶で書くことは難しく、存在は知られていないが通方の日記があったのかもしれない。

また、既述のように嘉禎年間の先例は一部は本文にもみえる。群書本の識語によれば、本文中に嘉禎元年（一二三五）十月～同二年四月まで右大臣であった西園寺実氏《さいおんじさねうじ》（一一九四～一二六九）を「当時右府」、また、嘉禎二年六月に大納言から内大臣に昇進した通方男の土御門定通《さだみち》（一一八八〜一二四七）を「土御門大納言」とする点から、本書を嘉禎元年十月〜同二年四月の成立とする。

しかし、それ以後の嘉禎三年やさらに嘉禎四年の先例の引用もある。この嘉禎四年の先例は、上巻中項目「下襲《したがさね》」小項目「下襲色之事」細小項目「葡萄染《えびぞめ》」にある。この先例に対して群書本では「此条首書歟」と傍書するが、内閣文庫本では本文。群書本識語に記す本書の成立説は成立しがたい。

一般に首書（頭書《とうしょ》等とも）は、記主とは別人が加え、記主本人が加える場合も本文の追加・補訂として本文脱稿後に加える場合が多い。本書の首書も別人の記入との説もあるが、近年の研究では通方晩年の嘉禎年間の先例が多く、かつ暦仁元年（嘉禎四年〈一二三八〉）十二月の通方没後の事例は皆無のため、通方本人が死去直前まで書き継いだもので、本書はいまだ執筆途中の未刊本かという。

換言すれば草稿本ともいえるが、通方本人の奥書がないのもそのためか。また、首書が上巻に多く、中・下巻に少ないのは、上巻から順次首書を加え、中・下巻に本格的に首書を加える前に通方が没したためかもしれない。本書が草稿本であれば、本文と首書を区別する必要はなくなってこよう。

本書の全体像

次に各巻の内容を概観する。全体像としては、上・中巻は男子の正装である束帯《そくたい》関係を中心にその他の公家男子装束関係、下巻は上・中巻とはやや趣を変え、礼服《らいふく》・小忌衣《おみごろも》・牛車・馬具関係となる。

このうち礼服や小忌衣は即位式《そくいしき》や大嘗会《だいじょうえ》等の特定の儀式でのみ着用する装束だが、記されているのは、礼服や小忌衣はもちろん、束帯や他の装束関係も日常使用のそれではなく、特別な場合にのみ使用する一日晴《いちにちばれ》の風流《ふりゅう》である。一日晴の風流はあくまで使用者本人の判断で、特定の行事の日に限って使用されるから規定や法則はないに等しい。そこでその参考として本文・首書で多くの先例を引用し、書名も『餝抄』となったのであろう。もっともこれは本書だけの特徴ではなく、総体的に装束抄では日常の装束が記されることは少ない。日常使用の装束ならば特に書物にまとめる必要はないからである。

上巻の概要（束帯関係）

まず上巻の内容を概観するが、各項目の関係は一部で目次と本文で相違する場合があり、また、小項目と細小項目の線引きは項目ごとでの判断となり、項目によっては判断が難しい場合もある。各項目の区別は筆者の判断によることを予め申し添えておく。なお、各項目の表記は群書本による。

上巻の大項目は「衣服」（以下、項目名に「　」は割愛）のみ。最初の中項目は袍《ほう》。小項目は麹塵《きくじん》・青色《あおいろ》・帛《はく》・浅《あさ》黄《ぎ》・赤色《あかいろ》・橡袍《つるばみほう》。袍は束帯の上着。着用者の身分（天皇・皇太子・皇族・臣下）や位階ごとに位色《いしき》という色の規定があるために位袍《いほう》という。小項目は天皇・皇族・上級貴族層の位色関係。項目名としては麹塵から赤色まで橡袍のように「袍」を付けるべきか。

そのうち麹塵・青色・帛が天皇関係。麹塵は本文によれば天皇常用の黄櫨染袍《こうろぜんほう》。黄櫨染は弘仁十一年（八二〇）に制定された天皇の位色。ただし、黄櫨染は麹塵ではない。麹塵は青色の異称。大きな誤解だが誤解をした理由は不明。

次いで青色。天皇略儀の位袍の色。ただし、青色は位色ではなく、臣下や、また蔵人も天皇から下賜されて使用した。次いで帛。天皇神事用の束帯である斎服《さいふく》や帛御衣《はくのおんぞ》の白平絹《へいけん》製の位袍。斎服・帛御衣は肌・下着も原則的に白平絹製で清浄さを示した。

次いで浅黄。元服前の無品《むほん》親王の位袍の色。その位袍を黄衣《おうい》といい、浅黄が無位の位色である黄色（薄黄色）か、または緑（黄緑）かで意見が分かれる。次いで赤色。これは上皇の位袍の色（位色ではない）。天皇・臣下が使用することもある。なお、皇太子の位色は黄丹《おうに》。衣服令以来現在でも使用されているが、本書には黄丹の記載はない。

次いで橡袍。黒の位袍。黒は皇族（親王・王）・臣下の位色。衣服令の規定では、親王と王・臣下の一位の位色は深紫、王二位以下・臣下二・三位は浅紫、臣下四位は深緋《ふかあけ》であったが、平安末期には皇族・臣下四位以上はすべて黒となった。

次いで中項目は束帯の下着類。まず下襲。「付 半臂《つけたりはんぴ》」とあり、半臂にもふれる。小項目は下襲寸法事・下襲色之事。前者は裾《きょ》とよぶ下襲の後身の寸法。裾は摂関期以来長寸化し、『餝抄』当時は特に長寸となった。後者は袷《あわせ》である冬の下襲の表裏で成立する襲色《かさねいろ》のこと。通常は表白・裏濃蘇芳《こきすおう》の躑躅《つづ》襲《がさね》だが、一日晴の束帯では下襲の襲色が最も風流を凝らす。本来は一重である夏でも襲色を示すために袷を着用することもあった。そこで細小項目として、途中に引耗《ひえぎ》・唐装束《からしょうぞく》・フクサノ装束事等を含みながら火色《ひいろ》〜葡萄染まで十九種の襲色が多くの先例とともに記載。そのうち青朽葉《あおくちば》の前半部分は『次将装束抄』「青朽葉下襲」の引用である（中扉写真参照）。

次いで中項目は表袴《うえのはかま》・打衣《うちぎぬ》・衵《あこめ》（付単衣《つけたりひとえのきぬ》）・大口《おおくち》・襪《しとうず》・扇《おうぎ》・帖紙《たとう》と続く。束帯の肌・下着（表袴・打衣・衵・大口）、履き物（襪）、持ち物（扇・帖紙）である。いずれも先例の引用は少なく、表袴・衵・大口・帖紙には先例の引用がない。これらは一日晴の風流がほとんどないからである。

上巻の概要（直衣・狩衣関係）

次いで中項目はその他の公家男子装束。いずれの装束も正装の束帯に対して略装である。最初は直衣《のうし》関係。直衣・衣《きぬ》（付単）・奴袴《さしぬき》・下袴《したばかま》と続く。直衣は主に皇族や上級貴族層の私服。雑《ざっ》袍勅許《ぼうちょっきょ》を得れば冠直衣での日常参内が可能となったため、直衣や奴袴の材質・色に風流が多い。

まず直衣。上着であり、位色の規定がないために雑袍ともいう。小項目は香《こう》直衣・無襴《むらん》直衣・浮文《うきもん》直衣事・宿《しゅく》老《ろう》之人着二平絹直衣一事・初夏老卿着二冬直衣一事・大理烏帽子直衣共官人事。前半（香直衣〜浮文直衣事）は特別な直衣、後半は直衣の特別な着用例である。

次いで衣は直衣の下着。束帯と同じく原則は衵。「付単」とあり肌着の単にもふれる。これも束帯と同様。

次いで奴袴。指貫とも。布袴《ほうこ》・衣冠《いかん》・直衣・狩衣《かりぎぬ》等で着用する八幅《やの》の括袴《くくりばかま》。奴袴の材質・色には風流が多く、夏冬指貫更衣《こうい》事から瑠璃色《るりいろ》指貫まで十八の小項目があり、多くの先例が引用。そのうち夏冬指貫更衣事引用の「或人衣抄」、薄色《うすいろ》指貫・紫苑色《しおんいろ》指貫各引用の「或人書」、瑠璃色指貫引用の「或書」は、いずれも『次将装束抄』「指貫事」からの分割引用。ただし、指貫腹白《はらじろ》事引用の「或書」は『次将装束抄』ではない。本書引用の「或書」は『次将装束抄』とそうでない場合がある。次いで下袴は指貫の肌袴。老後可レ着二白下袴一事・生《すずし》単下袴の小項目。

次いで中項目は布衣《ほうい》。狩衣である。狩衣は男子装束では袷表裏の襲色が最も豊富な装束。源雅亮《みなもとのまさすけ》（生没年不詳）の『満佐須計装束抄《まさすけしょうぞくしょう》』等に記され、また狩衣の襲色をまとめた『雁衣鈔《かりぎぬしょう》』（記主不詳）等の装束抄もある（ともに『群書類従』第八輯・装束部所収）。しかし、本書では小項目が布狩衣《ぬのかりぎぬ》～織狩衣《おりかりぎぬ》事まで七項目のなかで襲色については不記載。

ちなみに『雁衣鈔』「布狩衣」・「張裏鴈衣《はりうらのかりぎぬ》」・「白裏狩衣」は、それぞれ『餝抄』布衣の小項目である布狩衣・白裏狩衣事・張裏狩衣事・白裏狩衣からの全文引用。『雁衣鈔』「布狩衣」には「通方卿抄云」ともみえる。本書の流布が伺える。

次いで中項目は出衣《いだしぎぬ》。衣冠や直衣（特に直衣）での風流。下着の衣は通常は指貫に着籠める。しかし、出衣では前身を着籠めずに指貫の前に垂らし、その裾を雑袍の裾（襴《らん》）からのぞかせた。まさに風流の宝庫であるために先例の引用も多い。小項目はなし。

次いで中項目は衣冠と布袴。衣冠は本来は宿直や京外公務の公服。布袴は束帯の表袴・大口を指貫・下袴に替えた准正装である。ともに小項目はなし。以上が上巻部分の概要である。

中巻の概要（冠～老懸）

中巻の大項目は身具のみ。中項目は冠《かんむり》・烏帽《えぼう》・老懸《おいかけ》・劔《たち》・平緒《ひらお》・帯（付魚袋《ぎょたい》）・弓箭《きゅうせん》・笏《しゃく》・履《くつ》。烏帽を除いて束帯関係である。そのうち冠・老懸は被り物関係、劔・平緒・弓箭は武具関係、帯は装身具。笏は持ち物。履はいうまでもなく履き物である。

まず冠。束帯・布袴・衣冠で被る公的被り物で、直衣でも被ることがある。小項目は柏夾《かしわばさみ》事。武官の束帯の巻《けん》纓《えい》に対し、文官を含め、凶事や非常時（内裏焼亡《じょうもう》等）での纓の巻き方（詳細は次節）。その前半部分は『次将装束抄』「柏夾事」からの引用。ここにみえる「或説」は『次将装束抄』のことである。

次いで烏帽（烏帽子《えぼし》）。束帯・布袴・衣冠を除く男子装束全般（含武家）で被る私的被り物。小項目は平礼《へいれい》事。烏帽子の略儀の被り方である。ここで引用の「或書」は『次将装束抄』ではない。

次いで老懸（緌）。武官の束帯で冠の左右に組紐で掛ける馬毛製の開扇状付属具。小項目は日蔭《ひかげ》老懸事。日蔭は神事で冠の左右に垂らす餝糸《かざりいと》。老懸と日蔭の並用についてふれる。

中巻の概要（剱～石帯）

次いで中項目は剱。武官や帯剣勅授《たいけんちょくじゅ》の文官公卿が束帯で佩帯した。小項目は餝剱《かざりたち》・螺鈿《らでん》・蒔絵《まきえ》・野剱《のだち》・尻鞘《しりざや》事・樋螺鈿《ひらでん》・薄塵地《うすちりじ》・黒漆。餝剱・野剱・尻鞘事を除きいずれも鞘の塗漆装飾名。項目名としてはそれぞれの後に「剱」を付けるべきか。

この剱のうち野剱が兵仗《ひょうじょう》。ただし、同じく兵仗でも野剱は武官専用の衛府《えふ》太刀（毛抜型《けぬきがた》太刀）をいう場合と、衛府太刀以外の兵仗の太刀全般をいう場合がある。ここは前者か。

それ以外の剱はすべて儀仗。武官だけでなく帯剣勅授の文官公卿も佩帯し、広義では餝剱と総称。このうち正倉院宝物の金銀鈿荘唐大刀《きんぎんでんそうからたち》（北倉38）の様式を継承した最も正式なものを如法《じょぼう》餝剱といい、狭義ではこれを餝剱ともいう。以下、外装金物等の省略の度合等で螺鈿剱・細剱《ほそだち》に分かれ、細剱は主に鞘の装飾の相違で様々な種類がある。

小項目の餝剱は如法餝剱、螺鈿は螺鈿剱、蒔絵・樋螺鈿・薄塵地・黒漆はいずれも細剱に該当する。束帯でこれらのうちどの剱を佩帯するかは、行事による複雑な故実がある。そこで各剱ともに多くの先例が引用されている。

また尻鞘は野剱に加える毛皮製の鞘サック。細尻鞘事・諒闇剱尻鞘事の細小項目。前者は『次将装束抄』「着㆓衣冠・布衣㆒供奉之時」の一部引用。そこにみえる「或書」は『次将装束抄』である。

次いで中項目は平緒。束帯で剱を佩帯するための佩緒《はきお》。唐組《からくみ》・高麗組《こうらいぐみ》等の高級組紐製。紫端《むらさきたん》（紫緂）から香まで十一の小項目。そのうち紫端・紺地等にはさらに細小項目が複数。小項目はいずれも色の名称。平緒の色は佩帯する剱や剱の緒所（帯執《おびとり》・手貫緒《てぬきのお》）等との関係で複雑な故実があり、やはり多くの先例が引用されている。

次いで中項目は帯。「付魚袋」とあり、魚袋にもふれる。この帯は石帯《せきたい》。束帯・布袴で位袍の腰に締めるベルト。魚袋は石帯に垂らす魚型意匠の腰飾。帯の小項目は有文《うもん》・馬脳《めのう》・犀角《さいかく》・青瑠璃《あおるり》・牛角。石帯には銙《か》とよぶ餝座《かざりざ》を付設するが、小項目の馬脳～牛角は銙の材質。有文はその銙に彫文様があるものをいう。魚袋の小項目は大嘗会兼㆓国司㆒之人標山《しるしやま》引日不㆑付㆓魚袋㆒事以下の三項目。いずれも魚袋を付けない場合の先例である。

中巻の概要（弓箭～履）

次いで中項目は弓箭《きゅうせん》。小項目は弓・箭《や》。なお、群書本では目次に弓箭は不記載。弓・箭がそれぞれ中項目扱いとなる。弓箭は弓・矢と矢の容器からなり、特に歴史的には矢と容器は一体のものである。束帯で弓箭を佩帯するのは武官のみ。それは基本的に儀仗である。

弓は細小項目なし。箭の細小項目は箙《えびら》・篦《の》・筈《はず》・羽《はね》・表帯《うわおび》・樺《かば》・矢尻《やじり》・隙塞薄様《まふたぎうすよう》・後緒《うしろお》。このうち箙・表帯・隙塞薄様・後緒が容器関係、その他はいずれも矢の部分名称である。儀仗の矢の容器には平胡籙《ひらやなぐい》・壺胡籙《つぼやなぐい》と下級武官使用の靫《ゆき》があり、束帯で佩帯するのは平胡籙か壺胡籙。ともに矢を収納したうえでの名称で、前者は容器だけでは箙という。細小項目の箙は平胡籙のことである。

ただし、箙は本来は下級武官が使用して武家にも継承された容器の名称で、それが平胡籙にも波及した。なお、下級武官はこの本来の箙に狩猟用の狩矢《かりや》（主に尖矢《とがりや》）を主体に収納し、狩胡籙《かりやなぐい》とよんで佩帯した。公家の弓箭のなかでも兵仗性を残すものである。

表帯は平胡籙に収納した矢の前に結び垂らす装飾の緒。隙塞薄様は同じく矢並《やなみ》の乱れを隠す間塞に使用する和紙、後緒は平胡籙佩帯の緒である。束帯で佩帯する弓箭には容器を中心としてやはり複雑な故実があるが、本書では先例の引用は少ない。そのなかで、「中院大理物具問答抄」（「中院大理問答抄」とも）が多く引用される。

次いで中項目は笏・履と続く、笏に小項目はなく、履の小項目は靴沓《かのくつ》・浅沓《あさぐつ》・深沓《ふかぐつ》・半靴《ほうか》・毛沓《けぐつ》・鼻切沓《はなきりぐつ》・藁深《わらふか》沓《ぐつ》。いずれも履き物の種類。そのうち束帯では正式には靴沓（靴）、略儀では浅沓を使用。なお、毛沓では「或古老抄」が引用。これは『次将装束抄』「着二衣冠・布衣一供奉之時」の一部。以上が中巻部分の概要である。

下巻の概要（礼服〜舞人）

下巻の大項目は礼服・近衛次将甲《よろい》・小忌《おみ》・舞人・乗物具の五項目。ただし、乗物具の大項目は内閣文庫本・群書本ともに目次にはあるが、群書本本文にはない。群書本本文によれば、目次では乗物具の中項目となる車・鞍が大項目となる。本稿では目次に従っておく。

礼服は本来は即位式や元日朝賀《ちょうが》等の特別な儀式で天皇以下が着用した装束。正暦四年（九九三）を最後に朝賀が廃絶すると以後は即位式限定の装束として孝明《こうめい》天皇（一八三一〜六六）の即位まで続いた。その中項目は大袖《おおそで》小袖《こそで》・裳《も》・冠・綬《じゅ》・玉佩《ぎょくはい》・牙笏《げのしゃく》・烏皮履《くりかわのくつ》・襪。礼服の構成要素である。

なお、内閣文庫本・群書本ともに目次では中項目は冠・大袖小袖・裳の順。また、内閣文庫本の目次では大袖小袖の後に単・表袴・大口等如レ常が入る（群書本はなし）。

次いで大項目は近衛次将甲。即位式参加の近衛次将（中将・少将）が束帯の上に着用した儀仗の甲（挂甲《けいこう》）。礼服とともに即位式関係だが、ともに記述も簡単で引用も少ない。

次いで大項目は小忌。大嘗会等の厳重神事参加の小忌奉仕者が着用した着衣（上着）。白布に藍で摺文様《すりもんよう》を加えた青摺《あおずり》を特徴とし、束帯の位袍の上に着用する小忌衣《おみごろも》と、青摺の位袍である小忌袍《おみのほう》がある。

中項目は諸司小忌・大嘗会若《もしくは》豊明節会《とよのあかりのせちえ》小忌袍。前者で小忌衣のことを、後者で小忌袍着用の束帯について記す。続く雖レ非二衛府一至二于小忌一闕腋《けってき》・赤紐《あかひも》・日陰・心葉《こころば》・打衣《うちぎぬ》・袙（付単衣）・表袴の各項目はいずれも小忌袍を着用する束帯の構成要素。そこで中項目ではなく、大嘗会若豊明節会小忌袍の小項目と解した。

赤紐は小忌袍の右肩（舞人は左肩）に掛けた精進潔斎の標となる赤組紐。心葉は神事等で日陰と合わせて冠に挿した梅の造花。広く挿頭《かざし》の一種だが、厳密にいえば挿頭は季節の生花を使用する点で相違する。

次いで大項目は舞人。中項目は挿頭・小忌（付赤紐）・摺袴《すりばかま》（付下袴・津賀利糸《つがりいと》）・下襲（付半臂）・打衣（付袙・単衣）・糸鞋《しかい》。舞人は神事や祭礼で舞を奉仕する官人。摺袴という摺文様を加えた括袴を使用した束帯に準じた舞人装束を着用する。

中項目はその舞人装束の構成要素である。そのうち小忌は小忌袍。津賀利糸は、摺袴は左右両脇を縫合せずに組紐で編み上げとしたが、その編み上げの組紐のこと。糸鞋は糸で編んだ舞人用の履き物である。

下巻の概要
（乗物具）

次いで大項目は乗物具。中項目は車・鞍。

車の小項目は唐車《からぐるま》・糸毛《いとげ》・廂車《ひさしぐるま》・網代《あじろ》・金作車《こがねづくりのくるま》・毛車《けぐるま》・文車《もんのくるま》・餝車《かざりぐるま》・重服《じゅうふく》車・新車乗始故実。このうち糸毛・網代は項目名としては「車」を付けるべきか。新車乗始故実を除いていずれも牛車の種類である。

このうち唐車に八十島典侍《やそしまないしのすけ》・大嘗会御禊《ごけい》・若宮御行始《わかみやごきょうはじめ》、糸毛に紫糸毛車、廂車に檳榔廂《びろうひさし》、毛車に直衣始用二毛車一事、餝車に賀茂祭見物雲客《うんきゃく》車から賀茂祭日弁《ひのべん》已下車まで五つの各細小項目がある。車全体として多くの先例が引用されている。

次いで中項目は鞍。小項目は唐鞍《からくら》・和鞍《やまとぐら》・移《うつし》・鞭《むち》・鞦《しりがい》・笠事。唐鞍は行幸供奉の儲《もうけ》の餝馬《かざりうま》や、また賀茂・春日両祭使や大嘗会御禊供奉の諸卿等が騎乗する餝馬に装着する威儀の馬具。和様の移鞍《うつしぐら》や大和鞍《やまとぐら》とは趣を異する大陸風の馬具である。

本書では大項目から細小項目までのどの項目でも、まず項目名があって改行して解説や先例の引用となる。しかし、唐鞍では改行せずに小項目名にそのまま本文が続く。しかも本文は「橋《ほね》〈黒地螺鈿、入レ玉〉・表敷《うわじき》〈錦〉・大滑《おおなめ》〈有二金銅金物・鈴等一〉、借二請徳大寺唐鞍一写レ之」とあり、大滑の解説が続く。しかし、橋〈鞍橋《くらぼね》〉・表敷の図はなく、大滑の図だけである。

この大滑の図に続いて、鐙《あぶみ》・轡《くつわ》・鞦・杏葉《ぎょうよう》・面懸《おもがい》・手綱《たづな》・差綱《さしつな》（差縄《さしなわ》の間違い）・雲珠《うず》・頸総《くびぶさ》・八子《はね》・鞍覆《くらおおい》〈如レ常〉・銀面《ぎんめん》の各細小項目となる。いずれも唐鞍の装具であり、手綱・差綱・銀面を除いて各装具の絵図が記載。つまり鞍橋・表敷の細小項目名が設定され、各絵図が記載されるべきだがそうなっていない。また、八子の絵図に続き、鞍覆の細小項目名、鈴を付設しない八子の先例引用、銀面の細小項目名、「尾嚢《おぶくろ》長一尺二寸」と続き、その下に絵図がある。

この絵図は、鎌倉時代の遺品である奈良・手向山《たむけやま》八幡宮蔵の唐鞍によれば、銀面や尾嚢ではなく鞍覆のようだが明確さに欠ける。つまり群書本の唐鞍の記載には矛盾と混乱がみられる箇所がある。おそらく書写段階で生じた矛盾と混乱であろう。

次いで小項目は和鞍・移と続く。和鞍は大和鞍、移は移鞍。大和鞍・移鞍ともに公務に使用するが、前者は私馬に置く私の鞍で、様式的にまったく和様化し、後者は官馬に置く馬寮《めりょう》配備の官の鞍で、唐様から和様への過渡期の様式を残す。このうち和鞍に泥障伏輪《あおりふくりん》事から諒闇《りょうあん》鞍事まで七つの細小項目があり、多くの先例が引用。

次いで小項目は鞭・鞦・笠事と続く。鞭が小項目である点は首肯できるが、鞦の内容は「古鞦チイサク総短、近代鞦甚大総長」とあり、これは和鞍の鞦のことである。和鞍の細小項目としてもよい。

また、笠事には「頼平卿曰、嚢、当家記、無二裏緒頸革一、強非二大滑一、用二小草革一之由、前関白〈近衛〉所レ語也」と鷹司頼平《たかつかさよりひら》（一一八〇～一二三〇）の口伝が引用される。「嚢《ふくろ》」は尾嚢のことのようで、「大滑」がみえるため、鞍の小項目なのであろうが、内容は難解で、欠字や誤記などがありそうである。鞦とともにここにも書写段階で生じた混乱がありそうである。以上が下巻部分の概要である。

（近藤好和）

参考文献

『群書解題』三（続群書類従完成会、一九六〇年）
小倉慈司「解題（餝抄）」（『内閣文庫所蔵史籍叢刊古代中世編』五、汲古書院、二〇一三年）
近藤好和『装束の日本史』（平凡社新書、二〇〇七年）
鈴木敬三「餝抄」（『国史大辞典』三、一九八三年）
津田大輔「斎宮歴史博物館所蔵の装束書解説稿」（『水門言葉と歴史』二三、勉誠出版、二〇一一年）
中井真木「『餝抄』を中心とする装束故実書の基礎的研究」（『科学研究費助成事業研究　成果報告書〈課題番号二四八二〇〇五三〉』、二〇一四年）
部矢祥子「『群書類従』所収『餝抄』の奥書に関する考察」（『季刊ぐんしょ』（再刊）一七、一九九二年）

2 『次将装束抄』（藤原定家）——儀仗化した武官とその装束の故実集成

『次将装束抄《ししょうしょうぞくしょう》』の記主藤原定家《ふじわらのさだいえ》は俊成《としなり》（一一一四～一二〇四）一男。母は藤原親忠《ちかただ》女の美福門院加賀《びふくもんいんかが》。『新古今和歌集』『小倉百人一首』の選者として著名な歌人。また『明月記《めいげつき》』という日記を残したことでも知られている。

定家と『次将装束抄』

このように文人として名前の知られている定家が、近衛《このえ》次将《ししょう》（中将・少将）つまり武官の装束抄を残したことに違和感を感じる読者もいるかもしれない。しかし、定家は文治五年（一一八九）十一月に左近衛権《ごん》少将に任官して以降、建仁二年（一二〇二）閏十月に左近衛権中将に昇進。承元四年（一二一〇）正月に中将を辞任するまで、じつに二十一年の長きにわたって近衛次将の地位にあった。

平安期以降の朝廷の武官制度は左右近衛府・左右兵衛府《ひょうえふ》・左右衛門府《えもんふ》からなる六衛府制で運営された。このうち天皇に最も近侍する武官は左右近衛府。そのなかでも特に四位・五位の殿上人《てんじょうびと》クラスを中心とする近衛次将が行幸供奉《ぎょうこうぐぶ》をはじめ天皇警固《けいご》の重要な武官。殿上人筆頭の蔵人頭《くろうどのとう》も弁官兼務の頭弁《とうのべん》と中将兼務の頭中将《とうのちゅうじょう》の二人体制であった。

もっとも摂関期以降の武官に本来の武人としての面影はない。摂関期以降は天皇権威が頂点に達したことで王権が安定し、武力で天皇・朝廷を打倒するなどといった考えが、少なくとも天皇周辺ではなくなった。そのために武官が束帯《そくたい》等で佩帯する武具（弓箭《きゅうせん》・剱《たち》）は実戦使用できない儀仗《ぎじょう》で事足りるようになり、同時に武官自体も儀仗化。近衛次将任官は公卿《くぎょう》への昇進コースに組み込まれたただの過程に過ぎなくなった。

したがって、定家が長く近衛次将の地位にあったことは文人定家の側面とはなんら矛盾しない。定家に武人としての素養があったために長く近衛次将の地位にあったわけではなく、なかなか公卿に昇進できずに不遇をかこっていただけである。そんな定家も建暦元年（一二一一）九月には従三位に加階されてようやく公卿となった。

いずれにしろ長く近衛次将であった定家がその間に蓄積した知識と経験をもとに、次将装束に関わる故実をまとめたのが本書である。

写本の奥書

ところで、本書も原本は残らず、写本が各所に所蔵されている。そのうち筆者は内閣文庫所蔵本を管見した（以下、内閣文庫本）。一方、刊本は既述のように群書本がある。両本の奥書は三名の書写者による同様のもので、内閣文庫本と群書本の底本は同じ系統に属する写本ということになる。

最初の奥書は(1)文応元年（一二六〇）五月十五日。左権少将某が右少将守資《もりすけ》朝臣蔵本（写本であろう）を書写。書写者である左権少将某の氏名は不詳だが、親本所蔵者の守資朝臣は源守資か。『尊卑分脈《そんぴぶんみゃく》』によれば、神祇伯資宗《じんぎはくすけむね》王《おう》男に守資（淳資王《あつすけおう》・康成《やすなり》に改名）がみえ、その兄資基王《すけもとおう》は文永元年（一二六四）十二月没。時代的には該当しよう。

ちなみに、この系統は花山《かざん》天皇（九六八〜一〇〇八）の皇子清仁《きよひと》親王（?〜一〇三〇）を祖とする花山源氏。代々神祇伯を継承し、神祇伯在任中は王を称した。

次いで(2)正三位某が備忘に備えるために(1)の左権少将写本を書写。年紀は不記載。正三位某の氏名も不詳である。次いで(3)永正十年（一五一三）五月。右大臣鷹司《たかつかさ》兼輔《かねすけ》（一四八〇〜一五五二）が四条隆永《しじょうたかなが》（一四七八〜一五三八）蔵本（これも写本であろう）を書写。隆永蔵本とは(2)の正三位写本あるいはそれを親本とする写本であろう。とすれば、正三位某は四条家関係の人物の可能性も出てこよう。

つまり内閣文庫本と群書本の底本はともに兼輔写本の系統ということになる。これは奥書からだけではなく本文からも確認できる（後述）。ほかの写本の系統が存在するかは今後の課題だが、兼輔写本の系統が流布したことは類推できよう。

なお、内閣文庫本にはさらに慶安三年（一六五〇）五月の大外記中原朝臣某の識語がある。それによれば、内閣文庫本は中原家所蔵本で、右記の年月に補修を加えたという。

執筆目的と流布

(1)の奥書によれば、本書は定家が執筆して子息に授けたという。じつはこの記載から本書の記主が定家であることがわかる。また、この子息は為家《ためいえ》（一一九八〜一二七五）と考えられている。為家は定家一男。母は西園寺実宗《さいおんじさねむね》女。承元四年（一二一〇）七月に左近衛少将に任官したが、これは定家が自身の左近衛権中将辞任と引き替えに申請したものである（『公卿補任』建暦元年〈一二一一〉）。その後、建保四年（一二一六）十二月に左近衛中将に昇進。嘉禄元年（一二二五）十二月に蔵人頭兼務（頭中将）。翌二年四月の参議昇進まで頭中将であった。

つまり父定家よりも順調だが為家も十六年間近衛次将の地位にあった。のちに定家子孫の冷泉家は近衛次将を経て公卿（大・中納言・参議）に昇進する羽林家《うりんけ》という家格になるが、定家が中将辞任と引き替えに為家の少将任官を申請しているように、定家の家系は定家のころから公卿昇進のためには近衛次将に任官する必要があったのだろう。こうした背景から定家は為家が支障なく近衛次将の職務をはたせるように本書を執筆したと考えられる。

ところで、前節で既述したように、『餝抄』には本書からの引用が複数みられ、本書が定家存命中にすでに成立・流布していたことがわかる。また、(1)が書写された文応元年の段階で為家は存命中であり、本書の流布の早さが理解できる。

また、(1)の書写者と親本所蔵者はともに近衛次将。(2)は不明だが、(3)の親本の所蔵者である隆永は明応二年（一四九三）から永正七年（一五一〇）まで右近衛少将。書写者の兼輔も明応二年以前から明応十年（一五〇一）二月まで左近衛中将、文亀四年（一五〇四）十二月から永正十年十月まで左近衛大将。本書書写の段階で左近衛大将であった。つまり本書は近衛次将任官者の間で流布したこともわかる。

なお、本書の書名である『次将装束抄』は通称。内閣文庫本の外題は「次将要抄《ようしょう》」。ほかに「夜鶴《やかく》装束抄」「羽《う》林《りん》要抄」等の別名もある。いつから『次将装束抄』と称しているかは不明だが、複数の別名があるのは原本の段階では書名がなかったからであろう。また、内閣文庫本の形態は冊子本一冊。ほかの写本も同様のようだが、原本の形態も不明である。

内閣文庫本と群書本

内閣文庫本と群書本を比較すると、内容的には一部の語句の異同を除けば同様である。ただし、内閣文庫本には、料紙上部の余白に書かれた首書《くびがき》と、本文行間に細字で書かれた傍書というべき記載が本書の前半（特に冒頭付近）に複数みられる。

このうち首書は群書本では割愛されている。また、内閣文庫本の首書には「応永元十二二十八書㆓加之㆒」と記された首書もあるため、内閣文庫本の首書は後人の加筆の感が強い。なお、群書本の「后宮行啓啓将《きさいのみやぎょうけいけいしょう》」の前半部分（「行幸記〜為㆓還幸儀㆒者垂纓也」）は内閣文庫本の首書が本文に紛れ込んだものである。

一方、内閣文庫本の傍書部分は、群書本では一段落としや細字として本文中に様々に組み込まれている。最も混乱が激しい一例をあげれば、本書冒頭の「随身垂袴、旧老公卿将随身、或着㆓染袴㆒、垂袴、下官用㆓此説㆒也」の部分。「旧老公卿将随身、或着㆓染袴㆒」は「随身垂袴《すいこ》」の傍書。これに続く「垂袴」は衍字《えんじ》（重複で不要の文字）。「下官用㆓此説㆒也」は本文次行の「踏歌或同㆑之」の傍書である。

この内閣文庫本の傍書部分は確証はないが内容的に定家自身の加筆と考えられ、右記の「下官」も定家自身のことであろう。とはいえ、首書も傍書部分も数が多いわけではなく、前節の『餝抄』のように原本が草稿本であったといえるほどではない。

成立時期

次に本書の成立時期を考えよう。まず『餝抄』に引用されているのだから、『餝抄』成立当時にはすでに成立・流布していたことは間違いない。つまり通方が没したのが暦仁元年（一二三八）十二月だから、それ以前となる。また、執筆動機が為家のためならば、さらに遡り、承元四年（一二一〇）七月の為家の左近衛少将任官前後がひとつの目安となろう。

ところで、のちに詳述するように、本書の内容は前半の恒例・臨時行事関係と後半の「非常警固事」に大別できるが、後者の記述は僅かで、大半が前者である。群書本前半には「非常警固事」に相当する項目名はないが、内閣文庫本では本書冒頭に「次将装束」（「事」欠か）とあり、これが前半の項目名に該当するかと考えられる。本書の通称はこれが由来であろうが、以下、本書前半の恒例・臨時行事関係を一括して「次将装束」とする。

さて、本書の成立時期を考える手掛かりは「次将装束」のうち「指貫事」にみえる。

夏指貫、狩衣、薄平絬用程人、着二薄物指貫一、假令栄華之輩不レ着二綾羅一之程、猶用二薄物一也、如二下官一無二前途一之輩、過二壮年一薄物依二異様一不レ着レ之、

これは「如二下官一」の部分を除き、「前途」を「先途」に替えて『餝抄』上巻（薄色指貫）に引用されているが、ここで問題としているのは、夏の指貫の生地として薄物《うすもの》（紗《しゃ》等の透ける生地）を使用するかどうかである。

まず狩衣に「薄平絬《うすひらくくり》用《もちふる》程人《ほどのひと》」とは若年をいう。狩衣には袖括《そでくくり》（袖絬）があり、五位以上では若年は扁平で幅のある薄平、壮年は厚みがあり細い厚細《あつぼそ》という組紐製の袖括を使用したからである。つまり若年は夏に薄物指貫を着用したのである。

次いで「栄華之輩」とは摂関家等の名門出身者をいう。「綾羅《りょうら》」は有文《うもん》（織文様のある）の高級絹地。有文の絹地は禁色《きんじき》。公卿と一部の殿上人や蔵人だけに禁色勅許《ちょっきょ》された。したがって「不レ着二綾羅一之程」とは禁色勅許以前をいう。名門出身の若年にとっては夏の薄物指貫の着用も禁色勅許されるまでということになる。

これに対し、「下官」（定家自身）のような「無二前途一之輩」（出世が望めない者）は壮年でも薄物指貫を着用することになる。しかし、壮年での薄物指貫の着用は「異様」なのでは着用しないという。これを『餝抄』では「如二下官一」の語句を除き、一般論として引用するのである。

既述のように定家は二十一年もの間、近衛次将のまま留め置かれ、左近衛権中将辞任後の建暦元年（一二一一）九月に従三位に加階されてようやく公卿となった。時に五十歳。「如二下官一無二前途一之輩」という自嘲的一節からは、本書が定家不遇時代の産物であることを思わせる。為家の左近衛少将任官から定家の公卿昇進まで一年二カ月の期間があるから、既述した為家の任官前後という本書成立時期の目安のうちである。

ただし、内閣文庫本では上記の引用部分冒頭に「首書云」の傍書がある。これによれば、この部分は本来は首書であった。したがって、定家の記載ではない可能性も残る。しかし、『餝抄』に引用されているのだから、首書だとしても定家の記載と考えて間違いなかろう。

本書引用の先例

ところで、『餝抄』が本文・首書で多くの先例を引用しているのに対し、本書での先例の引用は僅かである。定家の知識と経験に基づく故実を記しているだけであり、引用される先例もごく一部（長暦元年〈一〇三七〉正月七日や「後朱雀院《ごすざくいん》御時」等）を除いて定家存命中のものばかりである。

なお、先例の引用に書名や日記名は不記載。一部に年月日が記載されるがおおむねは年号のみ。上記のように後朱雀院御時や口伝《くでん》（古人云等）もある。また、先例引用は「次将装束」よりも「非常警固事」に多い。

こうした『餝抄』との先例引用の相違からは次のようなことがいえよう。『餝抄』が多くの先例を引用し、故実の取捨選択を読み手に委ねている感があるのに対し、定家の知識と経験に基づく故実を記しているだけの本書に故実の選択肢はない。その故実に従うか否かだけである。

一般論として故実は子孫へと相伝され、子孫は相伝された故実を尊重する。それが家流だが、本書には子孫に対して定家の故実（家流）を相伝しようとする意図が読み取れる。本書はやはり為家のために執筆されたのであろう。こうした相伝の故実は秘伝とされることが多いが、本書が早く流布したのは、定家が故実を秘伝とする気がなかったからであろう。

先例からみる成立時期

このように先例引用が僅かな本書だが、そうしたなかにも本書成立時期の手掛かりはある。まず「次将装束」で、后宮で近衛次将が諸役に従う際の帯剣《たいけん》把笏《はしゃく》の問題を記載したなかに、「近日称二内府説一也〈公継《きんつぐ》公也〉」とみえる。公継公とは西園寺公継（一一七五～一二二七）。承元三年（一二〇九）四月から建暦元年（一二一一）十月まで内大臣。この一節前後の記載は公継の内大臣任官期間に記されたことになる。為家の左近衛少将任官は承元四年（一二一〇）七月であるから、為家任官前後が本書の成立時期の目安となる点はかわらない。

ところが「非常警固事」のなかの「山大衆参陣時」に建保六年（一二一八）の先例が引用されている。定家はすでに正三位参議。為家も左近衛中将。定家不遇の時代で為家任官前後という目安には合わなくなる。

これは建保六年の先例だけが後に追加されたと単純に考えることもできようが、これまで取り上げてきた本書成立時期の手掛かりとなる記載はどちらも「次将装束」にみえる。それに対し、建保六年の先例は「非常警固事」にみえる。そこで、本書の「次将装束」の部分は為家任官前後に執筆され、「非常警固事」は建保六年以後に追加されたと考えることもできよう。記述が僅かで傍書がないのもそのためかもしれない。

両者の時期が開きすぎている感は否めないが、為家は嘉禄二年（一二二六）四月までは左近衛中将であるから、定家が本書を子息に授けたという(1)左権少将奥書に記された趣旨には齟齬しない。

そこで、なお検討は必要だが、本書の「次将装束」の成立時期は承元四年（一二一〇）七月の為家左近衛少将任官前後を目安とし、「非常警固事」は建保六年（一二一八）以後に追加されたと一応は理解しておく。

次将装束の特徴

次いで本書の内容に移るが、その前に内容理解の基礎となる次将装束つまりは武官装束について概観しておく。武官装束といってもほかの公家男子装束と基本的にはなんら違いはない。ただし、束帯では冠と位袍《いほう》に武官特有のものがあり、ほかは武官が武具（剱・弓箭）を佩帯するために、その点での故実が複雑になるだけである。こうした武官装束の特徴は、武官が摂関期以降は儀仗化したとはいえ、本来は緊急時に軍事行動をとらなければならない存在であることに起因する。

冠における武官の特徴は巻纓《けんえい》と老懸《おいかけ》（緌）である。巻纓は冠の背後に垂れる纓とよぶ垂れ紐を内側に巻き込んで留めること。軍事行動の際に纓が邪魔にならないようにするための処置である。なお、纓を垂らしたままを垂纓《すいえい》といい、天皇以下文官《もんかん》は垂纓である。

老懸は前節で既述したように、冠の左右に組紐で掛ける馬毛製の開扇状付属具。その意味は不明だが、冠の固定に紙捻《こびねり》の顎紐が定着するのは近世からであり、冠は律令制下の朝服《ちょうふく》（束帯の前身）の被り物である頭巾《ときん》（幞頭《ぼくとう》等とも）が和様化したものである。

頭巾は纓と上緒《あげお》という緒紐をそれぞれ後頭部と頭上に結んで固定したが、冠ではともに形式化した。纓・上緒ともに形式化した冠では、本来は巾子《こじ》（髻を収納する突起部分）の根元に左右から簪《かんざし》（細棒）を挿して固定した。頭巾時代に老懸があったかどうかは不明だが、老懸の開扇状部分はただの装飾にすぎず、重要なのは組紐で、顎紐として軍事行動の際に被り物が脱げ落ちるのを防ぐことが目的ではなかったか。

位袍での武官の特徴は闕腋無襴《けってきむらん》の構造である。位袍の構造には左右両脇を縫合して裾に襴とよぶ横裂《よこぎれ》を加えた縫《ほう》腋有襴《えきうらん》と、左右両脇を縫合せずに裾に襴を加えない闕腋無襴があり、後者は位襖《いおう》ともいう。これは束帯の前身である朝服からのことである。以下、縫腋有襴袍は位袍、闕腋無襴袍は位襖と区別する。

対丈《ついたけ》で袴の上に着用する位袍は、縫腋無襴では足さばきが悪く動きにくい。そこで動きやすくするために有襴や闕腋とした。武官は衣服令以来位襖。ただし、弘仁五年（八一四）には五位以上の武官は位袍・位襖どちらでもよいことになり（『日本紀略』同年四月丙申〈十九日〉条）、さらに『延喜式』弾正台《だんじょうだい》では、五位以上の武官は弓箭を佩帯する警固の時のみ位襖を着用し、参議以上（公卿）は例外（位袍を着用）という規定となった。

しかし、ここで注意が必要なのは、武官が日常的に巻纓・老懸をして位襖を着用しているわけではない点である。『延喜式』弾正台の規定に顕著なように、参加する行事・職掌や身分によって位袍・位襖のどちらを着用するかは区別があり、それは巻纓・老懸にあっても同様で、次将等の上級武官の場合はその故実が複雑であった。

次将の武具

武官の特徴を最も示すのが武具（剱・弓箭）の佩帯である。前節で既述したように束帯で佩帯する剱には餝剱《かざりたち》（儀仗）と野剱《のだち》（兵仗）があり、餝剱には如法《じょほう》餝剱・螺鈿剱《らでんたち》・細剱《ほそだち》等の種類があった。帯剣勅授《たいけんちょくじゅ》の文官公卿は餝剱だけだが、武官は餝剱・野剱のどちらも佩帯した。剱の佩緒《はきお》は餝剱は平緒《ひらお》。野剱は平緒と韋緒《かわお》の両方を使用した。

次いで弓箭。束帯で佩帯する弓箭についてはやはり前節で既述したが、近衛次将佩帯の矢の容器は平胡籙《ひらやなぐい》と壺胡籙。

平胡籙は扁平な容器に開扇状に矢を収納した。古代の容器に葛胡禄《かずらころく》（葛胡籙）があり、正倉院に三十三点現存するが、そのうち四点（中倉5—30〜33）は扁平なものでその儀仗化と考えられる。

壺胡籙は壺ともいい、構造は靫《ゆき》と同様である。靫はやはり古代の容器で摂関期以降も儀仗として存続した。構造は筒状。上の口から矢を入れ、正面中央に開いた窓（手形《てがた》とよぶ）から矢を取り出した。その靫の手形に外から表《うわ》差《ざし》の矢一隻を加えたのが壺胡籙で、表差を加えない靫と区別した。

武官といってもこうした武具を日常的に佩帯するわけではない。また、佩帯しても剱と弓箭の両方ではなく、剱だけの場合も多い（弓箭だけの場合はない）。その剱も餝剱と野剱のどちらにするか、餝剱ならば如法餝剱以下のどの様式か、野剱の佩緒は平緒か韋緒か、弓箭では平胡籙と壺胡籙のどちらを佩帯するか、こうした問題は摂関期以降の公家達の間でも様々に議論されており、いずれも複雑な故実があった。

このように巻纓・老懸・位襖・武具いずれもがその故実が複雑であるために、本書のような書物が必要であり、かつ流布したのである。

本書の内容
（「次将装束」）

次いで本書の内容を概観しよう。既述のように本書の内容は「次将装束」が大半で、これに「非常警固事」が加わる。前者からみていく。ここに記されている行事は節会《せちえ》・行幸等の大行事も含まれているが宮中行事すべてではなく限られた行事。近衛次将として装束故実が難しいと定家が判断した行事なのであろう。

その装束は一部に衣冠《いかん》や直衣《のうし》を含むもののおおむねは束帯である。ただし、行事によっては装束記載が不十分で不明な部分も多い。そうしたなかでも注目されるのは、巻纓・老懸・位襖・剱・弓箭という武官の要素がすべて揃っている物具《もののぐ》の束帯姿はごく限られた行事にしかみられないことである。物具であることが明確に記されているのは「白馬節会日《あおうませちえ》」と「行幸《ぎょうこう》」のみ。ほかはそれぞれ「偏如二行幸儀一」「一如二行幸一」と記された「放生会《ほうじょうえ》」と「后宮行啓啓将」が物具と推測できる程度にすぎない。

「白馬節会日」は、正月七日の白馬節会で叙位《じょい》される近衛次将の装束。白馬節会叙位は、正月五日か六日の叙位《じょい》儀《ぎ》（五位以上の位階を与えられる叙位者を天皇御前で選ぶ行事）で選ばれた叙位者にそれを証明する位記《いき》を授ける行事。本書によれば、白馬節会で諸役に従うだけの近衛次将は垂纓・位襖・細剱だが、叙位される場合は、巻纓・老懸・位襖（これは推測）・野剱・弓箭（平胡籙）の物具となった。叙位はいわば昇進辞令交付式に相当するから、正装である物具であるのも首肯できる。

次いで「行幸」は行幸警固。行幸は簡略にいえば天皇の内裏からの外出。天皇直近で輦輿《れんよ》（鳳輦《おうれん》や葱花輦《そうかれん》）周囲を警固する次将にとっては最重要任務。物具は当然である。これは「偏如二行幸儀一」と記されている「放生会」でも同様である。放生会とは石清水八幡宮寺《いわしみずはちまんぐうじ》で旧暦八月十五・十六両日に行われた石清水放生会。石清水放生会は延久二年（一〇七〇）には公祭（国家の祭）に認定され、そこでの神幸《しんこう》（神輿渡御）は行幸に準じられた。朝廷からは上卿以下の近衛次将を含む官人が派遣されて神幸に供奉した。そこで次将装束も行幸同様に物具となった。

また、「后宮行啓啓将」は后宮（皇后・中宮）行啓警固の近衛次将。行啓は后宮や皇太子の内裏等の居所からの外出のこと。后宮行啓の際もやはりその周囲を近衛次将が警固した。したがって、「一如二行幸一」と記されるのも当然で、啓将が物具であるのも首肯できる。

そして興味深いのは、白馬節会叙位・行幸ともに物具姿で参内するのではないという点である。前者では巻纓・野剱で参内。老懸・弓箭は持参（随身等に持たせる）。身に付けるのは叙位直前。そして、叙位が終わって退出後の拝賀（加階の挨拶廻り）では垂纓とし、老懸・弓箭は徹した。位襖についての記載はないが、叙位のない近衛次将は位襖。叙位される場合も着替えに関する記載はないから、参内以後は位襖のままであろう。

一方、行幸では巻纓・老懸・位襖・野剱で参内。弓箭は持参。参内後に佩帯した。放生会や后宮行啓の啓将は記載はないが推して知るべしであろう。これに限らず、たとえば「立坊立后任大臣節会《りつぼうりつごうにんだいじんせちえ》」でも巻纓・老懸・弓箭は参内後に着装し、近衛次将といえども常に着装しているわけではない。

なお、「警固」。これは四月の賀茂祭前々日（未日）の夜から天皇身辺を警固し続ける賀茂祭警固という行事。近衛次将は殿上して天皇を警固するが、その間は巻纓・老懸に剱・弓箭（壺胡籙）を佩帯し続ける。したがって物具姿のようでもあるが位袍か位襖かは不記載。「例束帯〈垂纓・細剱・把笏《はしゃく》〉」とあり、また別に「追儺《ついな》」のところに「縫腋〈巻纓〉、如二警固時一」とあることから、位襖ではなく位袍と判断し、本稿では物具姿とは扱わなかった。

いずれにしろ本書から、近衛次将は限定された時にしか物具にならないことがわかろう。

本書の内容（「非常警固事」）　次いで「非常警固事」。王権が安定し、少なくとも天皇周辺での武力による脅威がなくなった摂関期以降、天皇に対する脅威の最たるものは内裏焼亡《だいりじょうもう》と山門（比叡山）を中心とする寺社勢力の強訴《ごうそ》である。本書でも「内裏焼亡」と「山大衆参陣時」の二項目が立項され、この二件こそ当時の天皇・朝廷にとっての「非常」（非常時）であることがわかる。

既述のように本書の大半は「次将装束」で、「非常警固事」の記述は僅かだが先例の引用は多い。それはやはり非常時の混乱のなかで故実が一定していないからであろう。

そうしたなかで、非常時の次将装束の特徴をまとめると、衣冠や直衣に柏夾《かしわばさみ》・野剱・狩胡籙《かりやなぐい》を基本とし、布衣《ほうい》（狩衣《かりぎぬ》）でも許される。冠直衣での参内が勅許される雑袍宣旨《ざっぽうせんじ》を得た皇族や公卿を除き、通常の参内は束帯でなければならない。しかし、本文に「抑如レ此之時、束帯・細太刀之類努々《ゆめゆめ》不レ可レ有之由、古賢誡レ之」とあるように、非常時の参内はむしろ束帯は不可。束帯は窮屈な動きにくい装束だからであろう。

柏夾は「柏夾事」として本書に詳しい記載があり、当時でも誤解の多い巻纓と柏夾の相違を明確に記している。それは『餝抄』中巻（柏夾事）にも引用されているように、柏夾の実態を知るための根本史料となる。それによれば、巻纓は纓を内側に巻いて黒塗の夾木《はさみぎ》（纓夾《えばさみ》という）で留め、柏夾は纓を外側に折って檜扇《ひおうぎ》などを割いた白木の夾木で留めるという。巻纓と同じく柏夾も行動の際に纓が邪魔にならないようにするための処置だが、事前に用意する巻纓に対して、柏夾はとっさの処置である。

野剱は「シトキツバ、アヲヒツバノ太刀モ（「モ」は内閣文庫本による）不レ可レ憚」とある。この粢鐔・葵鐔の太刀とは一般の兵仗の太刀のことで、野剱といっても衛府太刀に限らない。また、狩胡簶は、箙《えびら》（平胡簶ではなく本来の箙）に狩猟用の野矢《のや》（特に尖矢《とがりや》）を主体に収納したもの。もっぱら下級武官が使用し、公家側の弓箭としては兵仗性を残したものである。つまり非常時に佩帯する武具は剱・箭ともに儀仗よりも兵仗である。「滋藤弓《しげとうのゆみ》、無二其難一」ともあり、滋籐弓（重籐弓）は兵仗の弓であるから弓も兵仗を所持した。このように、非常時には武具は儀仗ではなく兵仗を佩帯した。まさに非常警固の臨戦態勢となった。

（近藤好和）

参考文献

『群書解題』三（続群書類従完成会、一九六〇年）
近藤好和「『次将装束抄』と源頼朝像」（『明月記研究』二、一九九七年）
近藤好和『装束の日本史』（平凡社新書、二〇〇七年）
鈴木敬三「次将装束抄」（『国史大辞典』六、一九八五年）

3　『法体装束抄』（高倉永行）――室町初期の法体装束に関する生きた史料

次に『法体《ほったい》装束抄《しょうぞくしょう》』に移る。本書もやはり原本は残らず、写本が各所に所蔵されている。そのうち筆者は内閣文庫所蔵本（旧浅草文庫本）を管見した（以下、旧浅草文庫本）。刊本は群書本のほかに『大日本仏教全書』第五十巻威儀部二（（財）鈴木学術財団、一九七一年）所収本（以下、全書本）がある。なお、旧浅草文庫本は、奥書によれば、寛政九年（一七九七）に藤原貞幹《ふじわらさだもと》（一七三二〜九七）が書写したものである。

書名の問題

さて、『法体装束抄』の書名は、群書本に「是元《これもと》無名書、今私題レ之」の註記があるように、本来のものではなく、『群書類従』編者の命名らしい。しかし、旧浅草文庫本の貞幹奥書にも「法体装束抄一巻」とみえるから、『群書類従』収録以前にすでに『法体装束抄』の書名が付けられていた可能性が高い。

一方、本書冒頭には各本ともに「法体装束事〈付《つけたり》〉童体《どうたい》装束事」の文言があり、これが本来の書名に相当するものであったらしい。事実、全書本では『法体装束抄』の書名を使用せずに、この冒頭の文言を書名とする。

しかもこの冒頭の文言から分かるように、本書の内容は法体装束が大半を占めるものの、童体装束についても記す。したがって、『法体装束抄』という書名は厳密にいえば正確な書名とはいえない。しかし、本稿では『法体装束抄』の書名を使用することとする。

ちなみに本書の本文表記は、旧浅草文庫本・群書本は漢字平仮名交じりだが、全書本は漢字片仮名交じりである。ただし、内容的には旧浅草文庫本と群書本は語句の異同すらほとんどなく、全書本も表記以外は同様といえる。

なお、旧浅草文庫本の形態は冊子本一冊である。ただし、群書本ともども「裏書」の傍書がいくつかみえ、裏書は巻子本でしかありえないから本来は巻子本であったらしい。

高倉永行と高倉家

本書の記主である高倉永行《たかくらながゆき》は永季《ながすえ》（一三三八〜九一）男。母は大膳大夫《だいぜんだいぶ》藤原光綱《ふじわらのみつつな》女（藤原朝尹《ともただ》女とも）。高倉家は藤原氏北家《ほっけ》長良《ながら》流。永季から高倉を家名とした。この家系は鎌倉末期の永康《ながやす》

（？〜一三〇二）・永経《ながつね》（？〜一二九七）兄弟の頃から衣紋《えもん》奉仕の家となり、永経四代孫である永季は特に後光厳《ごこうごん》・後《ご》円融《えんゆう》・後小松《ごこまつ》の三代の天皇の衣紋を奉仕し、永行の代にはさらに幕府の信任を得て執奏《しっそう》（将軍に諸事を取り次ぐ役）となった。

ところで、衣紋（衣紋道）とは、平安末期頃から流行した強装束《こわしょうぞく》という装束の新しい様式に対応して発達した、礼服《らいふく》や朝服《ちょうふく》（束帯《そくたい》）を中心とする公家装束の着装技術をいう。この衣紋道は本来は徳大寺《とくだいじ》・大炊御門《おおいみかど》の両家が相伝したが、室町期に入ると両家の衣紋は衰退。高倉家と山科《やましな》家が衣紋だけでなく、装束調進《ちょうしん》（製作）も担当し、衣紋道の二大流派として近世さらには近代以降も続いた。

本書はそうした衣紋の家としての高倉家の面目躍如の書物である。ちなみに永行の書物としてはほかに『装束《しょうぞく》雑事抄《ざつじしょう》』もある。刊本は『群書類従』第八輯・装束部にはそのごく一部が収録されているにすぎないが、公家男子装束に関わる重要な装束抄である。

本書の奥書

本書には永行自身による奥書が記され、それにより本書の記主が永行であることと、また本書の執筆目的と成立時期が明らかとなる。群書本で示す。

此法体の衣の着様・寸法已下之事、先々法皇の御ころもは当家の輩よそゐ奉る也、一向に分明に抄物などなし、今室町殿御衣は愚身めさするなり、仍公私方々沙汰を経られて淵底をきわむるの間、子孫の蒙昧の不審を散ぜんが為に自筆にこれをしるし、裏判を加之者也、短慮之身定有㆓違失㆒歟、努々不㆑可㆑有㆓外見㆒云々、可㆑秘々々、この一流の中にても無㆓左右㆒一見をゆるすべからざる者也、

応永三年三月十八日、

正四位下行左兵衛権佐藤原朝臣永行〈在判〉、

これによれば、本書は応永三年（一三九六）の成立。代々の法皇の法体装束は高倉家が奉仕してきたが、それに

ついての記録などはなかった。今、室町殿（足利義満《あしかがよしみつ》）の法体装束を私（永行）が着装することになった。そこで色々と調査して奥義を究めたので、子孫のために自筆で記し、裏判を加えた。きっと間違いがあろう。けっして他人に見せてはならない。秘伝とし、高倉家のなかでもむやみに見ることを許してならない。といった意味である。

つまり応永二年（一三九五）六月二十日の足利義満の出家および同年九月十六日の東大寺での受戒《じゅかい》における法体装束を永行が奉仕し、その準備過程で得た情報を子孫のために書き記したのが本書という。本書は室町初期の法体装束に関するまさに生きた史料である。

奥書の最後に本書を秘伝とすべき旨が記されているが、本書に室町期の古写本がないのはそのためであり、前節の『次将《ししょう》装束抄《しょうぞくしょう》』のように流布しなかったのである。

一方、本書に童体装束が含まれていることについての言及はない。ただし、本文中の記載から永行は、応永元年十二月十七日の足利義持《よしもち》の元服装束や、応永二年九月の義満受戒時に関わった童の装束も奉仕したようで、やはりその準備過程で得た情報を記したらしい。

なお、本書には応永三年四月・五月、応永九年（一四〇二）九月といった奥書よりも後の例が引用されている。これらは内閣文庫本・群書本ともに「裏書」の傍書があり、本文脱稿後に追加されたものである。

法体装束と童体装束

ところで、法体装束とは法体つまり出家・剃髪者《ていはつしゃ》の装束である。ひとくちに法体といっても、法皇《ほうおう》・法親王《ほっしんのう》・入道《にゅうどう》親王・門跡《もんぜき》・僧綱《そうごう》・凡僧《ぼんそう》・入道などの様々な身分・立場があり、俗体（俗人）とは異なる着衣がある。これを本稿では法衣《ほうい》と総称するが、法衣のうち法体の公服《こうふく》（天皇・朝廷に関わる際に着用が義務づけられた着衣）や正装が法体装束。参内や天皇・朝廷関連の仏教行事、その他様々な公的な場で、その身分・立場や状況に応じた装束が着用された。

こうした法体装束はいわば法体の公家装束で、公家男子装束と同じく摂関期以降の平安貴族社会で成立した。その点では公家男子装束の延長で考えられ、それは法体装束の下着や袴などの構成要素が公家男子装束と共通している点が明示する。また、身分・立場によって使用できる色や材質に規定があり、特に上位者は有文《うもん》の絹地（織文様《おりもんよう》のある絹地）を使用でき、下位者はできないといった点も、公家男子装束と共通する。

一方、童体装束とは元服以前の童（童体）の装束。これこそ成人（公家男子）装束と基本的な相違はない。本書には不記載だが、天皇などは童（幼帝）でも束帯を着用した。ただし、成人装束との大きな相違点は、童は元服以前のために髻《もとどり》がなく、そのために冠や烏帽子《えぼし》などの被り物を被らない点である。その意味では法体装束と共通する。

本書には、法体装束として鈍色《どんじき》・椎鈍《しいにぶ》・裘袋《きゅうたい》・付衣《つけごろも》・法服《ほうふく》・衣袴《ころもばかま》・直綴《じきとつ》の七種類（記載順）と、さらに法体装束には不可欠の袈裟《けさ》および法体装束特有の袴である指狩《さしかり》が個別に記載されている。これが当時の法体装束の総体と考えられる。

一方、童体装束としては直衣《のうし》・狩衣《かりぎぬ》・狩襖《かりおう》・半裾《はんじり》・水干《すいかん》・浄衣《じょうえ》の六種類（記載順）と、さらに水干の着用方法のひとつである「たりくび」（垂領）と髻のない童の「かみのゆひよう」（髪の結い様）が記載されている。

具体的な内容は、各装束の構成要素と色・材質・着用身分・寸法・縫製法・着装法などが記され、奥書冒頭に「此法体の衣の着様・寸法已下之事」とあるように、縫製法や着装法が記されている点に、本書が実際の衣紋・調進のための実用書であることがわかる。衣紋の家高倉の面目躍如たる所以である。

鈍色の構成

次に本書の内容をみていこう。巻頭の「法体装束事〈付〉童体装束事」に続き目次があり、各装束の解説に移るが、目次の文言と各装束ごとの項目の表現が必ずしも一致しない。鈍色も目次は「一、鈍色着様事〈文数等有レ之〉」だが、項目は「鈍色を可レ令レ着次第〈正道法師《しょうどうほうし》又入道同レ之〉」である。なお、「正道法師」は寺院に属して僧侶として仏道修行に励む法体、「入道」は出家・剃髪後も在俗生活を続ける法体である。いずれにしろ本書最初の装束は鈍色である。

本来法体の正装は法服であり、鈍色はそれに次ぐ略装である。それが本書では鈍色が最初に記され、しかもその構成要素と各情報や着装法が詳しく記されている。これは当時鈍色が法体の正装として一般化され、法服が特別な法会等の限定された機会にしか着用されなくなったからであろう。室町時代には、男子の正装である束帯が節会《せちえ》などの特別な行事限定となり、日常の参内は本来は宿直《とのい》装束であった衣冠《いかん》が一般化する現象と軌を一にする。

また、本書によれば、鈍色の構成要素は大口《おおくち》・大帷《おおかたびら》・単《ひとえ》・衵《あこめ》・表袴《うえのはかま》・裳《も》・鈍色・帯・韈《しとうず》・檜扇《ひおうぎ》・鼻広《びこう》・念珠《ねんじゅ》。さらに鈍色とは別に立項されている五条袈裟《ごじょうげさ》が加わる。大口・表袴に代えて白下袴《したばかま》・指貫《さしぬき》を使用することもあるという。

しかし、鈍色の袴は本来は下袴・指貫。束帯と同じ大口・表袴を使用するのは法服である。また、本来は韈・鼻広を使用するのは法服。鈍色では素足に草履《ぞうり》の類である。鈍色に本来は法服の構成要素であった大口・表袴・韈・鼻広等の使用がみえるのは、やはり鈍色が法体の正装として一般化した当時の実状の反映なのであろう。

いずれにしろ以上の構成要素のうち法体装束特有のものは、裳・鈍色・鼻広・念珠・袈裟。ほかに被り物がない点もあるが、ほかの要素は束帯を中心とする公家男子装束と共通する。そこで法体装束特有の要素だけを解説しよう。

裳

裙とも。スカートのように腰に巻き付けて下半身を覆った寄襞《よせひだ》（プリーツ）を入れた着具。本書によれば、構造は十二幅《の》・一重《ひとえ》・対丈《ついたけ》。その裾は表袴の裾より三寸（約九センチ）ほど上げて着装。下位者はさらに上げ、もし長ければ腰を折り込んで着装した。色は香《こう》か白。材質は薄物《うすもの》・平絹《へいけん》（練《ねり》・生《すずし》・練貫《ねりぬき》）と様々だが、いずれにしろ無文《むもん》。ただし「貴人」は香緯白《こうぬきじろ》（織色《おりいろ》有文の絹地）も使用できた。なお、「貴人」とは本書では法皇・皇族・摂関家・清華《せいが》家・室町将軍家等の名門出身の法体をいう。

鈍色

鈍色は本来上記のような構成要素からなる法体装束の様式名称。上着の名称ではない。鈍色の上着は、正しくは袍《ほう》（表衣《うえのきぬ》とも）という。構造は身二幅《みふたの》・広袖一幅半《ひろそでひとのはん》・垂領《すいりょう》・縫腋《ほうえき》・腰丈。垂領は襟幅を広くして背後は僧綱襟《そうごうえり》といって三角形状に高く起立させた。鈍色のほかに法服・裘袋・付衣いずれも垂領で僧綱襟を立てた（後述）。僧綱襟仕立の垂領は法体装束の上着の大きな特徴である。

なお、法体装束の肌・下着である大帷・単・衵の基本的構造は俗体のそれと同様だが、その垂領はやはり襟幅が広く、僧綱襟を立てる場合は上着だけでなく肌・下着の襟も重ねて立てた。

袍の色・材質は裳と同地（同材質・同色・同文様）が原則。ちなみに白袍・裳に白袈裟を懸けた鈍色を浄衣《じょうえ》ともいった。

なお、本書では五条袈裟に続いて椎鈍が立項。これは袍・裳の材質を薄墨色《うすずみいろ》の織物とした鈍色である。

鼻広

鼻広は鼻高の音通。文字通り鼻（爪先部分）が高く盛り上がった布帛製の浅沓《あさぐつ》（短靴）。鼻広は法体の正式の履き物で、必ず靴擦れ防止の靴下である韈（襪）とともに使用。なお、本書には不記載だが、法服以外の法体装束の履き物は、藁沓《わらぐつ》（草鞋《わらじ》）や草履類（裏無《うらなし》・緒太《おぶと》など）もある。藁沓や草履類は鼻緒《はなお》があるので素足である。

念珠

数珠《じゅず》とも。念珠には、珠《たま》が球形の丸《まる》念珠と算盤珠《そろばんだま》のように菱形の伊良太加《いらたか》念珠がある。鈍色や法服では丸念珠。その他の法体装束では伊良太加念珠を持った。

珠の材質は無患子《むくろじ》（ムクロジ科の落葉高木）の種・珊瑚・水晶等。数は煩悩と同じ百八個が正式。その半分の五十四個やさらに半分の二十七個のものもあった。

袈裟

南アジアの民族衣装（サリー）を起源とする法体の着衣（装身具）。田相《でんそう》とよぶ方形生地を縦に縫合した甲《こう》を横に縫合して四周に縁を付けた構造。一般的には左肩から右腋に着用。色・材質は壊色《えじき》・糞掃《ふんぞう》という濁った色のボロ裂の使用が本来。中国・日本へと伝来するに従って高級絹地を使用するようになった。横に縫合した甲の条数で五条袈裟〜二十五条袈裟まで奇数条で十一種あり、正倉院には十一条以上も伝世するが、摂関期以降の日本では五条・七条・九条の三種が通常である。

本書には五条袈裟・平《ひら》袈裟・衲《のう》袈裟・甲《こう》袈裟がみえる。そのうち平袈裟・甲袈裟は七条。衲袈裟は本書には「九条歟」とあるが七条もあったらしい。衲袈裟が袷《あわせ》のほかはすべて一重。順に概観しよう。

五条袈裟

法服以外の法体装束（鈍色・裘袋・付衣・衣袴）をはじめ法衣全般で使用。色は香・紫・白・薄墨。香は法皇と皇族・摂家・室町殿の法体や僧綱と勅許を得た大納言入道等の限定された身分が使用。そのうち法皇と皇族・摂家・室町殿の法体は有文絹地（浮織物《うきおりもの》・綾《あや》）、僧綱と大納言入道は無文絹地（精好《せいごう》）を使用。その他、紫は貴人僧正以下の正道法師が使用。材質は有文絹地（浮織物・綾）のみ。白は身分不問。材質は薄物や精好。貴人は有文薄物も使用したか。薄墨も身分不問。材質は有文薄物・浮織物・綾・生平絹等を身分に応じて使用した。

平袈裟・甲袈裟　平袈裟はすべての部分を同一生地で仕立てた七条袈裟。甲袈裟は田相を別生地とした七条袈裟である。どちらも身分不問で法服で使用。平袈裟は鈍色でも使用した。平袈裟の色は香・白・薄墨。材質は香は浮織物・綾、白は浮織物・綾・生平絹、薄墨は布。それぞれを身分に応じて使用した。甲袈裟は甲の色で香甲・紫甲・青甲・櫨《はぜ》甲がある。それらの材質や身分との対応は本書には不記載。

衲袈裟　様々な生地を寄せ集めて仕立てた七条または九条の袈裟。「衲」は縫う・繕うの意。様々な生地を寄せ集めて袈裟本来の壊色・糞掃状態を表現した。法服で使用。

裘　袋　次いで裘袋。裘袋は裘代の音通。上着の名称。本書目次では「裘帯」とも表記。着用身分は、本書では「上さまばかりめさるゝ」とある。この「上さま」とは法皇や法親王と考えられ、さらに大納言入道以上と僧正は勅許を得て着用した。つまり裘袋はごく一部の限定された身分のみが着用。その点では公家男子装束の直衣に相当する。

構成要素のうち鈍色に比較して裘袋独自のものは、上着が裘袋である点、下袴・指貫を着用する一方で指狩も着用する点、裳を着用しない点など。ほかは鈍色と大差ない。そこで裘袋と指狩をみる。

裘袋の構造は身二幅・広袖一幅半・垂領（僧綱襟）・闕腋《けってき》・裾長・有襴《うらん》（入襴《にゅらん》）。闕腋・裾長・有襴（入襴）である点が鈍色の袍とは相違する。闕腋と襴については前節でふれたが、闕腋であれば通常は襴は不要である。しかし、裘袋が闕腋ながら有襴なのは襴が裳の代用であったためと考えられる。つまり対丈の上着の裾に裳を縫い付けたのが裘袋といえる。だから裾長になった。

次いで材質は袷。表地は縅綾《しじらあや》・熨斗目綾《のしめあや》や平絹。色は不記載（別の書物によれば香・紫）。裏地は平絹と考えられ、色は白。ただし、若年は色付《いろつき》。綾の文様は、法皇・皇族は菊八葉《きくはちよう》文様。それ以外は出自の家々で文様不定。また、裘袋は夏は不使用。使用の場合も冬の料を使用した。

指狩

次いで指狩。本書によれば、浄衣の袴である襖袴《おうこ》と同構造。つまり六幅《むの》・裾長・腰二本・袷。色・材質は表地が白・薄墨の綾や平絹。裏地は平絹と考えられ、色は表地の色に従うとある。

なお、裘袋では指貫を使用する場合と指狩を使用する場合で肌・下着の在り方が相違した。指貫使用の場合は下袴を使用。大帷・袙等の下着は下袴の上に着用して指貫に着籠める通常の着用方法。これに対し、指狩は下袴等の肌袴《はだばかま》を不使用。大帷を裾長の長《なが》大帷に替え、長大帷を含む肌・下着は指狩に着籠めずに指狩の上に着用した。

この指狩は青蓮院門跡《しょうれんいんもんぜき》を除いてほかの門跡は不使用。また義満は裘袋や付衣で好んで指狩を使用。その材質は縅綾《しじらあや》や熨斗目《のしめ》綾《あや》。文様は八藤丸《やつふじのまる》文様という。

付衣

次いで付衣。裳付衣《もつけごろも》の略称。構造は裘袋同様。色・材質は香薄物・白薄物・薄墨・長絹《ちょうけん》・布。長絹・布を除いて有文。文様は法皇・皇族は菊、摂家は牡丹、室町殿は桐。無文もあった。使用者は上位者ばかりだが、長絹や布は下位者の使用か。

構成は大口・長大帷・袙・付衣・帯・五条袈裟が基本。上袴《うわばかま》は不着用。もっとも大口を省略して指狩を使用する場合や、下袴・指貫を使用する場合もあり、その際の着用法はそれぞれ裘代同様という。

法服

次いで法服。既述のように法体の正装。公家男子装束の束帯に相当し、法体の参内は本来は法服でなければならなかった。鈍色との相違点は、本来は法服は大口・表袴・韈《おうひ》・鼻広を使用するのに対し、鈍色は下袴・指貫・素足・草履等である点、法服は五条袈裟を使用しない点、さらに横被の使用である。袍・裳以下その他の構成要素は法服と鈍色に相違はないが、袍・裳では色・材質が相違する。そこで、袍・裳の色・材質と横被を概観する。

袍・裳の色と材質

本書によれば、法服の袍・裳の色は赤色・香・黒・薄墨があり、材質は赤色・香・黒が絹製、薄墨が布製。このうち赤色袍・裳は法皇・皇族・貴人が晴儀で使用。冬は表地が浮織物や綾で文様は小葵《こあおい》。袍は袷、裳は一重。夏は有文薄物。文様は冬と同じ。なお、貴人晴儀使用の打裳《うちも》もあった。

一方、香袍・裳は出自に関わりなく僧正以上が使用。冬は袷。表地綾・裏地平絹。文様は様々（法皇は菊八曜）。

夏は一重。有文薄物。文様は様々。黒袍・裳は身分不問で使用。つまり最も一般的な袍・裳の色は黒。材質は香袍・裳同様。薄墨布袍・裳は受戒を受ける人や如法経会導師《にょほうきょうえどうし》が使用した。

横被

甲一条に縁を付けた細長い長方形の着具。法服にのみに使用。左肩から右脇下に着用する袈裟に対し、付属の小緒を帯の左腰に結び付け、背後から右肩に懸けて装着。背後は袈裟の中に入れ、正面は袈裟の上に垂らした。色・材質は袈裟に準じた。

衣袴

衣袴は目次に「入道衣袴事」、項目に「入道着用衣袴事」とあり、本書では鈍色に次いで詳しい記載があり、当時は入道の法体装束として普及したことがわかる。

この衣袴は上着である衣と袴からなる。色は薄墨。材質は生絹と布。前者は貴人用、後者は身分不問。衣と袴は同地で仕立て、これを上下《かみしも》という。

構造は衣が身二幅・広袖一幅半・垂領・闕腋・有襴・対丈。僧綱襟は立てない。僧綱襟を立てない点と対丈である点が裘袋や付衣と相違。袴は浄衣と同じく襖袴である。

構成は下袴・大帷・袴・衣・帯・五条袈裟。袙は昔は着用する人もあったが今は着用しないという。

直綴

法体装束の最後は直綴。これは中国の禅僧の着衣。鎌倉時代に舶来。法体だけでなく俗体の着衣としても普及した。構造は、褊衫《へんさん》とよぶ身二幅・広袖一幅半・垂領・縫腋・腰丈の上着に裳を縫い付けた。褊衫に直接裳を縫い（綴じ）付けたので直綴という。

直綴に対する本書の記載は短いが、それによれば、直綴も衣袴同様に入道の法体装束。構成要素は大口以外は不記載。色・材質は薄墨の平絹（練絹・生絹）または布。前者は公卿以上、後者は殿上人以下の入道が使用した。ただし、夏は公卿の入道も本人次第で薄物や布を使用した。

童体装束

次に童体装束に移る。既述のように本書には童体装束として直衣・狩衣・狩襖・半裾・水干・浄衣の六種類と水干の着用方法のひとつである「たりくび」（垂領）と髻のない童の「かみのゆひよう」（髪の結い様）が記載。このうち特に童体特有といえるのは半裾と髪の結方。半裾は通常は半尻と表記し、童用に後身の短い狩衣のことである。

その他の公家男子装束との相違点は、直衣・狩衣での腹白括《はらじろくくり》と、狩衣・狩襖・水干の袖括《そでくくり》。腹白括は童体や若年の風流。指貫の括緒《くくりお》を白と紫の二本とし（通常は白一本）、その括り余りを撚って引きずらせた。また、狩衣等の袖括は十五歳までは毛抜型《けぬきがた》の置括《おきくくり》、十六歳以降は伏組《ふせぐみ》とした。ともに実際に括ることのできない飾り括である。

なお、狩襖は通常は狩衣の別称。本書によれば、上着は同様で、指貫使用が狩衣、浄衣の袴（この場合は襖袴同型の狩袴《かりばかま》か）使用が狩襖らしい。本書独自の区別のようである。

以上が『飾抄《かざりしょう》』、『次将装束抄』、『法体装束抄』の三書の概要である。多くの先例を引用し、故実の取捨選択を読み手に委ねている感がある『飾抄』。家流相伝の意識が強く読み取れる『次将装束抄』。実際の装束奉仕の過程で得た情報を子孫のために書き記した『法体装束抄』。同じく装束抄だが執筆意図は三者三様。こうした執筆意図の相違を認識したうえで利用すべきであろう。

（近藤好和）

参考文献

近藤好和「『法体装束抄』にみる法体装束」（『立命館文学』六二四、二〇一二年）

第Ⅱ部　中世日記の諸相——記主の広がり

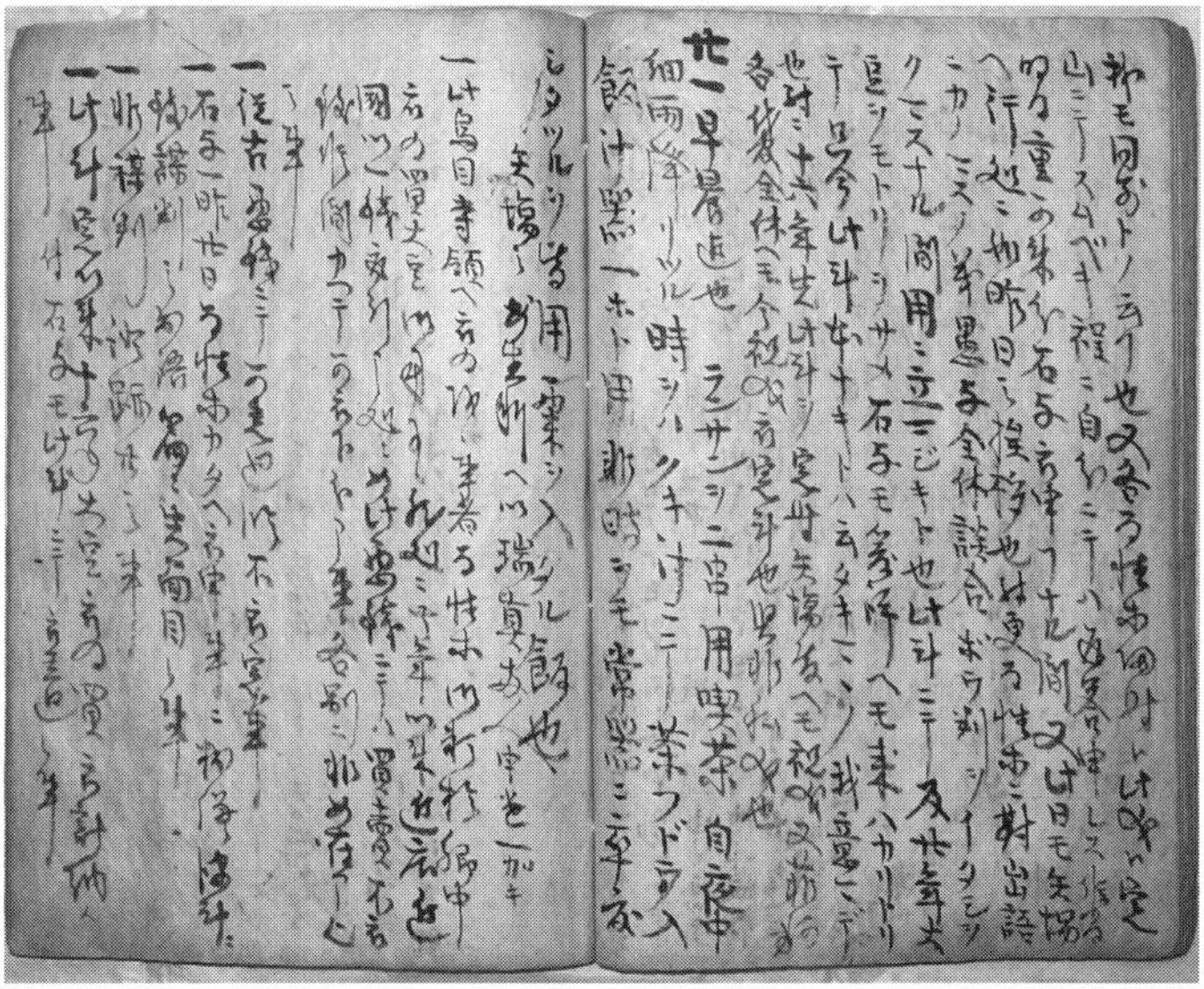

『長楽寺永禄日記』 2月21日条前半（長楽寺蔵／群馬県立歴史博物館寄託）

解説

『日記で読む日本中世史』をお持ちになっている方は、同書の第Ⅰ部（中世前期の日記）がすべて天皇や朝廷に仕える貴族の日記、特に公卿とよばれる最上層の貴族たちの日記によって占められていることにお気づきになられるであろう。これは偶然ではない。

中世以前の社会において日記を残した人々として、天皇・貴族、僧侶や神官に武士といった人々が挙げられるが、それらの社会階層のスタートは古代にあっても、それぞれが同時期に日記を残し始めたわけではないのである。今日現存する、また当時存在していた日記などを含めても、平安中期以降、鎌倉時代くらいまでは、日常的に日記を記していた主体は、天皇や貴族が中心であったといっても過言ではないだろう。この時期の、特にまとまった分量で今日まで残されている日記のほとんどは彼らが記したものである。

そして同書の第Ⅱ部や巻末の中世主要日記一覧を見ていただければわかるように、中世後期になると僧侶の日記がまとまって残されるようになる。また、武家の日記としては、第Ⅲ部の最後に、豊臣氏に仕えた駒井重勝の日記が紹介されているが、これも中世以前の日記の階層的な残り具合を反映しているといってよい。武家（武士）の始まりは遠く平安時代前期（九世紀）にまで遡るはずであるが、彼らが広く自身の日記を残すようになるのは、中世後期にまで下ってしまうのである。

中世という時代は、より広い階層で、かつ多くの人々によって日記が記され始めた時代であった。貴族（公家）の社会では、貴族たちが熱心に日記を記していたこともあるが、日記そのものが家財として価値を持ち、それを「家」という単位で保有し相伝することが重視されたために、比較的に多く残されたと考えられ、僧侶たちの場合（特に顕密寺院）もそれに準じよう。しかし、それ以外の人々も今日残された断片的な痕跡から、当時多くの日記を記していたことが推測されるのである。本書では、前著『日記で読む日本中世史』では描き切れなかった中世の日記の広がりや奥深さを感じ取っていただければ幸いである。

武家の日記

まず、中世に入って支配階層に成長してきた武士についてみてみよう。

たとえば、紀元前一世紀、ローマのカエサルが残した『ガリア戦記』などは、彼が軍陣の最中に記した日記のようなものに基づいて著述されたと考えられるが、日本の場合、戦国時代に至るまでは、本書で紹介されている南九州の戦国大名島津氏に仕えた上井《うわい》覚兼《かくけん》の頃までそのような類の日記はほとんど残されていない(合戦注文などの記録は存在したが)。ただ、だからといって室町時代以前の武士が軍旅において日記もしくはそれに類する記録を残していなかったというわけではないであろう。

南北朝時代に、九州北部を制圧していた南朝勢力を駆逐するために室町幕府より派遣された今川了俊《いまがわりょうしゅん》という武将は、京都を発し九州を目前とする長門国までの旅を『道ゆきぶり』という紀行に記している。一見、戦とは無関係な歌枕名勝を訪ねる前代の王朝文化としてなされた紀行文の系譜を引くものとして見えるが、川添昭二氏が指摘するように「叙述様式の古典的範型からくる静かさの中に、埋火のように点綴され、漸次必勝の確信に結晶されていった過程を示す」作品であり、「武将としての現実生活と文学的表現との分離の上に成り立っているものではない」ものと評価されている(川添一九六四)。この紀行のように、この時代の武将としては最高の文化人であった今川了俊クラスになると、軍旅においては何らかの記録を付けていたことは確かなようである。ただ、この『道ゆきぶり』のように文学作品化され、かつ了俊のように当時から歌人として名を成していた人物のものでないと残らないのであろう。

平安末期、貴族化した武家平氏にも貴族と同様に日記を記していた可能性のある人物がいる。西走した宗《むね》盛《もり》らと袂を分かった頼盛《よりもり》の子光盛《みつもり》は、「その身武士の家に生まるるも、文道の志あり、好みて我朝の古事を知り、基親卿に語りて師弟の好みを成し、家の文書を伝え取る」と記されており(『明月記』寛喜元年六月二十九日条)、摂関家の藤原(九条)道家なども彼から「日記の家」であった公卿平氏の記録や「基親入道雑例抄三巻」などを借りている(『玉蘂《ぎょくずい》』承久二年四月二十日条、同五月三日条)。ただ、この場合は武士たちが自然発生的に日記を記そうとしたのではなく、貴族化し朝廷の公事に関心を持ったがための結果である。

一方、鎌倉幕府のことを記した歴史書『吾妻鏡《あずまかがみ》』にも「合戦記録」(元暦元年二月十五日条、正治二年正月二十三日条など)が見えているが、それらは義経ら武将自身ではなく、その右筆たちが記したものと考えられる(文治元年四月十一日条)。また頼朝に仕えていた大江広元《おおえひろもと》や三善康信《みよしやすのぶ》らが記録を付けていたことが知られ(建久二年五月十二日条、建仁二年二月二十九日条など)、また康信の文庫にはその父祖と思われる「散位倫兼日記」という日記が保管されていた(承元二年正月十六日条)。彼らの子孫は幕府奉行人として文筆をもって仕えた家を形成し、『吾妻鏡』そのものもそのような奉行人クラスの「家」の記録が材料としてかなり使われていると考えられている(五味一九九〇)。彼らは地頭などに補任され、合戦に動員されることもあったので武士といってよいのであるが、日常的な職務から見れば、朝廷の下級官人と同質であり、『建治三年記』など彼らが残した記録を武士の日記と言い切ってしまうには難しいところがあり、ひとまず幕府の日記としておこう。このような幕府の奉行人たちの日記は、その子孫たちが鎌倉幕府滅亡後も室町幕府に引き続き仕えたために、室町期になってもその奉行人として仕えた斎藤氏や蜷川《にながわ》氏、摂津氏の日記が前代よりも数量ともに多く残されている。本書では、それらを精力的に調査・分析されてきた設楽薫氏によって、後の江戸幕府や藩などで役職に就いた者が交替で記していく公日記的な記録の先蹤ともいえる申次たちの記録の問題が解説されている。豊臣秀次の右筆であった駒井重勝の日記『駒井日記』の前提として読んでいただくと、これまで明らかにされてこなかった武家の日記の流れが見えてくることになろう。

一方、戦国期から織豊期にかけて、大内氏に仕えた相良《さがら》正任《ただとう》の日記（『正任記』）や徳川家康の家臣松平家忠の『家忠日記』、佐竹氏の家臣梅津《うめづ》政景《まさかげ》の日記など大名に仕える上級武士たちの日記が現われてくることは、『日記で読む日本中世史』の戦国期の日記の解説において触れておいたが、本書ではその中の代表的なものといえる南九州島津義久に仕えた武将上井覚兼の日記（『上井覚兼日記』）を紹介する。まさに戦陣の中で日記の筆をとった武士らしい日記であるとともに、彼が和歌や連歌、茶道などに通じた文化人として活動していたことが具体的に知られる。覚兼のようを武士たちこそ中央の文化人たちと結びついて戦国期から織豊期にかけての地方文化の担い手であったことが日記を通じてよく分かるのである。

寺社の日記

僧侶についても、遠く飛鳥時代に始まる日本における彼らの長い足取りの中で、まとまった形で日常の生活の日記を残すようになるのは意外に遅れるようである。

僧侶が暦に日記をつけていたことは、十一世紀あたりから確認されるが、まとまって残され始めるのは十二世紀後半からであり、仁和寺御室の門跡であった守《しゅ》覚法親王《かくほっしんのう》の日記あたりが早い時期のそれである（松薗一九九八）。

中世になって、顕密仏教の様々な法会・修法が内裏や仙洞のみならず天皇家ゆかりの寺院や摂関家のそれらなどにおいて寺家と共同で運営されていく中で、貴族社会同様、先例が重視され、その記録が数多く作成されるようになり、それらは寺家・俗家双方に保管され伝来していった。ただし、現存のものを見る限り、諸法会や修法に際して作成された記録類は、事相書などに引用され伝来するが、日次記の形で多く残されるようになるのは、かなり時代が下って鎌倉末期以降であり、『日記で読む日本中世史』で紹介されている醍醐寺三宝院《さんぼういん》の満済《まんさい》の日記（『満済准后記《まんさいじゅごうき》』）や興福寺大《だい》乗院《じょういん》の尋尊《じんそん》が記したものを中心とする『大乗院《だいじょういん》寺社《じしゃ》雑事記《ぞうじき》』などを待たなければならないのである。

禅宗や浄土真宗など鎌倉時代に始まる新しい仏教の寺院においても、その僧侶たちによって記された日記が残されるようになるのは、中世後期になってからのようである。『日記で読む日本中世史』でも禅宗寺院で室町幕府と関係が深い相国寺蔭凉軒《いんりょうけん》の代々の軒主によって記された日記『蔭凉軒日録』を紹介しているが、禅宗に関してみてもそれだけにとどまるものではない。古く南北朝時代には、義堂周信《ぎどうしゅうしん》の日記『空華《くうげ》日用工夫略集《にちようくふうりゃくしゅう》』が残されているように、禅僧の個人的な日記が残されているが、本書で紹介している瑞渓《ずいけい》周鳳《しゅうほう》の『臥雲日件録抜尤《がうんにっけんろくばつゆう》』に記された世界は、同じ相国寺の僧によるものといっても、『蔭凉軒日録』や同じく相国寺鹿苑院の歴代の院主によって記された『鹿苑日録』など職務を中心とした日記のそれとは異なっていることを理解していただけるであろう。さらに本書では、これら中央の禅宗寺院・禅僧の日記とはまた一味違う地方の禅宗寺院の日記である『長楽寺永禄日記』を紹介している。時代も下るが、禅宗に限らず在地と密着した寺院の運営状況がわかる貴重な記録であり、古代・中世の日記が主に京都や奈良など中央で記されるのに対し、地方で記された日記としても珍しい存在である。

鎌倉時代にスタートした宗派として、他にも浄土宗や浄土真宗、それに日蓮宗や時宗などが挙げられるが、中世において寺院や僧侶の日記として残っているのは、本書で紹介した浄土真宗本願寺の門主証如《しょうにょ》によって記された『天文日記』など本願寺関係の日記くらいで、他はほとんど管見に入っていない。中世後期には、禅宗や浄土宗に所属する尼寺が多数現れ、皇族や将軍家・摂関家などの子女が門跡をつとめる有力な寺院も存在したが、それら尼たちによって記された日記というのも見当たらない。記されていても残らなかっただけなのか、もう少し知りたいところである。

この『天文日記』の記主証如は、僧侶といっても、当時の本願寺教団のトップとして、妻帯して家族を持ち、ほとんど戦国大名の当主のような社会的生活を送っていた人物であり、仏教界・真宗といった枠組みだけではなく、当時の大名領主の日常や文化レベルを知ることも可能であろう。

中世には神社でも多数の日記・記録が作成されていた（松薗一九九〇）。中央の朝廷と関係深い大社ばかりでなく、地方の神社においても確認される。ただし、神仏習合が常態の中世の神社において、今日『春日社記録』として刊行されている（『続史料大成』）奈良の春日若宮社の中臣氏（千鳥家）の歴代の日記のように、明らかに神官の日記としてよいものから、祇園社や石清水八幡宮のように、そのトップである別当は世襲であっても僧体で、純粋な神官の日記とは言いがたい場合もある。本書で紹介した北野天満宮の記録も、社僧松梅院《しょうばいいん》のものである。日次記的なものは、春日社のそれが平安後期より残されているが、ほとんどが寺院と同様中世後期になって残り始めるようである。

女性の日記

平安中期、男性の日記が残り始める頃に、『蜻蛉日記』など日記と名付けられた文学作品が女性たちによって著されていることはよく知られている。十四世紀あたりまで続くが、おそらくその素材となっていたであろう彼女らの日次記はまったく残されていない。鎌倉期には、儀式や故実に通じた女房たちが現われており、男性の日記や記録、儀式次第などへの関与も知られている（松薗二〇〇四）。

日記をつける女性が、宮廷や権門の御所に仕える女性たちばかりでなかったことは、たとえば、親鸞の妻恵信尼《えしんに》が女の覚信尼《かくしんに》に宛てて出した書状の中に「御ふみの中に、せんねんに、くわんき（寛喜）三ねんの四月四日よりやませ給て候し時の事、かきしるしてふみの中にいれて候に、その時のにきにハ、四月の十一日のあか月、きやうよむ事ハまハさてあらんとおほせ候しは…」（『恵信尼文書』）とあり、彼女が日記を記していたことからも知られよう。当時の女性たちが暦を身近において生活していたことは諸史料より知られ、それらに日々のことを書きつけていた女性は大勢いたことであろう。

中世後期に入ると、女性による日記文学が見えなくなり、内裏や仙洞、さらに将軍家などに仕える女房たちの活動はむしろ前代より活発になったように感じられるが、日記に関わる史料はほとんど見えなくなる。しかし十五世紀後半、突如内裏の女房たちが交替で記す『御湯殿上日記《おゆどののうえのにっき》』と呼ばれる日記が現われ、江戸時代になっても継続されている。本書では、この『御湯殿上日記』を紹介し、いろいろと謎の多いこの日記の起源などにせまっている。

陰陽師の日記

近年の中世史研究において発展したテーマの一つに朝廷の下級官人の研究がある。特に王朝文化に由来する学問・芸能や技術を家芸化した人々は、朝廷ばかりでなく幕府や大寺社、さらに地方の大名や寺社などのもとでも活躍し、その裾野は中世社会全体に及ぶといっても過言ではない。そのような彼らも、技芸の伝習や権威づけのために日記・記録を作成・保管していた。それらは各分野ごとに発掘され紹介されているが、まだ全体としてその特徴や残存状態を把握するまでには至っていないようである。

時系列的に見ると、もともと朝廷の記録・文書の作成・保管を担当していた外記や史、それに本書で安倍《あべの》泰忠《やすただ》の『養和二年記《ようわにねんき》』を紹介したように陰陽道関係には早い時期から日記が確認されている。雅楽の世界では、地下の楽人たちの場合、平安期より残されている楽書などに楽人の日記らしきものが引用されたりしているが、日次記的な形で残されるものはかなり時代を下り、筮を家芸とした豊原氏の信秋の応安七年（一三七四）の日次記あたりが古いものであろうか。丹波・和気氏によって世襲された医道では、丹波《たんば》保長《やすなが》の永正十七年（一五二〇）の日記『聾盲《ろうもう》（盲聾）記』が残されている。中世前期までは地下であった彼らも一部の者たちは三位に達し、公卿とはなれないものの朝廷での地位は上昇する。日次記が残されているのもその辺りの事情が関係している可能性があろう。

（松薗　斉）

参考文献

川添昭二『今川了俊』（吉川弘文館、一九六四年）

五味文彦『吾妻鏡の方法』（吉川弘文館、一九九〇年）

松薗斉「中世神社の記録について――「日記の家」の視点から」（『史淵』一二七輯、一九九〇年）

松薗斉「守覚法親王と日記――中世前期の寺家の日記の理解のために」（阿部泰郎・山崎誠編『守覚法親王と仁和寺御流の文献学的研究』勉誠社、一九九八年）

松薗斉「中世の女房と日記」（『明月記研究』九、二〇〇四年）

第四章　武家の日記——幕府と戦国大名、その吏僚の日記をめぐって

本章では、中世後期に本格的に姿を現す武家の日記の中から二編を紹介する。まず、その中核となる室町幕府関係の日記で、奉行人の蜷川《にながわ》氏や斎藤氏の日記は以前からよく知られているが、ここでは散逸してしまった申次衆《もうしつぎしゅう》の日記を紹介する。後の江戸幕府などに見られる多くの公日記の前提となるものである。次に地方の戦国大名の吏僚として著名な上井覚兼《うわいかっけん》の日記で、島津義久《しまづよしひさ》の武将としても活躍し、その政治的位置や文化人としての活動が知られる重要な日記である。

（松薗　斉）

1　『殿中日々記』——室町幕府の申次衆が筆録した職務日記とその周辺

(1) 室町幕府の公日記・公記録

申次衆と「殿中日々記」　江戸幕府の各部局において職務遂行に伴う公務日記が日々記録されていたことはよく知られており、そこには将軍の動静や幕府の諸行事・人事・法令等が詳細に記録されている。それら膨大なる日記は総称して「江戸幕府日記」と呼ばれている。室町幕府においても江戸幕府ほど詳細なものでなかったに相違ないが、それぞれの部署で職務遂行に伴って公務日記・記録が作成されていたと考えられる。残念なことに、それらは幕府の滅亡とともに滅びて散逸し、失われてしまった。しかしながら、その写本や控えの一部、または残片や逸文と見なされるものが僅かながら今日に伝えられている。そのような形で伝存する、室町幕府の公日記ないしは日録の形態をとる公記録と言うべきものを挙げるとするならば、将軍の取次ぎ役たる申次衆が記録した職務日記である

「殿中日々記《でんちゅうひにっき》」と、幕府奉行人が自身の担当した訴訟事案などについて書き留めた「伺事記録《うかがいごときろく》」とを挙げることができるであろう。ここでは、「殿中日々記」とそれに関係する周辺史料を取り上げてみたい。

(2)幕府を構成した諸階層における申次衆の位置づけ

室町幕府を構成した守護大名と将軍直臣団は、応仁の乱が勃発する直前頃には、おおよそ、御一家（吉良・渋川・石橋）・三職（三管領）・御相伴衆・国持衆・准国持外様・外様衆・御供衆・御部屋衆・申次衆・番頭（奉公衆各番の頭）・奉公衆（五カ番編成）・節朔衆（毎月朔日及び節供に特別に選ばれて出仕する数名）・詰衆・走衆・評定衆・奉行衆（御前衆・御前未参衆の別あり）・御末男衆・御所侍（殿上番衆）・同朋衆（御供同朋・会所同朋・御末同朋の別あり）など、役割と家柄により見事と言えるほど身分的階層分化を遂げていた（ここに記した次第は必ずしも家格の順位を表わすものではない）。これにより家格の秩序が形づくられており、年中恒例出仕の式日や殿中における席次、将軍との対面の仕方等がそれぞれ異なっている。もっとも、御相伴衆・国持衆の子息が家督相続以前に御供衆として参勤する場合があること、また小国の守護大名が御供衆の列に加えられていること、御供衆と申次衆の兼任や奉公衆の番頭のうちに御供衆や申次衆を兼ねる者がいること、節朔衆・詰衆・走衆が奉公衆の中から選ばれて参勤していること等、各階層相互にまったく繋がりが無いわけではないが、各階層がどのような家柄出身者によって構成されるかはほぼ固定化していた。

右のうち将軍の直臣団を構成するのはおおむね外様衆以下で、その中核となるのは親衛軍である奉公衆と事務官僚的役割を担う奉行衆であるが、日常的に将軍の側近くに仕えて、秘書官的職務に従事したのが言わば直臣団の上層に位置する御供衆や申次衆である。

(3)申次役が握る関門

幕府の申次番はその開創期より設けられていたと考えられるが、その人員構成や結番出仕の制などが明確に分かるのは八代将軍足利義政《よしまさ》初政期の長禄年中前後（一四五〇年代後半）からであり、六代将軍義教《よしのり》の時には義政期以降に繋がる制規の整備が行われていたと推測される。たとえば、万里小路時房《までのこうじときふさ》の日記である「建内記《けんないき》」永享元年（一四二九）八月四日条の義教の右大将拝任に伴う諸人参賀の記に「予内々付申次伊勢備中守（貞国）申入此由」と見え、伊勢備中守に「今日番」との肩注があり、さらに同日の記事に、

今日大外記（中原師世）除書持参并面々参賀事申入之由及御沙汰、申次伊勢備中守、延元（引カ）不可然之由及御切諌云々、被尋下之間、前程付備中守了、聊雖有其程不経幾程之由申了、云御休息之時、云御坐女中之時、不憚其時節必可申次之由当番申次之輩皆被置法度、是可依事之御意歟、珍重々々、

とあって、義教が当日の申次に遅怠があったのではないかと伊勢貞国《さだくに》を責め、伝奏として参勤していた時房にこれを糺したことに応じ、将軍が休息している時や「女中」（奥向《おくむき》）に在る時を問わず、当番の申次は必ず取次ぎを行うよう申次衆の間で法度が定められた、と記されている。これは将軍義教期に申次衆の結番出仕など組織的運用の整備が行われていたことを示すものである。

ところで、同日記には右の記事に続けてさらに次のことが記されている。

大原野神主成房今日参賀之処、大館上総入道（満信）称不見知追返了、先可申次事也、希代之所行也、不便々々、

この日、申次の大館満信《おおだちみつのぶ》は参賀のため御所にやって来た大原野神社神主成房《なりふさ》を、自分が見知らぬという理由で追い返してしまったのである。時房はまずは取次ぐべきであり、希代の所行であるとの感懐を記している。このことが前の事態と何か関わりがあるか否かは言及がないが、この事実は、将軍御所における取次ぎ役である申次が、将軍に意志を通じたり、面謁する際の重要な関門を握る存在であったことを示している。これに関連して注目されるのは、奈良興福寺の大乗院門跡尋尊《じんそん》の日記である「大乗院寺社雑事記《だいじょういんじしゃぞうじき》」寛正四年（一四六三）六月三十日条に、次の如き交名《きょうみょう》が注意深く書き留められていることである。

一　武家申次人数事、

　　大館兵庫頭教氏

一番　伊勢備中守（貞藤）　遁世、寛正二・七・一歟、　自一日至五日

　　上野民部大輔（持頼）

二番　伊勢加賀守（貞綱）　自六日至十日

　　畠山播磨守（教光）

三番　伊勢下総守（貞枝）　自十一日至十五日

　　畠山次郎（政光カ）

四番　伊勢兵庫助（貞宗）　自十六日至廿日

　　伊勢肥前守（盛富）

五番　同　備前守（盛定）　自廿一日至廿五日

これは寛正四年当時における将軍義政の申次衆の結番交名、すなわち勤務編成表である。右のように、将軍御所における申次は、将軍との間の重要な関門を握る存在であったから、その意味で諸人にとって誰がその役を勤めているかは関心事であったに相違ない。

(4)申次衆の勤務形態と人員構成

さて、右の交名により当時の幕府申次番の勤務形態をみると、総員は十名で各番に二名が配され、五番編成の体制をとっており、各番がそれぞれ五日ずつを担当している。一巡の後、二十六日以降はまた一番に担当が戻るのであろうか。各番に配される二名がその担当する期間どのように勤務に当たるのか、たとえば一日の当番は一名で他の一名は添番役を勤めるのか、あるいは一日の内で朝番・夕番を二人が交代で勤めるのか、定かではない。次に、奥書に天文十七年（一五四八）七月吉日の日付のある「走衆事条々《はしりしゅうのことじょうじょう》」と題する走衆の参勤の様態を記した書

（天理図書館報『ビブリア』八五号、一九八五年、所載の「大館《おおだち》記《き》」（六）に収録）の中で、走衆の殿中における勤務形態および詰所について説明した部分に、「走衆御番事、十二人之内、一日二人づゝ、如申次早朝より参、及晩まで祗候仕候、又一人づゝも仕候、御宿直にハ不参候、同祗候仕御座敷事、申次同前ニ於花御所者、御対面所の巽（「たつミ」と傍書）すミの御座敷のよし、申つたへ候」と見えることから、申次番のおおよその勤務時間と、その花の御所（室町邸）における詰所が、「面向《おもてむき》」（表向）で将軍の正式の対面が行われる主要な場所である御対面所の一角にある座敷であったことが知られる。

なお、将軍義教期における申次衆の全容を知る史料はないが、長禄年間〜延徳年間（一四〇〇年代後半）に至る申次衆の歴名は「長禄《ちょうろく》二年《にねん》以来《いらい》申次《もうしつぎ》記《き》」（『群書類従』第二十二輯武家部所収）の末尾に収録されている。同書は将軍義政の全盛期である長禄年間から応仁の乱が勃発する直前頃までの状況を基準として、年中恒例の対面儀礼の様態やその際における申次衆の役割や作法・故実について詳述したもので、文明十八〜永正三年（一四八六〜一五〇六）にかけ申次衆に在職した安東政藤《あんどうまさふじ》が著した記録を、子息平六《へいろく》が父の没後に大館常興《じょうこう》の一覧を請うて、相違なき旨の証判を永正六年（一五〇九）四月に受けたもの。常興（俗名尚氏《ひさうじ》）は将軍義政初政期に申次衆として参勤した教氏《のりうじ》の息で、享徳三年（一四五四）の生まれ、文明九年（一四七七）に義政の世嗣であった義尚《よしひさ》の申次衆に初めて任ぜられて以来、将軍義稙《よしたね》期の永正年間（一五〇四〜二〇）の前半頃まで申次役を連綿と勤めた練達者であり、将軍義晴《よしはる》期には義晴の政務の補佐役および代行者である内談衆《ないだんしゅう》の中心的存在として重きをなした人物で、九十七歳まで生存していたことが知られる。右の歴名に拠れば、将軍義政期に申次衆を勤めている家は、足利一門庶流の畠山・上野・一色と新田氏の族ながら一門として遇された大館、これに歴代将軍の世嗣の養育に当たり政所執事を世襲した伊勢氏の一族を加えて構成されているが、九代将軍義尚期以降はその人的構成に変化が生じるようになる。申次衆の勤務体制や総員数、また果たす役割も時期により、将軍の代により違いが見られる。そして、義政期（あるいは義教期）に申次衆を勤めた家の中には、これを世職として数代継承して参勤する家もあり、また一方で、将軍職の交代などの政治情勢の変化にともなって新規に加任される家も現われたが、その双方の家で申次役の職務に関係する史料が作成されている。

(5)「殿中日々記」とはどのようなものか

次に、申次衆が記した「殿中日々記」についてその概要を記しておこう。前記のように申次衆は将軍近侍の職制の一つであり、将軍への対面や進物・献上物をはじめとする諸事を取次ぐ役で、数名が結番して交代で殿中に出仕し、勤務に当たっていたが、申次当番は年中の行事、御所への来訪者（恒例・臨時の御礼参賀のために出仕した者）の名やその進物・献上物および答礼として将軍から下賜された物の品目等を「殿中日々記」と呼ばれる日記に日々交代で記録した。進物・献上物は在国の大名や幕臣・国人などから使者を通じて進上されることや将軍の近臣などに取次ぎを託して進上される場合もあったが、これも申次当番の披露を経て日記に記載された。記事はいずれも簡潔かつ定式化したものである。また、将軍の動静を伝える記事は若干見えるが、幕府の政務に直接関係する記事は記録されていない。「殿中日々記」は「殿中日記」「日々記」「御日記」、または単に「日記」とも呼ばれているが、この日記が何処でどのように保管・管理されていたかは明らかでない。現在残されているのは、幕府末期の天文十四年（一五四五）の一年分をほぼ完備した写本がある他は、永正～天文年間（一五〇〇年代前半）の月単位の僅かな写や、残片または他書に引用された逸文と言うべきものが残されているにすぎない。その伝存状況や史料としての特徴については後に記すこととし、まずは、一年分をほぼ完備する天文十四年の「殿中日々記」（「天文十四年日記」）を取り上げて、その内容的特徴と記主である当時の申次衆の人的構成等について述べてみよう。

天文十四年の「殿中日々記」

(1) 書誌と記載内容

天文十四年の「殿中日々記」は「天文十四年日記　四季」（東京大学史料編纂所架蔵写真帳「大館記」三所収）と題するもので、現在天理図書館に所蔵される大館氏の家伝史料「大館《おおだち》記《き》」の中に収められている。その奥書には、

天文十四年　乙巳、日々記、於　殿中申次衆被付分私ニ写之訖、

と記されており、申次衆が殿中で記していた公日記である「日々記」を私的に写し置いたものであることが分かる。書写した人物は大館常興の子息の晴光《はるみつ》で、将軍義晴期に父と共に内談衆に任ぜられ、また申次衆を勤めていた人物である。本書が書写された年次は明らかではないが、紙背に永禄二年（一五五九）三月二十二日の日付が見られることや大館陸奥守（晴光）充の書状が用いられているので、晴光が陸奥守となる永禄二年四月一日（『歴名土代《れきめいどだい》』）から彼が没する同八年四月二十七日（『言継卿記《ときつぐきょうき》』）の間に作成されたと考えられる。職務の参考に資するために書写したのであろうか。なお、この日記はほぼ一年分を完備しているが、十月十一日～十一月朔日までの間日付が飛んでおり、この間には記事の欠落があるものと推察される。なお、本書は江戸幕府の編纂になる『後鑑《のちかがみ》』に「大館日記」として引載されており、活字翻刻には、天理図書館報『ビブリア』七六号（一九八二年）所載の「大館記」（二）に収録されたものがある。

　天文十四年の「殿中日々記」に記載されている事柄の概要を具体的に示すと次のようである。年中恒例の出仕・御対面としては、年始・歳末の公家・門跡・諸寺社・大名・幕臣以下諸人の御礼参賀をはじめ、毎月の朔日と上巳・端午・七夕・重陽の節供の御祝、十月の亥子御祝のことを記し、これ以外の臨時の出仕・御対面には、大名や幕臣の任官（官位昇進）の御礼（三月四日・四月十九日・五月五日・十二月四日）、御字（将軍の諱の一字）拝領の御礼（三月十三日・四月十九日）、幕府の役職に任ぜられた御礼（六月七日・十月四日）、将軍への初御目見得及び家督相続の御礼（本人在国で使者上洛の場合を含む、三月四日・同月十三日・四月十三日・同月二十二日・六月五日・同月十六日・八月十五日・十二月十一日・同月二十二日・同月二十九日）、特典付与（殿中における足袋御免・火打袋御免等）の御礼（九月十八日・十一月十八日・十二月四日）、五山寺院住持の入院の御礼（二月十六日・三月十四日）、善法寺掌清の石清水八幡宮社務職補任の御礼（十二月十七日）等のことが記録されている。

　次に、前記以外の年中行事としては、乗馬始（正月二日）、謡曲始（正月四日）、将軍足利義晴の世嗣義輝《よしてる》の参内（正月十日）、御前沙汰始（二月十七日）、鶏合《とりあわせ》（闘鶏、三月三日）、大般若経転読（正月十六日・五月十六日・九月十六日）他将軍御所における恒例・臨時の祈禱、生御魂祝（御生見玉、七月八日）等が見え、また、将軍の御成（正月十七日義晴の外戚近衛《このえ》稙家《たねいえ》邸、三月四日入江殿〈三時知恩寺住持、義晴の息女か〉、八月六日近衛尚通《ひさみち》息興福寺一乗院門跡覚誉《かくよ》邸、八月九日幕臣大館晴光邸）や寺社参詣（七月十五日相国寺・等持院、九月十四日鞍馬寺）、放鷹（鷹狩、正月二十一日・二月七日・八月二十八日）等の将軍の動静を伝える記事が見える。月次の記事としては、陰陽師の参勤による御身固、伊勢神宮祭主及び吉田社神主よりの御祓の進上、相国寺鹿苑院の蔭凉軒主よりの御誕生御祈禱疏《ごきとうしょ》進上のこと等が見え、日々の事としては諸寺社からの祈禱の巻数進上のことが多く記載されている他、恒例・臨時の諸方からの進物が記録されている。進物の品には太刀・馬・料足・武具・馬具、食品としては酒・鳥・魚・貝・海草・茸の類、粽・餅・瓜・柿・梅・茶・栗・蜜柑・納豆・うど・大根・薯蕷（ながいも）・蒟蒻など季節の物や地域の産物が献上されており、この他に絵画・筆・扇・香合・盃・絹・綿・杉原・引合・薬、縁起物である正月の若菜（七草）や端午の節供の根菖蒲、七夕の草花など様々なものが見える。

なお、この日記に見える天文十四年時の在京大名は、細川晴元《はるもと》と畠山稙長《たねなが》（越中・河内守護）のみである。晴元に属していた細川元常《もとつね》（和泉上守護）もおおむね在京していたがこの日記には現れない。いずれにしても幕府衰退の様子が窺われる。将軍に献物などを行っている在国の大名には、大内義隆《よしたか》（周防・長門等七カ国の守護）・山名祐豊《すけとよ》（但馬守護）・畠山義続《よしつぐ》（能登守護）・朝倉孝景《たかかげ》（越前守護）・武田信豊《のぶとよ》（若狭守護）、実質的に加賀国を領国とした本願寺、他には、本年五月十五日に没した畠山稙長の弟と推測される播磨守（晴熙《はるひろ》）や能登守護家の一族畠山四郎（晴《はる》俊《とし》カ）等が見えている。

天文十四年の「殿中日々記」に見える年中恒例の出仕・御対面をはじめとする幕府の年中行事は、応仁の乱以前より続くものが多いが、行事への列席者の顔ぶれやその規模は、守護大名の在国化、弱体化による財源不足によって縮小・省略を余儀なくされ、大きく変容を遂げている。

(2) 天文十四年「殿中日々記」の記主たち

次に、天文十四年当時における申次衆について見ると、勤務編成表が残っていないので明確ではないが、「殿中日々記」（「天文十四年日記」）の日々の記に拠れば申次衆の総員は十一名で、一名ずつ一日交代で番を勤めている。

正月朔日を基準として申次番を勤めている順に名前を列挙すると、小笠原稙盛《たねもり》・大和晴完《やまとはるみつ》・伊勢盛正《もりまさ》・三淵晴員《みつぶちはるかず》・上野信孝《うえののぶたか》・本郷光泰《ほんごうみつやす》・一色晴具《いっしきはるとも》・朽木稙綱《くつきたねつな》・細川晴広《はるひろ》・大館晴光・畠山稙元《たねもと》である。この順で彼等が順次番を勤めることが前提となっているが、必ずしもこの体制は守られておらず、彼らの間で代役の勤務やその分を埋合わせて返し勤めることが行われる等やり繰りされている。勤務日を交代することを「相博《そうばく》」と言い、代役として勤務することを「合力《ごうりき》」と言う。十一月下旬から朽木稙綱に代わり加任されたと推察される晴章《はるあき》なる人物が現れるが、出身は明らかでない。上記のうち、上野信孝・大館晴光・畠山稙元は代々御供衆や番頭を兼務する家の出身で、一色晴具・細川晴広は本来は御部屋衆の家柄、小笠原稙盛・大和晴完・三淵晴員・本郷光泰は奉公衆の家の出身であり、朽木稙綱は元々は外様衆の家柄であったが忠節により当時御供衆に昇格している。また、伊勢盛正は祖父の盛富《もりとみ》が将軍義政の時に申次衆に加えられて以来代々申次役を相承しているが（「長禄二年以来申次記」他）、本来は奉公衆の家柄であって、盛正自身、当時走衆としても参勤している（「光源院殿御元服記《こうげんいんどのごげんぷくき》」他）。つまり当時の申次衆は様々な階層から選抜され編成されている組織であり、本来の役目はそのまま兼務しているのである。

彼らの前任者として申次衆を勤めた人物に細川高久《たかひさ》（晴広の父）・荒川氏隆《うじたか》・海老名高助《たかすけ》がいるが、これに大館晴光・本郷光泰・朽木稙綱を加えた六人は内談衆に任命されている。内談衆とは、将軍義晴期に編成された政務評議機関であり、義晴の補佐役および代行者として幕政上重要な役割を担って活動している。内談衆の成員は八名で、右の六名に大館常興（晴光の父）と摂津元造（評定衆の家柄出身）を加えた陣容で、いずれも義晴が信頼する側近衆により構成されている。内談衆と申次衆は人的構成の上からも、また、様々な階層から選ばれて編成されているという点においても共通する面を持っている。幕府の重要な儀式に際し、その進行役として将軍の御前で取次ぎを勤める役であり、日常的には将軍の秘書官的役割を担う申次役の任用の条件として、有能な人物であることは大切だが、同時に将軍の信任する人物であることが重要であったろう。今、歴代将軍の申次衆の人的構成の変遷について述べる暇はないが、申次衆は世職として相承される一面を持つと同時に、家格や出身階層にとらわれずに将軍が信任する人物を配して任用するという一面を持つ組織だったと考えられる。

(3)「殿中日々記」における記載の特徴

それでは次に、天文十四年の「殿中日々記」の記事を掲げてみよう。

天文十四正月
朔日　稙盛(小笠原)
一　公家　大名　御供衆　御部屋衆　申次　節朔　走衆　以下　出仕、
若公様(足利義輝)へも進上之、　例年
□(一)御太刀　一腰　金、　右京大夫殿(細川晴元)
□(一)同　同　同、　同　尾張守殿(畠山稙長)
仍　御二御所様(足利義晴・義輝)御対面在之、
□(一)数御盃参、如例年、

この日記の冒頭にある正月朔日の年始参賀の出仕・御対面のことを記した部分である。日付の下に記入されているのが、当日の申次当番の名前である。日記には、この日が参賀の式日となっている人々として公家・大名・御供衆以下の将軍近仕の衆の出仕・御対面が行われ、三職（三管領）の家柄である細川晴元と畠山稙長が金覆輪の太刀をそれぞれ将軍義晴と世嗣義輝に進上し、例年のように酒宴が催されたことが書き留められている。同様の出仕・御対面と酒宴は四日まで行われている。当時管領職は既に任命されなくなっているが、三職の家柄という観念は生き続けている。ところで、この日幕府に出仕した側の一人である山科言継《やましなときつぐ》の日記である「言継卿記《ときつぐきょうき》」の同じ日の記事を見てみると、

武家に出仕、遅々由藤中納言（高倉永家）使到之間走参、歩行也、（中略）於新造御対面、大名細川右京大夫（晴元）、御共衆大館左衛門佐（晴光）、上野民部少輔（信孝）、朽木民部少輔（稙綱）、仁木民部少輔、伊勢守（貞孝）、伊勢因幡守（貞倍）等也、此外申次以下大勢有之、公家に飛鳥井前亜相（雅綱）、広橋亜相（兼秀）、藤黄門（永家）、予、日野前黄門（晴光）等也、申次小笠原民部少輔（稙盛）也、次参内々上様（義晴室、近衛尚通息女）御礼申、申次中将局也、次退出、（下略）

と記されており、この日対面が行われたのが新造の御殿であったこと、出仕した御供衆が大館晴光以下の人々であり、当日出仕の公家衆が山科言継を含め将軍昵近の一部の公家衆であったことが知られ、また、当日の申次当番が小笠原稙盛であったことも確認できる。畠山稙長の名は現れないものの、「殿中日々記」の記事より多くの情報が含まれている。しかしそれらは「殿中日々記」の記主にとって細かく記録する必要がなかったことなのであろう。「殿中日々記」におけるこれ以後の年中恒例の出仕・御対面の記事はおおむね同様の筆致であり、叙事はきわめて簡素・簡潔に終始し、説明的な記述は一切見られない。

いま一例、天文十四年の「殿中日々記」に見える御礼進上に関わる記事を次に掲げよう。

（十二月）廿二日　盛正（伊勢）

一　御太刀　一腰　一文字、　御馬　一疋　河原毛、　代替御礼　畠山左衛門佐殿（義続）
　万疋
　若公様へ進上之、
一　御太刀　一腰　行平、　御馬　一疋　栗毛、　同（代替御礼）　同（畠山左衛門佐殿）
一　御扇　一本　杉原　十帖　畠山左衛門佐使僧　自分御礼　成身院（宗歓）
　若公様へ進上之、
一　同　同　同　同　同

　　仍御二御所様（義晴・義輝）御対面在之、
一　御太刀　一腰　持、　白鳥　一　鯛　一折
　熨斗蚫　千本　御樽　五荷　本願寺雑掌平井左衛門尉
一　御太刀　一腰　　同
一　御撫初在之、　於庭上懸御目御礼　御太刀　持、　拝領三御盃頂戴例年儀也、　進士九郎

　日付の下の伊勢盛正が当日の申次当番であることは前に同じ。この日の日記には、同年七月に没した能登守護の畠山義総《よしふさ》の家督を継いだ義続が、使僧成身院宗歓《じょうしんいんそうかん》を上洛させて代替わりの御礼を将軍義晴と世嗣義輝にそれぞれ献じ、また使者である成身院宗歓自身も同様に礼物を献じたこと、そして両御所（義晴・義輝）が宗歓に対面したことを記し、次いで、本願寺からの歳末の御礼を同寺雑掌平井左衛門尉が義晴に献じ、平井自身も礼物の太刀一腰を献じて、座敷ではなく庭上において御目に懸かったこと、最後の記事として、この日「御撫初《おなでぞめ》」があり、進士九郎が例年のように義晴から太刀を拝領し、御盃を頂戴したことが書き留められている。なお、「御撫初」は歳末の行事の一つで、あらかじめ吉日を撰んで煤払いの掃きぞめを行う行事である。進士が行うのは儀礼的なもので、実際の御所の煤掃きは同朋衆と御末男衆が行っていた（「年中恒例記」）。進士は奉公衆であるが、供膳・供御など将軍の身の回りのことを勤める役でもあった。また、本願寺からの歳末・年始の御礼進上は毎年恒例のことである（「音信日記」）。

　こちらの記載もいずれもきわめて簡潔で、余計な記述は一切なく事務的に記すことに徹していると言えるが、将軍家に献上された礼物の品目と数量などに関しては不可欠なものとして一々詳しく記載しているのである。このような「殿中日々記」における簡潔で余計な記述を交えず必要不可欠なもののみを正確に記入するという定式化・慣

例化した記載方式は、それが申次を勤める複数の人たちによって日々交代で記載される公記録たるゆえに求められたものではないかと推測される。成員個々の叙事能力の差異による記事内容の不統一を避けるということもあろう。そして記載・表記の画一性・統一性を図るため、その記載の仕方に関して幾つかの約束事が生ずるに至ったと考えられる。

(1) 申次衆の心得るべき故実

「殿中日々記」に記載する際の約束事

「殿中日々記」があまりに簡潔な記述しか持たなかったことにも関係すると思われるが、申次衆の職務に練達しない者が申次の所役を遂行する上で、差し当たり二つの問題に直面したと考えられる。その一つは、申次を行う際の所作・作法であり、いま一つは、「殿中日々記」にどのように記載したら落度がないかである。大館常興の日記に次の二つの記事が見える。

一畠山上野介（稙元）殿より、以使尋承候、転法輪殿被参候、御太刀進上候、当官大臣にて御入之由候間、御太刀を申次取次申て可申入歟、又自身可為御持参哉云々、いかにも御申次取次被申て可然候、摂家・清花ハ如此之趣申之也、

（「大館常興日記」天文十年正月十六日条）

一畠山上野介殿来臨、一昨日 廿日、転法輪三条（実香）殿被参候、日々記ニ太政大臣殿と被付申哉、同御子息（公頼）いかゞ可被付申哉之由尋承候間、転法輪三条殿と殿文字を真に被遊て可然存候、称号を被付申事、いかにも御賞翫にて候、次御息をバ同御方と被遊て可然存候由申之也、

（同月二十二日条）

畠山稙元は天文十四年の「殿中日々記」に申次衆の一人として現れる人物であるが、まず、天文十年（一五四一）正月の参賀における転法輪三条父子による太刀進上の際の申次の所作についてあらかじめ常興に尋ね、さらに、参賀のあった後日、今度は転法輪三条父子のことを日々記にどのように記載したらよいかについて常興の意見を求め

ており、日々記の付け様については、「転法輪三条殿」と称号に殿文字を漢字で付け加える方が敬意があること、また子息は「同御方」と記載して然るべし、との指南を受けている。なお、恒例・臨時の御礼参賀に際しては、公家衆のうち摂家・清華、それに門跡の取次ぎは将軍昵近の殿上人が参仕して申次役を勤めるのが例であり、また、五山の長老達（鹿苑院・相国寺・崇寿院・等持院、これに西堂の等持寺を含む）は僧録の実務を担当した鹿苑院の蔭凉軒主がその役を勤めるのが例であったが、いずれも故障のある時は武家申次（或は常の申次と称された）である申次衆が勤めたのであり、実際には申次衆がこの役を勤めることも多かったのではないかと思われる（「長禄二年以来申次記」「武家申次条々」他）。

ところで、申次衆に関係する史料としてよく知られているのは『群書類従』『続群書類従』の武家部に収録されている「長禄二年以来申次記」や「殿中申次記《でんちゅうもうしつぎき》」をはじめとする類似の史料であり、幕府の年中行事書である「年中定例記《ねんちゅうじょうれいき》」や「年中恒例記《ねんちゅうこうれいき》」もこの内に数えられる。これらは主として年始から歳末に至る幕府の年中恒例の対面儀礼の様態を中心にまとめたもので、併せて申次衆の果たす役割や心得るべき作法・進退について記した故実書である。これらは幕府の重要な晴れの儀式を落度なく遂行するための必要性、またそれを子孫・後人に伝える必要性から、申次衆に勤役した人たちにより、彼等の間で共有されていた情報を参酌して作成された申次作法の解説書と言える。そしてある意味、歴代の申次衆によって記録されたであろう公務日記たる「殿中日々記」が簡潔な記述しか持たなかったことから、これらの故実書が必要とされたとも言えよう。ただ、右の故実書においては「殿中日々記」への記載の仕方・約束事についてはほとんど触れられておらず、専門の著述は残っていないが、これについても申次衆を勤めた人物がいくつか書き残している。この問題での関心の中心は名前の記入の仕方である。

(2) 名前の記入方と「殿」文字の有無

「道照愚草《どうしょうぐそう》」（『続群書類従』第二十四輯下所収）には左掲のことが記されている。本書は後に道照と号した伊勢貞久《さだひさ》の遺説などを主に子息の貞順《さだのり》がまとめた書と考えられる。貞久は少なくとも永正年間に将軍足利義稙の申次衆を勤めていたことが知られる人物であるが（「益田家文書」之一所収二六三号・二六五号文書他）、兄の貞頼《さだより》（貞仍）・貞遠《さだとお》も文明年間～永正年間（一四〇〇年代後半～一五〇〇年代前半）にかけて歴代将軍の申次を勤めており（「長禄二年以来申次記」「益田家文書」之一所収二六三号他）、彼等の祖父貞房《さだふさ》以来、申次役を世職とする家の出身者である。

一　殿中之日記を付申に、三職をば御名字を不書之、殿文字の事は書之、又四殿の事は御名字をば書之、殿文字をも書之、縦バ次郎殿、畠山殿の御事也、又能登の守護をも元服名をば次郎殿と申、是をば畠山次郎殿と書之也、是以可有分別也、

右によれば、「殿中日々記」に記載する際、三職（三管領）の家は名字（苗字）を書かずに官途名（又は仮名）に殿の文字を付け加えて記し、これに次ぐ家柄である四殿（侍所の頭人を勤めた家）は名字（苗字）と官途名（又は仮名）に殿の文字を付けて家格の違いを表わす。また、畠山家の場合は、管領家である本家だけでなく、分家である能登守護の畠山家もいずれも仮名は「次郎」を称するが、「殿中日々記」には本家をただ「次郎殿」と書き、能登守護家を「畠山次郎殿」と書くことで両者は区別されていたのである。

次に、内容から判断して大舘常興が永正年間に著したと推測される「故実条々記《こじつじょうじょうき》」（九州大学附属図書館所蔵）と題する書と、同じく常興が天文元年（一五三二）に本郷光泰の求めに応じて伝授した「武家申次条々《ぶけもうしつぎじょうじょう》」（宮内庁書陵部所蔵）と題する書、同様に常興が子息晴光のために天文元年六月に著した書（山口県立図書館所蔵「大和家蔵書」四所収「大舘伊予守尚氏入道常興筆記」四）の中で「殿中日々記」について言及し、特に名前に「殿」文字を付けるか否かということについて記している。右三種の書の説は重なる部分もあるが、相補う部分もある。後の説明の都合上ここでは「故実条々記」の記事のみを掲げる。

一　殿中日々記ニ諸家内殿文字之事、
公家方堂上たる人々は官位によらず殿文字を書申也、法中ハ青蓮院殿・聖護院殿など、申たぐひの門跡殿文字

> を書申也、或ハ若王子・尊勝院など、申たぐひにハ不及殿文字、又武家方之事、三職（三管領）已下御相伴衆の御紋ぜられ候かたがた、何も殿文字書申也、次三職の子息相続候而、管領職をもたるべき人、いまだ親父現存にて被参候間、先以国持のつれに出仕候などハ、殿文字書申也、同事ながら舎弟などハさやう（マ、）のハ殿文字不及書申、又ハ、縦家督たりといへ共、親父三職にて現存について、其子息御供衆に先以参候者、御供衆なミに不及殿文字、此外吉良殿・石橋殿・渋川殿などハ、いかにも殿文字あるべし、（中略）次和泉守護（上守護・下守護両細川家）ハ殿文字ニ不及也、如此趣ハ至近代の様体也、伊勢故因幡守しるされ候段、慈照院（義政）殿様御時如此云々、定得　上意此分哉と存候、普広院（義教）殿様御代などまでハ和泉守護・伯耆守護（山名教之）なども殿文字在之、これのミならず、御供衆の中にても、さやうにしるし付られける也、かやうの段、時々の依　上意、被改事も在之間、不及是非歟、いかさま至近代ての趣ハ、まへに如申也、

三種の書の要点をいえば次のようになる。公家衆の場合は官位の高下や老若によらずいずれも殿文字を付け加える。しかし武家衆の場合には殿文字を付けるか付けないかの差別がある。たとえば有力大名家である三管領および御相伴衆には皆殿文字を付けるが、その子息の場合、庶子には殿文字を付けず、また嫡子であっても家督相続以前に国持（大名）の列に入って出仕するか、御供衆（将軍直臣）の列に入って出仕するかで殿文字の有無があった。そして殿文字を付けるか付けないかは時の将軍の意向によって改められることがあり、将軍義政期以降と義教期以前では様相を異にし、義教期以前においては御相伴衆以外の大名や御供衆の内の一門出身者にも殿文字が付けられていたという。次いで門跡の場合、梶井・青蓮院・聖護院・大覚寺・浄土寺・実相院・三宝院・妙法院・円満院・竹内・下河原等の門跡には殿文字を付け、脇門跡である若王子・尊勝院・定法寺・住心院・上乗院等には殿文字を付けない（ただ「若王子」などと記す）。また、門跡の場合殿文字を付けずに「御門跡」あるいは御の字を省略して「門跡」と書くこともあるが、将軍の子弟や皇族、または将軍外戚の子弟などが門主である場合は、特に敬意を込めて御の字を加え「御門跡」と日々記に付けるのが一つの「故実」（作法）である。

右の所伝の一、二について実際に天文十四年の「殿中日々記」で確かめてみると、前引の正月朔日の条では、三職の家柄である細川晴元と畠山稙長は名字（苗字）を書かずに官途（受領）名に殿を付けて記されているが、十二月二十二日条の能登守護家の畠山義続は名字（苗字）と官途名に殿を付けて記されており、また、稙長の弟播磨守（晴熙）や能登守護家の一族と推測される畠山四郎（晴俊カ）は、それぞれ「畠山播磨守」（八月十五日条）、「畠山四郎」（三月十三日条）と、名字（苗字）と官途名（仮名）で記され、殿文字は無く、さらに一段格下の扱いとなっており、右の所伝と符合する。

ところで、右の引用記事中に見える伊勢故因幡守は、文明十四年（一四八二）以来申次衆を勤め明応三年（一四九四）八月三日に四十三歳で没したと伝えられる伊勢貞誠《さだのぶ》か（「十輪院内府記《じゅうりんいんだいふき》」「長禄二年以来申次記」「枢要集《すうようしゅう》」他）、その父で、嘉吉～宝徳年間（一四四一～五一年頃）にかけて申次衆を勤めていることが知られ、寛正五年（一四六四）六月二十八日に五十八歳で没した貞仲《さだなか》（「建内記」嘉吉元年三月十四日条、「経覚私要鈔《きょうがくしようしょう》」嘉吉三年六月十二日条、「建内記」文安四年〈一四四七〉七月十六日条、「康富記《やすとみき》」宝徳元年四月二日条、「斎藤親基日記《さいとうちかもとにっき》」所載伊勢氏系図他）のいずれかであろう。常興が情報の元としている伊勢故因幡守の記したものとは、伊勢貞仲ないし貞誠が申次衆の執務に関係して書き残した記録ではなかったかと考えられ、また、右の記事から将軍義教期以前においても申次衆によって「殿中日々記」が記録されていたことが推知される。

次に、「天文十四年日記」以外に残存している申次日記の伝存状況や各々の史料としての特徴について述べておきたい。

残存する申次日記の伝存状況及び史料的特徴

(1)大和晴完本「室町幕府申次覚書写」

京都御所東山御文庫本中に伝存する「室町幕府申次覚書写」との題が付されたもの。この史料は近年木下聡氏によって全文が翻刻され、本書の記主や伝来の事情、また、本書に現れる人名等に関して解説と研究が加えられている（節末参考文献を参照）。それに拠れば、本書は将軍義晴の時に申次衆に加えられた大和晴完を経て伝来したものであり、全体は二つの部分により構成される。前半部は大和晴完が申次衆を勤めていた間の、天文十四（一五四五）・十五・十六・十九年の申次日記の一部である。日の並び方は必ずしも日付順ではなく、また、同一年月日の日付が何度か現れることがあるが、記事の内容・記述の仕方は必ずしも一致しない（これについては後述）。次に、本書の後半部は永正十三（一五一六）・同十六・同十七年の各四月の記である。この冒頭の部分には、

一　前ノ日々記、申次番被付趣、伊加（伊勢加賀守）本写之、

と記されている。木下聡氏はこの伊勢加賀守を将軍足利義稙の申次衆の一人であった伊勢貞遠と見做されて、「伊勢貞遠が書き留めた日々記」を大和晴完が書写したものであると考えている。本書後半部に収められているのは何故か三カ年の各四月記のみで、また、毎日の申次当番の名前を全く記載していないという特徴があるが、いずれもひと月にわたって一人の人間が毎日申次を担当したとは考えがたい。したがって、本書が元としたものは「伊勢貞遠が書き留めた日々記」ではなく、筆者が貞遠であるとしても書写本の範疇に属すべきものではないかと考えられる。ただ問題なのは、本書を晴完が書写したのがいつか分からないことである。晴完はかなり長命であった人だが（慶長九年〈一六〇四〉正月十一日に百六歳で没、『大日本史料』同日条を参照）、将軍足利義輝が殺害される永禄八年（一五六五）頃まで申次衆の役を勤めていたのではないかと考えられる。とするならば、右の伊勢加賀守は貞遠の子息で、義輝の申次衆を勤めやはり加賀守を称した伊勢貞助《さだすけ》の可能性も考えなければならない。つまり貞助所持の本を晴完が書写した可能性である。

仮にそうだとしても、貞助の書写本ではなく筆者が父貞遠であることもあり得るであろう。本書後半部最初の「殿中日々記」の調え様（装丁や書き様など）を図示した箇所に記き添えられている「前伊右因以下自筆也」の注記に注目すると、この「伊右・因」の「右」が「左」の誤写ならば、永正年間に申次衆を勤めている伊勢貞泰《さだやす》（貞誠の息、左京亮・因幡守）を指し、「伊右・因」で誤りなければ、同様に伊勢貞遠（永正年間の官途は右京亮）と貞泰の二

人を指しているとも考えられる。そして「前伊右因」と書かれていることから、この注記はその次の世代が活動した時代のものということになるであろうが、晴完が元とした伊勢加賀守本に既にあったものなのか晴完が加えたものなのかは明らかでない。いずれにしてもこの注記は伊勢加賀守（貞遠・貞助のいずれか）ないしは晴完の作成した写本が元とした「殿中日々記」の原本の様態を語るものであって、「前伊右因以下」の人々が日々交代で記した自筆本であったことが推測されるのであり、書写の段階で申次当番の記載が省略されたものと考えられる。

右の天文期と永正期の二種の史料は、実は年代が異なるだけでなく、同じく申次衆を勤める人たちによって作成された職務日記ではあるが、その史料としての性質を異にする。それについては後述したい。

⑵大館晴光作成の先例集収載の「殿中日々記」案

大館晴光の作成になる「御内書并私状等案《ごないしょならびにしじょうとうのあん》」（東京大学史料編纂所架蔵写真帳「大館記」五所収）および「往古御内《おうこごない》書案《しょあん》・秘々書状案《ひひしょじょうあん》・往古触折紙案《おうこふれおりがみあん》」（「大館記」六所収）に収められている享禄～天文年間前半頃（一五二〇年代後半～一五四〇年代）のものと推測される「殿中日々記」の一部。晴光作成の「御内書并私状等案」および「往古御内書案・秘々書状案・往古触折紙案」は、旧記から抜書された文書案を中心とする先例集で、紙背文書からいずれも天文十九年（一五五〇）以降の成立と考えられている。この中に「殿中日々記」の残片が数カ所にわたって切れ切れに収められている。その収めるところを推定を含め年順に示すと、（享禄二〈一五二九〉ないし三年）二月十七日・天文五年（一五三六）卯月二十六日・同年八月十四日・同八年正月七日・同正月十二日・（同九年）六月二十四日・同十年六月十九日・年未詳正月四日・同二月朔日・同二月十六日・年日未詳十二月・年月未詳三日・同十五日・年月日未詳となる。すべてにわたり記主であるはずの申次当番の名前の記載が無い。このように切れ切れに収められている「殿中日々記」の残片がもともとひと纏まりのものであった可能性は低いと考えられる。これらのうちのいくつかは、あるいは実際に申次衆が記した「殿中日々記」の一部を抜き書きしたものと考えられぬでもないが、むしろこれらは申次当番が実際に当日の「殿中日々記」に記入する際の模範（手本）となる書き様を、誰人かが折に触れて具体的に提示した日記の草案なのではないかと想像される。右両書の筆者であり作成者は大館晴光であるが、その中には文書の作成などに当たり、父である常興に問うて教えや指示を受けたり、模範例を作成してもらっていたこと等を示すものが見え、また、「殿中日々記」の記し方についても教えを受けていたことを語る文書案を見出すことができる。

そして、前掲の日々条々のすべてにではないが日記本文の記事に続けて、申次衆が日記に記入する際の故実などについて説明が加えられている場合がある。例示すると次のようなものである。説明文の部分に「　」を付けて日記本文と区別する。

（年未詳）
正月四日

一　五ヶ番衆　奉行衆　已下　出仕、
　仍　御対面如例年、
　依　御養性　御対面無之、
「御対面御座候ハずバ、如此可被付申候、但年始の故実に、御対面御ざなく候とハ不被付申候事も在之、
其時者、御対面御ざ候共、御ざ候ハぬ共、一向に不被付申候事も御ざ候かし、」

正月四日を式日とする五カ番衆（奉公衆）・奉行衆以下の年賀の御礼出仕に際して、将軍との御対面が有る場合と無い場合の記入例を両様提示し、さらに、御対面が無い場合の記入例として、年始の故実として対面の有無を明記しないことも可であるとの説明を加えている。いま一例を示すと、

天文十
六月十九日

一　御成　申刻、在之、　近衛殿（稙家）

太閤（近衛尚通）御所労尋被申之儀也、三献参云々、
一　御巻数所々并御撫物　箱、
伝奏　勧修寺殿（尹豊）より参、
「日々記被付様、此趣可然存候、方々御巻数とりあつめられ候て、伝奏より被参候間、此分たるべく存候、将又、御撫物ハきぬにてもつゝまれ候べく□（候）、御撫物と計あるべく候、但定はこニ入たるにて御座候哉、その上をきぬにてつゝまれぬと存候、然者わきに、如此箱と御付候て可然候、」
一　御身固　在富卿（勘解由小路）
有春朝臣（土御門）
「此分可然候、あきとミハ二位になりたるよし申候つる間、卿とあるべく候、ありはるハいまだ四ほんにて候とて候間、朝臣とあるべく候、」

この日の日々記には、将軍義晴の近衛家（義晴室の実家）への御成りがあったこと、諸寺社より武家伝奏の許に送達された巻数や御撫物が伝奏である勧修寺《かじゅうじ》尹豊《ただとよ》によって取り纏められて幕府に進められたこと、御身固に陰陽師の勘解由小路《かでのこうじ》在富《あきとみ》と土御門《つちみかど》有春《ありはる》の両人が参勤したこと等が記入されたと考えられるわけであるが（ただし、右に示された諸事項が当日実際に記録された日記本文の全文であったという保証はない。正月四日の記事もこれに同じ）、右は日々記に記載されるべき模範文を例示して、その本文の書き様について説明を加えたものであろう。いずれも常興が晴光に対して指南した「殿中日々記」の案文なのではないかと推察される。ただ、常興は長年にわたり申次衆を勤めた練達者として、晴光以外の申次衆成員からもたびたび指南を求められていることが「常興日記」などからも知られるので、その折りに書かれたものが含まれている可能性も考えなければならない。

両書所収の「殿中日々記」案の一部は、年次の明らかな記事のみ『後鑑』に「大館書状案」として引載されており、全文の活字翻刻は、天理図書館報『ビブリア』八三号（一九八四年）所載の「大館記」（四）に収録されている。

なお、「御内書并私状等案」に収めるのと同文のもの（若干文字に異同がある）が、同じく晴光の作成にかかる「覚《かく》悟《ご》代物書加折紙案等有之也」（東京大学史料編纂所架蔵写真帳「大館記」八所収）にも収録されている。その活字翻刻は、『ビブリア』八四号（一九八五年）所載の「大館記」（五）に収録。

(3) 伊勢貞遠作成の故実書「殿中申次記」収載の「殿中日々記」

「殿中申次記」（東京大学史料編纂所架蔵謄写本に拠る。活字翻刻は『群書類従』第二十二輯に収録）が引用する永正年中の「殿中日々記」の逸文。『群書類従』『続群書類従』の武家部に収録される申次衆に関係する故実書の一つだが、「殿中日々記」を引用するのは本書のみである。これについては既に木下聡氏が検討を試みられており、「殿中日々記」からどの日の条が引用されているか書き出されている。それに拠れば、永正十二年（一五一五）正月二十三日、同十三年正月・二月の記事の一部、同十六・十七・十八年各正月の記事の一部、この他に年次不詳のものがあり、「従永正十三丙子、至同十七庚辰歳記録事」として三〜十二月迄の記事を載せる。木下氏はこのうち三月二十一日・二十二日として引く記事を永正十三年四月のものと考定されているが、従うべき説と思われる。また、この部分に引用する記事中の七月七日条と同十四日条に見える「藤兵衛佐殿」は永正十五年八月八日に右兵衛佐から左兵衛督に転じている高倉永家《たかくらながいえ》（「公卿補任《くぎょうぶにん》」）と考えられるのでそれ以前の年次であり、さらに、十月の亥子御祝（亥子出仕）にかかる記事として三日・十五日・二十七日の記を載せるが、亥子御祝は十月の亥の日毎に行われるもので、この年の十月は亥の日が三カ日あったことになり、これに相当するのは永正十三年（十月三日辛亥・十五日癸亥・二十七日乙亥）と考えられるから、この記事は同年のものと見なされる。そして「殿中申次記」における他の引用例が永正十三年を基準にしていることも考慮すると、永正十三〜十七年までの記録として引用する三〜十二月までの記事も永正十三年の記を基準としている可能性が高いと推察される。

　本書奥書には次のように記されている。

右申次記、貞維（遠カ）（貞遠）自筆也、然於対貞知（貞助子）令付嘱之条写置訖、時　恵林院殿様（足利義稙）　御代事、殿中以日々記加書之、然者

可為証本者也、

永禄七甲子、二月八日　　　伊勢加賀守 貞助　在判

永禄七年（一五六四）、伊勢貞助は父貞遠自筆の申次記を子息の貞知に託し与えた際に写を作成し、その時将軍義稙時代の「殿中日々記」に基づいて加筆を行った。よって、拠りどころとなるべき本である。と言うほどの意味か。奥書から本書本来の作者が貞遠であることは分かるが、どの部分が貞助の加筆にかかるものか明確に区別することは難しい。

本書はいくつかの部分によって構成されているが、それを略記すると、まず冒頭に三カ条からなる申次衆の勤務規定である「定申次御法条々」を掲げ、次に正〜二月の出仕・御対面の次第と諸人の献物の記録、次いで十二月の歳暮御礼の出仕・御対面の次第を記し、次に亥子御祝いの様態を解説した記録その他が挿入され、次いで再び、前記に漏れた三〜十二月の出仕・御対面に関する記事と献物の記録を載せ、最後に「申次覚悟之事」と題する十カ条から成る申次の心得るべき先例や作法が記されている。このうち主要な儀式が集中する正〜二月のことを記した部分に注目すると、将軍義政時代の長禄二年（一四五八）の記録なるものを示して恒例の御対面の様態を説明する一方で、その行間に永正年間（おおむね永正十三〜十八年）の「殿中日々記」からその日に懸かる記事を引用したり、ないしは「殿中日々記」に同様の記載が見られる場合はその旨を注記している。後半部の三〜十二月の部分は、すべてが永正十三〜十七年の「殿中日々記」からの引用である。前半部と後半部が共に貞遠の作成にかかるか否か定かではない。

では、本書はなぜこのように将軍義政時代の長禄二年の御対面次第の記事と将軍義稙時代の「殿中日々記」の記事を混在・併記するような体裁で纏められているのか。それは貞遠が本書を作成した意図と関わりがあるのではないか。注目されるのは、本書における「殿中日々記」からの引用記事がおおむね永正十三年を基準にしていることである。

永正五年七月流浪の身から将軍職への復帰を果した義稙は、同十年七月に下京三条御所の造営に着手し（「厳助往《げんじょおう》年記《ねんき》」他）、同十二年十一月にその普請を終え、同年十二月二日に移徙しており（「益田家文書」之一所収二六四号他）、翌十三年の正月は新造御所において出仕・御対面の儀が行われたのである（それまでの義稙の御座所は仮御所であった御一家吉良氏の一条室町邸か）。伊勢貞遠はこの義稙の下京三条御所への移徙を、義政時代の最盛期へと向かう時期に行われた長禄三年十一月の高倉御所から花の御所（室町上御所）への移徙になぞらえ、それと前後して整えられた長禄年中における諸人の出仕対面・御礼進上（献物）の制規を規範として意識しつつ、後の例となすべき義稙時代の盛期（安定期）における制規を、義稙が新造御所への移徙を果たした永正十三年を基準に描こうとしたのではあるまいか。ただし、「殿中申次記」前半部の文中に見える「此条勝蓮院（伊勢貞陸）自筆を以て加書之」と注記された記事が追記ではなく本来のものであるならば、貞遠が本書を纏めたのは政所執事であった伊勢貞陸《さだみち》が没した大永元年（一五二一）八月七日（「道照愚草」他）より後のこととなる。

貞遠は初め右京亮、次いで加賀守となり、大永二年四月～翌三年八月の間に出家して加賀入道常怡《じょうい》と称した（「犬追物日記《いぬおうものにっき》」「伊勢《いせ》貞忠《さだただ》亭《てい》御成記《おなりき》」他）。康正元年（一四五五）の生まれで、少なくとも天文二年（一五三三）七月まで生存していたことが知られる（「貞助記《さだすけき》」「伊勢《いせ》加賀守《かがのかみ》貞満《さだみつ》筆記《ひっき》」）。足利義政が東山浄土寺山荘に移った文明十五年（一四八三）頃にその申次衆に加えられて以来（「長禄二年以来申次記」）、十二代将軍義晴に至る歴代将軍の申次衆を勤めたが、将軍義稙（義材《よしき》）に仕えた期間が最も長く、貞遠が、永正五年以来在京していた石見の国人益田宗兼《むねかね》に宛てて書いた数通の書状の文面からは、彼が申次の職務に精励していたことが窺われる（『益田家文書』之一・三）。また、貞遠は永正十八年（八月に大永元年と改元）三月義稙が細川高国《たかくに》と破局して反高国勢力を糾合することを意図し京都を出奔した際、殿中の留守居を命じられた申次両人の一人であった（「北野神社文書」二十六所収の同社引付大永元年三月八日条）。貞遠が本書を纏めようとした動機には、右のような将軍義稙との関係の経緯が関わっているのではあるまいか。

ところで、木下聡氏が明らかにされたところによれば、貞遠の子息貞助の生年は永正元年（一五〇四）であり、将軍義晴・義輝父子との関係がきわめて希薄である一方、三好氏との関係が深く、義輝が殺害された後に三好氏により擁立された足利義栄《よしひで》（将軍義晴と敵対関係にあった堺《さかい》公方《くぼう》義維《よしつな》の息）の将軍宣下に尽力したと言う。天文末年（一五五〇年代前半）に至るまでの貞助の動向は不明な部分が多く、義晴への奉公の実体は無いと思われる。足利義栄の父義維が、大永三年（一五二三）四月阿波において客死した義稙の猶子として三好氏に擁立された人物であることを考えると、貞助は義稙および義維に近い人であったのかも知れず、それゆえ、父貞遠の作成した義稙時代の申次記録の補筆を思い立ったのかもしれない。

なお、本書に引用されている「殿中日々記」の記事は、たとえば次のようなものである。

永正十三（二月朔日）
（一つ書の肩に朱の合点あり、以下同じ）
一　千疋　右京大夫殿（細川高国）　自永正十三至十八年、
一　同　次郎殿（畠山稙長）　例年進上之、
一　御太刀　一腰　持、　年始之御礼　筒井　自永正十三至十八、如此式日歟、
永正十三・二・五、但式日ハ不定、
一　鮒　廿　例年進上之、　佐々木四郎三郎
永正十三・二・十二、式日歟、
一　餅　二籠　例年進上之、　善《高島》智院殿〔マヽ〕
永正十三・二・十七、式日不定、
一　生成　三十　例年進上之、　佐々木四郎三郎
　ナマナリ、小鮒の事也、（朱書）

いずれも永正十三年の「殿中日々記」から例示して、献物の品目と数量、献上者の名を明記し、さらに例示したそれぞれの事項について永正十七年ないし十八年までの状況をその間の「殿中日々記」に照らして注記している。

部類するというほどのものではないが、同じ事項に関する数年間にわたる「殿中日々記」の記載を、事項ごとにまとめるという作業が行われている。逆に言えば、かかる史料の性質上、本書に引用されている「殿中日々記」の記事は年々恒例化したものに限定され、臨時のものはほとんど引用されていない。

前掲の奥書に拠れば、貞助が永禄七年二月に本書を書写した際に、義稙時代（永正年間）の「殿中日々記」に基づいて加筆を行ったとあるが、この「殿中日々記」なるものが原本であったかどうかは分からない。ただ、少なくとも当時貞助がその写本を所持していたか、あるいは、その時に写本を作成したか、いずれかの可能性はある。前出の大和晴完を経て伝来した「室町幕府申次覚書写」の後半部である永正期の伊勢加賀守本は、そのいずれかの一部である可能性がある。この本はなぜか永正十三・十六・十七年の各四月記のみが伝存しているわけだが、これは貞遠ないし貞助が、「殿中日々記」の記事を事項ごとにまとめる作業を行った際の名残であるのかもしれない。

(4) 本郷光泰本「御対面次第」

「御対面次第」（東京大学史料編纂所架蔵謄写本）と題する申次衆の故実を記した書の中に、天文二年（一五三三）十月六日・同三年十月六日・同十四年十月九日・同十七年十月二十一日の、いずれも亥子御祝い（亥子出仕）の日にかかる「殿中日々記」の記事が引用され、解説が加えられている。「御対面次第」には、奥書などはないが、その内容から将軍義晴期に初めて申次衆に加任された本郷光泰の書き残したものであることが判明する。光泰の申次衆就任は本郷氏においては家の初例であったため、歴代将軍の申次役を勤めた大館常興に申次衆が心得るべき「殿中日々記」の付け様（記録の仕方）を含む作法や故実に関して伝授を請うており、その伝授を受けた「武家申次条々」（宮内庁書陵部所蔵写本）という書が伝存している。その奥書には、

右条々、雖斟酌、依御所望難去、存分凡注付申之訖、猶口伝可為肝要者也、
享禄五年（一五三二）正月　日　　常興（花押影）
本郷常陸介（光泰）殿

と記されているが、ここに「猶口伝可為肝要者也」と書かれている常興から授けられた口伝などを交えて著したのが「御対面次第」と考えられ、光泰は折に触れて質問したことに対する常興の返答を本書に書き留めていったと推察される。本書の前半部は、年始参賀の際の諸人御対面の次第や申次役の所作、日記の付け様等について、どちらかと言えば一般的な説明がなされているに過ぎないが、後半部分では、天文初年〜十七年にかけての光泰自身による実際の経験や見聞を具体的事例を示して説明している。とりわけ亥子御祝いの勤役には関心が深かったようで、これに多くの筆を費やしている。

申次衆が筆録した公の日記と控えの日記

(1)二種類の職務日記の存在

さて、公日記である「殿中日々記」は申次衆の勤務日誌であり、後日の先例調査や照合のために記録されるという性質を持っていたと考えられるが、武家伝奏であった広橋守光《ひろはしもりみつ》の日記である「守光公記《もりみつこうき》」永正十年（一五一三）閏十月十一日条には次のような記事が見える。

十一日、晴、各御留守御所祇候、申次種村四郎、申次引付可書候、還御之時則可披露之由申、直参曇〔華〕慶院殿（足利義稙の姉）、被下御盃、種々御物語共有之、

これより前、同月二日、将軍義稙は湯治のために摂津有馬に赴いており、将軍御所に不在で、この後二十二日に帰洛している。その間の留守の御所に守光をはじめ公家衆（おそらく将軍昵近の衆であろう）が出仕しているのであるが、幕府申次衆の一人で、その日の申次当番として殿中に詰めていた種村四郎は、出仕した人々のことを「申《もうし》次引付《つぎひきつけ》」に記録し、義稙が帰還した際に報告すると守光らに伝えている。「申次引付」そのものを上覧に供するのか、口頭で行うのかはこの文面からは判断できない。「引付《ひきつけ》」とは照合用の記録や台帳を意味する語であるが、ここに言う「申次引付」なるものは申次衆の職務日記のことを指すと見て大過ないと考えられる。

また、「長禄二年以来申次記」の異本である「慈照院殿年中行事《じしょういんどのねんちゅうぎょうじ》」（『続群書類従』武家部第二十三輯所収）正月朔

日条の本文に追記されている、当日出仕する武家衆の参賀の席次（順番）に関する記事に「攻衆（詰衆）事、近年ハ申次ノ次ニ出席（座）ナリ、大館伊予入道常興ニ尋之處ニ、常徳院（足利義尚）殿御引付ニハ、節朔衆ノ次、走衆ノ前ト有之由返答云々」と記されている。この追記は大館常興（俗名尚氏）が入道する永正十年前後頃より後に加えられたものと考えられる。注記の記主は不明だが、この人物の問に対し常興は「常徳院殿御引付」を拠りどころにして、席次の先例について返答しており、その内容から推測してこの「引付」なるものは、先と同様に将軍義尚時代の「殿中日々記」のことであろうと推察される。常興は義尚の側近であり申次衆として参勤した人物であるから、手元に「殿中日々記」の写本ないし控えを所持していたとしても不思議ではない。

ところが、右に言う「引付」なるものが、「殿中日々記」そのものを指しているのかどうか、疑問を投げかける史料が存在する。それは伊勢貞遠が、永正五年（一五〇八）以来大内義興に従って在京していた石見の有力国人益田宗兼に宛てて書いた永正十年三月二十九日のものと考えられる書状である（『益田家文書』之一所収六八三号）。先に益田宗兼より貞遠に送られた書状に対して出された返書である。同年三月十七日に将軍義稙は彼を支えた細川高国・大内義興・畠山尚順・同義総等の在京大名に対する不満から近江甲賀に出奔し、義稙の命に以後従うことを彼等に約束させ五月三日には帰洛するが、その間の情勢を宗兼が親交のあった貞遠に問うた際の返事である。その文面には、

芳札先以弥悦、再三拝読、難打置存候、如仰、今度不慮之御儀、一天下驚歎、更非筆舌之及所候、上下同前之心底、此時節候、雖然諸家依御馳走、定早速可被成　御帰座候条、世上引替、弥可為太平珎重候、如此之砌、御在京御忠切（節）之専一候哉、種々御懇詞之貴書、連々無御等閑被加芳志候故と、取分本望歓喜、不知所謝候、（下略）

と見えて、諸人の慌てぶりが窺われるが、諸家の奔走・尽力によって必ずや将軍が早々に帰洛するであろうことを報じ、宗兼の在京の忠節を称えているのだが、貞遠はこれに続け追而書に次のように記している。

（前略）此間者、御留守番ニ大略毎日致祗候之条、殿中へ御参も候ハヾ、以拝顔可申承候、諸人日々そと見舞被申候間、御参候ハヾ可然存候、御参候御方々をバ、其日当番、私之心得ニて注置候事にて候、今日ハ同名兵庫助（伊勢貞辰カ）当番ニて候、返々御取乱たるべく候ニ、おぼしめしよられ候て、預御芳信候、一紙喜悦無極存候、々々、

貞遠は、自分は留守番としておおむね毎日殿中に祗候しているから、宗兼が出仕してくれれば面会が叶うであろうと報じながら、その実、諸人がひそかに見舞を述べに日々将軍御所を訪れており、その人々の名を申次当番が記録しているから、宗兼も御所に参じたほうが良いと助言を加えているのであり、当日の申次当番の名まで書き添えている。前の例と同じように将軍不在の間、留守の御所に参じた人々の名を申次当番が記録して後日に備える、というものであるが、前の例では「申次引付」と称されているものが、右の例では「其日当番、私之心得ニて注置」ものに相当することになる。となれば、これは公日記としての「殿中日々記」ではなく、申次衆が私的に書き留めていた日記（記録）であるという可能性もある。もちろん、必ずしも両者が同じものを指していると考える必要はないが、注目したいのは、申次衆が「殿中日々記」とは別に、自身の手控えの日記（記録）を残していたと考えられることである。職に従事する者が自身の職務遂行に当り手控えの日記や記録を残すことは当然予測されることである。そこで次に注目したいのは、既に予告したように現存する申次日記の諸本中に、明らかに性質を異にする二種類のものが存在していることである。

(2)二種類の職務日記の比較

その実例を次に示そう。大館晴光書写本である「天文十四年日記」（「殿中日々記」）と大和晴完を経て伝来した「室町幕府申次覚書写」（東山御文庫本）の前半部である天文期の日記（記録）には、日付の重なる記載が一日だけ存在する。それは天文十四年十二月晦日（当年十二月は小の月）の記である。まず、「天文十四年日記」のその日の条を掲げて、記事の内容について簡単に説明を加える。

（天文十四年十二月）　晴章相博

廿九日　晴完（大和）

一　御両御所様（足利義晴・義輝）御身固在之、　在富（勘解由小路）

一　公家　大名　外様　御供衆　申次已下出仕、

仍御対面在之、

一　御巻数　御撫物　歓〔勧〕修寺殿（尹豊）

一　若公様（義輝）へも進上之、御祓　祭主（伊勢神宮）

一　御香水　因幡堂

一　御巻数　所々

一　御ぎっちゃう〔毬杖〕　二　玉二　例年　日野殿（晴光）

一　御扇十本　例年　右京大夫殿（細川晴元）

一　白鳥一　鴈二　鯉一　鮭二尺　海老一折

炭十荷　例年　同（細川晴元）

一　鴈一　鯛一折　大館左□（衛門佐）（晴光）

一　鯛一折　蛤一折　畠山上野介（稙元）

一　鴈一　鯛一折　海老一折　伊勢守（伊勢貞孝）

一　参賀　相国寺

一　同　鹿苑院

一　若公様へも進上之、御太刀　一腰　金、　始而出仕之礼、　田村孫三郎

仍御対面在之、
一　御筆　五対　御太刀被下也、　祐永
一　同　　同　　同　　　　　　　福寿

この日の申次当番は本来は晴章（苗字未詳）であったが、代わって晴完が担当を勤めた。日記には、まず、陰陽師の勘解由小路在富が参勤して御身固が行われたこと、次に、歳末参賀のための公家・大名・外様・御供衆・申次以下の出仕があり、両御所（足利義晴・義輝）の御対面があったこと、次に、伝奏のもとで取りまとめられた諸方からの祈禱の巻数と撫物（生糸で織られた単衣を広蓋に据えたもの）を伝奏勧修寺尹豊が持参したこと、次に、それ以外の所々よりの巻数進上のことや伊勢神宮祭主の御祓の進上のことなどを記し、次いで、例年のように日野《ひの》晴光《はれみつ》による毬杖と玉の進上があったことを記す。次に、これも例年恒例である細川家からの扇十本と炭十荷（丹波炭）および美物（美味の食物の意で魚鳥類を指す）の進納があったこと、同様に幕臣大館晴光・畠山稙元・伊勢貞孝《さだたか》からも美物の進納があったこと、次に、五山の長老である相国寺・鹿苑院両住持の参賀のあったこと、そして、奉公衆と推測される田村孫三郎の初御目見得の御礼出仕があり、太刀の進上があったこと、最後に、将軍家御用の硯切り並びに筆結いである祐永および福寿が筆を進上し、それぞれに太刀が下賜されたことを記載している。なお、ここに記載されている記事の順序は、必ずしも当日の時間の流れに沿ったものではない。

少し説明を加えると、この日幕府に参賀している山科言継の日記である「言継卿記」天文十四年十二月二十九日条によれば、

四時分武家江御歳末之御礼に参、公家に飛鳥井前大納言（雅綱）、広橋大納言（兼秀）、藤中納言（高倉永家）、烏丸中納言（光康）、予、相国寺当住（仁如集堯）、鹿苑院（梅叔法霖）両長老、蔭　凉（蔭凉軒主　玉渚慶洋）等也、細川右馬頭（晴賢）、同播磨守（元常）以下各参、就右京大夫（細川晴元）不参、以外御機嫌悪云々、子細有之歟、播磨守罷向申調、暮々右京兆（晴元）被参之間、秉燭御対面了、（下略）

とあることから、当日出仕の公家が将軍昵近の衆のみであったこと、大名の出仕は細川晴元とその一門である和泉上守護の細川元常だけであったこと、しかも、当初晴元は不参であり、そのため将軍義晴の機嫌がひどく悪かったが、元常の奔走により、暮れ方になってようやく晴元が参上して将軍との対面が行われたことなどが知られる。右の「天文十四年日記」の記には、このような例式出仕した者の一々の名や事件の経緯などについては記されておらず、ただ御対面が行われた事実のみを記載している。

記事中にある、毬杖は正月の遊戯などに用いる槌の形をした杖を色糸で飾った遊具で、木製の玉を打つもの。日野家より進上された毬杖と玉は、天文頃の年中行事を中心に解説する「年中恒例記」に拠れば、将軍家から伝奏を通じて禁裏に献上されることを例としている（正月に行われる三毬杖〈さぎちょう〉の火祭の際に用いられるものであろうか）。また同じく「年中恒例記」によれば、細川晴元より進上された扇は、将軍より日野・高倉・飛鳥井・正親町三条・勧修寺・烏丸等の昵近の公家衆に下賜されるものであったと言う。また、歳末の美物進納は「長禄二年以来申次記」によれば、応仁の乱前においては三職以下諸大名より進納されていたことが記されているが、天文十四年当時においては細川晴元と数名の幕臣から進納されているに過ぎない。大館氏や伊勢氏（政所執事）などによる美物進納もいつの頃からか恒例化したもので、伊勢氏に同朋として仕えた澤巽阿彌《さわそんあみ》の覚書（『続群書類従』第二十四輯下武家部所収）に拠れば、伊勢氏本家の年中行事を記したものの中に、

一　歳暮御美物七種、永正比、木村奉行時、蜷川新右衛門（政所代　親孝）へ納申、其後五種、巽阿、近年者三種宛、御目録御自筆、

と見えており、「近年者三種宛」とあるのに符合する（巽阿彌は永正頃の木村と同様に伊勢家における美物調進の奉行を勤めていたのであろう）。大館氏の例は「大館常興日記」にいくつか見え、その記すところによれば、まず、政所より嘉例美物進納の触れがあり、これに応じて美物両種は送り状と共に政所代である蜷川氏のもとに納められて、政所代からは請取状が出される。一方、進上の目録折紙は当番の申次のもとに送られて、将軍への披露が託されてい

る（天文八年十二月二十日・二十二日・同十年十二月二十九日条他）。

では次に、右の「天文十四年日記」と日付の重なる「室町幕府申次覚書写」天文十四年十二月晦日の記を示そう（木下聡氏による翻刻を本とするが、引用に当たっては便宜上体裁や表記を改めたところ、また傍注を加えたり、文字を改めたところがある）。

天文十四年十二月晦日、申次当番晴完〔「ミツ」と傍書す〕

一　先 長 老（相国寺・鹿苑院両住持） 達 御対面、蔭涼軒（玉渚慶洋）被申、先　御出ありて御様躰をみづくろい、蔭涼軒へ案内申、其以後　御対面なり、

一　其後御一重御撫物、申次持参申御頂戴也、
次枝御巻数、次御巻数箱御ひろぶた（広蓋）にすはり御頂戴也、
次右京大夫（細川晴元）殿より参御扇十本骨黒、上のお丶いをとり、御座の左のかたに一間バかりのけて置申て、細川殿進上と申入也、次諸家進上の巻物目録持てまいり、めいめいにひろげ御めにかけ申也、

一　日野殿（晴光）御ぎっちゃう二・玉二進上也、則伝奏（勧修寺尹豊）雑掌よび、於　殿中渡也、　禁裏様へ御進上也、

一　御両御所様（足利義晴・義輝）御身固在之、　在富（勘解由小路）一人、

一　御ひとつハ勧修寺殿より参、松の結そへたる御巻数も勧修寺殿（尹豊）より参也、

一　箱の御巻数、　勢州（伊勢貞孝）より参之云々、

一　御祓、伊勢祭主（藤波朝忠）進上候、御両　御所様并　御　台（近衛尚通息女）、

一　白鳥一　雁二　鯉一　鮭二尺　海老一折　炭十荷、以上　晴　完〔晴元の誤写〕

一　雁一　鯛一折、以上
　　　　大館左衛門佐
　　　　晴光

一　雁一　鯛一折　海老一折、以上　　伊勢守　貞孝

一　鯛一折　蛤一折、以上　　畠山上野介ノ子〔マヽ〕　稙元

「天文十四年日記」（『殿中日々記』）および「室町幕府申次覚書写」の天文十四年十二月晦日の記は同じ人物によって記された同日の記であるが、両方を比べてみると明らかに筆致が異なっており、前者が簡素・簡潔にして要点のみ記すメモ的な記載に終始しているのに対し、後者は前者に比して記述が詳細であり、説明的であって、記主であり申次当番である晴完の行動が主体性をもって叙述され、申次役の果たしている役割がその文中に語られているところに特徴がある。この叙事の相違は、前者が申次衆が交代で記録する公日記であるのに対し、後者が大和晴完が自身の手控えとして書き留めていた日記（記録）であることに基づいていると見るべきであろう。同じ「室町幕府申次覚書写」所載の天文十五年正月十日の記の文中に「一摂家・清花・公家・法中参賀、日々記ニ如此付て可然之由、伊肥（伊勢肥前守盛正）・畠上（畠山上野介稙元）意見云々」と見えることからも、晴完の筆録に相当する本書前半部が、公日記である「殿中日々記」とは別のものであり、手控えの記録であったことは明らかであろう。さらに興味深いのは、同書には同じ日付である天文十五年正月十日の記録が三種類収められていることで、例年この日は摂家・清華・法中の幕府への参賀と将軍の参内が行われる日であるが、三種類の記録の一つは、当日出仕した摂家・清華・法中とその他の公家の名を覚えのために列挙しただけの簡単な記載と参内のあった事実だけを「御参内在之、如例年」と記し、これに加えて、右のように当日の「殿中日々記」に、出仕した人々ことを、同僚である伊勢盛正や畠山稙元の意見に従って「一摂家・清花・公家・法中参賀」と記載した旨を書き留めたもの（おそらく当日摂家・清華以外の公家衆の出仕があったので、これをどう記入するかが問題だったのであろう）。今一つの記録は、当日出仕した人々の名や対面の前後次第・進物などを中心に詳しく記すが、将軍の参内については簡単な記載に止まるもの。残る一つの記録は、将軍の参内についてのみ記し、参内に従った公家・御供衆・走衆・御出奉行の名を一々明記

して、還御の後各々より太刀の進上が行われたことを記録したもの。最初の記録は、後に示した二つの記録の元になった覚えのようにも思えるが、すべての記載内容を完備するものは現存していない。これらをさらに修正・敷衍してより豊富な内容を持つ控えとしての日記がまとめ上げられたかどうかは不明だが、記録の作成を考える上で興味深い。

なお、右に引用した天文十四年十二月晦日条後半部の四カ条は、晴完が将軍義晴の御前で御目にかけた諸家進上の美物等の目録に関する記載であり、美物五種と炭十荷を献じているのは前掲の「天文十四年日記」の記載に照らせば明かなように、細川晴元であり、「晴完」とするのは転写の際の誤りであろう。この四カ条における進納者の名前の表記が「天文十四年日記」の記載と異なるのは、進上目録の記載をそのまま記入したものであるからと考えられる。進物の目録には、まず「進上」と書いて、次に進物の種目と数量を示した後に「以上」と書き、署名を加えるが、その故実として、三職および御相伴衆は一般的には名乗（実名）のみを書いて苗字や官途名は書かないが、国持衆以下の衆は名乗の脇に苗字・官途名を書き添えるのである（「故実条々記」他）。この点から見ても「晴完」は晴元の誤写と見なされる。よって、四カ条の最後にある「畠山上野介ノ子」の「ノ子」も転写の際に付け加えられたものではないかと疑われる。

さて、いま一つの両者相違の特徴として、後者は前者より叙事が詳細であるにもかかわらず、前者に見えるすべての記載内容が必ずしも後者に含まれているわけではない、ということが挙げられる。たとえば、後者では公家・大名・外様・御供衆・申次以下の出仕・御対面の記載、因幡堂からの御香水の進上、田村孫三郎の初御目見得の御礼出仕、祐永及び福寿の御筆進上の記載などが漏れている。記事が後欠である可能性もないわけではないが、むしろ、後者が手控えの日記であったため、公日記である「殿中日々記」とは違い、必ずしもすべてを漏れなく正確・忠実に記載する必要はなく、自身の関心のある事柄、後の参考になると思われる事柄等を中心に記録していたためと考えた方がよいのではなかろうか。ただ、後者が前者より叙事が詳細であると言っても、たとえば、五山長老の御礼参賀について、後者では前者に記載の無い蔭凉軒主が参仕してその申次役を勤めた様子などを記しつつも、この日参賀に訪れた長老が誰々であるかは記されていないが、前者にはそれが記載されており、また、後者に記される五山長老の御対面が終わった後、申次役の晴完が持参し将軍が頂戴（頭上に頂く）している御撫物一重が、前者によれば伝奏が持参したものであることが分かり、これを晴完が取次いで将軍の御前に持参したと推察されるのであるが、このように両方の記載を併せ見ることにより了解しやすい事柄もある。なお、伊勢神宮祭主からの御祓の進上が義晴・義輝だけでなく、義晴の御台所にも行われていたことは、後者にのみ見えて前者には記載がないが、これは前者に御台所との御対面や御台所への進物に関する記事が見えないことに関係すると思われる。公日記である「殿中日々記」があくまでも将軍御所における「面向」（「奥向」に対する）の記録ということだからであろうか。

いま一例、「天文十四年日記」の記載の日付と一致するものとして挙げうるのは、前出の本郷光泰の筆録にかかる「御対面次第」所載の天文十四年十月九日の記である。この二種の記事は、前に例示した晴完の場合と同様に、いずれもこの日申次当番として参勤した本郷光泰が記したものである。両者を比べると、「御対面次第」所載の記は当日行われた亥子御祝の儀式次第についてのみ記すものであり、進物に関することなどは記すところがないが、叙事は説明的で詳しく、当日の儀式次第の推移を自らの行動とともに記述しており、記事の最後のところに、公日記である当日の「殿中日々記」（すなわち「天文十四年日記」）にどう記入したかについて言及している。これが光泰の手控えの記録であることは明白である。「御対面次第」のこの記事の後に載せられている光泰参勤の天文十七年十月二十一日の亥子御祝の記を参照すると、この点はなお一層明瞭である。

ところで、「室町幕府申次覚書写」の前半部である天文期の日記（記録）には、明らかに大和晴完以外の人物が申次当番として記した日記が二日分収められている。それは大館晴光と伊勢盛正を記主とするもので、これらは連記されており、いずれも年未詳である。この他の晴完の日記（記録）は天文十四～十九年にかけてのものだが、同年代頃と見て大過ないと考えられる。いずれも礼物進上に関する記載であり、二日分の記の筆致・記載の仕方は同様のもので、明らかに公日記である「殿中日々記」のそれと一致し、他の晴完を記主とする手控えの日記とは異なっている。何かの参考のために、同僚であった晴光と盛正が当番として「殿中日々記」に記載した内容を晴完が書き留めたものであろう。

申次衆に関係する伝存史料と幕府における申次衆の活動

(1) 職務日記と故実書

以上述べてきたところから窺えるように、申次衆によって記録された職務日記には二種類のものが存在する。それは申次衆が日々交代で記録した公日記たる「殿中日々記」と、申次衆を勤める者が自身の手控えとして書き残した私的な日記（記録）である。残存する申次日記として前に列挙したものは、おおむねその二つに分けられる。すなわち、(1)「室町幕府申次覚書写」の前半部である大和晴完本は右のように一部に天文年間の「殿中日々記」の逸文を載せる他は、晴完の筆録になる控えの日記であり、同書後半部である伊勢加賀守本の永正十三・十六・十七年各四月記はその筆致および記載内容から「殿中日々記」の一部と考えて誤りなく、(2)大舘晴光作成の先例集所載の残片は、「殿中日々記」の草案に解説を加えたものを含むと考えられるが、その本文の筆致は「殿中日々記」と同様であり、(3)「殿中申次記」に引用するのは、永正年間の「殿中日々記」の一部で、年々恒例化した記載事項を抜粋したものであり、(4)「御対面次第」収録のものは亥子御祝の儀式に関する内容が中心を成すが、控えの日記と「殿中日々記」逸文の両方の記事を含んでいる。

このうち申次衆が自身の手控えとして残した私的な日記（記録）について考慮すべき点を述べるならば、控えの日記は、記述する事項や内容に個人の関心に基づく取捨選択が働いており、「殿中日々記」に記載されている事項・内容を必ずしも全て忠実に記録しているわけではないと考えられることより推測すれば、同様に、自身が担当する当番の日々すべてにわたり必ず日記を付けていたとは限らない。現存する大和晴完の筆録になる控えの日記が、晴完が本来書き留めていた日記のどれくらいの部分を占めるかは分からないけれど、今日伝わっている記事の内容を見ると、毎年恒例化している歳末から正月にかけての御対面儀式に関するもの、これに足利義輝の叙爵（天文十五年七月二十七日）および元服（同年十二月十九日）に伴う諸人参賀（天文十五年八月四日・同十六年正月十六日条）に晴完が申次として参勤した記録が中心を成している。つまり現存する晴完本の記事の主要な内容は、恒例化した重要な行事に関わるものと、めったにない特別な行事に関わるものである。だからこそ、他は失われたがこれらは残ったと言えなくもないが、むしろ、もともと控えの日記（記録）を筆録して残そうとする意識に、申次役が心得るべきしきたりである先例として、または従来の先例とは異なる例として、後の参考に備えるべき事柄を中心に記録するという選択が働いていたと考えた方がよいかもしれない。伊勢貞遠は「武雑礼《ぶさつれい》」（内閣文庫架蔵写本「武家故実雑集」十三）と題する先例集に、右に挙げた両方の例について文亀〜永正（一五〇〇年代前期）にかけての具体的な事例を二十例ほどまとめて示しているが（その約半数は「殿中申次記」末尾に収録される「申次覚悟之事」と重なる内容）、貞遠が申次役として実際に見聞したことや手控えとして残していた日記（記録）などを基に作成したものではないかと推察される。

今仮に、申次衆が日々記録していた公日記である「殿中日々記」と、申次衆によって作成された申次の故実書や年中行事書とを対極に置くとするならば、申次衆が自身の控えとして残した私的な日記（記録）はちょうどその間に位置する性質の史料と言うことができよう。その多くは失われてしまい今に残るものは少ないが、申次衆によって筆録された「殿中日々記」や控えの日記（記録）はある程度蓄積されて、故実書・年中行事書を作成する際の素材として当然参照・利用されたと考えられるが、後には、その三者がそれぞれの作成に相互に影響しあう関係として存在したと言い得るであろう。

(2)申次衆の活動と「殿中日々記」及びその周辺史料との関係

最後に、「殿中日々記」の記主である申次衆の幕府における活動を考える上で留意すべきことを簡単に述べておきたい。ここで取り上げた「殿中日々記」やその周辺史料は主として幕府の年中行事や対面儀礼の場における申次衆の活動記録であり、それ以外の彼等の活動については記録されていない（少なくとも現存するものを見る限りにおいては）という点において、史料としての制約がある。とりわけ「殿中日々記」には幕府の日常政務に関する記載がまったくないが、申次衆は政務や訴訟に関する取次ぎも行っており、また、将軍の意を受けて諸方・諸家に使者として赴いたり、将軍の仰せを承って奉書を発給したり、将軍が発給する政治文書である御内書の右筆なども勤めていたのである。したがって申次衆の活動の全容を摑むためには様々な史料を検討することが必要となる。

（設楽　薫）

参考文献

木下聡「『室町幕府申次覚書写』について」（東京大学史料編纂所研究成果報告二〇一一―三、『目録学の構築と古典学の再生——天皇家・公家文庫の実態復原と伝統的知識体系の解明』二〇一一年度科学研究費補助金〔学術創成研究費〕最終年度研究成果報告書、研究代表者　田島公、二〇一二年三月、所収）

木下聡「『後鑑』所載「伊勢貞助記」について」（『戦国史研究』五七、二〇〇九年二月）

桑山浩然編『室町幕府関係引付史料の研究』昭和六十三年度科学研究費補助金研究成果報告書（研究代表者　桑山浩然、一九八九年二月）

設楽薫「『伺事記録』の成立」（『史学雑誌』九五編二、一九八六年二月）

設楽薫「足利義晴期における内談衆の人的構成に関する考察——その出身・経歴についての検討を中心に」（『遥かなる中世』一九、二〇〇一年五月）

田中浩司「年中行事からみた室町幕府の経済について——十五世紀後半以降を中心に」（『中央史学』二一、一九九八年三月）

福田豊彦『室町幕府と国人一揆』（吉川弘文館、一九九五年）

二木謙一『中世武家儀礼の研究』（吉川弘文館、一九八五年）

二木謙一『武家儀礼格式の研究』（吉川弘文館、二〇〇三年）

二木謙一「年中行事にみる戦国期の室町幕府」（『国史学』一九二、二〇〇七年四月）

盛本昌広『贈答と宴会の中世』（吉川弘文館、二〇〇八年）

2　『上井覚兼日記』（上井覚兼）——戦国期の地方武士と神社

『上井《うわい》覚兼《かっけん》日記《にっき》』（以下、『日記』と略す）は、戦国末期戦国大名島津義久にその分国内における訴訟や上申事等を取り次ぐ奏者として仕え、やがて島津氏分国支配の中枢を担う老中に抜擢された上井覚兼の日記である。天正二年（一五七四）から同四年、同十年から同十四年に至るまでの『日記』が現存しているが、そこには島津氏分国支配・拡大に関する政治的な事柄が覚兼の目を通して記されているばかりでなく、覚兼の文芸活動や宗教観等を垣間見ることができる（斎木一九五五）。当該期にこのような日記は他にはなかなか見られず、戦国大名島津氏研究に関する稀有な史料である。戦国最末期島津氏分国が殆ど九州全域に広がることから、九州全域における戦国史研究についての貴重な史料としても活用されている。

上井覚兼の出自

上井覚兼の名字上井は、島津氏から与えられている領地（大隅国上井村、現・鹿児島県霧島市国分上井）の地名を名字化したものである。

覚兼の本来の氏は大神《おおみわ》で、諏訪を名字としており、その祖先は、信濃国諏訪郡に鎮座している諏訪社祝《はふり》大神氏であると考えられている（東京大学史料編纂所一九五七）。信濃国にいた覚兼の祖先が九州南部に下向した理由は、鎌倉時代島津氏が信濃国水内郡大田荘を領有しており（井原一九九〇）、その地で島津氏と覚兼祖先大神氏との間に主従関係が結ばれた結果と考えられる。その契機は、島津氏が大田荘内に勧請されていた諏訪社を信仰していたことにより、諏訪社の神官一族との関係が生じたことが想定される（北村一九七八）。

島津氏に従い九州南部に下向した覚兼の祖先大神氏は、島津氏に代々仕えて大隅国上井村を領有し、辺田七人衆と呼ばれていた。参考までに当該期九州南部の地図を図4-1として掲げておく。

覚兼祖父為秋《ためあき》は、島津貴久《たかひさ》に仕えて大隅国下井村を与えられた。彼は隣接する敷根《しきね》（現・鹿児島県霧島市国分敷根）領主敷禰氏とも親密であり、敷禰頼愛《よりちか》の女を娶り、覚兼父薫兼《ただかね》等を儲けた（為秋の没年は不詳）。次に上井氏系図を図4-2として掲げる。

為秋子薫兼は、天文二十二年（一五五三）薩摩国永吉《ながよし》（現・鹿児島県日置市吹上町永吉）地頭に任命され同地に移った。この薫兼長男が覚兼である。薫兼は、覚兼に家督譲与後恭安斎と号して永吉に閑居、後覚兼が日向国宮崎地頭に任命されると覚兼とともに宮崎に移り住んだ。天正十四年（一五八六）島津義久の豊後攻めの際にも覚兼とともに出陣している。薫兼は連歌・和歌を嗜んだことが知られている（没年不詳）。

薫兼の妻すなわち覚兼の母は、大隅国溝辺（現・鹿児島県霧島市溝辺町）城主肝付兼固《きもつきかねもと》の女で島津貴久老中兼演の妹であり、後剃髪して夫とともに永吉、宮崎に移住し、島津義久の豊後攻めの際には、なお健在であった（斎木一

国	郡	地名
薩　摩	日置 鹿児島 薩摩	①永吉　②串木野 ③鹿児島 ④水引
大　隅	始良	①廻　②敷根 ③上井　④宮内
日　向	南那珂 宮崎 西諸縣	①飫肥 ②宮崎　③佐土原 ④高原　⑤飯野

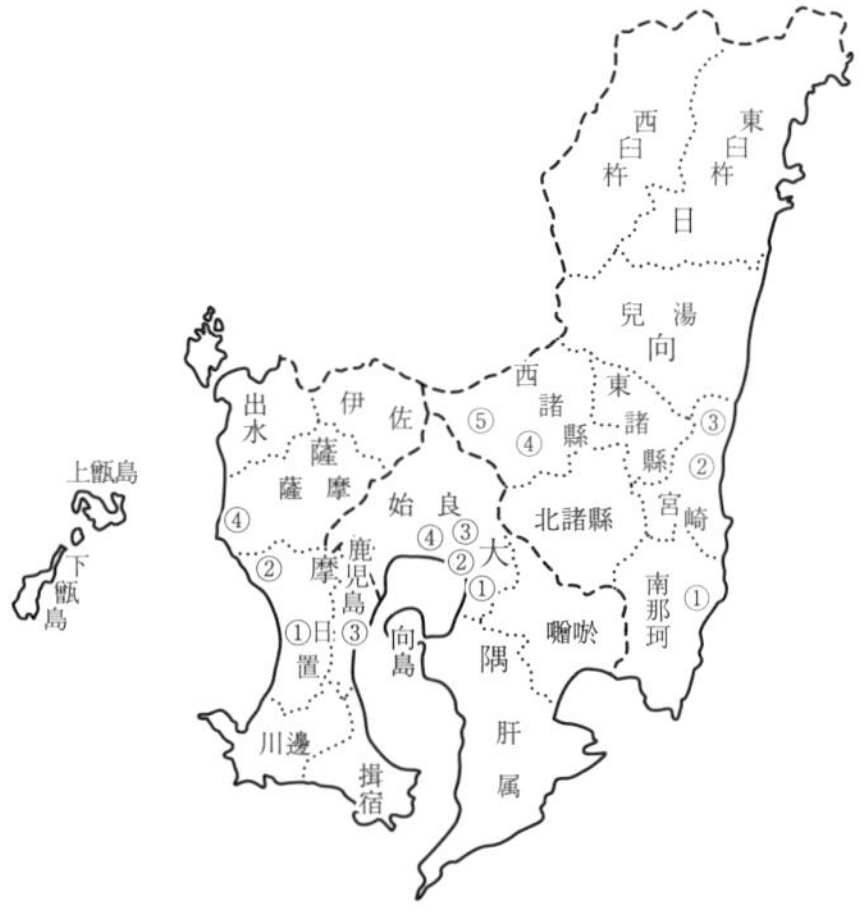

図4－1　九州南部

東京大学史料編纂所編『大日本古記録上井覚兼日記（下）』（岩波書店，1957年），参考地図に拠る。

九五五）。

上井覚兼の略歴

覚兼は天文十四年二月十一日上井村に、上井薫兼と肝付兼固女（兼演妹）との間に長男として出生した。覚兼は初名為兼、仲左衛門尉と称し、天文二十二年、九歳時に父薫兼と永吉に移った。永禄二年（一五五九）十五歳の時に元服して、島津貴久に仕えた。永禄四年、貴久に従い大隅国廻城攻撃に初陣し、その後所々の軍陣に従い軍功を重ねた。その後父薫兼の譲りを受けて薩摩国永吉地頭になり、天正元年（一五七三）二十九歳時に島津義久（貴久の長男）の奏者に任命された。後述のように、この奏者就任が日記起筆の契機になったと推測される。

この後為兼は鹿児島の仮屋に住し、永吉へは時々往復するのみであった（斎木一九五五）。この間天正二年、島津以久等と大隅国牛根城を攻略し、翌三年義久の命を受け薩摩国串木野に使いし、上洛を目指す義久末弟家久を見舞っている。翌四年八月義久に従い日向国高原に出陣し軍功を立て、同年九月義久の命で日向国庄内領主北郷時久《ほんごうときひさ》の許に使者として派遣されている（東京大学史料編纂所一九五七）。このような為兼の功績が義久に認められ、同年老中、伊勢守に任命され、名を覚兼に改めた。

天正八年（一五八〇）八月、三十六歳の覚兼は、日向国宮崎地頭に任命され宮崎城に移った。これ以前義久は日向国飫肥《おび》領主伊東義祐《いとうよしすけ》を豊後国に追放し、伊東氏を支援して出兵した大友氏の軍勢を日向国耳川《みみがわ》の戦いで撃破している。島津氏は、日向国支配のために島津家久を佐土原《さどわら》に封じ佐土原城を守らせるとともに、老中覚兼を宮崎に移して家久を補佐させた。宮崎に配置された覚兼は家久を良く補佐し、日向国諸地頭を指揮して島津氏の日向国経営を進展させた。また覚兼は肥後国に度々出陣し、天正十四年七月筑前国岩屋城を攻撃の際、石打や鉄砲で負傷している。

翌十五年（一五八七）三月豊臣秀吉軍西下とともに、島津軍は撤退を余儀なくされ、覚兼も宮崎に帰陣した。その後覚兼は宮崎から鹿児島に移り、やがて伊集院地頭になり同地で剃髪隠棲し、同十七年六月十二日四十五歳で同地に没した。

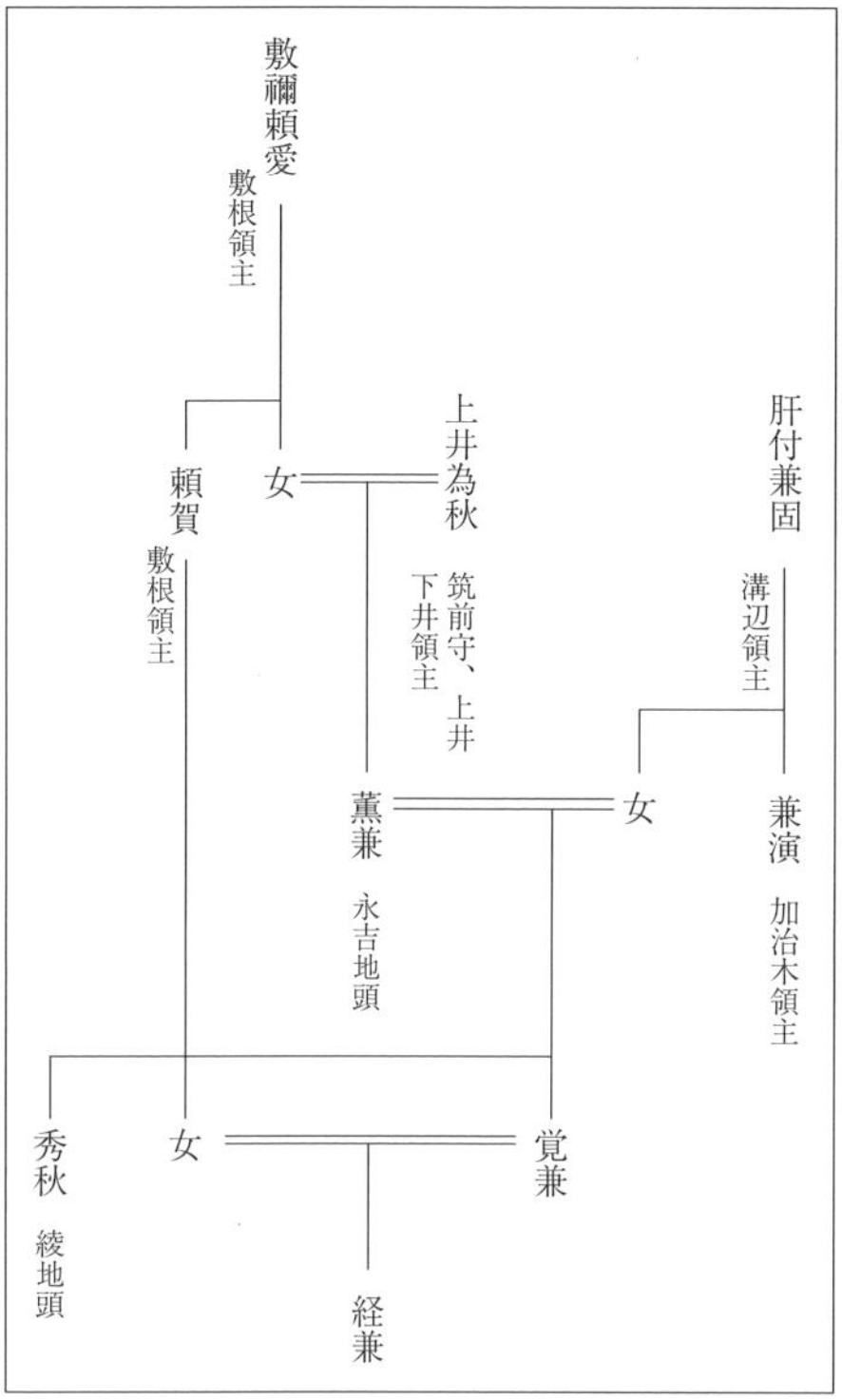

図4－2　上井覚兼略系図

東京大学史料編纂所編『大日本古記録上井覚兼日記（下）』239頁に拠る。

覚兼の妻は敷禰頼賀女で、覚兼祖父為秋妻で覚兼祖母に当たる敷禰頼愛女の姪にあたる。彼女の消息については、覚兼死後は不詳である（斎木一九五五）。

『上井覚兼日記』の書誌と記事の特色

『日記』の自筆原本は、覚兼子孫または覚兼弟秀秋子孫の家に伝来されてきたと考えられている。寛政（一七八九～一八〇一）・享和（一八〇一～〇四）年間に編纂された『島津国史』に、『日記』は用いられている。明治期以降自筆原本は島津本家に所蔵され、昭和三十二年（一九五七）、島津本家から東京大学史料編纂所に譲渡された。

現存『日記』は、覚兼が三十歳になった天正二年（一五七四）八月一日に始まり、覚兼四十二歳の天正十四年十月十五日までの十三年にわたって記載されている。しかし天正三年分は五月から十月までを欠き、翌四年分はわずか二十日前後分しか残っていない。天正五年から同十年十月までの分は全く脱落しており、現存する『日記』は、天正十年十一月から同十四年十月までの約四年間分が主要部分（斉木一九五五）（現存分中冊数において約三分の二、分量において約四分の三）を占めている（東京大学史料編纂所一九五七）。

覚兼の日記起筆時期は、現存第一冊の天正二年八月一日より少し遡る頃であると考えられるが、覚兼が日記を記し始めた契機は、前述のように天正元年覚兼二十九歳の時義久から奏者に登用されたことであると思われる。この推測は宮崎県都城市島津久厚氏所蔵写本『上井覚兼日帳』等の第一冊（天正二年八月・九月記）扉に『上井覚兼日帳写　二』の内題が見られることから補強されよう。なお天正三年以降の脱落は、後世の散逸であると考えられる。

現存『日記』最終冊は、天正十四年十月十五日覚兼が兵を率いて大友氏攻撃のため豊後国に出兵する直前で断たれている。これ以前覚兼は、陣中においても日記の筆を断ったことがなく、豊後国攻めの局面でも筆を断ったとは考え難いので、この後もおそらく日記を書き続けていたと考えられる。ゆえに現存している『日記』は、本来の分量の半分にも満たないと考えられる。

『日記』の記事ははなはだ詳細で、公私にわたり毎日の事件や日常生活を記録している。島津氏配下の官僚であり武人でもある覚兼が筆に任せて屈託なく日々の公私の生活を書き遺したものとして、同時代の戦国武将の日記としても貴重である。

『日記』に記載されている内容は、政治・軍事・経済・宗教・文芸等多岐にわたり、それぞれ興味深い内容が記録されている。以下各分野で代表的な内容を紹介しておこう。

宗教関係で注目されるのは、覚兼の日常生活における信仰状況である。覚兼は、天正十一年（一五八三）夏以降日課として毎朝看経読経をほとんど怠らなかった。看経時覚兼は夜明け前に起床し、行水で身を清めた後念誦読経を行っている。時に終日読経三昧で暮らすこともあり、旅行中や陣中でも念誦読経をしている。また覚兼は父薫兼とともに法華持経者であり、天正十一年春鹿児島福昌寺住職から道号を与えられている（二月八日条）。

また当該期島津氏分国内の各宗諸大寺住持達は、島津家当主および一門・諸武将達と宗教的諸活動の他深く交わり、政治・外交・文芸的方面でも大きな役割を果たしていた。島津氏が、軍事行動に関する判断を霧島社の御鬮により決定したことも『日記』に記載されている（天正二年九月五日条等）。

文芸関係では、連歌や和歌等が挙げられる。特に連歌は、島津氏分国内できわめて盛んに行われ、島津貴久・義久・義弘等島津氏一族や家臣達はほとんど皆連歌を嗜み、覚兼も手ほどきを受けていた。覚兼は、十七歳の時貴久が近衛家の使者を鹿児島内城に招いて千句連歌を興行した際、その一座に加えられているほど、若年よりこの道を好んでいた。覚兼は、その後も学び続け、鹿児島における月次連歌会にも参加している。和歌についても貴久や義久は嗜みが深く、覚兼も島津家中では歌人として知られていた。『日記』にも覚兼の歌が記録されている（天正十一年二月朔日条等）。

また覚兼は俳諧・狂歌・狂言・戯言等と称す俳諧歌が得意で、酒宴等の席で頻りに遣り交わし、折にふれては詠み出して打ち興じているし（天正十一年二月五日条等）、禅僧達や日本に移住した明人との交遊の結果詩文にも関心を持っていた。天正三年三月一日条には覚兼がこの日から鹿児島福昌寺に在住していた京都の客僧東雲に就いて絶句を学び始めたことが記されている。また覚兼は当時著名な明からの移住者である江夏友賢《こうかゆうけん》（本姓黄）の詩に即席に和韻したり（天正十一年十一月二十三日条）、宮崎郡木花円福寺に招かれた際、覚兼は「春雨打眠」の題に即座に一首返歌している（同十四年三月九日条）。

当該期島津氏分国では茶湯が盛行していて、『日記』にも茶会関係記事が多く見られる。多くの場合茶湯は酒饗と結びついて行われており、酒宴終了後茶が立てられ、後にまた酒盃を重ねる場合が多く見られる。島津家中においては、茶湯を嗜んでいる者が多く、覚兼も一廉の茶人であった（斎木一九五五、松薗二〇一五）。

これ以外にも『日記』には、立花・蹴鞠・猿楽・狂言・幸若舞・乱舞・小唄・平家琵琶等の記事が散見している。前述のように『日記』には、政治・軍事・経済・宗教・文芸等実に広範囲のことが記載されている。以下筆者の専門である南九州の寺社、特に国一宮に関する『日記』の記事を分析し、国一宮に対する島津氏の対応について説明してみよう。

島津氏と薩摩・大隅国一宮との関係

前述のごとく『日記』は、戦国末期九州地方における政治史史料として活用されている。ここでは特に島津氏と島津氏分国内の寺社、特に薩摩・大隅国一宮であった新田八幡宮（現・新田神社）や大隅（国）正八幡宮（現・鹿児島神宮）との関係を『日記』を通して見てみよう。

新田八幡宮は、蒙古襲来以後薩摩国守護島津氏の庇護のもと薩摩国一宮となったと考えられ、一方、大隅正八幡宮は、十一世紀半ば以降すでに大隅国一宮であったと考えられる（日隈二〇〇四・二〇〇六）。戦国期になると両社は中世前期に比べて勢力が衰えたが、島津氏分国内においてはなお有力神社としての位置を占めていた。したがって島津氏にとってもその分国支配のために、両社への対策が重要な課題であったと考えられるのである。

(1)島津氏と新田八幡宮との関係

島津氏と新田八幡宮（新田宮）との関係を示す『日記』の初出記事は天正二年八月七日条である。同日条には、新田八幡宮（新田宮）執印と社僧千儀坊《せんぎぼう》が一緒に同宮権執印・座主との間に相論を起こし、島津氏奏者である覚兼に訴えに来たこと、権執印・座主を召喚するには時間が掛かるので、執印・千儀坊はしばらく逗留したことが記載されている。

この相論については、『日記』天正二年八月十八日条からその概要が分かる。それによると、新田宮執印は覚兼に宮田杢助《みやたもくすけ》を新田宮三昧衆の養子に迎えることにつき権執印・座主等が反対していることを告げ、その後覚兼は、権執印・座主・経官大検校を呼び寄せて、伊集院久信《いじゅういんひさのぶ》・白濱重政《しらはましげまさ》と一緒に彼らの主張を聞いた。権執印達の主張は、三昧衆の養子となる宮田杢助は新田宮下級神官である殿守の子であり、三昧衆のような権執印・座主等と同座する高位の社僧を継承することが許される者ではないということであった。覚兼達は、権執印・座主等の主張に対して、宮田杢助の伯（叔）父は新田宮上級神官である正宮司であり、それでも宮田杢助が三昧衆の養子になることは新田宮内の上下秩序と釣り合わないか否かを尋ねた。権執印達の返答は、宮田杢助の伯（叔）父は神道大阿闍梨であり、その上出家しているので新田宮内の上下秩序から離脱していて今回のこととは無関係であるということであった。

　この新田宮内における相論について、翌十九日覚兼は両方の主張点を老中に報告した。覚兼の報告について老中は、新田宮権執印達の主張に対し、いったん養子になればどのような低い身分の者も養父の地位次第であり、実親の地位・名字等は無関係であるという判断であった。老中の判断を覚兼は権執印達に強く伝えたが、彼らは承服しなかったようである。

　翌二十日夜大乗院盛久の許に白濱重政と覚兼が出向き、新田宮相論についての助言を求め、盛久は翌日助言することになった。八月二十六日出仕した覚兼は、当該期老中喜入季久《きいれすえひさ》・川上忠克《かわかみただかつ》・伊集院忠棟《ただむね》・村田経定《むらたつねさだ》・平田昌宗《ひらたまさむね》全員揃った場でこの件を報告し、話し合いが行われた。そして今新田宮は柴祭の最中であるので、ひとまずこの度は相論当事者達を帰し、柴祭りが終了した後に相論に対する裁決を行う旨を伝えるように命じられ、覚兼達はそのことを執印、千儀坊に伝えた。彼らは今回裁決を受け相論を終了させることを熱望していたが、相論が解決するまで老中達の支援を必要とする身であったので、老中達の判断に従わざるをえなかった。柴祭終了後必ず相論に対する裁決が下ることを執印、千儀坊は依頼した。覚兼は、このことを老中達に報告した。覚兼の報告を受けた老中達は、覚兼に明朝権執印・座主にも同様のことを伝えるよう命じ、翌日覚兼は権執印・座主に伝えて新田宮に帰らせた。

　十月七日、先月打合わせたように、白濱重政と覚兼二名で新田宮相論について島津義久に言上した。義久の判断は、自分としては老中達の判断に特に異議はないものの、新田宮が鎮座している川内地域の地頭二、三人を鹿児島に呼び寄せて今回の相論裁決につき意見を聞くことが妥当であり、また大隅正八幡宮社家衆にも意見を求めよ、その結果特に異論がなければ、裁決を下すようにというものであった。覚兼は、義久の判断を老中へ伝え、老中は早速川内地域の地頭を呼寄せるように命じた。

十月十七日に川内地域の地頭鎌田政心《かまたまさむね》・野村秀綱・山田有信・隈之城《くまのじょう》地頭比志島國眞《ひしじまくにまさ》代松本雅樂助《まつもとうたのすけ》を呼寄せ、新田宮相論について意見を求めたが、彼らの意見は、おおむね老中達の判断に異議はないものの、権執印一人を呼びよせて、島津氏への奉公に間違いが有ってはならないこと、島津氏の裁決に異論を唱えてはならないことを盛久に懇切に諭させることが筋であり、そのようにすれば権執印も養子の件については分別・判断するであろうということであった。

結局十一月十二日になって、新田宮権執印に対する島津義久の裁決が下った。その内容は、もし権執印が納得しないならば、権執印職を罷免されるであろうし、座主その他の社僧衆等は三昧衆への養子の件については執印方から申されたことを認めるべきこと、何にせよ老中の談合次第であるので、権執印達が島津薩州家当主で島津義久からも警戒されていた島津義虎を頼みとしていても無駄であるということであった。

この相論は翌年にも継続し『日記』天正三年正月二十六日条によれば、前年晦日以来新田宮社衆が泰平寺や薩摩国分寺を頼みにし逗留し続けていたことが知られるが、結果的には新田宮権執印・座主に味方し新田宮を退散した供僧衆の中で、それを詫びて新田宮に戻ることを希望する者はそれを許し、そうでない者は新田宮から追放されることになったことが記されている。二月十一日条には新田宮執印と千儀坊が島津氏の許に参じているが、これは新田宮を退散した供僧衆の中で権執印や座主に味方したことを詫びて戻ることを希望した者達を取り成すためのものと考えられ、この記事が『日記』におけるこの事件の関係記事の最後になっている。

以上の新田宮相論は、新田宮三昧衆に同宮殿守の子宮田杢助が養子になることについて、同宮権執印・座主等供僧衆が反対したものであり、供僧衆の多くは新田宮内部における上下関係の秩序を維持することを意図していたようである。しかし神官の頭である執印は、下級神官の子を上級社僧の養子にすることを通して、供僧衆に対する発言力強化を意図していたと考えられる。結局、執印の主張は島津氏の支持を得て通り、権執印・座主等供僧衆の意見は退けられた。そして島津氏の裁決に従わない供僧衆は新田宮を事実上追放され、結果的に新田宮に対する島津氏の支配力は強化されたと考えられる。

天正四年八月十八日条には、島津義久が伊東義祐方の日向国高原を攻めるために、日向国飯野に着き弟義弘と会っていることが記載されており、同日条によると義弘に従軍する人々の中に「川内社家衆」がおり、新田宮神官達が従軍していることが推測される。彼らは、戦場において伊東方に対する戦勝祈願や調伏祈願に従事していたと考えられ、これ以前において新田宮内から、島津氏の裁決に従わない供僧衆が事実上追放され、新田宮内は島津氏支配下に完全に組み込まれていたと考えられるのである。

天正十二年末、新田宮修造の動きが確認され、島津忠長宿に伊集院忠棟・本田親貞・覚兼等の島津氏家臣達が集まり談合し、翌春取り掛かることが肝要であるが、合戦相次ぎ造営が実現しがたいことが指摘されている（十二月七日条）。翌年二月十二日条には島津氏重臣が寺社ごとに修造を担当することになり、本田親貞が新田宮修造を請負ったことが記載されている。

この天正十二年は、三月に島原合戦で竜造寺隆信《りゅうぞうじたかのぶ》を敗死させ、九月に隈部親泰《くまべちかやす》・竜造寺政家《まさいえ》（隆信子）、十月には小代親泰《しょうだいちかやす》を従え島津氏の領国が大きく拡大した年である（三木一九七二）。島津氏は数々の戦闘における勝利に対する御礼と今後来るべき大友氏との戦闘に対する勝利を祈願するために新田宮等の修造達成を企図したと考えられるのである。

(2)島津氏と大隅（国）正八幡宮との関係

次に島津氏と大隅国一宮大隅正八幡宮との関係についてみてみよう。

『日記』天正二年十月五日条に、先年蒲生氏を下した島津貴久が大隅国宮内に出向いた際、菱刈《ひしかり》氏当主自ら貴久への臣従を誓っている。この時貴久は、当地に鎮座している大隅正八幡宮に対蒲生氏戦勝御礼の目的で参詣したと考えられる。同十三年十一月二十二日条にも、島津義久が大隅正八幡宮に参詣するために滞在していることが記され、同年十一月二十六日条と十一月二十八日条にも、「先年（天正四年カ）」義久が伊東氏攻めの際に、その勝利祈願のために大隅正八幡宮に参詣していることが記載されている。

島津氏は、大隅正八幡宮の修造にも意を払っている。前述天正十二年十二月九日条から、大隅正八幡宮修造時に島津氏家臣三原重益が担当し完成させていることが分かり、三原重益は島津氏の重臣であることから、島津氏がこの神社を重視していることが分かる。

しかし島津氏は、大隅正八幡宮を崇敬するとともに支配下にも置いていたことが知られる。前述天正四年八月十八日条に、島津義久が伊東義祐を攻めるために日向国高原出兵の目的で飯野に着陣した際、島津義弘軍参加者の中に「大隅社家」の記載があり、大隅正八幡宮神官達は、この大隅社家の中に含まれていると考えられ、彼らは新田八幡宮神官達と同様従軍して戦場における戦勝祈願及び敵対勢力調伏に従事していたと考えられるのである。

室町期島津氏は蒲生・吉田氏等大隅正八幡宮の神官系在地領主を被官化し（五味一九七八）、戦国期になると同社の御供田支配や役編成、社家の安堵権を掌握していっている（福島二〇〇四）。『日記』の記事からも、先行研究の指摘にある通りに戦国期島津氏が大隅正八幡宮を支配下に入れていることが確認される。

上井覚兼が大隅正八幡宮をどう認識していたかを端的に示す興味深い記事が天正十四年八月二十九日条である。覚兼の「夜前」の夢想の中で大友氏本国である豊後国攻撃を成就させるために、義久の祖父忠良・父貴久と覚兼が問答する中で大隅正八幡宮に祈念することが記されており、こうした夢を見ることからも覚兼は、大隅正八幡宮の有する宗教的権威を感じていたことが確認されるのである。

『日記』には上井覚兼・島津氏と大隅正八幡宮との直接的な関係以外に神官達と覚兼との関係についても記されている。もちろんこの関係は、広義の大隅正八幡宮と島津氏との関係の中で理解されるべきもので、このことを踏まえて『日記』に記載されている大隅正八幡宮神官達と上井覚兼との関係を読み解いてみよう。

大隅正八幡宮神官達と覚兼との親密な関係については『日記』に多く記載されており、その中で特に天正十二年十二月十三日条の記事は注目される。覚兼は、桑幡左馬頭道隆三男の元服加冠を依頼され引き受けることになり、同夜覚兼は道隆館に宿泊し、道隆妻と和歌の贈答をしている。一方、道隆館には留守藤景も酒を持参して来ており、深夜まで道隆や藤景等と歓談していることがわかる。

子息の元服加冠を依頼することは、桑幡道隆が覚兼との強い結びつきを構築する意図を示したものであろう。当該期桑幡道隆は、未だ大隅正八幡宮執印職に補任されておらず（鹿児島県歴史資料センター黎明館二〇〇五）、留守氏は以前大隅正八幡宮執印職に補任されていたが、大隅正八幡宮内における地位は低下していた（五味一九七八、福島二〇〇四）。道隆や留守藤景が覚兼に接近した理由は、大隅正八幡宮の地位向上や同宮内における自らの立場を向上させるためであったと考えられる。

(3) 島津氏と薩摩・大隅国一宮との関係

最後に『日記』の記事に基づいて島津氏と薩摩・大隅国一宮との関係について纏めておこう。

島津氏は、大隅国一宮大隅正八幡宮を支配下に置き、敵対勢力との合戦における戦勝祈願や敵対勢力調伏を行わせていた。その神官達は、戦勝祈願や敵対勢力調伏のため島津氏に動員され従軍していた。

一方、薩摩国一宮新田八幡宮に対しては、天正二年から翌三年にかけての相論以前には島津氏の支配が十分及んでいなかったと考えられる。この相論において島津氏の裁決に従わない社僧達を新田八幡宮から追放した後、同社に島津氏の支配が十分及ぶことになり、その結果、同社の神官達が島津義久の日向国飯野出兵に従軍したと考えられる。島津氏が新田八幡宮に十分に支配権を及ぼす時期が天正三年というのは、この頃島津氏が薩摩国内において開聞社より新田八幡宮を上位に認識したこと（福島一九八七）と関係していると思われる。島津氏が薩摩国全域を支配下に入れたことにより、この国の一宮を重視するとともに支配下に組み入れることを意図していたと考えられる。

（日限正守）

参考文献

井原今朝男「大田荘」（網野善彦・石井進・稲垣泰彦・永原慶二編『講座日本荘園史五　東北・関東・東海地方の荘園』吉川

弘文館、一九九〇年）
鹿児島県歴史資料センター黎明館編『鹿児島県史料　旧記雑録拾遺　家わけ一〇』（鹿児島県、二〇〇五年）、桑幡家文書
北村皆雄「薩摩の諏訪信仰」（古部族研究会編『日本原初考　諏訪信仰の発生と展開』永井出版企画、一九七八年）
五味克夫「大隅国正八幡宮社家小考」（竹内理三博士古稀記念会編『続荘園制と武家社会』吉川弘文館、一九七八年。二〇一六年に同『戎光社研究叢書九　鎌倉幕府の御家人制と南九州』戎光祥出版に再録）
斎木一馬「上井覚兼日記に就いて」（『日本歴史』八一、一九五五年。一九八三年に福島金治編『戦国大名論集一六　島津氏の研究』吉川弘文館に再録）
東京大学史料編纂所編『大日本古記録　上井覚兼日記（上）（中）（下）』（岩波書店、一九五四年、一九五五年、一九五七年）
日隈正守「薩摩国における国一宮の形成過程」（一宮研究会編『中世一宮制の歴史的展開　上』岩田書院、二〇〇四年）
日隈正守「大隅国における国一宮の形成過程に関する一考察」（『年報中世史研究』三一、二〇〇六年）
福島金治「戦国島津氏の起請文」（『九州史学』八八・八九・九〇、一九八七年。一九八八年に同『（中世史研究選書）戦国大名島津氏の領国形成』吉川弘文館に再録）
福島金治「中世後期大隅正八幡宮社家の存在形態」（一宮研究会編『中世一宮制の歴史的展開　上』）
松薗斉「茶会記の成立——日記・古記録学の視点から」（倉本一宏編『日記・古記録の世界』思文閣出版、二〇一五年）
三木靖『戦国史叢書十——薩摩島津氏』（新人物往来社、一九七二年）

第五章　僧侶・神官の日記——日記から展望する多様な中世寺社の世界

中世後期には、多くの寺院や僧侶の日記が残されているが、本章では、禅宗日記群とでも呼んでいいような多くの禅宗の僧侶による日記の中から、その代表的なものの一つである相国寺の瑞渓周鳳《ずいけいしゅうほう》の日記を選び、次にやはり中世の最末期に一群の日記を残している浄土真宗の本願寺派の日記から、第十代門主である証如《しょうにょ》の日記『天文日記《てんぶんにっき》』を解説する。さらに、禅宗の日記とはいっても、地方寺院の住持の日記である『長楽寺永禄日記《ちょうらくじえいろくにっき》』を紹介する。禅宗に限らない地方における寺院の活動がよくわかる貴重な日記の一つである。

また神仏習合が進んだ中世においては、今日で神社のカテゴリーに入っている宗教組織でも、内実は社僧とよばれる半俗の僧官によって運営されているものが多い。第4節では、祇園社や石清水八幡宮などと並ぶそれらの代表である北野天満宮の記録について解説している。

（松薗　斉）

1　『臥雲日件録抜尤』（惟高妙安）——室町文化の周辺と世相

『臥雲日件録抜尤』とは

『臥雲日件録抜尤《がうんにっけんろくばつゆう》』（以下、『抜尤』と略称）は相国寺の禅僧瑞渓周鳳の日記『臥雲日件録』を、永禄五年（一五六二）に惟高妙安《いこうみょうあん》が抄録した抄録本である。原日記の『臥雲日件録』は、文安三年（一四四六）三月から文明五年（一四七三）にわたる記録であったが散逸し、現存するのは惟高妙安の抄録本のみとなった。個人蔵として今日まで伝来している（東京大学史料編纂所寄託）。なお活字本が『続史籍集覧』のほか、『大日本古記録』中の一冊として刊行されている。

原日記の記主瑞渓周鳳と抄録者惟高妙安について簡単に紹介しておこう。瑞渓周鳳（一三九一～一四七三）は和泉堺の伴氏の出身で、別に臥雲山人、竹郷子《ちくきょうし》、刻楮子《こくちょし》などと称した。相国寺で夢窓派の無求周伸に師事し、のちその法を嗣ぐ。永享十二年（一四四〇）、相国寺への入寺をはじめとして生涯三度も鹿苑僧録《ろくおんそうろく》を務めるなど五山に重きをなす一方、詩僧としての名声も高かった。詩集『臥雲藁』、諸書を抜書きした『刻楮』二百巻などのほか、外交文書の作例を集めた『善隣国宝記《ぜんりんこくほうき》』などを残している。ちなみに日記名『臥雲日件録』の由来は、別号の臥雲や永《よう》明延寿《めいえんじゅ》伝にある「其の行事を録すること、日に百八件」の語句に依ったとされる。

惟高妙安（一四八〇～一五六七）は近江の生まれで（一説に久我家の出身とも）、別に懶安《らいあん》、葉巣子《ようそうし》などと称した。はじめ妙心寺に入ったが、のちに相国寺光源院（当時は広徳軒）の夢窓派僧瀑岩等紳に師事し、その法を嗣いだ。永正十年（一五一三）、伯耆の山名氏に招かれ、伯耆・因幡に留まることほぼ三十年におよび、この間尼子氏などとも師檀関係を結んだ。天文九年（一五四〇）、相国寺に入寺し、天文十二年（一五四三）には南禅寺、さらに鹿苑院塔主となり僧録を務めた。室町末期の五山文学を担った詩僧で、詩集『葉巣集』のほか、『臥雲日件録』の抄録および『詩学大成』を抄した『詩淵一滴』、『韻府群玉』を抄した『玉塵』などを著した。

さて、本書のいくつかの記事を紹介するに先立ち、まず抄録本全体の内容的特色について二点だけ述べておこう。本書は前述したように惟高妙安の個人的嗜好から精選された抄録である。そのためか、記事は五山文学に関係したものが圧倒的に多いという特色がある。たとえば瑞渓と同時代の叢林の文芸活動に関するものや過去の文筆僧の逸事などに紙面の多くが割かれており、瑞渓の日常生活や当時の政治的事件などについての記事はほとんど漏れていると言わざるを得ない。これはおそらく、惟高の抄録作成の意図に起因すると言えるだろう。

次に、惟高の経歴に関係するかと思われるが、妙心寺関係の記事や人物についての記事が比較的多い。前述したように惟高は夢窓派禅僧となる以前、妙心寺での修行期間がある。そのことは記事を抄録する際にも少なからぬ影響を及ぼしたと考えられる。

以上のような特色をもつ本書であるが、それはそれとして、本稿ではそういった彼の嗜好とは、少しだけ距離をおくことにしたい。というのは、かりにその類の記事を紹介するとすれば、読者に対して一定度の予備知識を強いる必要が生じるためである。本稿の性格からしてそれは必ずしも適当でないだろう。したがってその点に踏み込むことは改めて別の機会に譲ることにし、本稿では当時の文化や世相を考える上からとくに興味深いと思われるいくつかの記事を採り上げることで紹介の責めを塞ぐことにしたい。

坐公文の流行

僧録とは五山・十刹・諸山など五山派官寺の統括やその人事管理などを行う役職だが、職務中とくに重要なものとして、官寺へ入寺する禅僧に与えられた公帖《こうじょう》（辞令）の発給に深く関与していた点を挙げることができる。公帖とは将軍が発給する御教書《みきょうじょ》形式の辞令文書である。僧録はその発給に際して、候補者の選定、将軍への推薦、できあがった公帖の本人への手渡しなど、実質的な手続きの多くを担っていたのである。ただこの時期、公帖による入寺制度はすでに形骸化していて、官銭のみを支払って実際に入寺することなく「前住」の資格を得る、いわゆる「坐公文」の弊習が常習化していた。先に瑞渓の経歴を略述した際にも述べたように、彼は生涯三度も僧録を務めている。そのためか、この坐公文の流行についてはかなり批判的であったようだ。

予、謂えらく、居公文、天下皆然り、之を言うに足らず、公いまだ秉払《ひんぽつ》を勤めずして西堂の員に備えるは、不可中の不可なるもの也
（宝徳二年四月二十三日条、原漢文、以下同）

この記事は、一色教親が亡父持信《もちのぶ》十七回忌の追薦のために、ある僧に丹波（後）雲門寺《うんもんじ》の坐公文を得させたことに対して、瑞渓が記したものであるが、秉払《ひんぽつ》（住持資格を得るために、住持に代わって説法する式）も行っていない僧が、居（坐）公文によって西堂位（十刹・諸山の住持位）に補任されることは「不可中の不可」と慨嘆しているのである。さらに坐公文については、次のような興味深い記事も残されている。

豊の万寿寺中、又五山の長老あり、百十七貫を以て南禅寺公帖を買い、将に齋筵《さいえん》を開かんとし、因って紫衣《しえ》を

> 著す、時に大友命じて曰く、吾が寺は十刹、而るに五山長老此に居す、某《それがし》、以為《おもえらく》宜しからず、何ぞ況や五山之上南禅寺前住をや、若し南禅に位せんと欲せば、則ち此の寺中に居すべからず、彼の長老南禅の位を得ず、遂に本位に居するのみ
> （康正元年正月五日条）

豊後の万寿寺に南禅寺の坐公文を百七十貫で買った僧がいた。彼は齋筵の席に南禅寺住持に許されている紫衣を着て臨んだ。それを見た万寿寺檀越《だんのつ》の大友氏が万寿寺は十刹であり、紫衣僧の住する禅寺ではないと戒め、それを許さなかったという話である。瑞渓はこれに続けて、坐公文を買った僧侶は一生の恥を被ったと厳しい批判を加えている。また、公帖発給に際して僧録に支払われていた礼銭に対しても同様に彼は批判的であった。

> 予、此の院に住すること三百十一日、大小の諸刹に授けし公帖は七十三人、皆旧例に随い、一緡を携え、或いは間々二緡を携える者あり、然るに皆辞して受けず
> （文安四年七月二十九日条）

瑞渓はこれまで七十三人に公帖を伝達したが、それらの僧達は皆、従来の慣習にしたがって礼銭を届けてきた。しかし彼はそれらを決して受け取ることはなかったと誇らしげに記している。瑞渓の心中を窺うことができる記事である。

中国禅宗界の確執

瑞渓が外交文書集『善隣国宝記』を残していることは先に述べた。そのことも関係していると思われるが、中国の禅宗の動向についてはことのほか敏感であったようだ。

> 東福の光蔵院の直宗（直翁智侃）、もと大覚（蘭渓道隆）の弟子なり、まさに大唐に入らんとする時、大覚、語録を以て痴絶（痴絶道冲）に就いて序を求めしむ、直宗、入唐するに、痴絶已に遷化し、時に虚堂（虚堂智愚）、化を旺んにす、因って其の序を請う、虚堂一見し語録中に就き、偈頌を竄滅《ざんめつ》し、然して序して之を還す、直宗、

持ち帰りて大覚に呈す、（大）覚大いに怒りて、便ち一炬に付す、是の由に直宗は東福の聖一（円爾）に嗣ぐ
（文安五年四月一日条）

直翁智侃《じきおうちかん》はもと蘭渓道隆《らんけいどうりゅう》の弟子であった。宋に渡航するに際し、蘭渓から語録に痴絶道冲《ちぜつどうちゅう》の序をもらうように頼まれたが、宋に到着してみると、痴絶はすでに死去していた。そこで、虚堂智愚に序を請うた。虚堂は語録を一見し、偈頌を修正し、序をつけて還した。直翁が帰国してそれを蘭渓に呈すと、蘭渓は激怒し、火中に投げ入れてしまった。そこで直翁は、蘭渓のもとを離れて、東福寺の円爾（聖一国師）の法嗣となった、というものである。

この話は南禅寺上生院の竺華梵萼《じくかぼんがく》が妙心寺の日峰宗舜《にっぽうそうしゅん》から聞いた話であった。蘭渓道隆と虚堂智愚との間の軋轢を窺わせる内容であるが、同じ松源派内の兄弟弟子の関係にあった彼らにどのような軋轢があったのか、いささか不審な内容である。というのは、現存する蘭渓の語録には実は虚堂の跋文が付されていて、その事実からすれば、彼はむしろ語録刊行の協力者だったと思われるからである。『抜尤』の記事は、そのことが、おそらく誤って伝わった結果であろう。そのことは、たとえば次の事実からも推測される。

直翁の行状を記した『東福第十世直賜仏印禅師直翁和尚塔銘』（『続群書類従』巻二二九所収、以下『塔銘』と略）には蘭渓の語録を修正した相手が『抜尤』の言う虚堂（松源派《しょうげんは》）ではなく、大川普済（大慧派《だいえは》）であったと記されている。両書相違するわけであるが、『塔銘』は応永六年（一三九九）に、直翁四世の法孫正旃《しょうせん》が諸方の史料を収集して成ったものであるから、この場合、当然『塔銘』の記載によるべきであろう。とすれば、この逸話は実は、中国禅宗界における大慧派と松源派の確執として読み解くことができるのである。説明を加えよう。

ここで中国禅宗界の勢力の変遷を簡単に見ておけば、宋代以降、いよいよ隆盛になった禅宗ではあったが、内部では決して一枚岩的団結を誇る状況にあったのではない。各派はお互いに衝突や競合し、離散・集合の状態を繰り返していたのである。そのため、禅宗各派の勢力の伸張には時期的な変化が見られ、それがわが国の禅宗界にも少なからぬ影響を及ぼしていた。当該期の状況を簡単に述べておくと、南宋末（鎌倉時代中期）頃から隆盛し始めた

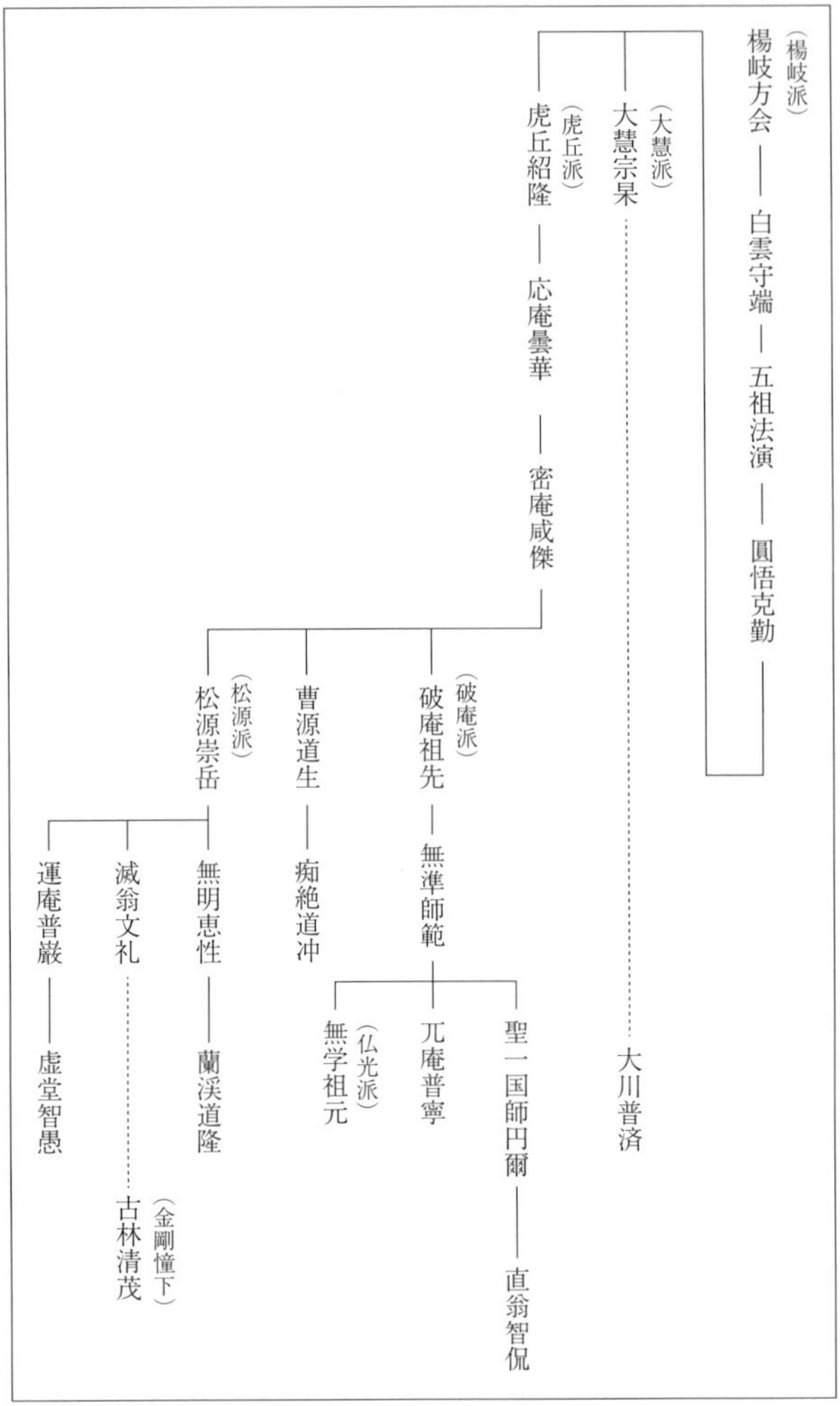

図5－1　中国禅宗法系図

臨済宗松源派の勢力は元代へも受け継がれた。同派の古林清茂《くりんせいむ》の会下には日・中両国の禅僧が群参し、彼は別号を「金剛幢《こんごうとう》」と称したので、その会下の僧達は「金剛幢下」と呼ばれ、一大勢力となっていた。ところが、元代末から明代に至ると（日本では鎌倉末から南北朝時代にかけて）、そのような松源派優位の状況は一変した。松源派の勢力は元の滅亡とともに急激に衰え、代わって台頭してきたのが大慧派である（拙著『足利義満と禅宗』）。

先ほどの、松源派（蘭渓道隆）と大慧派（大川普済）間の確執の逸話も、そのような背景を考慮して読めば相応に興味深いものになる。松源派の蘭渓は大慧派の大川に対して複雑な感情があったのだろう。

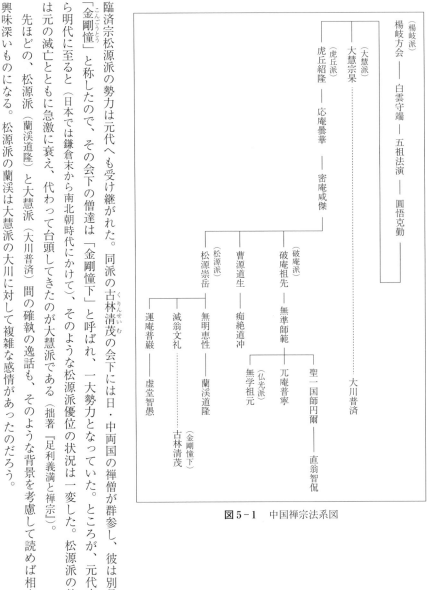

ちなみに『抜尤』には、破庵派《ほあんは》と大慧派間の確執も窺わせるような、もうひとつの逸話が残されている。破庵派も鎌倉期には一大勢力であったが、大慧派の台頭により松源派と同様劣勢に追い込まれた門派であった。

径山《きんざん》回禄の時、大恵《（大慧宗杲）》の塔独り全うす、无準《（無準師範）》怒りて曰はく、土地神の龍王の私心、偏に大恵塔のみを護るは何ぞや、袖を挙げて火を扇ぎ、其の塔を焼かんと欲す、然るに龍王擁護の致す所、遂に厄を免れる

（文安五年正月十九日条）

これは、入明僧怡雲寂誾《いうんじゃくぎん》が語った唐人の噂話であるが、中国の名刹径山《きんざん》の火災の時、大慧宗杲《だいえそうごう》の塔のみが焼失を免れたので、怒った破庵派の無準師範《ぶしゅんしばん》は火を煽って大慧の塔を焼こうとしたが成功しなかった、という話である。伊藤幸司氏の研究によれば、怡雲寂誾は応永九年（一四〇二）以前に入明しているので、この噂話もその頃のものと考えられる。

話自体は時代性を無視した他愛ないものであるが、先の逸話同様、明における大慧派の盛行とこれを快く思わない破庵派（無準師範）との確執を背景に囁かれていた話と考えれば、これまた同様に興味深いものになる。

渡唐天神信仰

平安時代以降、怨霊神、文芸神と次第にその性格を変化させてきた天神であったが、室町期に入ると、新しい要素がさらに付け加わった。渡唐天神と呼ばれるものである。南北朝期頃に九州大宰府あたりで発生したと考えられているが、室町時代初めの頃から京都でも流行しはじめ、以後近世に至るまで多数の画像が描かれた。画像は、天神（菅原道真）が中国径山万寿寺の無準師範に参禅し印可を得るという架空の逸話を前提に、画中には道衣をまとった隠士風の人物が描かれており、頭に頭巾を被り、肩には頭陀袋のようなものをかけ、叉手した腕には梅の枝をもっている。時代性を無視した荒唐無稽の話ではあるが、五山詩僧らは競って画像の賛文を製したのである。

本書にもこの渡唐天神に関していくつかの記事が残されている。一例として、文正元年五月七日条、大内盛見《おおうちもりみ》が

足利義持《よしもち》に無準師範賛・牧谿《もっけい》筆の渡唐天神像を献上した記事などを挙げることができるが、次に紹介する記事は渡唐天神信仰の発生を考える上から看過できない貴重なものである。

薩摩の福昌寺《ふくしょうじ》は石屋真梁《せきおくしんりょう》が開山した寺であるが、ある日寺僧が殿基の改築のために普請を行っていたところ、岩の間から一枚の天神画像が発見された。その画像には次のような「天神、無準に参ずるの由」の賛文が記されていた。長文のため意訳しておく。

> 筑前の一富民のある夜の夢に天神が現れ、「一生不犯戒の僧百人を集めて、千部の法華経を読ませよ」と願った。富民は百僧を集めたが、ただ持戒僧であるか否かは判断できず、ともかく世に名高い高僧だけを集めた。ところが、その夜の夢に現れた天神は読経の礼は述べたが、持戒の僧を欠いていたことを憾み、更に一座の読経を願ったのである。困った富民は、宋より帰国して大宰府崇福寺に住していた円爾《えんに》のもとへ行き、このことについて相談した。そこで、円爾は、四面を水晶の数珠で荘厳した道場に入り、中央の榻上で独り読経したが、天神はこれに十分満足して、今度は（崇福寺の）円爾の前に現れて授衣を願った。円爾が自分の師である径山万寿寺の無準師範に参禅することを勧めると、天神は了解して去っていった。その後、天神は再び円爾の前に現れたが、その姿は梅花一枝を袖に挿し肩には一嚢を懸けていた。そして自らその嚢を指差して、「私は既に受衣した、衣はこの中にある」と述べた。
>
> （文安三年四月十五日条）

当時九州で流行していた渡唐天神説話の典型であり、九州の円爾門下の僧達によって形成されたと言われている。筆者もかって渡唐天神信仰について論ずることがあり、その際、本史料などにも言及し、説話形成の場所を円爾門下の拠点であった博多承天寺辺りと推定したことがある。

このように渡唐天神説話の発生を考える上から看過できない貴重な史料であるが、そのほかにも以下に述べるような興味深い内容が含まれている。少し説明を加えておきたい。

前掲の説話の内容でとくに注目されるのは、円爾の活躍場所が説話の形成場所と考えられる博多の承天寺ではなく、大宰府の崇福寺であるという点である。たとえば筑前の富民は崇福寺に居た円爾に法華講読を依頼したのであり、円爾が法華講読を行った場所も崇福寺であった。また天神も崇福寺の円爾の前に現れたのである。

このように説話は、崇福寺における円爾の活躍というものをきわめて強く印象づけようとしている。これは何故であろうか。もちろん、崇福寺もまた円爾門下の拠点寺院であったという事実を踏まえれば、とくに異とする必要もないように思われるかもしれない。だが事はそれほど簡単ではないのである。

文永七年（一二七〇）、鎌倉建長寺より筑前へ下向した南浦紹明《なんぽじゅうみん》は、翌々年には円爾の開堂した崇福寺へと移転し、以後三十余年を同寺で過ごした。南浦の崇福寺移転の背景には当時勃発していた蒙古問題との関連などが指摘されているが、ともあれ、これを契機として同寺は南浦門徒の拠点寺院へと変化した。つまりこの説話が形成されたと考えられている南北朝期頃には、円爾門徒が同寺へ入寺することはほとんどなかったのである。

このような状況下で、円爾門徒らにより、先のような説話が喧伝されたとすれば、その政治的意味は大きいと言わざるをえないだろう。

つまり渡唐天神説話は、円爾門徒からすれば、同寺を「理不尽に」独占している南浦門徒に対する痛烈な批判メッセージであったと考えられるのである。説話の強調点である「崇福寺＝円爾の寺」の主張も、この観点から理解されなければならない。

説話形成の背景には、崇福寺をめぐる円爾および南浦門徒間の根強い確執が横たわっていたのであろう、前掲の記事はそのような事も窺わせるものとして貴重である。

有馬温泉での湯治

天皇・貴族らが主に治病・療病などを目的に利用するのみであった古代の温泉地は、室町時代に入るとこんどは一般庶民も巻き込みながら行楽地としての性格を強めることになった。

本書には瑞渓が摂津の名湯有馬温泉に滞在した際の記事も残されている。宝徳四年（一四五二）の四月七日から二十八日に至る二十一日間の滞在であった。当時の温泉地の状況を伝えるきわめて貴重な史料である。ただ本書の記

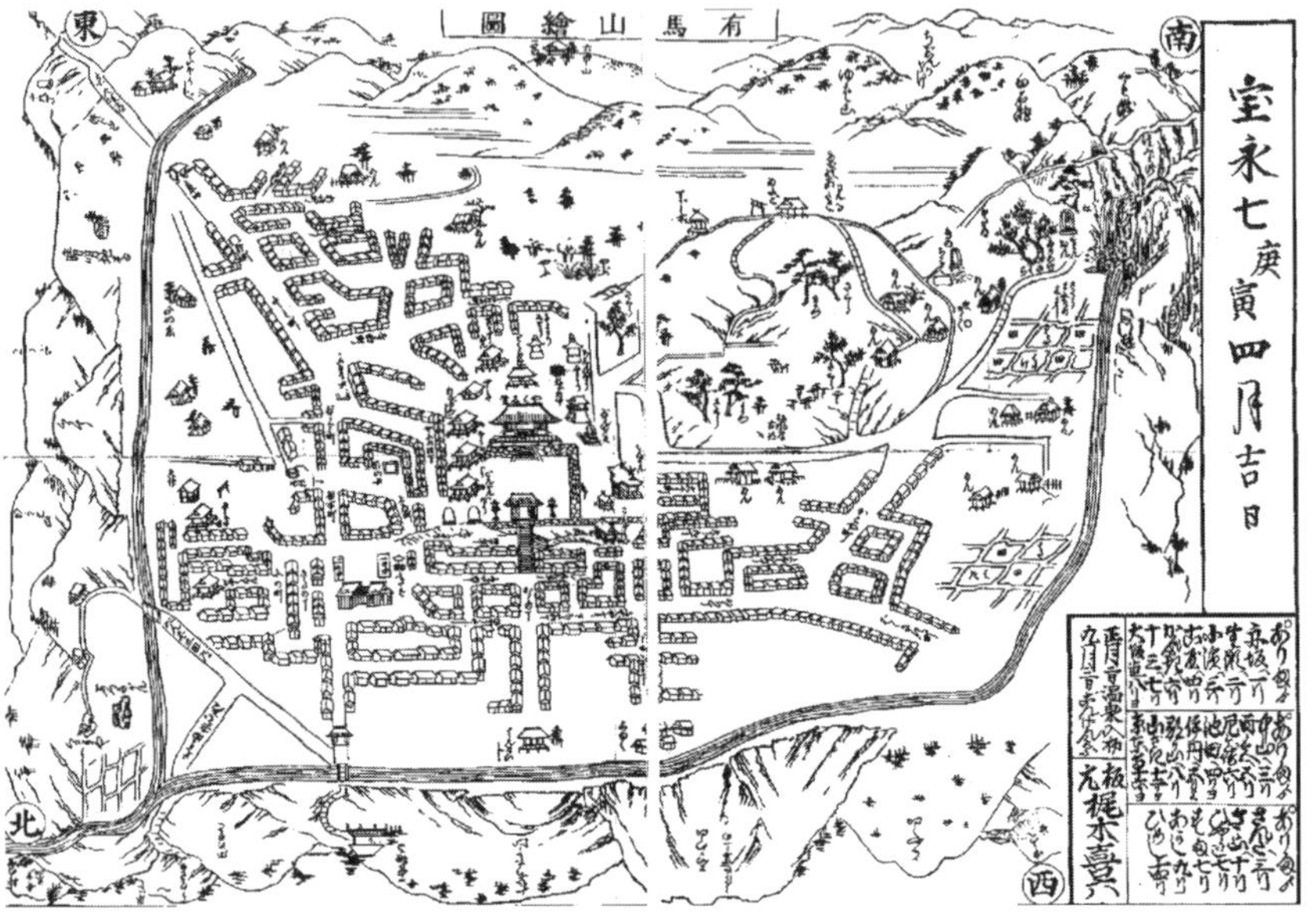

図5－2　「有馬山絵図」　宝永七年（神戸市立中央図書館蔵）

事には省略部分が多いため、彼の旅行記『温泉行記』（『五山文学新集』第五巻所収）なども併せて参照することで、当時の有馬温泉の様子を窺ってみよう。

有馬温泉の状況　当時、湯治客で賑わう摂津の有馬温泉（湯山村）は次のような状況であった。関係部分を意訳しておく。

> 五、六町程の広さで、戸数約百戸。村内には東西二町余の路が蛇のように曲がりくねって続いており、西北方向へ流れている小川はやがて大きな川（有馬川）に合流する。家々では戸前に木を連ねて橋とし、筧の水は軒先まで及んでいる。おそらく雨が多いのであろう。また南北にも一町余の路が続いており、北へ向かえばなだらかな坂道であるが、南はかなり険しい坂道となり、その先でさらに二手の路に分かれている。あたかも人が箕踞（両足を投げ出して坐す）しているような形である。路の一方は温泉寺へ通じており、もう一方は菩提律院を経て山の方へ向かう路となる。そのほか村内には数えきれないほどの小さな路が縦横に通じている。（『温泉行記』）

さらに、「浴場は村の中にあり、湯室は垣で南北に区切られ、各々一の湯・二の湯と呼ばれていた」が、各湯は、優劣があるというのではなく、温泉を領する温泉寺《おんせんじ》が南にあるため、南の湯を一の湯と呼ぶのである。湯客らは貴賤なく、南辺に宿泊するものは一の湯に入り、北辺に宿泊するものは二の湯に入るのであった。温泉寺とは、後に述べるように、行基開創の伝をもつ寺院（現在は黄檗宗）である。有馬温泉は同寺の所領であり、管理も同寺が行っていたのである。

瑞渓が宿泊したのは息《やすみ》殿と呼ばれる宿泊所で、二の湯の東北わずか数十歩という場所にあった。また一の湯の西には御所と呼ばれる宿泊所もあった。ちなみに「御所」「息所」という名は、「足利義満が湯治に訪れ、宿泊した宿を御所、休憩した宿を息殿」と呼んでいるのであり、息殿には広さ三間の部屋が三室あり、彼らの部屋の壁には、「湯浴養生表目」という次のようなかな書きの入浴心得書が掲げられていた（十二日条）。

水湯は力弱く、塩湯は力強い。強いゆえに疾を医治することは甚だ速いが、また多浴すれば害となる。諸州に温泉は多いが、皆水湯であり、ここを除けば、ただ但馬の木崎（城崎）温泉だけが塩湯である。凡そ入浴湯回数は、初め少なく、中頃多く、後は少なくが良法であり、三週間の逗留の場合、第一週は少なく、第二週は多く、第三週は少なく入浴すべきである。

宿泊施設

有馬温泉内の主な宿屋としては、御所・息殿のほかにも、一の湯の東に東御所、二の湯近くに兵衛などがあったが、興味深い点は、いわゆる民宿的な宿泊所も数多くあったらしいことである。当時としてはきわめて稀な二階建ての民宿が多く、その上階部分が湯客の宿泊に充てられていた。これらの温泉宿には各地から湯治客が集まっており、地方の言葉が乱れ飛んでいた。農閑期を利用した近隣農民の湯治などもかなり頻繁に行われていたようである。

このような商業的な宿泊施設のほか、寺院に設けられた遊行僧専用の宿庵（旦過寮《たんかりょう》）もあった。この庵は夢窓疎《むそうそ》石《せき》の創建を伝えるもので、庵額は鎌倉時代に来朝した元僧一山一寧《いっさんいちねん》の筆と伝えていた（十八日条）。南北朝時代初め頃の禅僧雪村友梅の再興勧進疏なども伝来していることからすれば、創建は鎌倉時代まで遡るだろう。だが瑞渓の時期には、

庵の前に温泉は有るが、今は入浴する者はいない。湯槽は朽ち壊れ、湯と水が混ざり合っているので、微かに温かいだけであり、一、二の湯とは到底比較できない　（『温泉行記』）

というような状態であった。

温泉地の娯楽　ところで、湯治客らは、入浴以外の時間をどのように過ごしていたのであろうか。娯楽の第一としては、近辺の山中散策が挙げられる。近辺には高さ五、六丈程（十五～八メートル）の鼓ケ滝と呼ばれる景勝地があり、とくに湯治客の目を楽しませていた。俗に「鼓ケ滝に向かって大声で叫ぶと瀑水が急落する」との伝えがあり、瀑下に立ち、再三、大声で試してみる者もあった。

また、村内の寺社参詣も重要な娯楽のひとつであった。村内には温泉の守護神を祭る女体権現社《にょたいごんげんしゃ》（湯泉社）やその神宮寺温泉寺（薬師堂）などをはじめとして、極楽寺・菩提律院・施薬院・無垢庵などの寺社があった。毎月二日、女体権現に御供を献ずる日には、三輪明神社《みわみょうじんしゃ》（三田市三輪か）から御供を持参する巫女らによる鼓舞があり、また八日には、地元の老僧十人が温泉寺薬師堂に集まり、諷齋を行った。

湯治客の間でとくに人気があったのは、温泉寺律院僧による温泉寺縁起の絵解きである（十八日条）。客らが代金を支払うと、奈良時代の僧行基《ぎょうき》による開創伝説が次のように語られた。

湯山の山中で病人と出会った行基は、その病人を懇ろに看護するが、実は彼が湯山石像薬師《ゆやませきぞうやくし》の化身であることを知る。このことが縁となり、温泉湧出地の傍らにあった石像を本尊として温泉寺は建立されたという。あるいは、山中の三神、女体権現（本地薬師）、三輪明神（本地毘盧舎那）、鹿舌《かした》明神（本地観音）の次のような由来が語られるこ

ともあった。女体権現はもと三輪明神と夫婦であったが、訳あってひそかにこの地へ逃げ去ろうとし、途中、狩猟中の国司と出会った。追手を恐れた女体権現は、国司に自分に会ったことを言わないように頼むが、約束は守られない。怒った女体権現は、国司らを乗っていた白馬もろとも吹き飛ばしてしまい、それ以来、白馬での有馬入山は禁じられている。以上のような興味深い話が、次から次へと続くのであった。

最後に、筆者の目に入った二、三の記事を紹介して、擱筆することにしよう。

その他

等持寺の笑雲瑞訢は入明時に持参した扇一本の代価を以て翰墨全書一部を購入することができた。また明国では日本刀の価値が高く、日本で八百文あるいは一貫文の太刀でも彼の方では五貫文の値がついたという話（長禄二年正月八日条）。

長禄二年（一四五八）、建仁寺の修造に際して朝鮮より再雕本の高麗版大蔵経が請来された。同年二月、足利義政は、瑞渓らと共にこの高麗版大蔵経を建仁寺方丈慈視閣で閲覧している（二十九日条）。ちなみに同経は天保八年（一八三七）の火災で大部分が焼失したが、その一部は現在まで建仁寺に伝来している。

建仁寺の関係でもうひとつ。同寺には海賊（倭寇）より捉えられ、日本国内で転売されて流れ着いた数人の明人が居住していた。たとえば温州の張徳廉《ちょうとくれん》や杭州の謝良《しゃりょう》などがそうである。入明経験のあった天与清啓《てんよせいけい》の話によれば、天与はかつて抗州で謝良に会ったことがあるが、彼の家は富裕で、娘は燕京（北京）の宮廷に仕える官女であったと述べている（寛正五年四月十三日条）。また同年三月二十三日条には、海賊に捉えられ、同じく同寺に居住していた幼い明人兄弟（七歳、六歳）についての記事もある。記事には望郷の念に溢れた兄弟の悲愴な詩文などが含まれており、今なお涙を誘われる。

そのほか、民間での噂話などもいくつか記されている。

竺雲等連《じくうんとうれん》との茶話のついでに、話が天下政治に及び、足利義政の政治を風刺した落書「世に三魔の説有り」が話題にあがった（康正元年正月六日条）。義政の政治が、乳母今参局《いままいりのつぼね》、赤松氏の一族有馬元家《ありまもといえ》、義政の育ての親で生母日野重子《しげこ》のいとこ烏丸資任《からすますけとう》らに左右されているとの噂が世間に飛び交っていたのである。

長禄の大飢饉に際し筑紫の願阿弥《がんあみ》は、義政に百貫文の助縁を得て六角堂の南に仮屋を造り、毎日八千人の飢民に施食した（長禄三年二月四日条）。

南禅寺門前に置かれている弁慶石は昔弁慶がこの上に立って死んだとされる石で、陸奥国衣川から送られてきた。この石には霊があり、陸奥の人に京の五条橋へ送ることを求めたという（享徳元年十一月六日条）。

利根川に女面魚身、足は鳥に似て人間の言葉を喋る怪物が出たが、捕らえられて今は伊豆の三島まで送られてきた。その形を描いた図が京にも届いている。また京の六条の後家屋倉の妻は腰以下が蛇の形をしている（寛正元年六月十五日条）等々、興味深い話も散見される。

（上田純一）

参考文献

伊藤幸司「大内氏の外交と東福寺聖一派寺院」（『中世日本の外交と禅宗』所収、吉川弘文館、二〇〇二年）

今枝愛真「禅律方と鹿苑僧録」（『中世禅宗史の研究』東京大学出版会、一九七〇年）

上田純一「渡唐天神説話の発生をめぐって」（『日本宗教文化史研究』第五巻一号、二〇〇一年五月）

上田純一「中世の有馬温泉」（『旅ともてなしの文化論』春風社、二〇〇八年三月）

上田純一『足利義満と禅宗』（法藏館、二〇一一年）

上村観光「惟高妙安」（『五山詩僧伝』民友社、一九一二年）

竹貫元勝「臥雲日件録抜尤」（『新日本禅宗史』禅文化研究所、一九九九年）

玉村竹二「瑞渓周鳳」（『五山禅僧伝記集成』講談社、一九八三年）

『大日本古記録　臥雲日件録抜尤』（岩波書店、一九六一年）

2 『天文日記』（本願寺証如）――戦国乱世のただなかに生きた僧侶

(1) 本願寺証如

『天文日記』とは

ここで取り上げる『天文日記《てんぶんにっき》』とは、本願寺《ほんがんじ》十代証如《しょうにょ》（一五一六～五四）の日記である。天文五年（一五三六）正月一日から天文二十三年（一五五四）八月二日までが現存する（天文十四・十九年を欠く）。蓮如《れんにょ》（一四一五～九九）によって形成された戦国期本願寺教団が、いわば最盛期を迎えた大坂本願寺時代に記されたもので、本願寺教団のことのみならず、当該期の政治的、社会的情勢を知るうえで、きわめて貴重な日記史料（一九七五年に国重要文化財指定）である。

記主である本願寺証如（諱光教《こうきょう》、号信受院《しんじゅいん》）は、永正十三年（一五一六）十一月二十日に山科本願寺で生まれた。父は本願寺九代実如《じつにょ》の二男円如《えんにょ》（一四九一～一五二一）、母は本願寺蓮如の六男蓮淳《れんじゅん》の娘鎮永《ちんえい》（一四九三～一五七一、のちに慶寿院《きょうじゅいん》と号する）である。本願寺は、鎌倉時代に浄土真宗を開いた親鸞《しんらん》（一一七三～一二六二）の没後、その墓所である大谷廟堂《おおたにびょうどう》が親鸞の曾孫覚如《かくにょ》（一二七〇～一三五一）によって寺院化したものである。青蓮院門跡《しょうれんいんもんぜき》の寺院社会の末端に連なる小さな天台浄土教系寺院であったが、戦国時代に蓮如が精力的な宗教活動を行い、本願寺を中心とする教団を形成し、勢力を拡大した。京都東山大谷にあった本願寺は蓮如の活動を問題視した比叡山延暦寺《ひえいざんえんりゃくじ》衆徒により破却されたが、のちに蓮如が山科に本願寺を再興し、蓮如の後を継いだ実如の時代にはさらに大規模な社会的勢力になるに至った。

証如の父円如は兄の照如《しょうにょ》が先逝したために実如の法嗣として活動していたが、その円如も大永元年（一五二一）に逝去する。そこで証如は数え六歳で祖父実如の法嗣となり、大永五年（一五二五）実如の逝去により、十一歳で本願寺住職を継ぐことになるのである。継職した証如は外祖父蓮淳、叔父実円《じつえん》の補佐を受けたが、享禄の錯乱（大小一揆）と言われる教団の内訌、そして山科本願寺の焼失に直面することになる。享禄四年（一五三一）証如を擁する蓮淳・実円らは、それまで北陸方面を統括し本願寺を支えていた一門衆寺院の加賀四カ寺（本泉寺《ほんせんじ》・松岡寺《しょうこうじ》・光《こう》教寺《きょうじ》・願得寺《がんとくじ》）を軍事的に粛清して加賀一国への支配権を強めるとともに、畿内・東海を中心とする教団体制への転換を図った。翌天文元年（一五三二）には内訌の隙を突かれるかのように山科本願寺が近江六角氏、京都法華一揆の軍勢に挟撃され陥落する。証如は紆余曲折を経ながら大坂の坊舎に移っていったが、各地で蜂起した本願寺門徒の一向一揆《いっこういっき》をとりまく軍事的情勢は厳しく、教団存続の危機に陥っていた。その後、法華《ほっけ》一揆が室町幕府・比叡山と対立を強めたこともあって（天文法華の乱）、和与・終息に転じていったのは天文五年（一五三六）にかけてのことである。『天文日記』はまさしくその天文五年正月から残されている。証如二十一歳の年である。

(2) 刊本・書誌

『天文日記』の既刊活字本としては、石松寅三編『石山本願寺日記』上巻（大阪府立図書館長今井貫一君在職二十五年記念会、一九三〇年。のち一九六六年に北西弘編で清文堂出版より復刊）、『真宗史料集成』第三巻「一向一揆」（北西弘編、同朋舎、一九七九年）がある（その他に『天文日記抄』として『続真宗大系』第十三巻、一九三八年）。読みにくい字を全翻刻紹介しており貴重であるが、誤字・錯綜も少なくはなく、また少し独特な編集表現があるなど、注意が必要である。史料引用で正確に用いるのであれば、本願寺史料研究所に申請して写真版で確認する必要がある。なお、正確な翻刻・表記を期した『大系真宗史料』文書記録編8・9『天文日記』ⅠⅡが刊行され、今後はこれを用いるべきである（ただし、今回その解題の内容についてはふまえることができていない）。

『天文日記』の書誌はやや複雑で理解に注意を要する。『真宗史料集成』第三巻の解題をふまえながらさらに知見を加えて要点を示せば、次の通りである。

まず、日記名としては『天文御日記』『証如上人日記』その他の呼称がある。前者は外題（後補）で、後者はさらに後世の尊称表現となるが、史料名称としては前者をふまえて『天文日記』とするのが妥当であろう。ちなみに『石山本願寺日記』というのはあくまで前述した石松寅三編の刊行物の書名であり、史料名称として用いてはならない。『石山本願寺日記』下巻には、『天文日記』と同時期の日記である『私心記《ししんき》』（記主は蓮如十三男で本願寺一門衆の順興寺実従《じゅんこうじじっしゅう》や天正年間に記された『貝塚御座所日記《かいづかござしょにっき》』（記主は本願寺顕如《けんにょ》の家臣宇野主水《うのもんど》）など、これまた重要な日記が所収されている。なお、「石山本願寺」という呼称自体、後世のもので、中世の呼称としては「大坂本願寺」を用いるべきであるというのも研究レベルではもはや常識である。

次に、『天文日記』の原本は西本願寺の所蔵である。江戸時代の天保十四年（一八四三）に同寺の宝庫から発見、万延元年（一八六〇）に整理され、現状は冊子に調製されたものが断簡本を含めて四十六冊、巻子装のものが年次不詳分も含めて八巻であるという。年次不詳分があるとともに、同じく証如筆の『音信御日記』などいくつかの日記・記録類とひとまとまりになっているようで、既刊活字本はそれらの仕分や整理・復元に苦心している。詳しくは『真宗史料集成』ならびに『大系真宗史料』の解題をご覧いただきたい。ここでは年次不詳分について触れておくと、その中には調製の際の脱落、『天文日記』本文で書き尽くせなかった内容を別紙に記したもの、後日清書のための覚書（草稿）があるものとみられる（『真宗史料集成』解題）。日記を書きまとめていく営みの実態が浮かび上がってくる。

ところで、少し注意すべきは、既刊活字本の表記の仕方で、「一、」を「◇」で示す、原本では改行しているところを適宜、追い込む、頻出する「△」「▽」等は原本にも記載される表現であるが、実際にはさらに墨付きが加わるもの（「△」「△」等多彩）もあり何種類もの「△」表記があるといったことである。随所に見られる合点（「＼」等）に説明書きが加えられるなど、『天文日記』に付される記号の多様さはむしろ注目すべき特徴だとも言えよう。証如の几帳面とも言うべき性格がうかがい知れる。

(3)『天文日記』研究

『天文日記』は大坂本願寺の内外にわたり貴重な記述にあふれており、とくに天文年間の畿内・西国社会の動静を詳しく伝えるため、この日記史料を用いた研究はかなりある。しかし、『天文日記』そのものを主題とする研究は、実はそれほど多くはない。北西弘による『真宗史料集成』第三巻の解説・解題、大坂本願寺の日常や寺内町の実態をめぐる解明、とくに音信関係の記述に注目して本願寺と武家・公家・寺家の社会的関係を論じた石田晴男、贈答・饗宴に用いられた様々な品々を検討し本願寺年中行事の意味を論じた水藤真、女性史の視点をふまえて大坂本願寺における内儀と年中行事の詳細を明らかにした荒木万紀子、大坂寺内における本願寺の法的支配の性格を検討した神田千里らの研究が挙げられる（石田一九九一・一九九七、水藤一九九二・一九九六、荒木一九九三、神田一九九八）。その他に特筆すべきは本願寺・一向一揆の加賀国支配をめぐる研究の蓄積（神田一九九五など）、大坂本願寺寺内町研究の蓄積である（仁木一九九七など）。

以上の先行研究はいずれもすぐれた成果を示しているが、『天文日記』研究はさらに進めるべき課題にあふれている。研究史をふまえつつ、いま一度『天文日記』そのものに立ち返って、その日記としての世界をうかがってみたい。なお、『天文日記』の索引として、雑誌『近世仏教　史料と研究』第一〜五号（一九六〇〜六三年）に北西弘による「天文日記国別引得（一）〜（五）」（未完）があり、『石山本願寺日記』の復刊本には、これまた北西弘による索引（『石山本願寺日記　上巻索引』清文堂出版、一九六六年）が付された。この類の作業にはどうしても完璧はないものの、たいへん参考になるものである。

『天文日記』——本願寺証如とその世界

(1)証如の多様な顔

『天文日記』の記主である証如という一人物には多様な性格が内在している。神田千里は証如には四つの顔があるといい、第一に大坂寺内町という商業都市の領主、第二に本願寺教団の指導者、第三に本願寺門徒の一揆が支配する加賀の国主・大名、第四に自身が九条尚経《くじょうひさつね》の猶子であり、本願寺が勅願寺であることなどから公家社会の一員であるとする（神田一九九八）。その分類自体はおおむね妥当であるものの、表現や順番には問題がある。もっとも、都市大坂の領主を第一にしたのは「寺内の法」をテーマにした論考であったがゆえであろうが、とはいえ、領主的性格は従来、神田のいう第三と並んで論じられるものであり、重要な要素ではあるが第一義ではない。整理し直し、表現し直したい。

ところで、ここでは『天文日記』を主に取り上げていくが、証如は他にも日記・記録を残している。前述の『音信御日記』は北西弘『一向一揆の研究』（春秋社、一九八一年）に翻刻紹介されている。『賀州本家領謂付日記』『加州所々知行被申趣又申付方記之畢御記』、そして『御堂卅日番上勤座配次第』も『天文日記』と同じまとまりで残されているものである（いずれも『真宗史料集成』第三巻に翻刻紹介）。以上四点のなかには証如の自筆のみならず異筆分もあるようで、検討の余地があるが、こうした史料にも証如の多面的な性格が表れている。また、『天文日記』天文五年十一月二十一日条に「報恩講之様体、別紙ニ記之」、天文六年十一月二十一日条に「七ヶ日斎・非時之様体呈別紙了」とあり、実際にいくつかの証如による報恩講《ほうおんこう》関係文書が残っている（青木一九九八）。さらに、報恩講日記はのちに慶長年間の本願寺准如《じゅんにょ》（西本願寺十二代）のものがまとまって残っているので（青木二〇〇三）、同様のものが証如にもあったと想定してよい。ただし、他の本願寺歴代を通じて見れば、証如の長男顕如（本願寺十一代）に報恩講和讃記録があるものの（青木二〇〇三）、蓮如や実如などにそうした日記・記録類の残存する痕跡は今のところない。それだけに証如の日記・記録類の残存数は際立っていると言える。ちなみに、日記・記録類以外にもちろん書状（原文書や書札案）、そして門末に授与・下付する絵像本尊等法宝物の裏書類などが史料として挙げられ、これらを総合的に用いることによって、ようやく本願寺証如の歴史像の全容を明らかにすることができる。

図5－3　証如（願泉寺蔵）

(2) 僧侶（本願寺住職）

さて、証如という人物の第一義は、当たり前のことであるが、僧侶である。たまたま本願寺に生まれ、そして、その住職を継がねばならないさだめにあった。僧侶としての証如がさらに多様な顔を持つのであり、その逆ではない。

証如は僧侶であるが単なる一僧侶ではなく、本願寺の住職となり、その本願寺は多くの僧侶・門徒が所属し大きくなりつつあった教団の本山寺院であった。そのため、一寺院の法要儀式・年中行事を執行するにとどまらず、さらに様々な活動を行うのが証如であった。『天文日記』にはそうした証如の諸活動が多く記録されている。

本願寺教団における最大の法要儀式・年中行事は、十一月二十一日から二十八日にかけて行われる報恩講である（安藤二〇〇二）。報恩講とは浄土真宗の祖師親鸞の遺徳に報謝し、その命日十一月二十八日を結願日《けちがん》とし一七日《いちしちにち》の日程で毎年、行われる法要儀式である。その日程中は毎日、逮夜（前日午後）・朝勤（晨朝）・日中の三時法要が繰返し行われ、日中法要では親鸞を讃嘆する『報恩講式』の拝読（式文拝読）、そして正信偈・念仏・和讃の勤行が行われた。証如はおそらく他にも記録を残したため、『天文日記』だけで報恩講の全容は読み出せないが、最終日の結願については必ず記録がある。当初は「七昼夜無何事結願候」などとともに『報恩講式』三段の間に詠唱する和讃（式間和讃。いわゆる「坂東曲」で勤められたと推定されている）の種類（高僧和讃か正像末和讃）を記す程度であったのが、のちには巡讃衆（内陣出仕して和讃を順番に調声する本願寺一門衆）や斎相伴《ときしょうばん》衆の名前なども記録し出すようになる。儀式主宰者としての自覚が鍛えられていったのであろう。その指導は、蓮如十三男で山科時代から本願寺の鎰役《かぎやく》という御堂儀式の重要な役職を担い、この時期は大坂本願寺に常住していた一門衆である実従（のちに順興寺）によるところが大きい。実従の日記『私心記』と併せ読むと報恩講や本願寺儀式の実態がさらに浮かび上がってくる。

親鸞命日勤行は毎月二十七日・二十八日にも同様に三時法要で行われる。そして、本願寺前住の命日法要が報恩講に次ぐ儀式である。証如期には二月二日の実如命日となる。その次に本願寺歴代命日の法要である。これらを軸に、正月二十五日の法然忌、二月二十二日の太子会、春秋の彼岸や盆などで、本願寺の年中行事が組み立てられており、本願寺住職である証如はこれらの儀式を主宰する立場にあった。

ところで、こうした年中法要の際に行われる重要な行事が斎・非時である。斎・非時《ひじ》はこの場合、法要儀式の際に設けられる食事の席であるが、この斎調進（費用負担）を全国各地の門徒集団が担当し、本願寺と門徒をつなぐ重要な宗教役勤仕となった。この担当は儀式によって地域がほぼ固定されており、組織的に行われていた。また、『天文日記』には各地の寺院・門徒が当番として樽を持参するという記事も頻出する。本願寺の儀式、教団の運営はこうした全国各地の門徒集団の上山奉仕によって支えられていた。その中核・頂点に証如がいて、斎・非時には必ず一門衆や坊主衆らとともに相伴するのが役割でもあった。

なお、『天文日記』には門徒による申斎《もうしとき》の記事がしばしばあることに注意したい。これは明らかに門徒民衆側による故人供養の意識を前提にしたもので、これらを取り込んだ儀式体系の形成がなされていると考えられ、そうした場における証如の宗教的立場も考える必要がある。

儀式以外でも、教団の統括者として門末との関係を結ぶのが証如の立場である。本願寺教団ではとくに蓮如以降、帰依《きえ》した地域門徒に対して「方便法身尊像《ほうべんほっしんそうぞう》」（阿弥陀如来絵像）を道場本尊として下付・授与した。くわえて親鸞影像をはじめとする掛幅装の法宝物を下付・授与し、それによって本願寺と門末の宗教的関係を結んだ。そうした法宝物には裏書といわれる文字情報が付され、貴重な同時代史料になっている。証如期にもこうした法宝物下付・授与の事例は全国に多数知られる。『天文日記』には、法宝物下付・授与そのものに関する記載はあまりないものの（近世の事例から遡及すればおそらく、その記録自体は取次を担当する家臣団の管轄）、門徒の帰属関係をめぐるやりとりなどが記されている。とくに地域における本末関係の訴訟に対する裁断については三河本證寺・尾張（美濃）報土寺一件（天文十年〈一五四一〉八月十九日条）など、注目すべき記述が多い。

また、門徒は前述の斎調進のような本願寺への宗教役を勤めることにより、教団内身分を確保した。そうした宗教役の最たるものが卅日番衆《さんじゅうにちばんしゅう》といわれ、地域門徒はそれぞれ一カ月周期で本願寺に上って御堂番警固をはじめとする本願寺の日常運営にあたった。「番衆」「当番」記事は『天文日記』に頻出する。

(3)公　家

日記を書くということは公家的要素ともいえるから、日記をテーマとするここでは、これを第二義としたい。本願寺歴代は日野家の流れをくみ、蓮如は広橋兼郷《ひろはしかねさと》の猶子、実如は日野勝光《ひのかつみつ》の猶子であったという。しかし、蓮如以降、公家との姻戚関係の構築を積極的に進め（図5-4）、山科本願寺時代に朝廷・青蓮院門跡・室町幕府等との関係を強化した結果、証如は享禄元年（一五二八）関白九条尚経の猶子となった。これは九条尚経自身が舅である三《さん》条西実隆《じょうにしさねたか》の反対にもかかわらず、青蓮院尊鎮《そんちん》らと図って実現させたものである（『実隆公記』享禄元年〈一五二八〉

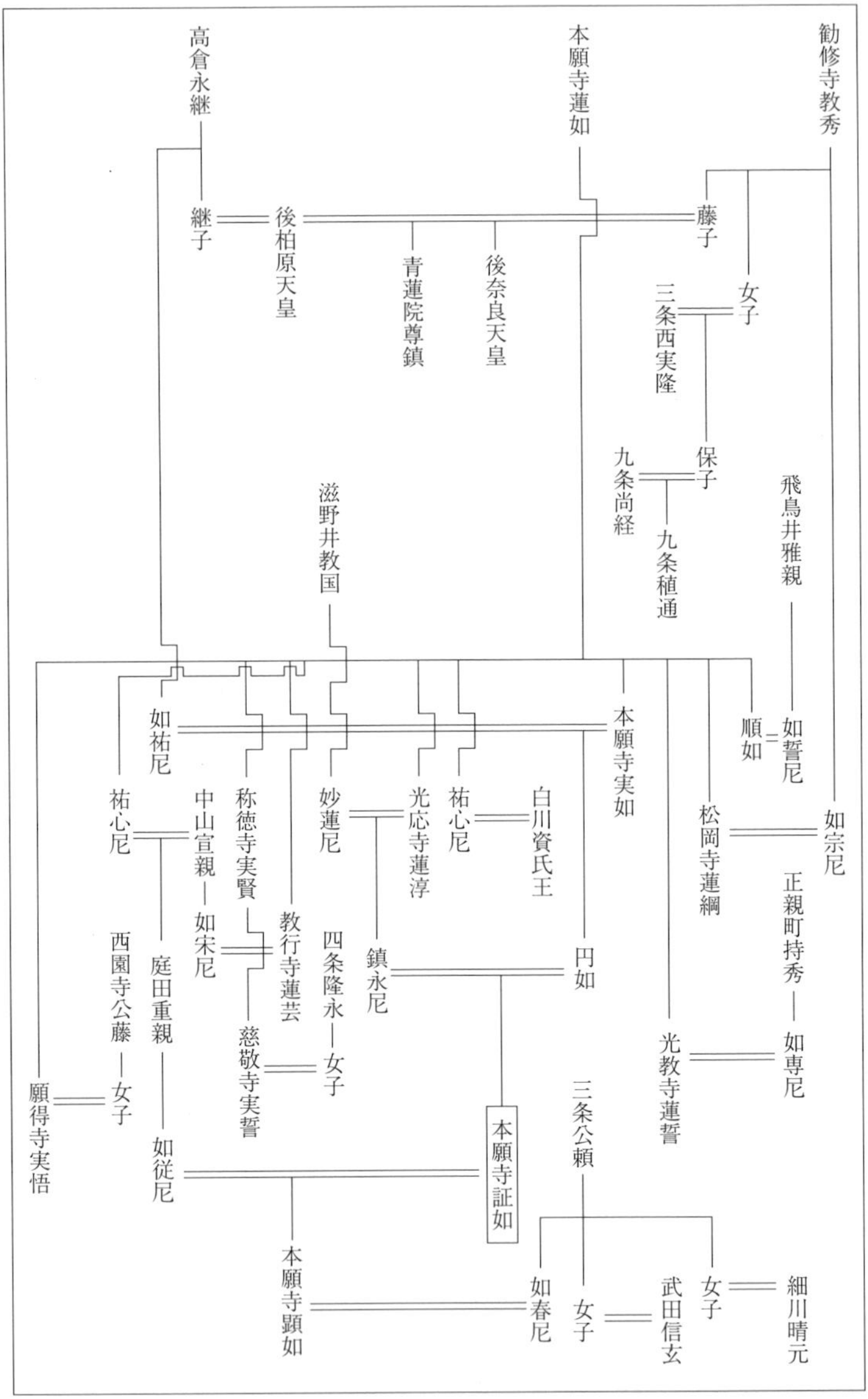

図5-4　本願寺・公家関係系図

九月五日条)。

家格・寺格の上昇に努めていくのがこの時期の本願寺の大きな課題であった。たとえば天文九年（一五四〇）には青蓮院門跡を通して勅書を受け、系図を朝廷に提出している。

▽（畏由申入候）一、就　禁裡此方系図叡覧事、門跡へ被成　勅書候、雖有他事、系図事候間、被見下之由候、過当之至、対経厚愚札可進之、即可備　叡覧之由、被仰越候、

（天文九年十月十六日条）

朝廷・後奈良《ごなら》天皇が本願寺系図を確認・招致することにより、本願寺の公家的系譜が公的に認知されていくことになるのである。ところで、この系図の作成には九条稙通《たねみち》が関与している（天文五年九月十三日条）。九条稙通は尚経の息男で、すでにこの時には関白を辞任し流寓の境遇にあった。ただし、稙通が持つ家格的権威は本願寺にとってなお重要なものである。証如の息男顕如は九条稙通を猶父にしたとされる。のちに証如は稙通に二千疋を送るなどの経済的支援をしている（天文十八年六月十八日条）。ちなみに、本願寺ではこれを追って願得寺実悟《じつご》（蓮如十男）による『日野一流系図』（天文十年奥書、天正年間まで増補）が制作されていくことになる。

表5-1　『天文日記』に記載される本願寺と朝廷の関係の主要事項

天文五年（一五三六）十二月二十七日条	青蓮院門跡を通して証如の大僧都の口宣案到来。
天文六年（一五三七）正月十四日条	証如の大僧都昇進につき朝廷に御礼。
天文七年（一五三八）七月二十一日条	御堂本尊の左右に天牌を安置（勅願寺）。
天文八年（一五三九）六月九日条	朝廷より伏見院宸筆の歌一巻と杯一枚を拝領。
天文八年（一五三九）九月二十七日条	朝廷より慶寿院（証如母）に『栄花物語』下賜。
天文九年（一五四〇）十月十六日条	『本願寺系図』を叡覧のため朝廷に提出。
天文九年（一五四〇）十月十九日条	毘沙門堂門跡を通して宸筆『観無量寿経』拝領。
天文一六年（一五四七）四月十七日条	朝廷より「鷹手本」（尊円親王詩歌書簡）拝受。
天文一七年（一五四八）四月二十六日条	朝廷へ「鷹手本」を返却。
天文一七年（一五四八）六月十日条	朝廷へ「鷹手本」御礼として唐糸等を献納。
天文一八年（一五四九）正月二十日条	朝廷より『三十六人家集』下賜。
天文一八年（一五四九）正月三十日条	青蓮院門跡を通して証如の権僧正昇進が通達。
天文一八年（一五四九）二月二十五日条	朝廷へ権僧正、『三十六人家衆』の御礼献納。

『天文日記』における本願寺と朝廷の主な関係記事をまとめたのが表5-1である。系図叡覧、勅願寺化に加えて証如の大僧都《だいそうず》、権僧正《ごんのそうじょう》という僧官の上昇が注目される。蓮如・実如までは法印権大僧都《ほういんごんのだいそうず》であったとみられ、それを越える僧侶身分の獲得がなされている。また、相前後して著名な『三十六人家集』の下賜などがなされており、そうした下賜関係の充実ぶりもう

かがえる。この背景には本願寺による朝廷・公家への経済的支援（献納金）があった。本願寺は朝廷へ毎年佳例の十合十荷を進上することを基本としてさらに様々な音信関係を構築している。証如の権僧正の御礼にあたっては二千疋を献納した（天文十八年二月二十五日条）。

文物の下賜に関わってさらに注目すべきが本願寺の文化的戦略である。というより、家格の上昇に見合う公家文化の吸収が課題であった。まず見るべきは演能であろう。いく人もの大夫を大坂本願寺に呼んでは能を舞わせ、また常住坊主衆や下間氏等の家臣もよく舞った。さらに、飛鳥井雅綱《あすかいまさつな》（二楽院《じらくいん》）と「鞠道師弟契約」を結んで（天文七年三月十七日条）、蹴鞠装束の免許を受ける（天文九年三月五日条）、甘露寺伊長《かんろじこれなが》より和歌の指導を受ける（天文七年三月二十四日条）といったこともあった。この時期の公家衆が経済的困窮を背景に自らの有する中央の公家的文化を地方へ伝播させ、経済的支援を受けたことはよく知られているが、本願寺もまたその範疇にあったと言える。前述の系図作成や、そもそも『天文日記』という日記を書く行為自体、本願寺証如がいかに公家的性格を強めていたかを示すものである。中世の本願寺歴代において、まとまった日記が現存しているのは証如だけなのである。

ところで、本願寺の家族・一族で行う諸行事にも公家的性格が顕著である。たとえば、天文十二年（一五四三）正月六日に証如の息男顕如が生まれているが、その成長過程においては公家的な通過儀礼が見出される。誕生を祝う行事の後、同年七月十一日には「小児生霊玉」として生御霊《いきみたま》（盂蘭盆会《うらぼんえ》の行事）、十二月十七日には「髪置」の儀式（三歳頃行うが前倒し）が行われた。数え五歳で「深曾木」（髪そぎ）の儀式（天文十六年〈一五四七〉正月十四日条）、数え十一歳で「眉直並歯黒」の儀式（天文二十二年〈一五五三〉十一月六日条）があり、『天文日記』にそれらの様相が記されている。生御霊は本願寺の内儀における行事として注目され（荒木一九九三）、とくに女性の位置・役割などを見出すことができる。

こうした本願寺の公家的文化の吸収はまず縁戚関係を持つ中山《なかやま》家、滋野井《しげのい》家、勧修寺《かじゅうじ》家などの支援が強力であったが、さらにはこの時期、青蓮院坊官《ぼうかん》の鳥居小路《とりいこうじ》経厚《けいこう》が大坂本願寺に下向してほぼ常住していることも注目すべきである。経厚の役割は証如に公家・寺院社会における様々な作法を教えることにあったとみてよい。

(4) 領　主

総じて本願寺住職は全国に散在する門徒に対し宗教領主的一面を見せるのであるが、『天文日記』の諸記述からはとくに加賀国と大坂寺内（町）に対する本願寺証如の領主的性格が読み出せる。

まず、一向一揆研究と関連して早くから注目されたのが、本願寺の加賀国への政治的支配権である。長享二年（一四八八）加賀一向一揆の戦いで守護富樫政親《とがしまさちか》が討ち滅ぼされてから、天正八年（一五八〇）織田信長《のぶなが》の家臣柴田《しばた》勝家《かついえ》によって金沢御坊《かなざわごぼう》が陥落するまでの約百年間、加賀国は実質的に本願寺領国であったとされる。

それを示す要点としては、①加賀から本願寺へ年貢等の上納が行われていること、②寺院門徒集団のみならず非門徒を含む郡・組からも本願寺へ番衆が上山してその運営に関与していること、③加賀への国役賦課の通知が本願寺に対して出され、また荘園領主が加賀国内の領地からの年貢上納について百姓等に申し付けるよう本願寺に依頼していることから、朝廷・幕府をはじめとする諸勢力が明らかに本願寺を加賀国守護と見なしていること、などが挙げられ、『天文日記』にはその実態を示す記述が多々ある。加賀一向一揆研究ではさらに本願寺門徒が実権を掌握した加賀四「郡」（江沼・能美・石川・河北）の在地支配と守護公権との関係が議論され、『天文日記』から本願寺の加賀「国・郡」支配をめぐる検討が進められた（神田一九九五など）。そこでは本願寺の指令が四郡の行為を権威付け（領主権）、同時に本願寺の指令が四郡の衆議で承認される（一揆）という相互関係なども指摘されている。

『天文日記』の具体的な記述をいくつか紹介してみると、天文五年（一五三六）九月十九日には「加州年貢之日記只今掃部あけ候」とあり加賀からの年貢に関する日記の存在が知られる。加賀番衆の記述は膨大で「◬一、就当番儀、加州番衆前本折円宗下法師慶心、如毎月樽出候」（天文八年四月二十二日条）などをはじめ、寺内警固や道路工事に至るまで多彩な活動をしたが、「加州番衆各以所免之也、云此国之引懸、云於寺内狼藉、旁雖難優免事、余外聞不宜次第之条、此分也」（天文十三年十二月三十日条）と証如の不興を買って罷免される事態も見出される。

また、室町幕府が日吉十禅師新礼拝講《ひえじゅうぜんじしんらいはいこう》につき諸国に三百貫文の賦課をかけた際、本願寺にもその要求が来たが、証如は「是ハ加州ヲ此方令進退儀ニ付ノ由、興禅申候」（天文六年九月二十八日条）と記している。加賀国内の通行便宜に関する依頼もしばしばあるが、状況に応じた返答をしている（天文五年正月二十一日条ほか）。もっとも通行便宜等は他にもしており、加賀にとどまらず〈本願寺—門徒〉領国の世界を実態的に見ていく必要がある。

次に、寺内町研究の進展のなかで深められたのが、大坂本願寺の寺内町に対する領主権の問題である。かつては寺内裁判権・警察権などを本願寺が強固に掌握し、その支配下に町と住民が置かれていたという見方が強かったが、『天文日記』の諸記述を中心とする検討が進み、大坂寺内町の都市共同体としての自律性、町民らの主体的動向と権限などが解明され、寺と町の相互関係のなかにある実態を捉える重要性が提起された（仁木一九九七など）。

そのことをふまえながらも、あらためて本願寺証如の寺内町領主権を示す要点を示すと、やはりⒶ寺内町から年貢・地子を収納していること、Ⓑ寺内町特権（諸公事免許）取得の主体になっていることから、諸勢力が本願寺を大坂寺内町の領主とみなしていること、Ⓒ非門徒を含む寺内町民に対して裁判・検断を実行していること、Ⓓ町組織を主導する年寄衆と対面・贈物を通した儀礼的（上下）関係にあること、などが挙げられる。

本願寺が寺内町から年貢・地子銭を収納していたことがうかがえるのは次の条項である。

一、与三次郎年貢之日記上候、又町之地子之内本役之儀、只今以周防申候、　（天文五年十二月二十九日条）

詳細に見れば領主権は複雑に入り組んでもいたが、外部への年貢納入も含めて本願寺が深く関わっていることは確かである。寺内町特権に関しては、天文七年（一五三八）七月九日条に「従細川制札諸公事免許来候、自木沢方取次之」とあり、細川晴元《ほそかわはるもと》から制札を獲得している。正確には再獲得であり、山科本願寺時代のそれを継承している。裁判・検断に関しては、寺内町民同士の相論のみならず、寺内町民と外部勢力の被官と喧嘩をした場合なども、町民に対する検断を本願寺がしていることに注意すべきである（天文十二年八月五日条など）。事件によっては町民側の抵抗的行動もあるが、検断権行使が諦められた事例はない。そして、こうした本願寺の領主性は何よりも町組織との日常的な儀礼関係が前提になっていた。寺内町民は正月一日の年頭挨拶をはじめとする儀礼関係にあり、さらに三月二十五日の蓮如命日法要の斎を毎年、六町が勤めることは宗教的関係としても注目される。

天文七年、大坂本願寺の日々、証如の日常

(1)『天文日記』天文七年条

『天文日記』には本願寺証如の日常が記録されている。日記史料の面白さは、非日常的な事件を拾い出すだけではなく、むしろ記主とその周辺の日常風景を読み取ることで、より深まると言える。ここでは試みに天文七年（一五三八）に焦点を絞り、さらに『天文日記』の世界へと入り込んでみたい。

天文七年は、本願寺とその周辺で打ち続いた戦乱状況がほぼ終息し、戦後処理も一段落した時分である。大坂本願寺に細川晴元から諸役免許の制札がもたらされ、山科へ還住しないことが明言されている（天文七年十一月五日条）。証如が大坂を新たな本願寺と定め、その流れを軌道に乗せつつ、平時回復と再出発を図っていく時分であり、そうした動きがよく見出せる年と言えよう。

『天文日記』天文七年の条数は、一月が一五四条、二月が六三条、三月が九三条、四月が八二条、五月が四九条、六月が七二条、七月が五六条、八月が八一条、九月が八二条、十月が六三条、十一月が九七条、十二月が一一五条の合計一〇〇七条である。ちなみに天文五年が閏月ありで九九八条、天文二十一年が六七五条で、年月によっても条数や執筆量にばらつきはある。たとえば天文十一年六月は十五条しかなく、これはこの年に新造の阿弥陀堂建立事業をしており（七月二十一日に立柱式）多忙で日記を書く時間が取れなかったものとみられる。天文七年は、大坂本願寺と証如の日常が経過するとともにいくつかの事件も起こっており、面白い一年間である。

(2)春（一月〜三月）

大坂本願寺の年明けは正月一日、御影堂《ごえいどう》内における「佳例之儀」から始まる。修正会《しゅじょうえ》であろう。証如は寅時（午前四時頃）に、素絹《そけん》（法衣）を着て参仕。夜明け過ぎ坊主衆と対面。毎年のように「かん」（羹）と酒をふるまう。続いて内定住坊主衆、御堂衆、中居衆、綱所衆、大坂衆、加賀衆の順で「とをり（通）」（正月の対面儀礼）を行う。三日まで「菱の祝い」があり一家衆・親族、坊主衆、地域門徒衆、寺内町衆等と年始挨拶の対面。三日まで「菱の祝い」で二日には歌会始と演能。三日は大坂寺内の光応寺《こうおうじ》蓮淳（証如祖父）の居所に年始挨拶の返礼に訪問。四日

は本願寺家臣奏者筆頭の下間上野《しもつまこうずけ》（頼慶《らいけい》）による恒例の供御《くご》（食事）があり、中酒三返の後、雑煮が出てまた呑む。この年は五日未明に降雪があり、朝には打雪を興じ、夜はまた「大酒ニ成候」という。六日より寺外の諸勢力から来る年始挨拶の使者との対面が始まる。この年は木沢長政《きざわながまさ》の使者小野《おの》民部丞《みんぶのじょう》が最初であった。

本願寺証如の日常は人に会うこと、そして食事をふるまい、酒を呑むこと…のようである。とくに年頭はその傾向が強く三月に入るまで三一〇条中、実に一九九条が対面儀礼と飲食の記事である。失笑するのは正月十三日条で、寺内にある興正寺《こうしょうじ》で点心に呼ばれ、呑ませ合いのなかで「腹中せきあけ、盃むさく成候」という事態になっている。

諸方との対面・音信のなかで注目すべきは、昨年和与につき室町幕府へ二万疋を献上したことに対する細川方書状（正月十四日）や将軍御内書（二月二十日）の到来、渡唐船完成につき堺衆と対面・音信（正月十七日・二月五日・三月二十一日）、比叡山延暦寺西塔院《さいとういん》への末寺銭の納入（三月二・五・六日など）などである。

その一方で、加賀では昨年の下田長門《しもだながと》別心事件がくすぶり（二月八日）、下間筑前《ちくぜん》（頼秀《らいしゅう》）生害の報がもたらされ（三月二十五日）、寺内では加賀番衆内に潜んでいた岡新左衛門《おかしんざえもん》（下間頼盛《らいせい》派）の捕縛を試みて失敗し討ち取る（二月九日）といった事項が見出され、享禄錯乱（大小一揆）から続く混乱の余波がなお教団内にあることが知られる。

さて、年中行事については、法要儀式として毎月二十八日の祖師親鸞の月命日《つきめいにち》法要に加えて正月二十五日法然《ほうねん》正忌《しょうき》、二月二日前住実如正忌が記され、そこで催される斎（食事）には坊主衆・門徒衆の相伴がある。本願寺教団の最も基本的な場である。また、正月の馬血取初（十二日）、針初（十三日）などの行事、二月十七日からの彼岸入り、さらにたびたび金春《こんぱる》大夫《たゆう》ら能役者が呼ばれて興じられる能なども大坂本願寺の日常的な世界として興味深い。

(3) 夏（四月〜六月）

大坂本願寺における毎月定例の法要儀式は、二日の前住実如の月命日と二十八日の祖師親鸞の月命日である。法要の内容は『天文日記』に記されないが、順興寺実従の日記『私心記』から二日は浄土三部経いずれかの読経が中心、二十八日は『報恩講式』拝読が中心の次第である。『天文日記』が記すのは、その際に設けられる斎と風呂焼きについてであり、とくに斎を調進する頭人《とうにん》と斎における汁・菜・菓子の数が書き留められている。頭役の勤仕者は決まっており、たとえば四月二十八日は必ず「堺三坊主」、五月二日は必ず「尾張国」坊主衆という具合である。こうした地域坊主・門徒集団による役勤仕は本願寺との重要な宗教的紐帯であり、この他に当番として樽等を調進したり、三十日番衆といって一カ月ごとに本願寺で番役をつとめたりする宗教役があった。

本願寺と地域門徒の関係については、伊勢辰田西勝寺《さいしょうじ》門徒が本願寺直参身分を重ねて望み（四月二十一日）、六月四日についに認められている。天文五年（一五三六）以来の混乱状況に決着がついたかたちであったが、これにより辰田門徒は西勝寺を通さず直接、本願寺に宗教役を勤める教団内位置（直参身分）を獲得することになる。

ところで、四月二十八日条には二楽院すなわち公家の飛鳥井雅綱に対して、三月十六日に蹴鞠道の師弟契約が認められ、八境図・葛袴・鴨沓を免許されたことへの御礼として太刀一腰・絞二十具・金七両を送っている記事がある。遡る三月二十一日には公家の甘露寺伊長が一週間、大坂に逗留して証如らに歌詠みの指南をしているなど、公家文化の吸収が盛んに行われていることがうかがえる。

また、四月二十七日には、大坂寺内町に近接し本願寺の影響下にあった森という地において勧進猿楽の上演が知らされる。これにつき、証如は森の代官に対して猿楽の宿を法安寺《ほうあんじ》に申し付けないよう伝え、森の代官は不便ではあるが森の集落に宿を申し付けると返答している。法安寺は京都相国寺《しょうこくじ》鹿苑院《ろくおんいん》末であるが、大坂寺内町の一角を占め、そうした法安寺に対し本願寺は次第に影響力を強めていく。五月一日には勧進猿楽をした三宅三郎左衛門の子が証如を来訪し、肴一献で対面している。本願寺でも猿楽一番を演じたい希望があったが、実現しなかった（五月十日）。ただし、その後も勧進猿楽や勧進能はしばしば行われ、証如はそれを見物している。

なお、五月五日は端午の節句である。下間上野（頼慶）から帷が贈られ、菖蒲蓬の風呂が焼かれた。

(4) 秋（七月～九月）

七月九日、細川晴元より大坂寺内町の「諸公事免許」の制札が木沢長政の取次で到来する。これは先立つ五月十四日に、かつて細川政元《まさもと》、澄元《すみもと》からもらった制札を示しながら、証如が晴元に申請した結果であった。その礼として八月二十一日、本願寺は太刀一腰と三千疋を細川方に送っている。しかし、同月二十七日、細川方から示された文言が「大坂寺内相除」であることへの疑義を伝えるため木沢方に使者を送り、九月一日に帰った使者藤井《ふじい》から下知文言が細川方の代官山中藤左衛門《やまなかとうざえもん》の意向によるものであることを聞く。そこで早々に「成懸」と号し取り直すべきと考え、木沢方の担当者である中坊堯仙《なかのぼうぎょうせん》から「於大坂寺内者、縦雖為郡中共以被免除訖」への文言修正を引き出している。このようにして大坂本願寺の寺内町特権が固められていき、さらにこれが他の寺内町における特権獲得の前提にもなっていくのである（天文十年十二月十五日、久宝寺寺内町への制札が到来）。しばしば「大坂並」といった表現で議論された課題である（永禄三年〈一五六〇〉富田林寺内町制札文言）。

　こうした寺内町特権をめぐる動向の一方で、波風が立ち出すのは比叡山（山門）延暦寺との関係である。問題は洲崎《すざき》氏という加賀一向一揆の将が山門西塔院北谷正観院《しょうかんいん》の加賀にある末寺佐那武寺《さなぶじ》を押領したことへの対処を山門側が本願寺に求めたことにある（七月十九日）。本願寺方の返事に納得しなかった山門方は八月十二日には三院（東塔《とうどう》・西塔・横川《よかわ》）の連署で洲崎・河合《かわい》両氏の問題を申し立て、使者として西塔院執行代《しぎょうだい》・西学坊《さいがくぼう》・尊林坊《そんりんぼう》と公文両人（上総行事・松井坊）の合計五人が大坂までやってきて証如と対面している（八月十二日・十四日）。その返答は洲崎・河合のことは本願寺教団側の「宗体法度」があるので、「上意」（室町幕府）を含めどこから示されても、また山門衆徒の列参があっても、承引することはないというものであった。この事件は十月、十一月まで続いていく。

　ところで、七月中旬の盆、生霊玉の行事も終わった二十一日に、天牌《てんぱい》（今上寿牌・先皇位牌）を御堂の本尊左右に置いたことも注目すべき事項である。大坂本願寺が勅願寺としての性格を明確にしたのであるが、この寿牌・位牌は先んじて甘露寺伊長が下賜を手配したものである（六月二十九日・七月十八日）。なお、本願寺は親鸞の木像を中央に置く御影堂と阿弥陀堂《あみだどう》の両堂を有するのが特徴であるが、天文七年はまだ大坂御坊時代の御堂一宇を改修して用いている。それを御影堂としてさらに新阿弥陀堂を造営するのは天文十一年（一五四二）のことである。

(5) 冬（十月〜十二月）

十月二十二日、先の洲崎・河合両人の一件について、延暦寺三院より列参と号して同月十七日に大坂までやってきた衆徒約二十人に対して本願寺証如は取次不要と最初は取り合わなかったが、再三の申し出によりいちおう聞くことにして十九日に返答し、この日、三院衆議の一書を受け取った。しかし結局はあらためて申し入れを受け入れる必要がまったくないことを返答し、三院下向衆とは対面せず、進上物も「祝着」と言いながら即時返却している。十一月二日には逆に平井《ひらい》七郎右衛門《しちろううえもん》を使者として山門に派遣、平井は十三日に帰ってくるが、惣山を論破してきたことを報告している。本願寺はいわゆる「寛正の法難」（寛正六年〈一四六五〉比叡山衆徒による大谷本願寺破却）の事後処理によって山門西塔院と本末関係を契約し、毎年末寺銭を納めているのであるが、その関係を逆手にむしろ西塔院に惣山の儀を破るよう要請している。この一件については完全に大坂本願寺優位の関係で進んでおり、もはや形式的関係はともかく、彼我の実力関係は完全に逆転していると言えるのである。

さて、十一月は本願寺教団最大の年中行事である報恩講の季節であるが、前述のように他に報恩講日記があった可能性もあり、『天文日記』自体に記述は少ない。天文七年（一五三八）については二十六日に加州四講また六日講からの報恩講志の受取を記し、二十八日に巳刻（午前十時頃）以前に何事もなく結願したこと、『報恩講私記（式）』拝読における式間和讃は高僧和讃であったことを記すのみである。

報恩講を無事に終えた証如は翌十二月一日、唐船見物のために隠密に堺まで下向し、慈光寺《じこうじ》道場に入って、板原《いたはら》次郎左衛門《じろうざえもん》の馳走を受けている。晩に及んで唐船の船中まで見物し、その後、堺において毎月二日の実如命日法要を勧め、二日昼過ぎに大坂に帰っている。この唐船はすでに天文六年（一五三七）三月十日条に見えているものであり、証如は実際に見た後、翌天文八年（一五三九）二月三日には大坂まで廻船させている。

十二月九日、証如は青蓮院門跡から鰭袖無《はたそでなし》の法衣を許可され拝領している。これは天文五年（一五三六）、それ以前に本願寺の脇門跡《わきもんぜき》成りが調わなかったことと関連して許可されたものと見られる。青蓮院の院家《いんげ》格まで上昇していた本願寺であったが、門跡格を得るのは証如の後を継いだ顕如の時代である。しかし、証如は特別な法衣の着用許可を青蓮院から獲得し、さらに青蓮院門跡体制のなかでの上昇を図っていくのである。

『天文日記』の　⑴大坂本願寺の隆盛
あふれ出る躍動感

以上、天文七年（一五三八）の一年を取り上げて大坂本願寺の日々、証如の日常について寸描した。そこには静と動の両面があるが、とりわけ活気あふれる状況が顕著で、戦国期宗教勢力の本山寺院たる大坂本願寺の隆盛が見て取れる。その一面は相次ぐ堂舎造営からもうかがえる（安藤二〇一〇・二〇一二）。

天文初年に本山機能を大坂に移転させた証如ではあったが、当初は山科に帰還する可能性を残していた。しかし、次第に大坂を本願寺とする決意を固めていき、天文十一年（一五四二）新たに阿弥陀堂を造営し、両堂形式を調える。さらに造営事業は続き、翌年には息男顕如の誕生をうけ「小児居所」を新造、さらにその翌年には新たな寝殿と綱所《ごうしょ》を造営している。天文十五年（一五四六）阿弥陀堂前四足門《しそくもん》、天文十七年（一五四八）「御亭」「御上」「北殿」とまさに造営が相次ぎ活況を呈している。古い堂舎も解体せず用い続けているから、それだけ規模を拡大しつつ整備されていったのである。これらの経緯は『天文日記』ならびに『私心記』『天文十一年阿弥陀堂御礎等之記』等から読み取れるが、たとえば阿弥陀堂の石礎に関わった人々として町衆一二〇名、加賀衆五七名、番方一四〇名、柱立には京番衆一三〇名、田舎番衆六〇名、加賀衆八〇名、さらに番匠衆五一名、鍛冶衆八名、檜皮師一八名、小工九〇名が記録されている（『天文十一年阿弥陀堂御礎等之記』）。

⑵戦国社会の坩堝

大坂本願寺とその寺内町には本願寺関係者ならびに寺内町民が多数居住し、その人口数は分からないが、永禄五年（一五六二）の寺内町火災の際には二〇〇〇軒が焼失したという規模である。そして、『天文日記』に記される通り、大坂本願寺には頻繁に多数の来訪者があり、証如は彼らの多くと対面する毎日であった（天文二十三年〈一五五四〉に三十九歳で没する証如の死因が毎日の対面儀礼で酒を呑み過ぎていたからとすれば笑えない）。本願寺に常住する坊主衆や家臣団、一カ月交替で全国から上山して常駐、本山運営に携わる番衆などの本願寺関係者に加えて、寺内町は門徒衆のみならず非門徒も多数居住する空間であった。彼らは証如を宗教領主として仰ぎつつ、その日常にはしたたかに生きる面も多分に有していた。さらに寺内町には本願寺と対立する者すら入り込み、捕縛されることもあったが、当然それ以上に出入りがあったであろう。後年にはキリシタン宣教師すら寺内町に入っているのである。
こうした多面的立場を持つ人々が多数、居住し出入りする大坂本願寺とその寺内町は、まさしく躍動感あふれる戦国社会の坩堝《るつぼ》と言え、その中心に証如は生き、多くのことがらを『天文日記』に記し続けたのである。

（安藤　弥）

参考文献

青木忠夫「本願寺証如筆、報恩講等年中行事関係文書」（『同朋大学仏教文化研究所紀要』第一八号、一九九八年）
青木忠夫『本願寺教団の展開——戦国期から近世へ』（法藏館、二〇〇三年）
荒木万紀子「『天文日記』中の内儀と年中行事」（福間光超先生還暦記念会編『真宗史論叢』永田文昌堂、一九九三年）
安藤弥「戦国期本願寺教団構造に関する覚書——「報恩講」儀式と寺院組織」『大谷大学大学院研究紀要』第一九号、二〇〇二年）
安藤弥「戦国期大坂本願寺造営記録二冊」（『年報中世史研究』第三五号、二〇一〇年）
安藤弥「大坂本願寺の隆盛」（『真宗本廟（東本願寺）造営史——本願を受け継ぐ人びと』東本願寺出版部、二〇一一年）
石田晴男「『天文日記』の音信・贈答・儀礼からみた社会秩序——戦国期畿内の情報と政治社会」（『歴史学研究』第六二七号、一九九一年）
石田晴男「戦国期の本願寺の社会的位置——『天文日記』の音信・贈答から見た」（『講座蓮如』第3巻、平凡社、一九九七年）
神田千里「加賀一向一揆の展開過程」（『東洋大学文学部紀要』第四八集・史学科編二〇、一九九五年三月。のちに神田千里『一向一揆と戦国社会』吉川弘文館、一九九八年、所収）
神田千里「『天文日記』と寺内の法」（五味文彦編『日記に中世を読む』吉川弘文館、一九九八年十一月。のちに神田千里『戦国時代の自力と秩序』吉川弘文館、二〇一三年、所収）
水藤真「大坂寺内町の日々——『天文日記』から」（『国立歴史民俗博物館研究報告』第三九集、一九九二年）
水藤真「贈答・饗宴の品々、そして年中行事——『天文日記』から、「大坂寺内町の日々」（二）」（『国立歴史民俗博物館研究

報告』第六六集、一九九六年）
仁木宏「寺内町における寺院と都市民」（『講座蓮如』第三巻、平凡社、一九九七年）
『真宗史料集成』第三巻「一向一揆」解説・解題（北西弘執筆、同朋舎、一九七九年）
『石山本願寺日記　上巻索引』（北西弘編、清文堂出版、一九六六年）
『大系真宗史料』文書記録編８９『天文日記』ⅠⅡ（法藏館、二〇一五・七年）

3　『長楽寺永禄日記』（賢甫義哲）——関東平野の原風景を読み解く

『長楽寺永禄日記《ちょうらくじえいろくにっき》』（以下『日記』と表記）は、戦国時代後期の天文から永禄年間に、上野国の臨済宗寺院長楽寺の住持を務めた賢甫義哲《けんぽぎてつ》の日記である。

長楽寺と賢甫義哲

長楽寺は、承久三年（一二二一）、徳川義季《よしすえ》によって上野国新田荘世良田郷《せらだ》（現・群馬県太田市世良田町）に建立された寺院で、現在も同地にある。義季は新田氏の祖源義重《よししげ》の第四子で、父義重の開発私領である世良田郷以下、「空閑《こかん》」と呼ばれる十九郷を譲り受けた。義季は世良田郷に隣接する徳川郷を屋敷郷とし、徳川氏・世良田氏・江田氏の祖となった。

義季は同国那波郡出身の釈円房栄朝《しゃくえんぼうえいちょう》を長楽寺の開山僧として迎えた。栄朝は葉上房栄西《ようじょうぼうようさい》の弟子である。栄朝が師から穴太流灌頂と臨済禅の印可を受けたことから、初期長楽寺は顕密禅兼修の道場として栄え、全国から学僧を集めた。鎌倉末期になると天台僧は見られなくなり、急速に臨済禅に特化されていった。また、幕府・得宗家による積極的な支援があり、代々の住持は中世を通じて公帖をもって任じられた。これに伴い長楽寺は十刹に数えられるようになった。

戦国時代が終わると、徳川家康が新田源氏を公称することで将軍に就任したことから、近世徳川将軍家は世良田郷・徳川郷を始祖の地として特別視し、長楽寺を保護した。寛永年間には将軍家光によって日光から長楽寺境内

（史跡「新田荘遺跡」の構成要素）に東照宮が勧請され、併せて社殿（重要文化財）も移築された。これに伴って、日光山輪王寺の天海《てんかい》が住持となり、長楽寺は臨済宗から天台宗に改宗された。

賢甫義哲の出自や来歴についても史料が乏しいながらも、福田英一氏が詳述している（福田二〇〇三）。詳しくはそちらを参照いただくとして、ここでは概略のみ述べておきたい。住持就任以前の義哲に関する確かな事蹟としては、天文六年（一五三七）から同七年に、後の足利学校七世庠主となる九華《きゅうか》、長楽寺住持義海の門人である惟春真《いしゅんしん》甫《ぽ》と共に東福寺で学んだことが知られるのみである（『猶如昨夢集』）。このことから、義哲は足利学校に学び、六世庠主文伯の門人だった可能性がある。そして、同十七年に古河公方足利晴氏によって長楽寺住持に任命される。一時職を解かれるが再任され、東高周岱《とうこうしゅうたい》が住持となる永禄十年（一五六七）まで務めた。なお、常陸佐竹義昭《よしあき》の弟で正宗寺（茨城県常陸太田市）の賢甫崇哲を義哲と同一人物とする川瀬一馬氏の説がある（川瀬一九七四）。義哲と佐竹義重《よししげ》との間で音信・贈答があることは『日記』に明らかであるが（八月四日）、確証を得るに至っていない。

深まる『日記』の読み

『日記』は永禄八年（一五六五）正月から同年九月までの九カ月分が現存し、三カ月ごと三冊に綴じられている。原本である長楽寺蔵本は、昭和四十年（一九六五）に群馬県指定重要文化財に指定され、現在は群馬県立歴史博物館に寄託されている。原本の他に内閣文庫、宮内庁書陵部、水戸彰考館などが写本を所蔵している。

『日記』は明治十九年（一八八六）に内閣修史局（現・東京大学史料編纂所）が採訪したことで、『長楽寺日記残篇』として広く知られることとなった。その後、昭和四十八年（一九七三）から翌四十九年にかけて、勝守すみ氏が『永禄日記』の名称で初めて全文の翻刻を紹介した。さらに、同五十三年には千々和到氏らによって再び全文校訂され、『群馬県史・資料編5』に収録された。そして、この時採用された「長楽寺永禄日記」の名称が広く認知されることとなり、史料名として定着している。平成十五年（二〇〇三）には、峰岸純夫氏によってみたび校訂が行われ、『史料纂集』として刊行された。同書には改題はもちろん、日記に関する多角的な考証と索引が付されており、『日記』の史料価値と研究上の利便性が一層高められることになった。

『日記』はたった九カ月分が残されているだけだが、義哲は戦国時代における東国の地方寺院の儀礼や生活、地域社会の風俗や戦乱、地域権力との関わりを実に豊かに記録している。そのため、宗教（寺院組織と仏事）、生活（医療や食）、社会（贈答や饗宴、年中行事）、領主制（所領経営と訴訟制度）、農業と経済など、あらゆる角度から読み深められ、史料として活用されてきた。しかし、『日記』の最大の特徴は、東国の一地域社会を舞台にしている点にある。このことに注視することで、『日記』の読みはさらに深まる。

義哲が『日記』に記した出来事は、関東の内陸部に特徴的な自然環境や生活・生業に根差しているものが多い。実はそれは、現代の関東平野に暮らす人々が実感できる「風土」の原形であったり、想像可能な「原風景」とも重なったりする可能性がある。こうした発想による読みは決して文学的ということではなく、長楽寺と義哲という歴史的主体を地域社会の側から捉え直そうとする歴史学的な思考であり、地域史的な成果に確実に繋がるはずだ。これが、筆者流の『日記』の読み方であり、副題を「関東平野の原景観を読み解く」とした理由である。

国境・渡河点・渇水地帯

九月一日の記事に「利根河はそっと出る」とある。八月末から続く降雨のため、ついに利根川が洪水を起こしたのである。長楽寺では「申刻に至り門前へ水押し籠め、南大門には水差し支える也」とあるように、門前まで浸水している。長楽寺が所在する世良田は新田郡の南西端に位置し、利根川との合流点に近い早川の左岸を占める位置にある。おそらく利根川が増水し、処理しきれなくなった水が早川を遡上し、世良田周辺を溢れさせているのだろう。

世良田周辺は利根川の中流域と上流域の境目で、流域内でも河床が高い。そのため流路がいく筋にも分岐・乱流し、「網状流路」を呈している。水量が増える季節には洪水が起こりやすい環境にある。新田荘最南端の小角郷や横瀬郷（ともに深谷市）が、利根川の流路変更により、中世の早い段階で網状流路の南側、つまり武蔵国側に位置するようになったのはそのためである。

一方、このような流路には浅瀬が多く、少雨期には渡渉に適している。よって、世良田周辺は利根川中上流域の主要渡河点として機能してきた。利根川は上野と武蔵の国境を形成する河川であるが、上野国側では新田郡・佐位郡（淵名荘）・那波郡の境界域が、武蔵国側では榛澤郡・幡羅郡・児玉郡の境界域がこの網状流路上に同居している。つまり、世良田は網状流路の渡河機能を介して、二国六郡を結節する位置に立地しているのである。かつて源義重が新田郡再開発の拠点として定めた世良田とはこのような立地環境と交通上の位置にある。そして、長楽寺ができると、その門前には宿や市が発達し、鎌倉時代の世良田は有徳人と呼ばれる富裕層が活動する北関東有数の町場に発展したのである。義重は世良田を拠点に、網状流路北辺の畠作地帯と、石田川が作る沖積平野（石田川低地）を再開発した。義重の再開発事業の成果は国家から「空閑」に認定され、新田荘を構成する主要な領域となった。

網状流路の中やその周囲には、島状微高地や自然堤防、泥流台地が顕著に発達し、集落を形成している。しかし、この豊かな表流水が地域の農業生産に直接利することはない。むしろこの地域の水利はきわめて乏しく、現代でも稲作をまったく行わない集落が多く、伝統的に畠作と養蚕がさかんな地域である。幕末・明治期の養蚕家田島弥兵衛の旧宅（世界文化遺産「富岡製糸場と絹産業遺産群」の構成資産）が所在する旧佐位郡嶋村（伊勢崎市）、実業家渋澤栄

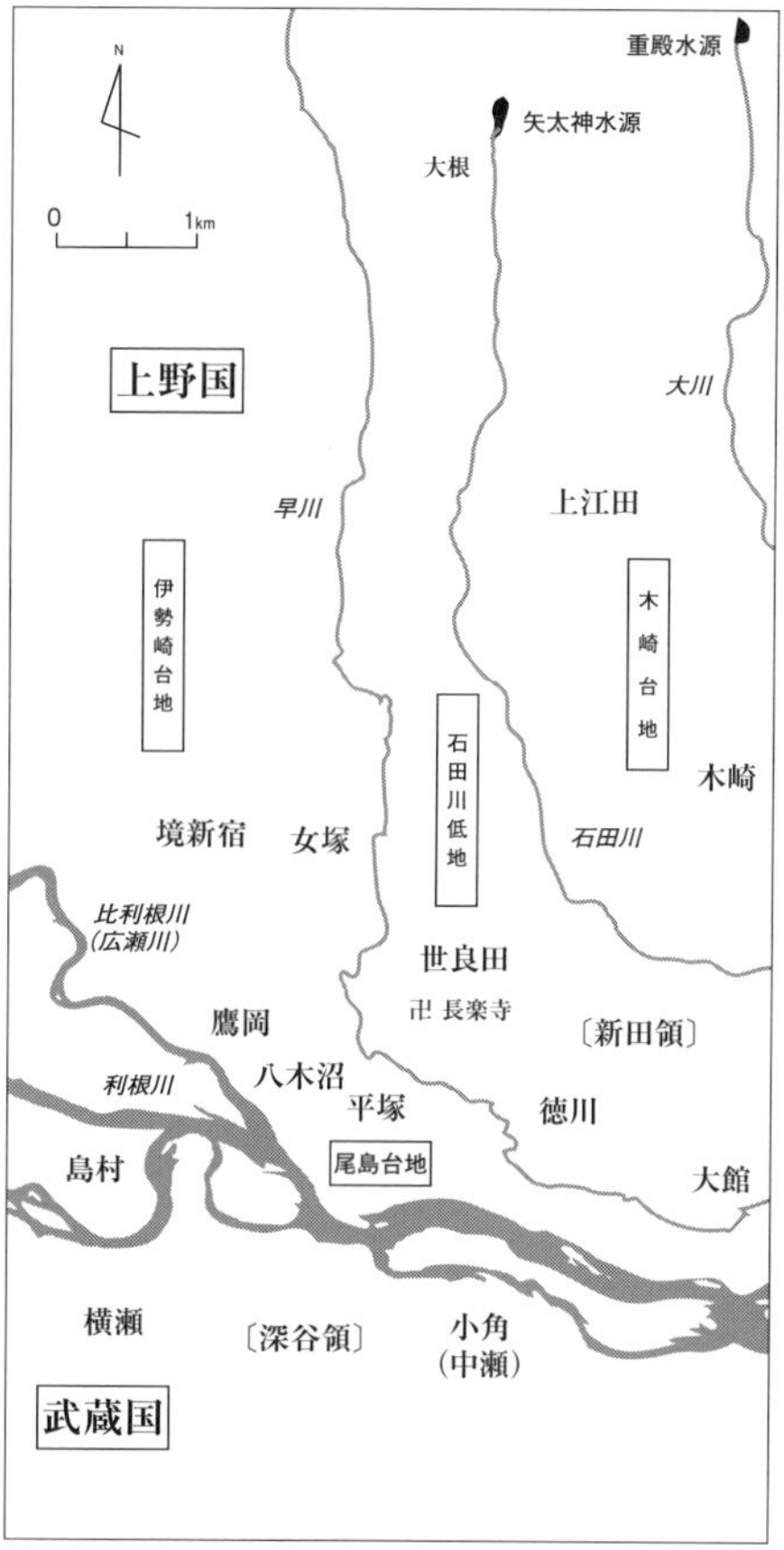

図5－5　長楽寺周辺要図（明治18年測量迅速測図をもとに作成）

一の生家がある武蔵国榛澤郡血洗島村（深谷市）もこの流路内にある。長楽寺は網状流路の北辺の低台地や自然堤防上に連なる、平塚郷・八木沼郷・鷹岡郷・女塚郷を寺領として経営していたが、やはりいずれも伝統的な畠作集落である。

一方、世良田北辺には石田川という小河川が形成した沖積平野が発達している。長楽寺の水田経営はこのエリアで行われていた。長楽寺は石田川の源流にある大根郷を寺領としていた。石田川の源流の矢太神沼（史跡「新田荘遺跡」の構成要素）は、大間々扇状地の扇端湧水のことで、石田川低地の水田はこの湧水による自然潅漑に大きく依拠していた。そして、中世においてはこのエリアに限り大河川（渡良瀬川や利根川）からの井堰灌漑はついに達成されなかった。

「利根川上流の国境渡河点周辺に展開する渇水地帯」、これが『日記』の舞台である。そして、長楽寺と世良田周辺の人々の営み（生活・生業）を考えるときの前提条件であり、『日記』の読みの基本となる。

『日記』の三月五日から九日にかけて、義哲は利根川の水量観察に余念が無い。義哲の水量観察はこれ以前から継続的に行われており、水は三月一日頃から減少し始めたとある。

瀬端の危機管理

三月五日　又昨日瀬浅き儀申し遣わす処に不審の由、実城より返答也、昨晩河を越し来たる者に尋ね候処に、泥障半分濡れ浅きと申す間、この儀をも書き越しつる、
三月七日　この朔日のころより、河いかにも浅きと云えり、
三月八日　この日雪水来たり深きと云えり、
三月九日　今日は猶々瀬深きと也、

（引用史料は原文（片仮名混じりの漢文）を読みやすくしたものである）

四日、「実城（新田金山城主横瀬《よこせ》成繁《なりしげ》）」に「河は瀬が浅い」と報告したところ、「不審である」との返答があった。また、その晩利根川を渡って来た者も、泥障〈あおり〉が半分濡れた程度で、水は浅いとのことだった。「瀬」とは

渡渉可能な利根川の浅瀬を指す。馬の泥障の半分まで水に浸かったというのだから、人の胸くらいの水深だろうか。ところが、八日になると一転、水深は日に日に深くなり始めた。雪解け水の到来である。

この年の雪解け水による増水はこれが最初ではない。二月十四日条には、「この十二・三日のころより雪水来たり、瀬深き由申す事也、節分の後五十日計りにて、雪水増すと常に申し伝え、さもありげなり、節分は旧冬十二月廿五日也、屈指漸く五十日程也」とあり、二月十二・三日の増水を今年最初の雪解け水の到来と確認している。義哲がそう確信したのは、当時この地域に「節分から五十日ほどたつと、雪融け水によって利根川の水量が増し始める」という気象に関する民俗知識があったためである。義哲はこのことに「さもありげなり」と感心している。

では、義哲はなぜ利根川の水量にこのように強い関心を持っていたのだろうか。長楽寺の大旦那である新田金山城（太田市）の横瀬成繁は、永禄三年から九年まで七年間、越後の戦国大名上杉輝虎（謙信）に従っていた。一方、利根川対岸の深谷領には、この時相模の北条氏康が兵を進めていた。この年も正月から、北条勢は深谷から十騎・二十騎と利根川を越させ、寺領八木沼郷などに侵入しては馬などを掠奪していくことがあった（一月七日、一月十六日、二月二十日）。

三月二日、ついに北条・上杉間で戦の火ぶたが切って落とされた。氏康が上杉方の簗田《やなだ》晴助《はるすけ》の居城関宿《せきやど》城（野田市）への攻撃を開始したのである。第一次関宿合戦の勃発である。義哲が日夜利根川の水量を心配し、浅瀬の発生報告に対して由良成繁が「不審」と回答し、危機感を露わにしたのは実はそのためである。

四月二十九日　当地の足軽共川向うへ、敵に叱り止めらるとの申し告げ来たる間、螺を立て、門前の者共を河端へ駆けさする、向うへ乗り越し、人馬を取り、何事も無く帰る也、

五月十七日　梅源（梅澤源八郎）・斎弥（斎藤弥左衛門尉）来たる、関宿への陣触れ也、愚申す事には、ここもと瀬々あまた御座候て、今朝も平塚へ乗り籠め候条、河辺者をば指し置かれ然るべき分申し断ず、

世良田には「門前者共」と呼ばれる足軽が常駐しており、いざ敵が瀬を越えると、法螺貝によって警報が鳴らされ、「瀬端」「河端」に緊急出動した。それを統率するのが、梅澤源八郎・斎藤弥左衛門尉などの侍衆であった。ちなみに、こうした瀬端の武力は決して「専守防衛」のためではない。血気はやる「当地の足軽共」が対岸を威嚇することもある。義哲は気が気でなく、そのたびに「何事も無く帰る也」と胸をなで下ろすのであった。

五月十七日、金山城でも関宿城合戦への陣触れがあった。ちょうどこの頃も、世良田周辺の水量は少なく、浅瀬がいくつも生じていた。心配でならない義哲は、金山城に「河辺者」の再配置を要請するのであった。七日後の二十四日、氏康は関宿城から兵を引き、合戦は終結する。

河川は人や物の交流を遮断する側面と、交流を促す側面を両面に持つ二義的な存在である。義哲が『日記』に残した瀬端の情景は、「水辺」などという牧歌的な言葉では語ることはできない。戦争と平和が常に同居し、生命の危機を意識せざるを得ない「水場」の記録と言えよう。

大豆と銭と百姓と

畠作地帯の世良田では、「小麦を取らせそのまま㽡（畝）わせ、大豆を蒔かする也」（六月十八日）、「この日スタテの地をこしらえねする、大豆三十杯、小麦卅杯」（七月一日）とあるように、六月中までに小麦の収穫が一段落し、六月下旬から七月にかけて同じ畠に今度は大豆が蒔かれた。こうして生産された大豆や小麦が国境の渇水地帯を潤す貴重な富となった。

長楽寺領のひとつの平塚郷では大豆が主要な作付け品目であった。そして、平塚郷の百姓は生産した大豆を商品として自由に換金することができた。つまり、村の経済活動において、大豆と生産と流通が一定の比重を占めていたのである。平塚郷の大豆取引の得意先に矢場郷（太田市）の領主横瀬繁実（当時は出家して安生軒と称す）があった。この月の七日・八日の頃、繁実の代官石橋与三衛門尉が「悪銭を持ち来たり、百姓等に打ち込まる」（二月十四日）とあり、平塚郷の百姓と矢場郷の代官との間で紛争が勃発する。石橋が支払った大豆の代金の中に相当数の「悪銭」（劣化の著しい銭貨）が混入していたことが発端である。「打ち込まる」とあることから、百姓に対して強引に押しつけられたものであることが分かる。一般的に債権者側は悪銭を嫌うことから、決済にあたってその受け取りを拒否する傾向にあったため、商取引に混乱が生じた。これを「撰銭〈えりぜに〉」という。特に戦国時代には、撰銭の慣行が蔓延して、幕府や荘園領主が撰銭令（撰銭禁止令）をしきりに発して、その沈静に苦慮した。十三日、紛争の自力解決を断念した百姓が長楽寺にこのことを報告したため、いよいよ領主義哲が「矢場公事〈くじ〉」と呼ばれるこの紛争の処理に乗り出すことになったのである。

二月二十一日　一、この鳥目寺領へ越させられ候事は、百姓等御頼み、郷中に於いて大豆を買わせらるる御用の事に候、然る処に去る年以来、近庄・近国一銭を以て取引申す処に、かくの如き悪銭にては買売致されず候間、替えて下さるべき分申す事、格別に如在に非ずと申すかの事、

この記事は、義哲が矢場郷の領主横瀬繁実にあてた九カ条に及ぶ抗議文の第一条で、義哲が『日記』に控えておいたものである。義哲は、「近庄・近国」では去年以来「一銭取引」が定められ、悪銭は通用しなくなっているのだから、悪銭の受け取りを拒否した百姓の行為はもっともで、何ら非難されることではないと主張している。「近庄・近国」とは利根川対岸の北条氏の領国のことで、「一銭取引」とは北条氏が永楽通宝の良銭を事実上の領国貨幣として定めたことを言っている。

敵国とは言え、世良田周辺では北条領国の政策が経済活動の実質に影響したのである。たとえ悪銭が通用できたとしても、いずれ市場で不利な相場で「一銭」に交換しなければならず、その差額は百姓が負担することになった。事実上の北条氏経済圏で活動する平塚郷百姓にとって悪銭による決済は大きな損失を招いたと予想される。そして、第二条では北条氏の「一銭取引」令にかかわらず、新田領内では昔から悪銭による取引は認められていないと断言するのである。以後、訴訟は金山城の取り扱いとなり、義哲と百姓の奮闘もあって、平塚百姓の勝訴へと推移していくことになる。

さて、利根川を渡ってやって来るのは武力と恐怖ばかりではない。渡河点は富や文化が行き交う通路でもある。

安定した水田経営が困難な地域では、雑穀など畠作への依存が相対的に高くなる。世良田周辺では、こうした付加価値の高い畠作物の生産と、渡河点という経済交流が盛んな地の利を活かして富を集積した百姓と村落が、一定の政治力を獲得することができたのである。

ところで、『日記』には穀類だけでなく、様々な野菜が登場する。たとえばさかんに栽培されているものにはナス（茄子）やダイコン（大根）、ウグイスナ（鶯菜）などがある。ゴボウ（牛蒡）・ウド（独活）・ヤマイモ（山芋）なども獲れ、旬にはそれぞれの初物が領民から寺にもたらされた。また、長楽寺境内には茶園があった。義哲は境内で茶を栽培し、摘み取った茶葉から抹茶を製造していた。寺内で作られた茶は袋に詰めて金山城への贈答品として用いられた。それだけなく、義哲は茶に「無上」「別木（別儀）」などの製品名を付けて呼んでいる（四月十日）。「無上」「別儀」とは初期宇治茶のブランドである。こうしたことを橋本素子氏は、京ブランドにあやかった、地方産地の「便乗」と評している。ということは、長楽寺茶園の製品は自家消費や贈答用途を越えて、その一部が商品として出回っていたということになる。

小麦と粉食文化

長楽寺は太田の町（太田市）に蔵屋を置き、そこに米麦を備蓄して換金に備えていた。二月二十三日、蔵奉行の寺僧と下男が蔵屋に赴き、棚卸しと俵の取り替え作業が行われた。

二月二十三日　正参・泉蔵司、大田蔵屋俵積み直しに行く、大麦七十一、小麦去年之分十二、去々年分六、合わせて十八、大豆一、モチ三、ウルシ（粳）一、以上合わせて俵数九十四、俵など取り替え、下敷など し替えて奥と云いき、

俵の総数は九十四俵で、その内訳は大麦七十一俵、小麦十八俵、大豆一俵、餅米三俵、粳米一俵であった。実に九五パーセントを麦が占めている。また、長楽寺が普請を請け負っている金山城長手口の小屋には、五月二十四日から七月八日の間に合計で二十三駄の麦が長楽寺から搬入されている。その内訳は大麦が十三駄、小麦が六駄、大

小不明が四駄である。大麦は人足の食料、小麦は金山城への贈答用だろう。

義哲の主食として、米に次いで多いのが麦である。大麦は「麦飯」「麦を雑じえたる飯」「麦炊」のように米と同様粒食ができる。たとえば「麦まぜの飯」を「冷汁にて」というような食べ方をしている。これに対して小麦は粉砕し、水で練って加熱しなければ食すことができない。時間と手間もかかるが、何よりも石臼が無ければならない。義哲は大麦だけでなく、贅沢品と言ってもよい小麦粉食品を日常的に堪能することができた。

『日記』には小麦粉食品として「麺」「麺子」などの麺類が頻出する。こうした麺類は「椀麺」などとあるように、「蒜〈にんにく〉汁」などにつけて椀で食した。『日記』には他に、「打麦」「入麺」「碁子麺〈キシメン〉」「ウンドン〈饂飩〉」「餛飩」と呼ばれる麺類も登場する。調理前の麺は「廿把」などと数え、贈答品として用いられることが多い。しかし、「麺・打麦ヲ出シ」、「麺一籠、餛飩両籠」などと、「麺」は他の麺類と並記されることがある。よって「麺」は「麺類」という大きな概念ではなく、特定の麺製品を指しているようである。麺類の他に小麦粉を材料とする食品としては「饅」（野菜などを入れた饅頭）がある。

義哲は麺をはじめとする小麦粉食品を日常的に食べることができたが、本来的には本膳に添えられ、あるいは「麦を饗す」、「麦をもてなし」、「打麦を結構して」などとあるように、振る舞い食として供されるハレの食品であった。また、「賀例の麦」として（七月七日）、あるいは亡き息子の「百箇日とて」老母から届けられるように（七月四日）、小麦粉は贈答品として珍重されるものであり、空腹を満たす物といよりも嗜好品であった。領内の地侍層から義哲に小麦が届けられる場合は、「麦の粉一鉢」などと鉢に入れてもたらされることが通例であった。これに対して、義哲が金山城の由良成繁の妻や関宿御料人など、由良家の女性たちに小麦粉を贈る場合は、「麦の粉ホカイ」「麺粉外居〈ほかい〉一」というように行器〈ほかい〉に入れて届けるものであった。さらに、金山城の女性に対しては、小麦と抹茶をセットにして贈ることが多い。双方とも石臼の使用という共通点があるが、何か意味があるのだろうか。

以上のように、戦国時代の東国の武家社会や寺院社会において、小麦粉の贈答慣行が定着していた様子が分かる。

また、小麦粉食品の品揃えは意外にも豊かで、食生活に占める割合も比較的高い。『日記』ではこの時代の関東の小麦粉食文化は、庶民生活とはあまり関係のないところで展開しているように見えるが、「丸右（丸橋右馬助）より麺を百姓等にう〈得〉るとて越されつる」（六月十九日）ともあるように、一部の上層百姓を通じて地域社会に浸透しつつあったこともうかがい知ることができる。そして、戦国時代の関東平野で展開した芳醇な畠作文化と小麦粉食文化は、現代の関東平野の生活・風土にも確実に受け継がれていくことになる。

湧水が支える領主経済

畠作地帯と言えども、義哲のような領主層の食生活は米が中心である。『日記』を見る限り、米の食べ方はやはり粒食が中心で、日常的には「飯」「湯付」「粥」「焼飯」などとして食べている。他に「水付」「干飯」「強飯」「ナイイ・ナハン（菜飯）」「楊花（雑炊）」「苞飯」などの例もある。ただし、それでも米に麦や小豆・粟、「ササキ（ササゲ）」などの雑穀や芋などを補って、麦飯や小豆粥・粟粥・芋粥として食すことが多い。ちなみに、米は「餅」「焼餅」「草餅」「芥子餅」としても食されている。

さて、食生活ではなく、領主制の側面から米を見てみる。大豆や小麦に商品価値や付加価値があり、これが村落を主体とする地域社会に富をもたらしたとしても、領主経済や武家社会（主従制）を支えていたのはやはり米である。よって、長楽寺の領主としての活動基盤にあるものは言うまでもなく水田経営である。

五月十五日　田植ゆる、（中略）、未刻植え上げ帰る、水無く雉子尾などは畠のようなに植ゆ、然る間江田へ水所望に的（寺僧略称）を遣わす也、小河処に、御乳へ心得る、いかにも尤もの返答也、水引きを申し付く、（中略）、早乙女三十一人、この内一人雇人、子共二十八計にて植ゆ、

この地域の水田では、五月中下旬になるとこのように灌水され、代掻きが行われ（五月二十八日）、大勢の雇い人や早乙女によって田植えが行われた。世良田周辺は畠作地帯ではあるが、世良田の北に展開する石田川低地には水田が発達している。これらの水田は、石田・雉子尾〈きじのお〉・梅澤田・五段田・二段田などのように、小名（小

字）が付けられて管理されていた。おそらく水不足の場合は「江田へ水所望」（五月十五、十七日）、「矢内方へ水所望」（五月二十五日）のように、他の水源（重殿湧水を水源とする大川水系）からのもらい水に頼ることになる。また、用水体系とその調整・管理はすでに金山城が掌握していたようで、義哲が「水引」と称するもらい水を実現するには金山城の認可を得る必要があった。

九月二十七日　石田をば刈らせつ、結わせつ致す也（中略）、稲干し手には俊（寺僧略称）を奉行として越しつる、田へは周眞めを越す、この日、廿三駄棚の上に干しけるを、内へ付けさす

収穫期は九月下旬である。稲の収穫は寺僧奉行のもとに下男を労働力とする体制が組まれ実施される。刈り取った稲は脱穀をする前に、何日か乾燥する必要がある。乾燥の方法には一般的に、地干し（寝せ干し、積み干し、立て干し）と架け干し（棚干し）がある。地干しは乾田における乾燥法で、架け干しは湿田における乾燥法である。つまり圃場の排水の程度によってどちらかの乾燥法が採用されることになる。『日記』には「棚刈りにて」（九月二十四日）、「棚の上に干しける」（九月二十七日）とあるように、棚干しが行われている様子が記されている。棚干しは畦などに竹や木で干し棚を組み、そこに結束した稲を架ける乾燥法である。しかし、中には「藁濡るるほどに庭に立て干さす」（九月二十八日）ともあるように、刈り取った稲が濡れてしまうほどの強湿田もあったようで、そのような場合は寺内に搬送してから立て干しにした。乾燥した稲は脱穀され、俵に詰められて領主長楽寺が収納した（九月二十八、二十九、三十日）。

石田川低地と大川低地に挟まれた木崎台地周辺では、二十世紀のある時期まで湿田の分布がきわめて顕著であった。中には「ヤチ」「シケタ」「ドブッタ」「馬殺し」などと呼ばれる強湿田も分布していた。そのような水田は「腰までつかった」「胸までつかった」ほどの沼地であった（簗瀬二〇〇〇）。井堰灌漑による水の安定供給が見込めないか、あるいは排水設備が整わない条件下では、このような湿田が温存されたのである。ここに「世良田田圃」

と呼ばれる美田景観が作られるようになるのは、近世に開削された御神領《ごじんりょう》用水によって桃の木川からの井堰灌漑が実現してから以降のことである。二毛作が行えるまでに灌排機構が整うのは二十世紀のことである。つまり、『日記』の中で水田経営を差配する義哲の姿を、読者は湿田を基調とする景観の中で想像しなければならない。

平地の林野と植物資源

水田にせよ畠にせよ、農業の持続的経営は耕地の開発と整備だけでは成り立たない。特に水田を基本とする場合には、再生産させるための条件として植物資源の直接的・間接的投入が必要である。そのひとつが水田に肥料として踏み込む刈敷用の草であり、また耕運や代掻きを担う牛馬の餌用の草がそれである。そのため、こうした草を得るための採草地の確保という問題が生じてくる。

六月十五日　この暮に平塚野鎌一具、鑓一挺取る、安弥八（安蔵弥八郎）が下人と云えり

この日、平塚野に忍び込んで草を採取した安蔵《あんぞう》弥八郎の下人が長楽寺によって逮捕され、所持していた「鎌一具、鑓一挺」を没収されたのである。寺領平塚《ひらづか》郷（伊勢崎市）には「平塚野」と呼ばれる採草地があった。ところが、平塚野は領主長楽寺が独占的に囲い込んだ「立野」といわれる採草地であったため、村の百姓が自由に使うことができなかったのである。それでも肥料や牛馬の餌が不足すると、百姓は軽武装して仕方なく立野に侵入し、無断で草を採取するしかなかった。百姓にとっては草刈りも命がけであった。

寺領鷹岡《たかおか》郷（伊勢崎市）には長楽寺が薪として利用する柴を調達するための平地林があった。九月十五日、義哲は鷹岡郷に寺僧や人足を動員し合計二十四駄の柴を採取した。採取した柴二十四駄のうち長楽寺には七駄だけが搬入され、残り十七駄は「野守」に預けられた。長楽寺は寺領内の平地林や採草地の管理を行うために野守を置いていたのである。このように領主によって囲い込まれた林のことを「立山」や「立林」と呼んでいる。長楽寺は境《さかい》新宿《しんしゅく》（伊勢崎市）の北にコナラの実を植えさせている（九月二十六日）。長楽寺が肥料や燃料として用益する植物資源は、寺領内の平地林や草地で計画的に生産されていたのである。

次に長楽寺の境内に目を転じてみよう。そこには実に様々な樹木が植林され、さかんに育てられている。頻出するのはスギ（杉）・サイカチ（皀莢）で、アテ（翌檜・アスナロ）・ツキ（槻・ケヤキ）・エノキ（榎）・ウルシ（漆）・ミカン（蜜柑）・ヌデ（橳）などがこれに続く。スギ・サイカチの育苗は横瀬氏の徴用に応じるために計画的に実施されるものである。タケ（竹）も「長手（金山城長手口の小屋）へ一駄」などのように、資材供給のための竹藪として維持・管理されていた。

境内林業とも言うべき、境内における育苗・植林・養生といった営みは主に寺僧や下人によって行われている。長楽寺では一定の技術水準で、かつ相当規模の樹木の生産・管理が寺院機構を通じて計画的に整然と遂行されていた。また、長楽寺だけでなく、新田領内の他の寺院や百姓の屋敷でも苗木の植林や建築資材としての竹木の供出が一般的に行われていた。おそらく長楽寺のような中核寺院には育苗・挿木・接木・施肥・養生など、植林に関する技術と知識が蓄積されており、地域に対する普及機能をもっていたとも考えられる。

早くから開発が進んだ畿内周辺に比べ、関東平野には平地林が多く残されている。また、屋敷林や境内林には「赤城おろし」と呼ばれる関東平野の冬の季節風から住居や堂宇・社殿を守る防風林としての機能が備わっている。このようなことから、こうした平地林は関東平野固有の景観とも言われているのであるが、その原形は『日記』の中にすでに確認することができる。

『長楽寺永禄日記』の魅力

ところで、『日記』の中の義哲はいったい何歳だったのだろう。正確なところは分からないが、仮に足利学校で学んだ一五三〇年代に二十歳代だったとすると、永禄八年当時の義哲は五十歳代後半から六十歳代前半ということになる。また、義哲には様々な持病があったことが『日記』から明らかである。このようなことから、永禄十年の周岱の住持就任は、義哲の入寂によるものとも言われている。義哲の病気が高齢によるものか、虚弱体質によるものか定かでないが、そのような目でみると、確かにこの九カ月の義哲は寺からほとんど外に出ていない。

そうかと言って、決して義哲は黄昏の日々を送っていたわけではない。日々の仏事はもちろん、住持として、あるいは領主として義哲が対応しなければならないことは実に多い。公私にわたって寺領内外からの来訪者も多く、寺内・門前・寺領の其処此処で事件や紛争が絶えることはない。『日記』に映し出されるその日常はきわめて繁多で、寺内での義哲の活動はむしろエネルギッシュにさえ見える。『日記』に残されたぼやきや悪態からは、決して穏やかかと呼べるような気性は感じられない。そして、何よりも義哲は地域社会と日々真剣に向き合っている。これこそが『長楽寺永禄日記』の最大の魅力である。

（簗瀬大輔）

翻刻・解題

勝守すみ「未完史料『永禄日記』について」（『群馬大学教育学部紀要』人文社会科学編二三、一九七三年。『同』二四―二、一九七四年）

千々和到「解説（長楽寺永禄日記）」『群馬県史・資料編5』一九七八年。

峰岸純夫校訂『長楽寺永禄日記（史料纂集）』続群書類従完成会、二〇〇三年。

参考文献

川瀬一馬『増補新訂　足利学校の研究』（講談社、一九七四年）

高橋貴「中世上野における畠作をめぐって——『長楽寺永禄日記』を中心に」（地方史研究協議会編『内陸の生活と文化』雄山閣、一九八六年）

橋本素子『日本茶の歴史（茶道教養講座14）』（淡交社、二〇一六年）

福田英一「戦国時代の長楽寺住持と賢甫義哲」（峰岸純夫校訂『長楽寺永禄日記（史料纂集）』続群書類従完成会、二〇〇三年）

簗瀬大輔「木崎台地縁辺における中世村落の展開——大川水系兎堀・長溝と新田荘下江田郷」（『群馬文化』二六号、二〇〇〇年）

簗瀬大輔「中世村落における平地林の機能と景観」（大間々扇状地研究会編『共同研究　大間々扇状地の地域と景観——自然・考古・歴史・地理』同会刊、二〇一〇年。のち同著『関東平野の中世』高志書院、二〇一五年に所収）

簗瀬大輔『上野の戦国地侍』（みやま文庫、二〇一三年）

4　『北野社家日記』——室町・戦国期情報の宝庫

(1)『北野社家日記』とは

北野天満宮所蔵古記録

『北野社家日記』とは、京都市上京区に鎮座する北野天満宮に関する引付の総称である。北野天満宮に関する古記録・古文書は、明治の神仏分離令により社僧が還俗し、神官も世襲でなくなったことにより、所蔵形態が大きく変化することになった。すなわち、それぞれの祠官家、宮仕家などで保有されていた文書類は、その家が神社との関係がなくなることにより、あるときは神社に寄贈され、あるときは売却されるなどして、散逸することとなった。

北野天満宮旧蔵文書の中で大部分を占めるのが、松梅院が有していた文書群である。中世北野社の組織に関しては鍋田英水子の研究に詳しいが（鍋田一九九七）、松梅院は公文所として観応の擾乱以後、北野社の中で中心的位置を占めるようになった。また、将軍御師職・御殿職・神事奉行も兼ねていたことから現存する文書も最も多く、代々の松梅院主によって書き継がれた「引付」は、北野社の様相を伺う上で最も重要な史料である。

(2)北野社関連古記録の伝来

松梅院旧蔵の古記録は、現在では北野天満宮・筑波大学附属図書館・天理大学附属天理図書館・早稲田大学図書館で所蔵されていることが確認できる。松梅院に関する文書・古記録は、維新後に還俗して正神主兼社務となった吉見氏が所持していたが、その一部は明治三十年以前に北野神社に寄贈された。「明治卅年頃カ」と表紙に貼紙のある『宝物什器古文書目録』（請求番号：記録甲一七七）には、「記録　拾六綴　宝徳年中ヨリ慶長年中マテ当社雑書」「記録　拾九綴　嘉元年中ヨリ文明年中マテ当社雑書」とあり、これは現在北野天満宮所蔵の「引付」および「記録」を指しているものと思われる。このことから、北野天満宮所蔵の記録類と他機関所蔵の記録類とは、すでに早い段階で分かれていたと推測されるが、その理由は不明である。後者の分については、おそらく引き続き吉見氏が所有していたが、吉見氏が北野神社から離れ、さらには種々の理由により史料を手放したことにより、市中に出回ったものと推測される（山田二〇〇七）。

北野天満宮に関する記録類は、『北野社家日記（既刊一〜七）』〈史料纂集〉（続群書類従完成会、のち八木書店）および北野天満宮史料刊行会編『北野天満宮史料　古記録』（北野天満宮）に翻刻されているが、筑波大学所蔵分、北野天満宮所蔵分に関しても未翻刻の部分が残っている。

(3) 現存する『北野社家日記』と概要

『北野社家日記』の現存部分は、室町時代後期から江戸時代初期にかけてで、その年次は、宝徳元（一四四九）、長禄二（一四五八）、長享二〜明応三（一四八八〜九四）、明応八（一四九九）、明応九（一五〇〇）、永正二（一五〇五）〜十二、天正十七（一五八九）〜十九、文禄三（一五九四）、文禄四、慶長三（一五九八）〜十八（八、十三、十四年欠）、元和二（一六一六）〜五、九、寛永四年（一六二七）である。途中欠けている年次も多く、散逸したことがうかがわれる。また、日次記以外の引付の抄録も残されている。

記主は禅親・禅豫・禅光・禅昌・禅意ら代々の松梅院の社僧である。松梅院は公文所《くもんじょ》として北野社一社を代表して別当曼殊院門跡や幕府とのやりとりを行い、神領の管理も行っていた。

内容は、北野社の祭礼をはじめ、社領の経営などの経済活動、神人の活動、幕府や京都の動静、山門との関係、贈答の儀礼、商工業者や庶民の姿、さらには連歌などの芸能・文化に至るまで多岐にわたっており、室町後期・戦国期の研究には欠かせない史料となっている。また、松梅院は将軍祈禱のための御師職や本殿を管理する御殿職、神事を執り行う神事奉行でもあったため、そうした関係の記録も多い。『北野社家日記』を用いた研究はこれまで数多くなされているが、それは室町期の北野社が歴代の足利将軍から崇敬され、国家にとって重要な役割を果たしたことによる。竹内秀雄の研究をはじめとして、様々な観点からの研究がなされていることも『北野社家日記』の豊富な内容を示していよう（瀬田二〇一五）。

足利尊氏と北野社

(1) 船井荘の寄進

足利尊氏は後醍醐天皇に反旗を翻して入京するものの、新田義貞軍に大敗して九州に敗走し、体勢を立て直して再び東上した後の建武三年（一三三六）五月二十五日に丹波国船井荘地頭職を北野社に寄進している。

寄進　北野天満大自在天神
　丹波国船井庄地頭職
右、為㆓天下泰平所願成就家門繁栄㆒、令㆓寄進㆒之状如㆑件、
建武三年五月廿五日　源朝臣御判

本文書は延徳三年（一四九一）十一月十八日条に「船中御判」と記され、『目安申状』には「神威厳重之御奇瑞在㆑之時、兵庫船中ニテ御鼻紙ニ被㆓遊置㆒仁、禅陽法印ニ被㆑下畢」と記される、船中でしたためた「鼻紙の御判」であり、北野社において尊氏との関係を語る根本史料として重要視された。そして、船井荘は後代にわたって北野社領の中でも最も重要視された。

永正四年（一五〇七）六月日松梅院禅光言上状（『目安申状』〈『北野社家日記』第七〉）によれば、禅陽《ぜんよう》は尊氏に随従し、建武三年（一三三六）三月の筑前多々良浜《たたらはま》合戦の際に祈禱の忠節を遂げ、神慮により菊池武敏らを打ち破った。そのため船中で「鼻紙の御判」を記し、禅陽に船井荘の一円支配を認めたという。なぜこのとき禅陽を同船させていたのかは不明だが、もしこれが事実だとしたら、九州下向以前から尊氏は北野社に帰依していて、戦勝祈願を依頼していたことになるが、戦時に神職を引き連れて祈祷させていたという事例は他では見られず、信憑性は疑わしい。また、「鼻紙の御判」は湊川の戦いの際に下されたとされる文書であり、多々良浜合戦の時ではない。こうしたことからも、尊氏と禅陽との関係を多々良浜合戦以来として遡らせ、松梅院が御師職を保有していることの正統

性を主張していると言える。しかし、こうした由緒が正統性を主張するために用いられているということは、松梅院では由緒が信じられており、それを主張することが有効性を保つとみなされていたからである。そして、禅陽側の主張によれば、船井荘は尊氏によって禅陽の一円支配が認められていたものの、守慶《しゅけい》が直義の御師としてその半分を競望したため、両者による支配となったという。

事実、建武三年八月十八日には、尊氏は北野社に船井荘を寄せて本地供養法を毎日一座行わせているが、その際は器用の僧を選び、守慶・禅陽両人の沙汰として勤行させている。本地供養法とは十一面観音供のことで、船井荘を料所とする「六ヶ御願」のうちの一つである。また同日直義によって祈禱の詳細が示されている。それによれば、長日不断常燈を重代師職である石見新法眼禅陽と助法眼守慶が勤仕すべきこと、一社長日大般若経を転読すべきこと、一社長日法華経を転読すべきこと、一社長日金剛般若経を転読すべきこと、毎月御神楽を勤仕すべきことが命じられている。ここでは「重代師職」と記述されているように、先祖代々御師職であったと主張しているのだが、禅陽以前から御師職が存在していたことを実証する史料はない。船井荘からの年貢は御師によって祠官に配られ、一社を挙げて将軍のための祈禱が行われたのであった。

船井荘は現在の京都府南丹市園部町に広がる荘園で、黒田・宍人・新江・船坂・大・横田・八田・岐幡・三戸・興田・熊崎の十一カ村が確認でき、荘園鎮守社として現在は生身天満宮と称している天満宮が、園部城がつくられた地に元は鎮座していたと推定される。

(2)御師職

朝廷・幕府からの祈禱命令は、北野社の御師に対してなされた。御師職を手にするということは、所領をはじめとした諸権益を手中に収めることであり、有力祠官家は種々の方法を使って権力者に認めてもらうよう取り入った。そしてそれはしばしば権力者間の対立と結びついていた。

北野社における御師職はその後、石見法印禅陽の系譜をひく松梅院が基本的に勤めていく。そして、禅陽の子孫であることが、御師職を所持することの根拠となっていく。「松梅院」の坊号の初見は、『三年一請会引付』に記される、明徳二年（一三九一）七月二十九日の室町幕府奉行人松田貞秀書状の宛所に見られる「松梅院法印御房（石見法眼禅厳）」である。同じく『三年一請会引付』に収載される康応元年（一三八九）七月十四日足利将軍家御教書では、宛所が「石見法印御房」とあることから、康応元年から明徳二年までの二年の間に「松梅院」が成立したと考えられている（三枝二〇〇七）。松梅院は、足利義満との師檀関係をもとに北野祭および神宝の点検を行う三年一請会の経済基盤を確立させた。松梅院は、御師職以外にも公文所・神事奉行・御殿預・造営奉行も兼ね、門弟衆を統括し、「一社」を組織する坊として、明治の神仏分離まで支配を行っていった。

北野社を対外的に代表するのは別当である比叡山曼殊院門跡であるが、実際に運営に関わっているのは祠官・承仕たちである。祠官は神事に主体的に関わるのに対し、承仕は補助的職務にとどまる。そして、祠官が補任される役職が、執行・御殿大預・公文・造営奉行といった統率的職務であるのに対し、承仕は目代・沙汰承仕・公文承仕・小預・主典といった実務的職務といった違いがある（鍋田一九九七）。

(3) 北野社の行事

天神および北野社を重視する姿勢は、尊氏の個人的信仰にとどまらず、室町幕府さらには北朝における北野社重視にも拡大していった。八月四日の北野祭、および北野臨時祭の際には、北朝から勅使が遣わされ、奉幣が行われている。

また、貞和三年（一三四七）七月、北朝の光明天皇が不予となると、八万四千基の石塔の造立と北野社での万度詣が行われた。このとき『園太暦』の記者である洞院公賢《とういんきんかた》には、八万四千基のうち一万基の造立が命じられた。それに対し公賢は七千基造立する旨返答している。北野社への万度詣もやはり功徳を積むことによって病気平癒を祈願する行為であり、公賢にはそのうち一千度の参勤が命じられた。それに対し公賢は七百度参勤することを承諾した。これらの行為は公賢自身が行うのではなく、公賢は家僕に命じて行わせている。八万四千塔造立と北野社での万度詣は数名の公家に分担が命じられて執行されたのであろう。

また、同年十月には、光厳上皇は天下静謐の御祈として公家に対し北野社に万度詣を行うよう命じた。そのうち洞院公賢には五百度、中原師茂には三百度の参勤が命じられた。そしてさらに、十二月にも天下静謐の御祈として北野社への万度詣が命じられ、公賢は五百度の参勤が命じられた。天下静謐すなわち南朝軍徒退治の祈禱は諸社にも命じられているが、万度詣を行ったのは北野社しかない。こうした北朝における北野社重視の方針は、尊氏の北野社に対する帰依が大きな影響を与えたに違いない。

義満以降の足利将軍と北野社

(1) 義持の帰依

尊氏以降、北野社はよりいっそう将軍との関係を強め、義満の時には摂津国榎並《えなみ》荘・郡戸《こおど》庄をはじめとした各地の荘園が北野社に寄進されたほか、将軍自身が北野社に参籠するようになり、義満は年に数回のペースで参籠している。将軍からの荘園寄進も南北朝合一前後から急速に増えた。

義満のあとをうけて、義持は神仏に傾倒したが、とりわけ石清水八幡宮・北野社への参詣・参籠が群を抜いて多かった。そして参籠の際には松梅院に宿泊し、晩年には年間一カ月以上を北野社ですごし、所領も相次いで寄進されるなど、室町時代において将軍と北野社が最も蜜月な時を迎えるのであった（桜井二〇〇五）。応永十四年（一四〇七）禅能《ぜんのう》が松梅院主となると、将軍から北野社に寄進される荘園も増え、北野社に勤仕する祠官は六十五人に達するなど、室町期北野社にとって最盛期だったと言える（七巻、三三三頁）。そして、禅能は北野社の財政を一手に掌握していた。

(2) 義教による政策転換

しかし、応永三十五年（一四二八）一月十八日に義持が死去し、義量を経て義教が将軍となると、禅能は苦しい立場に立たされ、永享二年（一四三〇）に御師を解任された。義持の度重なる北野社参籠により北野社は出費がかさんだほか、応永末期は天候が不順だったため飢饉が相次ぎ、年貢未進が頻発した。応永三十四年（一四二七）十月九日には、水損により年貢未進が多くあったことにより、銭主の手に渡っていた在所を取り上げて北野社の直務とし、松梅院は銭主に対して負っていた千貫文の負債の返済を五年間停止して六年目から毎年二百貫文ずつ返済させるという、北野社に対する一種の徳政令が出された（『北野天満宮史料古記録』三二一頁）。

しかし、義教は当初、「道理」に基づく御前沙汰を目指したため、この奉書は反故となり、御師職は禅能から光《こう》薗院《おんいん》乗慶《じょうけい》に移ることになった（七巻、二三七～二三八頁）。さらには、永享三年（一四三一）十月八日、所々の荘園は禅能の手を離れて銭主光聚院《こうじゅいん》のもとに去渡された（『室町幕府文書集成　奉行人奉書篇上』四七頁）。

御師職は失ったものの松梅院は大部分の荘園管理権をそのまま保有した。最重要である船井荘の奉行権が光薗院に移った後は、近江国八坂荘・尾張国浅野保・摂津国榎並荘の管理が移った。そして永享三年和泉国大鳥荘・美濃国日野郷・越前国得光保・山城国内野畠の四カ所が造営料所として松梅院管理下から離れ、光薗院乗慶・密乗院慶雅の共同管理下に置かれた。永享十二年に御師職は再び松梅院に戻るが、造営奉行は御師職とは切り離されて補任されるのであった。

北野社の造営奉行職については勧進という観点からの考察がなされているが（太田二〇〇八）、本稿では北野社内部の問題から造営奉行職設置という問題について考えてみたい。造営奉行職は一般に社殿の造替の必要性が生じたときに設置されるが、永享三年段階でとりわけ社殿の造営が問題になっているわけではない。また、北野社の他の役職である政所・執行・御殿大預・公文職は別当が補任する職であるのに対し、御師と並んで直接将軍が補任する職であることから、将軍と密接に関わる重要な役職だったことが分かる。

将軍家御師職とは、将軍からの祈禱依頼を受けて専門に祈禱を行う者のことを言い、将軍と師檀関係を結び、伊勢神宮・石清水八幡宮・賀茂下上社など、二十二社を中心とした京都周辺の有力神社に置かれ、「王城鎮守」の神々として王家を護持することを役割とした存在であると認識されていた。

(3)幕府による北野社支配

室町幕府は大寺院の末社を独立させることによってそれらを統括している比叡山の影響力を弱めようとした。比叡山は多数の末寺・末社を率いて広範囲な荘園を有し、自らの意思を完遂させるためには、大衆らが神輿を振りかざして京都市中に下ってくることも厭わないことから、俗権力にとってはしばしば扱いに困惑する存在であった。さらには、『太平記』巻第十八比叡山開闢の事によれば、後醍醐天皇が両度にわたり比叡山に逃れ、僧徒とともに尊氏らに抵抗を繰り広げたことから、天皇が吉野に脱した後、尊氏は一時は山門の取りつぶしまでも考えていたという（村山一九九四）。そうしたことから、室町幕府は比叡山の勢力を弱体化させようとし、北野社や祇園社などの末社を比叡山から切り離し、直接の関係を結ぼうとしたものと考えられる。そして、幕府は逆に北野社や祇園社とは荘園寄進、祈禱依頼、権益保護、将軍参詣といったかたちで密接な関係を保っていった。もちろん比叡山はこれに抵抗し、様々な手段を使って北野社への影響力を行使しようとしたが、北野社の方はそれに従わず、幕府に助けを求めて独立を維持しようとした。その一つの表れが正長年間に起こった山門と北野社との対立であり、両者は微妙なバランスのもと保たれていたが、それが崩れると大きな騒動に発展した（太田一九七九、清水二〇〇三）。

また、神社側にとっても上位権門からの支配からある程度独立することにより、独自の経営が可能となった。将軍との公的・私的関係を密接に保つことにより、寄進により所領を拡大したり、将軍の参向にともない祈禱料なども得られた。そして、御師職が特定の家に固定化されることで、神社の運営は安定し、故実が代々伝授されることとなった。北野社に関する引付が作成されて後世まで伝えられるようになったこともこのことと関係している（山田二〇一二）。

このように、室町幕府の意図により、比叡山の影響力を薄めて北野社を独立させようとして御師職を設置したが、時間が経つにつれて北野社自体の影響力が大きくなったため、その力を分散させるために御師職から造営奉行職を独立させ、こちらも将軍任命の職としたのではないだろうか。松梅院が造営奉行を兼帯することはあったが、その期間は短く、松梅院派に属さない妙蔵院・宝成院といった祠官家が造営奉行を担っていったことは、そのことを裏付けていると言えよう。

『北野社家日記』に見る戦国期の社会

(1) ケガレの処理

それでは次に、『北野社家日記』より興味深い記事を簡単に紹介してみたい（山田二〇〇二）。

延徳二年（一四九〇）三月十七日、京都西岡の土一揆が徳政を要求して蜂起し、北野社を占拠して閉籠し、幕府軍と対峙した。迫る幕府軍に対し、一揆衆は社殿に火をつけ、三十一人が命を落とした。そのときの死体処理は、焼け跡の釘・鎹《かすがい》の収集作業とあわせて河原者が請け負った。神域で発生した死体の処理は、ケガレの問題があるため、賤民である河原者が処理にあたり、キヨメを行うことになっており、三十一人のうち宮内で亡くなった二十九人の処分代として一体につき百文、計二貫九百文が河原者に下行されている。

そうしたところ、四月になって「千本赤《せんぼんのあか》」と名乗る河原者が北野社に現れ、処理の一件に関して異議を唱えた。それによると、このたびは宝成院が一本杉の河原者に処理を委託したことは先例にないことで、こうしたことが起きた場合、自分たちが代々奉仕してきているのであって、先方の河原者が当方の申し分を納得しないのであれば追放してしかるべきであると主張している。この主張は沙汰承仕能椿《のうちん》を通じて宝成院に伝えられ、受け入れられることとなった。また、この記事から、北野社に出入りしている河原者は、日常生活において肉食が禁じられていたことも分かるなど、被差別民の研究上注目されている記事である。火事による社殿の焼失から、再建に関しての工程が分かることでも貴重な記事である。

⑵西京神人

また、北野社に属する西京神人《にしのきょうじにん》についても、これまで様々研究が行われてきた（網野一九九六）。神人とは神社に所属して祭祀または供御に奉仕する義務を負う一方、神社から保護されている人々のことで、永享三年（一四三一）十二月の北野宮寺祈禱帳によると、北野社に所属する神人として、織部司《おりべのつかさ》本座神人・八月御祭御神供神人・左衛門町御神供神人・近衛保神人・二三条保神人・三月三日保神人・五月五日保神人・七月七日保神人・九月九日保神人・民部省町御壇供神人・酒役神人・諸座神人・大座《おおざ》神人などが存在したことが知られている。また諸座神人に含まれると考えられる不断香神人・水垂神人などがあった。

大座神人は諸院宮・大臣家の牛飼童が北野社に奉仕する神人となったものであり、八月三日の北野祭の大座神供を供える費用を調進するのがその役目であった。そのため大人になっても童名を名乗っている。大座神人は京都の入り口で七月一日から一寸ほどの切紙を短冊と名づけて通行人に配り、その交換に通行税として北野祭の大座神供の費用を徴収した。

延徳二年（一四九〇）七月十一日大座神人福松丸起請文からは、大座神人が短冊を配った京都の入り口が、粟田口《あわたぐち》（東海道）・西七条口（丹波街道）・竹田口（竹田街道）・法性寺口《ほっしょうじぐち》（伏見街道）・東寺口（西国街道）の五カ所であったことが分かる。人別十文徴収したが、札（過書）を持っている者、巡礼往来の者は免除された。荷には一荷につき二十文、牛馬に乗せた奥高荷には一駄につき五十文徴収した。この文書は北野社の牛玉宝印の裏に書かれて提出された。

(3)千利休

千利休の最期に関する記事も興味深い。天正十九年（一五九一）一月二十二日、千利休の最大の庇護者であった豊臣秀吉の弟秀長が亡くなると、茶頭として秀吉政権下の重鎮にあった利休に対する風向きが悪くなった。天正十五年（一五八七）十月には、秀吉や利休らが亭主となって北野大茶湯を行うなど、蜜月ぶりを示していたが、利休に反感を抱く石田三成らが利休の排除を企んだとされている。

天正十九年二月二十八日、利休は切腹を命じられているが、『北野社家日記』では利休のことを「まいす（売僧）」＝悪徳の僧であったため成敗されたのだと記している。大徳寺三門には、亡父五十年忌のとき大徳寺大檀那となり三門を改築したことにより利休の木像が飾られていたが、頸を切り、木像とともに聚楽大橋（一条戻り橋）にさらされることとなった。三門を通る際、秀吉であれ天皇であれ、頭を下げてくぐらなければならず、それが秀吉の忌諱に触れたともされている。

利休が切腹した二月二十八日は京都では雷が鳴り、大きなあられが降った。日記では「あられの本これほと也」として、直径約一・五センチの黒丸が記されている。こうした天変は怨霊の出現と結びつけられ、『南方録』『絵本太閤記』などに利休の怨霊が登場している。

(4)酒

酒に関する記述も多い。酒造に対する税である「酒麹役」は、古代では酒造司の長官酒造正《みきのかみ》を世襲した中原家が徴収していた。それが南北朝時代末になると京都西京の神人が北野社への祭礼負担を理由にその納税を拒否するようになり、さらに南北朝時代になると麹作りの独占を図り、足利義持は応永二十六年（一四一九）九月に、西京住人以外の経営する京都の麹室をすべて破却させ、酒屋は今後麹醸造を行わない旨の起請文を北野社に提出させ、西京神人が麹室の独占をするに至った。

これに対し、東京（左京）においては私に麹室を構える者があったため、北野社はそれを停止するよう山門（比叡山）に訴えた。応永二十七年閏正月十一日、山門ではそれに対して、西京住人による麹役の独占を認めた幕府の裁許を保証し、さらには山門公人がこれに関連して北野社に乱入することを禁止することを保証している。こうしたことが三塔（東塔・西塔・横川）集会によって決定され、全山百十二名の学侶の連判が加えられている。ここから当時の山門の構造をうかがうことができる。

しかし、これはのちに問題となり、正長元年（一四二八）八月二十七日山門西塔院閉籠衆事書において、山門の側は、北野社公文所禅能が京都の酒屋土倉に先例と称して麹のことを停止し、傍族を相語らい連署状を取り調え、山上の下知だと号することの不法を指弾し、山門連署状の返却を強く要求している。以降、北野社による麹業独占に対して、京都の酒屋・土倉と結んだ山門が対立していくこととなる。

また、『北野社家日記』には飲酒に関する記事が多いが、これは単に飲酒好きというだけでなく、飲酒することによって様々な人々と常日頃から密接な関係を作っておき、便宜を図ってもらうことを考えての行為だと言えよう。贈答や連歌などとあわせて飲酒によってなじみの関係を結んでおくことは、中世社会を生きていく上で重要な行為だったのである。

（山田雄司）

参考文献

網野善彦「西の京と北野社」（『日本中世都市の世界』筑摩書房、一九九六年。初出一九九〇年）
太田順三「永享の山門騒乱とその背景」（『佐賀大学教養部研究紀要』一一、一九七九年）
太田直之『中世の社寺と信仰——勧進と勧進聖の時代』（弘文堂、二〇〇八年）

小泉恵子「松梅院禅能の失脚と北野社御師職」（『遙かなる中世』八、一九八七年）
桜井英治『破産者たちの中世』（山川出版社、二〇〇五年）
佐々木創「中世北野社松梅院史の「空白」——松梅院伝来史料群の批判的研究に向けて」（『武蔵大学人文学会雑誌』三九—二、二〇〇七年）
佐々木創「「北野社家引付」を記す人々——なぜ二つの「社家引付」の内容は重複したのか」（『武蔵大学総合研究所紀要』一八、二〇〇九年）
清水克行「正長の徳政一揆と山門・北野社相論」（『室町社会の騒擾と秩序』吉川弘文館、二〇〇四年。初出二〇〇三年）
瀬田勝哉編『変貌する北野天満宮——中世後期の神仏の世界』（平凡社、二〇一五年）
竹内秀雄『天満宮』（吉川弘文館、一九六八年、新装版一九九六年）
鍋田英水子「中世後期「北野社」神社組織における「一社」」（『武蔵大学人文学会雑誌』二九—一・二、一九九七年）
三枝暁子「北野祭と室町幕府」（五味文彦・菊地大樹編『中世の寺院と都市・権力』山川出版社、二〇〇七年）
三枝暁子『比叡山と室町幕府——寺社と武家の京都支配』（東京大学出版会、二〇一一年）
村山修一『比叡山史』（東京美術、一九九四年）
山田雄司『北野天満宮旧蔵文書・古記録の目録作成および研究』（平成一六～一八年度科学研究費研究成果報告書、二〇〇七年）
山田雄司「初期足利政権と北野社——御師職を中心に」（山本隆志編『日本中世政治文化論の射程』思文閣出版、二〇一二年）
『筑波大学附属図書館特別展「学問の神」をささえた人びと——北野天満宮の文書と記録』（筑波大学附属図書館、二〇〇二年）

［付記］『北野社家日記』は長年学生と読み進めてきた日記であり、演習での発表を担当した学生、さらには的確な助言をしていただいた鈴木重雄氏に感謝申し上げたい。

第六章　女房の日記――『御湯殿上日記』にみる戦国期禁裏女房の眼差し

1　『御湯殿上日記』とは

『御湯殿上日記《おゆどのうえのにっき》』は、本書で扱ってきた中世の日記の中では異質な性格を持つものである。日記は、おおむね一人の記主によって記されることが多いが、この日記は、天皇に仕える複数の女房たちが交替で記していたものであり、特定の記主がいるわけではない。日記のどの記事を何という女房が記したかも、また一日分の記事を一人で記したのか複数で記していたのかも不明である。中世後期から江戸時代にかけて約三五〇年間、百人を超える女性たちが記主であったとしか言えないのである。

このように特定の組織（ここでは内裏の後宮）の構成メンバーが交替で記すタイプの日記が始まったのは、この『御湯殿上日記』が最初ではなく、古代には、朝廷（太政官）の事務や儀式の運営を担当する外記によって記された外記日記や、内裏で天皇に近侍し奉仕する蔵人による殿上日記があったが、律令国家の変質の中で姿を消し、中世を通じて、純粋な意味で組織の構成員が職務として交替で担当する日記は確認されず、中世の後半に入って再び登場する。近世に入ると、朝廷に限らず幕府や藩などにおいてそのような日記（日誌）が多くみられるようになったのは単なる偶然ではなく、再び国家的な組織・支配機構に変化が生じたことの証左であろう。

この日記についての研究は、女房詞の研究などに多くの成果があるが、日記の性格を論じたものとしては、古く戦前から戦後にかけてなされた和田正夫氏や是澤恭三氏らの研究が定説的な位置を保ってきた。その後しばらくまとまった研究はなかったが、一九九〇年代に脇田晴子氏、さらに近年、井上真生氏によって近世の分をも視野に入れた優れた研究が発表された。ここでもそれらの研究に導かれながら解説していくことにしよう。
なお、『御湯殿上日記』は江戸時代にも記し続けられているが、本書は中世の日記を対象としており、またこの、時代にまたがった長期間に及ぶ日記を支える内裏の女房制度そのものが変化を生じており、すでに是澤恭三氏が指摘しているように（是澤一九四四）、一つの日記として論じるには限界がある。氏と同様にひとまず中世のもの、つまり現存する最も古い日記の文明九年（一四七七）から慶長十五年（一六一〇）までを、天皇でいえば後土御門天皇から後陽成天皇まで五代、約一三〇年ほどの期間を対象としたい。ただし、この時期の『御湯殿上日記』は、ほとんどが写本の状態でしか残されていない上、後柏原天皇の期間（文亀・永正・大永年間）がほぼ欠落しており、実質的には四代一一〇年を見ていくことになる。

2　起源

室町時代の天皇と日記

現存するこの日記の一番古い年次は文明九年（一四七七）であり、他の記録類においてもこれ以前に引勘されたり、その存在に言及されることも今のところ管見に入らない。

内裏の女房が個人的に日記を記していたことは、『弁内侍日記』や『中務内侍日記』のような日次記的色合いの濃い日記文学の存在でうかがわれるし、男性の日記、たとえば西園寺公衡の日記『公衡公記』の正応二年四月二十四日条で、賀茂祭の中宮使の行粧の詳細は「女房日記」に記されているだろうと書いている記事などでも確認することができる。

すでに指摘したことであるが（松薗一九九七）、次の史料から室町期の後小松院の時代には、内裏女房が交替で記すようなタイプの日記は存在していなかったと考えられる。

　番によって院に参る、御連歌の事有り、後に御盃献ぜらる、此の間種々御雑談有り、仰せられて云く、我御在位年久し、よって禁中の諸事随分再興せらると云々、而るに遂日零落歎き思食すところ也、細々雑事等、皆女房を以て沙汰致す、よって記録するあたわず、後人故実を知るべからず、よって形の如く記録せしめたまうのところ、度々の火事に紛失しおわんぬ、その後院中の公事の如きは、記せしめたまうべきといえども、以前の御記等已にその形無し、今においては詮無きの由思食す、その儀能わずてえり

（原漢文、『薩戒記』応永三十二年十一月六日条）

応永三十二年（一四二五）十一月、『薩戒記』の記主中山定親が、後小松院から聞いた話として、院が天皇としてずいぶん長く在位し（永徳二年〈一三八二〉より応永十九年〈一四一二〉まで約三十年間）、その間に「禁中の諸事」をずいぶん再興したが、近頃また日を追って廃れていっているのは嘆かわしい、特に「細々雑事」はすべて女房たちが行っていたので記録できず、そのため後の人々が故実を知ることができないであろう。院自身も相応に日記を記してきたが、度々の火災でそれらは焼失してしまい、譲位して院となった後も「院中の公事」を日記に付けてきたが、以前の日記はほとんど残っていない。今となっては残念に思うが、どうすることもできないのだ、と。

『御湯殿上日記』の成立を考える際に、この史料から多くのことが示唆されよう。特に重要な点は、後小松院が「禁中の諸事」を記録するという問題で、女房たちが行っていた「細々雑事」が記録されてこなかったことを残念がっていることであろう。中世後期の朝廷を主催する天皇にとって、天皇家が平安期以来、営々と記してきた男性の手による公事の日記以外に、禁裏の女房たちが行っていることをも記す必要性を天皇（院）自ら語っているのである。これはたまたま後小松院だけが感じたのではなく、変質しつつあった朝廷、特にそこにおける女房たちの役割の変化が、当時の天皇たち（天皇家の家長でもある）に実感させつつあったと考えられる。

中世の「家」と女房

『御湯殿上日記』の開始の歴史的背景について井上真生氏は、後光厳流から崇光院流への皇統の変化を想定されているが、皇統が変化することによって何故このような日記が〝発生〟するのかについて理論的に論じられているわけではない。どちらの皇統の天皇も代々日記を記していたし、たとえ

後深草天皇以来の持明院統天皇家代々の「家」の日記を受け継いでいたのが崇光院流（伏見宮）であっても、「家」における日記の重要性を認識していたのは両者ともにそれほど差はないであろう。

南北朝の内乱による支配体制の衰え、室町幕府によるその権限の吸収などによって、朝廷の機構が収縮化していく中で、おそらく本来朝廷の一部を構成していた後宮が、中世的な天皇の「家」の形成という条件も加わり、全体としてその比重を増していったことが背景にあると考える。

すでに明らかにされているように、勾当内侍は御料所や将軍家・諸大名などからの献金をも管理し、天皇家（朝廷）の経理担当であるとともに、戦国期には公家たちが地方へ下向する際、勾当内侍に届け出ているように、朝廷に出仕する公家たちの業務管理も行っていた。内侍の身分だからといって、令制下の内侍司における典侍・内侍というような関係では把握できないのはいうまでもなく、その出身の「家」も鎌倉期までの下級官人層から中級の公卿クラスの「家」に変化しているようである（ただし、中世後期になると前代まで地下の下級官人層だった「家」から三位に叙される者が多くなる）。

摂関家などの他の権門の「家」がそうであるように、その運営を支える家司などが特定の「家」によって世襲化されるようになり、そこに仕える女房たちもそれらの「家」によって維持されるようになる。内裏の女房たちもすでに一種の「職」化されたそのポストが、たとえば大納言典侍が日野流藤原氏の広橋家、勾当内侍が南家藤原氏の高倉家や菅原氏の坊城家などによって世襲化されつつあったことがすでに明らかにされている（吉野一九八二）。皇女たちが送り込まれた尼門跡などでも、武家も含め様々な「家」から送り込まれた尼たちによって小宮廷が構成されており、各々の「家」を背景に支えられた中世的後宮は、それらとも密接に結びついていた。女性たちによるネットワークがこの時期の公武社会を支えているといっても過言ではなく、彼女たちの管理は「家」の当主たちにとって、「家」の内部ばかりでなく、外との関係を把握するためにも必要事項となっていたと考えられるのである。

3　中世日記にみえる女房関係記事

『看聞日記』にみえる女房たち

中世後期の公家日記の特徴の一つとして、前代と比べて相対的に自分の妻や娘を中心とした一族の女性たち（尼も含む）や「家」に仕える女房たちの記事が増加していることが挙げられるであろう。

その代表的なものといってよいのが、室町期の皇族伏見宮貞成親王の日記『看聞日記』である。詳細は別稿（松薗二〇一三）を参照してほしいが、その特徴をいくつか挙げておこう。

貞成は、まだ宮家を相続する以前、宮家に出仕している女房の一人「今参」（庭田経有女）を妻としており、やがて父栄仁親王、嫡子治仁の死去に伴い、宮家の女房たちもそのまま引き継ぐことになったが、当主となった後も彼女のことは宮家の女房の一人として日記に記録されていく。宮家では、引退したり、また新参の女房が増えてきたりすると、女房名の改名が行われるが、『看聞日記』にはその都度どのように改名したかが記録されており、「今参」も応永二十六年正月十日の改名で、上臈の女房名である「二条」を与えられた（さらに彼女の産んだ皇子彦仁が後花園天皇として即位した後には「南御方」と改名されたがその年は日記を欠いており、改名の日付は不明）。

さらに二条は、応永三十二年閏六月二日、父の妾の一人であった廊御方が老齢で引退すると「宮中家務事」を引き継ぎ、宮家の女房たちの管理などとともに女房奉書の右筆などを任せられるようになった。またその局において年中・臨時の行事や来客に際して、「一献」の場を提供するようになり、宮家の窓口的な役割を担うようになった。そのような彼女の宮家の女房としての動向が貞成の日記には詳しく記録されている。

妻としての側面では、彼女が妊娠した際には「着帯」の記事から「産所」へ退出した記事、そして出産、しばらくして皇子女とともに宮家に戻った時の記事などが逐一日記に付けられている。また、子息である後花園天皇の内裏や室町殿に出かけて行ったこと、さらに、彼女が病気で伏せったり、物詣や遊山に出かけたり、娘のいる尼寺を尋ねたりというような日常的な動向も日記に記されている。その記録の対象は正妻的な地位にあったこの「南御方」ばかりでなく、局をもった他の女房たち、時に下級の女房らにまで及ぶのである。これらは単に記主貞成の好奇心の問題では済まないものである。

『御湯殿上日記』においても、女房たちによる皇子女の出産などに伴う里下がりや物詣（特に天皇の代参を勤めるそれ）などの宮廷への出入りは当該期を通じて記されており、また一献や季節の美物の進献なども細かく記されていて、『看聞日記』の記事と共通した記事内容をもっている。ただし『御湯殿上日記』では女房たちが交代で記しているのに対し、『看聞日記』では貞成一人で記しているのである。

天皇家における日記の分化

『御湯殿上日記』と並行して残されている後奈良天皇の日記を開くと、進献物のすべてが『御湯殿上日記』に記されているわけではないことが知られ（『後奈良天皇御記』）、お互いに相補うべきものであったことがうかがわれる。『看聞日記』の場合、崇光院以来の院御所の伝統を受け継ぐといっても小規模な宮廷にすぎない伏見宮家であったからこそ、当主自身の日記で何とかカバーしえたのであろうが、禁裏の規模では当然不可能であろう。この辺りに、当時の禁裏（天皇家）の日記に一種の「分化」がなされる原因が存在したのではないだろうか。そして、禁裏の女房たちが主人である天皇の日記の一部を分担すべき存在として認められたとも推測されよう。

現存の『看聞日記』の前半部分は記主自身の清書本で伝来しているが、この部分は後花園天皇に献じられていた可能性が強い。天皇は自分が生まれる前、父が宮家を継承した顚末や自身の幼少期の伏見御所の様子などを父の日記から読み知ったことと思われる。

貞成は、永享期に『椿葉記』を作成し、後光厳院流の後小松院の廷臣や女房たちに囲まれ、その教えを吹き込まれていた後花園天皇に対し、伏見宮家（崇光院流）こそが持明院統の嫡流であることを伝えようとしているが、自身の日記もその参考資料として献上した可能性がある。後小松院は、永享五年（一四三三）、後花園が十四歳の時に崩じるが、帝王教育は直接・間接に行われたであろうから、結局のところ後花園は実父・養父両方からこの女房たちの管理の問題について薫陶を受けていたことになる。

後小松院の時代には、禁裏・仙洞の女房たちの密通事件がしばしば生じており、時に公武の問題にまで紛糾して室町殿の介入を受けることもあった。また義満・義持など室町殿自身が禁裏や仙洞の女房たちと関係を持っており、当該期の天皇家の家長たちはこの女房たちの管理の重要性、そしてその難しさを痛感していたはずである。

推測であるが、後花園天皇は、若い後土御門天皇に譲位するに当たって、天皇を後見するための一つの手段として、そして女房たちにいささかの規律を与えるために、女房たちによる輪番の日記を考案したのではないだろうか。以後の天皇は「細々雑事」の記録を女房たちに任せ（時に自分も手伝うが）、重要事項の記録だけを心掛けておけばよいようなこのシステムは、当時の宮廷に適合し、かつそれで保たれうる規模のそれであったからこそ、制度として定着して長い命脈を保つことになったものと考えられる。

4　日記の記主とその形態

日記の形態と構造

『御湯殿上日記』は、これまでの研究では、平安以来後宮女房の中核となった内侍司の次官及び三等官にあたる典侍及び掌侍（内侍、四等官は置かれず）たちが交替で記し、時に天皇が自ら筆を執る場合もあったという理解がなされ（和田一九三二）、勾当内侍をはずす見解も出されたが（是沢恭三など）、近年、井上真生氏は、「女房が輪番で女房の見聞きしたことを日毎に書き付けたものではなく」、逆に勾当内侍が中心となって「編集プロジェクトチーム的なものがつくられ、その構成員が男官によって記された記録類を参考にして後日、半月・一ヶ月単位でまとめて編集したもの」という新しい見解を出された。これは、現存する日記の形に至るまでにある種の編纂作業が存在したという見解であり、その可能性は十分考えられるが、中世のそれに関する限り、女房たちが輪番で日毎に記したことを否定することも、そのメンバーから勾当内侍を外すことも必要もないと考えられる。

たとえば、先行研究にも指摘されていることであるが、現存の『御湯殿上日記』では、日記を担当した女房が書くべき日付を誤った際などに、日記の紙面にそれを訂正する表記がなされている。

いは千代しこうはけふなるを昨日かく、うつゝなし、…（長享二年六月二十一日条）

岩千代の祇候は今日二十一日であったのを昨日の日記に書いてしまったことに気づき、「うつゝなし」と反省の弁を記しているのである。このような部分は他にも延徳三年四月二十八日条など当該期を通じて散見し、先行研究に指摘されているように、この日記がその日その日に書かれたものではなく、何日分か溜めて書かれていたことは確かであろう。

一度書いてしまった日記を墨で消して書き直すこともできない決まりになっていたらしい。自身の日記ならともかく、天皇の目を通すものに墨の汚れは恐れ多いと考えたのではないだろうか。実際、長享二年正月四日条で、「大こくかたう千しゆ万さゐ申、うたゐまい色〳〵申」という記事が、その日の日記の後半にも、「大こくかたう千しゆ万さゐ申、うたゐまいなと色〳〵申」と同じ記事が書かれていることに対し、その箇所の傍注で「大すほれておなし事をかく、うつゝなし」と記され、筆頭の女房である大納言局（大す）を「殿」を付けて呼ばず、かつ「ほれて」（呆けて）とずけずけと誤りを指摘していることから見て、天皇自身がこの日記をチェックしている際に気づきコメントしたものと推測される。

明応四年四月二十二日条で、鎌倉光明寺の住持が香衣勅許のお礼に参内したことについて「このき十九日にかくを、大すほれていやかきをする、うつゝなし」と大納言局の「いやかき」を指摘しているのも同様で、当該期を通じて見えるこのような誤記の指摘が大体「うつゝなし」という反省の表現のみで終わるのに対し、前述のような手厳しい指摘は土御門天皇期に特徴的なものだったようである。

頭書として書かれた日記に「かき所候はて、うゑにのこりかく」とあるように（明応五年五月二日条）、書くべき紙面に限りがあったことが分かる。この点から和田正夫氏は、「御湯殿記正本に於ては一枚一枚の紙片にかゝれたから起ったことではないか。若し冊帳に書かれたものであったとしたならば、次の面に続け得られるが、一枚一枚離れてゐた紙片とすれば最後に至って各場所がなくなって上欄に書かねばならぬ事は明白な所である」と推測されている。しかし、一枚一枚の紙片ならば書きまちがえたらその紙を引き破って次に書けばよいはずである。となると日記の料紙は巻物上になっていたと考えざるを得ず、仮名の具注暦あたりに記していたと考えるべきかもしれない。

後奈良天皇の日記を見ると、天文五年には十二月十四日条に在富が「新暦和漢〔二巻〕」を、十五日には有春が「新暦〔和〕」を進上している記事が見え、『御湯殿上日記』を見ると、それらに「まあけの御こよみ」が含まれていたことが知られる（享禄二年十二月二十八日条、天文三年七月十一日条など）。また、永禄二年六月三十日条には「あきとみよりまあけの御こよみの下巻まいる」とあるように一年分が上・下二巻になっていたようである。

天正三年七月二十八日条には、「こよひのはんしゆに、日につきのさうし二てうとちさせらる丶」とあり、冊子状の日記の料紙が準備される場合もあったようであるが、これは番衆の公家たちに綴じさせているところからすると、天皇自身の日記の料紙であったろうと思われる。和田氏は「現存する只一つの正本、元亀三年記は、前年の具注暦及仮名暦の裏に書かれてゐると云ふ」とも指摘しており、長い期間にわたるこの日記の料紙を一種類に限定する必要はないのかもしれない。

からくもんゐん御十三年ふしみの御寺にて廿三日よりはしまる、廿七日にはまんたらくおこなわる丶、けふは御きやうくやう、御たうしそんせう院、たいみやうそう二人、ちやくさくわんしゆうし中納言・新宰相中将、てん上人にはとみ中あそん、ふ行ひさあき、夕かたほとに御たう（し）、ちやくさの人たちまてする〳〵とはて丶めてたさとて御れいにしこう、御ふつし御所〳〵の御寺そのほかはう〳〵へつけらる丶、**くわしくはこうたう内侍とののつほねにしるしおかる丶、**…

（『御湯殿上日記』明応九年四月二十八日条）

この記事に見えるように、明応九年四月二十三日より伏見般舟三昧院で始まった嘉楽門院（後土御門天皇生母）の十三回忌の法会について、概略を記すとともに詳しくは勾当内侍の局に記録があることを指示している。他にも『御湯殿上日記』には「ふしみ殿はしめまいりて御所〳〵、おとこせう〳〵御ゆいもつ有、へちにしるしてあり」（大永六年六月十二日条）や「こよひ女しよい（叙位）あり、しゆひつとく大寺、ふ行これふさ、こくけんに御ひた（き？）なをしにて、ひの御さにしゆつきよあり、もやのみすあけらる、、くわしき事はへちにあるへし」（天文五年三月十四日条）と見えるように、別記的なものが記され、保管されていたことが知られる。

記録する女房、される女房　最後に再び『御湯殿上日記』の記主の問題にもどるが、一つ疑問なのは、この日記の輪番で記したと考えられる上級女房の範囲である。

是澤氏は、「典侍たる上臈局、或は大納言典侍局、権大納言典侍局、掌侍たる勾当内侍などの執筆に係るものである事が明瞭になった事と思ふ」とされ、また両氏ともに宮内庁書陵部所蔵古写本の『御湯殿上日記』寛永二十一年正月記の表紙下部に記された「上らふ／大すけ／藤ないし」を掲げて、この三人を記主と推測されており、寛永期についての事例であるが、内侍については勾当内侍以外の内侍も執筆に関わっていたことの証となろう。典侍や内侍たちが記主であったことは確かであろうが、彼女たちの間にも年齢差がかなりあり、ベテラン中心であったと思われるが、取りたてて日記に書くべき記事がない場合は「ことなる事なし」と記したり、「あさ御さか月まいる」とか「きよしへ御代くわんに御まいりに」などパターン化された言葉を書き込めばよいので、年少者でも先任の女房から指導されて記していたと推測される。

＊後土御門天皇の文明八年（一四七六）に内侍となり、勾当内侍に昇進して、大永三年（一五二三）八十二歳で辞するまで務めた東坊城松子のように、五十年近く在任した女性がいる一方（松薗二〇一五ａ）、享禄三年正月二十日に典侍となった広橋兼秀の娘は七歳、永禄三年正月二十七日、後奈良天皇の即位式の際、劔璽役を務めた「新内侍」は九歳であった（共に『御湯殿上日記』）。

『御湯殿上日記』に禁裏の女房で名前を挙げてその動向が記されるのは、上臈とよばれる天皇の妃としての立場の上級貴族出身の女房に典侍・内侍、それに「御乳人」と称する天皇の乳母と命婦クラスの播磨局や伊与局たちである。これ以下の下級の女房は、時々、「すゑのあちや御ふたしん上」（弘治三年四月二十七日条）のような「末」とよばれる台所に所属する下級女房の進献記事にその名が記される程度であり、ほとんどその名は知られない。当初より記録対象ではなかったようである。

播磨局や伊与局など内侍より下部に属する女房たちは、中世前期まではほとんどその名が記されることはなく、即位や女叙位の際などにその存在が知られる程度であるが、『御湯殿上日記』では「殿」を付けて呼ばれ、禁裏女房たちが交代で清荒神や鞍馬などの寺社に代参する際にも上臈や典侍・内侍ら共にメンバーとして入っており、禁裏女房の幹部クラスと見なしてよい。彼女たちが日記を担当したという証拠はないが、それは前述の大納言典侍や勾当内侍以外の典侍や内侍も似たようなものであり、除外する理由もない。ここではその可能性だけを示唆しておくが、その解明には中世後期の女房制度の研究のさらなる進展を待つ必要があろう。

5　日記の感情表現

『御湯殿上日記』は、天皇の家計簿を読んでいるようで、記主の感情や意見を記すこともほとんどなく、申し訳ないが読んでいてもあまり面白いものではない。

ただし、時おり起きる皇子女や同僚の女房の死を記した記事には、彼女たちの悲しみが伝わってくるものがある。次は明応三年九月十三日条に記される後土御門天皇の幼い皇子（下河原殿、上乗院）の死に際しての記事である。

女はうたちもみな〳〵見まいらせられに御まいりともあり、八のすきに御こときるゝよし申さるゝ、ことはもなき御あわれさなり、上らふ御きやうふくにて御いてあり、いまたおさなき御事に、よく御心えにて、御ねん仏た

しかに御申ありて、きとくにもいよ〳〵あたらしうも御申あひて、袖をぬらしまいらせらる、

次は明応六年二月二十三日条に見える右衛門内侍がお産で急死した時の日記である。

　右衛門内侍殿御さん大事のよしきこしめすなから、ことなることまては御かくこもなきに、こよひ四のすきほとにとかくのよし申さる、、おとろきなけきおほしめす、…くはう、わたくしかなしみと申、かた〳〵御そてをぬらすことかきりなし

天文八年八月二十三日条では、土佐に下向している「一条前右（左）大将」房冬（権中納言）が正二位に昇叙されることを申請してきた。それに対し「さい（在）国にてはあるましき事なから、前大納言も正二位まて勅許の事にてありつるほとに、いまの事は御心えのよしおほせらる、、以後にをきては、いかに申さる、とも勅許あるましき事也、前大納言は前御代に一たひも上洛にての事なれはかはりたる事也」とあるように、前大納言（房家、房冬父）の先例によって今回はひとまず勅許するが、一度も上洛せずに昇進を望むことは今後二度と許さないと後奈良天皇の怒りを感じ取れる記事となっている。

元亀二年九月十二日条では、信長が比叡山を焼き打ちしたことに対して「ちか比ことのはもなき事ともにて、天下のためせう（笑止）なる事、ふてにもつくしかた（き）事なり」と記しており、文禄四年八月二日条では、秀吉が関白秀次の妻子を処刑したことに対して、「けふはくわんはくとのしゅ御せいはいのよし申、三人のわかきみ、四人の御ふくろ、てかけしゆ卅四人くるまにて、三てうのかわらにてきられ候、いた〳〵しき事也」と簡略ながらその怒りや悲しみが伝わってくる記事となっており、これらの事件には、女房たちの関係者も含まれていたことであろうから、彼女たちの偽らざる気持ちであるとともに、天皇（前者が正親町天皇、後者が後陽成天皇）の気持ちをも代弁しての記事であったのではないだろうか。

（松薗　斉）

参考文献

井上真生「『御湯殿上日記』の基礎的研究――執筆方法・執筆者について」（『神戸大学国文論叢』三七、二〇〇七年）
井上真生「近世期における女房日記の視点と方法――長橋局による記録を中心にして」（『神戸大学国文論叢』四〇、二〇〇八年）
遠藤珠紀「『院中御湯殿上日記』（天正一五年正月～三月記）の紹介」（『中間成果報告書　日本目録学の基盤確立と古典学研究支援ツールの拡充――天皇家・公家文庫を中心に』二〇一五年）
遠藤珠紀「『院中御湯殿上日記』（天正一五年四月～七月記）の紹介」（『室町後期・織豊期古記録の史料学的研究による政治・制度史再構築の試み』、研究代表者遠藤珠紀、東京大学史料編纂所研究成果報告二〇一六―三、二〇一七年）
是澤恭三「御湯殿上日記の構成」（『国史学』四九・五〇、一九四四年。後、同氏『王朝文学前後』角川書店、一九六九年所収）
是澤恭三「御湯殿上日記の研究　伝播編（一）～（六）」（『日本学士院紀要』一五―一・三、一六―一～三、一七―一、一九五七～五九年）
松薗斉『日記の家』（吉川弘文館、一九九七年）
松薗斉「室町時代の女房について――伏見宮家を中心に」（『愛知学院大学人間文化研究所紀要・人間文化』二八、二〇一三年）
松薗斉「戦国時代禁裏女房の基礎的研究――後土御門～後奈良天皇期の内裏女房一覧」（『愛知学院大学文学部紀要』四四、二〇一五年ａ）
松薗斉「続・戦国時代禁裏女房の基礎的研究――下級女房たちを中心に」（『愛知学院大学人間文化研究所紀要・人間文化』三〇、二〇一五年ｂ）
吉野芳恵「室町時代の禁裏の女房――匂当内侍を中心として」（『国学院大学大学院紀要』一三、一九八一年）
脇田晴子『宮廷女房と天皇――『御湯殿の上の日記』をめぐって』（『日本中世女性史の研究』東京大学出版会、一九九二年）
和田正夫「御湯殿上日記の研究（上）（下）」（『国史学』一二・一三、一九三二年）

第七章　陰陽師の日記――『養和二年記』にみる中世天文道

1　『養和二年記』と記主安倍泰忠

『養和二年記』について

朝廷の陰陽師《おんみょうじ（おんようじ）》は、中級官人である。室町時代より、陰陽道を支配する勘解由小路《かでのこうじ》家（賀茂氏）と土御門《つちみかど》家（安倍氏）は室町殿に抜擢され、上級貴族の仲間入りをする。したがって貴族官人の通例として、陰陽師は日記をつけていた。そもそも陰陽師と日記とは関わりが深い。貴族官人が日記を記す具注暦は、暦道の陰陽師が原稿を作る。また『九条右丞相遺戒』にもあるように、貴族官人は暦注の禁忌に関心を寄せ、ある日に行事ができるかどうかの先例を日記で確かめた。一方朝廷は様々な行事が目白押しで、禁忌があってもいずれかの日には開催が必要である。そこで陰陽師が、日選びの専門家としてよばれた。陰陽師は暦注と行事との関係に精通するため、こまめに日記をつけねばならなかったはずである。

現在残る中世の陰陽師の日記は少ない。その中から本章では、陰陽師の活動がよく分かる『養和二年記《ようわにねんき》』を取り上げたい。養和二年（寿永元年・一一八二）正〜三月の、安倍泰忠《やすただ》の日記である。ただ二月は、七〜二十二日条が欠落している。『歴代残闕日記』巻三十に収録され、他に国立国会図書館所蔵桑名文庫本『養和二年記』一冊、国立公文書館（内閣文庫）和学講談所本『養和二年壬寅春記』一冊、同甘露寺家本『養和二年壬寅春記』一冊、京都大学総合博物館所蔵勧修寺家本『養和二年記』一冊、宮内庁書陵部所蔵柳原家本『賀茂定平朝臣記』一冊（内容は『養和二年記』）がある。このうち柳原本が比較的善本とされ、山下克明氏が書誌の考察と柳原本を底本とする翻刻を行っており（山下一九九六）、本章もこれによる。なお泰忠の日記逸文は、『反閇作法并作法』『反閇部類記』にも引用されている（山下二〇〇七）。

安倍泰忠の経歴

泰忠は保元二年（一一五七）生まれで、この日記を記した養和二年は二十六歳である。その後大監物となり、文治四年（一一八八）五月十二日譲状により、公家《こうけ》泰山《たいざん》府君《ぶくん》祭《さい》用所である竜花庄下司職を父の泰茂《やすしげ》より伝領した。元久二年（一二〇五）には大舎人頭、貞応二年（一二二三）には陰陽頭、嘉禄二年（一二二六）には権天文博士を兼ねていた。寛喜二年（一二三〇）四月十四日には、出家入道しており間もなく没したらしい。時に七十四歳であった。最終的な位階は正四位上で、陰陽道第二者（序列第二位）で終わったようである（山下一九九六、赤澤二〇一二）。『陰陽道祭物用帳』（宮内庁書陵部蔵）には、「七条院御祈泰山府君御祭用物」として名香三両以下が載るが、これは建保二年（一二一四）六月十五日に、大舎人頭泰忠が行った際の用物である。また橋鎮に関する問答では「家君」とよばれ、この祭祀が陰陽道の本書になく、仁平四年（一一五四）に初めて行われたと答えた（小坂一九七九）。また泰忠養子の泰俊は、安貞二年（一二二八）二月十四日譲状（『鎌倉遺文』三七一七号）で、正親町西洞院角地二戸主を七歳の女子に譲るが、ここは「長官殿」（陰陽頭泰忠）の命で安楽堂を建てることになっていた。この周辺は、泰忠ら安倍泰親《あべのやすちか》の一家が長年居住した場所である（山下二〇一五a）。なお泰忠は泰親の実子で、十七歳年上の兄泰茂の養子となった。また書陵部本医陰系図では、子の貞光も泰親八男とされており、泰盛以外の子はすべて養子である（赤澤二〇一二）。当時の陰陽師は、一族内で複雑な養親子関係を結んだ。これは平均寿命が短かった当時、父親が亡くなった後、幼い子どもに確実に陰陽道を伝授する便法である。また若くして

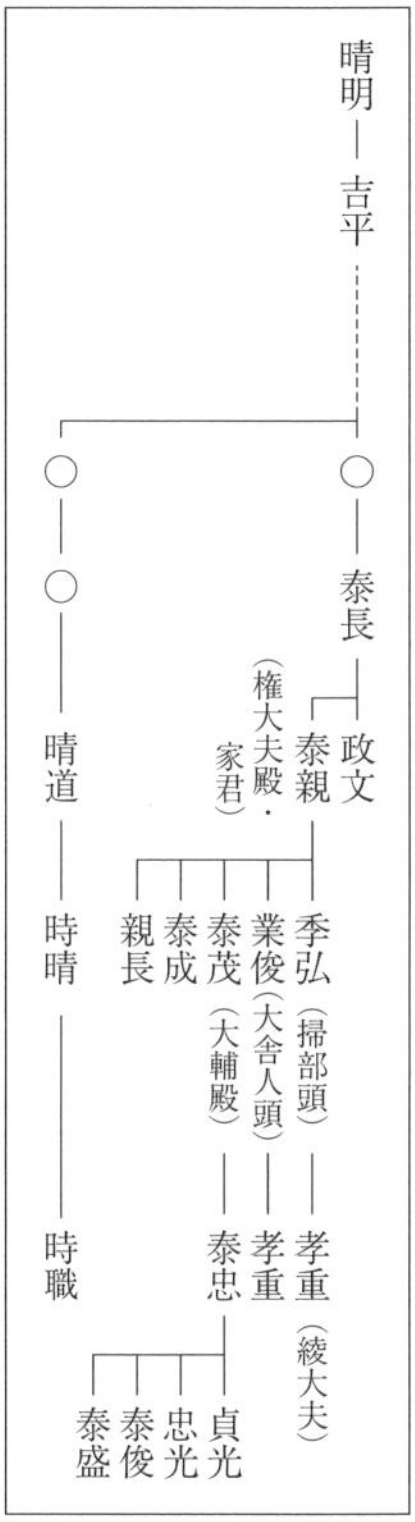

図7－1　安倍氏系図
（宮内庁書陵部本医陰系図〈詫間・高田2001〉による）

亡くなる者も多かったので、一子相伝では道が断絶する危険もあった。ちなみに土御門家は泰盛の系統である。

その他の陰陽師の日記

『養和二年記』を読むには、『安倍泰親朝臣記《あべのやすちかあそんき》』（別名『天文変異記』）を併読するとよい。これは指神子《さすのみこ》とよばれ、陰陽道・天文道の達者であった泰親の天変記録集（内容は天文密奏・天文道勘文が主）で、永万二年（仁安元年・一一六六）のものが集成されている。活字には改訂史籍集覧、神道大系（『陰陽道』）がある。泰親は本日記にも、「家君」として動静が記される。日記の頃の泰忠は、言ってみれば泰親の天文道における助手であった。

なお時期的に近い陰陽師の日記には、『承久三年具注暦《じょうきゅうさんねんぐちゅうれき》』がある。これは同年（一二二一）具注暦に日記が書かれたもので、暦序から十月二十六日までを備える天理図書館本が原本とされる。同じく山下氏による翻刻と考証がある（山下二〇一五a）。なお室町時代には『在盛卿記《あきもりきょうき》』（賀茂在盛の日記抄録）、近世になると土御門家の日記が現存する。

2　天文密奏と日記

天変と「日記」

陰陽寮には律令国家期より、天変の「日記」が存在した。『延喜式《えんぎしき》』陰陽寮式天文奏条は次のような規定である（以下、漢文は書き下す）。

およそ天文博士は、常に観候を守れ。変異あるごとに、日記を寮に進《たてまつ》れ。寮頭即ち共に勘知し、密封して奏聞せよ。その日記は、署封を加え中務省に送り、内記に附《さず》けしめよ。

天文博士は天変を見つけたら記録を「日記」として陰陽頭に進め、密封して天皇に奏聞した。なお養老雑令《ようろうぞうりょう》八秘書玄象条には、次の規定がある（［　］内は細字）。

およそ秘書・玄象器物・天文図書、輙《たやす》く出すをえず。観生、占書を読むをえず。それ仰ぎ観て見るところは、漏泄するをえず。もし徴祥災異あらば、陰陽寮奏せよ。訖《おわ》らば、季別に封して中務省に送り、国史に入れよ［送るところは、占言を載せるをえず］」。

つまり天文の観測役（観生）は天変を報告するだけで、占星術書（天文書）を読んで判断（天文占）してはならない。観生とは、天文の学生である天文生を指す（『令義解《りょうのぎげ》』）。

天文密奏とは

実例では、天文博士経験者・天文密奏宣旨《てんもんみっそうせんじ》（密奏を天皇が命ずるもの）を受けた者の弟子が、天変を見張って密奏者に報告する。密奏者は天変の意味を天文書から探し、天文密奏を作成した。十世紀以降の手続きは、密奏者がまず陰陽寮別当を兼ねる一大臣《いちのだいじん》（後に摂政・関白、内覧）に密奏を見せ、封（諱の一字）を加えて貰い蔵人所に持参する。勘事の時は、加封した大臣が蔵人所に進める（『西宮記』）。院政期になると、院政を行う治天の君にも密奏を進める。天文道は国家占星術である。天変から、国家に関わる事件の発生を予見する。したがって最高権力者たる治天に、密奏を進めるのは当然だろう。また特に大事の時は奏書を作らず、夏は冬装束・冬は夏束帯と衣を逆にして馳せ参じた（『禁秘抄』）。

一方で、十世紀より世襲氏族による学術の支配が進み、陰陽道・暦道は賀茂氏、陰陽道・天文道は安倍氏が請け負うようになる。すると彼らの私日記に、朝廷の公務や上級貴族からの依頼に応えた、陰陽師としての活動が記録されるようになる。今日残る安倍氏系の陰陽道書には、十世紀から十三世紀にかけて活躍した、初代晴明もしくはその子吉平らの日記逸文が引用される（山下二〇一五ａ）。日記の先例を写したり、切り貼りすることで、陰陽道書が編纂された。天変も先例の一種として、安倍氏の私日記に観測記録が書かれた。

天文密奏の実例

『養和二年記』をみると、次のような記事に出会う。なおここに出てくる星座名は現在のそれではなく、伝統的な中国天文学のものである。

十日、［辛巳］天晴、今夜昏戌時《くれいぬのとき》、月、東井《とうせい》中に入る。（以下略）　（正月十日条）

月が東井（ふたご座）に入ったという天変である。こうした観測記録を基にした天文密奏を、泰忠の祖父泰親の『泰親朝臣記』からひとつ掲げてみよう。署名者の天文博士は泰忠の叔父業俊《なりとし》、大舎人頭兼陰陽助は泰親である。


謹んで奏す　今月十五日庚申、昏戌時、月、太微宮《たいびきゅう》中に入る。

謹んで天文要録《てんもんようろく》を検ずるに云く、月、太微中に入らば、大いに旱し穀傷る。また云く、宮中乱れ、その君の政行われず。貴人勢いを失う。帝覧僖《ていらんき》曰く、月、太微中に入り行けば、皆、大臣憂うあり。天地瑞祥志《てんちずいしょうし》云く、月、天庭に入らば喪あり。陳卓天官書《ちんたくていかんしょ》云く、月、太微に入らば、大臣喪あり。乙巳占《いっしせん》云く、月、しばしば太微に入らば喪あり。

右変異、謹んで以て申し聞こゆ。謹んで奏す。

永万二年正月廿二日　　従五位上行天文博士　安　倍　朝　臣
従四位上行大舎人頭兼陰陽助安倍朝臣

天文密奏には天変の観測記録に続き、天文書からの引用が列挙されている。太微は獅子座・乙女座などである。この他にも、次のような密奏案がある。

謹んで奏す、変異等の事
一、今月十日甲申丑時地震。音あり［月、鬼宿に在り］
謹んで天地瑞祥志を検ずるに云く、（以下、引用文省略）
一、同月十五日己丑暁寅時、月、翼度に在り薄蝕［その色は赤。血のごとく光なし］

謹んで天文要録を検ずるに云く、（以下、引用文省略）
右、地震ならびに薄蝕占、勘録くだんのごとし。棺《ママ》、近日以降、天変地動の災咎軽からず。なかんずく占文の指すところ、多くこれ皇后・大臣の慎みなり。或いはまた人君・皇子これに当たる。そのほか今年、太一、死門の下に在り。国家慎みたまうべきの象なり。それ妖は徳に勝たず。仁よく災を却く。宋景守心の変、殷丁雊耳の妖、仁をもってこれを却く。徳に循い示を御す。前聞これに在り。もっとも因循すべし。よって謹んで以て申し聞こゆ。謹んで奏す。

永万二年二月十五日　　従五位上行天文博士　安　倍　朝　臣

従四位上行大舎人頭兼陰陽助安倍朝臣

院に奏聞しおわんぬ。

これは「勘録」なので、治天の後白河法皇より泰親らに、天変（当時は地震も天変の一種と見なされた）についての諮問があったのだろう。今後、為政者は何に気をつければいいのか、泰親・業俊が具体的な意見を述べる点が、正月二十二日の密奏と違っている。

中世陰陽師の日記における天変記録

陰陽師も他の貴族同様に、具注暦に日記を書いたことは『承久三年具注暦』で明らかである。泰忠も具注暦に日記をつけた（山下二〇一五b）。毎日の天変の観測記録は短いので、具注暦に記すだけで事足りる。しかし具注暦では長い記録が難しい。当然、祭祀の詳細記録や占文は、別記を作成したはずである。天文道を統括する泰親は、作成した密奏・勘文の案文に、それ以外の観測記録も併せて別記を作ったのである。『泰親朝臣記』は、そうした天変別記の一年分を写したものだろう。

3　『養和二年記』にみえる天文道の活動

泰忠の観測業務と泰親の天文密奏

泰忠の日記を読むと、天文道の仕事の様子がよく分かる。まず日記の天変記事は観測記録だけで、天文書の引用がない。これは天文観測役に占書を読むことを禁じた、養老雑令の規定を踏襲している。のちに天文密奏宣旨を受け、権天文博士になる泰忠であるが、この時点では密奏の資格がなかった。当時の泰親一家で確実にその資格があったのは、泰親、季弘《すえひろ》、業俊である（山下一九九六）。また正月の火星（＝熒惑）と木星（＝歳星）の変は、

今夜昏戌剋、歳星と熒惑《けいごく》、相い犯す〔三尺ばかり〕。（正月二十三日条）

昏戌剋、木火二尺五寸ばかり〔熒惑西、歳星東〕。その体、治承三年〔己亥〕十一月変のごとし。尤も御慎みあるべきか。（二十四日条）

と、二日ばかり観測記事が続いた後、次のように密奏された。

今日、権大夫殿（＝安倍泰親）、□に参らしめたまう〔法住寺殿〕。木火の変を申し上げんがためなり。御前に召され御物語す。また御占とうんぬん。その時、御前に他人候らわずとうんぬん。昏戌時、木火二尺所。（二十五日条）

その後、二十五〜二十九日と天変観測記事が続いた後、

今日権大夫殿、院に参らしめ給う［法住寺殿御所］。木火の奏を進めんがためなり。戌剋木火一尺ばかり。

（二月一日条）

と、祖父泰親が、後白河法皇のところに二度目の密奏に行ったことが記される。天変は発見後、三日をひとつの目安に（田中二〇一四）、適宜密奏する。これは、本当に変異なのか見きわめが必要な上、「天陰雨下る。大微変消えおわんぬ」（三月十四日条）とあるように、三日以内に雨が降れば、天変の効力が消失するからでもある（細井二〇〇七）。また密奏の多くは、天変が何の前兆か、密奏者自身の意見を明確には記さない。そこで密奏時、あるいは事後、密奏者が召されて詳細を聞かれる場合があった。次のような記述もある。

今日、権大夫殿、院に参らしめ給う［法住寺殿］。木火の変を言上せんが為なり。本文を懐中す。また金、昴を犯すの由を言上せしめ給う。件の本文をも御覧を経るに相い備うか。時に法皇出御し［（割注略）］、次第のこと等を聞こし食したまうところなり。権大夫殿、徳政を行わるべきかの旨を言上せしめ給いおわんぬ。御所三十日穢気未だ満ざるの間、権大夫殿は地に候か。よって本文を御覧ずるため、御縁に出御するなり。二時御す［（割注略）］。

（二月二十三日条）

この日も泰親は法皇御所に、天変言上のため参った。その際、懐にした「本文」とは、天文書より木星・火星の変を抜粋したものであろう。金星が昴を犯した変の本文も持参した。『晋書《しんじょ》』天文志《てんもんし》中巻によると、火星と木星が合になれば飢饉や干害が起こる。またこの時、火星・木星があったおひつじ座は、中国天文学では西方宿である。西方に惑星が集まると、外国が兵を動かすのに有利だとされる。治承三年十一月（西暦一一七九年十二月十八日）には、今回と同じ天変（木火星が黄経合の時〇・一度に接近）があり、その後、旱魃が原因で養和の大飢饉（養和元、二年）が起こった。鴨長明の『方丈記』で有名な飢饉である。まさに天変は「的中」した。この日記にも、この間、天下飢饉。強盗・引裸・焼亡毎日毎夜のことなり。あげて計《かぞ》うべからず。清水寺橋下、二十余ばかりある童、小童を食□見しむとうんぬん。人相い喰らうの文、すでに顕然なり。また犬斃るをまた犬食う。これ飢饉の徴なり。希代のことなり。（二月二十六日条）

とあり、清水寺の橋の下で、腹を空かせた二十人余りの子どもが、別の小童の肉を食べていたとの伝聞を記している。またこの頃東国では、源頼朝、木曽義仲らが挙兵していた。

去年〔養和元年辛丑〕冬ころより、北国謀反の輩発起して路を塞ぐの間、京中貴賤上下、衣食に乏しき者なり。東国と云い、北国と云い、一切の人ならびに消息通ぜず。大体四夷起こり運上絶ゆ。（正月二十五日条）

天変が飢饉・外敵有利を意味するとほのめかす泰親の密奏に、法皇は大いに関心を持ち、詳しい話を聞こうと召したのだろう。この日の法皇御所は、二月三日に法師が突然死したため三十日穢の最中であった。穢は神事に支障を来すが、穢の家に入って着座すると、その者も穢が感染して乙穢となる（延喜臨時祭式触穢条）。そこで泰親は庭に立ったまま、法皇に天変の説明をした。すると法皇は自ら縁まで出てきて、泰親が持参した天文書の抜き書きを読んだ。泰親は徳政を行うべしとの意見を述べた。天変が起こったとき、徳政を行うことで回避をするのが当時の常套手段だったからである。

時は平氏政権末期で、実力者平清盛は前年に亡くなり、法皇による院政が復活したばかりである。法皇は占いが十中七、八当たる（『台記』久安四年〈一一四八〉七月十九日条）という泰親の天文密奏を見、持参させた天文書の抜き書きを熱心に読みながら、今後、自分がどのように振る舞うべきか、思案をめぐらせたに違いない。なお泰親は治承三年十一月七日の地震も占って、清盛による法皇幽閉を予知したとされる（『平家物語』法印問答）。

天体観測の実際

ところで天文道の天体観測は、昏と暁、つまり戌刻（一九：〇〇～二一：〇〇）と寅刻《とら》（三：〇〇～五：〇〇）に行われたとされる（斉藤一九九〇）。実際、『泰親朝臣記』を見ても、観測は多くがこの二つの時間帯である。また泰忠も、ほぼ毎日、戌刻の観測記録を日記に付けている。記述がない日は写本の誤脱か、観測をしなかった日と思われる。三月八日条には、戌刻の火星と金星の犯について、自分で伺わなかったので聞き及んで書いたとあり、観測を休む日があったことが分かる。また三月を見ると、十三日戌刻に月が大微左掖門に入る天変を観測（翌十四日は降雨）して以来、十五～二十七日（このうち八日分の記事がある）には観測記録がない。この間も別人に任せていたのだろう。この頃の泰忠は、陰陽道祭の代官を務めたり、父泰茂が正五位下に叙された拝賀の供として各所を廻ったりと多忙だったからかもしれない。以上から戌刻と寅刻の担当者、さらに交代要員として、三人以上が泰親の天体観測要員であったことが分かる。

正月二十四日条によれば、泰忠は前述の治承三年十一月の天変も、自ら観測していたようである。もっとも泰親は九条兼実に、「ただし火星の変、治承三年大乱の時の変なりとうんぬん」と語っている（『玉葉』二月二十三日条）。よって彼は、泰親から聞いた話を記しただけかもしれない。また次の表現も興味深い。

昏戌剋、木火二尺五寸ばかり〔熒惑西、歳星東〕。（正月二十四日条）
昏戌剋木火所一尺、火亥方（＝北北西）、木巳方（＝南南東）。（二十七日条）
昏戌時木火所一尺所。木南、火北。（二十九日条。三十日条には天変記事なし）
昏戌時木火一尺三寸所〔火寅方（＝東北東）、木申方（＝西南西）〕。（二月二日条）

ここに出てくる東西南北は、天球上の赤道座標での相対的位置なのだろう。木星と火星は、おひつじ座を順行（＝西から東に進むこと）していたが、正月二十四日に木星より二尺五寸離れていた火星が、だんだん木星に追いついていく。そして二月二日には、火星は木星を追い越して一尺三寸の距離にあったわけである。

この「一尺」や「三寸」は、角距離にあたる。角距離とは二つの天体の距離を角度であらわしたものだが、一尺が現在の何度に相当するかは諸説がある（小沢二〇一〇）。安倍氏に関しては、山下氏が紹介する、安倍氏相伝の子弟教育書『天文書口伝《てんもんしょくでん》』（大将軍八神社所蔵皆川家文書）の「天度分事」に、次の記載がある（山下二〇一五a）。

三百六十五度四分度之一
一度長数二千九百卌二里七十二歩二尺六寸四分也。　簿讃
一度見量八一尺二寸許也。　口伝

表7-1　『養和二年記』の天体の角距離

月日	天体現象	日記数値	計算値（°）	日記数値×一・四
正　一三	戌刻月と土星犯	二尺一寸	三・六	二・九四＊
正　二三	戌刻木星と火星の犯	三尺	四	四・二
正　二四	戌刻木星と火星の犯	二尺五寸	三・六	三・五
正　二五	戌刻木星と火星の犯	二尺	三・一	二・八
正　二七	戌刻木星と火星の犯	一尺	二・八	一・四＊
正　二八	戌刻木星と火星の犯	一尺	二	一・四＊
正　二九	戌刻木星と火星の犯	一尺	一・七	一・四
二　一	戌刻木星と火星の犯	一尺	一・五	一・四
二　二	戌刻木星と火星の犯	一尺三寸	一・六	一・八二
二　三	戌刻木星と火星の犯	一尺四寸	一・九	一・九六
二　一七	戌刻金星と火星接近	四尺余	五・六	五・六
三　一	戌刻金星と火星犯	三尺	四・一	四・二
三　二	金星と火星犯	二尺九寸	三・六	四・〇六＊
三　四	戌刻金星と火星犯	一尺五寸	二・四	二・一
三　五	戌刻金星と火星犯	一寸	二・一	〇・一四＊
三　八	戌刻金星と火星犯	四寸	〇・七	〇・五六
三　二八	戌刻金星と東井左轅第一星接近	九寸	一・三	一・二六

ここでは一中国度が、一尺二寸（一尺＝〇・八三中国度）とされる。一中国度は現代の〇・九八五六度なので、一尺＝〇・八一八度となる。この書物は鎌倉時代前期以前に遡るとされるので、『養和二年記』も同じ基準だった可能性がある。もっとも安倍氏にも流派がある。また斉藤国治氏は、日本では一尺＝一〜一・五度角が長い間守られたとしており、山下氏も支持する。そこで、この日記の角距離の数値を現代天文学での計算値と比較すると、表7-1のようになる。試みに日記の数値に一・四をかける（＝魯般尺《ろはんじゃく》

の尺単位）と計算値に近くなり、多くが〇・三度以内の違いにしかならない。『泰親朝臣記』のデータの角距離も、一尺＝一・三度±〇・三度とされるので（斉藤一九九〇）、同一基準と思われる。

なお表の＊の数値は〇・三度を超えて違うもので、五件ある。まず正月十三日条の月と土星の犯は、実際には両天体がもっと接近してからの観測記録と考えられる（後述）。また正月二十七日条の木星・火星の角距離は、二日前の二尺から急に「一尺」になるのもおかしいので、「二尺」の誤記の可能性が高い（二尺×一・四＝二・八度で計算値に一致）。また正月二十三日から二月一日にかけて、木星と火星は接近していく。ところが正月二十七日条～二月一日条の角距離が、ずっと「一尺」なのは不審である。よって二十八・二十九日条についても、「一尺」の下の「×寸」に当たる部分が、書写の過程で脱落したと疑える。木星と火星が再び離れていく際には、「一尺三寸」「一尺四寸」と、寸単位の数値が明記されているからである。三月五日条は、明らかに「一尺×寸」の「尺×」の部分を誤脱している。なお三月二日条の金星と火星の犯だが、この日の記述は、

二日〔壬申〕天晴、火金所二尺九寸。（三月二日条）

と時刻表記がない。計算値と合わないのは、観測ミスか写本の何らかの誤りか不審である。

もし日記の全般的な数値が計算値に合うとするなら、泰忠の目測はかなり正確だったことになる。一方三月四日の同時刻の天変について、『吉記』三月二十八日条は次のように記す。

漏刻博士時職入り来たり、近日の天変の事を密語す。……一、今月四日戌時、太白（＝金星）、熒惑星を犯す。相い去ること一尺三寸。

「三寸」が五寸の誤写でなければ、数値が微妙に違う。小沢賢二氏は古代中国の場合、円規（コンパス）などを使

うことで尺寸単位の角距離を測ったとする。また小泉袈裟勝氏は、平安時代の宿曜道《すくようどう》（密教占星術師）が魯般尺を使って星占いを行ったとする。天文道の場合も、恐らく何らかの器具を掲げて目測したのだろう。その掲げ方の個人差もしくは流派間の作法の違いにより、数値の違いが生じたとも考えられよう。

ところで泰忠は、一回の観測にどれほど時間をかけたのだろう。惑星はあまり速く動かないので、惑星変だけなら短時間で終えたかもしれない。しかし動きの速い月が惑星に接近する時は、犯になるか掩蔽するか観測を続ける必要がある。次の記事はどうだろうか。

天晴、今夜昏戌時、月、鎮星（＝土星）を犯す［相い去ること二尺一寸所］。（正月十三日条）

月と土星の角距離は二尺一寸（×一・四＝二・九四度）とあるが、計算値では二〇：〇〇（戌正刻）に三・六度もあって差が大きい。ただし翌朝午前三時（丑正刻）なら一・二度であり、この間の観測記録だと斉藤氏は見る。おそらく泰忠は月が土星に接近しているのを見て、ある程度長く観測を続けたのだろう。

以上、この日記から、当時の天体観測の実態をうかがえることが理解できたと思う。

4　『養和二年記』にみる陰陽師の日常生活

泰親一家の結束

本日記からは、院政期の陰陽師の日常を知ることもできる。登場する安倍氏一族は、泰親・季弘・泰茂・泰忠（記主）である。祖父泰親は七十三歳で、安倍氏の最上臈（官位最上首）、大膳権大夫であり、「家君」「権大夫殿」として登場する。父泰茂は「大輔殿」とされ、大蔵大輔兼陰陽大允であった。叔父季弘は「掃部頭」、業俊は「大舎人頭」、業俊の子で季弘の養子となる孝重《たかしげ》は「綾大夫」と見える。「鶴大夫」も出てくるが、誰か分からない。なお「女房」として登場する女性は泰忠の妻らしい。晩年の泰忠は、自分の没後の

妻の身の上を案じていた（赤澤二〇一一）。元日には、

天晴、今日、君達皆、家君御方に参らしめ給いおわんぬ。予同じく参る。飯酒山のごとく海のごとし。幸甚々々
（正月一日条）

と、泰親のところに皆が集まり、酒食を振る舞われている。

日記によると、泰親一家は分担して、権門や貴族に陰陽師として仕えた。泰親は後白河法皇・平宗盛（正月二十九日条等）に、泰茂は高倉上皇中宮の建礼門院平徳子や平宗盛（正月十二日、二月六日条等）らに、季弘は平宗盛息の清宗に（正月二十九日条）、業俊は仁和寺御室（正月十日条）に、長日・毎月の祭祀・祓・占いを行った。これは位階・臈次の高下に対応しており、国家的給付が不十分なこの時期の陰陽師にとって、こうした奉仕は貴重な収入源であった（山下一九九六）。また泰親は後白河法皇との結びつきが強く、たびたび天変について法皇御所を訪ねて諮問を受けている。また子の泰茂の正五位下昇進や、紀伊国鳴神社《なるがみしゃ》支配（公家毎月泰山府君祭料）の確認をも求めた（三月四日条）。

泰忠自身も祭祀や祓いを奉仕したが、泰親・泰茂に従っての場合も多い。ただし、「三位中将殿」より下行された米の一部を、次のように特に泰茂に進上しているので、泰忠自身がこの貴族の祈禱師だったのだろう。

今日、三位中将殿御祈料能米五石請け取りおわんぬ。飢饉の年懈怠なく下行の条、遍《（偏）》えに諸仏諸神の御沙汰なり。尤も仰ぐべし。件の米、一石二斗、大輔殿に進上しおわんぬ。是れ日吉社御参詣の間、よって進上する所なり。
（三月十四日条）

また、泰忠は代理として、祭祀を奉仕をする場合もあった。

今暁、内の毎月泰山府君御祭、建礼門院長日同御祭・招魂御祭、左兵衛督祭予代官トシテ勤めおわんぬ。その後、三位中将殿毎月御祈り泰山府君御祭、丁寧の勤めいたしおわんぬ［御都状あり］。（三月十五日条）

また泰親が不食の病悩に罹ったので、鞍馬寺に参詣した折、その平癒をよくよく祈っている（二月二十八日条）。このように泰親一家の結束ぶりが読み取れるのだが、

今朝、飯の次に諠譁あり。大舎人頭□大夫父子の間のことなり。（三月二十九日条）

と、業俊と孝重（?）の間で父子喧嘩も起こった。実際に彼らは、親子で激しく対立する場合がある。『玉葉』文治元年（一一八五）正月十二日条には、泰親と季弘が天変をめぐって論争し、泰親が天判を請うて呪ったため季弘が病気になった話が、泰茂の口から語られている。また泰親は、若くして父を失った自分を元服させ、陰陽道・天文道を授けてくれた一族の兼時《かねとき》（晴道《はるみち》）と、土御門の家地をめぐって裁判で争った。泰親自身も兼時の養子同然だった。院政期においては、陰陽師個人が自立した職能者とみられていた。一方でこの時期に、安倍氏は三流に分かれて、家同士が競うようになる（赤澤二〇一一）。鎌倉時代の官人社会の単位となる、家の成立期と言えよう。その大事な時期の泰親一家の結束は、泰親の卓越した技量と押しの強さで保たれていたのである。

陰陽師の信仰

またこの日記には、陰陽師の信仰生活のことも書かれている。陰陽道は現世利益を求めるもので、来世のことは仏教に任せていた。泰忠も臨終前に出家した。また彼らは次のように、現世利益をめぐってても神仏に熱心に祈っている。

今日、行願寺不断常燈始なり、油炊料を奉る。先ず二升これを進す。年来の願、ようやく成就に似たり。観音定めて加被を垂れおわんぬ。（三月十七日条）

翌四月には、泰親が陰陽頭となる。これが「年来の願」かもしれない。陰陽師なら、自分や一族のためにこそ陰陽道祭を行いそうだが、自身の福徳については、主に神社仏閣に詣でている。山下氏は泰山府君などの陰陽道神が閻魔天・地蔵と集合して、その本地とみられたことを理由の一つとする（山下二〇一五a）。結局、陰陽師が神社仏閣に参詣するのは、院政期に顕著な数量的功徳主義の表れなのだろう。これは福寿などを祈る際に、数を増やした方が効果があるという発想である。自分で行う陰陽道祭だけでは不安なので、他の仏神の力も借りようとしたのだと思われる。

5　『養和二年記』の特徴

以上のように、短いながらも『養和二年記』を読むことによって、中世前期における天文道の陰陽師の具体的な活動が分かる。また陰陽師の生活、信仰、親族との関係が読み取れる。記主自身はまだ天文密奏の資格もなく、一人前の天文家とは言えない。祖父や父の補助をしながら、天文道を兼ねる陰陽師として実習中の身であった。また養和の大飢饉、治承・寿永の内乱のただ中にあって、未来を示す天変に強い関心を示す後白河法皇の緊張感を、何気ない日記の記事から垣間見ることもできるのである。

（細井浩志）

参考文献

赤澤春彦『鎌倉期官人陰陽師の研究』（吉川弘文館、二〇一一年）
稲葉伸道「新制の研究」（『史学雑誌』九六―一、一九八七年）
小沢賢二『中国天文学史研究』（汲古書院、二〇一〇年）
小泉袈裟勝『ものさし』（法政大学出版局、一九七七年）
小坂眞二「陰陽道祭物用帳」（『民俗と歴史』七、一九七九年）
斉藤国治『国史国文に現れる星の記録の検証』（雄山閣出版、一九八六年）

斉藤国治『古天文学の道』(原書房、一九九〇年)
下出積與『日本古代の道教・陰陽道と神祇』(吉川弘文館、一九九七年)
菅原正子「天文密奏にみる朝廷政治と徳政」(『鎌倉遺文研究』二八、二〇一一年)
高田義人「平安期技能官人における家業の継承」(『國學院雑誌』一〇九—十一、二〇〇八年)
詫間直樹・高田義人編『陰陽道関係史料』(汲古書院、二〇〇一年)
田中久夫「安倍泰親・泰茂父子と安倍時晴の天体観測のこと」(『陰陽師と俗信』岩田書院、二〇一四年)
永井晋「中世前期の天文と国家」(増尾伸一郎他偏『環境と心性の文化史』上、勉誠出版、二〇〇三年)
西谷正浩『日本中世の所有構造』(塙書房、二〇〇六年)
細井浩志「天文道と暦道」(林淳・小池淳一編『陰陽道の講義』嵯峨野書院、二〇〇二年)
細井浩志『古代の天文異変と史書』(吉川弘文館、二〇〇七年)
三橋正『平安時代の信仰と宗教儀礼』(続群書類従完成会、二〇〇〇年)
安田元久『後白河上皇』(吉川弘文館、一九八六年)
藪内清『増補改訂中国の天文暦法』(平凡社、一九九〇年)
山下克明『平安時代の宗教文化と陰陽道』(岩田書院、一九九六年)
山下克明「若杉家文書『反閇作法并作法』『反閇部類記』」(『東洋研究』一六四、二〇〇七年)
山下克明『平安時代陰陽道史研究』(思文閣出版、二〇一五年a)
山下克明「具注暦と日記」(倉本一宏編『日記・古記録の世界』思文閣出版、二〇一五年b)
山田慶児・坂出祥伸・藪内清訳「晋書天文志」(藪内清編『中国の科学』中央公論社、一九七五年)

引用文献(本文中に示されていないもの)

日本思想大系『律令』、訳注日本史料『延喜式』、増補史料大成『吉記』、図書寮叢刊『玉葉』

[付記]本章での天体現象に関する現代天文学での数値は、斉藤国治氏の計算によるものである。計算法により数値が変わる場合があることを諒解されたい。なお古天文学研究者の峰崎綾一氏に助言を頂いたので、感謝する。

第Ⅲ部　中世日記の諸相——記事内容の広がり

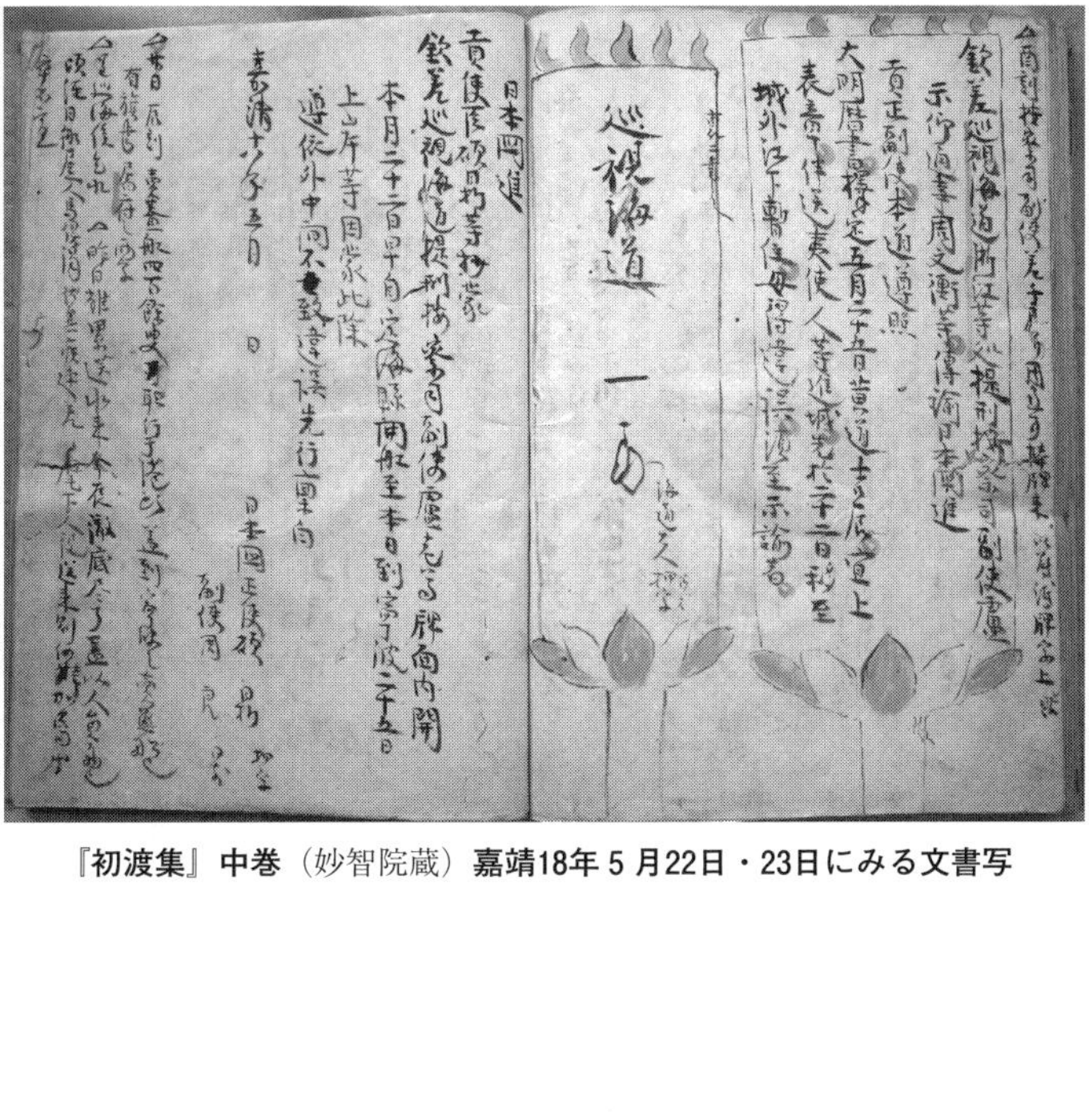

『初渡集』中巻（妙智院蔵）嘉靖18年５月22日・23日にみる文書写

解説

第Ⅱ部では、中世社会における日記の世界の縦の広がりを見ていただいたが、第Ⅲ部では、その横の広がりというか、面的な世界の広さを感じていただくことを目的に構成してみた。

私たちは、日記という窓を通じて中世の世界を覗いているが、その窓は都の貴族たちが見ることができる京都の周辺ばかりではない。遠く日本国内のみならず海外にも開かれている。

旅の日記

中世の旅の目的は、現在の私たちのようにただ純粋に観光というのは存在しなかったわけであり、外交や軍旅、それに商売など公私にわたる職務か、宗教・信仰がらみというのが主流だったようである。今でもそうであるが、人は旅に出ると、その旅が期待を募らせ、また結果として印象的なものであるほど、その旅を記録して残しておこうとの気持ちにとらわれる。それは洋の東西を問わないようで、世界中で数多くの旅行記・紀行の類が著されてきたが、日本の場合も、古くから日常の日記とからみ合いながら旅の日記を残してきた。

日本の中世の場合、単なる旅の記録というだけではなく、古くから文学の一つのジャンルとして形成されていたこともその特徴として挙げることは可能であろう。鎌倉期に入って、幕府が置かれた鎌倉が政権の中枢として発展するとともに、所領に関する訴訟がらみであったり仕官の道を求めたりと理由は様々であったが、そこに向かう都の人々は増加していった。それとともに、彼らの中に文筆に長けた者たちが混じって、旅の途中で有名な歌枕などに立ち寄り、古歌や自作の歌を織り込みながら、旅にまつわる文学作品を残すようになる。それらは中世後期になると、連歌師などの新たな文化人に引き継がれ、王朝古典文化を希求する地方の大名・名士たちを訪ねる旅がその題材となり、より拡大した世界がその作品に描き出されることになる。それらの旅と交錯するように、平安期から熊野への旅が、中世後期になると伊勢神宮へ参詣が大きな奔流となって人々を誘い、旅の文学に彩りを添えていったのである。

文学作品としての旅の日記については、国文学などですでに解説されているものが多いので、本書では、宗教史や交通史などの歴史学で研究が進んでいる熊野と伊勢への旅の日記について解説している。この二つの日記は、ただ並列してあるのではなく、それらを順に通読すれば、中世の旅のみならず、この時代の重要な信仰の流れを理解することができ、かつ他の史料では知られることのない地方の様子も垣間見ることができる。

第Ⅱ部の解説で、僧侶たちの日記は貴族たちのそれに比べ、残されている時期を見ると少し遅れると述べたが、円仁《えんにん》の『入唐求法巡礼行記《にっとうぐほうじゅんれいこうき》』がすでに九世紀に現れているように、海外に渡った僧たちが記した旅の日記は、貴族たちの日記より先行して残され始めている。そして、唐から宋・元、さらに明へと中国の王朝が変わっても多くの日本人の僧たちが大陸へ渡り、その間に数多くの旅の記録を残している。

本書でも成尋《じょうじん》の『参天台五臺山記《さんてんだいごだいさんき》』をはじめとする入宋記《にっそうき》と『笑雲入明記《しょううんにゅうみんき》』以下の入明記を取り上げたが、単なる旅の日記の紹介ではなく、対外関係史の最新の成果を踏まえてその一群の旅の記録の全体像を理解することができるように配慮されている。

たとえば榎本氏は、入宋・入元僧全体の動向を把握された上で、十三世紀半ば以降十四世紀にかけて、「日本仏教史上で日本僧の中国留学が最も盛んに行われた時期で、ほぼ連年の日中渡航事例が知られ、五〇〇人程度の入宋・入元僧の名が現状で判明する」にもかかわらず旅行記が残されていないこと、それは、陸続と帰国する僧や渡来僧から新しい情報が入手できるために、前代の古い情報が必要とされず、写本なども作成されなかったことに原因があると推定され、十五世紀以後、入明が制限される時期が到来すると再び作成されるようになるという、新しい知見が提示されている。また、伊藤氏によって入明記が渡海日記型・文書集型などのタイプに分類して検討され、さらに渡航情報は文字に限られたものではないとして、雪舟の『国々人物図巻』・『唐土勝景図巻』などをヴィジュアル型の入明記として理解を試みられているのは、斬新かつ他の分野にも有益な知見であろう。

第Ⅱ部で触れたように軍旅も中世における重要な旅の一つだが、その主体となる武士により記されたそのような旅の日記はほとんど見当たらない。しかし、第Ⅱ部で見たように、地方武士たちの日記が現われてくる織豊期に起こされた、前近代の日本における最大の軍旅ともいうべき豊臣秀吉による朝鮮半島への出兵に際しては、日本中の大名たちが軍勢を引き連れて九州北部に集結する中で、いくつかの旅の日記が残されることになる。この軍旅に集められたのは兵士ばかりでなく、秀吉以下の諸侯のお伽をさせられる京の文化人たちも少なからず下向したため、そこへの旅を主題に中世の文学的な旅の日記の伝統を踏まえた紀行文が作成されるとともに、本書で紹介する『朝鮮日々記』のように異国の戦陣に従った紀行文学も生み出すことになった。医僧だったという作者慶念《きょうねん》によるこの作品は、日記文学の世界で見れば、著名なハンス・カロッサ（軍医として第一次世界大戦に従軍）の『ルーマニア日記』のはるか源流の一つといってもよいであろう。

夢の日記

日記から見る風景は、この世のものだけではない。眠っている時に見ることができると中世人が信じていた未来や死後の世界のことも日記にはしばしば記されているのである。それは貴族・僧侶に限らず、武士の日記にも見られるし、平安中期、日記が残され始めた頃からの日本人の日記の特徴の一つである。鎌倉時代の僧明恵《みょうえ》には『夢記《ゆめのき》』とよばれる、彼が見た夢だけを記した日記があったことはよく知られているが、中世後期になって日記に記される夢が限られてくるものの、それでも興福寺多聞院の僧英俊《えいしゅん》の日記（『多聞院日記』）のように、多数の夢を記そうとした人物もいたのである。

商人の日記・海外の日記

この第Ⅲ部には、イタリア中世史の研究者である徳橋曜氏に二つのコラムを書いていただいた。これには二つの目的がある。

一つは、日常的にその日に起きた出来事を書き記すという行為は、当然日本以外にも存在する。日本の場合、九世紀末から十世紀という、世界史的に見ても早い時期からスタートし、かつ大量に社会に残されているものの、中世に入るとヨーロッパでも日記の習慣が広がり、両者を比較文化史的に検討してみたいと考えるからである。ヨーロッパ諸国でも特に早い時期に日記やそれに類する覚書・年代記などを数多く残しているイタリアの事情を知ることは、日本の日記のことを知るためにも有効だと考えている。またヨーロッパにおける聖地巡礼の記録のもつ性格は、日本の場合、中国の天台山や五臺山、国内の熊野や伊勢といった聖地への巡礼の紀行と重なるところもあり、異質な部分もあるであろう。旅とそれを書き留めた日記という二つのコードで中世文化を読み解いてみたい。

もう一つ、中世イタリアの日記の起源は、フィレンツェやヴェネチアなどの都市国家の商人たちが記した帳簿や記録にあったという。一方、日本ではどうか。教科書的な説明をすれば、鎌倉時代にすでに為替が使われるようになり、借上などの金融業も現われ、中世後期には、京都や堺などの自治都市の説明の中で、大商人であった町衆や年行事たちがその運営に関わったと指摘されている。日本でも商人たちが活躍していたように思われるが、彼らが残した日記や覚書などはほとんど確認されないのが実情である。

日本中世の商人が何も自分たちのことを記録し書き表わさなかったというのではあるまい。本書の最後に載せた茶会記は、中世末期から織豊期にかけて文化の一端を担った人々の記録というだけではなく、あったはずの日本の中世商人の日記・記録を探し出す試みである。彼らの日記が登場する時、すでに新しい時代が目の前に開かれようとしていたのであろうか。

（松薗　斉）

参考文献

荒木浩編『夢みる日本文化のパラダイム』（法藏館、二〇一五年）
ドナルド・キーン『百代の過客――日記にみる日本人』（講談社学術文庫、二〇一一年。初出一九八四年）

第八章　参詣記——熊野と伊勢、中世の二大信仰の旅の日記

中世は、国内における宗教的な旅が本格化した時代である。その二大メッカが、紀伊国の熊野と伊勢国の伊勢神宮であった。上は上皇や武家の将軍から庶民に至るまで無数の人々が参詣し、多くの旅の日記が残された。本章では、初めに熊野への旅の日記として『明月記《めいげつき》』の記主藤原定家《ふじわらのさだいえ》のそれを、次に伊勢について坂十仏《さかじゅうぶつ》をはじめとするいくつかの参詣記を紹介し、この時代の旅の日記とはどのようなものかを考える手がかりとしよう。

（松薗　斉）

1　『熊野御幸記』（藤原定家）——霊地熊野を目指す貴族たち

(1)熊野参詣記の時代

『熊野御幸記』と『明月記』

『熊野御幸記《くまのごこうき》』は、建仁元年（一二〇一）十月、後鳥羽院《ごとばいん》の熊野御幸に初めて供奉した藤原定家（一一六二～一二四一）が、その間にしたためた日記であり、定家自筆本が伝来している（三井記念美術館・明月記研究会二〇〇九）。十月五日の京都出発から起筆し、十六日に熊野本宮に到着、十八日に新宮、十九日に那智と、熊野三山をまわり、二十六日に帰京、翌二十七日に道中の「雑物」を熊野までの道案内を勤めてくれた先達に送ったところで記述を終えている。熊野までの行程や道中で定家が見聞した様々な出来事、道々の王子や熊野での参拝の様子などが記され、熊野参詣記というにふさわしい内容である。

熊野は古くから霊地として知られ、悟りや霊力を求める僧たちが籠もって山林修行に励む場であったが、十世紀

以降には、都の貴族たちも熊野参詣に赴くようになる。とくに院政期から鎌倉時代の初めにかけては、歴代の院や女院が数多くの供奉人を引き連れて何度も熊野を訪れた。白河院は九回、鳥羽院は二十一回、後白河院に至っては三十四回も熊野御幸に赴いており、それはほぼ一年半に一回というハイペースであった。貴族たちも、こうした御幸に供奉して、あるいは個人的な宿願により熊野を訪れている。後鳥羽院やその妃修明門院《しゅめいもんいん》の御幸にしばしば供奉した藤原頼資《よりすけ》は、二十二回も熊野を訪れたことが知られている。院政期から鎌倉期は、貴族たちにとって熊野参詣の最盛期と言えよう。

熊野に赴いた貴族の中には、その様子を日記に書きとめる者もいた。さらに、右にふれた藤原頼資は、随行した後鳥羽院や修明門院の熊野御幸について、『修明門院熊野御幸記』（承元四年〈一二一〇〉の御幸の記録）や『後鳥羽院修明門院熊野御幸記』（建保五年〈一二一七〉の御幸の記録）として一巻の記録にまとめたりしている。こうした貴族たちの熊野参詣の記録は、史料の残存状況にもよろうが、これまた院政期から鎌倉時代初めに集中しており、この時代が熊野参詣記の時代でもあったことが知られる。藤原定家の『熊野御幸記』も、まさにこの時代の産物であったと位置づけることができよう。

(2)『熊野御幸記』と『明月記』

藤原定家は鎌倉時代前期を代表する歌人・文化人として、また日記『明月記《めいげつき》』の記主としてあまりにも有名であろう（五味二〇〇〇、美川二〇一二）。『熊野御幸記』も後鳥羽院の熊野御幸に供奉した期間の日記であり、広い意味では『明月記』の一部と言える。この時期は『明月記』自筆本があまり残っていないため、定家自筆の『熊野御幸記』は貴重な記録と言えるが、最近行われた解体修理の結果、さらに興味深い事実が明らかになった（樋口二〇一五、半田ほか二〇一五）。

現在、『熊野御幸記』は十六枚の料紙が張り継がれて一巻とされているが、修理の結果、本来の料紙は現在の第二紙から第十三紙までの十二枚であったこと、現在の第一紙および十四～十六紙はそれぞれ、現在の第二紙（の一部）および十一紙（の一部）～十三紙の紙背が相剝《あいへ》ぎされたものであることが判明したのである。すなわち、本来の『熊野御幸記』は、張り継がれた十二枚の料紙の表面に建仁元年十月五日条から二十日条の途中（六行目）までが記され、二十日条の続き（七行目以降）から二十七日条までは裏面に記されていたのである。

　これは、樋口一貴氏が指摘するように、『熊野御幸記』は定家が御幸に際して携行した料紙に日々書き留めた記録の原本であることを意味していよう（樋口二〇一五）。実際、『熊野御幸記』本文には数多くの文字の訂正や抹消、補入、また文章の入れ替えの指示（十月十五日条など）などが施されており、御幸に供奉する中で推敲を重ねながら文章をしたためていた定家の姿が浮かび上がってくるように思われる。

　『明月記』については近年研究が進展し、執筆や書写、清書のあり方まで検討されるようになっている（尾上二〇〇三、藤本二〇一六）。今回の修理結果は『明月記』の執筆状況を考える上でも貴重な成果と言えよう。

(3)「熊野道之間愚記」

　先に述べたように、『熊野御幸記』は、帰京翌日十月二十七日早朝に道中の「雑物」を洗って先達に送ったところで記述を終えている。実は『明月記』十月二十七日条の自筆本（断簡）が財団法人冷泉《れいぜい》家《け》時雨《しぐれ》亭《てい》文庫《ぶんこ》に残されているのであるが（「建仁元年四月十月十一月同二年正月記」）、それは料紙冒頭に「建仁元年／十月」と書き、あらためて「廿七日　天晴」と日付と天気を記した上で、「巳時」（午前九時から十一時頃）に某殿（九条殿か）に参上したことが書き記されている。料紙の裏にまで筆が及んでしまった『熊野御幸記』の執筆状況も考慮に入れる必要はあるが、熊野御幸に供奉した際の日記（二十七日早朝まで）と日常の日記（二十七日巳時以降）とを書き分けようとする定家の姿勢を読みとることができるのではないだろうか。

　尾上陽介氏の研究によれば、この時期の『明月記』は書状などの反故紙《ほごがみ》の裏を利用して書かれていることが指摘されている（尾上二〇〇三）。それに対して『熊野御幸記』は白紙十二枚を利用して書かれており（結局表面では書ききれなかったのではあるが）、料紙のあり方からも、定家が熊野御幸に供奉した際の日記を日常の日記と区別しようとしていたことがうかがわれる。

　この点に関連して、『熊野御幸記』冒頭の「熊野道之間愚記　略之、建仁元年十月」という記述に注目したい。この記述については、「「熊野参詣中は自分の日記（明月記）を記すことを略す」という意味である」とする解釈がまま見られるが、「略之」が明らかに小さく右側にずらして書かれていることから、「熊野道之間愚記」に連続する文章として解釈するのは無理であろう。

実はこの部分も、今回の解体修理の結果、現在の第二紙の端裏《はしうら》に書かれていたものであることが判明した。筆跡は『熊野御幸記』本文と一致しており、元の形状から考えても、定家によって記された外題と考えてよかろう。すなわち、『熊野御幸記』は定家自身によって「熊野道之間愚記」と認識されていたのである。「略之」は「熊野道之間愚記」にかかる注記（詳細な記録ではない、とする定家の謙辞か）と考えておきたい。

定家は熊野御幸に供奉した際の日記を日常の日記と区別しようとしていた可能性を指摘したが、それは「熊野道之間愚記」とする外題からも読みとれるのではないだろうか。やはり定家にとって、『熊野御幸記』は「熊野道之間愚記」、すなわち熊野参詣記だったのである。

熊野参詣を支えた人々

(1) 道々の王子を拝す

熊野参詣の目的は、熊野三山、すなわち本宮・新宮・那智という三つの霊場を巡礼することであるが、熊野への道中各地に存在する王子《おうじ》も参拝の対象であった。

王子とは熊野の神（熊野権現）の子、または分身とされる御子神《みこがみ》のことで、参詣者を守護するものとして、参詣道沿い各所に社殿や祠を構えて祀られていた。『熊野御幸記』には淀川河口の「クホ津」王子から、熊野本宮手前の「祓殿」王子まで、八十カ所の王子社が記されているほか、新宮から那智へ向かう参詣道沿いにも「王子数多おはします」（十月十九日条）と記されている（図8－1参照）。参詣者はこれら道々の王子も参拝したのである。定家の場合、途中で後鳥羽院の名代として紀伊の日前国縣宮《ひのくまくにかかすぐう》の奉幣使を勤め、いったん参詣路を離れたため、「ワザ王子」と「平緒王子」を参拝することはできなかったが、代わりの者に参拝させている（十月八日条）。また十月十日には、宿所を出発して間もなく、「クメサキ」という王子があること、ただし参詣路からは離れているため、路頭の樹に向かって遥拝ですますことを教えられている。代参や遥拝といった形でも、道々の王子への参拝が欠かせな

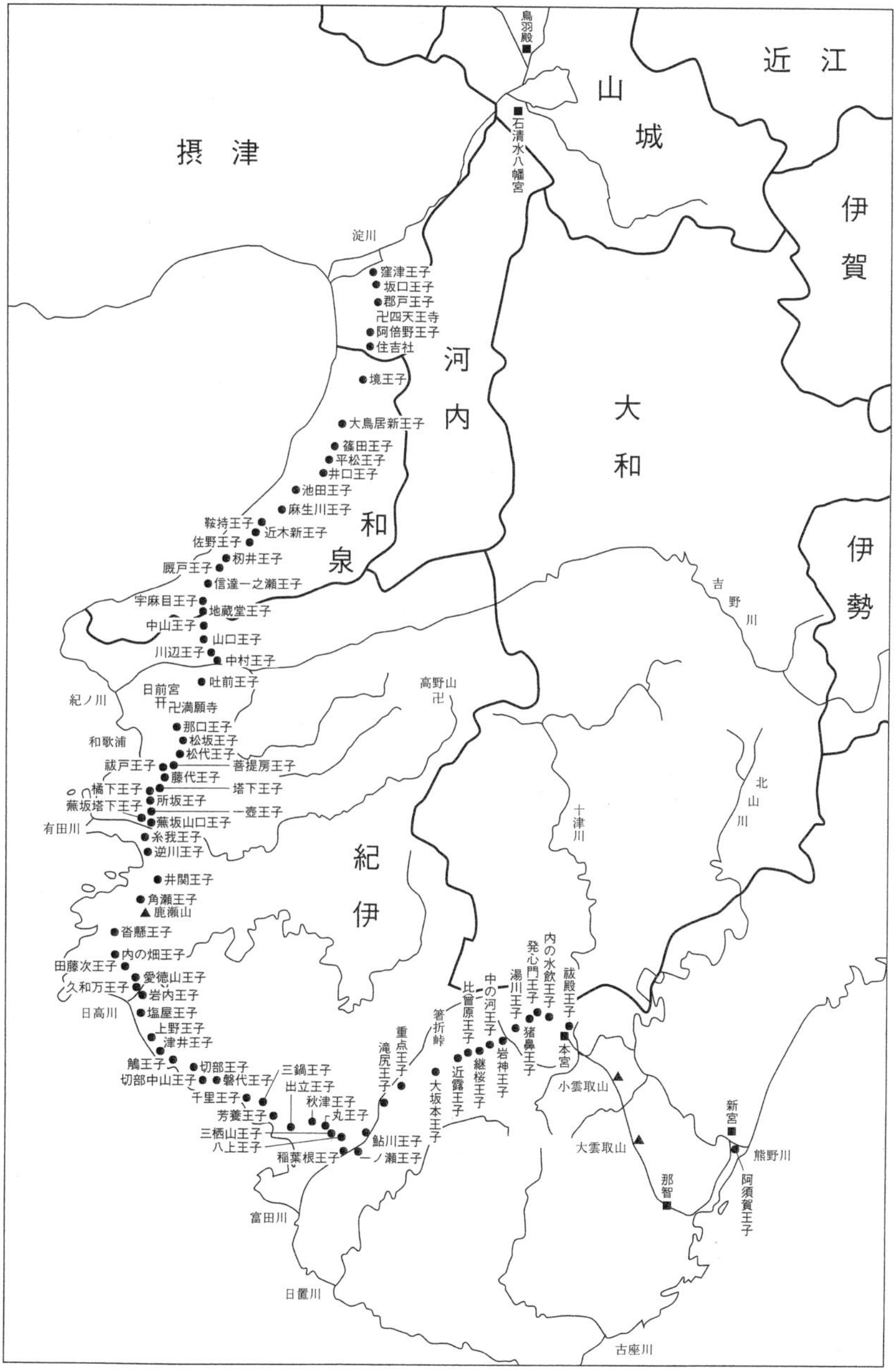

図8-1『熊野御幸記』に見える王子（三井記念美術館・明月記研究会二〇〇九より）

かったことがうかがえよう。

(2) 先達に導かれて

熊野への参詣者にこれら王子の存在を教え、また参拝の作法などを指導したのが、先達《せんだつ》と呼ばれる熊野の修験僧であった。先達は熊野までの道案内を勤め、その間、王子の参拝ばかりでなく、出発前の精進潔斎や、道中における様々な儀式・作法を指導し、参詣者を熊野への信仰に導く役割を果たした。院や女院の御幸の場合は、園城寺《おんじょうじ》の高僧が「御先達」を勤めたが、供奉人もそれぞれ先達を同道した。

建仁元年の熊野御幸の御先達は法印権大僧都覚実《かくじつ》だったのに対し、定家は円勝房《えんしょうぼう》という僧を先達としていた。円勝房は事前に定家に「次第」を提示しているが（十月五日条）、これは初めて熊野に赴く定家のために熊野への行程や参詣の行儀を記した次第書、すなわちマニュアルのようなものだったと考えられている（土谷二〇〇九）。その後も円勝房は、熊野に至る各地で参拝や水垢離《みずごり》・潮垢離《しおごり》の作法などを指示している。ちなみに「ワザ王子」「平緒王子」に代参したのも先達円勝房であったし、「クメサキ」王子の遥拝を教えたのも円勝房であろう。

なお熊野参詣から帰京後は、参詣中に用いた「雑物」（衣装類）を先達に与えるのが慣習だったらしい（土谷二〇〇九）。『熊野御幸記』が、帰京当日ではなく、その翌日十月二十七日に「雑物」を洗濯して先達に送った記事で擱筆されている点は、その意味でも興味深い。

(3) 御師の接待

先達が道中の道案内と信仰面で熊野参詣を支えたのに対し、参詣者の経済的・物質的支援は、熊野三山周辺とそれ以外の参詣道沿道とで様子が異なっている。

熊野三山周辺では、熊野の社僧たちが参詣者を出迎え、布施を受ける代わりに、宿所や食事の提供などにあたった。参詣者を接待する僧はそれぞれ決まっていて、御師《おし》と呼ばれていた。

定家が御師としたのは、途中の「いわうち王子」まで出迎えにきた覚了房《かくりょうぼう》という僧であったと考えられる（十月十日条）。熊野での接待の様子は分からないが、滝尻王子では御師が輿とそれを担ぐ力者を手配していたことが知られる（十月十三日条）。なお新宮から那智へ赴く際も御師が輿と伝馬を送ってきているが（十月十九日条）、これは新宮か那智の御師であろう。御師は本宮・新宮・那智それぞれの社僧が勤めており、覚了房は本宮の御師であったと考えられている。そのためであろうか、「いわうち王子」まで出迎えに来ていながら、定家一行が本宮から新宮・那智へ赴こうとすると、覚了房は「老屈と称し」（十月十八日条）、同行を断っている。

承安四年（一一七四）に熊野参詣に赴いた公卿吉田経房《よしだつねふさ》の御師湛増《たんぞう》のように、「本宮の師」でありながら、本宮から離れた切目や滝尻、近露などで宿所や食事の世話をする者もいたが（『吉記』承安四年九月二十七・二十八・二十九・三十日条）、御師の接待を受けることができるのは、御師がそれぞれ属する本宮・新宮・那智とその周辺であった。

(4)国衙と沿道の荘園

一方、熊野三山周辺以外の地で経済的支援にあたったものとして、『熊野御幸記』に頻繁に登場するのは、国衙の担当者である。これは今回の参詣が後鳥羽院の御幸だったためで、沿道の和泉・紀伊両国は院や女院の熊野御幸の経済的支援をすることになっていたのである。鎌倉幕府も、熊野御幸時に和泉・紀伊両国が「駅家雑事《えきやぞうじ》」を担当することを考慮して、一時期、両国に守護を設置するのを止めている（『吾妻鏡』承元元年六月二十四日条）。

国衙による駅家雑事は院・女院ばかりでなく、その供奉人にも及んでおり、定家も国衙が用意した宿所を割り当てられたり、菓子を送られたりしている（十月六・七・十・十一・二十四日条）。ただし、それらは必ずしも十分なものではなかったらしく、宿所に板敷がなかったり、狭かったりと、定家はしばしば不平を漏らしている（十月六・十一日条）。十月十日の小松原ではそもそも宿所が足りず、やっと見つけた小宅も、後からきた内大臣源通親《みなもとのみちちか》の家人に追い出されてしまい、国衙の担当者からは「我が進止にあらず（私の責任ではない）」と言われる始末であった（十月十日条）。

定家をはじめとする一般貴族の参詣を経済的に支えたのは、参詣道周辺の縁故のある荘園であった。紀伊国内の熊野参詣道近くには勧学院領の荘園が三カ所（宮原荘・石内荘・櫟原荘）あったが、勧学院は藤原氏一門共同の機関であったため、藤原一門の参詣者はこれらの荘園で接待を受けたり、伝馬の手配や参詣費用の借用を受けたりしている（戸田一九九二）。さらに、知り合いの荘園から宿所や必要物資の提供を受けることも多く、定家の場合は、姉の知行する河内国讃良《さら》荘、妻の親戚藤原実明《さねあき》が預職に任じられていた紀伊国高家《たいえ》荘や、主家である九条家や八条院関係の荘園からも支援を受けていた（十月五・六・十日条）。

建仁元年の熊野御幸

(1) 後鳥羽院の祈念

建仁元年の熊野御幸は、定家にとっては生涯唯一の熊野参詣であった。御幸の供奉人《ぐぶにん》に選ばれたことの感激を、定家は「この供奉、世々の善縁なり。奉公の中、宿運の然らしむ、感涙禁じ難し」（十月五日条）と記しているが、生涯にわたって二十八度も熊野に赴いた後鳥羽院にとっても、今回は特別な参詣であった。

後鳥羽院が初めて熊野御幸に赴いたのは、譲位して院政を開始した直後の建久九年（一一九八）八月のことであるが、その頃から後鳥羽は和歌にも関心を示し始め、正治二年（一二〇〇）には多くの歌人に命じて『正治初度百首』『正治後度百首』を詠ませている。さらに翌建仁元年（一二〇一）七月には和歌所《わかどころ》を設置し、十一月には勅撰集（のちの『新古今和歌集』）の撰進を和歌所の寄人《よりゅうど》に命じている。まさに『新古今和歌集』に向けて後鳥羽院歌壇が盛り上がりを見せていた時期に企画されたのが、正治二年十一・十二月の三度目の熊野御幸と、それに続く今回の御幸であった。この両度の御幸は、勅撰集の編纂・完成を熊野の神仏に祈念する特別な御幸だったのである（五味二〇〇七、上横手二〇〇九）。今回の御幸から帰京した直後の建仁元年十一月三日に『新古今和歌集』の撰進が下命されているのは、この二回の御幸の意味をよく示していよう。

また正治二年・建仁元年の御幸では、和歌所の寄人に任じられた歌人たちが供奉人に選ばれ、彼らを中心に、熊野への道々で和歌会が催されたことが注目される。『熊野御幸記』によれば、建仁元年の御幸では、十月六日の住江殿を皮切りに、厩戸・湯浅・切部・滝尻・近露・本宮・新宮・那智の九カ所で、熊野三山をはじめ諸王子を奉納先とする和歌会が行われ、そのいずれにおいても定家が講師を勤めたことが知られる。

これらの和歌会で詠まれた和歌を詠者自身がしたためた和歌懐紙が、正治二年御幸時のものも含めて三十数点現存しており、「熊野懐紙」と総称されている（兼築二〇〇九）。熊野参詣の途次に和歌が詠まれることはまま見られることではあるが、これだけまとまった形で和歌会が催され、その自筆懐紙が残されているのは、正治二年と建仁元年の後鳥羽院の熊野御幸のみであり、こうした点からも今回の御幸の意味が浮かび上がってこよう。

(2) 熊野道中の定家

先にも述べたように、定家は熊野御幸の供奉人に選ばれたことにたいへん感激していた。また、生涯のほとんどを京都とその周辺で過ごした定家にとって、熊野参詣は数少ない旅行の機会であり、道中で見聞することにはそれなりに好奇の目を向けたことであろう。『熊野御幸記』からは、旅先における定家の興奮や感激を垣間見ることもできる。

御幸二日目の十月六日、一行は住吉社に参拝している。この時のことを、定家は「始めて当社を拝し奉り、感悦の思ひ極まり無し」と記している。初めて住吉社を訪れたこともさることながら、住吉の神は和歌の神として知られていたので、後鳥羽院歌壇で歌人としての才能を発揮しつつあった定家にとっては、その感激は一入のことであったろう。その後、後鳥羽院の御所住江殿で、住吉社を奉納先とする和歌会が行われ、定家は講師を勤めたが、「感嘆の思ひ禁じ難し。定めて神感あるか。今この時に遇ひてこの社を拝するは、一身の幸ひなり」と興奮気味に記している。御幸当初の高揚感が伝わってこよう。

『熊野御幸記』には道中の王子の名や地名も記されているが、仮名書き表記のものが少なくない。また漢字で書かれているものにも振り仮名が付けられていたりして、定家がその読みに関心を向けていたことがうかがわれる。中でも興味深いのは、「コウト」（十月五日条）や「なくち」（十月八日条）のように声点《しょうてん》、すなわちアクセント記号が付けられている例が十例ほど認められることである（秋永二〇〇九）。王子の名や道中の地名は、いずれも道案内の先達から教えられたものであろう。初めて耳にするそれらの名前に興味を示し、先達から聞き取った通り、時にはアクセントまで書きとめておこうとする定家の姿が浮かび上がってくるように思われる。

ただし、声点を付すのは十月十一日条の「ツイノ王子」までで終わっている。長旅の疲れからからか、はたまた体調を崩したためか（十月十一・十二日条）、御幸当初の高揚感が次第に薄らいでいくようである。同じように和歌会の記述も、簡単になっていくことが指摘されている（兼築二〇〇九）。

滝尻王子は熊野の神域の入口とみなされ（戸田一九九二）、建仁元年の御幸時も滝尻で和歌会が行われているが（十月十三日条）、定家が特別な感想を記すことはない。前日の岩田川の瀬渡りで足を痛めたこともあろうが、「滝尻よりこの所に至るまで、崔嵬陂陁、目は眩転、魂は恍々」（十月十四日条）と行路の厳しさを嘆くばかりである。

そうした筆致が一転するのが発心門《ほっしんもん》王子である。ここは熊野本宮の神域の入り口とされ、大鳥居が構えられており、熊野に参詣する人は必ずこの鳥居をくぐるとされていた（『中右記』天仁二年十月二十五日条）。十月十五日の昼に発心門王子に到着した定家も、この鳥居の柱に「いりがたきみのりのかどはけふすぎぬ、いまよりむつの道にかへすな」と、六道（「むつの道」）輪廻を離れて仏道に入る機縁を願う和歌と、西方浄土への往生を願う漢詩を書きつけている。さらに、生い茂った木々から、風に舞った紅葉が社殿に舞い落ちる様子を見て、「この王子の宝前に、殊に信心を発す」と記している。「山川千里を過ぎ、遂に宝前を拝し奉る。感涙禁じ難し」と、念願の熊野本宮に到着するのは、その翌日のことである。

（高橋典幸）

参考文献

秋永一枝「『熊野御幸記』の声点」（三井記念美術館・明月記研究会編『国宝　熊野御幸記』八木書店、二〇〇九年）
上横手雅敬『権力と仏教の中世史』（法藏館、二〇〇九年）
尾上陽介『中世の日記の世界』（山川出版社、二〇〇三年）
兼築信行「熊野御幸における定家の和歌」（三井記念美術館・明月記研究会編『国宝　熊野御幸記』八木書店、二〇〇九年）
五味文彦『明月記の史料学』（青史出版、二〇〇〇年）
五味文彦「熊野御幸の政治と芸能」（『明月記研究』十一、二〇〇七年）
小山靖憲『熊野古道』（岩波書店、二〇〇〇年）
高木徳郎『熊野古道を歩く』（吉川弘文館、二〇一四年）

土谷恵「後鳥羽院の熊野御幸」（三井記念美術館・明月記研究会編『国宝　熊野御幸記』八木書店、二〇〇九年）
戸田芳実『歴史と古道』（人文書院、一九九二年）
半田昌規・川端誠・半田幾子「「国宝　熊野御幸記　藤原定家筆」の修理によって見えてきたもの」（『三井美術文化史論集』八、二〇一五年）
樋口一貴「修理によって得られた「国宝　熊野御幸記　藤原定家筆」の執筆状況に関する新知見」（『三井美術文化史論集』八、二〇一五年）
藤本孝一『国宝『明月記』と藤原定家の世界』（臨川書店、二〇一六年）
美川圭「『明月記』（藤原定家）——激動を生きぬいた、したたかな歌人」（元木泰雄・松薗斉編著『日記で読む日本中世史』ミネルヴァ書房、二〇一一年）
三井記念美術館・明月記研究会編『国宝　熊野御幸記』（八木書店、二〇〇九年）

2　「伊勢参宮記」——日記紀行文学の中世的展開

「伊勢参宮記」の成立

伊勢神宮は元来「私幣禁断」を原則とし、僧俗衆庶の参拝を認めなかったが、[*1] 中世に入り、僧尼や庶民の参宮が広まると、その参拝の様子を記録した「神宮参詣記」あるいは「伊勢《いせ》参宮記《さんぐうき》」などと呼ばれる紀行文が作成されるようになった。その嚆矢は文治二年（一一八六）四月、俊乗房重源《しゅんじょうぼうちょうげん》が東大寺大仏殿再建のために伊勢参宮を企画し、東大寺の僧綱以下六十名の衆徒が神宮に参拝した様子を、[*2] その一行の一人である慶俊が筆録した『東大寺衆徒参詣伊勢大神宮記』に遡り、鴨長明の参宮記『伊勢記』が同年秋に成立していることと併せ、十二世紀末、中世の到来とともに「伊勢参宮記」というジャンルが成立したことを物語っている。

＊1　『延喜式』に「凡王臣以下、不レ得三輙供二太神幣帛一」とあり、『皇太神宮儀式帳』には「禁二断幣帛一、王臣家并諸民之不レ令レ進二幣帛一、重禁断、若以二斯事一幣帛進人遠波准二流罪一勘給之」とある。

＊2　かつてこの文治二年四月の東大寺衆徒神宮参詣については、俊乗房重源自身が東大寺の衆徒を率いて参宮したものと考えられてきた（『神宮参拝記大成』解題など）。しかし近年、多田實道氏が指摘している通り、重源の参宮は文治二年二月の一度きりと見なすべきで、この四月の際、重源は東大寺造営料国決定を受けて周防国へ下向しており、参宮には参加していない（『伊勢市史』二〇一一、多田二〇一二）。

しかしながらこの二冊は、必ずしも中世の「伊勢参宮記」を代表する作品というわけではない。そもそも鴨長明『伊勢記』の原本は早くに散逸し、わずかにその逸文が『夫木和歌抄』『鴨長明伊勢記抜書』『三国地誌』等に散見するのみである（増補大神宮叢書『神宮参拝記大成』「解題」）。またこれから百五十年余り、鎌倉時代を通じて、類似の紀行文は作成されなかった。なお鎌倉後期の弘安九年（一二八六）、醍醐寺三宝院権僧正通海《つうかい》法印によって『太神宮参詣記』（「通海参詣記」「弘安参詣記」ともいう）が著されているが、この書はその書名に反して「伊勢参宮記」に類するものではない。同年八月十四日、外宮正遷宮の上棟祭を拝観するために参宮した筆者が、同祭延引によって内宮に詣でた際、ある僧と「布衣ノ俗」が神宮のことについて問答していた様子を聞き、これを書き記したという形式、すなわち『大鏡』をはじめとする「鏡物」の筆法を用いて、実際には通海自身が、神宮の由緒を説きつつ、自らの神仏習合説を述べようとしたものであり、むしろ物語形式の思想書と言える（増補大神宮叢書『神宮参拝記大成』「解題」）。

その他、一遍上人の弟子で時宗二祖とよばれる他阿弥陀仏真教《しんきょう》上人が、正安三年（一三〇一）十一月に神宮を参拝した際の『他阿上人参詣記』や、醍醐寺座主三宝院賢俊《けんしゅん》が貞和二年（一三四六）の十月から十一月にかけて、足利尊氏・直義兄弟の命を受け神宮に参拝した際の記録などが知られるが、前者は一遍上人とその弟子他阿真教上人の行状を記した『一遍上人縁起』＊全十巻のうちの第九巻のみを指し、また後者はあくまでも『賢俊僧正日記』貞和二年十月二十三日条から十一月八日条までの抄録に過ぎない。その意味では、久我《こが》（中院）大納言雅忠《まさただ》の女で、後深草上皇の後宮に入ったのち出家し、全国各地を旅して歩いた後深草院二条《ごふかくさいんにじょう》の日記『とはずがたり』の一部にも、正応四年（一二九一）、彼女が伊勢神宮に参拝した際の記事が見受けられるが、これらは決して独立した「伊勢参宮記」と呼べるものではない。

＊『一遍上人絵詞伝』ともいうが、第五巻以降が二祖他阿真教上人の行状に充てられているので、正しくは『一遍・他阿絵伝』もしくは『遊行上人絵伝』と名付けるべきものであることが指摘されている（『国史大辞典』「一遍上人絵伝」の項）。

それに対し、康永元年（一三四二）の坂十仏《さかじゅうぶつ》『伊勢太神宮参詣記』に始まり、応永二十五年（一四一八）の花山《かざん》院長親《いんながちか》『耕雲紀行《こううんきこう》』や、同三十一年の『室町殿伊勢参宮記』、そして永享五年（一四三三）の尭孝《ぎょうこう》『伊勢参宮紀行』といった、室町将軍家に供奉した歌人たちの手になる参宮記録は、いずれも独立した、しかも相互に関連性の深い著作物であり、これらを中世における「伊勢参宮記」の代表例として論じることにはそれなりの意味があろう。そこで本稿では、増補大神宮叢書『神宮参拝記大成』に収録されたこれら四つの参宮記を取り上げ、それぞれの著作意図を検討することで、南北朝〜室町時代に「伊勢参宮記」というジャンルが確立してきた歴史的意義について、論じていこうと思う。

坂十仏『伊勢太神宮参詣記』

坂十仏は南北朝時代の医師・連歌師であり、坂九仏《くぶつ》の子にして坂士仏《しぶつ》の父である。光明天皇・足利尊氏の侍医となり、建武四年（一三三七）に民部卿法印となった。その五年後に当たる康永元年（一三四二）十月、彼は神宮に参詣し、『伊勢太神宮参詣記』を残したのである。その冒頭は次の通り。

康永《カウエイ》元年十月《カミナツキ》十日あまりの比、太神宮参詣の心ざしありて、伊勢国安濃津《アノヽツ》と申所に着て侍りし程に、古郷《フルサト》にて聊《イササカ》見侍りし人のとゞめ申しゝかば、旅の心をもたすけんとて、両三日逗留《トウリウ》し侍りぬ。此津は江めぐり、浦遙《ハルカ》にして、行きの船人の月に漕声《コグコヘ》、旅泊《リヨハク》の暁《アカツキ》の枕に聞えて、あらき浪風の音忍がたく侍しかば、

　風寒きいそやの枕夢さめてよそなる浪にぬるゝ袖かな

ちなみに本書は、『神宮参拝記大成』に収録された出口延佳《でぐちのぶよし》の頭書になる元禄二年（一六八九）版、神宮文庫所蔵（一門三八六五号）版本の奥書に、

此記者士仏法印之筆作也、一禰宜家行神主面命之深秘在二此書一者也、可レ秘々々

とあるように、永らく十仏の子士仏の作になるものと誤解されてきた。しかるに正徳二年（一七一二）十月以降、神宮の学問所である豊宮崎《とよみやざき》文庫で本書の講読を行った度会常彰《わたらいつねあきら》は、右に掲げた「風寒き磯屋の枕夢さめてよそなる波にぬるる袖かな」という歌が、『新後拾遺和歌集』に坂十仏の作として収められていること、また康永元年当時、六十歳を超えていたことの知られる本書の著者が、それから四十七年後の康応元年（一三八九）、足利義満の厳島参詣に供奉している坂士仏であるはずがないことなどから、本書の著者を十仏と確定した（度会常彰「参詣記纂註」）。

それでは十仏は、どのような経緯でこの参詣記を著したのであろうか。そのことの分かる記事を次に掲げよう。

宮川を渡りて、は山しげ山の陰《カゲ》に至りて見れば、此面彼面《コノモカノモ》の里道をひらきて、誠にひとみやこなり。こゝを山田ヵ原と申せば、実も杉の村立おくふかげなり。是則外宮なり。三宝院と申僧坊にやどたちかりて、連歌の物語なんど侍し処に、祠官長官《シカンチョウカン》従三位家行卿聞及て、都の伝もきかまほしげに侍るなんど、さそふ人のありしかば、彼宿所へ行ぬ。長官対面《タイメン》して、花のもとのたゝずまひなんど尋侍しかども、不堪《フカン》の身なれば、詳《ツマビラカ》に申宣《ノベ》たる事もなし。神代のむかし垂跡《スイシャク》のいまをたづね申詞の下に、記録《キロク》をひらかずして答《コタヘ》侍しかば、年来の不審《フシン》は、雲霞《ウンカ》の風に散《サン》ずるかごとし。此人を見るに、霜の眉《マユ》、雪の鬚《ヒゲ》、顔気《ガンキ》時にあひ、心の水、詞の泉、弁舌《ベンゼツ》むかしをうかぶ。誠に太神宮の祠官《シクワン》也と、有難《アリガタク》覚え侍りしかば、終夜《ヨモスガラ》の閑談《カンダン》を、忘れぬさきにとて、草案《ソウアン》に及ばず、筆にまかせて、是を記《シル》す。

すなわち十仏は、当時外宮一禰宜《いちのねぎ》（長官）を勤めていた伊勢神道の大成者度会家行《いえゆき》と対面し*、その「終夜の閑談」を、忘れぬ先に書き記したのが本書であるという。右に掲げた元禄二年版本の奥書に「一禰宜家行神主面命之

深秘在二此書一」とあるのはこのことを指しており、また正徳二年、度会常彰が豊宮崎文庫で本書の講習を行ったのも、本書が伊勢神道の思想書と認識されていたからに他ならない。中でも注目すべき個所は、

倩《ツラ〳〵》この身の有様を案ずるに、十悪心にあり。故にながく仏意にそむく恥をいだき、一衣かたにかゝれり。故に今神道にとをき恨《ウラミ》を残す。就《ツイテ》レ中《ナカニ》当宮参詣のふかき習は、念珠《ネンジュ》をもとらず、幣帛《ヘイハク》をもさゝげずして、心にいのる所なきを、内清浄《ナイシヤウジヤウ》といふ、潮《ウシオ》をかき水をあびて、身にけがれたる所なきを、外清浄といへり。内外清浄になりぬれば、神の心と我心と隔《ヘダテ》なし。すでに神明に同じなば、何を望てか祈請のこゝろ有べきや。是真実の参宮也と承し程に、渇仰《カツガウ》の涙とゞめがたし。

という記事であり、度会常彰はこれを「吾神道ノ極致ナリ」とまで評している（度会常彰「参詣記纂註」）。確かに本書は神道の思想書であった。そもそも本稿の冒頭でも述べた通り、伊勢神宮は本来「私幣禁断」であり、「幣帛をも捧げずして、心に祈る所なき」旨を原則としていた。しかし現実には、中世に入るとともに庶民の参宮は増大し続け、彼らはそれぞれ神宮に対して私祈祷を捧げるようになっていた。この現実といかに折り合いをつけるかが、当時の神宮祠官たちにとって最大の課題となっていたのである。本書はこの課題に対し、「内外清浄」になれば参宮人はみな「既に神明に同じ」であり、ならば何の私欲を望んで「祈請の心」などあるだろうかというロジックで、増え続ける参宮人と「私幣禁断」とのギャップを埋めようとしたのである。

＊度会家行といえば「南朝にくみし、北畠親房の思想に影響を与えた」人物として知られており（角川新版『日本史辞典』一九九六年など）、そのような人物が、伊勢における南朝の拠点玉丸城の落城した康永元年当時（岡野二〇〇九）、引き続き外宮一禰宜の地位にあり、しかも足利尊氏の侍医坂十仏と対面していることに違和感を覚える向きもあろうが、家行が、当時その他の外宮の禰宜らと同様、北朝・南朝のどちらにも仕えながら神宮の神事に奉仕していたことについては、井原二〇〇九・二〇一〇に詳しい。

右の記事の他にも、本書の中には「抑内宮御鎮座は、垂仁天皇御宇也。外宮御垂跡は、雄略天皇の御代也」で始まる両宮鎮座伝承や記紀神話が不断に盛り込まれており、その意味では上述した通海の『太神宮参詣記』（通海参詣記）と相通ずるところがある。実際、十仏自身の側にも、通海の業績を継承しようとする意図があったのであろう。しかし、その内容はともかく、形式から言うと、既に度会常彰が「按ニ此参詣記ハ紀行ノ類也（中略）是紀貫之土佐日記、阿仏十六夜記ノ類也」と指摘している通り（度会常彰「参詣記纂註」）、本書は『大鏡』『今鏡』の形式を模した「通海参詣記」とは明らかに異なり、むしろ『土佐日記』や『十六夜日記』のような、和歌を織り込んだ旅日記に類するものと言える。そしてこの形式は、その後の「伊勢参宮記」に多大な影響を与えることとなった。

花山院長親『耕雲紀行』

次いで現れるのが花山院長親の『耕雲紀行』である（なお『耕雲紀行』については既に稲田利徳氏による詳細な注釈がある。稲田一九九七～九八）。長親は元来、南朝に内大臣として仕えた公卿であったが、南北朝合一を前に吉野を離れて流浪。応永初年に出家すると、南禅寺に耕雲庵を営んで耕雲山人と号し、足利義持のもとで文壇を指導していた。そんな長親が、応永二十五年（一四一八）九月、義持の誘いにより、その参宮に供奉することとなったのである。まずはその冒頭を掲げよう。

応永廿五の年仲の秋廿日あまりの比より、れいもをこる脚気のやまひにをかされて起居もかなはす、枕席をはなるゝ事ならて、なか月の十日比にをよひぬ。有為虚妄の残質、すてに七そちにあまれり。おしみとゝむへきにあらすといへとも、日夜辛酸の精神をもやゝしこふとて、みやこのほとりにしるよしありて、薬湯をくはたつるころ、相府（足利義持）より御つかひあり。廿一日伊勢御参宮の事あるへし、もし敬神の志あらは、このつゐてに思たつへきにやとなり。ひとゝせ両度におよひて参詣せしに、たひことに信心まさりて、いくたひもまうてまほしきに、かゝるおほせことは、神慮の感通するにやとおほゆ。さりなからいまた行歩もかなはす、心神もやすきことなし。もしいまちとなをさりなる躰にも侍らは、かならす参すへきよし申て、十一日より湯治をはしむ。

興味深いのは、この年既に七十歳を超え、脚気に冒されて、起居も叶わぬ有り様となっていた長親が、義持の誘いを受けるや、「神慮の感通するにや」と喜んでこれに供奉しているという事実である。長親の参宮が、室町殿足利義持の要請によるものであったこととともに、当時の人々にとって伊勢参宮が、「幾度も詣でまほしき」無上の喜びとなっていたことを知ることができる。

当時の日記類を見ると、義持の一行は九月二十一日の朝に京を出立したとされているが（『康富記』など）、『耕雲紀行』によれば未明寅の刻の京都出発であった。このことについて長親は、「いつも御参詣の時は、大名近習已下数千人のかみしもの人数のおほさに、みちもさりあへねは、かくいそきたつなるへし。」と述べており、室町殿の伊勢参宮がいかに大規模なものであったかを窺い知ることができる。

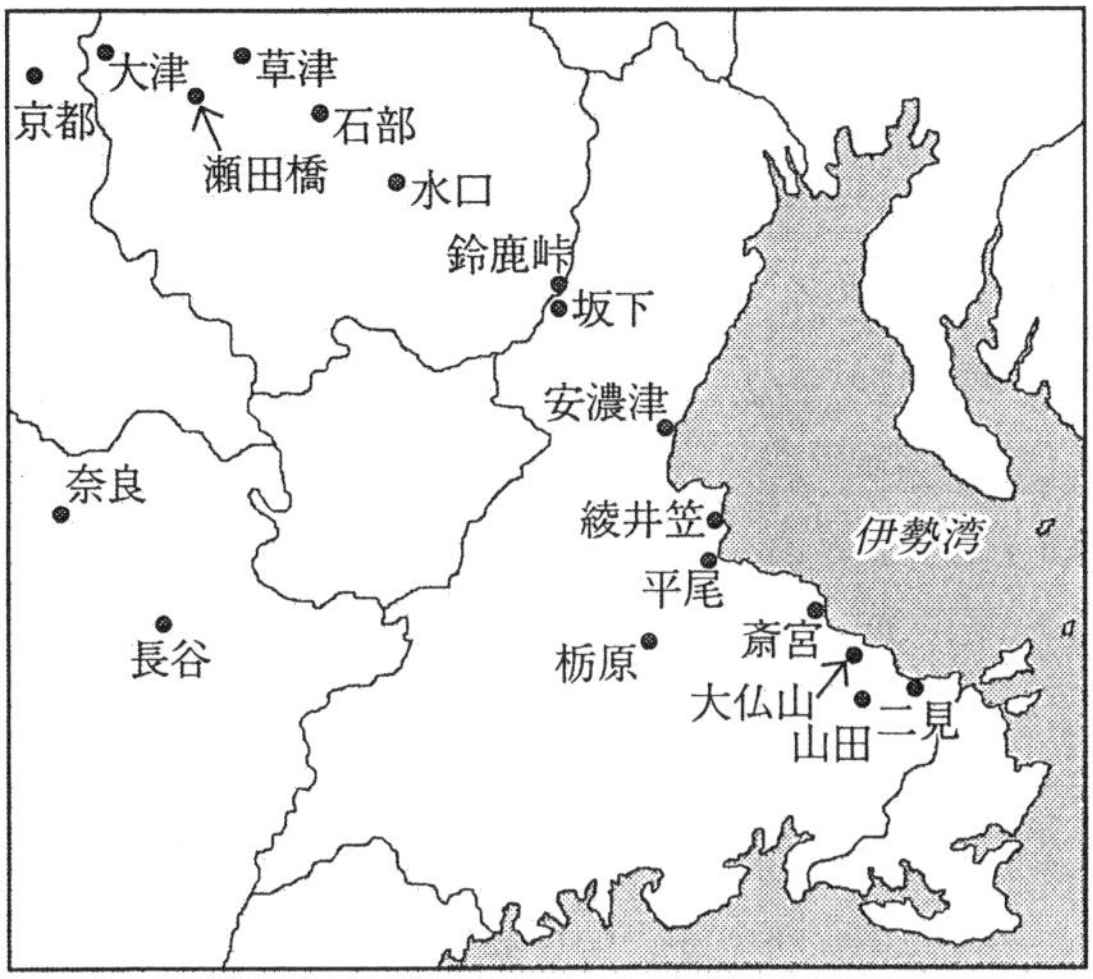

図8－2　室町殿の伊勢参宮路
（『伊勢市史』中世編／伊勢市教育委員会提供）

二十一日の昼、草津で休憩した義持一行は、同日の夜、水口《みなくち》（現・甲賀市）で一泊し、二十二日早朝に水口を発った一行は、その日のうちに鈴鹿峠を越え、安濃津《あのつ》（現・津市）で一泊。翌二十三日に参宮している。

しはらくありて宮河につく。こなたの河原にこしをたて、やすらふに、ふなはしはるかにかけわたして、さかまくなみ、かけまくもかたしけなき神境、信心をゝこす出家在家、輿をかきならへ、馬を引たてゝ、そのかすをしらすなみゐたり。みな河なみにおりたちて、行水すめり。水をくみよせさせて、手あらふ程、皇大神の本誓ニ、経呪を誦せす、仏法をいはす、三業をきよめて、一心をたゝしくするのみなりといふ。これ神道にかきらす、まことに仏の一字をとけは、口をけかすこと三十年、自然にわか宗にかなへりとおほして、

仏とも法ともいはし宮河にすゝきて口のとかはきよめつ

二十三日の昼、大仏山《だいぶつやま》（現・伊勢市小俣町）で休憩した後、宮川を越えて山田に入り、まず外宮、次いで内宮に参拝している。興味深いのは宮川において「信心を起こす出家・在家」の人々が「輿をかき並べ、馬を引き立てて、その数を知らず」並んでいたという参宮盛行の事実と、一方で「経呪を誦せず、仏法を言わず」といった徹底した仏教忌避の様子である。中世における伊勢参宮の盛行が、「私幣禁断」の原則を有名無実化させていく一方、神宮側は「三業を清めて、一心を正しくするのみ」という参宮の心得を説き続けることで、神宮境内の静謐さ、清浄さを保とうとしていた。実際、出家者である花山院長親は、その後「禁法」を守って外宮では鳥居の外、内宮においては「よそ」（僧尼遥拝所であろう）から神宮に参拝している。

二十四日の早朝、山田を出立した長親は、斎宮跡（現・明和町）を通過し、星合《ほしあい》（現・松阪市星合町）・綾井笠（現・松阪市笠松町）を経て往路と同じ安濃津に泊まり、翌二十五日に鈴鹿峠を越え、水口で一泊してから京都に戻っている。おそらく、義持が行ったその他の伊勢参宮もまた、およそこうした行程だったのであろう。＊

＊足利義持の伊勢参宮については、山田雄司氏の詳細な研究があり（山田二〇一四）、中世における室町殿の伊勢参宮街道の経路については、伊藤二〇〇七に詳しい。

『室町殿伊勢参宮記』

次に著者不明の応永三十一年（一四二四）『室町殿伊勢参宮記』を見ていこう。本書の著者については、昭和十二年（一九三七）に刊行された『神宮参拝記大成』の解題では「恐らく本書も花山院長親の述作なるべし」と推測されていたが、昭和三十五年（一九六〇）に刊行された『群書解題』では、「筆者は歌人」であり、「文中の記事により相当の老齢だったこと」が知られ、「諸条件ならびに作品の文体歌風から見て、試みに言えば、飛鳥井雅縁かとも思われる」と推測されている。それでは本書の著者は、いかなる動機で

本書を著したのであろうか。

さるに此たびみちすがら思つゞけ侍る歌も侍らば、しるしつけてたてまつるべきよしの仰事あり。これ又此道にいたりてのめいぼく一かたならずかたじけなく覚侍るに、神たちをまかりいづるほど、御なごりもおしく侍りて、ねがはくはなをも老のあゆみをはこび侍らばやと、心の内のことぶきばかりに、

玉の緒のなをながらへば神地山君にひかれて又もこえなん

かくてやう田《（山田）》の宿坊にかへり侍ぬるを、又御つかひありて仰事ありつる。みちすがらの歌どもに詞をくはへていそぎもちてまいるべきよしうけたまはりぬ。

右に掲げた通り、十二月十七日の参宮後、本書の著者は「道すがらの歌どもに詞を加えて、急ぎ持ちて参るべき由」を義持から命ぜられている。本「参宮記」は室町殿の注文によって作成されていた。

尭孝『伊勢参宮紀行』

最後に永享五年（一四三三）、足利義教《よしのり》の参宮に供奉した権大僧都尭孝の『伊勢参宮紀行』を見ていくことにしよう。三月二十日、参宮の記事を掲げる。

廿日、御参宮の日なり。夜もすから雨ふり風さはかしかりしか、辰の刻はかりより空こゝろよくはれて、御出の儀ことに有かたくそ見えさせおはしましける。公卿殿上人くらをかさり、衛府御随身あさやかなる袖をつらねて供奉し侍るよそほひ、きら〳〵しくそ侍りし。抑御神五十鈴の川上に宮所をしめ、高天はらに千木高知、下都磐根に大宮柱広敷立てしつまりましますことも、世をまもり、国をたもち、人をはくゝむ御ちかひなるへし。今我君豊葦原千五百秋瑞穂国をつかさとりおはしまして、神をあかめ、政をたすけ、民をたて給ふ御めくみも、神慮にへたてなくおはしませは、太田命の八萬歳をたもちまし〳〵て、御子孫百世ならん事のいともかしこくおほへ侍るまゝに、詠進の三首。

今朝は又天の八重雲晴にけり夜の間の雨や道きよむらし
　をよふへし君かよはひも萬歳八たひかさねし神の昔に
　君もなを幾世にかけてあふかまし高天の原の神のしめなは

ここで注目されるのは「今我君豊蘆原千五百秋瑞穂国を司りおわしまして、神を崇め、政を助け、民を立て給う御恵みも、神慮に隔てなくおわしませば」という文言である。ここで言う「我君」とは、将軍足利義教のことに外ならず、この文言からは、将軍義教が「神慮」によって日本を支配しているという意識が見てとれよう。石清水八幡宮の宝前で、抽籤によって将軍に選ばれた義教が、自らを「神慮」によって選ばれたと意識していたことは、近年、多く指摘されているところであるが（今谷二〇〇三など）、とするならば、これはひとり尭孝僧都の感慨としてではなく、当該期における義教政権の立場について考える上でも、また義満・義持・義教と三代にわたって繰り返された室町殿による伊勢参宮の歴史的意義を考える上からも、きわめて注目すべき認識と言えよう。

さらに、この参宮から半年余り経った十月十三日、本書末尾に、

十月十三日、今度御道中詠進之和歌、勒二一巻一可レ進二覧之一由被レ仰下、仍馳レ筆、翌日令二持参一者也。

とある通り、足利義教から尭孝に対し、今回の道中で詠んだ和歌を一巻にまとめて進上せよとの命が下され、この紀行文は出来上がっている。先に掲げた『室町殿伊勢参宮記』の記事と併せて、この当時、こうした紀行文の作成を、しかるべき歌人に依頼するようになっていたことが知られる。「伊勢参宮記」という作品群はこうして確立していったのである。

「伊勢参宮記」とは

以上述べてきた通り、「伊勢参宮記」は中世に入り、伊勢参宮が盛んになるとともに成立したジャンルであり、ことに室町時代、室町将軍家の家長である室町殿が頻繁に伊勢参宮を繰

り返すようになったことで確立した。初期の「参宮記」は、「私幣禁断」を原則として私祈禱を忌避する神宮側の立場を尊重し、庶民参宮の盛行との間でいかに折り合いをつけるかに知恵を絞った、神道思想書的性格の濃いものであったが、室町殿の伊勢参宮が年中行事化した応永年間の後半以降は（室町殿の伊勢参宮については『伊勢市史』第二巻中世編、二〇一一年を参照されたい）、しかるべき歌人を参宮に同行させ、「御道中詠進之和歌」を紀行文としてまとめさせることが慣例となった。室町殿の伊勢参宮自体は、嘉吉元年（一四四一）、将軍足利義教が赤松満祐《みつすけ》に暗殺されたことで途絶することとなるが、歌人による「伊勢参宮記」の作成は、大永二年（一五二二）七月、室町幕府管領細川高国から奉納連歌の依頼を受けた宗長《そうちょう》に誘われて神宮参拝を果たした連歌師宗碩《そうせき》の紀行文『佐野のわたり』へと引き継がれていった（増補大神宮叢書『神宮参拝記大成』、新日本古典文学大系『中世日記紀行集』所収）。

つまり「伊勢参宮記」は、同じ「参詣記」とは言っても、たとえば前節で取り上げられた『熊野御幸記』とは明らかにその性格を異にし、むしろ紀貫之『土佐日記』に始まる紀行文学、「御幸記」で言うならば源通親『高倉院厳島御幸記』の流れを汲むものと言える。新日本古典文学大系『中世日記紀行集』（岩波書店、一九九〇年）の「解説」において福田秀一氏は、これらの「伊勢参宮記」を、「文学性は薄い」、「全体としては平板である」などと酷評しつつ、『海道記』『東関紀行』『十六夜日記』などと並ぶ「中世日記紀行文学」の一つに数えている（福田一九九〇）。「伊勢参宮記」は、まさにその「文学性」の薄さに比して、中世伊勢参宮記録としての正確さの方が高く評価され、国文学より歴史学の分野で多く利用されてきた。しかし「伊勢参宮記」は、その制作の意図から言っても、またその内容・形式から言っても、『土佐日記』から『奥の細道』へと至る、紀行文学の中に位置づけられるべきものであることは明白である。「中世日記の諸相」の中には、こうしたジャンルもまた存在していたことを忘れてはならないだろう。

（岡野友彦）

参考文献

伊藤裕偉『中世伊勢湾岸の湊津と地域構造』（岩田書院、二〇〇七年）

井原今朝男「伊勢神宮と仏教」（3・4）（『寺門興隆』二〇〇九年十二月号・二〇一〇年正月号）
稲田利徳注釈「耕雲紀行」（『岡山大学教育学部研究集録』一〇五～一〇九、一九九七～九八年）
今谷明『籤引き将軍足利義教』（講談社選書メチエ、二〇〇三年）
岡野友彦『北畠親房——大日本は神国なり』（ミネルヴァ書房、二〇〇九年）
増補大神宮叢書『神宮参拝記大成』「解題」（吉川弘文館、二〇〇七年、初版は一九三七年）
増補大神宮叢書『神宮参拝記大成』（新日本古典文学大系『中世日記紀行集』所収）
多田實道『俊乗房重源の参宮』（皇學館大学講演叢書一三三輯、二〇一二年）
福田秀一「中世日記紀行文学の展望」（『中世日記紀行集』岩波書店、一九九〇年）
山田雄司「足利義持の伊勢参宮」（『怨霊・怪異・伊勢神宮』思文閣出版、二〇一四年。初出は『皇學館大学神道研究所紀要』二〇輯、二〇〇四年）
度会常彰「参詣記纂註」（増補大神宮叢書『神宮参拝記大成』所収）
『伊勢市史』（第二巻中世編、二〇一一年）

第九章　入宋・入明記——遥かなる海の彼方へ、海外への旅の軌跡

この時代の旅の日記は、前章で紹介したような国内のものにとどまるわけではない。海を渡って大陸に旅立ったものたちの日記も数多く残されており、それらは円仁《えんにん》の『入唐求法巡礼行記《にっとうぐほうじゅんれいこうき》』のように平安時代初めからの伝統を引くものでもあった。本章では、まず平安時代の入唐僧の日記の系譜に属する、成尋《じょうじん》の『参天台五臺山記《さんてんだいごだいさんき》』を紹介し、次に中世後期の入明記について、その記録のカテゴリーを拡大して、より広い見地から外交記録として特色を解説していく。

（松薗　斉）

1　『参天台五臺山記』（成尋）——未知の世界を記録する

成尋と『参天台五臺山記』

(1) 入宋僧の日記

入宋僧の日記としては、『奝然《ちょうねん》日記』四巻（『奝然入唐記』『奝然法橋在唐記』『奝然巡礼記』とも。奝然は九八三～九八六年在宋）の逸文および戒覚『渡宋記』（一〇八二～八三）の抄出本が知られるが、完全な形で残っているのは成尋『参天台五臺山記』八巻（一〇七二～七三）が唯一のものとなる（以下『参記』と略称）。なお入宋僧寂照《じゃくしょう》（一〇〇三年入宋、客死）の『来唐日記』の存在を想定する説がある。根拠は『参記』熙寧五年十二月二十九日条の「梵才三蔵の房に於いて〝奝然法橋並寂照大師来唐日記〟を見て、即ち借り取る。揚（楊カ）文公談苑を書き取ること、右の如し（於梵才三蔵房見奝然法橋並寂照大師来唐日記即借取書取揚文公談苑如右）」という記事である。この後には楊億《ようおく》『楊文公談苑』中の奝然・寂照関係記事が全文引用される（藤善二〇〇六：第五章第三節）。

従来「奝然法橋並びに寂照大師の来唐日記」と『楊文公談苑』は別のものと考えられてきた。だが成尋が奝然・寂照の「来唐日記」を借りておきながらその内容に言及せず、「楊文公談苑を書き取った」と続けるのは不自然である。両者は同じと見るべきで、成尋は『楊文公談苑』所収・楊億所撰の「奝然法橋並びに寂照大師の唐に来《きた》りし日の記」を写したのだろう。つまり寂照が書いた旅行記の存在を伝える史料は存在しないことになる。

さて、『参記』現存写本のほとんどは、承久二年（一二二〇）書写の東福寺本を祖本とする。昭和十二年（一九三七）に東洋文庫で東福寺本の複製が発行されており、研究に当たっては必ず見るべきである。南北朝期には京都東福寺普門院にあったことが確認され、東福寺開山の円爾《えんに》が嘉禎元年（一二三五）の入宋に当たり携行した本と推測されている（森克己二〇〇九：第17章）。ただし本書は複数人の分担で書写されており（平林一九七八：四〇三）、承久二年に十九歳、前年に出家したばかりの若輩だった円爾のために写されたものとは考えられない。各冊の表紙には「報恩蔵」の墨書があり、「報恩」（森克己は醍醐寺報恩院か宇治報恩院と推測する）の什物だったものが、ある時点で円爾かその門流の某人の蔵書になったのだろう。円爾入宋時の携行は疑問の余地がある。

東福寺本を底本に諸本で対校を行ったものには、『大日本仏教全書』本、島津一九五九、平林一九七八がある。また近世後期書写の松浦史料博物館本は東福寺本と別系統の本だが、『改定史籍集覧』はこれと同系統の内閣文庫旧蔵本（現蔵者不明）に拠っている。藤善眞澄（関西大学出版部）・斎藤圓眞（山喜房仏書林）の訳注も発表され、中国でも花山文藝出版社と上海古籍出版社から校点本が刊行されるなど、近年国内外で、日本史学のみならず、中国史学・国文学・仏教学など各方面で注目されている日記である。

(2) 成尋とその入宋行

成尋（一〇一一～八一）は天台宗寺門派の僧で、長久三年（一〇四二）、師の文慶《もんきょう》の跡を継いで岩倉大雲寺主となった。天喜元年（一〇五三）から藤原師実の護持僧を務め、翌年には延暦寺阿闍梨となる。藤原頼通・師実父子や頼通女の寛子、寛子が嫁いだ後冷泉天皇などに近い立場にあった（石井二〇〇五）。一般には母の歌集『成尋《じょうじん》阿《あ》闍梨母集《じゃりのははのしゅう》』で知られている。両親の名は確定されていないが、母は源俊賢女、父は藤原実方男と考えられている

（平林一九七八：第二部第一章）。

成尋は延久二年（一〇七〇）、後三条天皇に入宋許可を申請したが、認められた形跡はない。二年後には肥前の東松浦半島北の加部島で、従僧七人とともに宋船に乗り込んで入宋を決行したが、密航だったようで、海辺の人が来る時には船室に隠れて音を絶ったという（延久四年三月十五日条）。成尋は三月十五日に加部島で宋船に乗り込み、同月出航、四月に杭州に到着して入国手続きを行い、五月天台山巡礼、八月天台山出発、十月開封に到着し神宗《しんそう》に謁見、十一月五臺山に巡礼し、年末開封に帰還、翌年四月開封を出て、六月十二日明州で従僧五人の帰国を見送った。『参記』は加部島で宋船に乗り込んでから明州で従僧を見送るまでを記している。成尋は熙寧六年正月二十四日、帰国予定の従僧惟観・心賢に、日本に送るべき宋の仏画・典籍類を託しているが、岩倉大雲寺の経蔵に送る典籍中に「入唐日記八巻」が見え、『参記』に当たると考えられている。実際は『参記』はその後も六月十二日まで書き継がれて従僧に手渡され、大雲寺に送られたのだろう。その後成尋は客死したと伝える。

(3)「八巻」の問題

なお「入唐日記八巻」と記す熙寧六年正月二十四日条（現存写本には二十四日として立項される条がないが、藤善訳注二〇一一の考証に従い、二十三日条から二十四日条の一部が脱落していると考える）は『参記』巻六の途中である。最終的な巻数がこの時点で分かるはずがないとして、「八巻」は後の加筆とされているが（平林一九七八：四六四／藤善二〇一一：二一六）、『参記』には他に加筆・修正の形跡がなく、ここだけ加筆を想定するのは少々抵抗も感じる。あるいは「八巻」は、寺門派祖円珍の『在唐巡礼記』（『在唐行歴記』『在唐実録』とも称す）を意識した意図的なものである可能性はないか。本書は円珍の旅行記『行歴抄』の原資料で、『唐房行履録』巻下、智証大師撰述目録に拠れば、正五巻・続三巻、計八巻があった。

成尋が杭州に上陸した熙寧五年四月の時点で、成尋帰国は翌年秋に予定されていた。加部島から杭州まで同船した宋人施十郎は、四月末に成尋や従僧から手紙を預かって日本に戻り、成尋が翌年秋に必ず帰国することを伝えている（石井二〇〇七）。この時点では成尋本人も帰国する予定だったものが、後に従僧のみでの帰国に変更されるが、

『参記』が帰国便によって日本に送られる予定だった以上、『参記』の擱筆時期はかなり早い段階で決まっていたはずである。宋―日本便は季節風の関係から五・六月出航が多く（木宮一九五五：三二六）、室町時代にも明から帰国する場合、五月以後に申酉（西南西）向きの風に乗るべきとされていた（尋尊『大乗院寺社雑事記』文明五年六月十七日条）。五、六月に宋を出発すれば、秋（七～八月）までには日本に着く。成尋が帰国を翌年秋としたのは、この出航シーズンを意識したものであり、容易には変更が効かないものだった。

以上のことを念頭に置いて正月二十四日前後の状況を見るに、成尋は正月十三日から従僧帰国許可の申請準備を始めている。神宗の認可を伝える客省司牒は二十五日に正式に発給されたが、神宗「宣旨」の内容はすでに二十一日に伝えられていた。従僧らは二月八日に開封を出た後、六月十二日には明州で、遅れて来た成尋から荷物を預かって帰国の途に就く。正月二十四日の時点で、この行程はおよそ確定していただろう。『参記』はすでに熙寧五年末までの約十カ月半（七月に閏月あり）の記事が五巻にまとめられており、平均二カ月あまりで一巻のペースだった。ならば従僧帰国予定の五・六月頃まで、『参記』は残り三巻程度でまとめられることが予想できる。そこで成尋が円珍の先例も踏まえて「入唐日記八巻」と記したことも考えられるのではないだろうか。

『参記』から見る日本

(1) 稀有な日本情報

『参記』に記されるのは宋国内での出来事であり、対外関係史研究を除けば日本史よりは中国史の研究において利用されてきた。しかし『参記』が平安時代の日本を考える上で無価値だというわけではない。たとえば「日本の風俗」「京内の里数の多少」「京内の人屋の多少」「人戸の多少」「本国の四至・北界」など神宗の質問に成尋が答えた熙寧五年十月十四日・十五日条は興味深い。京内の人戸を「二十万家」とするなど、成尋の回答には外向けの誇張があるとしても、日常生活を記す日記では言及すらされない話題だろう。「本国の毛国を去ることの近遠」を「知らず」と答えているのも、それ自体が畿内人の東北認識を検討する上での素材になり得る。十月二十六日に開封の僧から「日本、詩を興するや否や」と聞かれ、「日本の道俗、詩を以て興宴の基と為す」と答えているのも、平安文学における漢詩文の位置を考える上で見逃せない。

日宋貿易についても多くの貴重な情報を載せるが、従来注目されていないものに麝香《じゃこう》の記事がある。通事の陳詠は熙寧六年二月二十三日、成尋から受け取った唐絹二十疋を銭二十五貫に換え、上質の麝香十三臍を購入したが（なお麝香の量詞は「臍《へそ》」〈下向井二〇一二〉）、成尋はこれを「日本の定米五百石と云々」と記す。長保二年（一〇〇〇）の日本における金一両＝米二石の例を用いれば（『権記』長保二年七月十三・十四日条）、麝香十三臍＝金二五〇両となるが、宋代の金一両＝銭十貫のレートでは麝香十三臍＝銭二十五貫＝金二・五両であり、麝香を日本に持ち込めば仕入れ値の百倍の値が付いたことになる。ただ朝廷から宋海商に支払う代価の総額が金千両だった場合（『小右記』治安三年四月十日条）、麝香十三臍のみでその四分の一に達してしまうことになるし、長和四年（一〇一五）大宰権帥藤原隆家が朝廷に献上した「丁子百餘両・麝香十臍」以下の香料の価値も相当なものとなる（『小右記』長和四年九月二十四日条）。成尋の記す換算値はなお検証の余地があろう。だが北宋期の貿易品の取引レートがほぼ不明である現状で、『参記』の情報が稀有なものであることは間違いない。

(2) 日本にあるものと無いもの

成尋はしばしば宋で初めて見たり食べたりしたものについて、日本にあるものと比較している。たとえば杭州の役所の門、越州の城門、開封の宮城の門を見た時は、一様に日本の朱雀門のようだと記し（熙寧五年四月十四日・五月七日・十月二十四日条）、杭州の運河を見た時は「日本の宇治橋の如し」と記している（熙寧五年四月十三日条）。成尋が日常で見てきたものが反映されていて興味深い。食べ物については特に雄弁で、たとえば小麦粉・小豆・甘葛・糖で作った「作飯」なる菓子について、味は日本の餅のように淡く、大きさは茄子の頂のようにすこぶる細いと記すなど、描写が細かい（熙寧五年四月十四日条）。仏画でよく知っていた象にも関心を向けているが（熙寧五年十月七日条）、普賢菩薩の乗り物のように白くないことが印象的だったのか「みな黒象なり」と記し（橋本二〇一三）、肌の色は日本の黒牛のよう、陰茎の形は馬のよう、雌象の乳は猪のようだとする。

逆に頻出するにもかかわらず意外と注意を向けていないのが、銭と茶である。銭については、成尋は杭州に上陸してから砂金と水銀を売って入手し、日常雑費や礼金に充てている。その後は宋の朝廷からも巨額の銭を賜与された。よく知られるように皇朝十二銭の流通は十一世紀初頭を以って絶えたが、成尋が銭について何の感慨も記さないのは、知識としては銭を知っていたためかもしれない。

茶については、杭州上陸以後、成尋は社交の場で頻繁に喫している。古く喫茶文化は、平安中期以後栄西まで長く中絶していたと考えられてきたが、実際には年中行事や法会の場で飲まれ続けていた（中村一九九九）。成尋は社交手段としての喫茶こそ未体験だったかもしれないが、喫茶自体は新しい体験ではなく、だからこそ喫茶の風習を物珍しく記すこともしていないのだろう。

旅行記の系譜

(1)『参記』作成の事情

『参記』が何を目的に書かれたのかは、明確に分かっているわけではない。『参記』は宋での行跡を記したものであり、後世参照されるべき儀式次第の記録などを目的としたものではありえない。だが成尋が従僧の帰国に託して『参記』を日本に送ったことから見て、個人の備忘目的ではなく、やはり人に見せるために書かれたものであることは疑えないだろう（水口二〇一三：三二一）。

石井正敏は『参記』に復命書としての意味があったと考えている（石井二〇〇五：三〇八）。帰国後に朝廷に「日記」を提出した僧の先例として、天徳元年（九五七）に両浙の呉越国から帰国した日延がおり、村上天皇の命で「在唐之間日記」の真偽を試問されている（『平安遺文』四六二三）。「在唐之間日記」がいかなるものだったかは明確でないが、入唐帰国の間の出来事を、日を追って記したものと考えられる。それは朝廷に提出され、日延の行跡を判断する資料とされた。この点で「在唐之間日記」が復命書・報告書としての意味を持ったことは推測できる。これが日延の時だけの特例とも思われず、他の入唐・入宋僧らも同様のものを提出していた可能性が高い。

もちろんこれが日々書き継いだ日次記、つまり近代歴史学が言うところの「日記」であるとは限らない。周知の如く平安時代の「日記」には、事件当事者に事情を問い質した調書である問注状（勘問日記）や、事件被害者が事件の経過などを記し提出する事発日記など、日次記に当たらない様々な「日記」が存在した（米田一九七〇）。対外関係に関わるものでは、貞観十五年（八七三）大宰府が漂流渤海人崔宗佐らに事情聴取して朝廷に提出した「宗佐等の日記」や（『日本三代実録』貞観十五年七月八日条）、十一世紀の大宰府が宋海商に来日の事情などを尋ねて朝廷に提出した「存問日記」がある（山内二〇〇三：第二部第二章）。海外から来航した者の来日事情を確認する資料として「日記」が作成されたことが知られ、「在唐之間日記」もその一例かもしれない。「在唐之間日記」の原資料となった日延の日次記が存在したことは考えられるが、受け取る側としても、『参記』の如く日々の出来事を詳細に記した長大な日記は不便であり、むしろ日次記を基に、冗を省き要を採った簡潔な報告書を作成して提出する方が実務的だろう。

もちろん成尋は勅許を得て入宋したものではないから、そもそも朝廷への復命の義務はない。三四三頁で触れたように、『参記』原本は成尋が寺主を務めた岩倉大雲寺に納めることになっていた。だが従僧らは密航によって出国しただけに、帰国後朝廷から説明を求められる可能性は高かった。『百錬抄』延久五年（一〇七三）十月条には、成尋が帰国し（従僧の帰国の誤り）、大宋皇帝が「献」じた金泥法華経・一切経・錦二十段をもたらしたことが記され、従僧の帰国は大宰府を通じて朝廷に報告されたらしい。朝廷では神宗下賜品の受領や返答について長く結論が出ず、承保三年（一〇七六）には船頭の孫忠（孫吉）と悟本（陳詠）に事情聴取が行われている（原一九九二）。議論紛糾の過程で従僧らにも問い合わせはあったはずで、『参記』は重要な資料になっただろう。また成尋は、宋で入手した典籍類を摂関家や縁者に送り届けるように従僧らに申し付けている。これら摂関家・縁者らは成尋の後援者でもあったと考えられ（石井一九九三）、彼らに対する成果報告書かその素材としても、『参記』は利用されたかもしれない。

他に『園城寺伝記』巻一や『寺門伝記補録』巻八・巻一五など南北朝・室町期の寺門派の史書には、成尋が園城寺唐院に『五臺山記』を送納したとあり、これを『参記』と見る説もあるが、異論もあり（藤善二〇〇六、第五章第二節）、また史料の信憑性の問題もある。もっとも原本ではなく写本の献納という形ならば、園城寺、あるいは朝廷・摂関家などにも納められた可能性はあろう。

(2)『渡宋記』と『参記』

『参記』は平安期に珍重され、写本も作成された。東福寺本巻五には「承安元年八月五日〈癸未〉、依仰続筆功矣／承久二年沽洗十三日、一校了」の奥書があり、東福寺本の底本が、承安元年（一一七一）に「仰せ」によって書写された本だったことが知られる。「仰せ」は皇族・公卿層や門跡など一定の地位にある人物の指示と思われ、『参記』が貴顕に重視された様子がうかがわれる。また東福寺本巻三には「書本云／以善恵大師手跡之本、比校之了云々／一校了」の奥書がある。承安本は成尋（善恵大師）自筆本で対校された本であり、つまり承安本の底本も原本ではなく写本だった。『参記』は成尋従僧の帰国から一世紀の間に、少なくとも二度の書写が行われていたのである。『参記』が読まれたことが分かる例として、十二世紀に心覚が著した『入唐記』に、『参記』に基づくと思しき成尋の祈雨の記述がある（水口二〇一三：三二四〜三二七）。また堀河天皇崩御（一一〇七）以前に撰述された『扶桑略記』の延久四年三月十五日条は明らかに『参記』同日条の節略であり、撰者は『参記』かそれに基づく資料を見ていたと考えられる。

この点で注目されるのが成尋の十年後に入宋した戒覚で、天台山・五臺山の順に巡礼を望み（ただし天台山巡礼は行われず）、五臺山の金剛窟で土を採るなど、成尋の行跡を踏まえた行動が目立つ。明州で提出した神宗宛ての上表文に「近きは則ち阿闍梨成尋、去る熙寧五年宣旨を賜わり、心願を遂ぐること先に了んぬ」とあるように（『渡宋記』元豊五年十月二日条）、成尋の先例を明確に意識していた（森克己二〇〇九：第一八章、手島二〇一四：第一章）。戒覚の『渡宋記』を見ても、加部島で宋船に乗り船底に隠れたこと、出航後北に耽羅（韓国済州島）を見たこと、鉛の付いた綱を海底に沈め海深を計ったこと、宋州の厩で南蛮が献上した象を見たこと、象が鼻で草を巻いて食べることなど、本題と外れるところでも『参記』と同じことを敢えて記している。戒覚はおそらく某所で『参記』かその抄出を得て入宋し、それを意識した文を書いているのだろう。

戒覚は元豊五年（一〇八二）、渡宋のために居を離れて五年と述べている（『渡宋記』元豊六年六月三日条）。成尋従僧の帰京後数年の内に『参記』を見て渡宋の志を抱いたのだろう。成尋も円仁と奝然の旅行記を携行して入宋し

（熙寧五年三月二十二日条・十月十四日条）、天台山巡礼記事では『円珍伝』とほぼ同文を記している（森公章二〇一三：二四六）。入宋僧にとって先人の旅行記や伝記は、携行すべきガイドブックであり、意識すべき先例でもあった。なお戒覚は従僧二人の内仙勢を留めて宋に残り、隆尊を帰国させて『渡宋記』を播磨引摂寺に送った。引摂寺《いんじょうじ》は戒覚が寺主を務めた寺である。この行動も、成尋が従僧二人を手元に留めて他を帰国させ、大雲寺に『参記』を届けさせた先例に倣ったものだろう。

南宋期入宋僧の旅行記

(1) 慶政と栄西

戒覚以後八〇年以上、記録に残る入宋僧は影をひそめ、一一六一年頃には寂照・成尋以後入宋僧は絶えたとされていた（『栄西入唐縁起』）。一介の遁世僧だった戒覚の入宋は日本仏教界に知られておらず、十二世紀半ばまでは成尋が入宋僧の最新の先例とされたらしい。南宋期入宋僧の旅行記として知られる唯一の事例は、鎌倉後期『本朝書籍目録』に見える『證（一本「澄」）月上人渡唐日記』一巻で、證月房慶政の旅行記と考えられる（佚書）。慶政は嘉定十年（一二一七）に在宋、建保七年（一二一九）正月十七日に在京しており、建保五・六年の間に帰国し、それ以前に入宋したと考えられる。宋で聞いた話を含む説話集『閑居友』を著し、弟子を渡宋させて福州で大蔵経を入手し（宮内庁書陵部などに現存）、宋から帰国した門人から琉球漂流体験談を聞いて『漂到流球国記』を記すなど、日宋関係史上興味深い人物である。現存する戒覚『渡宋記』も、慶政が寛喜元年（一二二九）に播磨実報寺で入手したものである。

また『栄西入唐縁起』には、栄西入宋前後の記事について具体的な日付が記される（榎本二〇一三）。第一次入宋については、仁安二年（一一六七）十二月三日、父母に別れを告げ、翌年肥後国阿蘇山を詣で（正月三日）、博多唐房に到った後（二月八日）、解纜＝出航（四月三日）、放洋＝風待ち港から外洋への進発（十八日）、明州到着（二十四日）という過程が具体的である。文治三年（一一八七）の第二次入宋記事では、放洋（四月十九日）と臨安到着（二十五日）の日付がある。東大寺大勧進就任（一二〇六）以前は他に日付表記はない。『入唐縁起』は栄西七十五歳（一二一五）、すなわち寂年に自ら記した形を採る。栄西と重源の関係を強調しようとする栄西門流によって栄西に仮託して鎌倉中後期に作成されたとする説もあるが（大塚二〇一三）、栄西かその関係者の撰とすれば、これら具体的な日付はまったくの創作ではなく、何らかの典拠があるのだろう。栄西門流の南叟龍朔（?～一四五五）の冊子中から転載された栄西『興禅護国論』序（撰者不明）も、栄西第一次入宋時の放洋・明州着に加え、天台山参詣（五月十九日）、万年寺到着（二十四日）、羅漢に供茶（二十五日）、明州に向け出発（二十七日）、明州阿育王山到着（六月十日）の具体的な日付を載せ（第二次入宋の日付はなし）、両書共通の典拠となった記録の存在が推測される。

一三八〇年頃、京都建仁寺には栄西の「千光自筆日記」が伝わっており、住持の義堂周信は建仁寺に関する記事を参照している（『空華日用工夫略集』巻三、巻末追抄）。栄西が入宋前後に記した旅行記を『入唐縁起』や『興禅護国論』序が参照したことも考えられる。他にも入宋・入元僧の伝記には、俊芿《しゅんじょう》（一一九九年入宋、一二一一年帰国）の『不可棄法師伝』、円爾（一二三五年入宋、一二四一年帰国）の『聖一国師年譜』、椿庭海寿《ちんていかいじゅ》（一三五〇年入元、一三七二年帰国）の『椿庭和尚行実』（榎本二〇一一）のように、在宋記事や入宋・帰国記事で具体的な日付や地名を記すものがあり、やはり当事者の手に成る原資料に拠っている可能性がある。

(2)旅行記の断絶

しかし南宋以後の入宋・入元僧の旅行記は、一つも残っていない。古代では逸文も含めれば、円仁・円珍・奝然・成尋・戒覚の旅行記が伝わり、それなりの頻度で残されているが、『渡宋記』（一〇八二～八三）以後は笑雲瑞訢『笑雲入明記』（一四五一～五四）まで四世紀近く旅行記が絶えてしまう。北宋期の入宋僧は平均二十～三十年に一回程度しか現れず、明代も笑雲以後、遣明使派遣は十年一回に制限された。これに対して十三・十四世紀、特に十三世紀半ば以後の一世紀は、日本仏教史上で日本僧の中国留学が最も盛んに行われた時期で、ほぼ連年の日中渡航事例が知られ、五〇〇人程度の入宋・入元僧の名が現状で判明する。旅行記は中国渡航が珍しい時期に残され、盛んだった時期には残されなかったことになる。

『参記』は東福寺本以後、十八世紀まで写本作成の形跡はなく、十三・十四世紀の入宋・入元僧が成尋に言及した例も管見にない。十三世紀半ばより入宋僧の中心は禅僧となるが、彼らは宋僧に参じて修行の日々を過ごし印可を受けることを目的としたので、当代の名師を知るために同時代の情報を求めることはあっても、二〇〇年も前の旅行記への関心は高くなかったのではないか。最新の中国情報は、宋から陸続と帰国する僧や渡来僧から常時入手できるようになっており、その点でも旅行記の必要は薄れていた。このような状況では、新たな旅行記が作成されてもあまり注目は集めなかっただろうし、そもそも入宋・入元経験者が珍しくもない時代に、新たな旅行記を残す動機も生まれ難かっただろう。このように考えると、『参記』東福寺本が写され『證月上人渡唐日記』が著された十三世紀初めは、入宋旅行記の需要があった最後の時期だったともいえるだろう。

（榎本　渉）

参考文献

石井正敏「入宋巡礼僧」（『アジアのなかの日本史』Ⅴ自意識と相互理解、東京大学出版会、一九九三年）
石井正敏「成尋生没年考」（『中央大学文学部紀要』史学四四、一九九九年）
石井正敏「成尋——一見するための百聞に努めた入宋僧」（『古代の人物⑥　王朝の変容と武者』清文堂、二〇〇五年）
石井正敏「『成尋阿闍梨母集』にみえる成尋ならびに従僧の書状について」（『中央大学文学部紀要』史学五二、二〇〇七年）
榎本渉「入元日本僧椿庭海寿と元末明初の日中交流」（『東洋史研究』七〇—二、二〇一一年）
榎本渉『南宋・元代日中渡航僧伝記集成』（勉誠出版、二〇一三年）
大塚紀弘「重源の「入宋」と博多綱首」（『日本歴史』七八二、二〇一三年）
木宮泰彦『日華文化交流史』（冨山房、一九五五年）
島津草子『成尋阿闍梨母集・参天台五臺山記の研究』（大蔵出版、一九五九年）
下向井龍彦「麝香は「へそ」と数える」（『史人』三、二〇一一年）
手島崇裕『平安時代の対外関係と仏教』（校倉書房、二〇一四年）
中村修也「栄西以前の茶」『茶道学大系』二、茶道の歴史（淡交社、一九九九年）
橋本雄「生きた唐物——室町日本に持ち込まれ、朝鮮に再輸出された象と水牛」（『生物という文化——人と生物の多様な関わり』北海道大学出版会、二〇一三年）

原美和子「成尋の入宋と宋商人――入宋船孫忠説について」（『古代文化』四四―一、一九九二年）
平林盛得『参天台五臺山記　校本並に研究』（風間書房、一九七八年）
藤善眞澄『参天台五臺山記の研究』（関西大学出版部、二〇〇六年）
藤善眞澄訳注『参天台五臺山記』下（関西大学出版部、二〇一一年）
水口幹記『渡航僧成尋、雨を祈る』（勉誠出版、二〇一三年）
森克己『続日宋貿易の研究』（勉誠出版、二〇〇九年）
森公章『成尋と参天台五臺山記の研究』（吉川弘文館、二〇一三年）
山内晋次『奈良平安期の日本とアジア』（吉川弘文館、二〇〇三年）
米田雄介「日次記に非ざる「日記」について――『平安遺文』を中心に」『高橋隆三先生喜寿記念論集　古記録の研究』（続群書類従完成会、一九七〇年）

2　「入明記」――遣明使に不可欠な外交故実書

入明記とは何か

十四世紀後半から十六世紀中葉にかけて明朝へ派遣された外交使節を遣明使という。宋元期の比較的自由な交流が実現した時代と異なり、海禁・朝貢体制を導入した明朝との通交では、基本的に国王名義の表文（外交文書）を携え、勘合を携帯した朝貢使しか正式に受け付けてもらえなかった。朝貢使としての日本の遣明使は、実質的には朝貢という建前を掲げた貿易船というのが実態であった。しかし、建前上、朝貢使であるからには、明朝の外交ルールに基づいて行動する必要がある。そのため、遣明使の正使・副使・居座《こざ》（貿易実務の責任者）・土官《とかん》（同）などの首脳陣は、朝貢使として求められる外交儀礼をつつがなく遂行するのと平行して、主目的であった貿易利潤を上げるための実務交渉能力も求められた。また、個々人としては、憧れの中国大陸で名勝などを観光したり、当地の文化人たちと交流することも重要であった。しかも、十五世紀初頭に日明勘合による渡航制度が確立されて以降、応永年間を除くと、頻繁な渡海ができなかった遣明使は、明朝の管理の下、限られた時間と行動範囲のなか、中国体験初心者でありながらも、交渉を有利にかつスムーズに進めていかなければならなかった。こうした状況下で不可欠となるのは、過去の遣明使の先例（いわゆる外交故実）の知識であり、遣明使は入明前に故実を集積し吸収することで、それを羅針盤とすることができた。

外交故実書として知られているのが、古代中世の外交文書を収集して一書にまとめた瑞渓周鳳《ずいけいしゅうほう》の『善隣国宝記』（一四七〇年成立）である。『善隣国宝記』は、遣明使に特化したものではなく、朝鮮通交なども視野に入れた総合的な外交故実書といえる。一方、遣明船に搭乗して入明した人々が記録したものに入明記というものがある。室町・戦国期における日本の外交は禅宗の僧侶によって担われていたため、遣明使の首脳陣も基本的に禅僧が任命されていた（伊藤二〇〇二・二〇〇九）。そのため、著名な入明記を記したのも禅僧である。入明記は、異国体験を語るような紀行文的な意味合いもあるが、同時に遣明使の行動パターンを記した貴重な外交故実書であり、遣明使には必要不可欠なアイテムであったと考えられる（伊藤二〇一一）。

現在、入明記といえば『笑雲入明記』『戊子入明記』『壬申入明記』『初渡集《しょとしゅう》』『再渡集《さいとしゅう》』という五つの史料がまとまったものとしてよく知られている。ただし、これらの史料も入明記と一括りにされているものの、その内容は多岐にわたる。ここでは、まず、入明記とはどのような史料であるのかということを確認しておきたい。

渡海日記型の入明記

一般的に入明記としてイメージするのは、遣明船に乗って入明を果たした人物が書き残した渡海日記であろう。現在、渡海日記型の入明記は三つ確認されている。十五世紀中葉に派遣された宝徳度遣明使の従僧であった笑雲瑞訢《しょううんずいきん》の『笑雲入明記』、十六世紀中葉に派遣された天文八年度遣明使の副使であり、同十六年度遣明使の正使であった策彦周良《さくげんしゅうりょう》の『初渡集』（妙智院蔵）と『再渡集』（同）がそれにあたる。

笑雲瑞訢の渡海日記は、もともとは『入唐記』（宮内庁書陵部本）、あるいは『釈笑雲入明記』（東京大学附属総合図書館本）などとつけられていたものを、東洋文庫シリーズとして収録する際に、編者の村井章介・須田牧子によって『笑雲入明記』と命名された。

策彦周良の『初渡集』『再渡集』は、妙智院蔵の原本によれば、当初、『初渡集』下巻のみ「南遊集」とのタイトルが付けられていたが、いずれも江戸期には『初渡集』『再渡集』と呼ばれていたようである。この二つの史料を、高楠順次郎《たかくす》らが『大日本仏教全書』遊方伝叢書第四に『策彦和尚入明記』として翻刻し、牧田諦亮《たいりょう》も『策彦入明記の研究』上巻（法藏館、一九五五年）として紹介した。策彦周良には、『初渡集』と『再渡集』を抜粋した『策彦入唐記』（『入明略記』『策彦和尚一番渡唐・二番渡唐』、妙智院蔵）もある。

『笑雲入明記』は、現存最古の入明記として貴重であり、内容も遣明使の日本出発から中国大陸寧波への入港、寧波から北京までの往復、日本への帰国までの様子が網羅されているため、遣明使の旅の状況を把握することができる。天文八年度遣明使の様子を網羅的に叙述する『初渡集』とともに、遣明使の全容を知り得る好史料といえる（『再渡集』は中国大陸の部分のみ記述）。ただし、詳細な描写を誇る『初渡集』と比べると、『笑雲入明記』の叙述は非常に簡潔である。こうした特徴は、『策彦入唐記』と類似するものがある。『策彦入唐記』が、『初渡集』『再渡集』を抜粋したものであることを考慮すれば、『笑雲入明記』も今は存在しない本格的な渡海日記を抄録したものであった可能性もあろう。

日本で最初の外交文書集である『善隣国宝記』を編纂した瑞渓周鳳は、入明した笑雲瑞訢と親交があり、『笑雲入明記』の序文を起草しただけでなく、それを『善隣国宝記』の附録として収載しようとしていた（田中一九九五：六一六〜六一七）。この構想が実現することはなかったものの、外交文書を起草する五山僧のために外交文書の先例を集めた瑞渓周鳳が、『笑雲入明記』を重要な外交故実として認識していたことは間違いない。また、『笑雲入明記』は応仁元年（一四六七）頃に成立して以後、十六世紀初頭には一定の範囲内で流通し、読みつがれていた。さらに、『策彦入唐記』も『笑雲入明記』とおなじように、近代以前に書写されて流通していたようで（村井・須田二〇一〇：三三三）、『初渡集』のなかでも中国大陸の部分が叙述され「南遊集」と呼ばれていた下巻のみは江戸期に流通していた可能性がある（村井ほか二〇一五：二三二）。これらの点から、『笑雲入明記』と『策彦入唐記』（さらに『初渡集』下巻）は、知識人のなかにおいて外交故実を伝えるものとして認識されていたと考えられる。

こうした渡海日記型の入明記は、遣明使の時系列的な旅の様子が分かるだけでなく、外交折衝の場において、日明双方で交わされた文書などもそのまま写されて記録されており、どのような場面でどのような文書が必要とされたのが理解できることも重要である。遣明使の活動を円滑に進めるためにも、記主にはこうした文書の写しを外交ノウハウとして蓄積しようという意思があったことがうかがわれる。

文書集型の入明記

入明記には、遣明使にかかる関係史料を収集したタイプのものもあり、『戊子入明記』（妙智院蔵）と『壬申入明記』（同）がそれにあたる。いずれも、入明記と名付けられているが、日記形式のものではない。『戊子入明記』は、永享四年度、同六年度、宝徳度、応仁度遣明使の会計、勘合、国書、船団、祈禱などに関係する古文書集であり、応仁度船にかかる史料が最も多い。応仁度船は、正使天与清啓《てんよせいけい》の乗った一号船が成化四年・応仁二年（一四六八）＝戊子年に入明しており、これが書名の由来となっている。一方、『壬申入明記』は、了庵桂悟《りょうあんけいご》が正使となった永正度遣明使が明側の官僚に出した外交文書の写しを収めた古文書集である。ただし、『壬申入明記』に収録されたものが、日本側から明側へ提出された文書のすべてではなく、『壬申入明記』未収の文書を『異国出契』（内閣文庫蔵）のなかに確認することができる。永正度遣明使は、北京への道中の治安悪化により、最終目的地が南京に変更されているが、その南京に入ったのが正徳七年・永正九年（一五一二）＝壬申年であった。こうした遣明使にかかる古文書集が、後の遣明使活動において故実として参照されたことは間違いない。江戸中期の儒者である岡田新川《しんせん》は、『秉穂録《へいすいろく》』のなかで「堆雲は五山禅侶、名は桂悟、字は了庵、嘗て入明し貢使に充つ、行程記有り」（『大日本史料』永正十一年九月十五日条、米谷均のご教示による）と触れており、この行程記が『壬申入明記』であるとすれば、少なくとも江戸中期においても『壬申入明記』が遣明使の故実を語るものとして記憶されていたことになる。

『壬申入明記』に収載される文書を見ると、日本側は交渉を迅速に進めるために明側へ文書を提出して交渉しているが、そのなかで頻出する常套句に「事態が円滑に進まずに予定より遅延し、翌年五月の順風で帰国するタイミングを万が一逸すれば、我々は帰国する術を失う」というものがある。帰国に適した風が吹く時期を逃さずに寧波を出港したいというのは、日本側の本心であったことは間違いない。一方、日本の遣明使が帰国することができずに寧波に長期滞在した場合、その滞在費を負担するのは明側であったため、明朝としてもこうした事態は避けなければならなかった。つまり、こうした常套句は、滞った外交折衝を前へ進めるための日本側の方便であったといえる。そして、同じ文言が『初渡集』に写された文書のなかでも繰り返し用いられていることを考慮すれば、こうした言い回しが日本の遣明使の間で効果的な対明交渉術の一つとして定着していたことが分かる（伊藤二〇一三：二〇四）。

『壬申入明記』では、貿易品である日本刀の取引価格をめぐって何度も文書が出されている。交渉過程では、日本刀の値崩れが進むなか、過去の遣明使が持参した日本刀の数と当時の支給価格を示し、明側が過去に高値で取引に応じていたという先例を主張することで、有利な取引価格を引き出そうと目論んでいた。以前の遣明使の事例を提示しているということは、彼らが何らかの方法で過去の外交故実を知り得ていたということになる。日本側の主張は、硬軟織り交ぜたものであり、明側が要求に応じなければ、日本国王は国交を断絶すると警告し、そうなれば再び倭寇が跳梁することになるだろうと明官僚を脅した。また、安価な価格で国王の日本刀を売却すれば、使節の官員は帰国後に処刑されるだろうと、憐憫の情をもって訴えかけることもあった。こうした交渉方法は、遣明使が明官僚に充てた文書にはよく見られるものであり（村井ほか二〇一五：二二八）、有効な対明交渉術の一つであったといえる。

このように、遣明使にかかる古文書集も渡海日記型と同様、入明記と呼ばれていた。つまり、入明記とは古記録や古文書などの様式にかかわらず、遣明使に限定して関係史料が集積され、広い意味で遣明使の先例＝外交故実として認識されたものと定義づけることができる。従来、史料名として入明記と付けられているもののみを漠然と入明記としてきたが、こうした類のものを「狭義の入明記」とするならば、さきほどの定義に基づくものを「広義の入明記」とした場合、史料名に入明記の名称はないものの、類似の史料が多くあることに気付く。以下、こうした「広義の入明記」について触れておきたい。

広義の入明記

「天文十二年後　渡唐方進貢物諸色注文」（妙智院蔵）は、策彦周良が乗船した天文八年度・同十六年度遣明使にかかる史料で、明皇帝へ献上するために船載した朝貢品の仕様を詳細に書き上げたものである。朝貢品の調達に関しては、『戊子入明記』にも類似の史料が収載されているが、「天文十二年後 渡唐方進貢物諸色注文」ほど詳細な記述ではない。たとえば、外交文書を入れる文書箱は、木製で外側を朱、内側を黒漆でしっかり塗り、蓋は黄滅金の蝶番で開閉できるようにして、おなじく黄滅金の鉄製の鍵を付けること、蓋の上面の蒔絵は五爪龍の男龍の文様を施し、龍眼・牙・角・尾先・鈫・五爪は金貝で造るように説明されている。詳細な仕様書は、以後の遣明使が朝貢品を用意する際の故実となることを念頭に書かれたであろうことは間違いない。

『嘉靖公牘集《かせいこうとくしゅう》』（芳洲文庫蔵）は、筆者・成立年代は不明ながら、天文十六年度遣明使に応対する明官僚が発給した公文書の写しが収載されている。いずれも、寧波への入港をめぐるやりとり、寧波上陸後の交渉、寧波から帰国する際の折衝などが主な内容となっている。類似の史料としては『壬申入明記』があるが、『嘉靖公牘集』が明側から日本側に対して発給された文書であるのに対して、『壬申入明記』は日本側から明側に対して発給した文書を収めている。この時の遣明使については『再渡集』が残されているものの、『再渡集』は『初渡集』と比べて情報量が少ないため、それを補完する意味合いで『嘉靖公牘集』の存在は重要である。なお、『嘉靖公牘集』に収められる文書のなかには、一部、『再渡集』にも収録されているものがある。

『駅程録』（妙智院蔵）は、策彦周良が寧波から北京に至る道々の駅を書き上げたもので、各駅の所在地や近辺の名所旧跡などが記載されている。策彦が天文八年度遣明使として上京した際に書き留めたものをベースとして、天文十六年度船で再度入明した時の情報も加えて成立したと推測されている。また、『笑雲入明記』の記述と同表現の箇所が複数見られることから、策彦が『笑雲入明記』を携帯し、参照しながら旅を続けた可能性が指摘されている（村井・須田二〇一〇：二三八）。まさに、故実が更新されていく過程をうかがうことができる。

天文十六年度遣明使については、嘉靖二十九年（一五五〇）卯月十五日、寧波で帰国の日を待っていた土官・柳《やな》井《い》郷直《しげなお》が嘉賓堂で入明の経緯を記した『大明譜』（妙智院蔵）もある。簡略ではあるが日記形式のものであり、中国大陸の部分しかない『再渡集』を補完するものとして重要である。すなわち、天文十六年度船については、精粗はあるものの、渡海日記型のものが策彦周良と柳井郷直の二系統があることになる。また、これまでの史料が、すべて禅僧の手によって書かれていたものであることを考えると、遣明使に参加した俗人も記録の担い手であったことが分かる。

俗人ゆかりの「広義の入明記」には、楠葉西忍《くすばさいにん》の渡唐話を興福寺大乗院主尋尊が筆録した『唐船日記』（国立公文書館蔵）もある。西忍は、永享四年度遣明使の四号船である十三家寄合船（大乗院も参加）と、宝徳度遣明使の八号船である多武峰（興福寺末寺）・長谷寺船に乗って二度入明した人物である。『唐船日記』は、このうち二回目の入明にかかる史料である。西忍は、「渡唐船入目日記」を持参して尋尊に渡唐話をしたという。京都―北京間の旅程、明側からの支給品、日本からの積載品、貿易品の取引価格、八号船の諸経費などを書き上げており、『戊子入明記』と類似した内容となっている。尋尊が、興福寺が関わった遣明船の故実としてまとめたものと推測される。なお、現存しないものの、西忍には「渡唐船入目日記」という日記があったことが知られているが、これは柳井郷直の『大明譜』のような渡海日記型の入明記であった可能性はあろう。

以上、様々な「広義の入明記」について見てきたが、現存する入明記がかつて記録されたすべての入明記とはいえないであろう。楠葉西忍の「渡唐船入目日記」のように、失われてしまった入明記も多くあったと推測される。遣明使の派遣された回数は限定されるが、一回の渡海で数百人の人々が入明したことを考慮すれば、多くの禅僧や俗人が入明記を記していたと思われる。今後、こうした入明記が新たに発見されることも期待したい。

ヴィジュアル型の入明記

水墨画で有名な雪舟等楊が、応仁度遣明使の三号船（大内船）で入明したことは知られている。彼は、寧波―北京を往復する間、明国の景観や人々の姿を記録図集「国々人物図巻」（京都国立博物館蔵）と「唐土勝景図巻」（同）で描いたといわれている（いずれも雪舟自筆ではなく模写本である可能性が高いとされている）。

「国々人物図巻」は、明国で見た種々の身分や民族の人々の姿、象・駱駝以下の動物、馬船という帆船を描く。まさに「国づくし」の絵画作品であり、中国情報を整理して日本の人々に見せる実用的な目的があった。ここで描かれるものは、雪舟より以前に入明した笑雲瑞訢の『笑雲入明記』にも登場する（村井二〇一四：二七〇～二七四）。

「唐土勝景図巻」は、寧波—北京間のうち、寧波から杭州を経て揚子江に至る都市、運河や石橋、寺院など、いわゆる江南地域に限定された勝景が描かれている。江南地域は、宋元期に日本へ流入した大陸文化の淵源であり、日本の中世人がイメージする中国そのものであった。しかし、明朝の海禁・朝貢体制によって大陸との往き来が疎遠となって以降、室町人は実際に見ることが叶わない江南地域を知識としてのみ知り、憧れ、想像するしかなかった。ゆえに、実際に入明できた人々は、憧憬の地である江南地域の名勝を見ることに躍起となっており、雪舟の描く勝景地も笑雲瑞訢の『笑雲入明記』や策彦周良の『初渡集』でも触れられている。とりわけ、策彦はそれらの勝景の多くを訪問し文字で詳細に記録している。一方、江南地域以外の大陸の勝景については、雪舟は描くことすらなく、笑雲や策彦も北京を除くとその記録は極端に少なくなる。

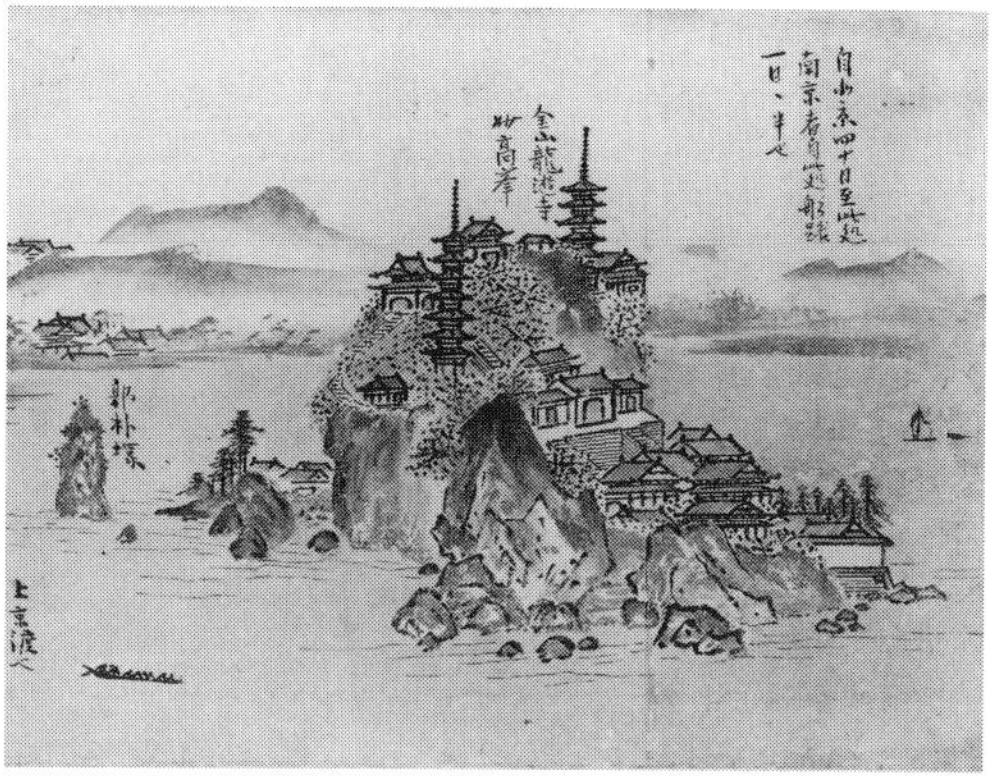

図９－１　金山寺　雪舟筆「唐土勝景図巻」部分（京都国立博物館蔵）

図９－２　運河船が描かれる「山水長巻」部分（毛利博物館蔵）

ところで、雪舟は大陸で見聞したものをそのまま描いたわけではない。実景と比べて図様の正確度が必ずしも高くないものもあり、地誌類の挿図など先行する画像を参照している部分もある（辻一九八五、荘開津《えがいつ》一九九七、島尾二〇〇八）。それゆえ、雪舟が訪れた時期には焼失して存在しなかった金山寺（揚子江の浮島にある）の二塔が、「唐土勝景図巻」では描かれたりしている（加藤一九三五、熊谷一九五六）。つまり、「唐土勝景図巻」とは、雪舟が中国に憧憬を抱く日本の人々が見たい（見るべき）名勝を、雪舟入明時の実景がどうであれ、日本の人々が知識として思い浮かべるであろうあるべき風景を描いたものだといえる。しかし、実際に入明して大陸の実景を見たものによって可視化されたイメージは、それができないものからすれば説得力がある。事実、帰国後、雪舟は「金山寺図」を日本で描いて世渡りしていたようで、美濃国の正法寺にいた万里集九《ばんりしゅうきゅう》に「金山寺図」を描いて贈り、絵解きもしている（村井二〇一四：二九三〜二九四）。彼らは、入明僧雪舟の描く大陸の風景を見て、海の向こうの憧憬の地を想像したに違いない。

「国々人物図巻」と「唐土勝景図巻」は、遣明船オーナーである大内政弘への報告のための素材、あるいは自身の作画活動のための画本、備忘もしくは知人に入明体験を伝えるための記録であったと考えられている（村井ほか二〇一五：三六〇）。通常、入明記といえば、それが渡海日記型であれ文書集型であれ、文字で書かれた文献史料というイメージがある。しかし、「広義の入明記」という視点で見れば、「国々人物図巻」も「唐土勝景図巻」も大陸情報を絵で描いたヴィジュアル型の入明記と解釈しても良いだろう。「国々人物図巻」や「唐土勝景図巻」（及びここから派生した絵も含む）が、後の遣明使によって実際に参照されたのか否かは分からないが、少なくとも策彦周良は杭州の名所である西湖の風景画を入明前に見ており、ある日本貢使も入明前に見た「西湖図」と実景とを比較して感想を述べている（村井二〇一四：二九八）ことを考慮すれば、十分に可能性はあろう。

入明記にみる大運河の旅

入明記の醍醐味は、やはり遣明使の旅の実像を浮かび上がらせてくれることである。入明記から遣明使の行動を考察したものには、策彦周良の『初渡集』と『再渡集』を素材とした牧田諦亮の研究（牧田一九五九）や、笑雲瑞訢の『笑雲入明記』を扱った村井章介の成果（村井二〇一〇）が詳細なものとしてある。遣明使の旅程は、基本的に船旅である。入明記から遣明使の船旅を考察したものもあるが（伊藤二〇一三）、これは日本列島から中国大陸寧波に至るまでの海の船旅を対象としている。本稿では、遣明使のもう一つの船旅ともいえる中国大運河の旅程を見てみたい。

寧波に上陸した遣明使は、浙東運河（寧波—杭州）と京杭大運河（杭州—北京）を経由して寧波と北京との間を往復するため、その旅程は内陸の船旅であった。運河を行き交う船の種類は様々であるが、遣明使たちは站船《たんせん》（役所の公用船）に上座したと思われる（『笑雲』景泰五年五月十六日条、『初渡集』嘉靖十八年十月廿九日条）。

大運河での航行は、海のように季節風などを利用することはできない。ただし、余姚江《よようこう》など海に接続する自然河川の一部を運河として代替している区間では、潮の満ち引きによって船を進めることがあった（『初渡集』嘉靖十八年十月二十日条）。しかし、基本的に大運河の航行は挽夫《ひきふ》が船を引っ張ることで進むことができた。ゆえに、挽夫がいない場合や数が足りない場合は船を動かすことができず、挽夫の確保ができるのを待つしかなかった（『初渡集』嘉靖十九年五月十六日条、同六月三日条）。運河沿いには、挽夫が船を引けるように整備された道があり、現在でも紹興郊外の古繊道《こせんどう》、呉江の垂虹橋《すいこうきょう》、蘇州の宝帯橋《ほうたいきょう》などが残されている。雪舟の「唐土勝景図巻」では宝帯橋から船を引く挽夫の姿が描かれている。

図 9－3　蘇州宝帯橋　雪舟筆「唐土勝景図巻」部分（京都国立博物館蔵）

図 9－4　1870年代の堰（哲夫編『寧波旧影』寧波出版社，2004年，より）

大運河は、非常に長大なため、構造上、水面の高低差のある多くの運河や河川と接続することになる。ゆえに、そうした接続部分には坝《はい》（壩《は》・堰）や閘《こう》といった設備が設けられていた。こうした設備を設けず、単純に接続してしまうと、水が高い方から低い方へ流れこんでしまい、運河の運用に支障をきたすことになる。こうした設備は、入明記の世界を遥かに遡る成尋《じょうじん》の『参天台五臺山記』の世界でも確認することができる。坝

図9－5　荒れはてた古運河（浙東運河上虞附近。2009年撮影）

は、接続部分に土手を設けて水を堰き止めたもので、船はこの土手を乗りこえて進まねばならなかった。船が坝を越える際には、船に繋いだ縄を轆轤《ろくろ》で巻いて持ち上げたようである（『初渡集』嘉靖十八年十月二十二日条・十二月朔日・二日条）。これに対して、閘は水位を調節して船の航行を可能にする水門を備えており、パナマ運河のようなゲートがある。機能としては、閘の方が坝より優れており、船の航行もスムーズにできた。ただし、策彦周良らが北京からの帰途、揚州から儀真駅を経て揚子江に接続する閘を通過しようとした際、管閘官の許可が出ず、結局、瓜洲《かしゅう》から揚子江を渡河した事実を考えると（『再渡集』嘉靖二十八年正月六日条）、閘の通行は一定程度の厳重な管理がなされていたことが分かる。

中国大陸では、大運河に接続する無数の運河が網の目のようにはりめぐらされており、とりわけ江南地域ではそれが顕著であった。こうした運河の重要な分岐点には、基本的に寺院の塔が存在するが、これは運河を航行する船のランドマークとしての役割を果たしていたと考えられる。とりわけ、川幅の広い揚子江には、浮島に創建された金山寺や甘露寺に塔が設けられており、これらが揚子江渡河の目印となっていたと考えられる。雪舟の「唐土勝景図巻」でも、こうした揚子江の塔が象徴的に描かれている。

現在、中国の大運河には水が満々と満たされているが、明朝時代の大運河は水の確保が大変であった。また、北上する大運河は冬になると運河の水が凍結したため、使用不能となった。策彦周良も、北京への上京を急がねば運河が凍結し、翌年の帰国に支障が出ることを心配している（『初渡集』嘉靖十八年八月六日条）。また、運河は常にメンテナンスをしないと、クリークが水草で覆われ、土砂が堆積して使用できなくなる。現在、かつての浙東運河の一部であった古運河が打ち捨てられ、沼地のようになっているのをみると、運河を維持していくことは非常に大変であったことを類推することができる。

（伊藤幸司）

参考文献

伊藤幸司『中世日本の外交と禅宗』（吉川弘文館、二〇〇二年）
伊藤幸司「外交と禅宗」（『中国——社会と文化』第二十四号、二〇〇九年）
伊藤幸司「入明記の世界」（元木泰雄・松園斉編著『日記で読む日本中世史』ミネルヴァ書房、二〇一一年）
伊藤幸司「入明記からみた東アジアの海域交流」（中島楽章・伊藤幸司編『寧波と博多』汲古書院、二〇一三年）
荏開津通彦「雪舟の中国真景画巻群について」（『天開図画』第一号、一九九七年）
加藤繁「いはゆる秋月筆揚子江図巻について」（『画説』第三十五号、一九三五年）
熊谷宣夫「揚子江図巻と唐土勝景図巻」（『三彩』第七十五号、一九五六年）
島尾新「イマージュのなかの江南」（『中国——社会と文化』第二十三号、二〇〇八年）
田中健夫編『訳注日本史料　善隣国宝記・新訂続善隣国宝記』（集英社、一九九五年）
辻惟雄「「真景」の系譜」（『美術史論叢』第一号、一九八五年）
村井章介「雪舟等楊と笑雲瑞訢」（『中世史料との対話』吉川弘文館、二〇一四年）
村井章介・須田牧子編『笑雲入明記』（平凡社〈東洋文庫〉、二〇一〇年）
村井章介・橋本雄・伊藤幸司・須田牧子・関周一編『日明関係史研究入門』（勉誠出版、二〇一五年）

コラム1　中世ヨーロッパの旅行記・旅日記

見聞録・報告書

中世のヨーロッパでも人の移動は活発であった。軍事的遠征は措いても、国王と共に移動していく宮廷、任地へ赴く聖職者や行政官、使節、商人、遍歴職人、巡礼者など、種々の人々が移動していた。教会会議や公会議の開催も多くの聖職者とその随員の移動を引き起こした。また、十三〜十四世紀の間にいわゆる遍歴商人は少なくなったが、代理人や支店として故郷から遠隔の地に長期間滞在する商人もいた。このような環境で、使節として遠国に赴いた者は、帰還後に報告書や旅行記を（自筆あるいは口述で）書いた。巡礼記も数多く存在する。

こうした見聞録・報告書として有名なものの一つは、十世紀に神聖ローマ皇帝オットー一世の使節としてビザンツ宮廷に派遣された聖職者、クレモーナのリウトプランドによる『コンスタンティノープル使節報告書』である。この報告書は「ローマ帝国」概念をめぐるビザンツ世界と西欧世界の意識の相違や、当時のビザンツ宮廷の文化を我々に示唆する。また、モンゴル人の活動が活発になった十三〜十四世紀には、何人もの聖職者が教会やフランス王によってアジアへ派遣された。ピアン・デル・カルピーノ（プラノ・カルピーニ）のジョヴァンニ、ギヨーム・リュブリュキ、ポルデローネのオドリコなどの報告書・旅行記は、当時のモンゴル帝国やインドについての貴重な情報源となっている。そして十五世紀には、カスティーリャ王によってティムールのもとへ派遣されたルイ・ゴンザレス・デ・クラビホが、一四〇三年からおよそ三年間に及ぶ旅の詳細な記録を残した。一方、フランスの貴族ヴィルアルドゥワンのジョフロワが口述した『コンスタンティノープル征服記』は、悪名高い一二〇四年の第四回十字軍の記録で、征服した側の立場から十字軍を正当化する視点で書かれている（すなわち他者を意図した「作品」である）が、コンスタンティノープル陥落の経過と顛末を語る内容は、当事者による記録としての価値を持っている。

巡礼と巡礼記

旅行記として重要なもう一つのジャンルは巡礼記である。中世には三種類の重要な巡礼の聖地があった。ローマ、サンティアゴ・デ・コンポステーラ、そしてイェルサレムである。キリスト教会の首位ローマへの巡礼路は古くから発達し、フランスからローマへ通じるそれはイタリアでヴィア・フランチジェナ（フランス道）と呼ばれた。また、サンティアゴは、聖ヤコブ《サンティアゴ》の墓の上に建立されたという大聖堂を中心に、十～十一世紀に聖地として確立して、ヨーロッパ各地から巡礼を集めた。巡礼は個人あるいは少人数での旅であった。旅人の移動速度は通常、徒歩で時速四～六キロ程度、跑足《だくあし》の騎馬で二〇～二五キロ程度と推定されている。一方、イェルサレムへの巡礼については海路が重要であり、古くは南イタリアから東地中海に向かうルートが、十三世紀以降はヴェネツィアから出航してアドリア海を南下するルートが主要となった。十字軍国家が存在した十二世紀の一時期を除けば、聖地はムスリムの支配者の下にあったが、キリスト教徒の巡礼は基本的に認められ、保護されていたのである。イェルサレムは三宗教の聖地であるから、ユダヤ教徒も巡礼した。十二世紀のナバーラ王国のラビ（といっても実際にラビの職務にあったわけではないらしい）、トゥデーラのベンヤミンは約八年間をかけて、ローマ、コンスタンティノープル等を経由してイェルサレムに巡礼し、さらにペルシャ湾から船でアラビア半島の南岸を周り、エジプトからシチリア、パリ等を経由して帰還する大旅行をし、その記録をヘブライ語の『旅の書』に残している。

『旅の書』は巡礼の記録という枠にとどまらない地誌的作品であるが、他方、ほとんどリストのような巡礼記もある。十二世紀半ばに古ノルウェー語で書かれたアイスランドの聖職者マンカスヴェラのニクラスのローマ巡礼記には、日付はなく行程・所要日数、事物が列挙されている。「峠の南にエトルーブルがある。さらに行くとアオスタに至るが、いい町である。ここの司教座はサントルソ教会にあり、聖人〔聖ウルスス《サントルソ》〕が安置されている。さらに行くとポンテ・サン・マルティーノ。さらに行くとイヴレアである。ここととアオスタの間は三日間の行程である」という具合である。ルーアン大司教ウード・リゴーの一二五三年のローマ巡礼記録（ラテン語）も、「三月七日ペルージャ。三月八日トーディ。三月九日ナルニ。三月十日チヴィタ・カステッラーナ。三月十一日ローマ、聖ペテロ地区に。三月十二日ラテラーノ宮に行く。同日、教皇様の御足に接吻させていただく。三月十三日ローマ。三月十四日ローマ」と、簡略な記述が続く。ウードのこの簡潔な記述は、実は彼の司教区巡察記録の延長である。カトリック教会では司教が司教区を巡察する義務があるが、その巡察記録のうちにローマまでの旅の記録が含まれているのである。（したがって書記の手になるもので、ウード自身が書いたものではない）。司教区で保守派と改革派の聖職者同士の対立（彼は後者に与していた）が起こったことが、ローマへ赴いた動機らしい。

巡礼は非日常空間に身を置き、信仰心を高める行為であるが、同時に見聞を広める側面も持つ。巡礼記や巡礼案内には、信仰と直結しない地誌的な要素や名所案内的要素が含まれることもしばしばあった。既に十二世紀には『都市ローマの驚異』（ラテン語）のような名所案内も編まれている。特にイェルサレムについて十四〜十五世紀に書かれた巡礼記には、書き手の聖俗を問わず、詳細な内容を持つ案内記的な性格のものが多いようである。ヨーロッパの外の世界への関心（それはいわゆる『東方見聞録』に対する当時の人気にも通じる）を満たすものとしても、巡礼記は書かれたと思われる。たとえば、一三四六年に聖地へ赴いた聖職者ポッジボンシのニッコロの俗語の巡礼記は、表題をつけた細かい章立てである。内容を見ると、単純に自分の体験を記すのではなく、聖地の旧跡を巡って詳細に紹介し、またキリン等の珍獣を解説する。カトリックとは異なる東地中海地域のキリスト教やユダヤ教の習俗・思想の紹介、教会のリスト等もある。もちろん、彼自身の体験も垣間見え、裕福ではない巡礼の苦労も偲ばれる。彼はトスカーナ地方のポッジボンシを発って、ヴェネツィア経由で二カ月後にキプロス島に着くが、ここに八カ月も留まった。現金が足りなくなり、島にいたヤッファ伯（同伯領は十字軍国家の一つであるが当時は名目のみ）の礼拝堂付司祭となって資金を稼いだらしい。ようやくキプロスを発ってイェルサレムに足を踏み入れた感激を、彼は「世界中のすべての都市の上にあって、いとも聖なる、威風堂々たる、高貴なる、偉大なる、汝、イェルサレムよ、聖地よ、汝はいかに大きく、美しく、快かったことか！」と記している。

フィレンツェ人ジョルジョ・グッチの一三八四〜八五年のイェルサレム巡礼記（俗語）も、前書きが付き、章立てがなされて整理されているうえ、その巻末には旅の各所で要した費用が列挙されている。多くの写本の存在から、この巡礼記には聖地案内としての役割が意図され、実際にも流布していたと推測される。また、グッチには五人の同行者があって、そのうちのリオナルド・フレスコバルディとシモーネ・シゴリもそれぞれ詳細な俗語の巡礼記を残しているが、やはりいくつもの写本が存在する。これらの巡礼記は帰国後にまとめられたと思われ、少なくともシゴリの作品の末尾には「一三九〇年十月四日火曜日、神の恩寵深き聖フランチェスコの祭日に書き終えた」とある。同じ巡礼について書かれているにもかかわらず、内容には三人三様の関心が反映されているのが興味深い。たとえば、一行が最初に上陸したエジプトのアレクサンドリアをめぐり、フレスコバルディはイスラーム世界の日常やモスクに興味を示し、モスクの内部の様子やアザーンについてなど、異文化の観察が細かい。一方、シゴリは市場の商品に目を向け、グッチの巡礼記には相対的にキリスト教に関わる記事が多い。特に後者における通訳との会話や地域の総督への貢納の支払いなどをめぐる記述からは、当時の東地中海世界の様子を垣間見ることができる。

十五世紀の巡礼記と旅日記

十五世紀半ばに東地中海情勢は大きく変わった。一四五三年にオスマン帝国のスルタン、メフメト二世がビザンツ帝国を滅ぼし、一四六三年以降はオスマン帝国に対する西欧側の軍事的な動きも活発化していく。それでもイスラーム世界との商業活動は継続したし、聖地巡礼も続けられた。人々の東方への関心も変わらず高かった。

フィレンツェ人アレッサンドロ・リヌッチーニの一四七四～七五年の聖地巡礼記（俗語）は、旅の過程を記した部分、巡礼の際の祈禱文、立ち寄った各地の様子を述べた地誌的な部分、聖地巡礼をする際の行程表（ヴェネツィアから聖地までの各地の間の距離、聖地の見所なども記されている）に分けられ、まさに懇切な巡礼案内となっている。また、一四八三～八四年に聖地に巡礼したドイツ人聖職者ベルンハルト・フォン・ブレイデンバッハは、ラテン語で大部な巡礼記を残したが、その第一部は旅日記、第二部は西アジアに関する歴史と地誌となっており、ラテン語とアラビア語を対応させた簡単な単語表まで付されている。当時は活版印刷術が急速に普及しつつあった時代で、この作品がヨーロッパ各地で現地語に翻訳されて出版されたことからも、人々の関心がうかがえる。

こうして見ると、巡礼記であれ何であれ、旅の「日記」と呼べるようなものは実は少ない。一四四〇～四一年にフェラーラ侯の次男メリアドゥーゼ・デステの聖地巡礼に随行した礼拝堂付司祭ドン・ドメニコ・メッソーレの俗語の巡礼記は、そうした「日記」の要素が強いものの一つである。一方、一四八〇年代に、アクイレイア総大司教の書記官パオロ・サントニーノが、カオルレ司教のティロル巡察に随行した際に残した記録は、ラテン語で書かれた司教区の巡察記録なのであるが、先述のウード・リゴーのそれとは異なり、通常の形式を外れた内容豊かな旅日記となっている。職務上の巡察記録に止めず、旅先での見聞を広く知らせたいという意図（実現はしなかった）をパオロは持っていたようである。

以上のように、中世ヨーロッパの旅日記の多くは、他者に読ませるために書かれた記録、旅行案内や地誌に近い性格を持ったものであった。より私的な「旅日記」の出現は、十六世紀末のモンテーニュの旅日記を待つことになろう。

（徳橋　曜）

参考文献

関哲行『旅する人びと』（岩波書店、二〇〇九年）
和田廣『史料が語るビザンツ世界』（山川出版社、二〇〇六年）
オーラー、ノルベルト（藤代幸一訳）『中世の旅』（法政大学出版局、一九八九年）
カルピニ／ルブルク（護雅夫訳）『中央アジア・蒙古旅行記』（講談社、二〇一六年）

クラヴィホ（山田信夫訳）『チムール帝国紀行』（桃源社、一九七九年）
パオロ・サントニーノ（舟田詠子訳）『中世東アルプス旅日記』（筑摩書房、一九八七年）
ジョフロワ・ド・ヴィルアルドゥワン（伊藤敏樹訳・注）『コンスタンチノープル征服記。第四回十字軍』（筑摩書房、一九八八年）
モンテーニュ（関根秀雄・斎藤広信訳）『モンテーニュ旅日記』（白水社、一九九二年）
ラーナー、ジョン（野崎嘉信・立崎秀和訳）『マルコ・ポーロと世界の発見』（法政大学出版局、二〇〇八年）
A.A.VV., De strata francigena. *Studi e ricerche sulle vie di pellegrinaggio del medioevo*, I, Poggibonsi, Centro Studi Romei, 1993.
Arcidiocesi di Firenze（a cura di Verdon, T.）, *Pellegrinaggio, Monachesimo, Arte. La visibilità del cammino interiore*, Firenze, Polistampa, 2000.
Benjamin da Tudela（a cura di Minervini, L.）, *Libro di viaggio*, Palermo, Sellerio, 1989.
Bernhard von Breydenbach（tr. da Bartolini, G. - Caporali, G.）, *Peregrinationes. Un viaggiatore del Quattrocento a Gerusalemme e in Egitto*, Roma, Vecchiarelli, 1999.
Bonnin, Th.（ed.）, *Regestrum Visitationum archiepiscopi Rothomagensis. Journal des visites pastorals d'Eude Rigaud Archevèque de Rouen MCCXLVIII-MCCLXIX*, Rouen, Auguste le Brument, 1852.
Don Domenico Messore（a cura di Saletti, B.）, *Don Domenico Messore. Viaggio del Sancto Sepolcro facto per lo illustro misère Milliaduxe Estense*, Roma, Istituto Storico Italiano per il Medio Evo, 2009.
Lanza, A. - Troncarelli, M.（a cura di）, *Pellegrini scrittori. Viaggiatori toscani del Trecento in Terrasanta*, Firenze, GEF（Gruppo editorial fiorentino srl）, 1990.
Rinuccini, Alessandro di Filippo（a cura di Calamai, A.）, *Sanctissimo Peregrinaggio del Sancto Sepolcro 1474*, Pisa, Pacini, 1993.
Stopani, R., *Le grandi vie di pellegrinaggio del medioevo. Le strade per Roma*, Poggibonsi, Centro Studi Romei, 1986.
Vitolo G.（a cura di）, *Pellegrinaggi e itinerari dei santi nel Mezzogiorno medievale*, Napoli, Liguori, 1999.

第十章　夢の日記——神仏の世界への回路として

1　夢を記録するということ

平安中期、十世紀辺りから残り始め、今日まで続いている日本人の日記において、特に古代・中世に記されたそれらの特徴の一つに数多くの夢が記されているということを挙げていいように思う。

日記にはその日に起きたすべてのことを書くわけではない。やはり記すべき何らかの価値を見出していたからこそ、限られた紙面に書き綴ったのであり、食事や用便などあまりに日常的なことは記されず、身近過ぎる場合、かえって分からないことも多いが、夢はいかがであろうか。今日の私たちの場合、心理学的ないし精神医学的な関心以外にはあまり日記に夢を記すことはないであろう。言うまでもなく、ここで対象となる夢というのは、将来の夢とか人生の夢といった類のものではなく、純粋に睡眠中に見るそれである。

結論的に言ってしまえば、当時の人々にとって夢は神仏からのメッセージであり、信じていたからこそ、これから起きるかもしれないことの前兆として日記に記しておいたのである。そして、日記に記されている夢は、自身が見た夢に限らず、他人のものにまで及ぶ。他人が見た夢にも自分の運命に関わることが顕現すると考えていたからであり、彼らの日常の中でそれらのやり取りがなされていたのである。

それでは、日本人はずっと夢を信じていたのだろうか。また、日記の紙面は、夢を信じそれをやり取りする社会の中で、どのような役割を果たしていたのだろうか。ここではこれらの点について少し考えてみたい。

2　貴族にとっての夢の価値

夢想の事

平安中期の貴族藤原実資によって記された『小右記』は、中世に入っても公事の参考書として重視され、多くの写本が作成されて、貴族たちに広く読まれていた日記である。この日記については、彼の養子である資平が早くその利用の便に目録（『小記目録』）を作成しており、それには「夢想事」という項目が立てられて、二十条ほどの記事が挙げられている。

現存の『小右記』を見ると、この「夢想事」という項目に含まれない夢の記事も存在しているが、夢の記事がこのように目録の一つの項目として立項されること自体、当時の人々の夢に対する関心の強さを物語っていることは確かであろう。この「夢想事」という項目が含まれる『小記目録』第十六巻は、「僧綱召事（付阿闍梨・諸寺司・法務饗・度者）……（中略）……出家事（付受戒事）　贈官位事（付男女・僧）　服假事　呪詛事　薬事　毒薬事　落馬事（付落車）　触穢事　神社汚穢事　忌日参内事　異朝事　恠異事　夢想事　御祈事　禽獣事」と並んでおり、続く第十七巻の項目も「濫行事（付強奸）　闘乱事（付刃傷・闘殺・謀殺・罪科）　合戦事　追捕事　追討使事　捜盗事（付盗賊）　流罪事　使庁政事　禁制事　勘事（付罪名・過状・怠状・優免）　解官・停任事（付還任）」とあり、「恠異事」に続く形で立項されている。前後に並ぶ項目もどちらかというと凶事が多いところからすると、人々の気持ちとしては期待よりも不安の方が勝るものとして意識されていたことがうかがわれる。

夢想紛転

平安中期から中世にかけて残された貴族（公家）の日記を開くと、悪夢や不安な夢が続く時、「夢想紛転」（『小右記』正暦四年五月三十日条など）とか「夢想不閑《しずまらず》」（『殿暦』天仁元年十二月十日条など）などと記し、その対処法として僧に読経や修法を行わせたり、また金鼓を打たせたり、門を閉ざして出行を慎んだりしたようである。このような見た夢に対し強いリアクションを起こして、様々な対処法を講じるという記事は、鎌倉前期の『明月記』（嘉禄元年十月二十九日条）あたりまでで、以後はあまり見られなくなる。

表10-1は、やはり当該期の貴族の日記の中で、ある程度の分量で現存するものについて、そこに見える夢の記事の数を列挙したものである。日記の残り具合には差があるので、あくまで大まかな見当ではあるが、十三世紀前半くらいまでの日記に夢の記事が比較的多く記され、その後は次第に減っていくという傾向が看取される。特に中世後期の日記の場合、自身が見た夢の記事も他人のそれもほとんどが夢想連歌や和歌関係の夢ばかりとなり、中世前期以前のように、見た夢の内容を具体的に記し、それに一喜一憂していた記事とは異なった様相を示すようになる。内容的にきわめてパターン化され、前代に色濃くあった不安・恐れのような意識は感じられなくなる。貴族たちの社会的地位が低下したからといって夢を見なくなったわけではないだろうから、彼らにとって夢が日記に記すべき対象としての価値を失いつつあったと理解すべきであろう。この傾向が当時の社会全体における夢に対する信仰の減退を表す徴証としてみなすためには、もう少し手続きが必要とは思われるが、そのような方向性は認めてよいものと思われる。

3　『中右記』に見える夢

さて、表10-1からもうかがえるように、日記に記される夢といっても、その数にはばらつきがあり、そのこと自体は、個々の記主の関心の反映とみなしてよいであろう。

夢を記す目的

中世には、有名な明恵の『夢記』のように、夢だけを記した日記が作成されたり、中世後期、公家の日記には夢が記されなくなりつつある頃においても、興福寺の僧であった多聞院英俊の日記のように、異常に夢を記している日記があったりと、特に僧侶の世界には自身の宗教体験に根差した独自の夢に対する意識があったと考えられる。貴族の場合も、摂関家の出身で『台記』の記主である藤原頼長や『玉葉』の記主である藤原兼実の場合、他人のものを含め数多くの夢が日記に記されているが、それらは彼らの大望（摂関となること）の成就と関わっており、単純に見たから記したというのではなく、記主と利害関係を持った人々、つまり「夢語り共同体」の中で集まってく

表10-1　現存日記に見える夢の記事の数

	日記名（記主・生存期間）	記事の総数	自身が見た夢（総数、％）
1	貞信公記（藤原忠平・八八〇～九四九）	一四	一二（八六％）
2	小右記（藤原実資・九五七～一〇四六）	一四七	七〇（四八％）
3	御堂関白記（藤原道長・九六六～一〇二七）	一七	七（四一％）
4	権記（藤原行成・九七二～一〇二七）	二九	二二（七六％）
5	後二条師通記（藤原師通・一〇六二～九九）	二一	二〇（九五％）
6	中右記（藤原宗忠・一〇六二～一一四一）	一六七	一二六（七五％）
7	殿暦（藤原忠実・一〇七八～一一六二）	五五	二五（四五％）
8	台記（藤原頼長・一一二〇～五六）	六八	四〇（五九％）
9	玉葉（藤原兼実・一一四九～一二〇七）	一七五	五〇（二九％）
10	明月記（藤原定家・一一六二～一二四一）	四二	一八（四三％）
11	平戸記（平経高・一一八〇～一二五五）	四七	一七（三六％）
12	花園天皇日記（花園天皇・一二九七～一三四八）	二六	一一（四二％）
13	看聞日記（貞成親王・一三七二～一四五六）	三〇	一〇（三三％）
14	建内記（万里小路時房・一三九四～一四五七）	二三	一八（七八％）
15	十輪院内府記（中院通秀・一四二八～一四九四）	八	五（六二％）
16	実隆公記（三条西実隆・一四五五～一五三七）	五七	一二（二一％）
17	言継卿記（山科言継・一五〇七～一五七九）	三七	一二（三二％）

る上に（菅原一九八四）、それらがストックされて日記の紙面に記されるまでに複雑な過程を経ることになるのである（松薗二〇一五）。

宗忠の夢

　ここでは、白河院政期から鳥羽院政期にかけて活動した藤原宗忠（一〇六二～一一四一）とその日記『中右記』に注目し、もう少しそこに記された夢の記事とその特徴について考えてみよう。彼の日記は寛治元年（一〇八七）、二十六歳の年より保延四年（一一三八）、七十七歳で出家し官を辞する年まで残されているが、五十二年間にわたるその日記は途中十数年分欠けているものの、この時代のものとしてはきわめて残りのよい部類に属するものである。そこに記された夢の記事の数を年ごとに示したのが表10-2であり、一六七もの夢の記事が数えられるが、満遍なく記されているわけではなく、年によって波があり、かつその内容と合わせてみていく

表10-2　『中右記』に見える夢

年次	総数（宗忠自身が見た夢）	堀河天皇関係の夢	仏事関係	備考
寛治元（一〇八七）	一（一）	○	○	日記の開始（宗忠二十六歳、右少将）。
寛治二（一〇八八）	○	○	○	右少将を辞し（一月五日）、侍従となる（六月八日）。
寛治三（一〇八九）	二（二）	○	一	
寛治四（一〇九〇）	二（二）	○	二	
寛治五（一〇九一）	一（一）	○	一	
寛治六（一〇九二）	五（二）	○	○	父宗俊、権大納言に昇進。
寛治七（一〇九三）	一（一）	○	○	
嘉保元（一〇九四）	四（二）	○	○	右中弁・侍従に任じられる。
嘉保二（一〇九五）	五（五）	○	○	
永長元（一〇九六）	五（一）	○	三	
承徳元（一〇九七）	四（○）	一	二	五月五日、父宗俊薨去。
承徳二（一〇九八）	五（二）	二	三	左中弁に転じ（一月二十八日）、やがて右大弁兼蔵人頭となる（十二月十七日、三十七歳）。
康和四（一一〇二）	二（二）	○	○	*康和元年十二月十四日、参議に昇進。
康和五（一一〇三）	六（六）	○	二	
長治元（一一〇四）	三（二）	○	○	
長治二（一一〇五）	一（○）	○	○	
嘉承元（一一〇六）	四（二）	○	二	権中納言（四十五歳）に昇進。
嘉承二（一一〇七）	一五（一〇）	一一	一	七月十九日堀河天皇（二十九歳）崩御、鳥羽天皇即位。
天仁元（一一〇八）	一一（六）	九	○	
天仁二（一一〇九）	三（三）	○	一	九～十一月熊野参詣記。

*日記の無い年は省いてある。

天永二（一一一一）	一（一）	一	一	
天永三（一一一二）	五（四）	二	○	
永久二（一一一四）	一（一）	○	○	
元永元（一一一八）	二（二）	一	○	
元永二（一一一九）	四（三）	一	一	
保安元（一一二〇）	四（二）	○	一	十一月十二日、白河院、関白忠実の内覧を停止。 ＊保安三年十二月十七日、権大納言に昇進（六十一歳）。
大治元（一一二六）	一（一）	○	？	日記欠（目録による）
大治二（一一二七）	三（三）	○	○	
大治三（一一二八）	三（一？）	一	？	日記欠（目録による）
大治四（一一二九）	二（二）	○	○	七月七日、白河法皇崩御。
大治五（一一三〇）	六（六）	○	五	
長承元（一一三二）	○	○	○	＊天承元（一一三一）年十二月二十二日、内大臣に昇進。
長承二（一一三三）	七（六）	一	三	
長承三（一一三四）	九（九）	二	七	
保延元（一一三五）	一一（一一）	一	五	
保延二（一一三六）	一五（一四）	三	八	十二月九日、右大臣に昇進（七十五歳）。
保延三（一一三七）	一二（一二）	一	六	
保延四（一一三八）	一（一）	一	○	二月二十六日、出家（七十七歳）、二十九日受戒、日記を止める。
計	一六七（一二六）	三七	五二	

と、日常的な記事とは別な視点から彼の人生を垣間見ることができるようである。

宗忠は、藤原道長の子で右大臣にまで昇った頼宗の曽孫にあたり、祖父俊家も大臣の位に昇っており、上流貴族の一員と考えてよいが、代を重ね摂関家の祖道長の血が薄くなると共に、家柄で公卿の地位が確約されるというものではなくなりつつあったようである。当初はエリートコースである近衛府の少将に就いた宗忠であるが、寛治二年（一〇八八）、二十七歳の時、中将に進まずにその官を辞し、しばらくは侍従として殿上人としては地味な官人生活を送ることになった。この頃に方向転換を決めたようで、三十三歳の時、右中弁となるチャンスを得ると、中流の貴族たちのように弁官として実務の実績を積み上げることで公卿への道を目指し始めた。そしてその有能さと真面目な仕事ぶりが評価されたのであろう、永長二年（一〇九七）に権大納言であった父宗俊を失ったにもかかわらず、翌年には右大弁に蔵人頭を兼任し、さらに次の年、参議に昇って公卿の仲間入りを果たした。

この時期、宗忠自身が見た夢の記事では、春日社や興福寺、または観音など神仏に関わる夢が多く、一方で次の記事のような公事に関わる夢を通じて将来を期待する内容が目立つ。

暁夢想、治部卿〔俊明〕納言作法を教えらる、饗饌を付くるの躰あり、定めし吉夢と知る、向後若し大位に至らば、夢を信ずべきの事なり（原漢文、『中右記』寛治六年二月二六日条、以下この章についての引用はすべて『中右記』による。〔　〕内は割注、以下同じ）

この時期の彼の夢に登場するのは、祖父俊家や父宗俊以外に、公事の師である源俊明や藤原通俊などであるが、寛治年間に当時の右大臣源顕房の夢を二度見ている点は興味深い（寛治三年十二月三十日・寛治六年六月三日条）。父宗俊の妻の一人がこの顕房の兄俊房（当時左大臣）の娘で弟宗輔らの母にあたるが、俊房ではなく摂関家に近い顕房（宗忠にとって父方の叔母の子である忠実の室はこの顕房女である）の夢を見ているのは、若い頃の宗忠にとって何か将来を期待できる存在であったのだろう。

表10-2に見えるように、嘉承二年から天仁元年にかけて、宗忠の夢のピークの一つがある。これは、嘉承二年七月十九日に堀河天皇が崩じ、その直後から亡き天皇を見た夢の記事が集中して記されていることによる。それら

表10-3『中右記』に見える堀河天皇関係の夢（嘉承二年・天仁元年）

	年月日	夢を見た者	内容
1	嘉承二年八月二日	宗忠	先帝を見た。
2	嘉承二年八月七日	宗忠	天皇がおっしゃるには、八講を行いたい、僧が池の辺りを行道し、橋を渡ろうとしているとのこと。
3	嘉承二年八月十四日	宗能（宗忠子）	宗能が僧名を奏すると御覧じられて返され、早く処理するようにと「只御平生の作法の如く」だった。
4	嘉承二年八月十九日	宗輔（宗忠弟）	「御平生の如」く、渡殿でご命令により、笛を平調楽で吹いたところ、天皇がおっしゃるには、新しい君（天皇）は音楽を好むから、お前たちは幸いだとのこと。これを聞き涙を流すと、天皇も泣かれた。
5	嘉承二年九月一日	源国信	「御平生の如」く「夜大殿」にいらっしゃると、御殿の前に雑人が集まってきたので、私が追い払った。そこで天皇は文を書かれ、左少弁の源雅兼に与えられたので見てみたら、自ら作られた和歌であった。「秋風のいなはのおとにさえはれて、いつつの家をいでにけるかな」
6	嘉承二年九月二日	藤原基隆	「御平生の如」く中殿にいらっしゃって仰せられるには、あの経典は早くよい日を選んで供養すべきである。大切なことだからと、陰陽師を呼んで日時を尋ねられた。
7	嘉承二年九月十八日	宗忠	「御平生の如」く中殿鬼間にいらっしゃって、西に向かって笛を吹かれていた（衣装は、白の単衣に紅袴、扇であった）。宗輔・宗能が御前にいて合奏していた。
8	嘉承二年九月二十三日	宗忠	南殿で旬の事を行われた後、装束を脱がれ、そこで密かに今日の儀式について相談をなされた。公卿はただ一人権大納言経実がいてそれを行われた。忝くもお側でお言葉をいただいた。
9	嘉承二年閏十月九日	宗忠	「平生の如」く堀河院東対代西面で、私が笛を吹き、天皇は譜面を開き、双調の調子を教えていただいた。
10	嘉承二年十二月八日	宗忠	中殿鬼間で、天皇に笙の曲を授けた。
11	嘉承二年十二月十九日	宗忠	「御平生の如」く堀河院中殿で文書を「沙汰」され、その中の「藤氏氏文」を給われ、心静かに目を通すようにとのお言葉だった。
12	天仁元年一月十四日	白河院	天皇が示されるには、私はすでに兜率天内院に生まれかわったが「算は三寸にすべきである」といわれた。

13	天仁元年一月十九日	宗忠	「御平生の時の如」く笛を吹かれて、（私も）御前の前にいた。
14	天仁元年一月二十七日	宗忠	従儀師静算が来て言うには、香隆寺の方の空に紫の雲がたなびいていると人々が告げているとのことで驚いて出てみると、不思議な雲が西の方にたなびくのを私も見た。
15	天仁元年四月十一日	宗忠	堀河院の清涼殿南面で桜を御覧になっている様子だった。「御平生の如」く遊覧されていた。
16	天仁元年六月七日	宗能	天皇がおっしゃるには、お前が宗忠に会ったら、「諸初要式」を貸してくれるようにと伝えなさい、とのことだった。
17	天仁元年六月九日	宗忠	ご乗船の様子だった。
18	天仁元年七月一日	宗忠	「御平生の如」く御遊で箏を弾かれていた。私も御前にいて管絃のことを申し上げた。
19	天仁元年七月二十日	宗忠	天皇がおっしゃるには、御読経結願の上卿はお前が勤めるように、他の上卿は障りがあるのか。また御髪を梳かせられていた様子だった。
20	天仁元年七月二十四日	下人	斉朝阿闍梨が言うには、この辺りの下人の夢に、天皇のお墓の上に、金色の仏像が並び立ったとのことだ。

を列挙し内容を提示したのが表10‐3であり、宗忠自身のみならず、天皇の父である白河院や宗輔・宗能ら宗忠の子弟、源国信以下の堀河天皇の近臣たちが見た堀河天皇の夢をも伝え聞いて日記に書き記しているのである。白河院が見た夢のように天皇が「兜欒天内院」に生まれ変わったというその往生に関わる夢もあるが、ほとんどが「平生の如」き天皇の姿を夢に見たというもので、強い追慕の念によるものと思われる。そして宗忠の場合、このような堀河天皇の夢を晩年に至るまで見続けるのである。日記に記される彼の最後の夢の記事が、次のような堀河天皇の夢であったことは偶然というより、やはり何らかの意味を込めたと思わざるをえない。

堀川院天皇、不例にて臥せしめ給うの由見るところなり　（保延四年正月八日条）

宗忠の場合、表10‐2に見えるように、七十歳前後から夢の記事が増加する傾向がうかがわれ、それらには、若い時から本尊としている如意輪観音（寛治五年六月二十六日条など）以外に阿弥陀仏や念仏のことなどが多くなり、また『往生要集』の要文を夢に見た翌日、自身の往生のことを見るなど（保延二年三月十七日条）、後世のことを意識し老境に入ってきたことを示す記事が多くなる（松薗二〇一三）。そのような記事で日記を終える方が普通と思われるが彼はそうしなかった。彼は保延四年二月二十六日、十七歳の時から「六十年奉公」して従一位右大臣にまで昇ったことを記し出家を遂げた。その三日後、受戒を受けた日に「世事今より後心長く断じ、日記せざるなり」と記し日記を擱筆しているが、自身の日記に対して強い思い入れがあったことの証であり、そのような彼であったからこそ、日記に記す最後の夢の記事は、堀河天皇のそれであるべきと考えていたのではないだろうか。それにしても、前述のように夢を厚く信じていたこの時代に、出家をすでに決意していたであろう老貴族が、病に臥せる若き天皇の姿を夢に見、それを書き記すことに、いかなる意味があるのであろう。「世事」を断じるためだったのか、それとも日記の筆を擱いた後も、宗忠は天皇の夢を見続けたのであろうか。

4　『台記』に見える夢

内覧成就の夢の勘例

久安七年正月十日、藤原頼長はかねてから念願の内覧宣旨を蒙った。かなりの分量となっているこの日の記事は、その日の手続きのことや内覧宣旨実現のために僧や陰陽師などに行わせた修法・祈禱などを列挙した部分以外に、十七日に聞き及んだ鳥羽院がこの決定に至った経緯なども書き加えた部分と、九つの夢の記事を古い順に並べた部分から構成されている。一日の記事にこれほど大量の夢を記したものはあまり見られない。ここではこの記事を分析していくことで、この時代の夢と日記の関係を考えてみよう。

最初の記事は、久安六年十月二十六日に何らかの夢を見、その解釈に迷ったのであろうか、一条堀川橋の夢占に占わせ、その結果を書いた占文をそのまま載せたものである。

これに続いて内覧宣下の予兆と思われる夢の記事が八つ並べられている。このうち自身が見た夢は二点、他は他者のものであるが、その内、貴族では頼長の子息師長を産んだ妻の父である源信雅、頼長の母方の従兄弟にあたり家司としても近習していた藤原盛憲、頼長の執事家司の藤原親隆が見た夢であり、僧の内、東大寺僧珍範は、頼長と親しい覚敏の弟子にあたる人物であるという。彼らは頼長の「夢語り共同体」を構成するメンバーといってかまわないと思われ、僧覚澄もそれに類する者と思われる。

　正月十日条に列挙された夢の内、頼長自身が久安四年八月三十日の寅の時に見たという夢は、「父忠実に謁して仰せられたことは、摂関の地位を（頼長に）譲るように、摂政忠通の許に示した」という内容で、目が覚めている時のようにはっきりとした感じのものであったという。この夢は頼長の日記の久安四年のその日の条にも「寅の時、最吉之夢あり〔記録別紙〕」と見えており、春日社と興福寺南円堂への祈願のおかげであると記しているが、この別紙に記録したものが保管され、それが実現したこの日に、日記の紙面に現れたものである。これに続く夢も久安六年正月二十二日の辰の時に頼長自身が見たもので、宇治にいる忠実から手紙をもらい見たところ、その中に「易筮一巻」があり、更に開いてみると、その占いの結果として、頼長の望まれていることは必ず成就するという内容であった。これも別紙に記録されて保管されていたと思われるが、こちらの方は夢を見たその日の日記に記されていない。

　続いて並べられる他者の夢は、すべてそれぞれの日付には確認されない記事である。源信雅が久安六年九・十月の頃に見たという、蔵人左少弁範家が文書の内覧のために頼長がいる「大炊高倉第」に参上したという夢、東大寺僧珍範が久安五年十月十九日に大仏殿で見たという、京から使いが来て告げて言うには、摂政忠通が既に薨じ、「一人家《いちのひとのいえ》之物」はすべて頼長の家に渡されたという夢、久安六年十二月十六日に盛憲が春日社に参籠した夜に見たという、忠実らしき人が現れて「内覧の件はもうすぐである、どうして強く請う必要があろうか」などと告げられた夢などは、頼長が本人から聞いて書き留めておいたものと思われる。一方、久安六年十二月七日に親隆が春日社に参詣し奉幣を行ったその夜、宿所で見たという夢は、記事の感じから、親隆が自身の日記に書き留めておいたものを、頼長に献上したものと考えられる。公事などについて主家に対して自身の日記を提供するのは、当時の家司クラスの者の奉公として見なし得るが、夢の記事の献上もその一環となっている点は興味深い。

その次に並ぶ「寅時夢（盛憲注進）」と「僧覚澄注進」と題されたものは、夢を見た本人たちが自身で夢記をしたためて頼長のもとに送ってきたもので、漢字・片仮名交じりで記され、より生々しく感じられる内容となっている。僧覚澄と頼長との関係は不明であるが、このようなタイプのものとして、藤原兼実の『玉葉』に見える中原有安の「夢記」がある。『玉葉』文治二年六月七日条に「去夜丑時」に見たとして兼実に献じられたその夢は、やはり長文かつ漢字片仮名交じりの文章で書かれており、兼実にとって京洛の情報源の一人であった（曽我一九九六）という有安の夢は、貴族社会の下層の人々の反応を示すものとして受け取られたのではないだろうか。妻や外戚、家司など「夢語り共同体」の上部の中枢メンバーばかりでなく、その裾野の人々からの反応も兼実は欲しかったのかもしれない。僧覚澄は、より裾野の位置における自身の望みに対する反応として、頼長も日記の紙面に採用することにしたのではないだろうか。

覚澄が夢で見たのは、「左大臣殿、内覧承御へきナリ、仍春日大明神ニ慶賀ヲ令レ申御トテ、捧幣使ヲ立御也、而前輿ノ老僧ハ興福寺別当、後輿ノ俗ハ左大臣殿御使也、別当並御使相具テ社頭ニ参テ慶賀ヲ令レ申御也」とあるように、東大寺の中門あたりで内覧宣旨を蒙った頼長が春日社に派遣した慶賀の使いの一行と出会ったという夢である。

この日の夢全体に共通する特色として、藤原氏の氏神である春日社、氏寺興福寺に関わる夢が多いことが挙げられ、内覧宣旨が、藤原氏のトップの地位である関白職の実質的権能である以上、当然のことであろう。さらに父忠実が夢の中によく登場するのも、たとえば『台記』久安六年二月十六日条に見える夢の中で、「春日に祈請の時、多々禅閤を夢みる、然らば則ち春日の加護已に明らかなり」、つまり春日権現に祈請すると禅閤つまり父忠実の夢を「多々」見ると述べているところからすると、忠実を春日権現そのものといて理解していた可能性が強い。

様々な公事に当たって徹底的に先例を調査する頼長は、たとえば養女多子の入内にあたって摂関家の日記のみならず、その立場を利用して他家からも多くの日記を収集し（『台記（別記）』久安四年七月十一日条）、近衛天皇の元服に際しても、日記を「類聚」し、『天子冠礼儀注』という儀式書を作成するまでに至っている（中御門旧蔵本『台記』久安五年十一月一日・十二月十日・十二月二十五日条、石田二〇〇三）。ここで問題としている久安七年正月十日条も、そのような頼長によって作成された夢の勘例というべきものであるが、興味深いのは、夢に関する記事が自身の日記に記されているもの以外にも、様々に収集されて手元にストックされている点である。それは同じ摂関家の藤原兼実についても同じ状況であったろう。『玉葉』では、兼実の「夢語り共同体」の属する人々の夢の記事を記す際、「余のため吉夢を見る」と記し、具体的な内容は記さない記事が散見する（治承五年二月三日・寿永元年六月二十五日条など）。このような場合でもその夢の内容は記録され手元に保管されていた可能性が強い。そして夢を引勘する必要が生じた際に、必要に応じて紙面に現れるのである。

しかし、現存の摂関家の日記を見ても、このような夢の引勘を行っているのは、頼長や兼実に限られており、彼らに共通する何らかの特殊な事情を想定すべきであろう。おそらくは、頼長が期待し兄忠通から奪い取る形で実現した内覧のポスト、兄基房や甥の基通が政治的に失脚する中で、兼実がやっと射止めた摂関の地位などは、摂関家における本来の彼らの立場では得ることが難しいものであり、その実現には氏神春日権現を中心とする神仏の加護が必要と考えていたようで、その示現の証を夢に求めていたと考えることができるのではないだろうか。彼らにとって自身の「夢」の実現のため、関係の夢の記事をできるだけ集める必要があったのであろう。

夢をストックすること自体は、この時代、頼長や兼実に限ったことではなかったようである。

夢の収集と保管

多くの夢が集まってくるのは、頼長・兼実らが摂関家の当主であったからに他ならないが、自身が見た夢や集まってきた夢を別紙などで保管しておくことは、他の貴族でも確認される。鎌倉期の貴族平経高（一一八〇～一二五五）は、不断念仏を行った際に見た夢を詳しく記し、それを日記の紙面には載せずに「箱底に収め」たという（『平戸記』寛元二年二月二十三日条）。また彼は、後鳥羽上皇の皇子雅成王（六条宮）の後見人を勤めていた関係で、日頃からその御所に出入りしていたが、ある日雅成王の乳母の尼公と会って「万事」相談していたところ、尼公からあちらこちらから届けられた「夢想之記文」を見せられたという（同前寛元三年十二月二十日条）。仁治三年（一二四二）の四条天皇の突然の崩御後、その皇嗣をめぐっての騒動が、土御門上皇皇子邦仁の践祚（後嵯峨天皇）後もいろいろとくすぶっていたらしく、その辺りの事情が六条宮のもとにも夢が集まる背景となっているようである。経高も雅成王に関する夢を見、その内容を聞きたいと言われて乳母の尼上と謁した後に「夢想の委しき趣」を書き留めており（寛元二年三月十八日条）、それも乳母の手元にあった「夢想之記文」に含まれているであろう。乳母は世話を焼く「養い子」の夢の管理まで負っていたことが分かるのも興味深い点である。

（松薗　斉）

参考文献

石田実洋「『天子冠礼儀注』と藤原頼長」（『古文書学研究』五七、二〇〇三年）

菅原昭英「夢を信じた世界——九条兼実とその周囲」（『日本学』五、一九八四年）

曽我良成「「或人云」・「人伝云」・「風聞」の世界——九条兼実の情報ネット」（『年報中世史研究』二一、一九九六年）

松薗斉「日記の記主と「老い」——藤原宗忠を中心に」（『日本歴史』七七六、二〇一三年）

松薗斉「日記に見える夢の記事の構造」（荒木浩編『夢みる日本文化のパラダイム』法藏館、二〇一五年）

第十一章　従軍記（文禄の役・慶長の役）――『朝鮮日々記』（慶念）に記された惨状と告白

1　『朝鮮日々記』と慶念

文禄の役・慶長の役と従軍記　十六世紀末、豊臣秀吉は二度朝鮮に出兵した。この軍役人数の総計が約三十万人にも達する出兵は、日本では開始時の年号にちなみ一次は文禄の役、二次は慶長の役、あわせて文禄・慶長の役あるいは朝鮮出兵、朝鮮侵略と呼ばれる。一方、韓国では壬辰倭乱《イムジンウェラン》、中国では万暦《ばんれき》朝鮮役などと称される。また、壬辰戦争・大陸侵攻なる呼称も提示されている（津野二〇一四b）。出兵に対する認識と不可分な呼称の問題を痛感するが、行論の便宜を考慮して文禄の役・慶長の役を使用してゆく。

文禄の役の従軍僧としては、小西行長・宗義智《そうよしとし》に従った京都妙心寺の天荊《てんけい》や博多聖福寺の景轍玄蘇《けいてつげんそ》、鍋島直茂《なおしげ》に従った佐賀泰長院《たいちょういん》の是琢《ぜたく》、毛利輝元・小早川隆景に従った安芸安国寺の瑤甫恵瓊《ようほえけい》、吉川広家に従った宿蘆俊岳《しゅくろしゅんがく》（住山寺院は未詳）らがいる（北島一九九〇）。いずれも禅僧であり、朝鮮との外交交渉や農民支配のための榜文《ぼうぶん》など文書の作成に携わった。慶長の役の従軍僧としては、毛利秀元に従った恵瓊、太田一吉に従った豊後臼杵安養寺の慶念《きょうねん》らがいる。真宗僧慶念の活動は後述することにし、恵瓊のそれに付言しておきたい。恵瓊については秀吉により大名に取り立てられたとする説があったものの、恵瓊はあくまで毛利権力の中枢を構成する存在であり（津野二〇一二）、慶長の役でも文禄の役と同様に毛利勢の一部の指揮をとることもあった。

右の僧侶たちの従軍記には天荊の『西征日記《せいせいにっき》』（『続々群書類従』三）、俊岳の『宿蘆稿《しゅくろこう》』（『続群書類従』十三下）、是琢の『朝鮮日記』（『佐賀県史料集成』古文書編第五巻）、そして慶念の『朝鮮日々記《ちょうせんひにちき》』がある。なお、慶長の役で島津義弘に従った修験者とおぼしい俊昌（俊信）は『面高連長坊高麗日記《おもだかれんちょうぼうこうらいにっき》』（『改定史籍集覧』二十五）を残している。

『朝鮮日々記』の書誌

『朝鮮日々記』の書誌についておもに岡村喜史の研究を参考に述べておこう（岡村二〇〇〇）。原題は『日々記』で、記録期間は慶長二年（一五九七）六月二十四日～翌年二月二日の約七カ月間である。慶念自筆とみられる清書本と享保十三年（一七二八）書写の可能性が高い転写本の二本が臼杵市の安養寺に現存している。

初の全文公刊は一九六四年に村井強・羽柴弘によってなされた。しかし、謄写印刷で頒布は大分県に限定されたようで、また転写本を底本としていた。そこで、内藤雋輔《しゅんぽ》は「草稿本」とみた清書本を底本として翻刻・紹介した（内藤一九六五a・b）。これらの翻刻・紹介は訂正等を経て（内藤一九六六）、『文禄・慶長役における被擄人の研究』（内藤一九七六）に収録された。さらに、清書本を底本とする翻刻だけでなく頭註・補註も備えた『朝鮮日々記を読む』（朝鮮日々記研究会二〇〇〇）が刊行された。教示に富む諸論考も収録する本書は周到の書である（以下、『日々記』の記事は本書より引用する）。

『日々記』を一躍有名にしたのは、小学館より「日本の歴史」シリーズの第十五巻として一九七五年に刊行された藤木久志『織田・豊臣政権』である。藤木は、「厭戦と信仰告白の書」と評した『日々記』の記述から、「奴隷商人の群れ」などに象徴される慶長の役における惨状を再現するとともに、「一向宗の侵略加担」を看破した。本書は、『日々記』を繙く者にとっての座右の書といえる。

慶念の略歴と従軍の理由

『朝鮮日々記を読む』収録の論考によりつつ、慶念の略歴をみてゆこう（早島二〇〇〇、本多二〇〇〇）。出自については遠江の掛川城主安藤某の子とする説など諸説ある。慶念は天文五年（一五三六）の生まれで、慶長十六年九月十三日に没し、享年は七十六とされている。出家得度の師を証如とし、本願寺の僧侶になり、顕如にも面謁したようである。慶念の臼杵下向は真宗弘通《ぐつう》のためであるが、背景には安藤を氏とする鋳物師集団の九州における経済活動との関連も想定されている。慶念は、遅くとも天正二年（一五七四）には臼杵にいたらしく、慶長の役時は安養寺の住持であった。

当時の臼杵城主は太田一吉であった。慶長二年二月、慶長の役開始にあたり豊後の七大名は豊臣秀吉によって軍目付に任命される。当初、秀吉は釜山《プサン》倭城《わじょう》在番の小早川秀秋の軍目付を一吉、「先手」の軍目付を毛利重政・竹中隆重・垣見一直・毛利友重・早川長政・熊谷直盛とした。このうち重政が慶長二年五月に朝鮮で病死したため、秀吉は新たに秀秋の軍目付として福原長堯《ふくはらながたか》を任命し、一吉を「先手」のそれに変更した（津野二〇一二）。こうした経緯により、慶念は一吉とともに慶尚道《キョンサンド》から全羅道《チョルラド》・忠清道《チュンチョンド》へ、そして再び慶尚道へと移動してゆくことになる（仲尾二〇〇〇、津野二〇一二）。

では、何ゆえ慶念は従軍したのであろうか。つとに内藤は「一医僧として主君の侍医としての要望によるものであつた」と指摘しており（内藤一九六五b）、医僧として渡海したとみるのが通説である（藤木一九七五）。なお、医療に従事する真宗僧は珍しくはなかった（朝鮮日々記研究会二〇〇〇）。

慶念自身は『日々記』の冒頭で次のように述べている。

> 抑此たひ太田飛州《（一吉）》さま高麗へ召つれらるへきよし承りしかは、さても不思議なる御事哉。此老体ハ出陣なとハ夢にさへも知らす。其上習なき旅の事ハ中〳〵難成候也。御養生一篇ならハ若き御旁々をもめしつれ候へかしと申上候へ共、是非共御供候ハてハいかゝとの御掟《（諚）》なれハ、迷惑無極体也。

「御養生一篇ならハ若き御旁々をもめしつれ候へかし」という慶念の嘆願からすると、慶念は医僧とくに一吉の主治医として渡海したと考えるべきであろう。実際、慶念は蔚山《ウルサン》の戦いで負傷した一吉の治療にあたっている（慶長二年十二月二十二日条）。

> はや飛驒《（一吉）》さま手おひたまふと申けれハ、身つからやかて城へ参、見廻申候処ニ、御いたミなりける。以外ニそんし候て、其まゝに御そは《（側）》にして御ようしやう《（養生）》申候けるニ、（中略）其夜ハ一所ニ御とき《（伽）》にて、夜もすからニ、

飛騨さまハ　手おひたまへハ　身つからも　おなし陣屋に　かいひやう《介病》をそする

慶念は南原《ナムウォン》の戦いでは多数の負傷兵の治療もしたが（慶長二年八月二十一日条）、一吉の「むしけ」を治療したり（慶長二年九月二日条）、このような寝ずの看病をしていた。右の「其夜ハ一所ニ御とき《伽》にて、夜もすからニ」や「夜もすからの御とき《伽》にめしおき候へハ」（慶長二年九月二十三日条）との記述からすると、慶念には一吉の「御伽衆」としての役割も期待されていたようである（朝鮮日々記研究会二〇〇〇）。ただし、右の狂歌では「おなし陣屋にかいひやう《介病》をそする」と詠んでいる。

その慶念は「若き御旁々をもめしつれ候へかし」と嘆願した。『多聞院日記』文禄二年（一五九三）二月二十六日条には「ナラ中ノ医者之衆、ナコヤへ被召下了、五十以上ヲハ被指除了、京モ各下ト云々」とあるように、奈良や京都の医者が肥前名護屋に召集されていたが、五十歳以上は免除されていた。ちなみに、出兵動員の水主《かこ》の年齢上限は六十であった（『島津家文書』三六九号）。肉体労働者の水主よりも従軍医には若さが求められていたのである。よって、「よはひ《齢》ハ六十三」（慶長二年十二月十六日条）にして後述のように不眠・白髪惚《しらがほう》け・腰痛といった老化現象に悩まされる慶念が「御養生一篇」ならば若い医者でもよいと嘆願したのは当時の認識からしてごく当然のことであった。嘆願に対する一吉の「御掟《諚》」は「是非共御供候ハてハいかゝ」であり、説得のために特段の理由——たとえば「御伽衆」としての必要性——は示されていないので、「御伽衆」としての役割は副次的なものと考えざるをえない。慶念は一吉の主治医として従軍したのであり、従軍の理由は前述の禅僧たちとはまったく異なっていた。

2　文学としての『朝鮮日々記』

仏教文学としての『朝鮮日々記』　朝鮮渡海行を日次に記述した『日々記』は紀行文学でもあり、日記文学でもあるが、以下では仏教文学・自照文学としての性格をみてゆこう（大取二〇〇〇）。慶念は『日々記』の冒頭で次のように述べている。

日々記と哉らんをつくり、こしおれ《腰折》の狂歌をつつり、後の世わらい草のたね共ならさらん哉とおもひ候也。一覧ののちハ火中へやりすて有へく候也。

この記述からは「公表することをためらつた気持」が推察されなくもない（内藤一九六五b）。しかし、親鸞の祥《しょう》月《つき》に慶念は戦陣にありながらの親鸞への報恩の心中を「古郷の子共たちへも見せ申さんための事共也」と述べており（慶長二年十一月二十一日条）、蔚山の戦いで死を覚悟した時には次のように記している（慶長二年十二月十七日条）。

世の中のかたみ《形見》にハ此ミつくき《水茎》にしくハなし。のちの世のかたミ《形見》のためなれハ、よく〳〵御覧せられ候て、ったへきゝたまひし人も、御あわれミをなしたまふへく候也。

この記述が示すように、冒頭の言辞はあくまで謙辞であり、慶念は水茎すなわち『日々記』を形見として子孫に読ませてその信仰心を深めるべく執筆したのである（大取二〇〇〇）。この動機によるのであろう、『日々記』の狂歌は釈教歌《しゃっきょうか》がじつに多い。

『日々記』では計三百三十二首の狂歌と後述の俳諧連歌が詠まれている。狂歌には『伊勢物語』『源氏物語』や謡曲などをふまえた本説取りが多用されており、慶念の教養が知られる（大取二〇〇〇）。教養のほどは、『土佐日記』を念頭においた冒頭の「日々記と哉らんをつくり」など地の文にも示されている。釈教歌とは仏教に関する歌であり、慶念は唐の善導《ぜんどう》の著『往生礼讃偈《おうじょうらいさんげ》』（『往生礼讃』）などの経文《きょうもん》を詠んでいる。また、詠むにあたっては、「うた《歌》にやわらけ申候也」などと記している（慶長二年十一月二十一日条）。慶念は難解な経文を平易に表現しようとしており、存覚《ぞんかく》著『持名鈔《じみょうしょう》』『浄土真要鈔《じょうどしんようしょう》』などの解釈に依拠していた。執筆動機と釈教歌に着目するならば、

『日々記』は「仏教文学としても大きな意義を持つ作品」との評はしかりである（大取二〇〇〇）。

自照文学としての『朝鮮日々記』

慶念は豊後佐賀関を発つにあたり、「二たひと　帰らん事も　またかたし　いまをわかれの老か身そうき」と詠んだ（慶長二年六月二十四日条）。前途を悲観し、故郷を離れる老身を自ら憂えたのである。文禄の役時、名護屋在陣中の出羽の大名最上義光《もがみよしあき》は「いま一ともかミ（最上）のつちをふミ申度候、ミつを一はいのミたく候」（『伊達家文書』六四七号）と郷愁の念にかられている。渡海しなかった義光でさえこうなのであり、渡海後の慶念の郷愁そして憂いは推して知るべしである。その憂いと関わるのが「老か身」で、『日々記』には老化に関する慶念の自己観察が散見する。

慶念は老化を幾度となく嘆いた。たびたび不眠に悩まされ、慶長二年十一月四日には「いねられぬま丶にあかつき出候」と嘆息している。二日後には「さても〳〵かミそり（剃刀）にミてるわかひけかミ（髭・髪）のしろくなるを見て、かやうニにわかにしろくなりし事ハ、た丶ことしにきわまるよといへる心なり」と白髪惚《しらがほう》けに落胆し、三日後には「身にしミて　ひゆる霜夜の　あかつきハ　くるしやいと丶　こしのいたさよ」と不眠と腰痛の二重苦に苛まれている。これらは典型的な老化現象ではあるが、過酷な従軍により顕在したものであった。

老化を甘受しえない態度からは真宗僧らしからぬ印象を受けるが、死を覚悟した場面もあった。蔚山倭城での籠城中、慶念は次のように記している（慶長二年十二月二十三日条）。

> 今日ハおたひや（御逮夜）なれハ、うれ敷もよき日にめくりあひ申候て、もし唐人城をせめくつしたらハ、めてたく往生をとけ候ハんと、夜もすからのよろこひの心底をあらハし申候はかりなり。

毎月二十三日・二十四日はそれぞれ顕如の御逮夜《おたいや》・命日で、慶念にとっては「善知識さま」と仰ぐ顕如に報恩する報謝行《ほうしゃぎょう》を実践すべき日である。慶念は戦陣にいたためそれができず悔やむことも度々あったが、十二月二十三日は御逮夜すなわち「よき日」に巡りあえたと嬉しがっている。慶念はこの日に「唐人」（明・朝鮮の連合軍）が蔚山倭城を陥落させるならば、目出度く往生を遂げようと喜んだ。この覚悟は「顕如への報謝行を全うするためだと領解して、己を納得せしめた結果」とみられている（平田二〇〇〇）。しかし、『日々記』では生への執着そしてその源泉である一老人の家族愛や郷愁が縷々語られており、佐賀関に帰還した慶念は「万のうれしさハたとへんかたもなし」と吐露している（慶長三年二月一日条）。さらに、帰宅した慶念は「よろこひハ　うきをおもひし　程もなし　我身なからも　おろかなるかな」と詠んでいる（同月二日条）。この大変な高揚ぶりを世俗的などと酷評するのは不粋かつ浅薄なようである。慶念には、家族や同行《どうぎょう》と再会して御逮夜・命日等の法要を勤め、法義を語りあいたいという「強い願望」があったとする弁護を傾聴しなくてはなるまい（平田二〇〇〇）。慶念の自己観察のほどは「我身なからも　おろかなるかな」との分析にも表出しているが、今一つ適例をあげておこう。

慶長二年八月上旬、太田勢を含む「先手」の軍勢は慶尚道《キョンサンド》と全羅道《チョルラド》との境界である蟾津江《ソムジンガン》の河口付近に進駐し、略奪の限りをつくした（仲尾二〇〇〇）。この時慶念は「らんはう《（濫妨）》の物を見てほしくおもひて、わか心なからつたなくおもひ、かやうにてハ往生もいかゝ」と思い、「はつかしや　見る物ことに　ほしかりて　心すまさるもうねん《（妄念）》の身や」と詠んだ（慶長二年八月七日条）。略奪行為への批判と被害者の朝鮮人への同情に多くの紙幅を割いた慶念ではあるが、自身が妄念を抱いてしまったのである。この告白こそ慶念の自己観察の最たる例といえよう。『日々記』に対する、「自分自身を観察・反省する精神から書かれた文学、すなわち自照文学として大きな意義を有する作品」との評もまたしかりといえよう（大取二〇〇〇）。

3　史料としての『朝鮮日々記』

慶長の役における惨状

『日々記』を一躍有名にしたのは藤木久志『織田・豊臣政権』であり、この書によって慶念が記録した慶長の役における惨状は流布した。ここでは南原の戦いにおける朝鮮人の惨状を例示しておこう。慶長二年八月、釜山周辺にあった「先手」の陸上部隊は右軍・左軍に分かれて北上し、宇喜多秀家をはじめとする左軍は同月十五日に全羅道南原を攻略した（津野二〇一二）。この左軍の軍目付の一人が一吉であり、従っていた慶念は「城の内の人数男女残りなくうちすて、いけ取物ハなし」（慶長二年八月十六日条）、「夜明て城の外を見て侍れハ、道のほとりの死人いさこ（砂）のことし。めもあてられぬ気色也」（同月十八日条）と記している。これらの記述は、無差別殺戮とその結果の死屍累々を確証している。南原の戦いだけでなく、他の諸戦に関しても類する証言を多々残した『日々記』に史料としての価値を認めることに異論はあるまい。

慶長の役における惨状といえば、鼻切りである。諸将は戦功の証として鼻を切り集めて秀吉に送った。現地で鼻を査収した軍目付がその証明のために諸将宛に発給したのが鼻請取状であり、慶長の役特有の文書である。軍目付発給の鼻請取状は二十八通が知られている（津野二〇一一）。確認される受給者は黒田長政・吉川広家・鍋島勝茂・藤堂高虎の四将のみにもかかわらず、記載鼻数の合計は二万九六七八（首十三、生捕二を含む）にもおよぶ。花押を欠くが一吉発給の形式をとる鼻請取状の正文《しょうもん》を掲げよう（秋月郷土館所蔵文書）。

請取申はな数事、
合八拾五者、但かくなミ者、稷山にて、
慶長二年
九月七日　竹中源介（隆重）（花押）
大田飛騨（太田一吉）
黒田甲斐守（長政）殿

これは慶長二年九月七日の稷山《チクサン》の戦いに際して発給された鼻請取状であり、「かくなミ」は明人のことと考えられる。他の鼻請取状には「かくなミ」といった説明は付されていないので、主たる鼻切りの対象は朝鮮人（あるいは諸将がそう認識した者）であった。

鼻請取状の発給は一吉ら軍目付の任務であったが、『日々記』には鼻請取状に関する言及が一切みられない。秀吉が軍目付に「日記」を付けるよう命じていた事実をふまえ（『島津家文書』四〇二号）、「一吉が慶念になんらかの記録を命じていたこともあり得た」とみる見解もある（仲尾二〇〇〇）。しかし、『日々記』は前述のごとく形見として執筆したのであり、鼻請取状に関する言及はなく、折に触れて詠まれた狂歌や冒頭の謙辞からしても、公的な記録とは考えにくい。私的な記録であるがゆえに、略奪や人身売買に関する告発ともいえる記述や朝鮮の人々に同情した記述が可能だったのである（慶長二年十一月十九日条など）。また、日本から動員された百姓に同情した記述も多々ある。象徴的な一文は、蔚山倭城の普請に百姓が酷使される様子を嘆いた「地こく《（獄）》ハよそにあるへからす」（慶長二年十一月十五日条）であろう。慶念が「この世の地獄図」を赤裸々に描きえたのは（藤木一九七五）、『日々記』があくまで私的な記録であったからにほかなるまい。

『日々記』は、慶長の役における惨状の諸相を克明に証言する史料なのである。

史料としての魅力

もとより、『日々記』からは惨状以外の諸事も知られる。『日々記』によれば、土佐の大名長《ちょう》宗我部元親《そかべもとちか》は慶長二年六月二十四日に佐賀関で一吉と合流し、名護屋・対馬を経て七月七日には釜山に至ったと断定できる（慶長二年六月二十四日条・同年七月七日条）。他の史料には記されていない元親渡海に関する経過が判明するのである（津野二〇一二）。また、『日々記』には「番船から《（唐）》島のくち其外の島にかゝりて有りしに、加藤《（加藤嘉明）》との又ハ日向《（高橋元種ら）》・さつま《（島津義弘）》・あわ《（蜂須賀家政）》との・土佐《（長宗我部元親）》との・飛驒守《（太田一吉）》殿をはしめて、番船をきり取やきやふり、残りなくうちはたしけれハ」との記事がある（慶長二年七月十日条）。刊本の頭註で「十五日の巨済《コジェド》島海戦を指すカ」と指摘されているように（朝鮮日々記研究会二〇〇〇）、日付の混乱がみられるが、慶長の役緒戦の巨済島海戦（唐島の戦い）に関する記事と判断してよい。加藤嘉明らの参戦を記す史料は散見するが、蜂須賀家政や元親の参戦については他の史料的所見は確認されていない（津野二〇一二・二〇一三）。『日々記』は、慶長の役における諸将の軍事行動の解明に不可欠な史料なのである。

ところで、慶念は渡海諸将を題材に俳諧連歌を詠んでおり（慶長三年一月十五日条）、その一句には「しと〳〵と

のへたまハんハ　土佐のかミ《（守）》」とある。「土佐守」は元親のことで、「しと〳〵」の意は「物事をゆっくりときちんとするさま」である（『邦訳日葡辞書』）。一句の意味は「ゆっくりときちんとお話しになるのは元親様」となる。当時六十歳の元親は「しと〳〵」と詠じられるような物静かで慎重な人物だったのである（津野二〇一四a）。慶念の主観も考慮しなくてはなるまいが、この俳諧連歌は諸将の人物像に迫る格好の史料といえよう。歌心ある諸賢の分析を嘱望したい。

『日々記』は、惨状に限らず慶長の役に関わる諸事を知りうる貴重な史料なのである。この記録は文学作品としても、史料としても、じつに魅力深い従軍記である。

（津野倫明）

参考文献

大取一馬「自照文学としての『朝鮮日々記』」（後掲『朝鮮日々記を読む』、二〇〇〇年）
岡村喜史「『朝鮮日々記』の諸本」（後掲『朝鮮日々記を読む』、二〇〇〇年）
北島万次『豊臣政権の対外認識と朝鮮侵略』（校倉書房、一九九〇年）
朝鮮日々記研究会編『朝鮮日々記を読む』（法藏館、二〇〇〇年）
津野倫明「黒田長政宛鼻請取状について」（『人文科学研究』第一七号、二〇一一年）
津野倫明『長宗我部氏の研究』（吉川弘文館、二〇一二年）
津野倫明「巨済島海戦に関する一注進状」（『人文科学研究』第一九号、二〇一三年）
津野倫明『長宗我部元親と四国』（吉川弘文館、二〇一四年a）
津野倫明「朝鮮出兵の原因・目的・影響に関する覚書」（高橋典幸編『戦争と平和』竹林舎、二〇一四年b）
内藤雋輔「朝鮮日々記」（『朝鮮学報』第三五輯、一九六五年a）
内藤雋輔「僧慶念の「朝鮮日々記」について」（『朝鮮学報』第三五輯、一九六五年b）
内藤雋輔「「朝鮮日々記」追考并に正誤」（『朝鮮学報』第四一輯、一九六六年）
内藤雋輔『文禄・慶長役における被擄人の研究』（東京大学出版会、一九七六年）

仲尾宏「丁酉・慶長の役戦場と慶念」（前掲『朝鮮日々記を読む』、二〇〇〇年）
中野等『秀吉の軍令と大陸侵攻』（吉川弘文館、二〇〇六年）
早島有毅「慶念の生涯と文化的素養」（前掲『朝鮮日々記を読む』、二〇〇〇年）
平田厚志「「うき世」から「ミやこ」への旅路」（前掲『朝鮮日々記を読む』、二〇〇〇年）
藤木久志『織田・豊臣政権』（小学館、一九七五年。のち改題・文庫化『天下統一と朝鮮侵略』講談社学術文庫、二〇〇五年）
本多正道「慶念の系譜を探る」（前掲『朝鮮日々記を読む』、二〇〇〇年）

第十二章　茶会記——中世商人の日記を追跡して

1　日本の中世社会に商人の日記はなかったのか

古代から中世末までの日記を見ていくと、一つの疑問に突き当たる。日本の商人は日記をつけなかったのか。

商人の日記・記録

そういえば、日本史の教科書を開いてみても、鎌倉時代に為替などの発達のことが記されていたり、借上、それに土倉・酒屋などの金融業者の存在は触れられ、商業活動への言及は所々で触れてあるものの、まとまった商人についての記述はない。具体的な商人の名前にしても、日明貿易のところに「肥富《こいつみ》」が出てくるぐらいであろうか。中世末期になると、呂宋助左衛門などの名が急に登場してくるものの、日宋貿易以来、多くの商人たちが中世においても活躍していたはずであるが、どうしてこう歴史の表舞台に現れないのであろうか。

私自身、ヨーロッパ史の本を読むのが好きで、たまたまイタリア中世史の本を開いていたら、フィレンツェの商人の日記のことが書いてあり、イタリアの日記の起源は、中世の商人の帳簿に始まるとあって、とても興味を魅かれた（徳橋一九九二）。この点は本書においてもイタリア中世史の専門家である徳橋曜氏によって解説されているが、日本では、すでに九世紀末から個人の日記が確認され、十世紀には、「日記」の名を冠した文学作品まで作成されているように、ヨーロッパ諸国と比較しても格段に早く日記を作成し保管・利用する社会が生み出されており、天皇・貴族や僧侶から始まって武士や神官まで日記を残すようになっていくにもかかわらず、商人のそれが見えないのである。旅の日記にしても、すでに九世紀には、天台僧円仁による『入唐求法巡礼行記』という世界的に著名な日記があり、以後連綿と旅の日記や文学が作られ続けるのに、マルコ・ポーロの『東方見聞録』のような商人の旅の記録がないのは何故だろうか。「日記」そのものどころか、その痕跡すらもほとんど確認されないことは、商人の名がほとんど知られないこととも関係がありそうに思われる。

しかし、商人である限り、帳簿などその商業活動に伴う記録が必ずあったはずである。おそらくそれらを後代に残すシステムが未熟であったのではないか。イタリアの商人たちの場合、その家系が絶えると所蔵の文書や覚書、帳簿の類は、教会や都市国家の公文書館に納められて残されたようである。また彼らの社会が何事にも契約が重視され、公証人による登記が早くから発達していたことも（清水一九八五）、商人たちの作成した帳簿や覚書を公的に保存しようという社会的な力を強めていたようである（中谷二〇一五）。

それでは、日本の商人の日記はいつごろ記され始めるのか。そのヒントを与えてくれるのが、中世末期に作成が始められる茶会記《ちゃかいき》なのである。

茶会記を手がかりに

ここで扱う茶会記とは、いうまでもなく茶道で行われる茶会を記録したものであり、茶道史研究ではごく身近な存在であるが、ここでは特にその記録としての側面に焦点を当て、前述の疑問を解くための手がかりとしたいと思う。

茶道史の視点から、それらが姿を現す十六世紀から江戸末期に至るまで、数多くの茶会記を収集・分析された谷晃氏の定義によれば、茶会記とは「茶の湯の会について、日付・場所・席主（亭主）名・客名、使用した道具、その際出された料理の内容などを、一定の順序にしたがって書き留めた記録」であり、特に日時・場所・席主名・客名が不可欠のものとされる。内容的には、「ある人間が自分の茶会記録を綴った」自会記と他人の茶会記に参加して記録した他会記に分類できるという。自会記の目的としては、次に茶会を催す際の参考のために記しておき、同じ人物を招く際、別な道具や料理で歓待できるように心がけたためとされ、他会記は、他者（特に優れた茶人）の茶会を記録して、自分の茶会に役立てるとともに、特に重要な道具に対する目（目利き）を養うために、使われた道具の詳細な記録を目的としたとされている（谷二〇〇一）。

喫茶の習慣は、南北朝期以降、社会的にかなり一般化しているが、十六世紀に至って茶道の発展とともに、一定の作法に基づき、道具の鑑賞や振る舞いと呼ばれる酒食の提供などと組み合わされて楽しむ茶会という催しが成立し、それを行うために「記録」が必要になることから茶会記というものが登場してくるようである。

ここでは、日本人の日記の流れの中で、失われた商人の記録の痕跡として、この茶会記を考えてみることにする。

2　記録としての茶会記

中世の茶会記

現存する茶会記のなかで最も古い記事を残すのは、奈良転害郷の漆屋、松屋源三郎（姓土門）三代の茶会記（『松屋会記』）であり、天文二年（一五三三）三月二十日の久政（一五二一～九八）の他会記とされるものをはじめとして、以後慶安三年（一六五〇）まで、久好・久重と継続して約一二〇年間作成されてきたものである。

続いて和泉堺の豪商天王寺屋津田宗達（一五〇四～六六）の茶会記が現われ、やはり宗及・宗凡と三代にわたって書き継がれ、天文十七年（一五四八）から永禄九年（一五六六）の茶会記『天王寺屋会記』が残されている。天王寺屋と同じ堺の商人では、今井宗久の茶会記も不完全な形ではあるが残されており、天文二十三年（一五五四）から天正十七年（一五八九）の自他会記よりなっており、『今井宗久茶湯日記書抜』として刊行されている。

また堺と並ぶ中世商業都市として栄えた九州の博多には、室町中期頃から代々豪商の家として有名な神屋宗湛（一五五一～一六三五）によって天正十四年（一五八六）から慶長十八年（一六一三）にわたる茶会記『宗湛日記』が残されている。

ここで対象とした茶会記以外にも、当時数多くの茶会記が作成されていたと推測されるが、これらが残されたのは、記録者自身および子孫が茶湯者（茶人）として名をなしたばかりでなく、これらの中に武野紹鷗や千利休などの茶道の著名人が記されており、後年の茶道の発展とともに尊ばれるようになったことが背景にあろう。

これらは、茶会が催された際に作成された記録であるので、日記のようなものではなく、ばらばらに集積されていたメモのようなものが、後にある段階で本人もしくは他人によって一つにまとめられた編纂物と考えられる。そのため記録者が関わった当該期の茶会をすべて網羅したものではなく、また記録していても散逸してしまったものも多かったろうと推測される。

たとえば、三代目の久重によって編纂された『松屋会記』の場合、初代の久政の茶会記は、最初の天文二年の記事が三月二十日のもののみで、次は天文五年、それも正月六日のみである。そして、同六年になると、二月十日、九月十二日・十三日・十四日と記事数が増し、年を追うとともに、次第に記事が増加し、年次も連続するようになる。これは、やはり編纂者の久重の頃には、父祖の古い時代の記録がすでに散逸してしまっていたことを示すのであろう。たぶん、久重あたりから記録しようとする意識が強まり、茶会記の作成と共にその保存にも意を払うようになっていたものと考えられる。次の久好の代には「カサリ萬會帳客方ニ書之」と見えるように（慶長十一年十二月十三日）、編年の茶会記以外に別記のようなものも作成されていたようである。

茶会記の記事

これらの茶会記には、茶湯関係以外の記事、特に当時の政治的な事件などが時折記されている。たとえば、『松屋会記』の「久政茶会記」には、松永久秀と三好三人衆との合戦による東大寺大仏炎上の事件が見えているし（永禄十年十二月二十六日）、『天王寺屋会記』の宗及の他会記には、織田信長が担いだ将軍足利義昭と三好三人衆との戦いの中で堺の街が混乱する様子が記されている。次のようなものである。

同正月十一日朝　宗壽《はかた》會　了雲　道叱　宗及
炉　つり物　手桶
床　鴨繪　カケテ　只天目、臺なし
去六日ニ、於二山城桂河一、公方様衆与二三好方一一戦アリ、三好方打マケ候、阿州従レ堺出申、依二其故一、堺中従㆓十二日㆒サワキ出候也、去年十月比ヨリ堀ヲホリ、矢倉ヲアレ《(ケ)》、事外用意共イタシ候事無㆑専、摂津中之道具女子共迄、大坂・平野へ落シ申候也

（『天王寺屋会記』永禄十二年正月十一日）

『言継卿記』などによると、永禄十二年正月五日に本圀寺の公方（足利義昭）を襲った三好三人衆の軍勢は、六日には公方方の三好義継らと桂川で対戦し敗北、これにより堺にいた阿波衆が退去し、十二日より堺は騒然となり、道具や女子を大坂や平野まで退避させることになったと宗及は記している。

次は同じく『天王寺屋会記』の宗及による天正八年の他会記で、織田信長・明智光秀のことが記されているが、茶会記そのものの作成過程の一端が知られて興味深い。

同拾月二日　歸津之路次　於㆓法隆寺㆒
太子御宝物拝見候、太子香一包給候、
上様へ従㆓法隆寺㆒上リ申候其次手ニ、別当取テヲカレ候ヲ、惟任日向殿へ被㆑進㆑之候、其時宗及ニ給候、従㆓
法隆寺㆒、
同十月五日朝　九鬼右馬丞會　宗訥　宗及　道和
一炉　ノカツキ釜　自在
カウライ茶碗　手桶　振舞　靍汁　焼鮒　鯉ノサシミ

この記事では、宗及が法隆寺において聖徳太子ゆかりの宝物を見物した時、寺の別当が「太子香一包」を上様（信長）に献上して、一部を「惟任日向殿」つまり明智光秀と宗及にも分け与えたことが見えているが、その記事の後、突然「従法隆寺」の語で終わって、そのまま行が替わり、三日後の十月五日の九鬼嘉隆の茶会記が載せられている。

これはおそらく宗及が記していた日記のようなものの一部を切り継いで茶会記とつなげた際、日記の方にあった「法隆寺より」どこかに行ったとか、次に続く記事の冒頭部分を消し忘れたものであったかと思われる。

このように日記を切り継いで茶会記を編纂した形跡が、彼の自会記の方にはほとんど見えないのは、そちらの方が日記と組み合わされずに編集されたためであろう。なぜ他会記の方にこのような痕跡が残ったかというと、宗及が当然出かけていって参じた茶会であるため、それらを編年順に並べようとすると、本拠地の堺から京都や奈良、そして岐阜や安土などへの移動の経緯を記しておく必要を感じたからではないだろうか。

さらにそのようなことを記録していく中で、本能寺の変のような、彼らにとっても衝撃的な事件に接し、まさに目の前の「歴史」を書き残しておこうという興味を懐いたのではないだろうか。

神屋宗湛の日記

このような旅の日記風のものは、博多の豪商神屋宗湛の茶会記『宗湛日記』にもしばしば見られる。特に彼の場合、天正十四年（一五八六）十月から十一月にかけての唐津から京都への旅が、彼の茶会記の始まりとなっているが、なぜならその旅が、天王寺屋宗及を介して大徳寺の古渓和尚について得度し、本格的な茶湯者としてのスタートを切るためのものだったからである。

天正十四年〈丙戌〉小春廿八日ニ、上松浦唐津村ヲ出行シテ、同ミツ《（満）》嶋ヨリ舟ニ乗リ、筑前国カブリ《（加布里）》ノ村ニ着、ソレヨリ陸地ヲ上リ、下関ヨリ舟ニ乗リ、兵庫ニツク也、其ヨリ陸地ヲ上リ、同霜月十八日ニ下京四条ノ森田浄因所ニツキ宿仕ナリ、廿日ニ愛宕山ニ参詣仕、ソノ日、山雪ニテ寒事、殊外也、廿一日ニ下向仕、同宿ニ休也、廿三日、上京宗及老御宿ニ始テ参ル、宗湛又宗傳両人、其時ニ不時ノ御振舞アリ、又廿四日卯刻、両人見舞申候得ハ、大文字屋ニ御會ニ御出候折ニテ、門ニテ御目ニカヽリ候得ハ、アトニ留被置テ御振舞アリ、同日申ノ刻ニ、大文字屋榮清ヨリ我々被二召寄一、不時ノ御数寄有也、

丙戌霜月廿三日ヨリ

廿三日晝

一天王寺屋宗及老　不時ノ上京ニテ御振舞　　宗湛　宗傳
　上京御宿　ウラ座敷ニテ
廿四日朝
一宗及老　同宿、上京にて、不時御振舞有り、両人トモニ朝ヨリ晝マテ、ウラザシキニテ咄居也

宗湛は十月二十八日、疎開先の唐津を船出し、下関を経て兵庫に着き、十一月十八日に京都に到着する。二十日に愛宕山に参詣した後、二十三日、秀吉に茶堂として仕えていた津田宗及（天王寺屋）の許を訪れた。そこで二日にわたって宗及より茶の振舞を受けることになる。前半はおそらく彼の旅の日記ようなものからの書き抜きで、それに茶会記を続けているのである。

『宗湛日記』には、他にも書き溜めた茶会の記録に日常の日記を組み合わせて、今日残されているような形態に編纂した可能性が感じられる箇所がある。

十月十日朝
一山崎志摩守殿　聚楽ニテ御會　宗及　休夢　宗湛　春世
　コノ數寄ノ飾、付落也、
十日晝
一長束新三郎殿　聚楽ニテ御振舞、
十日晩
一池田伊與殿　聚楽ニテ御振舞、

十一日朝
一休夢　聚楽ニテ御會　此數寄、付落也

たとえば、天正十五年（一五八七）十月十日朝に行われた聚楽第における山崎志摩守主催の茶会は、招かれた宗及・休夢・宗湛・春世の名前が記されているだけであり、それだけでは単独の茶会記となっていない。そしてこの記には、「コノ数寄ノ飾、付落也」という注記があり、本来この記は、茶会記として記されたものではなく、日々の日記に記していた記事を、後に茶会記をまとめる際に組み込もうとしたのではないだろうか。続く十一日の休夢（小寺休夢斎）の茶会も同様である。

3　同時代の日記に見える茶湯の記録

公家日記に見える茶会

もともとは主に寺院で始まった喫茶の習慣であるが、十五世紀に入ると京都の町でもかなり浸透していた。特に闘茶《とうちゃ》という、連歌などと同様懸物を出し酒宴を伴う一種のゲームとして流行し、相当な量の茶が消費されたことが知られ、折々の贈答品の品目にもしばしば登場する。

公家の日記を見ていくと、のちの茶道につながるレベルの文化的な営為が記されるようになるのは、十六世紀に入った大永年間（一五二一〜二八）あたり、『松屋会記』などの茶会記が残り始める天文年間（一五三二〜五五）をやや遡る頃からである。

山科言継（一五〇七〜七九）の日記『言継卿記』を見ると、天文六年（一五三七）に中御門宣忠の邸に赴き、坊城俊名らとともに「茶会」に参じたという記事（二月十五日条）以降、茶湯の記事が散見する。言継が茶湯に招かれたのは、極﨟の藤原氏直や久我家の家司クラスの家から昇殿を許された竹内長治、陰陽道の家の勘解由小路在富や土御門有脩、それに医道の家である半井明英（三位入道、閑嘯軒）やその一族澄玄（明親）・驢庵（光成）父子などで、彼らはこの時代には朝廷への貢献によって三位に叙され公卿の末席に列しているが、元は地下の家柄である。豪華な「数寄之座敷」を設けることができたのは、おそらく当時、相伝した家学（陰陽道や医道）を生かして収入があり、公家の中では裕福な者たちだったからであろう。特に半井澄玄の邸宅の「座敷」は当時新造されたばかりでかなり有名であったらしく、勧修寺門跡聖信の所望により言継が案内して見物し「言語道断見事也」という感想を記している（天文十四年六月三日条）。

当該期の公家の日記においては、茶湯の活動は記されていても、それらは彼らの日常の記録レベルのもので、「茶会記」らしい記録はほとんど見られない。ただし、次の言継の残した記事はかなり茶会記に近づいていると言えるであろう。

> 未の刻祥壽院へ罷り向かう、一条殿・予・坊城弟満千世・亭主・三井寺の三光院・堀川近江守・難波右馬権助等御相伴、晩湌これ有り、狸・鮭・雉以下種々の儀なり、御中酒以後、数寄の座敷にて御茶これを申す、床の小絵（竹墨絵、与可筆）・花立（柑子口）・臺盃（すいしやう）等なり、御茶以後、また前の座敷にて御盃参る、吸物（餅入豆腐）・食籠・臺物等なり、御盃三め五度入也、大飲に及び音曲これ有り、押板之絵（維摩、集丹玄筆）、戌の刻御帰り、各帰宅しおわんぬ
>
> （原漢文、『言継卿記』永禄十年十一月二十二日条）

この史料は、永禄十年（一五六七）、祥寿院瑞昌法印の坊で行われた茶湯に、摂関家の当主一条内基が主客として招かれ、言継もそれに相伴したという記事であり、日時やメンバーのみならず、掛物や道具、料理の献立などまでかなり詳しく記録している。公家たちも同時代の茶会記に記されるべき要素について関心があったことを示すものであり、言継が自ら茶会を催す程嗜みがあれば、茶会記になる可能性が高いのであろう。

地方武士の茶会記

戦国期から織豊期にかけて、地方の、特に戦国大名の吏僚クラスの武士たちが日記を残し始めるが、それらの日記にも茶湯のことが記録されている。たとえば、南九州の戦国大名島津

氏の老中という家老的な地位にあった上井覚兼は、本人が数寄者だったこともあり、その日記にはかなり豊富な茶湯に関する記事が見えている。

…此日申刻計、忠棟より御茶一服被レ下候する由候侭参候、御茶湯座へ堀池宗叱案内者被レ申候間、打烈候てはいり候、其衆、上拙者、次宗叱、次東雪・堀池弥次郎也、先ゝ各風呂釜之為レ躰一覧申候、其後亭主指出被レ成、食参候而御酒三返也、配膳者、忠棟御子息増喜殿只一人にてめされ候、御湯参候て、菓子参候也、其後各罷立、暫遠見共申候て、手洗水仕候也、其後又座ニ各参候、宗叱御茶立候也、天目臺なと秘蔵とて被レ出候間、各別而見申候、褒美共也、其後種ゝ閑談共過候て、うす茶にて候、又宗叱被レ立候、炭なとも宗叱被レ置候、其後御汁参候て御酒也、二三返御肴共参候て、御酒過参候ハ各罷帰候也、…

（『上井覚兼日記』天正十一年三月五日条、原文）

この記事は、覚兼が鹿児島で伊集院忠棟に茶湯に招かれた時の日記であり、堀池宗叱を案内者として「御茶湯座」に入っていくところから、食事と酒を忠棟の子息増喜の配膳で取った後、天目臺などの名物を拝見し、宗叱が茶を立てその炭を自ら置く様子などを注視しながら、やがて汁・酒などで会を終えるその一部始終が記録されている。

前述した『松屋会記』以下の茶会記には、使われた道具や掛物などについての詳細な情報を中心に記され、それはあくまでプロの茶湯者が茶会に臨んだ際の必要な情報のみをメモしておくもので、茶会の進行など、分かりきったことは省かれる傾向にある。ただし、『宗湛日記』の天正十五年正月三日、大坂城で行われた秀吉主催の「大茶湯」の記録などは、この覚兼の日記に近い表現となっており、前半の日記的な部分に対し、後半は定型化された茶会記となっている。このような記録は、茶会記として作成されたものに、日記的な記録が別に作成されていて、後に合体された可能性が強いのではないかと考えられ、彼らの日常の日記の存在の可能性をうかがわせるものである。

4　中世商人の文化的営為としての日記

現存する編纂物としての「茶会記」（広義）は、まさに茶会の記録としての茶会記（狭義）と、それらとは異質な日常の記録としての日記が融合されたものから成り立っているようである。

狭義の茶会記には、茶会が行われた日付や場所、メンバーなどの日記的な記事とも共通するデータ以外に、道具や掛物などに対するきわめて詳細な記事は、文字ばかりでなく図示したものもあり、かなり独特なもので、それまでの公家や武家の日記には見られないものである。

それは彼らが茶湯に関わってから備わったものではなく、商人であった彼らに元より身に付いていた商いの「モノ」に対する感覚がさらに磨かれたものではないだろうか。松屋は奈良の漆屋、堺の津田（天王寺屋）宗達・宗及や今井（納屋）宗久、そして博多の神屋宗湛は、ただの商人ではなく豪商とよばれる程に手広く商売に成功した者たちであり、特に堺や博多といった自治都市の運営に参加する上層町民（町衆）たちであった。海外貿易の窓口であった堺や博多では多くの唐物が商われ、それらに対する鑑識眼もおのずと研ぎ澄まされていたはずである。また彼らは、京都の公家や門跡、諸宗派の僧侶たち、幕府の奉行人や同朋衆、守護大名やその吏僚たち、そして彼らを巡り歩く連歌師などとも幅広く交流しており、いつしか王朝古典文化にも親しみ、その素養も相当に蓄えていた。その辺りにも彼らが一方では茶会記を発達させ、もう一方で彼ら自身の日記をつけ始める歴史的背景が醸されていたように思われる。

商人たちは必ず帳簿を付けていたはずであり、遠隔地との交易では様々に手紙をやり取りし、商いや通行の許可などに種々の文書の発給を受け、文章や算術の手ほどきも幼い時からそれなりになされていたはずである。日記も含め、中世における彼らの文化的な営為について更なる調査を進めるべきであろう。

（松薗　斉）

参考文献

清水廣一郎「中世イタリアにおける公証人」（『イタリア中世の都市社会』岩波書店、一九九〇年。初出一九八五年）
谷晃『茶会記の研究』（淡交社、二〇〇一年）
徳橋曜「中世イタリア商人の覚書」（『地中海学研究』一五、一九九二年）
中谷惣「イタリア中世都市の文書庫」（『歴史評論』七八三、二〇一五年）
芳賀幸四郎『三条西実隆』（吉川弘文館、一九六〇年）
松薗斉「茶会記の成立——日記・古記録学の視点から」（倉本一宏編『日記・古記録の世界』思文閣出版、二〇一五年）

コラム2　中世イタリアの日記・覚書

中世イタリアの日記の性格　中世ヨーロッパの俗人のつけた日記は、日々の特筆すべき出来事や自分の行動を記録する日誌である。ホッケはこうしたものを「年代記風日記」(chronistischen Tagebücher)と呼んでいる(ホッケ『ヨーロッパの日記』)。日本では平安時代に儀式の実務等の記録として日記が発達する一方、『蜻蛉日記』や『和泉式部日記』のような内省的・個人的な性格を持った女流日記も見られるが、中世のヨーロッパにおいて日記は基本的に儀礼の記録でもなく、内省の発露でもなかった。むろん、自らの内面を見つめる姿勢が、中世ヨーロッパ世界になかったわけではない。そもそも古代ローマ時代にはヘレニズム文化の潮流を汲んで、人間の内面への関心が高まった結果、皇帝マルクス・アウレリウス(在位一六一～一八〇)の『自省録』をはじめとして内省的な作品が生まれた。また古代末期からキリスト教が広まる中で、アウグスティヌスの『告白』のように信仰上の心情を示す著作も現れる。しかし、こうした内容が日記に継承されることはなかった。

百年戦争期のパリ市民の日記(一四〇五～四九)のように、イタリア以外でも俗人の日記は見られるが、北部・中部イタリアにおいてとりわけ、十四世紀から「年代記風日記」が多く見られるようになった。その背景としてはまず高い識字率が挙げられる。当時のイタリアでは商業上の必要においても、また不動産売買や相続等の法的行為に関しても、文字の読み書きが重要であった。基礎的な文語はラテン語であったが、イタリアなかんずく北部・中部の都市社会では、十三世紀から俗語(ラテン語に対する日常語)で文章を書くことも広まっていた。商人達が自ら帳簿をつけ、また遠隔地の取引相手に書簡を書くようになっていったからである。商人達は自分の子弟を私塾や学校に通わせて、読み書きを学ばせた。自らもフィレンツェの年代記を著した十四世紀のフィレンツェ商人ジョヴァンニ・ヴィッラーニは、一三三〇年代のフィレンツェの就学率の高さについて「八千人から一万人の男児と女児が読むことを習っていた」と述べている。こうした商人達の識字は実務以外にも向けられ、彼らは一種の教養として文学作品やラテン古典にも関心を持つようになった。ヴィッラーニは、サッルスティウスやリウィウス等の「偉大な歴史家達の筆になるローマ人に関わる歴史と偉大な諸事実を読んで」、年代記を書く参考にしたと記し、半世紀後、同じくフィレンツェ商人のジョヴァンニ・モレッリは自身の覚書(後述)で、もし幼くして父親を亡くし、父親から教育を施してもらえない場合には、毎日少なくとも一時間は「学校で読まれるように、ウェルギリウスやボエティウスやセネカやその他の作家達を勉強」することを勧めている。彼らは実際にこれらの古典を読んでいたのか、また読んだとしても、ラテン語で読んだのか俗語訳を読んだのかという点について、確言する根拠を我々は持たない。だが、少なくとも彼らは読み手に対してこれらの書名・作家名を当然のように提示しており、こうした書物は彼らにとって一般に認識されているものだったようである。

かくして、学識豊かな学者でも聖職者でもない都市の商人達が古典や文学の素養を持ちうるようになり、おそらくそれに刺激されて、自らも俗語で年代記や小話集、そして日記を残す者が現れた。特に多くの都市年代記が著された動機としては、己の都市に対する作者の強い帰属意識が考えられる。彼らは年代記を通じて都市を賛美し、同胞たる市民と都市の歴史を共有しようとするのである。日記もそうした行為・意識の延長にあった。書き手の関心は自らの内面にあるのではなく、世界を観察して記録し、後世に伝えることにある。書き手自身の行動や感想が書き込まれることもあるが、日記と年代記との相違は基本的に、過去に遡って叙述がなされているか、書き手の同時代の出来事のみが記されているかということでしかない。一三八二～一四〇一年の諸事を日記に綴った名前不詳のフィレンツェ人は、その冒頭でこう述べる。「来たるべき時代のために、この都市でこれから起こるすべてのことを書きたいと思う……現在の我々がいなくなった後で、我々の後に来る人々が、当代にこの都市で起こったことについて何らかの記録を見出せるようにするためだ」。すなわち、日記は後世の人々に読ませるための記録として書かれているのである。

このように、日記は私的に書かれてはいるが、秘匿を原則としたものではなく、むしろ他人に読まれることが想定されていたと思われる。実際、フィレンツェ書記官長ビアージョ・ブオナッコルシ（一四七二～一五二五頃）の手になる一四九八～一五一二年の日記は、十六世紀のフィレンツェで広く読まれていたらしい。フィレンツェの年代記を著したヤコポ・ナルディやフランチェスコ・グィッチャルディーニ、ベネデット・ヴァルキがくだんの日記を読んでいた形跡があり、グィッチャルディーニの『イタリア史』には、これを利用したと思われる記述が複数見出される。十六世紀に作られた写本がいくつも現存しており、早くも一五六八年にはフィレンツェで出版されているところからも、書き手の直接の友人・知人のサークルの枠を越えてこの日記が知られていったことがうかがえる。書記官長という知識人のネットワークの核になる職にあって、またマキャヴェッリと親交があり、人文主義者マルシリオ・フィチーノの姻族でもあったブオナッコルシの人脈の広さゆえであろうか。

こうした日記は、中世の日常や歴史的事件を同時代の目を通して観察できる点で貴重である。近代の日記のように内省的なものではないが、公的記録よりも実情や書き手の率直な意見が反映されやすく、権力者を意識した作為やプロパガンダの入り込む余地も小さいと考えられる。その分、主観的であるが、それゆえに後世に何を伝えたいと意識しているかという点を含めて、書き手の認識や意図・主観・関心の在り方を探ることができ、また書き手個人にとどまらない当時の人々の考えや心性を知ることもできるのである。たとえば、フィレンツェ商人ルカ・ランドゥッチの『日記』（一四五〇～一五一六）は、フィレンツェに大きな影響を与えた説教師サヴォナローラへの共感やフランス王・メディチ家への反感を随所に示しつつ、十五世紀末の緊迫した社会の様子を活写している。またヴェネツィア貴族マリン・サヌード（マリノ・サヌート）の残した膨大な日記（一四九六～一五三三）は、同時代人の目から見た当時のヴェネツィアの社会や政治・外交を詳細に語ってくれる。

私的な「家の記録」としての覚書

さて、日記と同様に日別に記されていたものとして、覚書（リブロ・ディ・リコルダンツェ）が挙げられる。一般的な記述の形式として「しかじかのことを覚え書いておく」（「リコルダンツァ・ケ……」あるいは「リコルド・コメ……」等）という表現が各記事の冒頭に用いられるところから、この名で呼ばれるものである。これは日常的な経済生活について家長が記録して手元に置いていたもので、中部イタリアのトスカーナ地方に特徴的な史料である。その記述においては、不動産の購入・売却・賃貸借、金銭出納（使用人への賃金支払い、奴隷購入等）が大半を占めており、むしろ前述のような日記よりも私的な内容となっている。全体の構成としては単純な日付順ではなく、まず不動産取引のみが日付順にまとめられ、金銭貸借は別の箇所に同様にまとめられているというように、内容が区分されていることも多い。いずれにしても、覚書の目的は世帯の維持・管理、資産動向の把握にある。既に十三世紀に家の資産動向を記録した不動産管理帳簿や債権債務帳簿が現れており、これらが覚書の前身と考えられている。また十四世紀の処世訓が勧めるように、商人の心得として重要な契約に関する記録を手元に控えておこうとする意識も、覚書を作成する慣習に影響したであろう。ただし、この慣習がトスカーナ地方、殊にフィレンツェに発達し、他の地域に伝播した形跡すらない理由については、明確な説明ができない。

覚書は日記に比べてより実務的な性格を持ち、その基本的関心は世帯の経済状態の把握にあるが、世帯を越えた血縁集団すなわち家のまとまりにもしばしば目が向けられる。不動産や金銭面のみならず、書き手自身の結婚あるいは家族の結婚・誕生・死亡に関する記載を含む覚書が少なくないのも、そうした情報が家産の動向に関わる（特に結婚は家同士の契約であり、多額の嫁資を伴う）とともに、家としてのまとまりにも関わるゆえであろう。たとえば、十四世紀のフィレンツェ商人ペーポ・デリ・アルビッツィの覚書は、一三四八年夏に流行した黒死病で彼の兄弟・親族が立て続けに亡くなった様子をうかがわせてくれるし、ラーポ・ニッコリーニの覚書（一三七二〜一四二六）は義母の嫁資をめぐる係争の顚末を記しており、そこから結婚や家族をめぐる当時の意識を探ることができる。こうした性格から、覚書は家族史研究にとって重要な史料の一つとなってきたのである。

さらに、家への関心を反映して、十五世紀にはより文学的な性格を持つ覚書も現れた。虚実の混在した「家の歴史」や子孫への処世訓などが挿入された前述のジョヴァンニ・モレッリの覚書、自伝的性格の強いボナッコルソ・ピッティの覚書などが、こうした覚書の例として挙げられる。また、十五世紀にドナート・ヴェッルーティが残した『家の歴史』は、一族の歴史の記録に特化した覚書と捉えられる。『家の歴史』には十六世紀に子孫が補遺を加えており、この記録が家内で保存・継承されていたことが判る。

個人への目

以上のように日記と覚書の性格は対照的である。前者がもっぱら家の外の世界に目を向けるのに対して、後者の関心は概して家の維持に向けられている。また、覚書は家産と家族の記録を主たる内容とし、世帯ないし一族の外部への公表が想定されていない。その点で、日記には——個人が自分の関心で書いているという点ではもちろん「私的」であるが——私的性格が乏しいのである。しかしながら、十六世紀には自分自身に目を向けた日記も出現する。画家ヤコポ・ポントルモ（一四九四〜一五五七）が晩年に書いた三年間の日記（一五五四〜五六）は、最も知られたものの一つであろう。彼の書いていることと言えば、絵画の制作作業へのわずかな言及以外、大半が自分の体調と食事の内容ばかり（誰と食事をしたか、外食の場合はいくら支払ったかということも）なのである。時代が中世から近世へと移行していく時代に、必ずしも内面の省察を行うものではないにせよ、個人的な内容を持つ日記が増えていくことは、新しい時代精神を反映したものなのであろうか。

（徳橋　曜）

参考文献

徳橋曜「中世イタリア商人の覚書」（『地中海学研究』一五、一九九二年）
堀越孝一訳『パリの住人の日記①　一四〇五—一四一

八』（八坂書房、二〇一三年）

ホッケ、グスタフ・ルネ（石丸昭二・信岡資生・柴田斎訳）『ヨーロッパの日記』（法政大学出版局、一九九一年）

堀越孝一訳『パリの住人の日記②　一四一九―一四二九』（八坂書房、二〇一六年）

ヤコポ・ダ・ポントルモ（中嶋浩郎訳）『ルネサンスの画家ポントルモの日記』（白水社、一九九一年）

ランドゥッチ、ルカ（中森義宗・安保大有訳）『ランドゥッチの日記――ルネサンス一商人の覚え書』（近藤出版社、一九八八年）

Bartolomeo del Corazza（a cura di Gentile, R.）, *Diario fiorentino*（*1405–1439*）, Roma, De Rubeis, 1991.

Beaune, C.（ed.）, *Journal d'un bourgeois de Paris de 1405 à 1449*, Paris, Le Livre de Poche, 1990.

Buonaccorsi, Biagio（a cura di Niccolini, E.）, *Diario dall'anno 1494 all'anno 1512 e altri scritti*, Roma, Istituto Storico Italiano per il Medio Evo, 1999.

Landucci, Luca（con annotazioni da Del Badia, I）, *Diario fiorentino dal 1450 al 1516, continuato da un anonimo, fino al 1542*, Firenze, Sansoni, 1985.

Molho, A. - Sznura, F.（a cura di）, *Alle bocche della piazza. Diario di anonimo fiorentino*（*1382–1401*）, Firenze, Olschki, 1986.

Niccolini, Lapo（ed. par Bec, Ch.）, *Il libro degli affair proprii di casa de Lapo di Giovanni Niccolini de' Sirigatti*, Paris, S. E. V. P. E. N., 1969.

Pitti, Bonaccorso, Ricordi in Branca, V.（a cura di）, *Mercanti scrittori*, Milano, Rusconi, 1986.

Sanuto, Marino, *I diarii di Marino Sanuto*, 30 vv., Bologna, Forni, 1969–1979.

Velluti, Donato（a cura di Del Lungo, I.）, *La cronica domestica di Messer Donato Velluti, scritta fra il 1367 e il 1370, con le addizioni di Paolo Velluti, scritte fra il 1555 e il 1560*, Firenze, Sansoni, 1914.

あとがき

元木泰雄氏と松薗斉氏が編者となった前著『日記で読む日本中世史』の姉妹編の計画があり、何か良いアイデアはないかと、いつ松薗氏に相談されたかは記憶が定かではない。ただし、その相談を受けて、最初の編集会議のために私なりの素案をまとめたのが二〇一四年二月であるから、相談を受けたのは、二〇一三年の後半ではなかったかと思う。

前著の編者のうち元木氏とは、畏友として長年非常に親しくさせていただいているが、松薗氏は、以前からお名前とお顔は存じ上げていたものの、親しくなったのは、二〇一〇年四月から国際日本文化センターで始まった共同研究「日記の総合的研究」（代表倉本一宏氏）でご一緒してからである。相談を受けたのもそのご縁があってのことである。

最初の編集会議は、本書担当のミネルヴァ書房編集部の田引勝二氏を交えて名古屋で開かれた。そこで私は素案を作って意見を述べた。驚いたことに私の素案が本書の骨格としてそのまま採用され、第Ⅰ部を私が、第Ⅱ部・第Ⅲ部を松薗氏が担当することになった。その後、企画は順調に進み、多くの執筆者のご尽力を得て本書が完成した次第である。

さて、本書は私にとって初めての編著である。とはいっても、素案を考えた以外は特別なことは何もやっていない。編者として当たり前のことを少しお手伝いしただけであるが、これまで日本の武具を中心に研究をしてきた私が、本書のような内容の書籍の編者の一人となり、かつ執筆者の一人であることに違和感を覚える読者もいるかもしれない。

しかし、私の専門はあくまで恩師故鈴木敬三先生（一九一三〜九二）より受け継いだ有職故実であり、研究者として未熟ではあっても有職故実に自負と誇りを持っている。武具の研究は、序章で触れた有職故実の三本柱のうち武家故実のなかの弓馬軍陣故実の延長だが、武具の研究をしていても、有職故実の基本は公家故実であり、公家故実の基本文献がまさに日記であり、有職故実書であることは重々承知している。

また具体的な日記との関わりでいえば、私にとって故山中裕先生（一九二一〜二〇一四）はもう一人の恩師であるが、山中先生の大きなご業績である『御堂関白記全註釈』（思文閣出版）では、研究会創設以来のメンバーとして数多くの原稿を書いている。また個人的には万里小路時房（一三九四〜一四五七）の『建内記』という日記の註釈書（『建内記註釈』〈日本史料研究会〉）も二冊刊行しており、現在は停滞中だが原稿は書き溜めており、三冊目以降の刊行を模索中である。また、五味文彦先生の『明月記研究』にも一時期参加させていただいたことがある。したがって、日記を取り扱うことに、自分の中では周りが思っているほど違和感はない。

とはいえ、本書はどうしても前著と比べられることになるであろう。評価されるかどうかは読者の方々次第である。

最後になったが、本書に玉稿をお寄せくださった執筆者の方々、私を編者に加えてくださった松薗氏、そして、編集を担当してくださった田引氏に深謝申し上げる次第である。

二〇一六年十月二十三日

近藤好和

古代・中世日記系図（天皇・公家）

この系図は、日記の記主を系図上に掲出したものである。平安中期より残されている多くの日記の全体像を把握するための一つの試みとして作成した。このように天皇・貴族（公家）の日記を系図に反映させるという試みは、古く斎木一馬氏によってもなされているが（斎木一九六九）、『諸家名記』の所載された日記を中心に鎌倉期くらいまでの範囲にとどまっていたこともあり、ここでは中世末まで時代的な範囲とし、また斎木氏は省かれていた系図上の人物が日記の記主である、もしくはその可能性が高いというその典拠も簡単であるが掲示しておいた。ただし、紙面の都合もあり、その存在が確認できる最小限の史料の提示にとどめてある上、その日記がまとまって残っている場合には、その刊本もしくはそれが所収されている叢書名や部類記の名称などを提示した。部類記の場合、そこに所収されている日記名が確かなものかどうか疑いが残るものも多いが、中世以前に相伝されたり引勘されたり、その日記の存在が知られる史料がある場合は、それも合わせて付記した。詳細に調べていくと問題も多いと思われるが、ひとまず全体像を見るための試みとしてご寛恕いただきたい。

ここでは、天皇家・源氏・藤原氏を中心に、平氏他の諸家についても掲載したが、他にも、たとえば吉田社神主の卜部氏や陰陽道の安倍・賀茂氏の諸家などは、まだ未調査の部分が多いので、今回は掲載を断念した。また、記主名が分かっても系譜関係が不明であったり、日記名は分かっても記主が不明である日記も多数あり、それらはここに載せていないこともご了承いただきたい。

（作成：松薗　斉）

系図

1. 天皇家

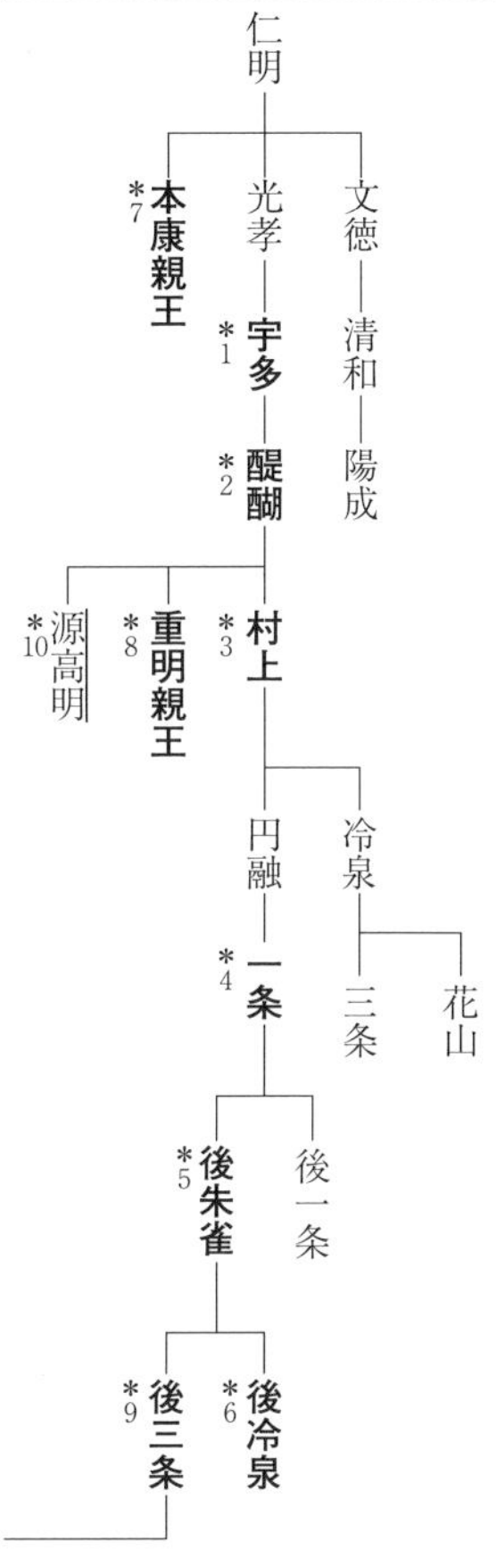

典拠

◆天皇の日記は和田一九三三・米田一九九二・松薗一九九七参照。

1. 所一九八二
2. 同前
3. 同前
4. 『歴代宸記』（大成）・『権記』寛弘三年七月五日他
5. 『歴代宸記』（大成）・『玉葉』治承元年十一月十八日
6. 『中右記』天永三年五月二十五日

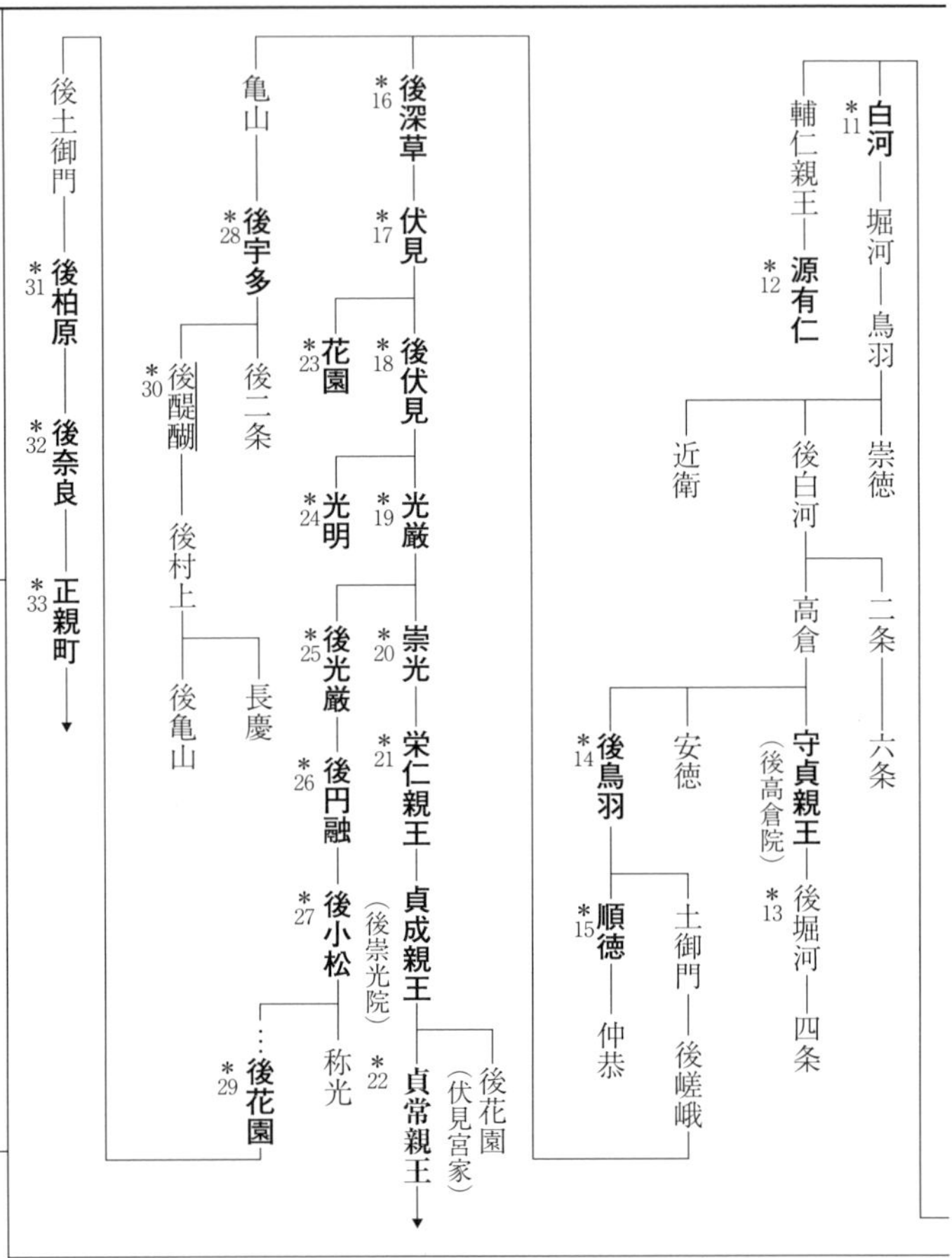

他

7. 『九暦』承平六年九月二十一日他

8. 『吏部王記』（纂集）

9. 『歴代宸記』（大成）・『玉葉』治承元年十一月十八日他

10. 『西宮記』の作者

11. 和田一九三三・石田二〇一二

12. 『園太暦』貞和元年四月八日他・田島一九九三他参照。

13. 『花園天皇宸記』（別記）元弘元年十月十五日

14. 『歴代宸記』（大成）

15. 同前・『禁秘抄』の作者

16. 『歴代宸記』（大成）

17. **『伏見天皇宸記』**（大成）

18. 『歴代宸記』（大成）・相馬一九八九・皇室制度調査室二〇一二・二〇一三

19. 『光厳院宸記』（国書）

20. 『崇光院宸記』（国書）

21. 『栄仁親王御記』（国書）

22. **『看聞日記』**（図書・続群）

23. **『花園天皇宸記』**（大成・纂集）

24. 『光明院宸記』（国書）

25. 『後光厳院御記』（国書）

26. 『後円融院宸記』（国書）・桃崎二〇〇九

27. 『後小松院宸記』（国書）

28. 『歴代宸記』（大成）

29. 『親長卿記』文明五年三月十七日

30. 『建武年中行事』

31. 『後柏原院御記』（国書）

32. **『後奈良院宸記』**（国書）

33. 『正親町天皇宸記』（国書）

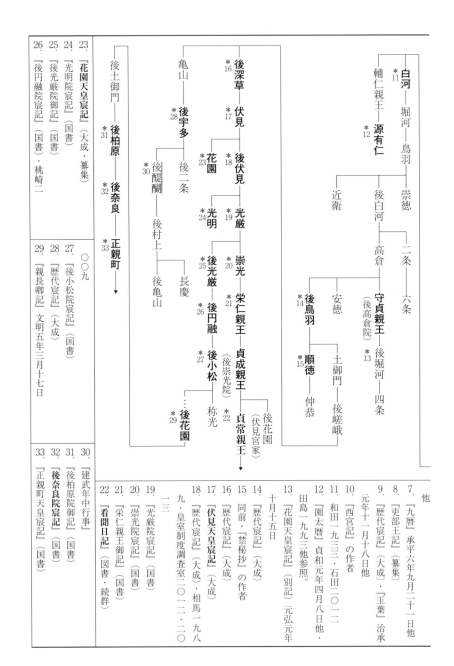

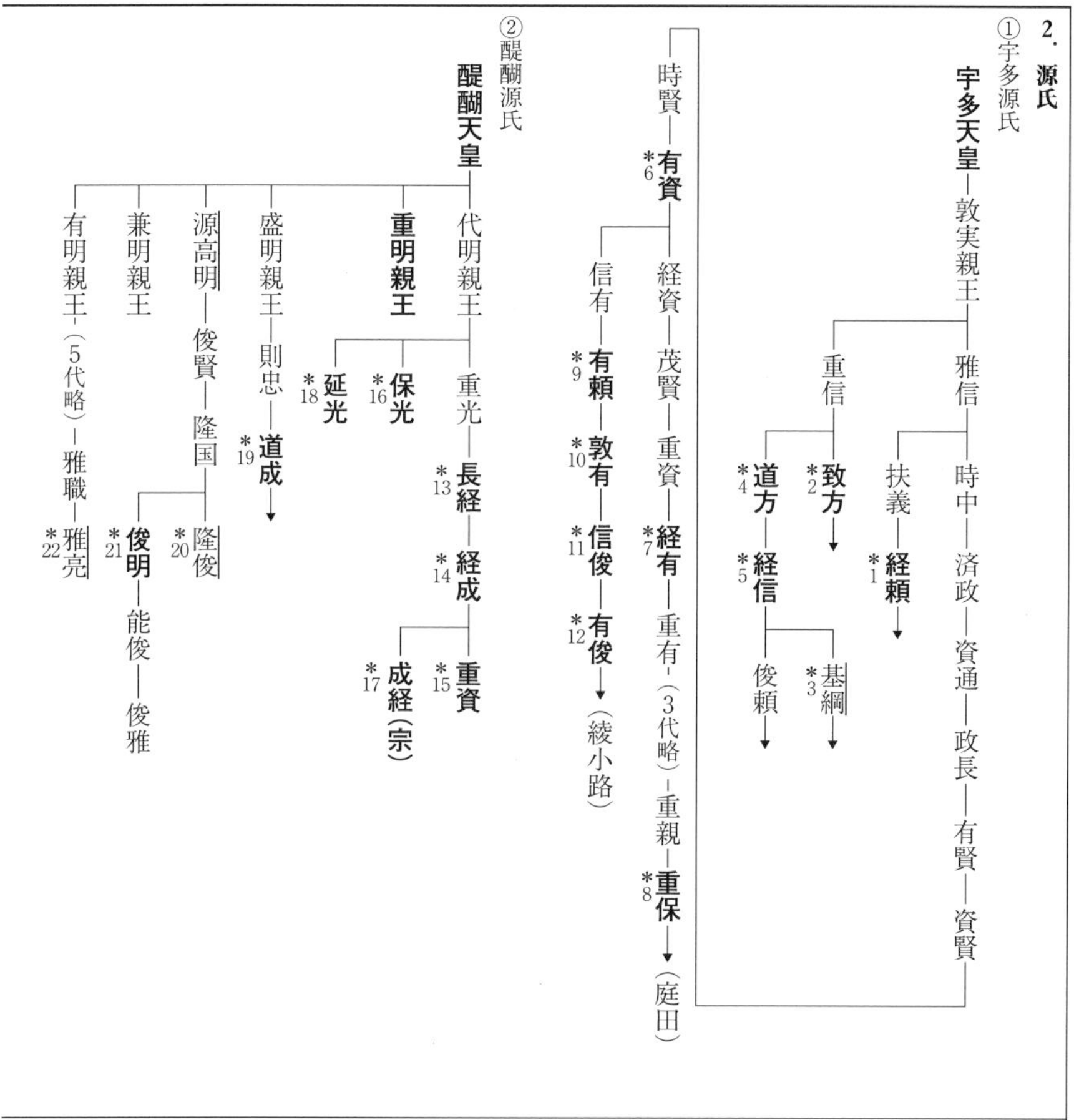

1.『左経記』（大成）・清水一九八二
2.『後二条師通記』寛治七年一月八日他
3.『魚魯愚別録』巻一所引『綿書』
4.『江家次第』
5.『師記』（大成）
6.『殿上燕酔部類』（続群）『御神楽部類記』（柳原本）他
7.『庭田経有記』（国書）
8.『重保朝臣記』（国書）
9. 6に同じ
10.『御神楽部類記』（柳原本）他
11. 6に同じ
12.『儀法講部類』（鷹司本）

◆醍醐源氏の日記については松薗一九九七第10章注76参照

13.『中右記』長治元年一月十四日他
14. 同前永長元年八月二十二日
15.『玉葉』治承二年十月十九日
16.『権記』寛弘八年三月十六日他
17.『後二条師通記』永長元年八月二十日
18.『北山抄』『江家次第』『通憲入道蔵書目録』など
19.『玉蘂』承元四年十二月二十八日
20.『長秋記』長承二年七月八日
21.『中右記』長承元年十一月二十五日

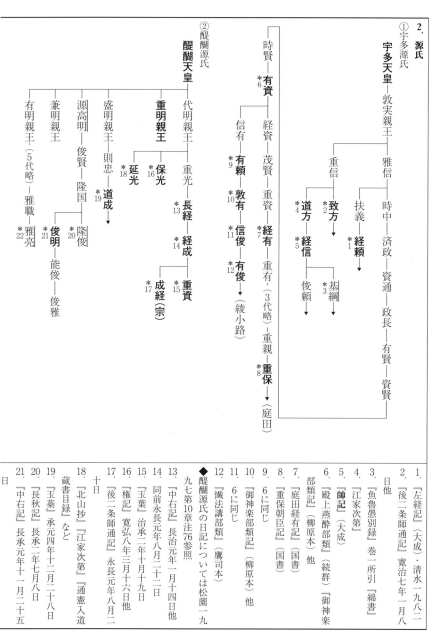

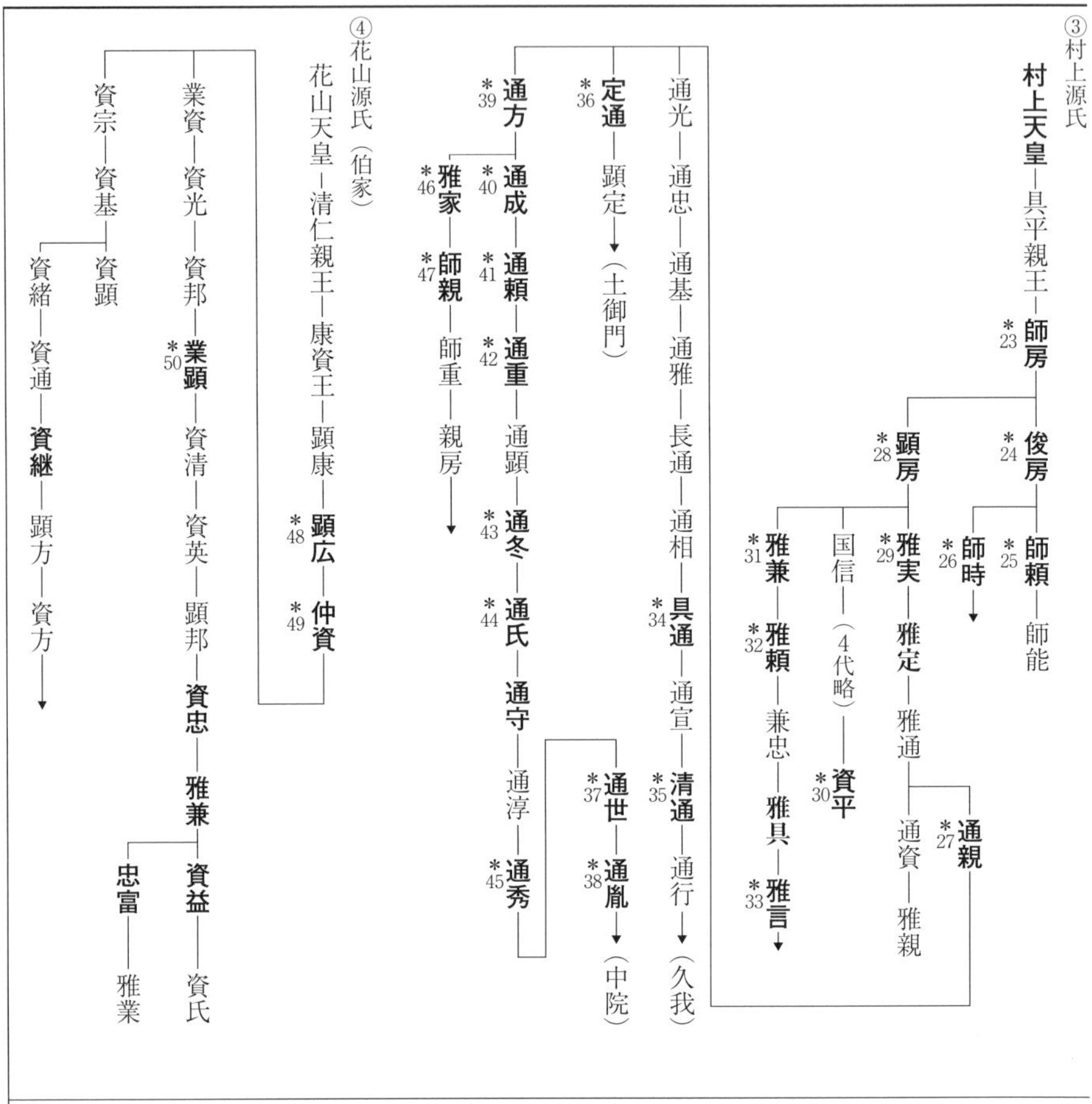

22.『満佐須計装束抄』（群類）
23.『**土右記**』（続大成）
24.『**水左記**』（大成）・石田一〇〇七
25.『永久五年祈雨日記』（続群類）
26.『**長秋記**』（大成）・冷泉
27.『高倉院厳島御幸記』『錺抄』（群類）
28.『園太暦』貞和二年四月二十八日
29.『玉葉』治承四年一月十九日他
30.『仙洞御移徙部類記』（図書）「源都記」
31.『台記』（別）久安四年十月八日他
32.『玉葉』承安四年七月二十八日他・『後愚昧記』（附帯文書）応安五年十二月二十四日他
33.『園太暦』貞和四年十一月十八日・『仙洞御移徙部類記』（図書）「源亜記」
34.『久世相国具通公記』（『大日本』6-27・貞治五年一月一日所収）
35.『久我家文書』一〇六
36. 源定通書状（『鎌倉遺文』二四〇三）
37.『十輪院内府記』文明十八年七月二十九日
38.『中院通胤中納言慶申之記』
39.『錺抄』（群類）
40.『後中御室御得度記』（続群類）
41.『中院一品記』暦応元年十二月二

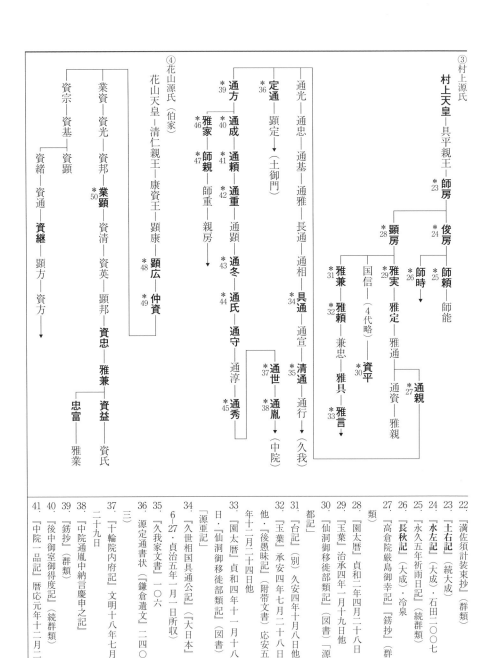

十九日他
42. 同前暦応二年二月十八日
43. 『**中院一品記**』（国書）
44. 『実隆公記』長享三年記紙背六月二十日付中院通秀書状
45. 『**十輪院内府記**』（纂集）
46. 『仙洞御移徙部類記』「源禅記」（図書）
47. 同前「萬禅記」
48. 『**顕広王記**』（続大成）・高橋・樋口二〇〇八・二〇〇九
49. 曽根一九三三
50. 未刊史料を読む会一九九八
◆花山源氏の日記については、曽根一九三三による。

3. 小野宮流藤原氏

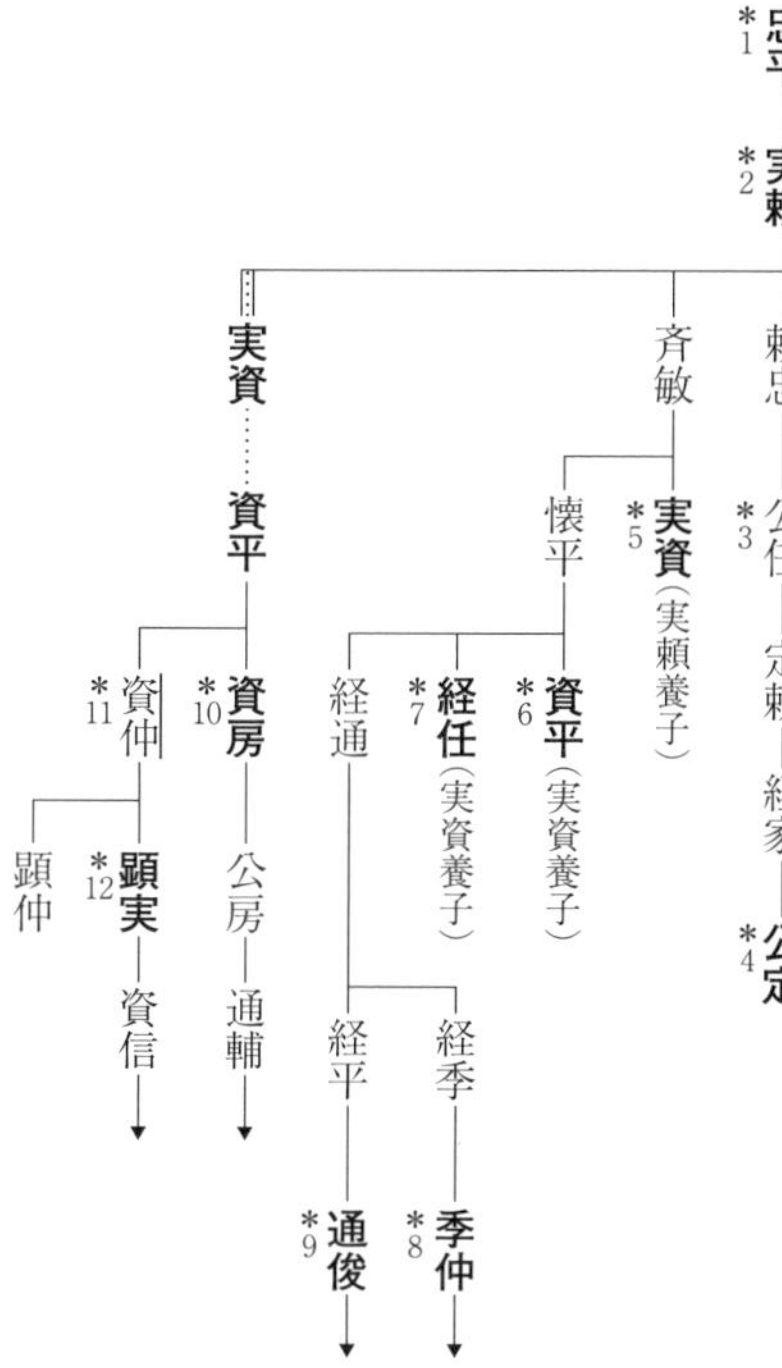

4. 九条流藤原氏他

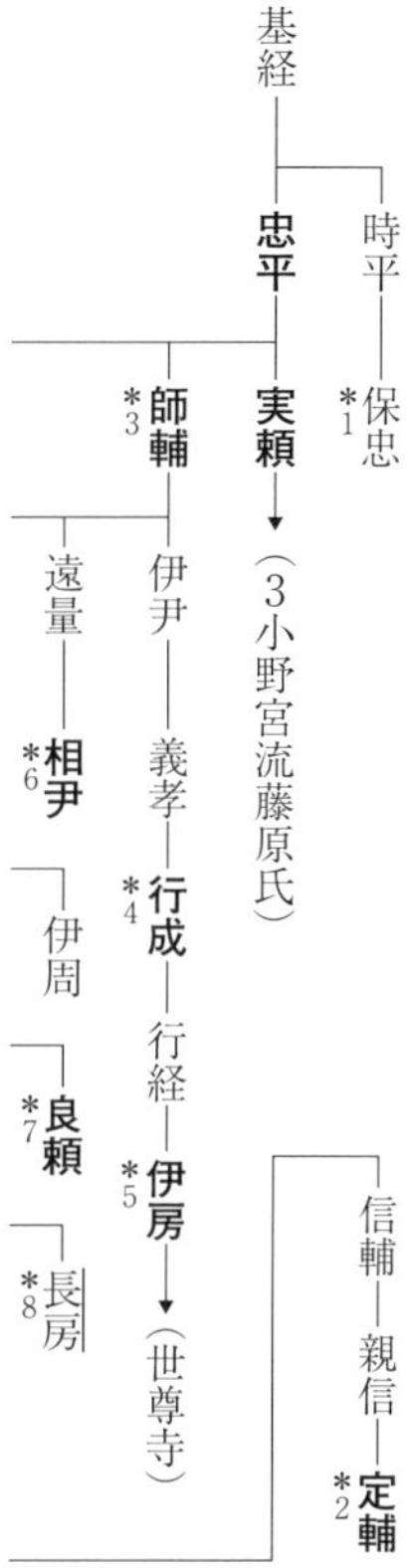

1. 『貞信公記』（古記録）
2. 桃一九七四・木本一九八〇
3. 『北山抄』の作者
4. 『記録異同考』
5. 『小右記』（古記録）・石田二〇〇〇一
6. 『台記』天養元年十一月九日他
7. 『殿暦』永久五年十一月十日他
8. 『玉葉』嘉応二年十月十七日他
9. 『中右記』嘉承二年九月十二日他
10. 『春記』（大成）・古瀬一九九三
11. 『玉葉』安元二年十一月十四日他
12. 『中右記』寛治七年十一月二十日

1. 『北山抄』巻第一
2. 『大日本』4-8（五六八頁）
3. 『九暦』（古記録）
4. 『権記』（大成・纂集）
5. 『東寺供養記』（『大日本』6-1、九〇五頁）
6. 『後二条師通記』寛治六年十二月二十三日

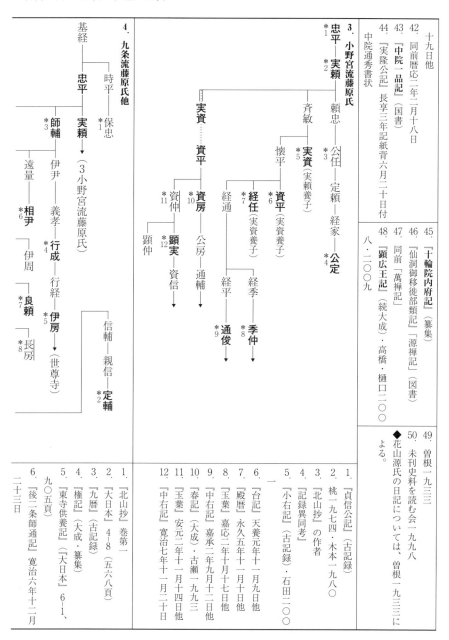

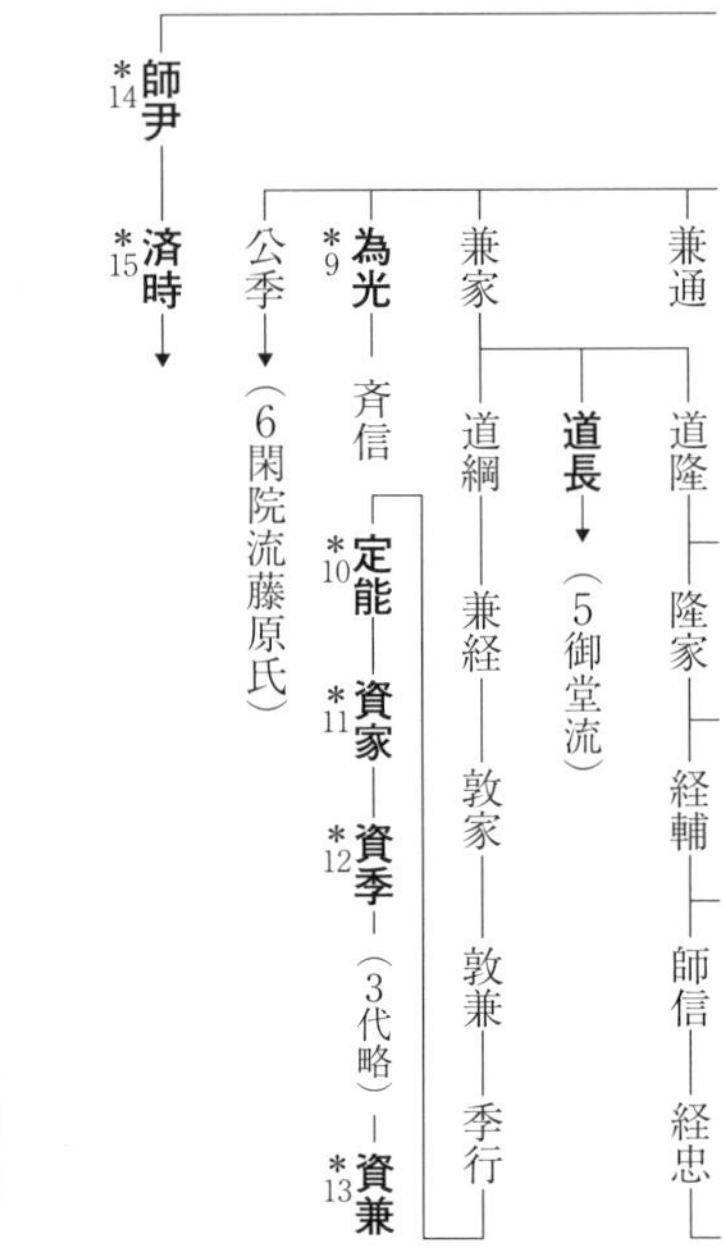

7.『江家次第』（故実叢書本三六五・三六九頁）
8.『参議要抄』
9.『大臣大饗部類』（続群類）他
10.『心記』（歴残）・藤原二〇〇六
11.『御神楽部類』（柳原本）
12.『公衡公記』正応四年五月二十三日他
13.『資兼卿記』（国書）他
14.『台記』久安三年三月九日他
15.『玉葉』治承四年十二月二十三日他

5-1．御堂流藤原氏

①嫡流（摂関家）

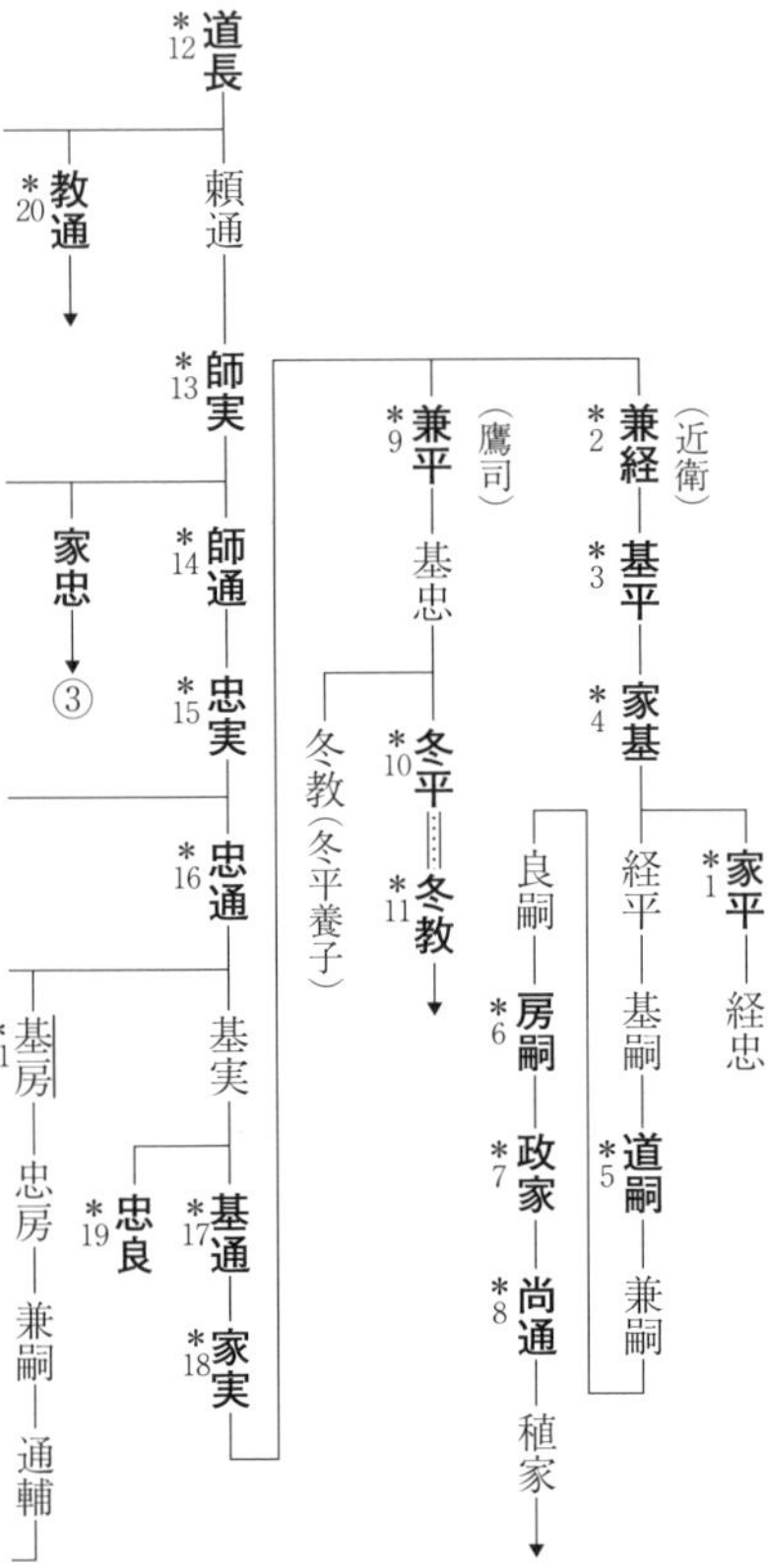

1.『伏見院御落餝記』（続群）
2.**『岡屋関白記』**（古記録）
3.**『深心院関白記』**（古記録）
4.『園太暦』文和三年十二月一日（近衛道嗣書状）
5.**『後深心院関白記』**（古記録）
6.『後知足院関白記』（陽明）
7.**『後法興院記』**（続大成）
8.**『後法成寺関白記』**（古記録）
9.『康富記』康正元年二月十五日
10.『冬平公記』（大成）
11.『光厳院御即位記』（続群）
12.『御堂関白記』（古記録）
13.『台記』康治二年一月一日他（御暦・京極殿御記）・大島一九八一

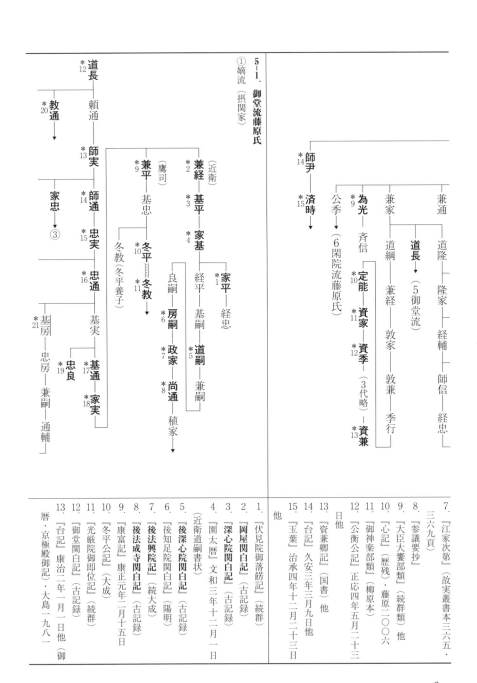

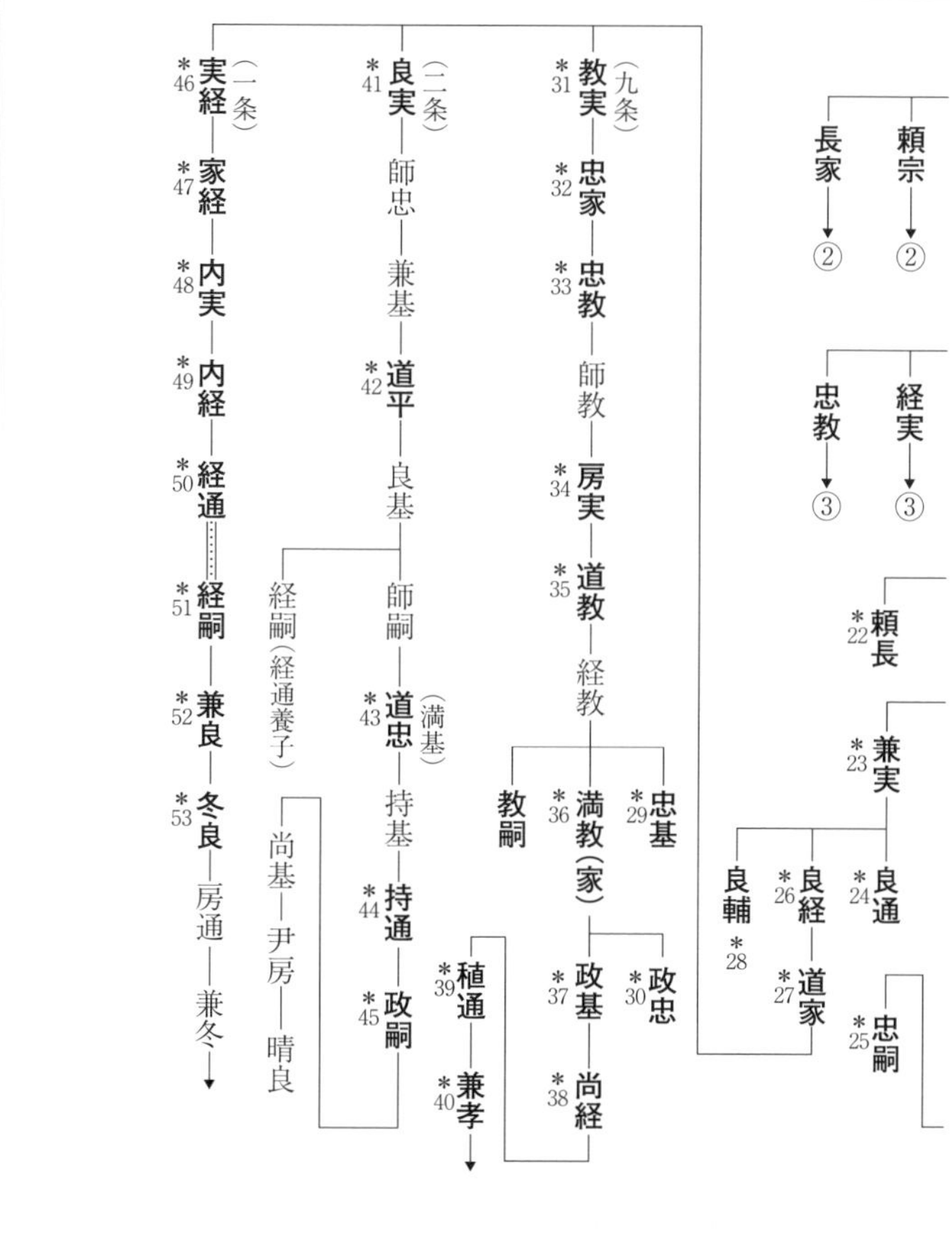

14.『**後二条師通記**』（古記録）
15.『**殿暦**』（古記録）
16.『**法性寺殿御記**』（図書、『九条家歴世記録』一）・尾上二〇〇六
17.『猪隈関白記』建久八年十月二十二日他
18.『猪隈関白記』（古記録）
19.『葉黄記』宝治二年九月四日他
20. 大島一九八〇
21.『実躬卿記』嘉元三年四月八日・細谷一九九四
22.『**台記**』（大成）・桜井二〇〇六
23.『**玉葉**』（国書刊行会・図書）
24. 同前寿永二年二月二日他
25.『園太暦』延文三年六月四日・『贈官宣下記』（群類）
26.『後京極摂政記』（改定史籍集覧）
27.『**玉蘂**』（思文閣出版）
28.『明月記』承元二年十二月二十五日
29.『九条家歴世記録』一（図書）
30.『実隆公記』永正四年六月十五日「普門寺関白記」
31.『九条家歴世記録』一（図書）
32. 同前
33. 正応六年三月十七日九条家文庫文書目録（鎌倉遺文一八一二五）
34.『九条家歴世記録』一（図書）
35. 同前
36.『九条家歴世記録』二（図書）
37.『政基公旅引付』（図書・中世公家日記研究会一九九六）
38.『九条家歴世記録』二（図書）
39.『九条家歴世記録』四（図書）
40. 同前
41.『節会部類（柳原本）』（「普光恩院関白記」寛元四年一月七日）
42.『後光明照院関白記』、小川二〇〇一

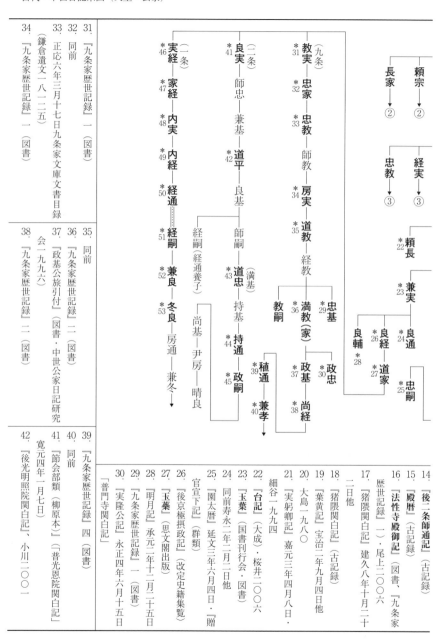

43. 『福照院関白記』（大日本7－5六六七頁他）
44. 『持通公記』（歴残）・『節会部類（柳原本）』（「大染金剛院記」永享八年一月七日他）
45. 『節会部類（柳原本）』（「如法寿院関白記」文正元年一月十六日）
46. 『大乗院寺社雑事記』応仁二年閏十月二十四日「口筆」・文明元年九月十八日
47. 同前「愚暦」
48. 『桃花蘂葉』「棲心院殿御記」
49. 『桃花蘂葉』「芬陀利華院殿御記」
50. 『**玉英記抄**』（続大成）、『光明院御即位記』（続群）他
51. 『**荒暦**』・桃崎二〇〇五・二〇〇六
52. 『兼良公記』（歴残）
53. 『御譲位践祚部類』（柳原本）

5－2．御堂流庶流

②庶流Ⅰ

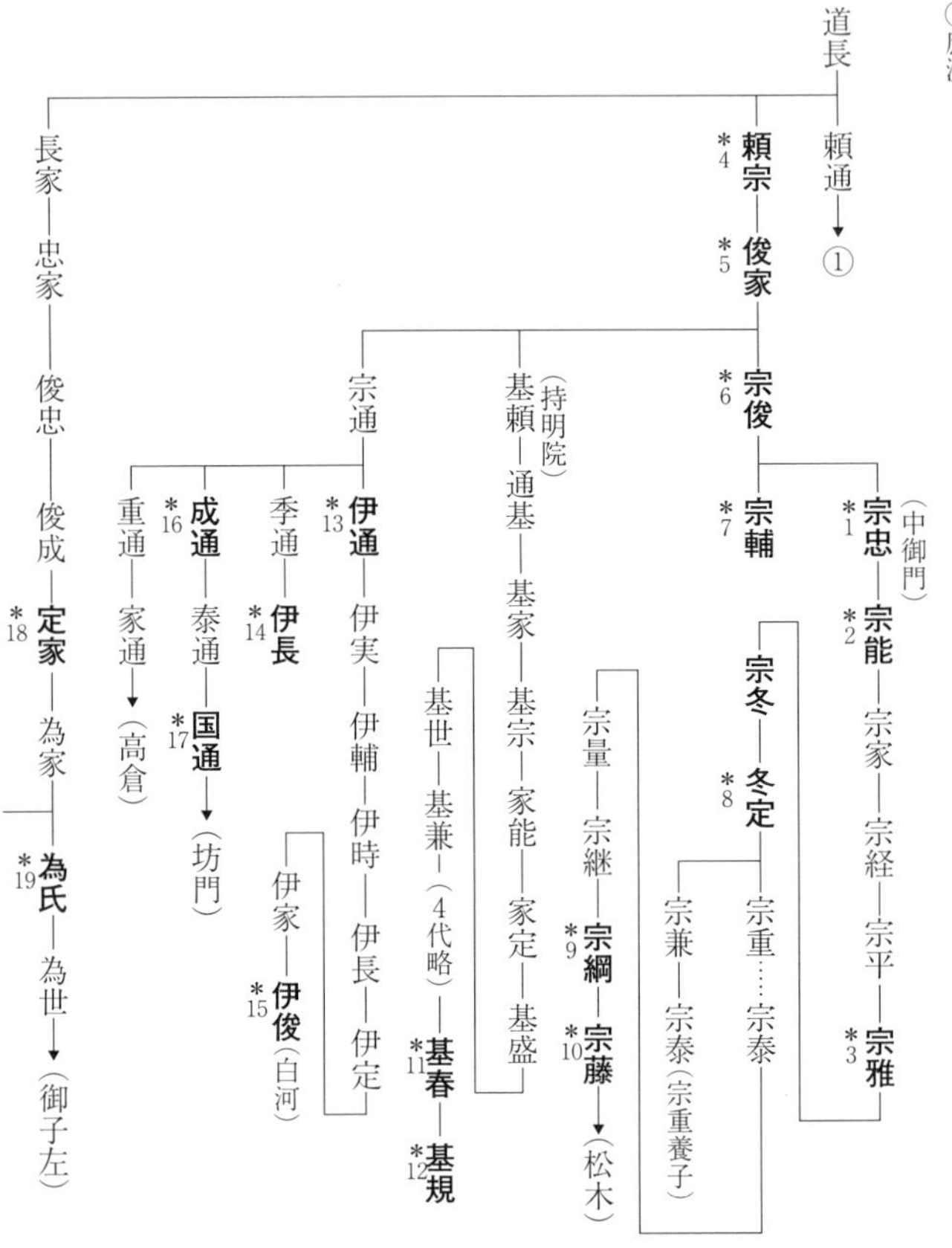

1. 『中右記』（大成・古記録）
2. 同前元永元年四月九日他
3. 『公衡公記』永仁六年十一月十日他
4. 『中右記』天永二年四月二十五日他
5. 同前天永二年二月六日・大島一九八二
6. 同前天永二年五月一日他
7. 『台記』天養元年十月二日
8. 『改元部類記』（三条西家本）
9. 『宗綱公記』（国書）
10. 『宗藤卿記』（国書）
11. 『基春卿記』（国書）
12. 『基規朝臣記』（国書）
13. 『本朝世紀』久安四年三月二十九日他
14. 『御神楽部類』（柳原本）
15. 『園太暦』観応二年一月十四日
16. 『本朝世紀』久安五年五月十九日他
17. 『明月記』元久元年十二月十五日

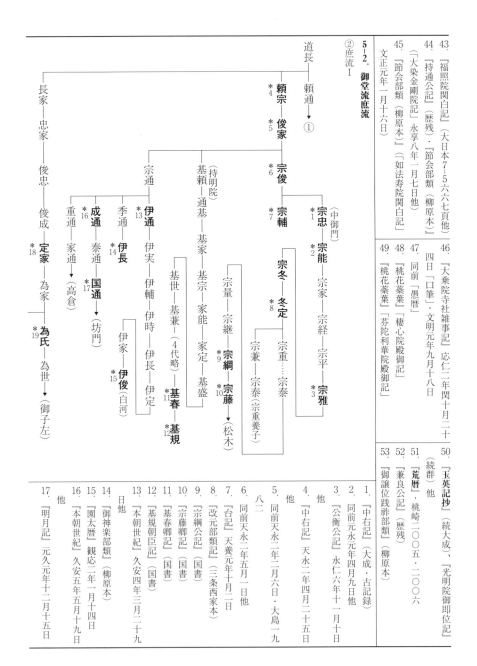

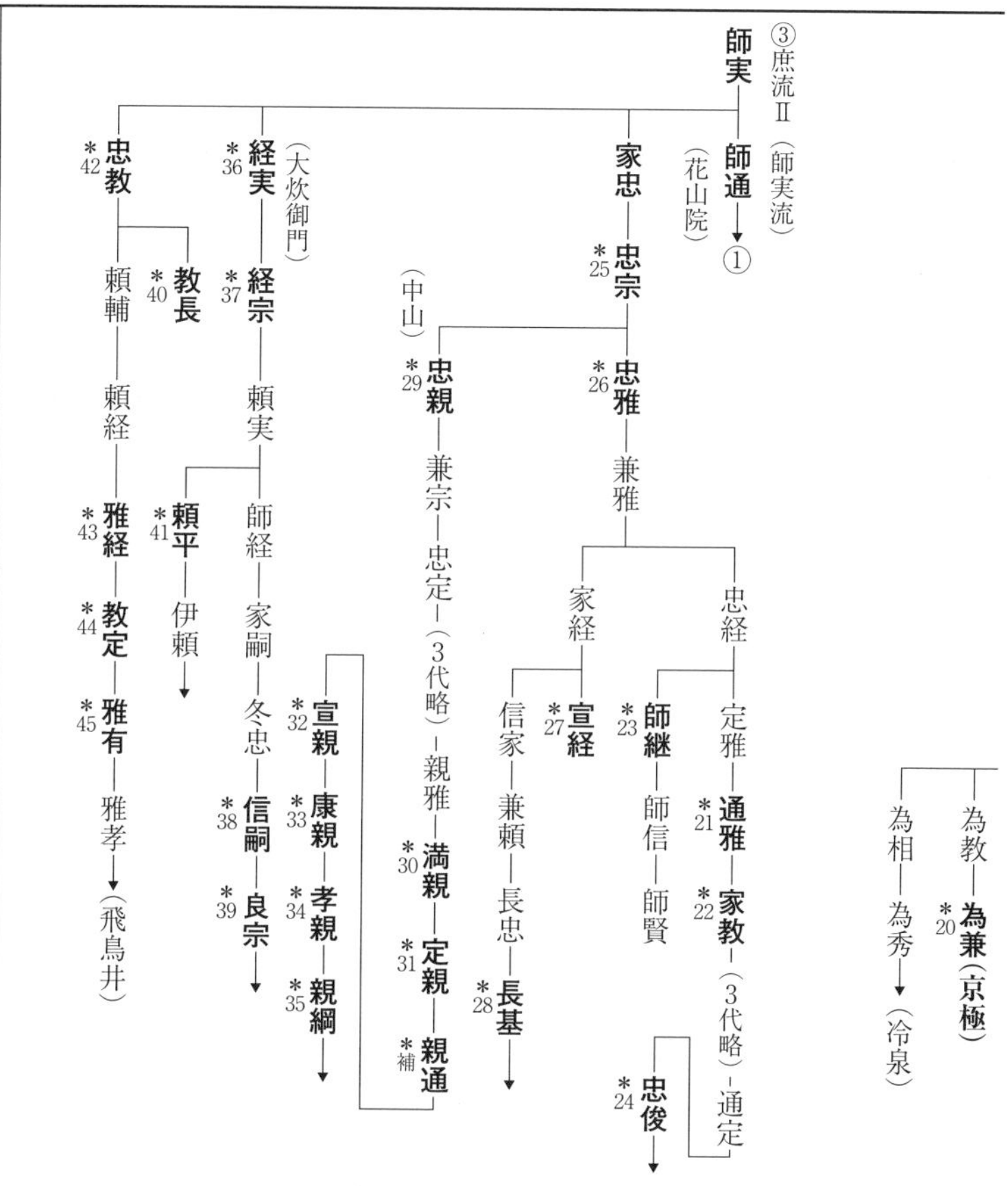

18.『**明月記**』（国書刊行会・冷泉家時雨亭叢書・纂集）
19.『為氏卿記』（冷泉）
20.『為兼卿記』（土岐一九六三）
21.『相国拝賀部類』（続群）
22.『教言卿記』応永十三年七月九日
23.『**妙槐記**』（大成）
24.『儀法講部類』「花幕記」
25.『山槐記』永暦元年九月十日他
26.『妙槐記』文永十一年三月二十六日他
27.『御即位行幸御見物部類記』（大日本5-8）「宣経卿記」
28.『延慶二年大嘗会御禊記』（群類）他
29.『**山槐記**』（大成）
30.『薩戒記』応永二十九年八月十六日他
31.『**薩戒記**』（古記録）
32.『砂巌』三
33.『康親卿記』（国書）
34.『孝親公記』（国書）
35.『親綱卿記』（続々群）・本郷二〇一五
36. 星野一九〇九
37.『本朝世紀』久安四年三月二十九日他
38.『土御門院聖忌宸筆八講』
39.『石清水御幸記』
40.『五宮灌頂記』（小島二〇〇〇）
41.『頼平卿記』（歴残）
42.『御産部類記』（図書）、『公衡公記』乾元二年四月二十三日他
43.『仙洞御移徙部類記』（図書）「二相記」他
44.『飛鳥井教定卿記』（国書）
45.『飛鳥井雅有日記』
補.『慈照院殿大将拝賀篇目』（続群）

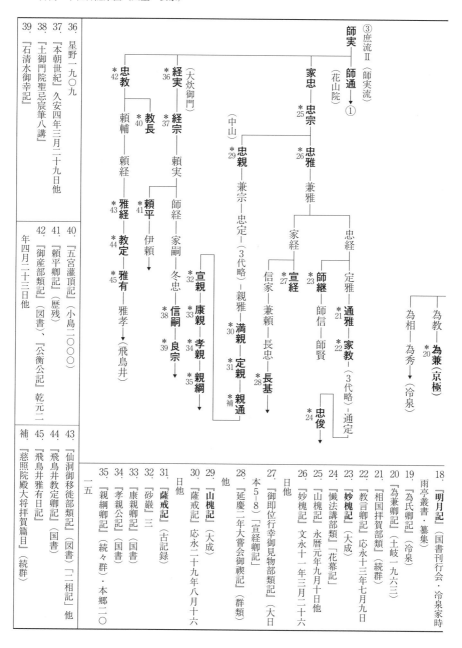

6. 閑院流藤原氏

①三条・徳大寺流

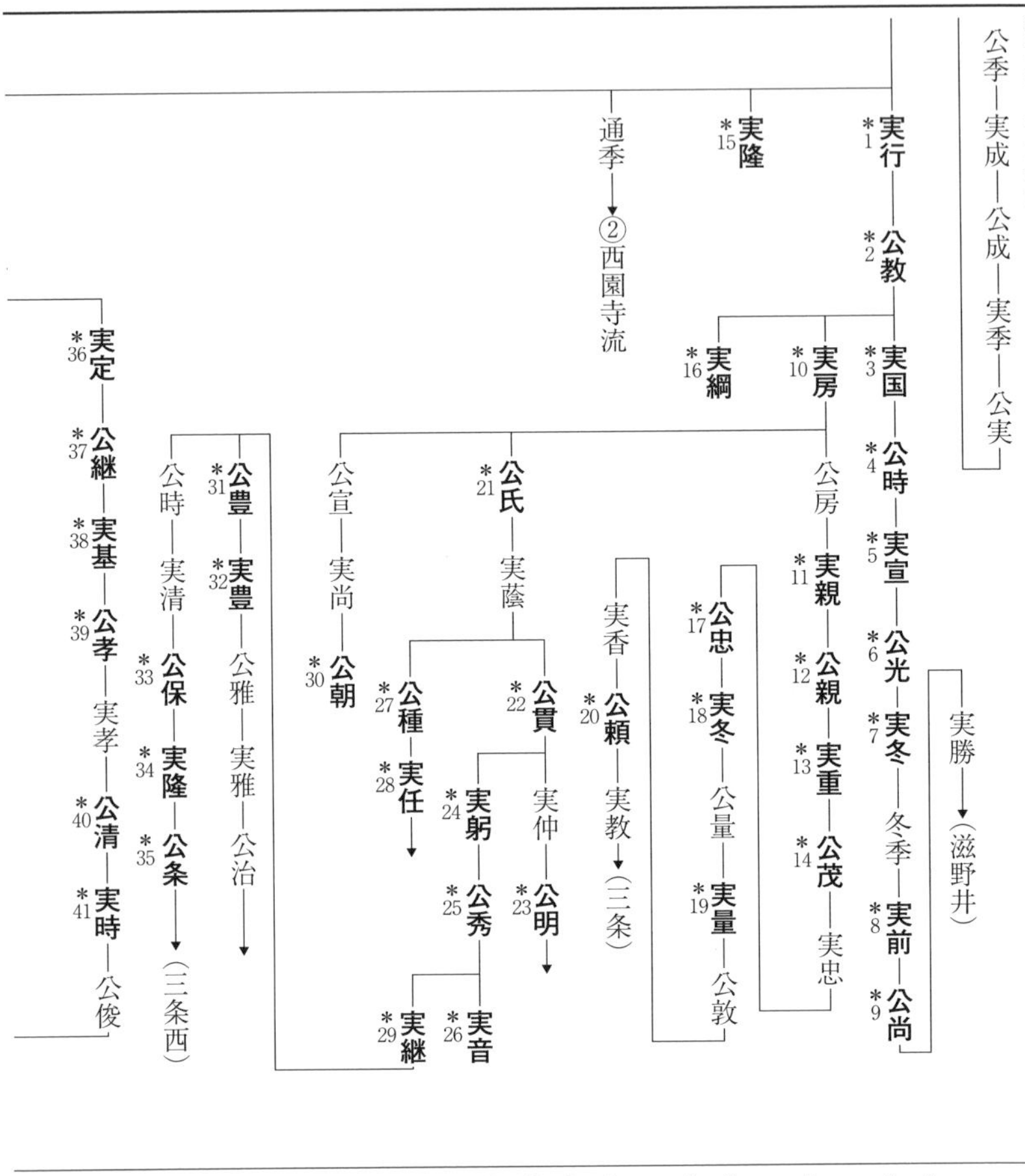

1. 『殿上淵酔部類記』他
2. 『園太暦』貞和五年閏六月三日・「三条内府記」(木本・薗部一九九二)・井原他二〇一〇
3. 『実国卿記』(国書)
4. 『主上御笛始記』(図書)「公時卿記」
5. 『後愚昧記』応安四年車簾巻文書(実継勘例「実宣卿記」)
6. 『御会部類記』「楊龍記」
7. 『園太暦』貞和四年十月二十七日
8. 『砂巌』八「別当実前卿記」他
9. 『公尚卿記』(国書)
10. **『愚昧記』**(古記録)
11. 『後愚昧記』貞治二年六月二十六日他
12. 『後三条内府記』(国書)
13. 『実隆公記』永正四年六月十五日他
14. 『後愚昧記』永徳三年三月二十四日他
15. 『玉葉』建久二年十二月八日
16. 『愚昧記』仁安三年四月二十六日他
17. **『後愚昧記』**(古記録)
18. **『実冬公記』**(古記録)

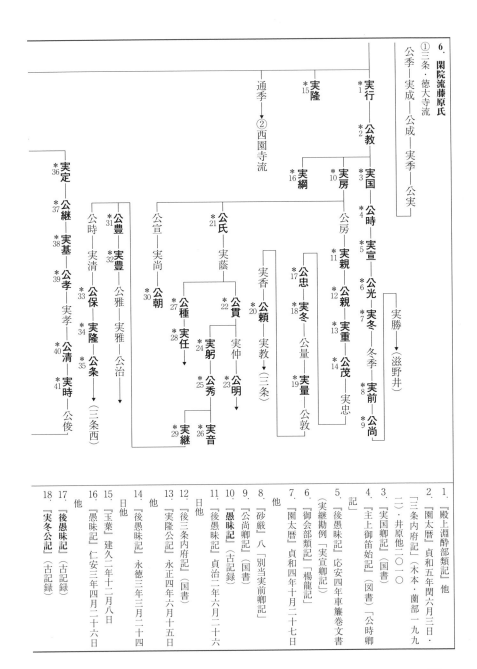

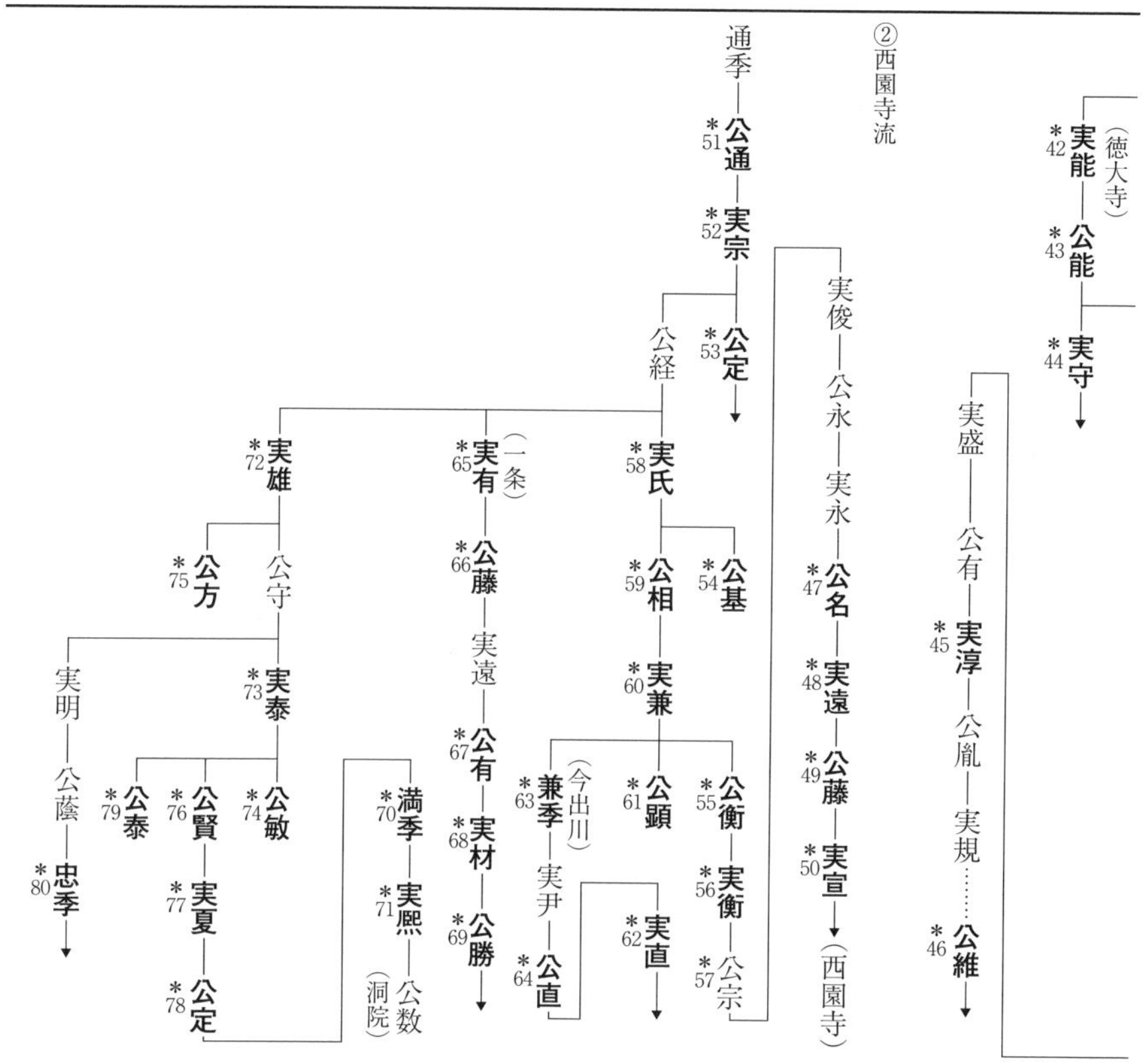

19. 『実隆公記』永正三年十月二十七日他
20. 『公頼公記』（国書）
21. 『御産部類記』（図書）
22. 『公貫卿記抜書』（国書）
23. 『改元部類』（続群）
24. **『実躬卿記』**（古記録）
25. 『園太暦』貞和元年八月三十日・『実隆公記』文明十年三月二十三日他
26. 『後愚昧記』応安四年三月二十三日他
27. 同前応安七年六月八日他
28. 『継塵記』（国書）・『後愚昧記』応安五年即位日兵衛佐装束文書他
29. 『園太暦』康永三年三月二十二日他
30. 『実躬卿記』嘉元四年二月二十八日
31. 『天皇御元服部類』（柳原本）
32. 『実豊卿記』（国書）
33. 『実隆公記』（叙位記）明応三年一月六日
34. **『実隆公記』**（続群書類従完成会）
35. 『公条公記』（国書）
36. 『寿永改元定記』（続群）他
37. 『宮槐記』（国書）
38. 『御譲位部類記』（群類）「徳大寺相国記」

39.『公孝公記』（国書）
40.『園太暦』貞和二年九月十一日他
41.『実時公記』（歴残）
42.『山槐記』治承四年四月二十二日
43.『玉葉』安元二年七月十日他
44.『玉葉』寿永元年八月十五日
45.『実淳公記』（国書）
46.『公維公記』（国書）・遠藤二〇一五
47〜51.**『管見記』**
52.『高倉院御元服記』（続群）
53.『花園天皇宸記』元亨三年十一月二十九日・『実躬卿記』永仁元年八月十日
54.『仙洞御移徙部類記』（図書）「京槐記」
55.**『公衡公記』**（纂集）
56.『実衡公記』（国書）
57.『改元部類』（続群巻二八五）
58.『常盤井相国記』・『公衡公記』（別）乾元二年五月九日他
59.『御産部類記』（図書）「菊園記」・『公衡公記』弘安十一年一月十八日「菊国」他
60.『御幸始部類記』（群類）・『公衡公記』正応二年二月十三日他
61.『今出川右府記』（『伏見宮旧蔵楽書集成』図書）・『天子冠礼部類記惣禄』（群類）
62.『天皇御元服部類』（柳原本）「実直卿記」
63.『啄木御伝授記』（『伏見宮旧蔵楽書集成』図書）
64.『後愚昧記』応安二年一月十六日
65.『改元部類記』（大日本5-12）「実有卿記」
66.『管見記』
67.『行類抄』「公有卿記」
68.『園太暦』延文三年八月十四日
69.『御即位部類』（柳原本）「公勝卿記」
70.『懺法講部類』（大日本7-11、四九頁）「禅御記」
71.『康富記』嘉吉三年四月二十六日
72.『園太暦』貞和元年二月二日他「階御記」
73.『管見記』「大嘗会部類記」
74.『園太暦』長享二年（一四八八）九月五日付甘露寺親長奥書
75.『公定公記』応安七年四月四日
76.『園太暦』（続群書類従完成会・纂集）
77.『実夏卿記』・『園太暦』文和元年九月二十七日他
78.『公定公記』（続大成）・村山一九六四
79.『園太暦』貞和四年十月二十七日
80.同前延文三年八月二十一日

7. 勧修寺流藤原氏

冬嗣—良門—高藤—定方—朝頼—**為輔**[*1]

為輔—惟孝—泰通—**泰憲**[*2]↓

為輔—**宣孝**[*3]—隆光—**隆方**[*4]

藤長[*5]—兼長—房長—**親長**[*6]—**元長**[*7]—伊長↓（甘露寺）

為房[*8]—**為隆**[*9]—**憲方**[*10]

光房[*11]—**経房**[*12]—**定経**[*13]—**資経**[*14]—**為経**[*15]—**経任**[*16]—**為方**[*17]↓

為経—経藤

1.『台記』（別）久安四年七月十一日
2.『勧修寺家文書』天福元年五月二十八日付藤原資経処分状案他
3.『西宮記』（寛和二年五月十七日他）
4.『薩戒記』正長元年十月四日
5.『園太暦』貞和二年一月七日他
6.『親長卿記』（大成・纂集）
7.『元長卿記』（纂集）
8.**『為房卿記』**（駒沢大学一九七九）
9.**『永昌記』**（大成）

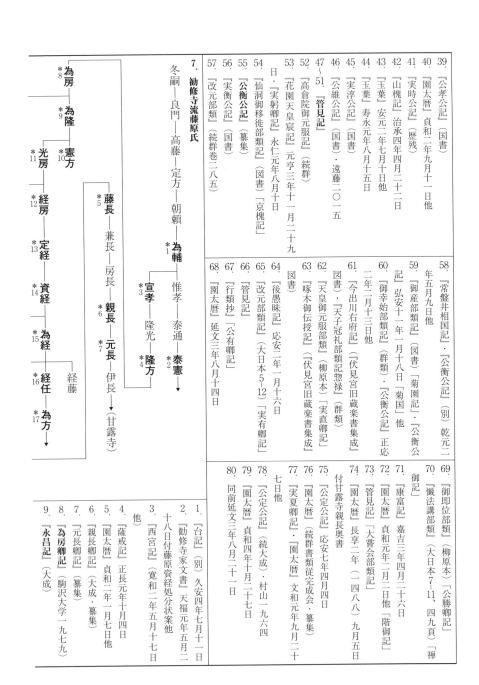

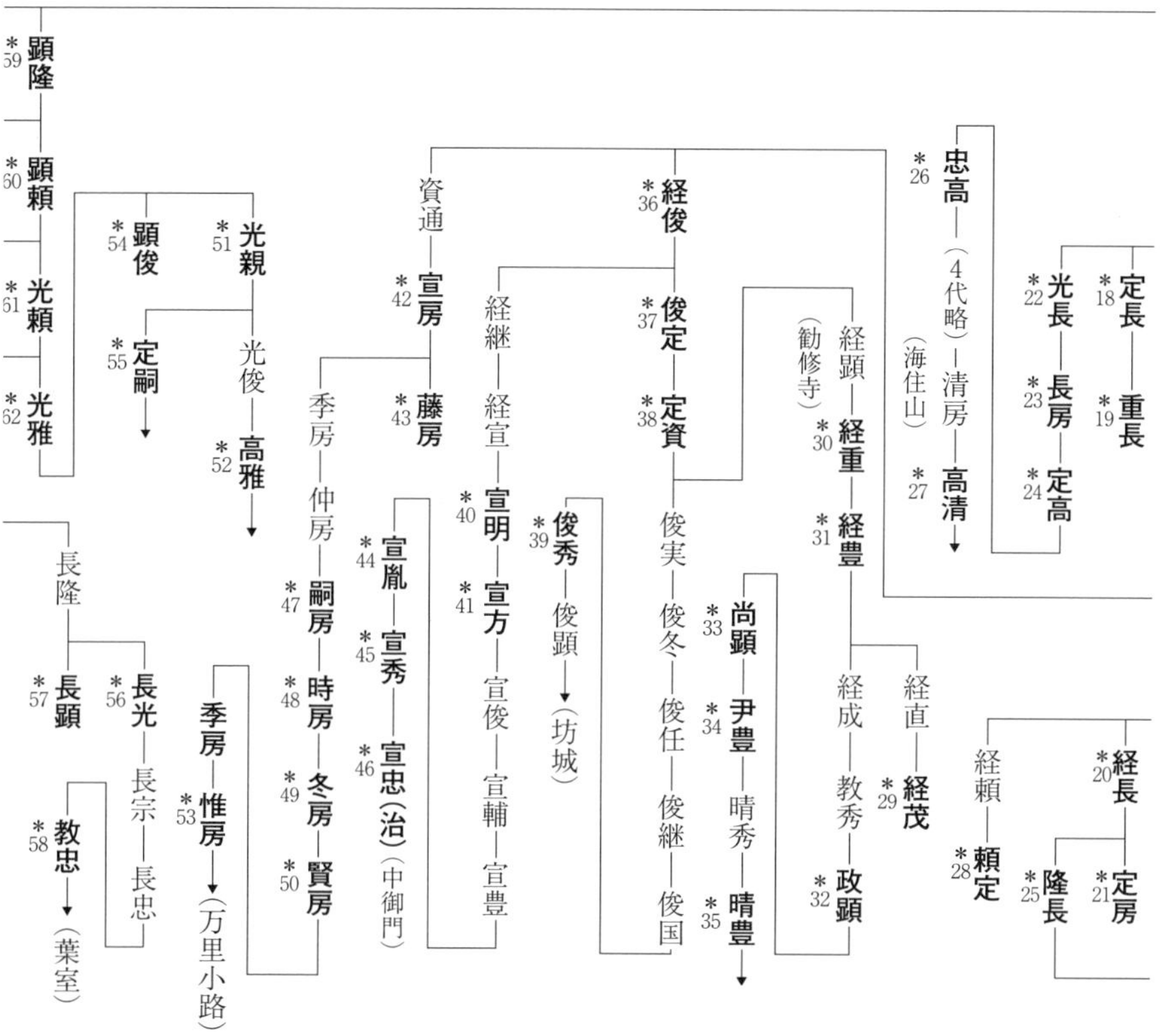

10. 4に同じ
11. 4に同じ
12. 『**吉記**』（大成・和泉書院）
13. 4に同じ
14. 『自暦記』・平田一九九〇
15. 『御譲位記』（大日本5-19、三九七頁）
16. 『経任卿記』（国書）
17. 『公衡公記』（別）嘉元二年七月十七日他
18. 『仙洞御移徙部類記』（図書、「山丞記」）・菊池二〇〇二
19. 『重長朝臣記』（正治二年六月二十八日、大日本4-6、六〇一頁）
20. 『**吉続記**』（大成）
21. 『吉口伝』正安元年五月十一日他
22. 『朔旦冬至部類記』（群類）
23. 『仙洞御移徙部類記』（図書、海戸記）・『公衡公記』正応四年五月二十三日
24. 『仙洞御移徙部類記』（図書、九都記）
25. 『吉口伝』正中三年三月二日他
26. 『忠高卿記』（大日本5-12、二四〇頁）
27. 『十輪院内府記』文明十九年六月十五日「糟粕記」
28. 『御即位部類』（柳原本）

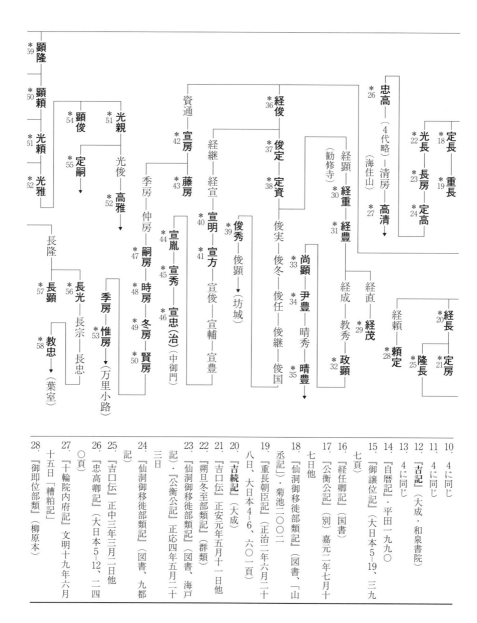

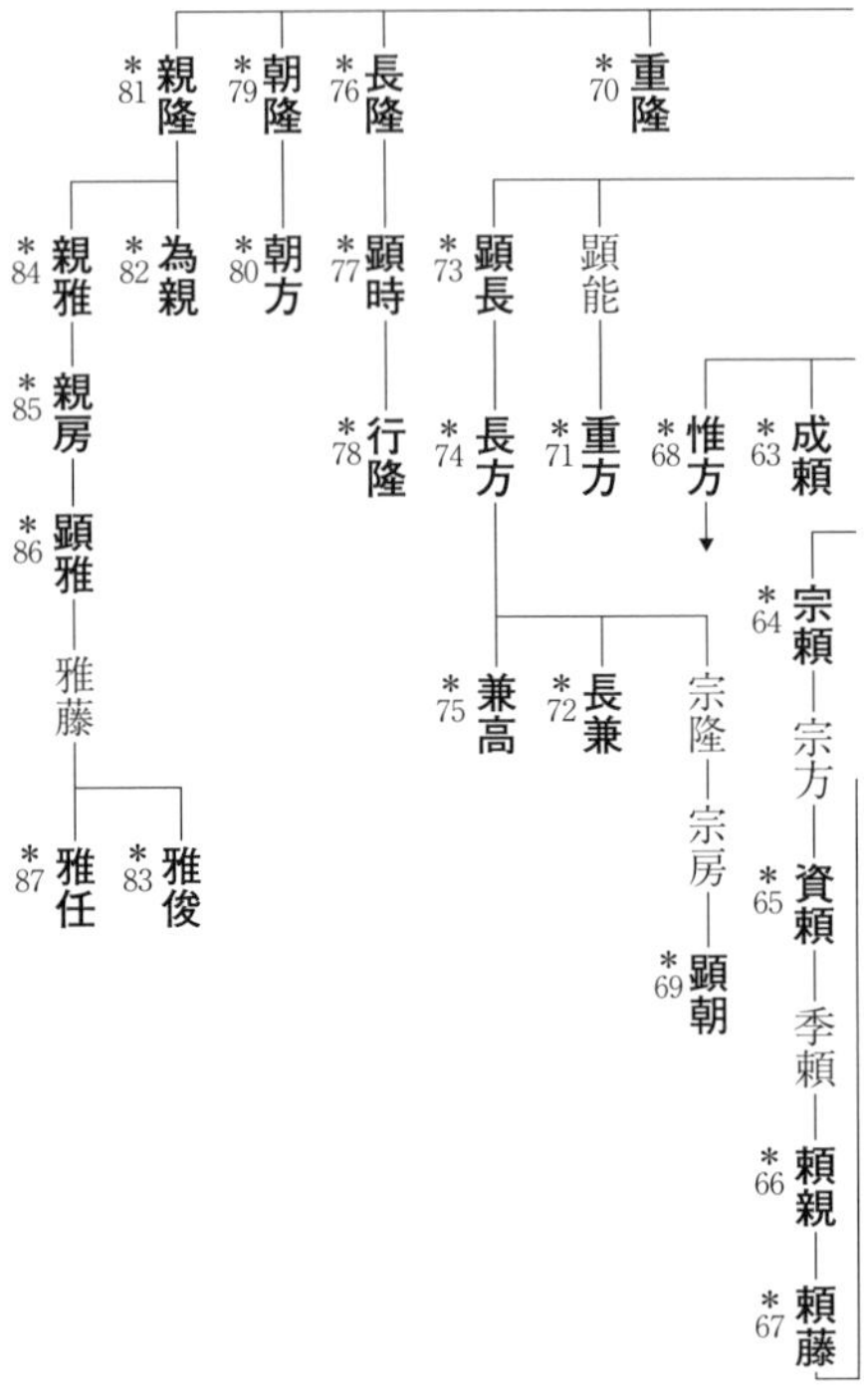

29.『経茂卿記』（国書）
30. 4に同じ（前亜記）
31. 4に同じ（後亜記）
32.『政顕卿記』（国書）
33.『尚顕卿御記』（国書）
34.『尹豊公記』（国書）
35.『晴豊卿記』（国書）
36.『**経俊卿記**』（図書）・宮崎一九九二
37. 4に同じ
38. 4に同じ
39.『康富記』嘉吉二年八月二十九日俊秀書状「愚暦」
40.『宣胤卿記』永正十四年十一月二十七日
41.『応安三年禁中御八講記』（続群）
42.『万一記』（国書）・新田一九九五
43.『改元部類』（続群、「藤房卿記」）他
44.『**宣胤卿記**』（大成）
45.『宣秀卿記』（国書）・同前永正三年三月二十四日他
46.『宣治卿記』（国書）
47.『建内記』正長元年五月十九日他
48.『**建内記**』（古記録）
49. 同前文安四年一月一日他
50.『賢房卿記』（国書）
51. 4に同じ。『吉続記』文永八年一月十七日
52.『葉黄記』寛元四年八月二十七日他
53.『**惟房公記**』（続々群）・木下二〇一五
54.『顕俊朝臣記』（国書）
55.『**葉黄記**』（纂集）
56.『行幸部類記』（大日本6-1、五六五頁「葉室大納言長光卿記」）・『建内記』正長元年三月二十三日
57.『園太暦』観応二年六月二十六日他
58.『教忠卿記』（国書）
59.『山槐記』安元元年八月十五日・『立坊部類』（柳原本）他
60.『台記』久安三年三月十二日他・『御産部類記』
61.『玉葉』建久二年十二月八日・『改元部類記』（伏見宮本）他
62.『建内記』永享十一年六月二日・『天皇御元服部類』（伏見宮家本）他
63.『匠記』（国書）・米田・詫間一九九三
64.『玉葉』文治二年六月二十日他

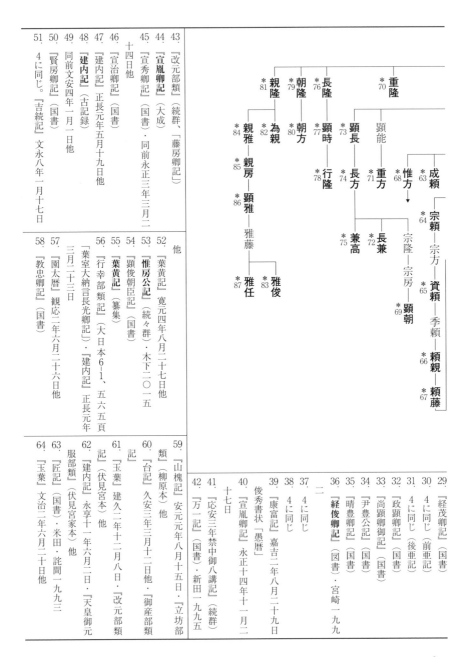

65.『葉黄記』寛元五年一月三日・『後中記』（国書）
66.『仙洞御移徙部類記』（図書、藤都記）他
67.『頼藤卿記』（国書）
68.『玉蘂』承久二年四月十日・『惟方卿記』（歴残）
69.『九条家文書』一（11-4「建長四年二月四日顕朝卿記抄出」）・平林一九八三
70.『中外抄』久安四年八月二十四日、『吉記』仁安三年一月二十一日他
71.『勧修寺家文書』建長二年六月二日付藤原資経処分状案」他・『仙洞御移徙部類記』（図書、「右禅記」）
72.『三長記』（大成）
73.『仙洞御移徙部類記』（図書、「後中記」）
74. 同前（図書、「禅中記」）・『三長記』建久六年十一月十八日他・中町二〇一二
75.『三長記』建永元年四月二十五日他・『葉黄記』寛元四年十一月十一日
76.『吉記』治承五年三月三日
77. 同前安元二年五月二十八日・中民記（国書）
78.『玉葉』文治二年七月二十七日
79.『朝隆卿記』・『玉葉』仁安二年五月二十一日他
80.『勧修寺家文書』天福元年五月二十八日付藤原資経処分状案他・『吉記』寿永元年二月二十九日他
81.『玉葉』建久二年十二月十四日他
82.『為親朝臣記』（歴残）・『改元部類』（続群「為親卿記」）
83.『正安元年新院両社御幸記』（続群）他
84.『仙洞御移徙部類記』（図書、「見隹記」）
85. 同前（見戸記）・『玉蘂』建暦二年八月二十五日
86.『仙洞御移徙部類記』（図書、「法相記」）・『葉黄記』寛元四年十月二十四日他
87.『公衡公記』（後深草院崩御記）嘉元二年八月九日

8. 日野流藤原氏

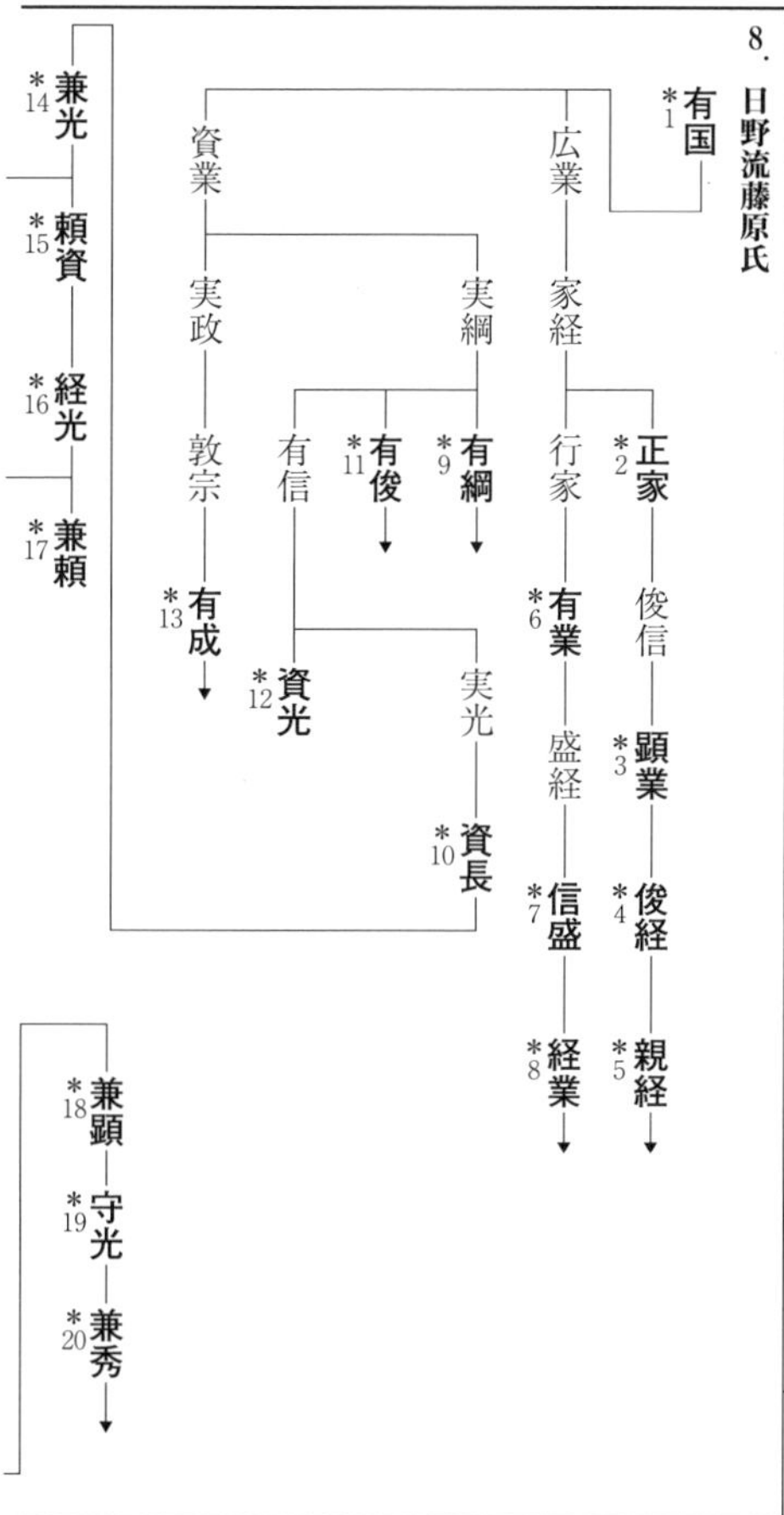

1.『真俗交談記』
2.『玉葉』文治三年九月十八日・『元秘別録』「李大記」（大日本3-5、四九九頁）
3.『御室相承記』
4.『俊経卿記』（歴残）・『玉葉』文治三年十一月二十二日
5.『親経卿記』（高科書店）
6.『中右記』大治五年三月四日
7.『信盛卿記』（国書）
8.『親長卿記』文明十三年七月十日
9.『御産部類記』（図書）
10.『資長卿記』（歴残）・『園太暦』文和二年七月二十一日

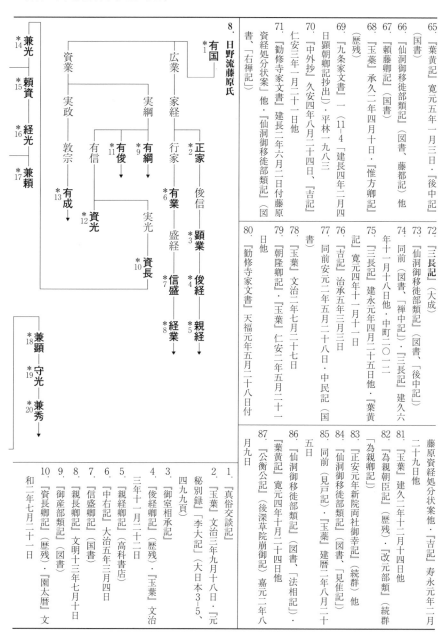

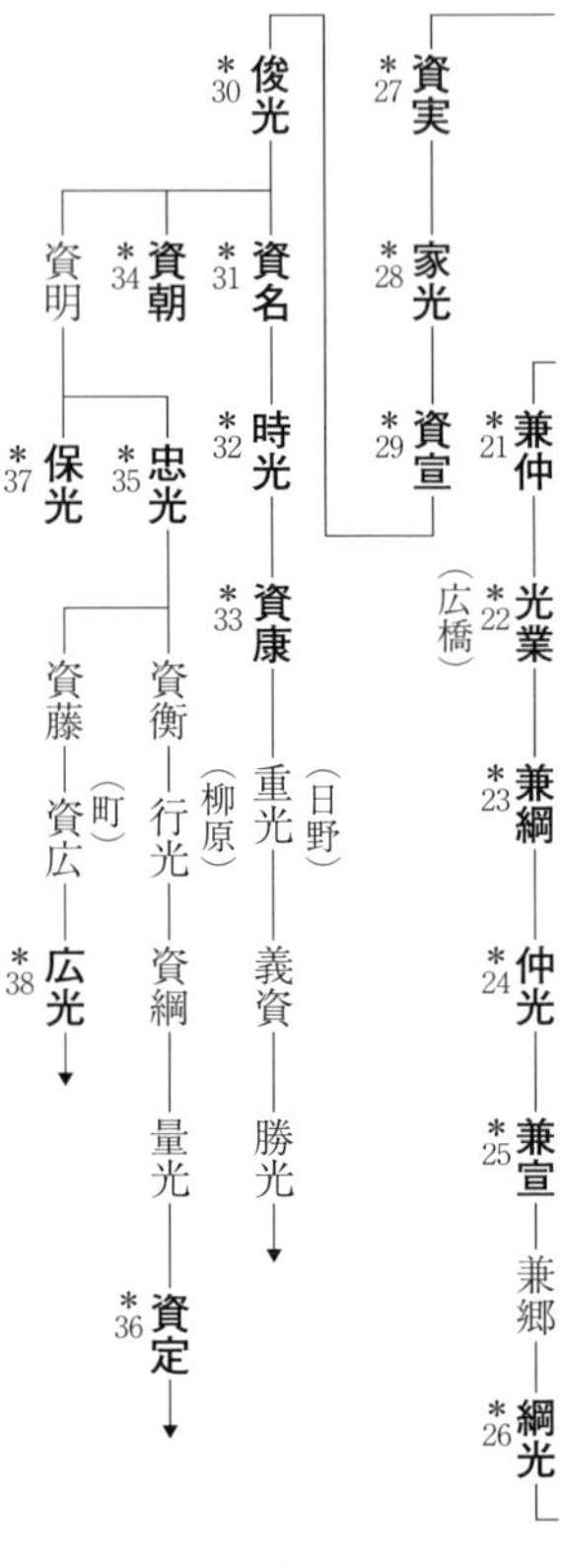

11．『中右記』寛治八年三月十一日
12．『中宮御産部類記』（図書）「祭資記」
13．『中宮御産部類記』（図書）「有成記」
14．『兼光卿記』（歴残）・『玉葉』安元三年七月五日他
15．『頼資卿記』（国書）・『民経記』嘉禄二年七月十一日他
16．『**民経記**』（古記録）

17．『民経記』正元元年十二月二十五日他
18．『**兼顕卿記**』（歴残・データベースれきはく）
19．『守光公記』（国書）
20．『兼秀公記』（歴残）
21．『**勘仲記**』（大成・纂集）・村井二〇一〇～二〇一二・遠藤二〇〇八
22．『光業卿記』（国書）・『大嘗会部類』（柳原本）
23．『兼綱公記』（残闕）・『改元部類』（続群）

24．『儀法講部類』（鷹司本）・『康富記』宝徳三年九月十九日他
25．『**兼宣公記**』（纂集）
26．『綱光公記』（国書）・野村二〇一〇・遠藤他二〇一二
27．『資実卿記』（歴残）・『玉蘂』承元四年十月十五日
28．『改元部類』所収『忠光卿記』（永和一品御記）康安二年九月二十三日他
29．『園太暦』延文元年三月二十五日他

30．『俊光卿記』（残闕）
31．『資名卿記』（残闕）
32．『時光卿記』（残闕）
33．『兼宣公記』明徳元年十二月二十四日
34．『資朝卿記』（残闕）
35．『忠光卿記』（残闕）・『康富記』宝徳三年九月十七日他
36．『資定卿記』（国書）
37．『実隆公記』明応六年一月三日他
38．『広光卿記』（国書）

9．その他の藤原氏

①末茂流

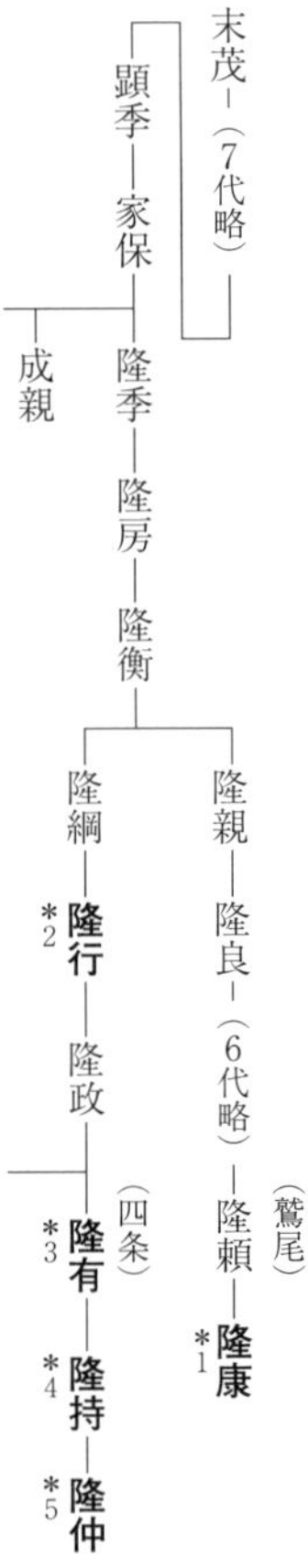

1．『**二水記**』（古記録）
2．『隆行記』（国書）
3．『広義門院御産記』（国書）
4．『教言卿記』応永十四年四月八日
5．『砂巌』（図書）二
6．『隆蔭卿記』（国書）
7．『**教言卿記**』（纂集）

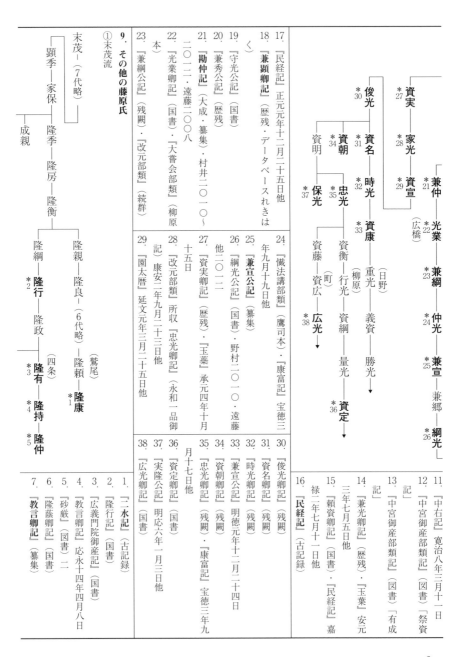

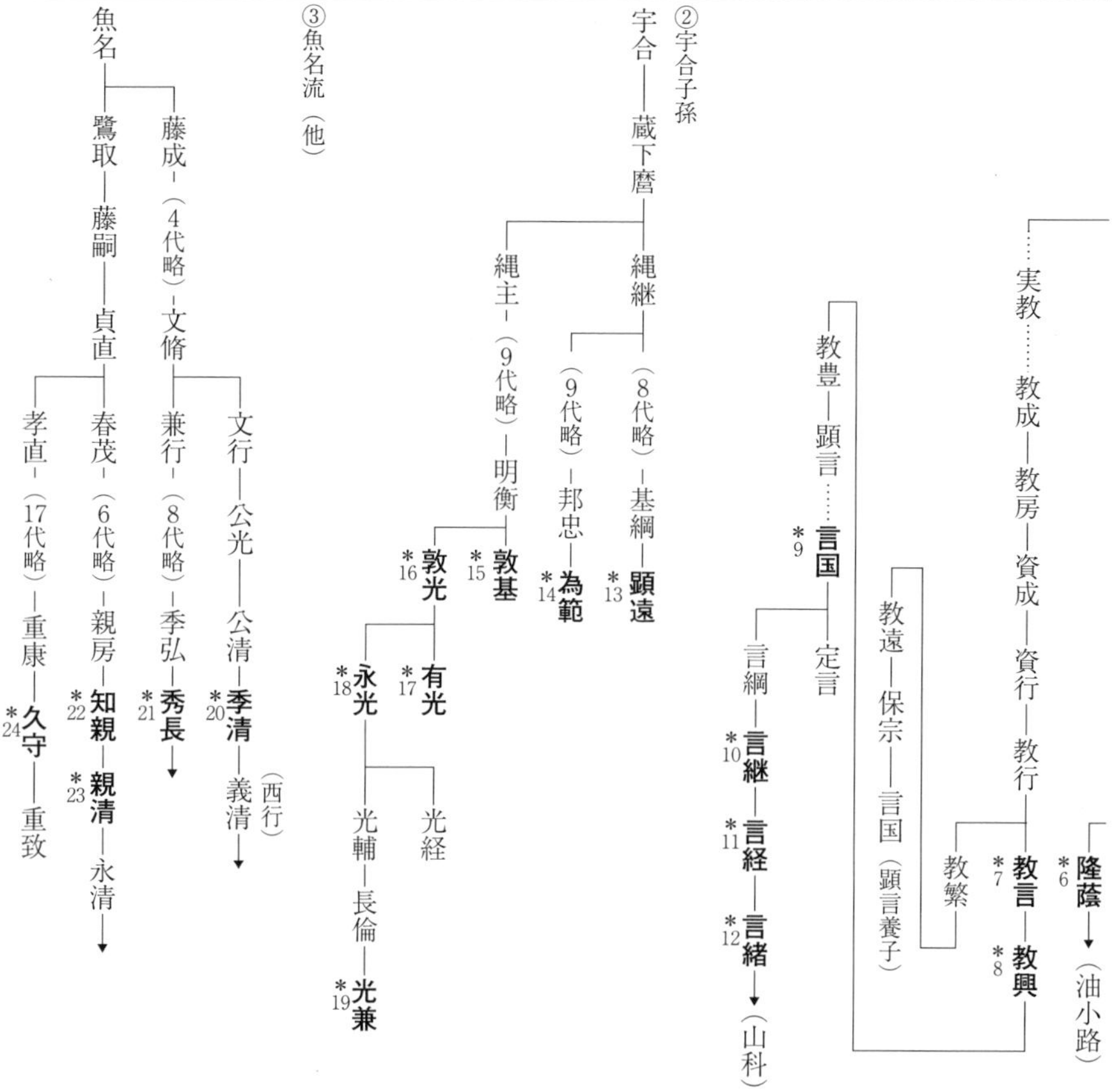

8. 『教興卿記』（纂集）
9. 『**言国卿記**』（纂集）
10. 『**言継卿記**』（続群書類従完成会）
11. 『**言経卿記**』（古記録）
12. 『言緒卿記』（古記録）
13. 『台記』天養元年十月二十八日
14. 『古今著聞集』草木第二十九
15. 『本朝世紀』久安二年四月十六日
16. 『御産部類記』（図書）「敦記」他
17. 同前「有光記」
18. 『本朝世紀』久安二年四月十六日他「大内記長（永）光記」
19. 『玉蘂』嘉禎三年三月十一日「或人説」
20. 『清獬眼抄』（群類）
21. 『延慶八年八幡御幸記』（続群）「秀長朝臣記」
22. 『廷尉故実』（続群）
23. 『葉黄記』宝治二年八月一日「官人親清記」
24. 『**山科家礼記**』（纂集）
25. 『執政所抄』（続群）
26. 『吉記』承安三年七月六日
27. 『永行卿記』（国書）・小森一九九三
28. 『高倉永豊卿記』（東京大学史料編纂所蔵）
29. 『西宮記』（勘物）「元方卿記」

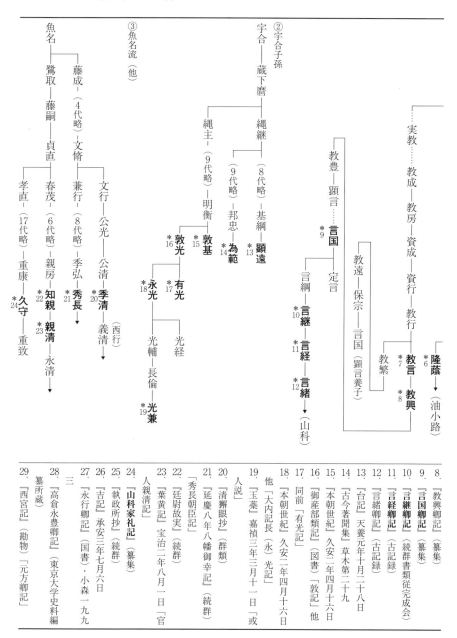

④長良流

長良─清経─（4代略）─範永─清家─永実─為真─永清─**清実**[*25]→

範永─良綱─（4代略）─範昌─**永康**

長良─遠経─（6代略）─致康─**長親**[*26]

永康─永経─永賢─永忠─範賢─永季（高倉）─**永行**[*27]─永藤─**永豊**[*28]→

永経─女子（『中務内侍日記』作者）

⑤武智麻呂流（南家）

武智麻呂─巨勢麻呂─黒麿─（2代略）─菅根─**元方**[*29]─懐忠─（9代略）─業尹─**懐世**[*30]（物加波）

業尹─懐通─**朝尹**[*31]─**親尹**[*32]─懐国→

巨勢麻呂─貞嗣─高仁─（5代略）─実範─成季─永実─永範─光範─**頼範**[*33]

実範─季綱─友実─能兼─（7代略）─範国─範輔

季綱─実兼[*34]─通憲（信西）─俊憲→

10．桓武平氏

桓武天皇─葛原親王─高棟王─惟範─時望─直材─**親信**[*1]─行義─

30．『公清卿記』（歴残）貞和六年一月十六日（『大日本』6-12、二四五頁）
31．同前貞和六年一月十六日・三月六日
32．『園太暦』延文四年四月二十八日
33．『花園天皇宸記』元亨二年二月十三日
34．『江談抄』筆録者

1．『平記』（佐藤二〇〇五・陽明）・『吉記』安元二年六月十八日
2．『園太暦』貞和四年十二月二日

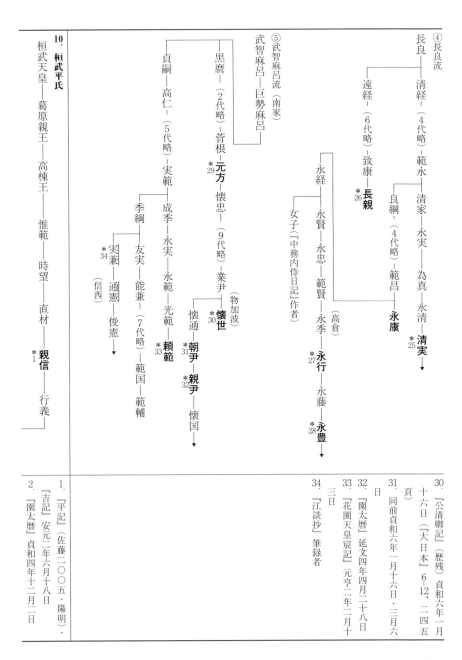

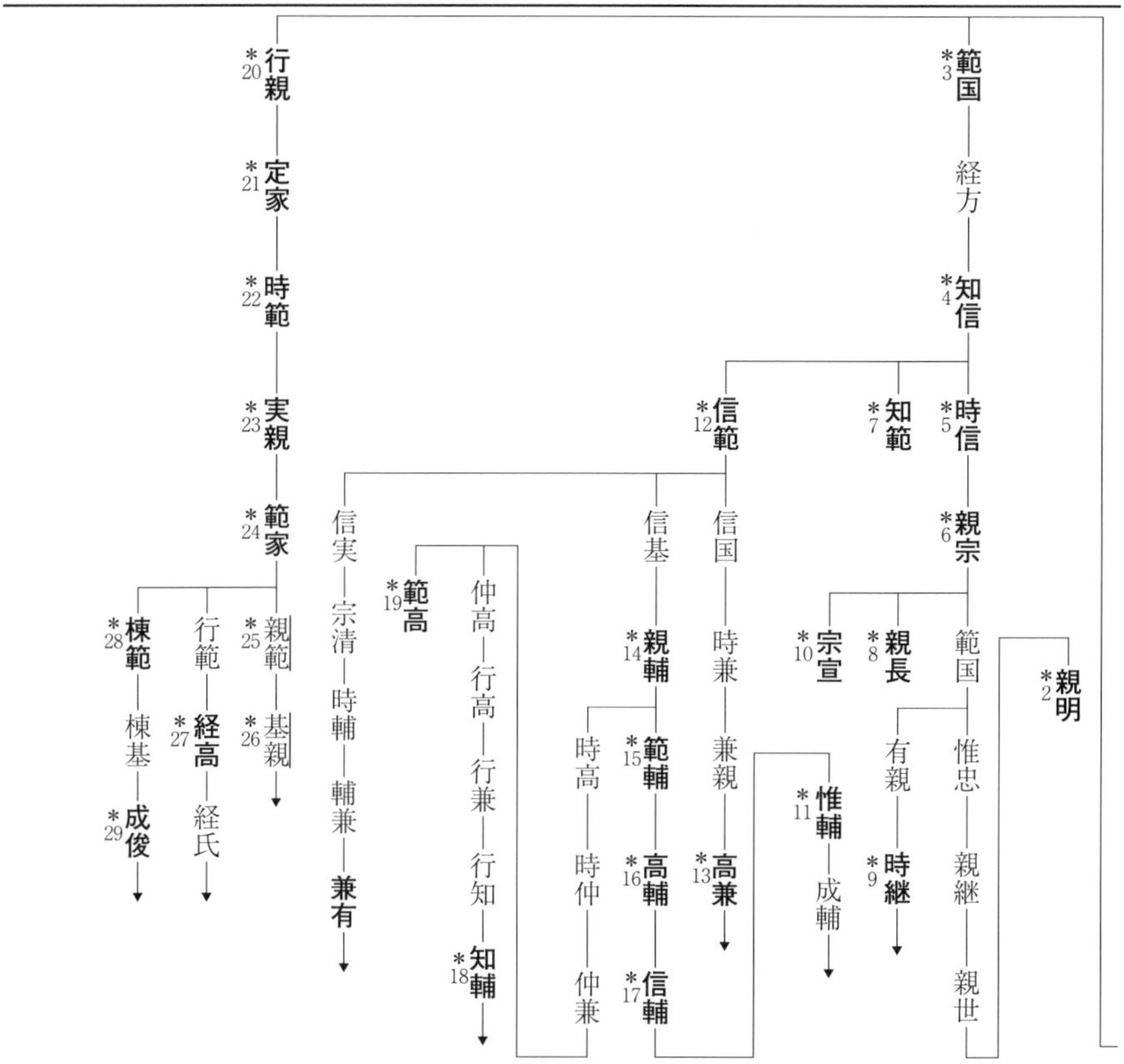

3.『平記』（陽明）・『兵範記』久寿二年七月二十三日・歴残
4.『平記』（陽明）・『玉葉』安元二年十一月二十二日他
5.『平記』（陽明）
6.『妙槐記』文永十一年三月二十六日他
7.『明月記』建久七年五月二十九日
8.『仁和寺御入寺御出家部類記』（伏見宮御記録）「親長卿記」（大日本4-7、二一七頁）
9.『伏見宮御記録』三（大日本5-22、三〇七頁）
10. 8に同じ。「宗信（宣）卿記」
11.『花園天皇宸記』文保元年三月二十八日
12.『兵範記』（大成他）
13.『隆蔭卿記』（集覧）文保二年九月五日
14.『礼部記』（国書）
15.『範輔卿記』（歴残）・『平記』（陽明）
16.『仙洞御移徙部類記』（図書）
17.『信輔卿記』（国書）・『御禊行幸服飾部類』（群類）
18.『薩戒記』永享元年十月二十一日
19.『公衡公記』（別）嘉元二年七月二十七日

20.『**平記**』（陽明）・『玉葉』安元二年十一月二十二日他

21.『**平記**』（陽明）・『玉葉』承安四年五月五日他

22.『時範朝臣記』（歴残）・『後二条師通記』寛治二年十二月二十七日・早川一九六二・宮崎一九八六他

23.『実親卿記』（歴残）

24.『吉記』仁安元年九月三日

25.『園太暦』延文三年一月八日

26.『官職秘抄』

27.『平戸記』（大成）

28.『亀山院御凶事記』嘉元三年九月二十三日（大日本4-4、三五頁）

29.『正元元年東宮御元服部類記』（続群）「成俊記」

11. 大江氏

音人—千古—**維時***1—重光—匡衡—挙周—成衡—**匡房***2—維順→

　　　　　　　　維時*1—**斉光***3

1.『江談抄』

2. 木本一九八五

3.『北山抄』

12. 菅原氏

道真-（4代略）-孝標

定義—是綱—宣忠—長守—**為長***3—高長—長経—季長—為視—為綱—為守

　　　　　　　　　　　　　　　　為長*3—**長成***7→（高辻）

　　　　　　　　　　　　　　　　　　　　　　長経—茂長（東坊城）—長綱—**秀長***4—長遠

（五条）**為清***1—為賢—為親—**為学***2→

益長*5—長清—**和長***6→

定義—在良—清能—貞衡-（5代略）-在親—在貫—在遠—在豊—在治—**在数***8→

1.『建内記』嘉吉三年三月十日

2.『**拾芥記**』（集覧）

3.『編御記』（国書）・『康富記』康正元年十二月十四日他

4.『**迎陽記**』（纂集）

5.『益長卿記』（国書）・『贈官宣下記』（群類）

6.『和長卿記』（国書）・『贈官宣下記』（群類）

7.『後深草天皇宸記』文永三年三月十二日、『元秘抄』の作者

8.『後慈眼院日記』明応三年九月二十二日

13. 中原氏

致時—**師任***1—**貞親***2→

1.『宮槐記』承元二年十二月二十五日（大日本4-10、四二九頁）

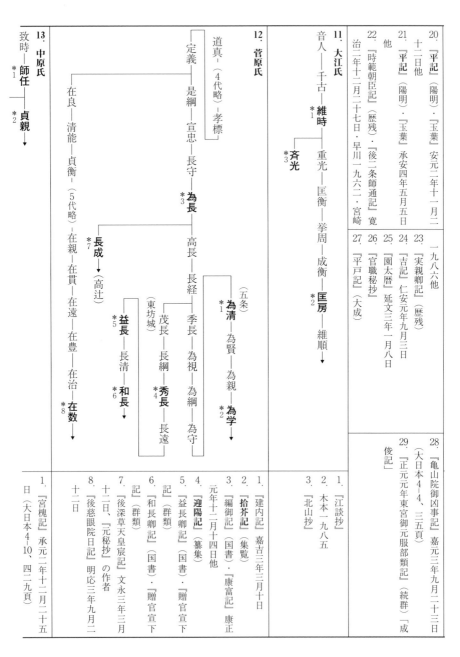

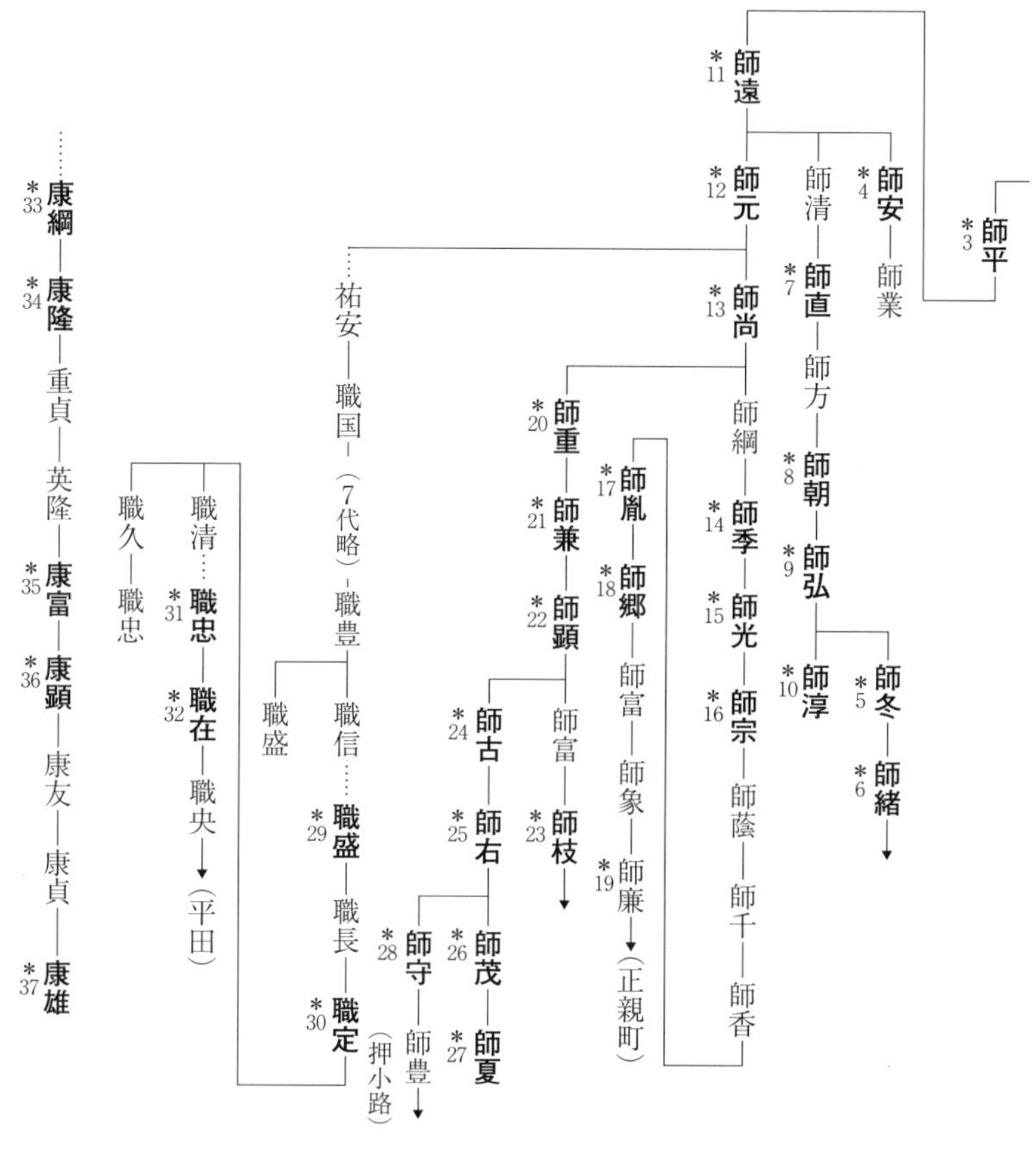

2. 『御産部類記』（図書）「外貞記」
3. 『山槐記』建久三年四月十九日・『平戸記』仁治元年閏十月二十二日
4. 『南都大衆入洛記』（続群）
5. 『仙洞御移徙部類記』（図書）
6. 『園太暦』貞和四年一月四日・『東宝記』
7. 『仙洞御移徙部類記』（図書）
8. 『御禊行幸服飾部類』（群類）
9. 『仙洞御移徙部類記』（図書）・『康富記』永享二年十一月十八日
10. 『師淳記』（歴残）
11. 『師遠朝臣記』（歴残、「鯨珠記」）・『台記』久安三年三月十四日
12. 『師元朝臣記』（歴残）・『玉葉』安元二年四月二日他・『中外抄』筆録者
13. 『師尚朝臣記』（歴残）・『吉記』治承五年六月二十六日
14. 『天皇御元服部類記』（野宮家本、大日本5-1）
15. 『師光朝臣記』（歴残）・『花園天皇宸記』元亨元年十二月二十七日他
16. 『師宗朝臣記』（国書）・『天子冠礼部類記物緑』（群類）
17. 榎原二〇一二
18. **『師郷記』**（纂集）
19. 斎木一九三八・金子他二〇一三

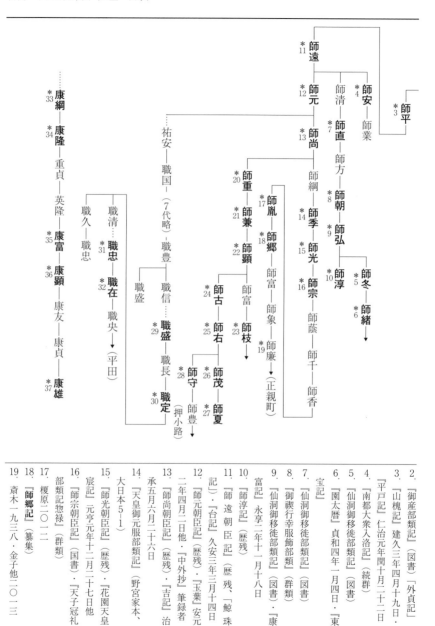

20. 『経俊卿記』建長三年六月二十七日・『花園天皇宸記』元亨元年十二月二十七日他
21. 『師兼記』（歴残）、『御即位部類（三条家本）』大日本5-14、二六一頁）
22. 『師顕朝臣記』（歴残）・『師守記』貞和五年十月九日他・『後愚昧記』応安五年即位日兵衛佐装束文書
23. 『園太暦』貞和五年七月八日
24. 『洞院家廿巻部類』（藤波本）「師古記」
25. 『師守記』康永四年十月二十九日他
26. 『園太暦』観応元年九月十九日他
27. 『師夏記』（歴残）
28. **『師守記』**（纂集）
29. 『諸司職掌』（続群）
30. 『出納中原職定記』（歴残）
31. 『出納中原職忠職在記』（歴残）
32. 同前
33. 『康富記』宝徳元年四月二十九日他
34. 『康富記』（永享大嘗会記）永享二年十一月一日他
35. **『康富記』**（大成）
36. 『康富記』嘉吉三年十一月十六日他
37. 『康雄記』（歴残）

14. 清原氏

広澄―**頼隆***1
- 定隆―定俊―信俊→
- 定滋―定康―**祐隆***2
  - 祐安（13中原氏、師元の養子）
  - **頼業***3―**良業***4―**頼尚***5―**良季***6―**良枝***7
    - 宗尚―良兼―**宗季***8―**良賢***9―**頼季***10―宗業―**業忠***11―**宗賢***12→
    - **頼元***13→

1. 『御産部類記』（図書）「外頼記」・『後二条師通記』寛治六年十月一日
2. 『院号定部類記』
3. 『玉葉』治承三年四月二十五日他
4. 『良業記』（歴残）・『妙槐記』文永十一年三月二十六日
5. 『公衡公記』（別）嘉元二年七月八日
6. 『良季記』（国書）
7. 『良枝記』（国書）
8. 『園太暦』文和四年八月十四日他
9. 『良賢真人記』（歴残）・『建内記』正長元年二月十一日他
10. 『康富記』文安元年十月二十三日他
11. 『永享大饗記』（国書）
12. 『宗賢卿記』（歴残）・『実隆公記』永正三年九月九日・榎原他二〇一二
13. 『朔旦冬至部類記』（群類）

15. 小槻氏

今雄―（7代略）―**孝信***1―祐俊―**盛仲***2―政重
―隆職―国宗―通時―**有家***4―顕衡―統良―**千宣***5―**匡遠***6
- **量実***3
- **兼治***7―**周枝***8―晨照―

1. 『中右記』嘉保元年十月二十六日
2. 『小槻季継記』寛喜二年閏一月二十日
3. 『量実宿禰記』（歴残）
4. 『宣秀卿御教書案』第1冊（末柄二〇〇六）

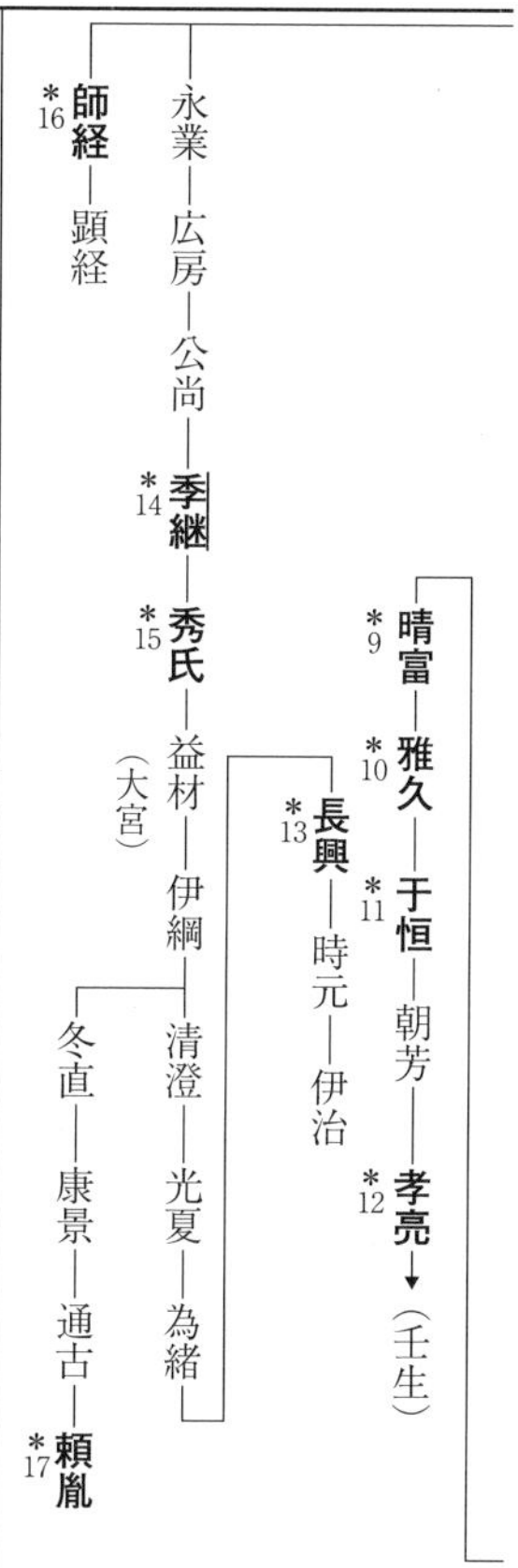

12.『孝亮宿禰記』（国書）
13.『長興宿禰記』（纂集）
14.『小槻季継記』（黒田二〇〇二）
15. 同前
16.『台記』久安三年三月十二日
17.『小槻頼胤記』（国書）

5.『実隆公記』（別）明応九年十月二十五日
6.『匡遠宿禰記』（歴残）・橋本一九五九
7.『兼治宿禰記』（歴残）
8.『薩戒記』正長元年十月十一日
9.『晴富宿禰記』（図書）
10.『雅久宿禰記』（国書）
11.『于恒宿禰記』（国書）

16. 高階氏

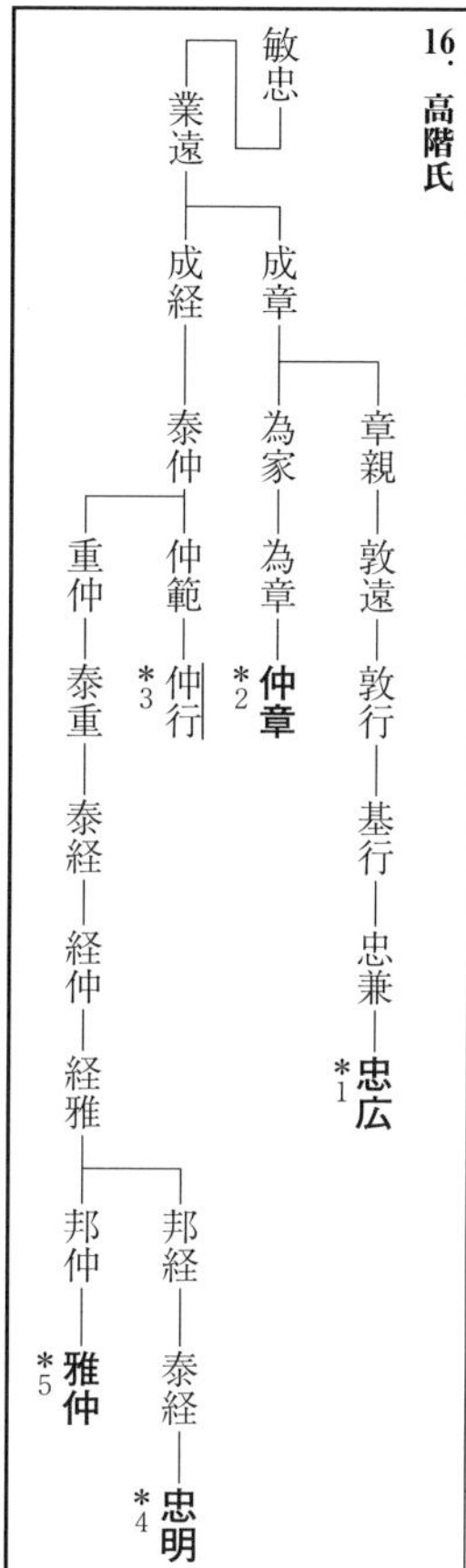

1.『園太暦』貞和二年四月二十八日「階忠記」
2.『仲章記』（歴残）
3.『富家語談』筆録者
4.『園太暦』延文五年正月記
5.『園太暦』貞和元年八月三十日「高大府記」

［凡例］

1. 系図において、太字・ゴチックは日記が確認される人物、人名に傍線は主要な儀式書などの作成が確認される者である。
2. 系図において＊で示した番号を付けた人物は、典拠欄で日記の記主として確認することができる典拠を示した。
3. 典拠欄において、日記名を太字にしたものは、『日記で読む日本中世史』所収「中世主要日記一覧」に掲載されている日記である。参考文献についてもそれに付記した参考文献と合わせてご利用いただきたい。

刊本・叢書等略称

古記録：大日本古記録（岩波書店）

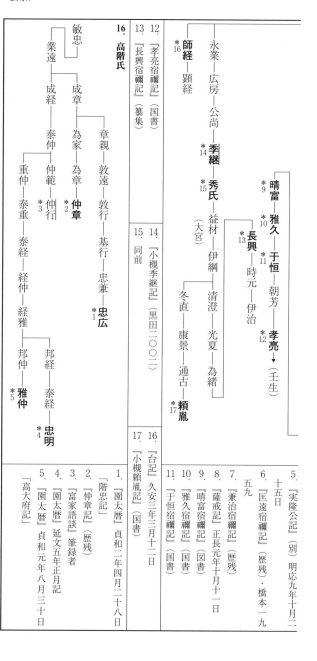

纂集：史料纂集（続群書類従完成会、八木書店）
図書：図書寮叢刊（明治書院）
大成：増補史料大成（臨川書店）
続大成：続史料大成・増補続史料大成（臨川書店）
歴残：歴代残闕日記（臨川書店）。ただし、日記名はスペースの関係で、例えば『徳大寺太政大臣藤実時公記』として所載されている場合、『実時公記』のように略した。
陽明：陽明叢書（記録文書篇、思文閣出版）
群類：群書類従（続群書類従完成会、八木書店）
冷泉：冷泉家時雨亭叢書（朝日新聞社）
続群：続群書類従（続群書類従完成会、八木書店）
続々：続々群書類従（続群書類従完成会、八木書店）
集覧：改定史籍集覧
続集覧：続史籍集覧
大日本：大日本史料（東京大学出版会）、例えば、大日本4-7は、『大日本史料』第4編第7巻を示す。
国書：『国書総目録』（岩波書店）

日記単行本

今川文雄校訂『玉蘂』（思文閣出版、一九八四年）
大島幸雄・細谷勘資・木本好信『親経卿記』（高科書店、一九九四年）
木本好信編『江記逸文集成』（国書刊行会、一九八五年）
高橋秀樹編『新訂吉記』本文編一～三（和泉書院、二〇〇二～〇六年）
中世公家日記研究会編『政基公旅引付　本分篇・研究抄録篇・索引篇』（和泉書院、一九九六年）
中世公家日記研究会編『政基公旅引付　影印篇』（和泉書院、一九九六年）
『陽明叢書記録文書編第六輯　平記・大府記・永昌記・愚昧記』（思文閣出版、一九八八年）

参考文献

石田実洋「東山御文庫本『御産記　寛弘六年十一月』の紹介」（『禁裏・公家文庫研究』第一輯、思文閣出版、二〇〇三年、初出二〇〇一年）
石田実洋「陽明文庫所蔵『水心記　嘉承二年即位之間事』小考――『水左記』逸文の紹介」（『日本歴史』七〇九、二〇〇七年）

石田実洋「『白河院宸記』の逸文について」（『古文書研究』七三、二〇一二年）
井原今朝男（國學院大學院生ゼミグループ）「中世禁裏の宸筆御八講をめぐる諸問題と『久安四年宸筆御八講記』」（『国立歴史民俗博物館研究報告』一六〇、二〇一〇年）
榎原雅治「国立歴史民俗博物館所蔵「中原師胤記」及びいわゆる「師郷記」について」（『古記録の史料学的な研究にもとづく室町文化の基層の解明』東京大学史料編纂所研究成果報告二〇一一—四、二〇一二年）
榎原雅治・遠藤珠紀・大塚未來・小瀬玄士・末柄豊・丸山裕之「宮内庁書陵部所蔵三条西本『宗賢卿記』」（同前）
遠藤珠紀「翻刻『勘仲記暦記』」（『中世朝廷の官司制度』吉川弘文館、二〇一一年、初出二〇〇八年）
遠藤珠紀・須田牧子・田中奈保・桃崎有一郎「綱光公記——寛正三年暦記（一）」（『東京大学史料編纂所研究紀要』二二、二〇一二年）
遠藤珠紀「東京大学史料編纂所所蔵『公維公記』天正二～七年記」（『禁裏・公家文庫研究』第五輯、思文閣出版、二〇一五年）
大島幸雄「藤原教通と『二東記』」（『史聚』一一、一九八〇年）
大島幸雄「京極殿御記（補遺・参考・覚書）」（『国書逸文研究』七、一九八一年）
大島幸雄「大右記（補遺・覚書）」（『国書逸文研究』八、一九八二年）
小川剛生「『後光明照院関白記』解題・翻刻・人名索引」（国文学研究資料館『調査研究報告』二二、二〇〇一年）
尾上陽介「東山御文庫本『除目部類記』所引『法性寺殿御記』『中右記』逸文」（『禁裏・公家文庫研究』第二輯、思文閣出版、二〇〇六年）
尾上陽介（早稲田大学大学院「古文書学・古記録学特論」ゼミ受講生）「『仁部記』文永十二年二月・三月記——翻刻と注釈」（『鎌倉遺文研究』三二、二〇一三年）
尾上陽介（同前）「『仁部記』建長八年五月記——翻刻と注釈」（『鎌倉遺文研究』三三、二〇一四年）
尾上陽介（同前）「『仁部記』弘長元年七月・八月記——翻刻と注釈」（『鎌倉遺文研究』三五、二〇一五年）
金子拓・遠藤珠紀・久留島典子・久水俊和・丸出裕之「史料編纂所蔵『大外記師廉記』」（『東京大学史料編纂所研究紀要』二三、二〇一三年）
菊池大樹「「文治四年後白河院如法経供養記」について——新出『定長卿記』の翻刻と研究」（『東京大学史料編纂所研究紀要』一二、二〇〇二年）
木下聡「伏見宮本『惟房卿記』」（『禁裏・公家文庫研究』第五輯、思文閣出版、二〇一五年）
木本好信「藤原実頼の『清慎公記』逸文」（『平安朝日記と記録の研究』みつわ、一九八〇年）
木本好信「東洋文庫蔵朝隆卿大嘗会記（補遺・覚書）」（『国書逸文研究』八、一九八二年）
木本好信・薗部寿樹「内閣本『三条内府記』稿（1）」（『米沢史学』八、一九九二年）
黒田彰子「翻刻　静嘉堂文庫蔵『官史記』」（『愛知文教大学論叢』五、二〇〇二年）
皇室制度調査室「伏見宮本『広義門院御産御記（後伏見天皇宸記）』翻刻（上）（下）」（『書陵部紀要』六三・六四、二〇一二年・二〇一三年）
小島裕子「『五宮灌頂記』解題・翻刻」（『名古屋大学比較人文学研究年報』第一集、二〇〇〇年）

五島訓代「資料紹介広橋綱光『禁裏晴蹴鞠記』・二条持通『於禁裏晴御鞠記』」（『書陵部紀要』五七、二〇〇五年）
駒沢大学大学院史学会古代史部会「翻刻為房卿記　自延久四年至永保二年」（『史聚』一〇、一九七九年）
小森正明「本院御落飾記」（『書陵部紀要』四五、一九九三年）
斎木一馬「『諸家名記』考」（『斎木一馬著作集　1　古記録の研究（上）』吉川弘文館、一九八九年、初出一九六九年）
斎木一馬「中原師廉及び師廉室の日記に就いて」（『斎木一馬著作集　2　古記録の研究（下）』吉川弘文館、一九八九年、初出一九三八年）
桜井彦「『行啓記　保延五年』」（『書陵部紀要』五七、二〇〇六年）
佐藤宗諄先生退官記念論文集刊行会編『『親信卿記』の研究』（思文閣出版、二〇〇五年）
芝辻俊六「『中原康雄記』とその紙背文書について」（『日本歴史』三一九、一九七四年）
清水潔『類聚符宣抄の研究』（国書刊行会、一九八二年）
末柄豊『室町・戦国期の符案に関する基礎的研究』（科研報告書、二〇〇六年）
相馬万里子「淵酔記断簡」（『書陵部紀要』四一、一九八九年）
曽根研三『伯家記録考』（西宮神社社務所、一九三三年）
高橋昌明・樋口健太郎「国立歴史民俗博物館所蔵『顕広王記』応保三年・長寛三年・仁安二年巻」（『国立歴史民俗博物館研究報告』一三九、二〇〇八年）
高橋昌明・樋口健太郎「国立歴史民俗博物館所蔵『顕広王記』承安四年・安元二年・安元三年・治承二年巻」（『国立歴史民俗博物館研究報告』一五三、二〇〇九年）
田島公「源有仁編の儀式書の伝来とその意義――「花園説」の系譜」（『史林』七三―三、一九九〇年）
田島公「『叙玉秘抄』について――写本とその編者を中心に」（『書陵部紀要』四一、一九九〇年）
田島公「田中教忠旧蔵本『春玉秘抄』について――「奥書」の紹介と検討を中心に」（『日本歴史』五四六、一九九三年）
田島公「『秋玉秘抄』と『除目秘抄』――源有仁原撰本『秋次第』と思われる写本の紹介と検討」（『禁裏・公家文庫研究』第一輯、思文閣出版、二〇〇三年）
土岐善麿『訳注為兼卿和哥抄』（初音書房、一九六三年）
所功『三代御記逸文集成』（国書刊行会、一九八二年）
中町美香子「三条西家旧蔵『禅中記抄』」（『禁裏・公家文庫研究』第四輯、思文閣出版、二〇一二年）
新田英治「西園寺家所蔵『万一記』」（『学習院大学史料館紀要』八、一九九五年）
野村朋弘「『綱光公記』――自文安五八月一日至九月二十九日」（『史学研究集録』三五、二〇一〇年）
橋本義彦「小槻匡遠記」（『書陵部紀要』一一、一九五九年）
花田雄吉「陽明文庫所蔵の古日記」（『日本歴史』一〇五、一九五七年）

早川庄八「時範記」（『書陵部紀要』一四、一九六二年）
早川庄八「時範記補遺」（『書陵部紀要』一七、一九六五年）
平田俊春『平家物語の批判的研究』下（国書刊行会、一九九〇年）
平林盛得「顕朝卿記」（『書陵部紀要』三四、一九八三年）
藤原重雄「高松宮旧蔵『定能卿記』（安元御賀記）」（『禁裏・公家文庫研究』第二輯、思文閣出版、二〇〇六年）
藤原重雄「宮内庁書陵部九条家本『定能卿記部類』八「興福寺供養」」（『禁裏・公家文庫研究』第四輯、思文閣出版、二〇一二年）
藤原重雄「宮内庁書陵部九条家本『定能卿記部類』九「仏事」」（『禁裏・公家文庫研究』第五輯、思文閣出版、二〇一五年）
古瀬奈津子「「田中本春記」について――長暦二年八月・九月条の紹介」（『国立歴史民俗博物館研究報告』五〇、一九九三年）
星野恒「歴世記録考」（『史学叢説』第一集、冨山房、一九〇九年）
細谷勘資「摂関家の儀式作法と藤原基房」（『中世宮廷儀式書成立史の研究』勉誠出版、二〇〇七年、初出一九九四年）
本郷恵子他『中山・花山院假関係史料にみる中世文化情報の継承過程についての研究』（東京大学史料編纂所研究成果報告二〇一四―四、二〇一五年）
松薗斉『日記の家――中世国家の記録組織』（吉川弘文館、一九九七年）
未刊史料を読む会「正安三年業顕王西宮参詣記」（未刊史料を読む会、一九九八年）
宮崎康充「『時範記』永長二年冬上」（『書陵部紀要』三八、一九八六年）
宮崎康充「『経俊卿記』逸文」（『書陵部紀要』四三、一九九二年）
宮崎康充「『定能卿記』」（『書陵部紀要』五六、二〇〇四年）
村井章介・勘仲記の会「『勘仲記』弘安九年秋記――翻刻と注釈」（『鎌倉遺文研究』二六、二〇一〇年）
村井章介・勘仲記の会「『勘仲記』弘安九年冬記――翻刻と注釈」（『鎌倉遺文研究』二六、二〇一一年）
村井章介・勘仲記の会「『勘仲記』弘安十年二月記――翻刻と注釈」（『鎌倉遺文研究』三〇、二〇一二年）
村山修一「公刊『洞院公定日記』」（『習合思想史論考』塙書房、一九八七年、初出一九六四年）
桃裕行「『北山抄』と『清慎公記』」（『古記録の研究（上）』、思文閣出版、一九八八年、初出一九七四年）
桃崎有一郎「『荒暦』永徳元・二年記の翻刻」（『年報三田中世史研究』一二、二〇〇五年）
桃崎有一郎「『経嗣公記抄』（荒暦）永徳三年春記――翻刻と解題」（『年報三田中世史研究』一三、二〇〇六年）
桃崎有一郎「『後円融宸記』永徳元年・二年・四年記――翻刻・解題と後花園朝の禁裏文庫」（『禁裏・公家文庫研究』第三輯、思文閣出版、二〇〇九年）
森茂暁「万一記（補遺・覚書）」（『国書逸文研究』六、一九八一年）
米田雄介『歴代天皇の記録』（続群書類従完成会、一九九二年）

米田雄介・詫間直樹「伏見宮本『後白河院御落飾記』について」（古代学協会編『後白河院――動乱期の天皇』吉川弘文館、一九九三年）
和田英松『皇室御撰之研究』（明治書院、一九三三年、後に国書逸文研究会、一九八六年）

人名索引

あ　行

か　行

さ　行

た 行

な　行

は　行

ま　行

や 行

ら 行

わ 行

史料名索引

あ　行

か　行

さ　行

た　行

な　行

は　行

ま　行

や　行

ら　行

岡野友彦（おかの・ともひこ）**第８章２**

1961年　神奈川県生まれ。

1989年　國學院大學大学院文学研究科博士後期課程修了。博士（歴史学）。

現　在　皇學館大学文学部教授。

著　作　『中世久我家と久我家領荘園』続群書類従完成会，2002年。

『北畠親房――大日本は神国なり』ミネルヴァ書房，2009年。

『戦国貴族の生き残り戦略』吉川弘文館，2015年。

榎本　渉（えのもと・わたる）**第９章１**

1974年　青森県生まれ。

2003年　東京大学大学院人文社会系研究科博士課程単位修得退学。博士（文学）。

現　在　国際日本文化研究センター准教授。

著　作　『東アジア海域と日中交流――９～14世紀』吉川弘文館，2007年。

『僧侶と海商たちの東シナ海』講談社選書メチエ，2010年。

『南宋・元代日中渡航僧伝記集成　附江戸時代における僧伝集積過程の研究』勉誠出版，2013年。

伊藤幸司（いとう・こうじ）**第９章２**

1970年　岐阜県生まれ。

2000年　九州大学大学院文学研究科博士後期課程修了。博士（文学）。

現　在　九州大学大学院比較社会文化研究院准教授。

著　作　『中世日本の外交と禅宗』吉川弘文館，2002年。

『寧波と博多』共編著，汲古書院，2013年。

『日明関係史研究入門』共編著，勉誠出版，2015年。

津野倫明（つの・ともあき）**第11章**

1968年　高知県生まれ。

1998年　北海道大学大学院文学研究科博士後期課程修了。博士（文学）。

現　在　高知大学教育研究部人文社会科学系教授。

著　作　『長宗我部氏の研究』吉川弘文館，2012年。

『長宗我部元親と四国』吉川弘文館，2014年。

「朝鮮出兵の原因・目的・影響に関する覚書」高橋典幸編『戦争と平和』竹林舎，2014年。

徳橋　曜（とくはし・よう）**コラム１・２**

1960年　東京都生まれ。

1992年　東京都立大学大学院人文科学研究科博士課程単位取得退学。

現　在　富山大学人間発達科学部教授。

著　作　『イタリア都市社会史入門』共著，昭和堂，2008年。

『15のテーマで学ぶ中世ヨーロッパ史』共著，ミネルヴァ書房，2013年。

「中世イタリア社会における債務の重み」『歴史評論』第773号，2014年。

安藤　弥（あんどう・わたる）**第5章2**

1975年　愛知県生まれ。

2006年　大谷大学大学院博士後期課程修了。博士（文学）。

現　在　同朋大学文学部教授。

著　作　『誰も書かなかった親鸞――伝絵の真実』共著，法藏館，2010年。

『戦国期の真宗と一向一揆』共著，吉川弘文館，2010年。

簗瀬大輔（やなせ・だいすけ）**第5章3**

1965年　群馬県生まれ。

2014年　國學院大學大学院文学研究科博士課程後期修了。博士（歴史学）。

現　在　群馬県立歴史博物館学芸係長。

著　作　『関東平野の中世――政治と環境』高志書院，2015年。

『上野の戦国地侍』みやま文庫，2013年。

『北関東の戦国時代』共編著，高志書院，2013年。

山田雄司（やまだ・ゆうじ）**第5章4**

1967年　静岡県生まれ。

1998年　筑波大学大学院博士課程歴史・人類学研究科修了。博士（学術）。

現　在　三重大学人文学部教授。

著　作　『崇徳院怨霊の研究』思文閣出版，2001年。

『怨霊・怪異・伊勢神宮』思文閣出版，2014年。

『忍者の歴史』KADOKAWA，2016年。

細井浩志（ほそい・ひろし）**第7章**

1963年　千葉県生まれ。

1994年　九州大学大学院文学研究科博士後期課程単位取得退学。博士（文学）。

現　在　活水女子大学文学部教授。

著　作　『古代の天文異変と史書』吉川弘文館，2007年。

『日本史を学ぶための〈古代の暦〉入門』吉川弘文館，2014年。

『古代壱岐島の世界』編著，高志書院，2012年。

高橋典幸（たかはし・のりゆき）**第8章1**

1970年　宮崎県生まれ。

1997年　東京大学大学院人文社会系研究科博士課程中退。博士（文学）。

現　在　東京大学大学院人文社会系研究科准教授。

著　作　『鎌倉幕府軍制と御家人制』吉川弘文館，2008年。

『源頼朝』山川出版社，2010年。

『生活と文化の歴史学5　戦争と平和』編著，竹林舎，2014年。

中町美香子（なかまち・みかこ）　**第2章1**

1968年　大阪府生まれ。

2007年　京都大学大学院文学研究科博士後期課程修了。博士（文学）。

現　在　京都大学・花園大学等非常勤講師。

著　作　「平安時代の后宮・皇太子の啓陣」『ヒストリア』204号，2007年。

「三条西家旧蔵『禅中記抄』」『禁裏・公家文庫研究』第4輯，思文閣出版，2012年。

樋口健太郎（ひぐち・けんたろう）　**第2章2**

1974年　愛知県生まれ。

2007年　神戸大学大学院文化学研究科博士課程修了。博士（文学）。

現　在　龍谷大学文学部特任准教授。

著　作　『中世摂関家の家と権力』校倉書房，2011年。

『高砂市史』第一巻通史編，共著，兵庫県高砂市，2011年。

「八条院領の伝領と八条良輔」『年報中世史研究』第40号，2015年。

設楽　薫（しだら・かおる）　**第4章1**

1955年　群馬県生まれ。

1981年　法政大学大学院人文科学研究科日本史学専攻修士課程修了。

現　在　日本中世史研究者。

著　作　「足利義尚政権考――近江在陣中における『評定衆』の成立を通して」『史学雑誌』98編2，1989年。

「将軍足利義晴期における『内談衆』の成立（前編）――享禄四年『披露事条々』の検討を出発点として」『室町時代研究』1，2002年。

「室町幕府奉行人松田丹後守流の世系と家伝史料――『松田長秀記』の成立について」『室町時代研究』2，2008年。

日隈正守（ひのくま・まさもり）　**第4章2**

1959年　熊本県生まれ。

1992年　九州大学大学院文学研究科博士後期課程単位取得退学。

現　在　鹿児島大学教育学部教授。

著　作　「八幡新田宮の入来院・祁答院支配に関する一考察」『新薩摩学』8，2011年。

「大隅国正八幡宮領の形成過程――大隅国の事例を中心に」『古代文化』66-2，2014年。

「九州地方における八幡宮勢力の拡大過程」『黎明館企画特別展　八幡神の遺宝　南九州の八幡信仰』鹿児島県歴史資料センター黎明館，2016年。

上田純一（うえだ・じゅんいち）　**第5章1**

1950年　熊本県生まれ。

1985年　九州大学大学院文学研究科博士後期課程修了。博士（文学）。

現　在　京都府立大学和食文化研究センター特任教授。

著　作　『九州中世禅宗史の研究』文献出版，2000年。

『史料纂集古記録編　京都金地院公文帳』八木書店，2007年。

『シリーズ権力者と仏教3　足利義満と禅宗』法藏館，2011年。

執筆者紹介（執筆順，＊は編者）

＊松薗　斉（まつぞの・ひとし）**はしがき，第２章５，第Ⅱ部解説，第６章，第Ⅲ部解説，第10章，第12章，古代・中世日記系図**
編著者紹介欄参照。

＊近藤好和（こんどう・よしかず）**序章，第Ⅰ部解説，第２章３，第２章４，第３章，あとがき**
編著者紹介欄参照。

磐下　徹（いわした・とおる）**第１章１**
1980年　京都府生まれ。
2010年　東京大学大学院人文社会系研究科博士課程単位取得満期退学。
現　在　大阪市立大学文学研究院准教授。
著　作　『御堂関白記全註釈』共著，思文閣出版，2007年ほか。
『朝野群載　巻二十二　校訂と註釈』共著，吉川弘文館，2015年。
『日本古代の郡司と天皇』吉川弘文館，2016年。

末松　剛（すえまつ・たけし）**第１章２**
1967年　福岡県生まれ。
1999年　九州大学大学院文学研究科博士後期課程修了。博士（文学）。
現　在　九州産業大学国際文化学部准教授。
著　作　『平安宮廷の儀礼文化』吉川弘文館，2010年。
「平安時代の饗宴――「望月の歌」再考」『文学・語学』第213号，2015年。
「10～11世紀における饗宴儀礼の展開」『日本史研究』第642号，2016年。

佐多芳彦（さた・よしひこ）**第１章３**
1963年　神奈川県生まれ。
1993年　國學院大學大学院文学研究科日本史学専攻博士後期課程単位取得満期退学。博士（歴史学）。
現　在　立正大学文学部教授。
著　作　『服制と儀式の有職故実』吉川弘文館，2008年。
「儀式・儀礼と装束」歴史科学協議会編『歴史をよむ』東京大学出版会，2004年。
「風俗から見た『松崎天神縁起絵巻』」『立正大学文学部論叢』139，2016年。

佐藤厚子（さとう・あつこ）**第１章４**
1953年　愛知県生まれ。
1975年　愛知県立大学文学部国文学科卒業。博士（文学）。
現　在　椙山女学園大学教育学部教授。
著　作　『中世の国家儀式――「建武年中行事」の世界』岩田書院，2003年。
『源氏物語注釈　十』共著，風間書房，2014年。

《編著者紹介》

松薗　斉（まつぞの・ひとし）
　1958年　東京都生まれ。
　1988年　九州大学大学院文学研究科博士後期課程単位取得満期退学。
　現　在　愛知学院大学文学部教授。
　著　作　『日記の家』吉川弘文館，1997年。
　　　　　『王朝日記論』法政大学出版局，2006年。
　　　　　『日記で読む日本中世史』共編著，ミネルヴァ書房，2011年。

近藤好和（こんどう・よしかず）
　1957年　神奈川県生まれ。
　1987年　國學院大學大学院文学研究科博士課程後期日本史学専攻単位取得。博士（文学・広島大学）。
　現　在　國學院大學大学院・和洋女子大学非常勤講師。千葉県刀剣登録審査委員。
　著　作　『源義経』ミネルヴァ書房，2005年。
　　　　　『装束の日本史』平凡社新書，2007年。
　　　　　『武具の日本史』平凡社新書，2010年。
　　　　　『日本古代の武具　『国家珍宝帳』と正倉院の器仗』思文閣出版，2014年。

史料で読み解く日本史①
中世日記の世界

2017年4月30日　初版第1刷発行　〈検印省略〉

定価はカバーに
表示しています

編著者　松　薗　　　斉
　　　　近　藤　好　和
発行者　杉　田　啓　三
印刷者　藤　森　英　夫

発行所　株式会社　ミネルヴァ書房
607-8494　京都市山科区日ノ岡堤谷町1
電話代表（075）581-5191
振替口座　01020-0-8076

亜細亜印刷・新生製本

ISBN978-4-623-07853-0
Printed in Japan